Friedrich Überweg

Grundriss der Geschichte der Philosophie

Die Neuzeit

Friedrich Überweg

Grundriss der Geschichte der Philosophie
Die Neuzeit

ISBN/EAN: 9783742811684

Hergestellt in Europa, USA, Kanada, Australien, Japan

Cover: Foto ©Klaus-Uwe Gerhardt /pixelio.de

Manufactured and distributed by brebook publishing software (www.brebook.com)

Friedrich Überweg

Grundriss der Geschichte der Philosophie

Grundriss

der

Geschichte der Philosophie

der Neuzeit

von dem Aufblühen der Alterthumsstudien
bis auf die Gegenwart.

Von

Dr. Friedrich Ueberweg,

ausserord. Professor der Philosophie an der Universität zu Königsberg.

Berlin 1866.
Druck und Verlag von E. S. Mittler & Sohn.
(Kochstrasse 69.)

Grundriss der Geschichte der Philosophie

von Thales bis auf die Gegenwart.

Dritter Theil.

Die Neuzeit.

Von

Dr. Friedrich Ueberweg,

ausserord. Professor der Philosophie an der Universität zu Königsberg.

Berlin 1866.

Druck und Verlag von E. S. Mittler & Sohn.

(Kochstrasse 69.)

Vorwort.

Die Grundsätze, nach denen die früheren Theile dieses Grundrisses ausgearbeitet worden sind, sind im Allgemeinen auch bei dem vorliegenden, das Ganze abschliessenden Theile maassgebend geblieben.

Insbesondere die Doctrinen der unserer Gegenwart bereits nahe stehenden Philosophen habe ich um des Bedürfnisses des Lernenden willen in möglichst engem Anschluss an deren eigene Darstellung wiedergegeben. Ich erkenne in vollem Maasse den Werth freierer Reproductionen an, welche die philosophischen Systeme von neuen Seiten her in eigenthümlicher Weise dem Verständniss nahe zu bringen suchen; auch ich verfahre so nicht selten im mündlichen Vortrag; aber für diesen Grundriss erschien mir als zweckmässig und geboten, mich in der Darstellung der Lehren auf die abkürzende Mittheilung des Gegebenen einzuschränken. Die charakteristischen Grundgedanken suche ich zu einem übersichtlichen Ganzen so zu verknüpfen, dass dadurch ein treues und klares Gesammtbild der darzustellenden Doctrinen gewonnen werde.

In dem Maasse, wie die Theoreme eines jeden Philosophen noch gegenwärtig unmittelbar die Weltanschauung Vieler bestimmen (demnach unter den Früheren zumeist bei Spinoza und bei Kant), schien mir eine Kritik angemessen zu sein, welche dieselben nicht als blosse Momente des Entwicklungsganges der Philosophie nach ihrem Verhältniss zu den nächstvorangegangenen und nächstfolgenden

Systemen betrachtet, sondern sie auch, gleich wie Sätze von Zeitgenossen, unmittelbar auf ihre bleibende Wahrheit und Gültigkeit für unser gegenwärtiges philosophisches Bewusstsein prüft. Doch habe ich mir angelegen sein lassen, mehr die Argumente, als den Inhalt der Lehren in dieser Weise der Prüfung zu unterwerfen. Zu der bloss formalen, nur an dem eigenen Princip des Systems die einzelnen Sätze und das Princip selbst an seiner Durchführbarkeit messenden Kritik und zu dem blossen Referat der bereits im Laufe der Geschichte selbst von nachfolgenden Philosophen vollzogenen Kritik bildet die direct vom Standpunkte des Historikers aus geübte Beurtheilung eine nothwendige und unabweisbare Ergänzung; nur die Einseitigkeit ist tadelhaft, mit welcher, besonders bei manchen Historikern im achtzehnten und am Anfange des gegenwärtigen Jahrhunderts, diese directe Kritik sich überall vordrängt und auch da erscheint, wo die blosse Einreihung einer Doctrin in den Gesammtentwicklungsgang hätte genügen können und sollen. Aber sofern ich unmittelbar von meinem Standpunkte aus Kritik übe, will diese, bei aller Festigkeit der subjectiven Ueberzeugung doch eben auch ihrer eigenen Subjectivität sich bewusst, vor Allem zur Anregung des Denkens dienen. Indem der historisch mitgetheilten Doctrin eine mögliche und auf einem bestimmten Standpunkte nothwendige entgegengesetzte Auffassung sofort gegenübertritt, so soll hierdurch jeder passiven Hinnahme des Gegebenen kräftig gewehrt und selbstständige Gedankenbildung gefördert werden.

Schliesslich spreche ich Dr. Ascherson, Dr. Lasson, Dr. Reicke und anderen werthen Freunden und verehrten Männern, die an ihrem Theil zur Erhöhung der Exactheit und Vollständigkeit des Grundrisses mitgewirkt haben, hiermit gern auch öffentlich den ihren freundschaftlichen Bemühungen gebührenden Dank aus.

Königsberg, im September 1860.

F. Ueberweg.

Inhaltsverzeichniss.

Die Philosophie der christlichen Zeit.

Dritte Periode.
Die Philosophie der Neuzeit.

		Seite
§ 1.	Die Philosophie der Neuzeit in ihren drei Hauptabschnitten	1— 5

Erster Abschnitt:
Die Uebergangszeit.

§ 2.	Der erste Abschnitt der Philosophie der Neuzeit	6
§ 3.	Die Erneuerung des Platonismus und anderer Doctrinen des Alterthums	6— 16
§ 4.	Der Protestantismus und die Philosophie	16— 20
§ 5.	Anfänge selbstständiger philosophischer Forschung. Naturphilosophie, Theosophie, Rechtsphilosophie	20— 32

Zweiter Abschnitt:
Die neuere Philosophie oder die Zeit des ausgebildeten Gegensatzes zwischen Empirismus und Dogmatismus.

§ 6.	Der zweite Abschnitt der Philosophie der Neuzeit	32— 33
§ 7.	Baco und Hobbes	33— 42
§ 8.	Descartes, Geulinx, Malebranche und gleichzeitige Philosophen	42— 55
§ 9.	Spinoza	56— 77
§ 10.	Locke, Shaftesbury, Clarke und andere englische Philosophen. Berkeley, der Idealist	77— 88
§ 11.	Leibnitz und gleichzeitige Philosophen und die deutsche Philosophie des 18. Jahrhunderts	88—112
§ 12.	Die französische Philosophie im 18. Jahrhundert	113—121
§ 13.	Der Hume'sche Skepticismus und seine Bekämpfer: Reid, Beattie etc.	121—126

Dritter Abschnitt:
Die neueste Philosophie oder die Kritik und Speculation seit Kant.

§ 14.	Der dritte Abschnitt der Philosophie der Neuzeit	126—127

		Seite
§ 15.	Kants Leben und Schriften	127—141
§ 16.	Kants Kritik der reinen Vernunft und metaphysische Anfangsgründe der Naturwissenschaft	141—168
§ 17.	Kants Kritik der praktischen Vernunft, Religion in den Grenzen der blossen Vernunft, Tugendlehre und Rechtslehre	168—176
§ 18.	Kants Kritik der Urtheilskraft	176—183
§ 19.	Schüler und Gegner Kants. Reinhold, Schiller, F. H. Jacobi, Fries, Beck, Bardili u. A.	183—191
§ 20.	Fichte und Fichteaner	192—200
§ 21.	Schelling	200—213
§ 22.	Schellings Anhänger und Geistesverwandte. Oken, Solger, Steffens, Baader, Krause u. A.	213—217
§ 23.	Hegel	217—230
§ 24.	Schleiermacher	230—241
§ 25.	Schopenhauer	242—252
§ 26.	Herbart	252—269
§ 27.	Beneke	269—281
§ 28.	Der gegenwärtige Zustand der Philosophie in Deutschland	281—300
§ 29.	Der gegenwärtige Zustand der Philosophie ausserhalb Deutschlands	300—305
Berichtigungen und Zusätze		307—309
Register		311—329

Dritte Periode der Philosophie der christlichen Zeit.

Die Philosophie der Neuzeit.

§ 1. Die Philosophie der Neuzeit ist die Philosophie seit der Aufhebung des (die Scholastik charakterisirenden) Dienstverhältnisses gegen die Theologie, in ihrem stufenweisen Fortgange zur freien, durch die vorangegangenen Bildungsformen bereicherten und vertieften, mit der gleichzeitigen positiv-wissenschaftlichen Forschung und dem socialen Leben in Wechselwirkung stehenden Erkenntniss des Wesens und der Gesetze der Natur und des Geistes. Ihre Hauptabschnitte sind: 1. die Uebergangszeit seit der Erneuerung des Platonismus, 2. die Zeit des Empirismus, Dogmatismus und Skepticismus von Baco und Descartes bis auf die Encyclopädisten und Hume, 3. die Zeit des Kantischen Kriticismus und der aus demselben hervorgegangenen Systeme, von Kant bis zur Gegenwart.

Ueber die Philosophie der Neuzeit handeln ausser den Verfassern der umfassenden, Theil I, S. 6 ff., 2. Aufl. S. 7 ff. citirten Geschichtswerke (Brucker, Tiedemann, Buhle in seinem Lehrbuch der Gesch. der Philosophie, Tennemann, Ernst Reinhold, Ritter, Hegel u. A.) insbesondere Folgende:

Johann Gottlieb Buhle, Geschichte der neueren Philosophie seit der Epoche der Wiederherstellung der Wissenschaften, Göttingen 1800–1805. (Bildet die sechste Abtheilung der „Geschichte der Künste und Wissenschaften seit der Wiederherstellung" derselben bis an's Ende des achtzehnten Jahrhunderts", wovon J. G. Eichhorn, A. H. L. Heeren, A. G. Kästner, F. Murhard, J. G. Hoyer, J. F. Gmelin und J. D. Fiorillo andere Abtheilungen verfasst haben.)

Immanuel Hermann Fichte, Beiträge zur Charakteristik der neuern Philosophie, Sulzbach 1829, 2. Aufl. ebd. 1841.

§ 1. Die Philosophie der Neuzeit und ihre drei Hauptabschnitte.

Joh. Ed. Erdmann, Versuch einer wissenschaftlichen Darstellung der Geschichte der neuern Philosophie, Riga und Leipzig 1834–53; vgl. den zweiten Band von Erdmann's Grundriss der Geschichte der Philosophie, Berlin 1866.

Histoire de la philosophie allemande depuis Leibniz jusqu'à nos jours, par le baron Barchou de Penhoën, Paris 1836.

Hermann Ulrici, Geschichte und Kritik der Principien der neuern Philosophie, Leipzig 1845.

J. N. P. Oischinger, speculative Entwickelung der Hauptsysteme der neuern Philosophie, von Descartes bis Hegel, Schaffhausen 1853–54.

Kuno Fischer, Geschichte der neuern Philosophie, Darmstadt 1853 ff.; Bd. I, Abth. 1 und 2, 2. Aufl., Mannheim und Heidelberg 1865.

Carl Schaarschmidt, der Entwickelungsgang der neuern Speculation, als Einleitung in die Philosophie der Geschichte kritisch dargestellt, Bonn 1857.

Von der Geschichte der Naturphilosophie seit Baco handelt insbesondere Julius Schaller, Leipzig 1841–44. Ueber die christlichen Mystiker seit dem Reformationszeitalter handelt Ludwig Noack, Königsberg 1853; über die englischen, französischen und deutschen Freidenker handelt derselbe, Bern 1853–55; über die rationalistische Denkart in Europa W. E. H. Lecky, history of the rise and influence of the spirit of rationalisme in Europe, 2. ed. London 1865. Ueber die Geschichte der Ethik in der Neuzeit handeln insbesondere: J. Matter, histoire des doctrines morales et politiques des trois derniers siècles, Paris 1836; H. F. W. Hinrichs, Gesch. der Rechts- und Staatsprincipien seit der Reformation, Leipz. 1848–52; I. Herm. Fichte, die philos. Lehren von Recht, Staat und Sitte seit der Mitte des 18. Jahrhunderts, Leips. 1850; F. Vorländer, Geschichte der philos. Moral, Rechts- und Staatslehre der Engländer und Franzosen mit Einschluss des Macchiavell, Marburg 1855. Auch auf die philosophische Staatslehre geht Robert von Mohl ein in seiner Gesch. und Litt. der Staatswissenschaften, in Monographien dargestellt, Bd. I–III, Erlangen 1855–58.

Wesentliche Beiträge zur Geschichte der Philosophie enthalten auch mehrere litteraturgeschichtliche Werke, wie die Geschichte der poetischen Nationalliteratur der Deutschen von Gervinus, Hillebrand's Geschichte der deutschen Nationalliteratur seit Lessing, Julian Schmidt's Geschichte des geistigen Lebens in Deutschland von Leibniz bis auf Lessing's Tod, und seine Gesch. der deutschen Litt. seit Lessings Tode, Herm. Hettner's Litteraturgesch. des 18. Jahrhunderts, ferner Werke über die Geschichte positiver Doctrinen, insbesondere der Theologie, der Naturwissenschaften, der Staats- und Rechtslehre. Reichhaltige litterarische Nachweise findet man besonders bei Gumposch, die philos. Litt. der Deutschen von 1400 bis 1850, Regensburg 1851, wie auch in den anderen oben, Theil I, 2. Aufl. S. 7 citirten Schriften. Die bloss auf einzelne Zeitabschnitte, insbesondere auf die neueste Philosophie seit Kant bezüglichen Schriften werden unten Erwähnung finden.

Einheit, Dienstbarkeit, Freiheit sind die drei Verhältnisse, in welche nacheinander die Philosophie der christlichen Zeit zu der kirchlichen Theologie getreten ist. Das Verhältniss der Freiheit entspricht dem allgemeinen Charakter der Neuzeit, welcher in der aus den mittelalterlichen Gegensätzen wiederherzustellenden harmonischen Einheit liegt (vgl. Grdr. I, § 5, und II, § 2). Die Freiheit des Gedankens nach Form und Inhalt wurde von der Philosophie der Neuzeit stufenweise errungen, zuerst unvollkommen mittelst des blossen Wechsels der Autorität durch Anlehnung an Systeme des Alterthums ohne die Umbildung, welche die Scholastik mit dem Aristotelischen vollzogen hatte, dann vollständiger mittelst eigener

§ 1. Die Philosophie der Neuzeit und ihre drei Hauptabschnitte. 3

Erforschung der Natur und endlich auch des geistigen Lebens. Die Uebergangszeit ist die Periode des Aufstrebens zur Selbständigkeit. Die Zeit des Empirismus und Dogmatismus charakterisirt sich durch methodische Forschungen und umfassende Systeme, die auf dem Vertrauen beruhen, mittelst der Erfahrung und des Denkens selbstständig zur Erkenntniss der natürlichen und geistigen Wirklichkeit gelangen zu können. Der dritte Abschnitt wird angebahnt durch den Skepticismus und begründet durch den Kriticismus, der die Erforschung der Erkenntnisskraft des Subjectes für die nothwendige Basis alles streng wissenschaftlichen Philosophirens hält und zu dem Resultate gelangt, dass das Denken die Wirklichkeit, wie sie an sich selbst sei, nicht zu erkennen vermöge, sondern auf die Erscheinungswelt beschränkt bleibe, über welche nur das moralische Bewusstsein hinausführe; dieses Resultat wird von den folgenden Systemen negirt, doch sind diese sämmtlich dem Kantischen Gedankenkreise entstammt, der auch noch für die Philosophie unserer Gegenwart von einer unmittelbaren (nicht bloss von historischer) Bedeutung ist.

Zwischen dem Entwicklungsgange der Philosophie des Alterthums und der Neuzeit haben Einige einen durchgängigen Parallelismus aufzufinden gesucht, gestützt auf den Grundgedanken, dass wesentlich dieselben philosophischen Probleme stets wiederkehren und dass auch die Folge der Lösungsversuche bei naturgemässer Entwickelung im Wesentlichen die gleiche sei. Diese beiden Voraussetzungen gelten jedoch nur in beschränktem Maasse. Durch die fortschreitende Entwickelung der Philosophie selbst und durch die verschiedene Gestaltung der mit ihr in Wechselbeziehung stehenden Mächte, insbesondere der Religion, der Staatsformen und der Künste und positiven Wissenschaften, sind neue philosophische Probleme hervorgetreten, die sich zwar zugleich mit den anfänglichen unter allgemeine Bezeichnungen bringen lassen, aber doch dem Ganzen der Systeme ein sehr wesentlich verschiedenes Gepräge geben. (Ueber die Analogie zwischen den unmittelbar vor und neben der jedesmaligen Zeitphilosophie betriebenen Studien und dieser selbst handelt insbesondere A. Helfferich, die Analogien in der Philosophie, ein Gedenkblatt auf Fichte's Grab, Berlin 1862). Noch mehr aber, als der Charakter der einzelnen Systeme, ist die Folge ihres Auftretens durch das Bestehen oder Nichtbestehen älterer Philosophien und durch äussere Einflüsse bedingt, so dass zwar mitunter in der Succession einzelner Systeme, aber nur in geringem Maasse in dem Ganzen des Entwicklungsganges eine wesentliche Uebereinstimmung sich bekundet. Während die alte Philosophie erst die Kosmologie, dann neben der Physik vorzugsweise die Logik und Ethik durcharbeitet, endlich alles wesentliche Interesse sich auf die Theologie concentrirt, findet die neuere Philosophie gleich zu Anfang alle diese Disciplinen schon vor und entwickelt sich unter dem Einflusse derselben und der Formen des Staates und der Kirche, die ihrerseits nicht ohne einen wesentlichen Mitgenuss der alten Philosophie sich gestaltet haben; ihr Fortschritt liegt in der stufenweisen Befreiung und Vertiefung des philosophirenden Geistes. Der moderne Geist sucht (wie Kuno Fischer, Gesch. der neueren Philos. 2. Aufl. I, 1, Mannheim 1865, der für das Uebergangszeitalter einen Parallelismus mit dem Entwicklungsgange der alten Philosophie in umgekehrter Richtung annimmt, S. 82 mit Recht bemerkt) „aus der theologischen Weltanschauung, die ihn erfüllt, den Weg zu den kosmologischen Problemen". Das theologische Interesse bedingt (obschon meist nicht in specifisch kirchlicher Form) die neuere Philosophie von Anfang an in weitaus höherem Maasse, als vor der Zeit des Neuplatonismus die antike. Doch kann mit Recht gesagt werden, dass die selbstständige philosophische Forschung sich in der neueren Zeit gleich wie im Alterthum anfangs zumeist auf die äussere Natur, dann daneben auch auf den Menschen als solchen in seiner Beziehung zur

1*

§ 1. Die Philosophie der Neuzeit und ihre drei Hauptabschnitte.

Natur und zur Gottheit, endlich (besonders in Spinoza, Schelling und Hegel) vornehmlich auf das Absolute gerichtet hat. In Conrad Hermann's Schrift: der pragmatische Zusammenhang in der Geschichte der Philosophie, Dresden 1863, die übrigens auch manche willkürliche Zusammenstellungen enthält, ist besonders die Parallelisirung beachtenswerth: Sokrates, Plato, Aristoteles; — Kant, Hegel, Empirismus der Gegenwart. Die (auch früher bereits vielfach von Anderen behauptete) Analogie zwischen Sokrates und Kant beruht darauf, dass jedem dieser beiden Denker der Mensch, aber nicht der einzelne Mensch nach seiner individuellen Eigenthümlichkeit, sondern der Mensch vermöge der allgemeinen und bleibenden Momente seines Wesens das theoretische und praktische Maass der Dinge ist; die Analogie besteht unverkennbar, obschon jene gemeinsame Formel, unter welche man die Lehren beider Philosophen bringen kann, von beiden in sehr verschiedenem Sinne gilt. Die Zusammenstellung Hegels mit Plato ist zwar in Bezug auf den Inhalt der beiderseitigen Doctrinen nur theilweise zutreffend, sofern beide dem Gedanken objective Gültigkeit zuerkennen, andererseits unzutreffend, sofern Plato der Idee eine transcendente, Hegel eine der Erscheinungswelt immanente Existenz zuerkennt (wonach die im Kreise der Hegelianer beliebte Auffassung Hegels als des modernen Aristoteles als die passendere erscheint), ist aber in methodischem Betracht allerdings in sofern gerechtfertigt, als die Hegel'sche Dialektik gleich der Platonischen Lehre und noch mehr, als diese, die Erkenntniss der Ideen zur Empirie in ein dualistisches Verhältniss setzt, wogegen die nachhegelsche wissenschaftliche Empirie diesen Dualismus zu überwinden und durch empirisch basirte exacte Forschung die vernunftgemässe Gesetzmässigkeit in Natur und Geist zu erkennen strebt. In Bezug auf das Ganze des Entwicklungsganges hat Kuno v. Reichlin-Meldegg's Parallelisirung (in der Abhandlung: der Parallelismus der alten und neuen Philosophie, akadem. Habilitationsschrift, Leipzig und Heidelberg 1865) manches Ansprechende. Derselbe unterscheidet „drei nothwendige, aus der Natur des menschlichen Erkenntnissvermögens sich ergebende, im Alterthum, wie in der Neuzeit gleich bleibende Standpunkte: den objectiven, den subjectiven und den Identitätsstandpunkt", die jedesmal, so oft ein Volk (oder Völkerkreis) philosophire, in dem „Kreislaufe des Denkens" als „Anfangs-, Entwicklungs- und Ausgleichungsstadium" auf einander folgen müssen; er findet in der griechischen Philosophie den ersten durch die Naturphilosophen von Thales bis auf Demokrit vertreten, den zweiten durch die Sophisten, Sokrates und die Sokratiker, durch Plato, Aristoteles, die Stoiker, Epikureer und Skeptiker, den dritten durch die Neuplatoniker; in der neueren Philosophie aber laufe in der ersten, bis auf die letzten Philosophen vor Hume und Kant herabreichenden Periode neben der objectiven die subjective Richtung her; die zweite Periode, welcher namentlich Hume, Kant und Fichte angehören, charakterisire sich durch den subjectiven, die dritte, durch Schelling und Hegel begründete, durch den Identitätsstandpunkt. Im Einzelnen parallelisirt K. v. Reichlin-Meldegg die Philosophen des „Vorbereitungszeitraums" vor Baco mit den ältesten griechischen Philosophen, insbesondere den Bruno mit den Eleaten, wiewohl die Aehnlichkeit hier keine durchgreifende sei, den Cartesius mit Sokrates, die ersten Cartesianer mit einseitigen Sokratikern, den Spinoza aber wiederum mit den Eleaten, Leibnitz mit Plato, Locke mit den Stoikern, die Aufklärung mit der Sophistik, Hume mit Karneades, Kant mit Aristoteles, doch sei Kant „gleichsam der innerlich gewordene Aristoteles der Neuzeit, der grosse Experimentator auf dem Gebiete des Geistes", die Aristotelische Doctrin sei ein „objectiver Idealismus", die Kantische ein „subjectiv idealer Kriticismus"; Schelling endlich habe den Gegensatz des Idealen und Realen gerade wie der Neuplatonismus im Alterthum von dem Standpunkte der Identität aus zu lösen versucht, und Hegel habe die Schellingsche Philosophie des

§ 1. Die Philosophie der Neuzeit und ihre drei Hauptabschnitte.

Absoluten vollendet, doch sei ihm das Endliche nicht der unerklärte Abfall aus dem Unendlichen, sondern sein reines Sein habe das Allem immanente Princip der Bewegung und Entwicklung in sich, Hegel sei ein „Heraklit des Geistes". Herbart verhalte sich zu Spinoza, wie die Atomisten zu den Eleaten. Da der Identitätsstandpunkt, der die Grenze der menschlichen Erkenntniss überschreite, ein wissenschaftlich unmöglicher sei, so liege das Höchste in dem Subjectivismus; die Kantische Philosophie sei der Abschluss und die Vollendung der germanischen Geistesphilosophie. Dieser Versuch einer durchgängigen Parallelisirung ist anregend und lehrreich, obschon in mehrfachem Betracht nicht überzeugend. Entweder wird unter dem „objectiven Standpunkt" nur die vorwiegende Richtung der philosophischen Forschung auf die Aussenwelt und unter dem „subjectiven Standpunkt" die vorwiegende Richtung auf die Erkenntniss des Geistes verstanden, oder andererseits unter jenem die Doctrin, dass das Subject im Object, unter diesem die Doctrin, dass das Object im Subject seine Quelle habe, welche Doctrinen wiederum mancherlei Modificationen zulassen und sich bis zu den extremen Behauptungen steigern können: es ist nichts als Geist, — es ist nur Materie; von beiden Doctrinen ist ausser dem „Identitätsstandpunkt" auch mindestens noch der Dualismus zu unterscheiden. Kant und Fichte und in gewisser Art auch Hume vertreten den (vollen oder vorwiegenden) Subjectivismus im Sinne einer bestimmten Doctrin; der mittleren Periode der griechischen Philosophie aber kann nicht eine hiermit gleichartige Doctrin, sondern nur eine vorwiegende Richtung des philosophischen Interesses auf das Subject zugeschrieben werden, die zudem gerade bei den hervorragendsten Philosophen, Plato und Aristoteles, welche auch die bei den Sophisten und Sokrates zurücktretende Physik wieder aufgenommen und selbstständig fortgebildet haben, am wenigsten exclusiv war; zu dem „Subjectivismus" im Sinne der Kantischen Doctrin steht Aristoteles vielmehr im Verhältniss des Gegensatzes, als der Analogie. Kant hat mehr mit Sokrates, als mit Aristoteles gemein, und man kann von hier aus rückwärts und vorwärts gewisse Analogien verfolgen. Soll jedoch die Parallelisirung in die analogisirende Zusammenstellung Schellings und Hegels mit den Neuplatonikern auslaufen, was allerdings in mehrfachem Betracht, zumeist wegen des gleichartigen Verhältnisses zur positiven Religion sich empfiehlt, so möchte Kant in seiner praktischen Philosophie mit den Stoikern, in seiner Erkenntnisslehre mit den Skeptikern zusammenzustellen sein, Locke mit Aristoteles, Leibniz mit Plato, Spinoza mit den Megarikern (wegen der Verschmelzung der Ethik mit dem metaphysischen Princip der Einheit), Descartes mit Socrates, die Naturphilosophen von Telesius bis Baco mit den alten Naturphilosophen von Thales bis Demokrit, und etwa auch die florentinischen Platoniker als Vorläufer der selbstständigen philosophischen Forschung mit den Orphikern, wenn anders nicht derartige Parallelisirungen nothwendig, wie geschickt auch immer durchgeführt, vieles bloss Halbwahre involviren, wodurch sie unvermeidlich in's Spielende fallen. Die Vergleichungen, zu denen die parallelisirende Zusammenstellung Anlass giebt, können, sofern sie mit gleicher Sorgfalt das Differirende, wie das Gleichartige hervorheben, einen hohen wissenschaftlichen Werth haben, gehören aber bereits mehr dem Uebergange von der geschichtlichen Auffassung der Systeme zur kritischen Reflexion über dieselben, als der geschichtlichen Auffassung selbst an.

Erster Abschnitt der Philosophie der Neuzeit.
Die Zeit des Ueberganges zu selbstständiger Forschung.

§ 2. Den ersten Abschnitt der Philosophie der Neuzeit charakterisirt der Uebergang von der mittelalterlichen Gebundenheit an die Autorität der Kirche und des Aristoteles erst zu selbstständiger Wahl der Autoritäten, dann zu Anfängen eigener, autoritätsfreier Forschung, jedoch noch ohne völlige Befreiung der neuen philosophischen Versuche von der Herrschaft des mittelalterlichen Geistes und ohne streng methodische Ausbildung selbstständiger Systeme.

Ueber die geistige Bewegung in der Uebergangszeit handelt Jules Joly, histoire du mouvement intellectuel au 16me siècle et pendant la première partie du 17me, Paris 1860. Vgl. die in §§ 3, 4 und 5 citirten Schriften.

§ 3. Unter den Ereignissen, welche den Uebergang vom Mittelalter zur Neuzeit herbeigeführt haben, ist das früheste das Aufblühen der classischen Studien, negativ veranlasst durch die Einseitigkeit und allmähliche Selbstauflösung der Scholastik, positiv durch die Reste antiker Kunst und Litteratur in Italien, die mehr und mehr bei wachsendem Wohlstande einen empfänglichen Sinn fanden, und durch die engere Berührung des Abendlandes, besonders Italiens, mit Griechenland, zumeist seit der Flucht vieler gelehrten Griechen nach Italien zur Zeit der von den Türken drohenden Gefahr und der Einnahme Konstantinopels. Die Erfindung der Buchdruckerkunst erleichterte die Verbreitung litterarischer Bildung. Die Bekämpfung des scholastischen Aristotelismus durch die wiederbekanntgewordene und mit enthusiastischem Interesse aufgenommene platonische und neuplatonische Doctrin war auf dem Gebiete der Philosophie das erste wesentliche Resultat der erneuten Beziehung zu Griechenland. Gemistus Pletho, der leidenschaftliche Bestreiter der Aristotelischen Lehre, der gemässigtere Platoniker Bessarion und der verdienstvolle Uebersetzer des Plato und des Plotin Marsilius Ficinus sind die bedeutendsten unter den Erneuerern des Platonismus. Die Aristotelische Doctrin wurde durch Rückgang auf den Urtext und durch Bevorzugung griechischer Commentatoren vor arabischen in grösserer Reinheit, als durch die Scholastiker, von classisch gebildeten Aristotelikern vorgetragen; insbesondere wurde in Oberitalien, wo seit dem vierzehnten Jahrhundert die Deutung des Aristoteles im Sinne des Averroes üblich war, das Ansehen dieses Commentators von einem Theile der Aristoteliker zu Gunsten griechischer Interpreten, namentlich des Alexander von Aphrodisias, bekämpft; es behauptete sich, aber in beschränkterem Maasse, besonders zu Padua bis gegen die Mitte des siebenzehnten Jahrhunderts. Die averroistische Doctrin, dass nur die Eine dem ganzen Menschengeschlechte gemeinsame Vernunft unsterblich sei, kam mit der alexandristischen, welche nur den weltordnenden göttlichen Geist als die active unsterbliche Vernunft anerkannte, in der Aufhebung der individuellen Unsterblichkeit überein; doch wussten die meisten Vertreter des Averroismus, besonders in der späteren Zeit, denselben der Orthodoxie in dem Maasse anzunähern, dass sie nicht mit der Kirche in Widerstreit geriethen. Die Alexandristen, unter denen Pomponatius der bedeutendste ist, neigten sich zum Deismus und Naturalismus hin, unterschieden aber von der philosophischen Wahrheit die theologische Wahrheit, welche von der Kirche gelehrt werde, der sie sich zu unterwerfen erklärten; die Kirche jedoch verwarf die Lehre von einer zweifachen Wahrheit. Ausser der platonischen und aristotelischen Doctrin wurden auch andere Philosophien des Alterthums erneut; auf die selbstständigere Naturforschung des Telesius und Anderer hat die ältere griechische Naturphilosophie einen beträchtlichen Einfluss geübt; den Stoicismus haben Lipsius und Andere, den Epikureismus Gassendi, den Skepticismus Montaigne, Charron, Sanchez, Le Vayer und Andere erneut und fortgebildet.

Eine quellenmässige Darstellung der Erneuerung der classischen Litteratur in Italien enthalten die betreffenden Abschnitte des Werkes von Girolamo Tiraboschi, Storia della letteratura italiana, 13 Bde, Modena 1772—82; Ausgabe in 16 Bden, Mailand 1822—26, besonders in Tom. VI, 1 und VII, 2 (Vol. VII. und XI. der Mailänder Ausgabe); vgl. Arnold Herm. Ludw. Heeren, Geschichte des Studiums der class. Litteratur seit dem Wiederaufleben der Wissenschaften, 2 Bde, Gött. 1797—1802; Ernst Aug. Erhard, Gesch. des Wiederaufblühens wiss. Bildung, vornehmlich in Deutschland, Magdeburg 1828—32; K. Hagen, Deutschlands litt. und relig. Verhältnisse im Reformationszeitalter, Erlangen 1841 — 44; Ernest Renan, Averroès et l'Averroïsme, Par. 1852, S. 255 ff.; Georg Voigt, die Wiederbelebung des classischen Alterthums, Berlin 1859; Jacob Burckhardt, die Cultur der Renaissance in Italien (besonders Abschn. III, die Wiedererweckung des Alterthums), Basel 1860; Guillaume Favre, Mélanges d'hist. litt., Genève 1856.

In dem Maasse, wie durch Gewerbfleiss und Handel der Wohlstand zunahm, Städte entstanden und ein freier Bürgerstand aufkam, der Staat sich consolidirte und an den Höfen, bei dem Adel und unter den Bürgern neben den Kriegen und Fehden auch für die Ausschmückung des Lebens durch die Künste des Friedens Musse blieb, erwuchs eine weltliche Bildung neben der geistlichen. Dichter priesen Kraft und Schönheit; der Mannesmuth, der sich in hartem Kampfe bewährt, die Zartheit des Gefühls in der Minne Wonne und Leid, die Innigkeit der Liebe, die Gluth des Hasses, der Adel der Treue, die Schmach des Verraths, jedes natürliche und sittliche Gefühl, das sich in der Gemeinschaft des Menschen mit dem Menschen

§ 3. Die Erneuerung des Platonismus und anderer Doctrinen des Alterthums.

entwickelt, fand in weltlicher Dichtung einen tief das Gemüth ergreifenden Ausdruck. Diese humane Bildung erschloss auch den Sinn für antike Dichtung und Weltanschauung. Am frühesten erwachte in Italien wiederum die niemals ganz erloschene Liebe zu der alten Kunst und Litteratur; an die politischen Parteikämpfe knüpfte sich Verständniss und Interesse für die altrömische Geschichte; das sociale Leben des emporblühenden Bürgerstandes und der zu Reichthum und Macht gelangten edlen Geschlechter gab Musse und Sinn für eine Wiederbelebung der erhaltenen Reste antiker Cultur. Die Beschäftigung mit der römischen Litteratur rief das Bedürfniss nach Kenntniss der griechischen hervor, die in Griechenland selbst sich noch grossentheils erhalten hatte; man begann dieselbe dort aufzusuchen schon lange, bevor das Herannahen der Türken und die Einnahme Constantinopels (1453) gelehrte Griechen zur Auswanderung nach Italien bestimmte; man würde, sagt Heeren (Gesch. des Studiums der class. Litt. seit dem Wiederaufleben der Wissenschaften, Bd. I, S. 2r3), die griechischen Musen nach Italien geholt haben, wenn sie sich nicht dahin geflüchtet hätten.

Dante Allghieri (1265—1321), dessen kühner Dichtung vom Weltgericht die scholastische Verflechtung der christlichen Theologie mit der aristotelischen Weltansicht zur theoretischen Grundlage dient (über welche Beziehung insbesondere A. F. Ozanam, Dante et la philos. cathol. au XIIIme siècle, Paris 1845, handelt), hat seinen Sinn für poëtische Form besonders an Virgil gebildet. Francesco Petrarca (20. Juli 1304 bis 18. Juli 1374), der Sänger der Liebe, hegte die mächtigste Begeisterung für die alte Litteratur; er war mit der römischen innig vertraut und hat sich durch eigene Sammlung von Manuscripten und durch den Eifer zur Aufsuchung und zum Studium der Werke der Alten, womit er Andere zu erfüllen wusste, ein unschätzbares Verdienst um die Erhaltung und Verbreitung derselben erworben. Petrarca liebte den Aristoteles nicht; Plato sprach ihn an; doch kannte er beide nur wenig. Er hasste den ungläubigen Averroismus. Ein populäres und paränetisches Philosophiren in der Weise des Cicero und des Seneca zog er der Aristotelischen Schulphilosophie vor. Vgl. J. Bonifas, de Petrarcha philosopho, Paris 1863; Maggiolo, de la philosophie morale de Pétrarque, Nancy 1864. In der griechischen Sprache hat ihn Bernhard Barlaam unterrichtet, den die Liebe zu der Sprache und den Werken des Homer, Plato und Euklid aus Calabrien, in dessen Klöstern die griechische Sprache niemals unbekannt geworden war, nach Griechenland geführt hatte, von wo aus er als Gesandter des Kaisers Andronicus des Jüngern zu dem Papst Benedict XII. nach Avignon kam; der Unterricht, den er hier im Jahr 1339 dem Petrarca ertheilte, blieb zwar wegen der Kürze der Zeit unzureichend, ist aber dennoch durch die Anregung, die Petrarca empfing und verbreitete, höchst einflussreich geworden. Mit Petrarca war Giovanni Boccaccio (Johann von Certaldo, 1313—1375) befreundet, der von Barlaam's Schüler Leontius Pilatus in den Jahren 1360—63 gründlicher das Griechische erlernte. Bei Boccaccio verband sich bereits mit dem Interesse am Alterthum die Gleichsetzung des Christenthums als einer nicht absolut, sondern relativ wahren Religion mit anderen Religionen; sein Decamerone enthält (I, Nov. 8) die (später von Lessing im Nathan erneute) Geschichte von den drei Ringen, deren Grundgedanke bereits in der Philosophie des Averroës liegt. Auf Boccaccio's Empfehlung wurde Leontius von den Florentinern an ihrer Universität als öffentlicher Lehrer der griechischen Sprache mit einem festen Gehalte angestellt; seine Leistungen entsprachen zwar nicht ganz den Erwartungen, aber das Beispiel war gegeben, und fand auch an anderen Universitäten Nacheiferung. Mit grossem Erfolg lehrte Johannes Malpighi aus Ravenna, ein Zögling des Petrarca, zu Padua und seit 1397 zu Florenz. Sammlung

§ 3. Die Erneuerung des Platonismus und anderer Doctrinen des Alterthums.

von Handschriften ward mehr und mehr den Reichen und Mächtigen zur Ehrensache und die Liebe zu Alterthumsstudien entzündete sich in immer weiteren Kreisen an der Lectüre der classischen Werke.

Manuel Chrysoloras aus Constantinopel, gest. 1415 zu Kostnitz, war der erste geborene Grieche, der als öffentlicher Lehrer der griechischen Sprache und Litteratur in Italien auftrat. Leonardus Aretinus, Franciscus Barbarus, Philelphus, Guarinus und viele andere Litteratoren des fünfzehnten Jahrhunderts und Lehrer an italienischen Akademien haben durch ihn ihre Bildung erhalten.

Zu Mailand und an anderen Orten lehrte Constantinus Lascaris aus Constantinopel die griechische Sprache. Sein Sohn Johannes Lascaris (1445—1535) hat als Gesandter des Lorenz von Medici (geb. 1449, gest. 1492) an Bajezid II. den Ankauf vieler Manuscripte für die Mediceische Bibliothek vermittelt. An der Aldinischen Ausgabe griechischer Klassiker hat sich besonders sein Schüler Marcus Musurus eifrig betheiligt.

Am Hofe des Cosmus von Medici (geb. 1389, gest. 1464) lebte eine Zeitlang (seit 1438) Georgius Gemistus Pletho aus Constantinopel (geb. um 1355, gest. im Peloponnes 1452), der einflussreichste Erneuerer des Studiums der platonischen und neuplatonischen Philosophie im Occidente. Er änderte seinen Namen Γεμιστός in den gleichbedeutenden, attischeren und an Πλάτων anklingenden Namen Πλήθων um. Obwohl er zu der Isagoge des Porphyrius und den Kategorien und der Analytik des Aristoteles Erläuterungen schrieb, so verwarf er doch mit grösster Entschiedenheit die aristotelische Lehre, dass die Individuen die ersten Substanzen seien, das Allgemeine aber ein Secundäres, fand die Einwürfe gegen die platonische Ideenlehre unzutreffend, und bekämpfte die aristotelische Theologie, Psychologie und Moral; er setzte in seiner um 1440 zu Florenz verfassten Abhandlung über den Unterschied zwischen der platonischen und aristotelischen Philosophie (περὶ ὧν Ἀριστοτέλης πρὸς Πλάτωνα διαφέρεται, gedruckt Par. 1540, Bas. 1575) und in seinem Compendium der Dogmen des Zoroaster und des Plato, welches vielleicht ein integrirender Theil seines umfassenden Werkes: νόμων συγγραφή war, das in Folge der Verdammung durch den Patriarchen Gennadius nur bruchstückweise auf uns gekommen ist, der aristotelischen Hinneigung zum Naturalismus die theosophische Richtung des Platonismus lobpreisend entgegen, ohne freilich Plato's Lehre von der neuplatonischen zu unterscheiden und ohne die Abweichung einzelner platonischer Philosopheme von den entsprechenden christlichen Dogmen (insbesondere der platonischen Lehren über die Präexistenz der menschlichen Seelen vor dem irdischen Leben, über die Weltseele und die Gestirnseelen, mancher ethisch-politischen Lehren, auch der neuplatonischen Annahme der Ewigkeit der Welt) sonderlich in Anschlag zu bringen. Durch Pletho's Vorträge ist Cosmus von Medici für den Platonismus mit warmer Liebe erfüllt und zur Gründung der platonischen Akademie zu Florenz veranlasst worden, deren erster Vorsteher Marsilius Ficinus war. Ueber die Florentinische Akademie handelt R. Sieveking, Gött. 1812; über Pletho handeln: Leo Allatius, de Georgiis diatriba, in: Script. Byzant. Par. XIV, 1651, p. 383 sqq., wiederabg. bei Fabric. Bibl. Gr., Bd. X. der alten Ausg., Bd. XII. der neuen, ed. Harless, Hamb. 1809, S. 85—109; Boivin, querelle des philosophes du XV. siècle, in: Mémoires de littérature de l'Acad. des Inscriptions, tom. IV, p. 481—501; W. Gass, Gennadius and Pletho, Aristotelismus und Platonismus in der griechischen Kirche, nebst einer Abh. über die Bestreitung des Islam im Mittelalter; 2. Abth.: Gennadii et Plethonis scripta quaedam edita et inedita, Breslau 1844; ferner Πλήθωνος νόμων συγγραφῆς τὰ σωζόμενα, Pléthon, traité des lois, ou recueil

10   § 3. Die Erneuerung des Platonismus und anderer Doctrinen des Alterthums.

des fragments, en partie inédits, de cet ouvrage, par C. Alexandre, traduction par A. Pellissier, Paris 1858, und A. Ellissen, Analekten der mittel- und neugriech. Litt. IV, 2: Plethons Denkschriften über den Peloponnes, Leipz. 1860.

Bessarion aus Trapezunt, geb. 1395, Erzbischof von Nicaea 1436, später Patriarch von Constantinopel, in welcher Stellung er jedoch bei seiner Hinneigung zur Vereinigung der griechischen Kirche mit der lateinischen sich nicht zu behaupten vermochte, vom Papst Eugen IV. zum Cardinal erhoben, gest. 1472, war ein Schüler des Gemistus Pletho und vertheidigte gleich diesem, jedoch mit grösserer Mässigung und Unparteilichkeit, den Platonismus. Seine bekannteste Schrift: „adversus calumniatorem Platonis", Rom (1469), Venet. 1503 und 1516, ist gegen des Aristotelikers Georg von Trapezunt Comparatio Aristotelis et Platonis gerichtet, der, durch Pletho's Angriff auf den Aristotelismus gereizt, in leidenschaftlicher Weise den Platonismus bekämpft hatte. In einem Briefe vom 19. Mai 1462 an Michael Apostolius, einen noch jungen und leidenschaftlichen Vertheidiger des Platonismus, der den Aristoteles und den Aristoteliker Theodor Gaza, einen Bekämpfer des Pletho, geschmäht hatte, sagt Bessarion: ἐμὶ δὲ φιλοῦντα μὲν ἴσθι Πλάτωνα, φιλοῦντα δ' Ἀριστοτέλη καὶ ὡς σοφώτατο σεβόμενον ἰκετεύω, er tadelt selbst an dem von ihm hochgeschätzten Plethon die Heftigkeit der Bekämpfung des Aristoteles; den Michael aber ermahnt er, mit Achtung zu jenen grossen Philosophen des Alterthums aufzuschauen, jeden Kampf aber nach dem Vorbilde des Aristoteles mit Mässigung, nicht durch Schmähungen, sondern durch Argumente zu führen. Bessarions Uebersetzung der Xenophontischen Memorabilien, der Metaphysik des Aristoteles und des erhaltenen Fragments der Theophrastischen Metaphysik sind durch allzu strenge Wörtlichkeit oft unlateinisch, haben aber bessere Leistungen Späterer vorbereitet.

Marsilius Ficinus, geb. zu Florenz 1433, durch Cosmus von Medici als Lehrer der Philosophie an der Akademie zu Florenz angestellt, gest. daselbst 1499, hat sich besonders durch seine, soweit es damals möglich war, ungleich treue und elegante Uebersetzung der Werke des Plato und des Plotin, auch einiger Schriften des Porphyrius und anderer Neuplatoniker, ein bleibendes Verdienst erworben. Seine Uebersetzung des Plato ist Flor. 1483—84, des Plotin 1492 zuerst erschienen, seine Schrift: Theologia Platonica Flor. 1482, seine sämmtlichen Schriften mit Ausnahme der Uebersetzung des Plato und des Plotin Basil. 1576.

Johann Pico von Mirandola (1463—94) hat mit dem Neuplatonismus kabbalistische Doctrinen verschmolzen. Er stellte 900 Thesen auf, über die er in Rom zu disputiren gedachte (gedr. Rom 1486, Colon. 1619); doch ward die Disputation untersagt. Seine Richtung theilte sein Neffe Johann Franz Pico von Mirandola (gest. 1533). Die Schriften des Ersteren sind Bonon. 1496, die Beider Bas. 1572—78 und 1601 erschienen. Vgl. Georg Dreydorff, das System des Joh. Pico von Mirandula und Concordia, Marburg 1858.

Durch Ficin und Pico ist Johann Reuchlin (1455—1522) für den Neuplatonismus und die Kabbala gewonnen worden. Er schrieb Capnion sive de verbo mirifico (Bas. 1494, Tüb. 1514, eine Unterredung zwischen einem Heiden, Juden und Christen) und de arte cabbalistica (Hagenau 1517; 1530). Mit dem Studium der classischen Sprachen verband Reuchlin das der hebräischen; gegen den Fanatismus kölnischer Dominicaner, welche die Verbrennung der ausserkanonischen jüdischen Litteratur beabsichtigten, hat er diese gerettet. (Vgl. über ihn Meyerhoff, Berl. 1830.) Sein Kampf gegen die „Dunkelmänner", an dem sich namentlich auch Ulrich von Hutten (1488—1523; vgl. über ihn D. F. Strauss, Leipz. 1858—60) die beste Ausgabe seiner Schriften hat Böcking besorgt, Leipzig 1859—69, nebst

§ 3. Die Erneuerung des Platonismus und anderer Doctrinen des Alterthums. 11

Index bibliographicus Huttonianus, Leipzig 1858) betheiligte, hat der Reformation vorgearbeitet.

Heinrich Cornelius Agrippa von Nettesheim (1486—1535), der an Reuchlin und an Raymund Lull sich anschloss, verband den Mysticismus und die Magie mit Skepticismus. Er schrieb de occulta philosophia (Col. 1510; 1531—33) und de incertitudine et vanitate scientiarum (Col. 1527, Par. 1529, Antw. 1530); seine Werke sind zu Lyon 1550, auch 1600 und deutsch zu Stuttgart 1856 gedruckt worden. Eine Lebensbeschreibung des Agrippa ist enthalten im ersten Theile von F. J. v. Bianco, die alte Universität Köln, Köln 1855.

Unter den Aristotelikern des fünfzehnten und sechzehnten Jahrhunderts ist Georgius Scholarius mit dem Beinamen (den er, wie es scheint, als Mönch annahm) Gennadius, geb. zu Constantinopel, eine Zeitlang unter dem Sultan Mohammed Patriarch, gest. um 1464, als Gegner des Pletho aufgetreten, den er besonders auf Grund der Schrift: νόμων συγγραφή (die er zur Vernichtung verurtheilte) des Ethnicismus beschuldigte, nachdem er schon früher seinen Platonismus bekämpft und den Aristotelismus vertheidigt hatte. Ausser Pletho's Abweichungen von christlichen Dogmen mussten seine Angriffe gegen das entartete Mönchthum, seine (der Platonischen Polemik gegen orphische Sühnpriester nachgebildeten) Aeusserungen gegen solche Opfer und Gebete, durch welche Gott zu einem nicht gerechten Verhalten bestimmt werden solle, gegen ihn reizen. Gennadius hat einen Commentar zu des Porphyrius Isagoge und zu den Categ. und zu de interpret. verfasst, und scholastische Schriften, insbesondere den Tractat des Gilbertus Porretanus de sex principiis, der als Ergänzung der aristotelischen Schrift über die Kategorien galt (s. Gdr. IIb, S. 44, 2. Aufl. II, S. 148), in's Griechische übersetzt.

Georg von Trapezunt, geb. 1396, gest. 1486, gegen den Bessarions oben erwähnte Schrift gerichtet ist, lehrte zu Venedig und Rom die Rhetorik und Philosophie. Er tadelt in seiner Comparatio Platonis et Aristotelis (gdr. Venet. 1523) die Richtung des Pletho als unchristlich, wirft ihm vor, er habe eine neue Religion zu gründen beabsichtigt, die weder die christliche, noch die mohammedanische, sondern die neuplatonisch-heidnische sei, und behandelt ihn wie einen neuen und gefährlicheren Mohammed; nicht bei Plato, sondern nur bei Aristoteles findet Georg von Trapezunt bestimmte und haltbare philosophische Sätze in lehrhafter systematischer Form. Mehrere Aristotelische Schriften sind von ihm übersetzt und commentirt worden.

Theodorus Gaza, geb. zu Thessalonich, gest. 1478, kam um 1430 nach Italien und lehrte griechische Sprache und Litteratur. Er war ein gelehrter Aristoteliker, Gegner Pletho's, jedoch mit Bessarion befreundet. Er hat besonders naturwissenschaftliche Schriften des Aristoteles und des Theophrast übersetzt.

Laurentius Valla, geb. zu Rom 1415, gest. ebendaselbst 1465, der Uebersetzer der Ilias, des Herodot und des Thucydides, hat die Unkritik auf dem Gebiete der Geschichte und die geschmacklose Subtilität auf dem Gebiete der Philosophie scharf und erfolgreich bekämpft. Aus Cicero und Quinctilian entnimmt er logische und rhetorische Normen. Seine Werke sind Bas. 1540—43, einzelne Schriften schon früher gedruckt worden, die Streitschrift de dialectica contra Aristotelem Venet. 1499.

Rudolph Agricola (1442—85) studirte zu Löwen scholastische Philosophie, genoss aber später in Italien den Unterricht classisch gebildeter Griechen, besonders des Theodor Gaza. Er hat, wie Valla, die scholastische Geschmacklosigkeit bekämpft, aus den Schriften des Aristoteles einen reineren Aristotelismus entnommen,

§ 3. Die Erneuerung des Platonismus und anderer Doctrinen des Alterthums.

und in reinerem Latein philosophirt. Seine logisch-rhetorische Schrift de dialectica inventione, worin er auf Aristoteles und Cicero fusst, ist (1480), Lovan. 1515, Argent. 1521, Colon. 1527, Par. 1528 gedruckt worden; Melanchthon sagt über dieselbe: nos vero ulla extant recentia scripta de locis et ara dialectices meliora et locupletiora Rudolphi libris; auch Ramus hat günstig über diese Schrift geurtheilt. Seine Opera sind cura Alardi Colon. 1539 erschienen.

Johannes Argyropulus aus Constantinopel, gest. zu Rom 1486, lebte am Hofe des Cosmus von Medici, dessen Sohn Peter und Enkel Lorenz er im Griechischen unterrichtete, und war dann noch bis 1479 Lehrer der griechischen Sprache an der Akademie zu Florenz, in welchem Amt ihm Demetrius Chalcocondylas (1424—1511), ein Schüler des Theodor Gaza, folgte. Von den Schriften des Aristoteles hat Johannes Argyropulus das Organon, die Auscultationes phys., die Bücher de coelo, de anima und die Ethica ad Nicomachum in's Lateinische übersetzt.

Angelo Poliziano (1454—94), ein Schüler des Christoph Landinus in der römischen und des Argyropulus in der griechischen Litteratur, hielt zu Florenz Vorlesungen über Schriften des Aristoteles, übersetzte auch das Enchiridion des Epiktet und Plato's Charmides, war aber mehr Philolog und Dichter, als Philosoph. Ueber ihn handelt Jacob Mähly, Angelus Politianus, ein Culturbild aus der Renaissance, Leipzig 1864.

Ermolao Barbaro (Hermolaus Barbarus) aus Venedig, geb. 1454, gest. 1493, hat Schriften des Aristoteles und Commentare des Themistius übersetzt. Er gehört zu den hellenistischen Antischolastikern; ihm gelten Albert und Thomas gleich wie Averroës als „barbari philosophi".

Einen quellenmässigen Aristotelismus hat Jacob Faber (Jacques Lefèvre aus Etaples in der Picardie, Faber Stapulensis) an der pariser Universität, wo er um 1500 wirkte, mit vielem Beifall gelehrt. Er hat Aristotelische Schriften durch lateinische Paraphrasen erläutert. Reuchlin sagt: Gallis Aristotelem Faber Stapulensis restauravit. Zugleich aber war derselbe ein eifriger Mathematiker und Verehrer und Herausgeber der Schriften des Nicolaus Cusanus, dessen Richtung noch grösseren Einfluss auf Fabers Schüler Borillus (s. unten § 5) gewonnen hat.

Desiderius Erasmus (1467—1536) hat durch Bekämpfung scholastischer Barbarei und positiv theils durch die von ihm mitbesorgte Ausgabe des Aristoteles, theils und besonders durch Begründung der Patrologie mittelst seiner Ausgaben des Hieronymus, Hilarius, Ambrosius, Augustinus auch für die Geschichte der Philosophie Bedeutung.

Als Antischolastiker hat Joh. Lodovicus Vives, geb. zu Valencia 1492, gest. zu Brügge gegen 1540, ein jüngerer Zeitgenosse und Freund des Erasmus, besonders durch seine Schrift de causis corruptarum artium (Antw. 1531 und in den Opera, Bas. 1555; Valenc. 1782) kräftig gewirkt. Die echten Schüler des Aristoteles, lehrt Vives, befragen die Natur selbst, wie auch die Alten dies gethan haben; nur durch directe Untersuchung auf dem Wege des Experimentes ist die Natur zu erkennen.

Marius Nizolius aus Bersello, geb. 1498, gest. 1576, hat die Scholastik bekämpft in seinem Thesaurus Ciceronianus und besonders in seinem Antibarbarus sive de veris principiis et vera ratione philosophandi contra pseudo-philosophos (den G. W. Leibnitz Francof. 1674 wiederherausgegeben hat). Nizolius vertritt die nominalistische Doctrin, dass nur die Individuen wirkliche Substanzen, die Arten und Gattungen aber subjective Zusammenfassungen seien und dass alle Erkenntniss von der Wahrnehmung, die allein unmittelbare Gewissheit habe, ausgehen müsse.

§ 8. Die Erneuerung des Platonismus und anderer Doctrinen des Alterthums. 13

Nicht bloss die Scholastik, sondern auch die dialektische Doctrin des Aristoteles selbst ist von Petrus Ramus (Pierre de la Ramée, geb. 1515, ermordet in der Bartholomäusnacht 1572 auf Anstiften seines scholastischen Gegners Charpentier) bekämpft worden in den Animadversiones in dialecticam Aristotelis, Paris 1534 u. ö., woran sich der wenig bedeutende positive Versuch einer verbesserten Logik in den Institutiones dial. Par. 1543 anschloss. Er sucht, an Cicero (und Quinctilian) anknüpfend, die Logik mit der Rhetorik zu verschmelzen. Vgl. über ihn Waddington-Kastus, de Petri Rami vita, scriptis, philosophia, Paris 1846, und Charles Desmaze, Paris 1864.

Die Humanisten hassten den scholastischen Aristotelismus und zumeist den in Oberitalien, besonders zu Padua und Venedig herrschenden Averroismus als barbarisch. Viele von ihnen, namentlich die Platoniker, bekämpften den Averroismus auch als den Feind religiöser Gläubigkeit. Bald aber kamen andere Gegner des Averroismus auf, die auf den Text des Aristoteles und auf die Schriften griechischer Commentatoren, insbesondere des Alexander von Aphrodisias, zurückgingen, um an die Stelle der mystisch-pantheistischen Interpretation eine deistisch-naturalistische zu setzen, welche übrigens in der Negation der Wunder und der individuellen Unsterblichkeit mit dem Averroismus übereinkam, der die Einheit des unsterblichen Intellects in dem ganzen Menschengeschlechte behauptete, wesshalb die Vertheidiger des christlichen Glaubens und der platonischen Lehren, wie Marsilius Ficinus, J. A. Marta, Casp. Contarini, später Anton Sirmond, beide zugleich bekämpften und ein Lateranconcil (in der Sitzung vom 19. Dec. 1512) beide verdammte und den Professoren die Pflicht auferlegte, Irrthümer, wenn sie dieselben in den zu interpretirenden Schriften vorfänden, nicht ohne Widerlegung zu lassen, indem es zugleich die Unterscheidung einer zweifachen Wahrheit verwarf und alles, was der Offenbarung widerstrebte, für falsch erklärte. Es gab auch zu Padua reine Aristoteliker, die nicht Alexandristen waren, sondern die Unsterblichkeit der Seelen annahmen, wie Nicolaus Leonicus Thomaeus (geb. 1456), der daselbst seit 1497 lehrte. Aber vorherrschend war doch zu jener Zeit in Oberitalien der Averroismus und bei den antischolastischen Bekämpfern desselben der Naturalismus, der sich an Alexanders Deutung des Aristoteles hielt. Marsilius Ficinus sagt in der Vorrede zu seiner Uebersetzung des Plotin, freilich nicht ohne einige rhetorische Ueberspannung: Totus fere terrarum orbis a Peripateticis occupatus in duas plurimum sectas divisus est, Alexandrinam et Averroicam. Illi quidem intellectum nostrum esse mortalem existimant, hi vero unicum esse contendunt, utrique religionem omnem funditus aeque tollunt, praesertim quia divinam circa homines providentiam negare videntur et utrobique a suo etiam Aristotele defecisse.

In der Schule zu Padua hat von der ersten Hälfte des 14. Jahrhunderts an bis gegen die Mitte des 17. Jahrhunderts der Averroismus geherrscht, freilich zu den verschiedenen Zeiten in sehr verschiedenem Sinne; die heterodoxen Elemente der averroistischen Doctrin wurden zwar von einzelnen Averroisten hervorgekehrt, von andern aber gemildert; im Anfange des 16. Jahrhunderts erschien der Averroismus im Vergleich mit dem Alexandrismus als der kirchlichen Lehre verwandter; in der Zeit der kirchlichen Reaction reducirte sich derselbe auf sorgsame Benutzung der Commentare des Averroës zur Erklärung der Aristotelischen Schriften unter mildernder Umdeutung der von dem kirchlichen Glauben abweichenden Sätze; Viele deuteten die Einheit des Intellects auf die Identität der obersten Vernunftsätze (des Satzes vom Widerspruch etc.). Die Averroisten dieser späteren Zeit wollten zugleich gute Katholiken sein. Der Averroismus war zur Sache der Gelehrsamkeit geworden und trug nicht mehr einen offensiven Charakter. Zahlreiche Abdrücke averroistischer

§ 8. Die Erneuerung des Platonismus und anderer Doctrinen des Alterthums.

Commentare bekunden das andauernde Interesse. Die erste Ausgabe des Averroës, welche zu Padua 1472 erschien, reproducirte die alten, im 16. Jahrhundert entstandenen, lateinischen Uebersetzungen; später wurden auf Grund hebräischer Uebersetzungen neue lateinische veranstaltet, die zu der Ausgabe von 1552—53, welche jedoch auch einzelne ältere Uebersetzungen enthält, verwendet wurden.

Die averroistische Lehre von der Einheit der unsterblichen Vernunft in dem gesammten Menschengeschlechte trug in den letzten Jahrzehnten des 15. Jahrhunderts Nicoletto Vernias vor, der den Lehrstuhl zu Padua von 1471 bis 1499 einnahm; in seinem Alter aber bekehrte er sich zu der Anerkennung der Unsterblichkeit jeder einzelnen Seele. Seit 1495 trat neben ihm als Lehrer der Philosophie Petrus Pomponatius (gest. 1525) auf, der in seinen Vorträgen und in seinen Schriften (de immortalitate animae, Bonon. 1516, Ven. 1525, Basil. 1534, ed. Chr. G. Bardili, Tub. 1791; de fato, libero arbitrio, praedestinatione, providentia Dei libri quinque, Basil. 1525, 1556, 1567; de naturalium effectuum admirandorum causis s. de incantationibus liber, verfasst 1520, Basil. 1556, 1567) die averroistische Doctrin verwarf, die thomistischen Argumente gegen dieselbe als widerlegungskräftig anerkannte, keineswegs aber mit Thomas in der Vielheit unsterblicher Intellecte, sondern in der Sterblichkeit der menschlichen Seele mit Einschluss ihrer Vernunftkraft die wahre Meinung des Aristoteles fand und sich für diese Deutung auf Alexander von Aphrodisias berief, der den activen unsterblichen Intellect mit dem göttlichen Geiste identificirt, die individuelle Vernunft eines jeden Menschen aber für sterblich erklärt. Der menschliche Verstand erkennt das Allgemeine nur im Besondern, das Denken kann niemals ohne das Vorstellungsbild (φάντασμα) sein, das in der Wahrnehmung wurzelt und niemals raumlos und zeitlos, daher auch stets an das leibliche Organ gebunden ist und mit diesem vergeht. Die Tugend ist von dem Glauben an Unsterblichkeit unabhängig; sie ist am reinsten, wenn sie ohne Rücksicht auf Lohn und Strafe geübt wird. Die Freiheit, diese Lehre vorzutragen, suchte sich Pomponatius durch die Unterscheidung einer zweifachen Wahrheit, der philosophischen und der theologischen, zu sichern (wodurch er gleich andern Denkern des Mittelalters und der Uebergangszeit auf eine für das nächste Bedürfniss zureichende, aber philosophisch noch anentwickelte Weise die moderne Unterscheidung zwischen symbolischem Vorstellen und speculativem Denken anticipirte). In der Consequenz des philosophischen Gedankens liegt nach ihm die Sterblichkeit der menschlichen Seelen; aber in den Kreis der theologischen Glaubenssätze passt nur die Unsterblichkeit. In gleicher Art behandelte Pomponatius die Lehre vom Wunder und von der Willensfreiheit.

Zu Padua und seit 1509 zu Bologna kämpfte mit Pomponatius Alexander Achillini (gest. 1518), der an der averroistischen Lehrform im Allgemeinen festhielt, ohne freilich die Einheit des Intellects im antikirchlichen Sinne behaupten zu wollen.

Ein Schüler des Vernias, Augustinus Niphus (1473—1546; opuscula moralia et politica, Par. 1654), der sich anfangs zu der averroistischen Doctrin von der Einheit des Intellects bekannte, später aber seinen Averroïsmus zu mildern und mit der Kirchenlehre in Einklang zu setzen wusste, 1496—97 die Schriften des Averroës, jedoch nicht ohne widerlegende Bemerkungen an manchen Stellen beizufügen, herausgab, verfasste im Auftrage des Papstes Leo X. eine Widerlegungsschrift gegen das Buch des Pomponatius de immortalitate animae; da man sich aber am römischen Hofe für diese Verhandlungen lebhaft interessirte, so konnte Pomponatius unter dem Schutze des Cardinals Bembo (und mittelbar des Papstes selbst) sein Defensorium contra Niphum verfassen. Das philosophische Interesse führte den römischen Hof über die Grenzen seines kirchlich-politischen Interesses hinaus; der am Hofe des

§ 8. Die Erneuerung des Platonismus und anderer Doctrinen des Alterthums. 15

Papstes herrschende „Unglaube", der mit Sittenlosigkeit gepaart war, gereichte Luther und anderen Gläubigen zum Anstoss und ward zur Mitursache der Kirchentrennung, welche durch die bald von Seiten späterer Päpste erfolgende Reaction im Sinne strengster kirchlicher Gläubigkeit nicht rückgängig gemacht werden konnte.

Simon Porta aus Neapel, (gest. 1555, zu unterscheiden von dem um die Physik verdienten Giambattista Porta aus Neapel, der von 1540—1615 lebte und besonders durch die Schrift: Magia naturalis, Neapel 1589 u. ö., berühmt ist), ein Schüler des Pomponatius, schrieb gleich diesem selbst im alexandristischen Sinne über die Unsterblichkeitsfrage (de rerum naturalibus principiis, de anima et mente humana, Flor. 1551). Gasparo Contarini (1483—1542) gleichfalls ein Schüler des Pomponatius, bekämpfte dessen Doctrin. Um die Erläuterung des Textes des Aristoteles und des Averroës machte sich der gelehrte Zimara aus Neapel (gest. 1532) verdient; seine Noten sind in die späteren Ausgaben des Averroës aufgenommen worden. Jacob Zabarella (geb. zu Padua 1532, Lehrer der Philosophie ebendaselbst von 1564 bis zu seinem Tode 1589) folgte in der Deutung des Aristoteles grösstentheils dem Averroës, schloss sich in der psychologischen Doctrin dem Alexander an, hielt aber dafür, dass der individuelle Intellect, obwohl seiner Natur nach vergänglich, indem die göttliche Erleuchtung ihn vervollkomme, der Unsterblichkeit theilhaftig werde. Zabarella wurde von Franz Piccolomini (1520—1604), einem Anhänger des Zimara, bekämpft. Andreas Caesalpinus (1509—1603), Leibarzt des Papstes Clemens VIII, vollzog die naheliegende Umbildung des Averroismus zum Pantheismus; sein Gott ist „anima universalis" (quaestiones perip. Venet. 1571; daemonum investigatio peripat., ib. 1593). Zabarella's Nachfolger auf dem Lehrstuhle zu Padua, Cesare Cremonini (geb. 1552, gest. 1631) war der letzte bedeutende Repräsentant des mit alexandristischer Psychologie versetzten averroistischen Aristotelismus.

Den Stoicismus hat namentlich Justus Lipsius (1547—1606) zu erneuen gesucht in seiner Manuductio ad Stoicam philosophiam, Physiologia Stoicorum und anderen Schriften. Auch Casp. Schoppe (Scioppius), Thomas Gataker und Daniel Heinsius haben sich um Erläuterung der stoischen Doctrin bemüht.

Den Epikureismus hat Gassendi (1592—1655; de vita, moribus et doctrina Epicuri, Lugd. Bat. 1647, Hag. Com. 1656; animadversiones in Diog. L. de vita et philos. Epic., Lugd. Bat. 1649; syntagma philos. Epicuri, Hag. Com. 1655; 1659; Petri Gassendi opera, Lugd. 1658 und Flor. 1727) gegen ungerechtfertigte Vorwürfe zu vertheidigen und in Bezug auf die Naturlehre als die vorzüglichste Doctrin zu erweisen, jedoch die christliche Theologie damit zu vereinigen gesucht. Durch die Anknüpfung an die neuere Naturforschung hat die Gassendische Erneuerung des Epikureismus eine ungleich grössere Bedeutung gewonnen, als die Erneuerung irgend eines andern antiken Systems; nicht mit Unrecht betrachtet F. A. Lange (Gesch. des Materialismus und Kritik seiner Bedeutung in der Gegenwart, Iserlohn 1866, S. 118 ff.) Gassendi als den eigentlichen Erneuerer einer ausgebildeten materialistischen Weltanschauung in der Neuzeit.

Der Skepticismus der Alten wurde erneut und zum Theil in eigenthümlicher Weise fortgebildet, mehr oder minder auch auf christliche Lehren mitbezogen, schliesslich jedoch in der Regel durch eine — sei es ehrliche oder kluge — Anerkennung der gerade um der Schwäche der Vernunft willen dem Menschen unentbehrlichen Offenbarung mit der Theologie in Einklang gebracht durch den geistreichen Weltmann Michel de Montaigne (1533—92; Essais, Bourdeaux 1580 und seitdem bis auf die Gegenwart sehr häufig; neuerdings avec les notes de tous les

16 § 3. Die Erneuerung des Platonismus und anderer Doctrinen des Alterthums.

commentateurs choisies et complétées par M. J. V. Le Clerc, et une nouvelle étude sur M. par Prevost-Paradol, Paris 1865; über ihn handelt u. A. Eugène Bimbenet, les Essais de M. dans leurs rapports avec la législation moderne, Orléans 1864), den auf das Suchen der Wahrheit, die in Gottes Schoosse wohnt, den Menschen beschränkenden Geistlichen Pierre Charron (1541—1603; de la sagesse, Bourdeaux 1601 u. ö., hrsg. von Renouard, Dijon 1801; das frühere Werk: trois verités contre tous athées, idolâtres, juifs, Mahométans, hérétiques et schismatiques, Paris 1594, ist dogmatistischer gehalten), den Lehrer der Medicin und Philosophie Franz Sanchez (Sanctius, geb. 1562, gest. zu Toulouse 1632; tractatus de multum nobili et prima universali scientia, quod nihil scitur, Lugd. 1581 u. ö.; tractatus philosophici, Rotterdam 1649; über ihn handelt Ludwig Gerkrath, Wien 1860), den die Zweifelsgründe der alten Skeptiker insbesondere auf die Theologie anwendenden und diese auf den blossen Glauben einschränkenden François de la Mothe le Vayer (1586—1672; cinq dialogues faits à l'imitation des anciens par Horatius Tubero, Mons 1673 u. ö.; Oeuvres (ohne jene Dialoge), Par. 1653 u. ö.), seine Schüler Sam. Sorbière (1615—1670), welcher des Sextus Empir. hypotyposes Pyrrhoneas übersetzte, und Simon Foucher, der eine Histoire des Academiciens, Par. 1690, eine Dissert. de philos. Academica, Par. 1692 verfasste und des Malebranche Recherche de la verité einer skeptischen Kritik unterwarf, ferner durch Joseph Glanvill (gest. 1680), Hieronymus Hirnhaym (gest. zu Prag 1679), Pierre Daniel Huet (1633—1721) und seinen jüngeren Zeitgenossen Pierre Bayle (1647—1706), von denen in dem zweiten Hauptabschnitte zu handeln ist.

§ 4. Dem Rückgang der gelehrten Bildung vom Scholasticismus auf die altrömische und griechische Litteratur steht der Rückgang des religiösen Bewusstseins von der Kirchenlehre auf die biblischen Schriften als Analogon zur Seite. Indem mit der Tradition gebrochen wird, erscheint das Ursprüngliche als das Reine, Echte und Wahre, der Fortgang aber nicht als Fortbildung zum Höheren, sondern als Abschwächung und Entartung; doch wird thatsächlich über die Repristination der älteren Form zu einer neuen reformatorischen Entwicklung hinausgegangen, für welche die Negation der zunächst vorangegangenen Bildungsform den freien Raum schafft. An den biblischen Urkunden und an den Dogmen der ältesten Kirche principiell festhaltend, verwirft der Protestantismus die mittelalterliche Hierarchie und die scholastische Rationalisirung des Dogmas. Das Gewissen des Subjectes findet sich im Widerstreit mit dem von der Kirche vorgezeichneten Wege zum Heil, auf dem es nicht zum innern Frieden und nicht zur Versöhnung mit Gott gelangt, nicht zur Ueberwindung des Gegensatzes zwischen Gesetz und Sünde, den die in den Mönchsgelübden culminirende Moral, welche die sittliche Bedeutung der Arbeit, der Ehe, der Selbstständigkeit, aller natürlichen Grundlagen des geistigen Lebens unterschätzte, unlösbar gemacht hatte und den der Ablass und andere Sühnmittel verdeckten, nicht hoben, und seine religiöse Ueberzeugung findet sich nicht gekräftigt, sondern geschädigt durch die Schulvernunft. Nicht das kirchliche Werk, sondern der persönliche Glaube heseligt; die menschliche Vernunft widerstreitet dem Glauben, den der heilige Geist wirkt. In der ersten Hitze des Kampfes erscheint dem Reformator das Oberhaupt der katholischen Kirche als Antichrist, und Aristoteles, das Haupt der katholischen Schulphilosophie, als eine „gottlose Wehr der Papisten". In der Consequenz dieser Anschauungen lag die Aufhebung aller Philosophie zu Gunsten der Unmittelbarkeit des Glaubens; in dem Maasse aber, wie der Protestantismus Bestand gewann, trat mit der Nothwendigkeit einer neuen kirchlichen Ordnung zugleich die Nothwendigkeit einer festen Lehrordnung hervor; Luthers Genosse Melanchthon erkannte die Unentbehrlichkeit des Aristoteles als des Meisters der wissenschaftlichen Form, und Luther gestand den Gebrauch des Textes aristotelischer Schriften zu, sofern dieselben nicht durch scholastische Commentare beschwert seien. So kam auf den protestantischen Universitäten zunächst ein neuer Aristotelismus auf, der sich durch Einfachheit und Freiheit von leeren Subtilitäten von der Scholastik unterschied, durch die Nothwendigkeit aber, die naturalistischen Elemente der aristotelischen Doctrin, insbesondere der aristotelischen Psychologie, in einem dem religiösen Glauben conformen Sinne umzubilden, derselben wiederum annäherte. Die Bildung einer neuen, selbstständigen Philosophie auf Grund des verallgemeinerten protestantischen Princips blieb einer späteren Zeit vorbehalten.

Ueber die philosophische Weltanschauung der Reformationszeit handelt namentlich Mor. Carrière, Stuttg. u. Tüb. 1847. Luthers Werke sind am vollständigsten von Walch herausgegeben worden in 24 Bänden, Halle 1740—51. Unter den zahlreichen Schriften über ihn mag hier um der philosophischen Beziehungen willen Chr. H. Weisse, Mart. Luth., Lips. 1845, und: die Christologie Luthers, Leipz. 1852 erwähnt werden. Melanchthons Werke, von seinem Schwiegersohn Peucer Wittenberg 1562—64 hrsg., haben neuerdings Bretschneider und Bindseil im: Corpus reformatorum, Halle und Braunschweig 1834 ff. in 28 Bänden veröffentlicht, woran sich Annales vitae et indices, Brunsvigae 1860, schliessen; Bd. XIII. enthält die philosophischen Schriften mit Ausnahme der ethischen, die in Bd. XVI. stehen; auch in Bd. XX. findet sich unter den Scripta varii argumenti einzelnes Philosophische. Ueber Melanchthon handeln u. A.: Joachim Camerarius, de vita Mel. narratio, 1566, von Georg Theod. Strobel 1777 und von August 1819 neu herausgegeben, Friedr. Galle, Charakteristik M.'s als Theologen, Halle 1840, Karl Matthes, Ph. M., sein Leben und Wirken, Altenburg 1841, Ledderhose, M. nach s äussern u. innern Leben, Heidelb. 1847, Planck, M., praeceptor Germaniae, Nördlingen 1860. Ueber die Beschaffenheit der Logik und Metaphysik bei den sogen. reinen Peripatetikern handelt W. L. G. v. Eberstein, Halle 1800, und insbesondere über den Aristotelismus unter den Protestanten J. H. ab Elswich, de varia Aristotelis in scholis Protestantium fortuna schediasma, bei der von ihm Viteb. 17.0 neu herausg. Schrift von Launoy, de varia Arist. fortuna in Acad. Parisiensi (s. o. Grdr. II, 2. Aufl. S. 104).

§ 4. Der Protestantismus und die Philosophie.

Auch die Philosophie hielt Luther (10. Nov. 1483 bis 18. Febr. 1546) der Reformation für bedürftig. Er sagt (Epist. t. I, 64 ed. de Wette; vgl. F. X. Schmid, Nic. Taurellus, S. 4): Credo, quod impossibile sit ecclesiam reformari, nisi funditus canones, decretales, scholastica theologia, philosophia, logica, ut nunc habentur, eradicentur et alia instituantur. Er meinte aber, dass zu diesem Zwecke keineswegs der Rückgang von dem scholastischen Aristoteles auf den wirklichen Aristoteles genüge; jener sei eine Wehr der Papisten, dieser aber naturalistisch gesinnt, leugne die Unsterblichkeit der Seelen und nicht einmal zur Naturerkenntniss können seine metaphysischen Subtilitäten dienen: er erwartet von Aristoteles nicht nur keine Hülfe, sondern perhorrescirt ihn in dem Maasse, dass er urtheilt: vial caro falsset Aristoteles, vere diabolum cum fuisse non puderet asserere. Auch Melanchthon (16. Febr. 1497 bis 19. April 1560; seinen drolligen Einfall vom Jahre 1531, seinen gräcisirten Namen durch sprachwidrige Anwerfung des ch wohllautender zu machen, sollte man dem Manne zu Gute halten, aber nicht zu bleibender Geltung erheben) wurde eine Zeitlang in Luthers Stimmung hineingezogen. Aber auf die Dauer konnte die Reformation nicht ohne Philosophie bestehen; man machte die Erfahrung, dass man ihrer bedürfe. Mit der blossen Berufung auf die frühesten Urkunden des Christenthums hatte man zwar eine dem religiösen Bewusstsein adäquate Autorität für die Negation der späteren kirchlichen Entwicklung gewonnen; da aber die wirkliche Herstellung vergangener Formen nur bei einer (dem Karäerthum analogen) Erstarrung möglich gewesen wäre, wovon gerade die Reformation in ihrem ersten Stadium am allerweitesten entfernt war, so liess sich mit dem blossen Rückgang auf den Keimzustand keine Kirche bauen; wurde mit der Forderung Ernst gemacht, so entstanden schwärmerische Secten, wie die Bilderstürmer und die Anabaptisten. Ein entwickeltes theologisches Lehrgebäude und ein geordneter Lehrgang war auch für eine protestantische Kirche eine Lebensbedingung, blieb aber ohne Hülfe philosophischer Begriffe und Normen unerreichbar. Eine neue Philosophie aber liess sich nicht schaffen; Luther war ein religiöses, nicht ein philosophisches Genie, und Melanchthon eine reproductive und ordnende, nicht eine productive Natur. Da man also der Philosophie nicht entbehren konnte, so musste man unter den Philosophien des Alterthums wählen. Melanchthon sagt: unam quondam genus philosophiae eligendam esse, quod quam minimam habent sophistices et justam methodum retineat. Er fand die Epikureer zu gottlos, die Stoiker zu fatalistisch in ihrer Gotteslehre und zu überspannt in ihrer Ethik, Plato und die Neuplatoniker theils zu unbestimmt, theils zu häretisch; der einzige Aristoteles entsprach dem Bedürfniss der jungen Kirche, wie er dem der alten entsprochen hatte, als Lehrer der Form. Somit erkannte Melanchthon: „carere monumentis Aristotelis non possumus". „Ego plane ita sentio, magnam doctrinarum confusionem secuturam esse, si Aristoteles neglectus fuerit, qui unus ac solus est methodi artifex." „Quamquam is, qui ducem Aristotelem praecipue sequitur et unam quandam simplicem ac minime sophisticam doctrinam expetit, interdum et ab aliis auctoribus aliquid sumere potest." Auch Luther lenkte ein. Schon im Jahr 1526 giebt er zu, dass die Bücher des Aristoteles über die Logik, Rhetorik und Poetik, falls sie ohne scholastische Zuthaten gelesen werden, nützlich sein können, „junge Leut zu üben wohl reden und predigen"; in dem (Luthers und Melanchthons gemeinsame Ansichten enthaltenden, von dem Letzteren niedergeschriebenen) „Unterricht der Visitatores im Kurfürstenthum zu Sachsen" 1528 und dem „Unterricht der Visitatoren an die Pfarrherrn in Herzog Heinrich's zu Sachsen Fürstenthum" 1539 (bei Walch im X. Bde.; vgl. Trendelenburg, Erläut. zu den Elementen der aristot. Logik, Vorwort) wird gefordert, dass dem grammatischen Unterricht der logische und rhetorische folge. Der logische Unterricht aber konnte nur auf Aristoteles fussen. Melanchthon verfasste Lehrbücher. Classisch

§ 4. Der Protestantismus und die Philosophie.

gebildet, schon in früher Jugend von Erasmus Roterodamus öffentlich gepriesen, mit Reuchlin verwandt und befreundet, auch an seinem Kampf gegen die Dominicaner bereits mitbetheiligt, konnte er nicht an der geschmacklosen Subtilität der Scholastiker Gefallen finden; er ging nach dem Beispiele des Valla und des Rud. Agricola auf den Text des Aristoteles zurück, schwächte freilich auch die aristotelischen Gedanken ab; seine Darstellung ist mehr elegant, als tief. Im Jahr 1520 erschien seine erste Bearbeitung der Logik: Compendiaria dialectices ratio, 1522 die erste Ausgabe der Loci theologici (die in den specifisch reformatorischen Dogmen, insbesondere der Lehre von der Erbsünde und Prädestination, strenger, in der Trinitätslehre und andern aus der katholischen Kirche überkommenen Dogmen milder streng ist, als die späteren Ausgaben), 1527 die Dialectica Ph. M. ab auctore adaucta et recognita, 1529 die dritte Ausgabe: de dialectica libri quatuor, auch 1528 u. ö., endlich 1547 die Erotemata dialectices, auch 1550, 1552 u. ö. Melanchthon gilt die Dialektik als ars et via docendi: nicht sowohl um die Methode der Forschung (da das Wesentlichste theils durch angeborene Principien, theils durch Offenbarung gegeben ist), als des Unterrichts ist es ihm zu thun. Er handelt (gemäss der Folge: Isagoge des Porphyrius, Categ., de interpret., Analyt., Top. im Organon des Aristoteles) zuerst von den fünf Praedicabilia: species, genus, differentia, proprium, accidens, dann von den zehn Kategorien oder Praedicamenta: substantia, quantitas, qualitas, relatio, actio, passio, quando, ubi, situs, habitus, dann (im zweiten Buch) von den Arten der Sätze, demnächst von den Schlüssen (Buch III.) und endet mit der Topik (Buch IV.). Mel. de rhetor. libri tres erschienen Wittenberg 1519, die Schrift: Philosophiae moralis Epitome erschien zu Wittenberg 1537, nachdem Melanchthon schon früher zu einzelnen Büchern der Aristotelischen Ethik Commentare veröffentlicht hatte; später (Witt. 1550) erschien die Schrift: Ethicae doctrinae elementa et enarratio libri quinti Ethicorum (Aristotelis); Melanchthon schliesst sich auch in der Ethik meist an Aristoteles an, giebt aber besonders in der letztgenannten Schrift derselben eine mehr theologische Wendung, indem ihm der Wille Gottes als das oberste Moralgesetz gilt. In dem Commentarius de anima, Wittenberg 1540, ebend. 1542, 1548, 1553, 1560 u. ö., wie auch den Initia doctrinae physicae, dictata in academica Witebergensi, ebend. 1549, legt Melanchthon die aristotelischen Begriffe zu Grunde. Er hält (auch nach dem Hervortreten des Copernikanischen Systems, mit welchem Osiander, der grösste unter den lutherischen Theologen der Reformationszeit, sich befreundete) an der aristotelisch-ptolemäischen Astronomie fest. Den Gestirnen schreibt er Einfluss nicht nur auf die jedesmalige Temperatur (ortus Pleiadum ac Hyadum regulariter pluvias affert etc.), sondern auch auf die menschlichen Geschicke zu. Die Naturursachen wirken mit Nothwendigkeit, sofern nicht Gott den modus agendi ordinatus unterbricht (interrumpit). In der Definition der Seele vertheidigt Melanchthon die falsche Lesart ἐντελέχεια gegen Amerbach (1504—57), den der Kampf um ἐντελέχεια schliesslich zum Weggang von Wittenberg und zum Katholischwerden veranlasst hat. Das Seelenleben theilt Melanchthon nach den drei aristotelischen Hauptstufen in das vegetative (das θρεπτικόν des Aristoteles), sensitive mit Einschluss der vis appetitiva und locomotiva (αἰσθητικόν, ὀρεκτικόν, κινητικόν κατὰ τόπον) und rationale (νοητικόν); der anima rationalis gehört der Intellectus und die voluntas an; Melanchthon rechnet zu den Actionen des Intellectus (hierin von Aristoteles abweichend) auch die memoria, wodurch er auch dieser an der (von Aristoteles dem νοῦς ποιητικός zugesprochenen) Unsterblichkeit Antheil vindicirt. Die Annahme, dass Begriffe, wie die von Zahl und Ordnung, auch von den geometrischen, physischen und moralischen Principien, angeboren seien, mochte er nicht fallen lassen, lässt aber durch die Sinne den Intellect zur Bethätigung angeregt werden. Von den philosophischen Beweisen des

2*

§ 5. Anfänge selbstständiger philos. Forschung.

Plato, Xenophon und Cicero für die Unsterblichkeit sagt er: haec argumenta cogitare prodest, sed tamen sciamus, patefactiones divinas intuendas esse. Zu der sinnlichen Erfahrung, den Principien des Intellects und der Schlussfolgerung tritt als viertes und oberstes Kriterium die göttliche Offenbarung in den biblischen Schriften hinzu. Speculativ theologischen Betrachtungen war Melanchthon nicht hold; die Deutung der drei Personen in Gott auf mens, cogitatio und voluntas (in qua sunt laetitia et amor) lässt er nur als einen einigermassen zutreffenden Vergleich gelten. Dass der Miturheber der Reformation die Hinrichtung von Häretikern billigte, ist ein unentschuldbarer Flecken in seinem Charakter.

Die peripatetische Doctrin herrschte auf den protestantischen Schulen, vertreten von zahlreichen Docenten, wie Joachim Camerarius (1500 — 1574), Jacob Schegk, Philipp Scherbius etc., nur wenig beschränkt durch den Ramismus (dem Einzelne, wie Rudolf Goclenius, Concessionen machten), bis zum Aufkommen der Cartesianischen und Leibnitzischen Philosophie. Doch gab es einzelne Opponenten, die Luthers anfängliche Polemik wieder aufnahmen, wie namentlich Nicolaus Taurellus (siehe unten § 5).

§ 5. Nicht nur auf die classische Litteratur des vorchristlichen Alterthums und auf die biblischen Offenbarungsschriften ging der von der Scholastik unbefriedigte Geist der Neuzeit zurück, sondern wandte sich auch, an die Wissenschaften des Alterthums anknüpfend, mehr und mehr einer selbstständigen Erforschung der natürlichen und geistigen Wirklichkeit, wie auch einer von äusseren Normen unabhängigen sittlichen Selbstbestimmung zu. Auf den Gebieten der Mathematik und Mechanik, der Geographie und Astronomie wurde die Wissenschaft und Speculation der Alten zunächst wiederhergestellt, dann aber auch, theils in allmählichem Fortschritt, theils durch rasche und kühne Entdeckungen und Theorien wesentlich erweitert; an die gesicherten Ergebnisse der Forschung schlossen sich mannigfache, grossentheils tumultuarische Versuche einer auf dem Grunde der neuen Wissenschaft ruhenden Gottes- und Weltanschauung, welche die Keime zu späteren, gereifteren Doctrinen enthielten. Mehr oder minder war die Naturphilosophie der Uebergangsperiode mit einer Theosophie verschmolzen, die sich zunächst an den Neuplatonismus und an die Kabbala anlehnte, allmählich aber, besonders auf dem Boden des Protestantismus, zu selbstständigerer Gestaltung gelangte. Noch mit der Scholastik verflochten, der kirchlichen Lehre nicht widerstreitend, aber auf der neuen Basis mathematischer und astronomischer Studien ruhend, erscheint die mit Theosophie verflochtene Naturphilosophie um die Mitte des 15. Jahrhunderts in Nicolaus Cusanus, in dem die Mystik Meister Eckhart's sich erneut und aus dem später Giordano Bruno die Grundzüge seiner kühneren und freieren Doctrin entnimmt. Im sechzehnten und auch noch im siebenzehnten Jahr-

§ 5. Anfänge selbstständiger philos. Forschung.

hundert wurde die mit Theosophie verschmolzene Naturphilosophie ausgebildet durch den Arzt Paracelsus, den Mathematiker und Astrolog Cardanus, durch den Gründer der naturforschenden Academia Cosentina Bernardinus Telesius und seine Anhänger, durch den platonisirenden Bekämpfer des Aristoteles Franciscus Patritius, durch den averroistischen Aristoteliker Andreas Caesalpinus, durch dessen Gegner, den selbstständigen deutschen Denker Nicolaus Taurellus, durch den kirchlich gesinnten Anhänger des Nicolaus von Cusa Carolus Bovillus, durch die antikirchlichen Freidenker Giordano Bruno und Lucilio Vanini und durch den gelehrten, kirchlich gesinnten Antiaristoteliker Thomas Campanella. Das religiöse Element prävalirt bei den protestantischen Theologen Schwenckfeldt und Valentin Weigel und bei dem Theosophen Jakob Böhme, zu dessen Anhängern H. More, John Pordage, Pierre Poiret, und in neuerer Zeit St. Martin gehören, und an dessen Principien Bander und auch Schelling bei seinem Uebergang von der Naturphilosophie zur Theosophie sich angeschlossen haben. Die Lehre vom Rechte und vom Staate haben in einer selbstständigen, von der aristotelischen und kirchlichen Autorität unabhängigen und mehr den veränderten politischen Verhältnissen der Neuzeit entsprechenden Weise entwickelt: der einseitig die politische Macht hochschätzende und ihrer Erlangung und Aufrechterhaltung alle anderen Lebenszwecke unterordnende Macchiavelli, der auf Verminderung der socialen Ungleichheit und Milderung der Härten der Gesetzgebung abzielende Utopist Thomas Morus, der Vertheidiger der Toleranz Jean Bodin, der liberale Naturrechtslehrer Gentilis, und der Begründer der Theorie des Völkerrechts, Hugo Grotius.

Ueber mehrere Naturphilosophen der Uebergangsperiode handeln Thadd. Ans. Rixner und Thadd. Siber in ihren Beiträgen zur Geschichte der Physiologie im weiteren und engeren Sinne (Leben und Meinungen berühmter Physiker im 16. und 17. Jahrh.), 7 Hefte, Sulzbach 1819—26. Ueber Rechtsphilosophen und Politiker der Uebergangsperiode handelt insbesondere C. von Kaltenborn, die Vorläufer des Hugo Grotius, Leipzig 1848. Vgl. auch die betreffenden Abschnitte bei L. A. Warnkönig, Rechtsphilosophie als Naturlehre des Rechts, Freiburg im Breisgau 1839 (mit neuem Titelblatt ebend. 1851), bei H. F. W. Hinrichs, Gesch. der Rechts- und Staatsprincipien seit der Reformation, Leipz. 1848—52, bei Rob. von Mohl, Geschichte und Litteratur der Staatswissenschaften, Erlangen 1855 bis 1858, ferner in Wheaton's Geschichte des Völkerrechts und in andern die Geschichte des Rechts und der Rechtsphilosophie und der Politik betreffenden Schriften.

Nicolaus der Cusaner (Nicol. Chrypffs oder Krebs), geb. 1401 zu Kues an der Mosel im Triersehen, erhielt seine Jugendbildung zu Deventer bei den Brüdern des gemeinsamen Lebens, studirte zu Padua die Rechte und die Mathematik, wandte sich dann aber der Theologie zu, bekleidete geistliche Aemter, nahm am Concil zu Basel Theil, ward 1448 Cardinal, 1450 Bischof von Brixen, starb 1464 zu Todi in

§ 5. Anfänge selbstständiger philos. Forschung.

Umbrien. Er nimmt eine Mittelstellung zwischen der Scholastik und der Philosophie der Neuzeit ein. Mit der Scholastik vertraut, steht er doch, wie grossentheils schon die Nominalisten, nicht mehr in der Ueberzeugung der Beweisbarkeit theologischer Fundamentalsätze durch die schulmässig ausgebildete Vernunft; seine Weisheit ist die Erkenntniss des Nichtwissens, die er in der (1440 verfassten) Schrift de docta ignorantia darlegt; in der sich an dieselbe anschliessenden Schrift de conjecturis erklärt er alles menschliche Erkennen für ein blosses Vermuthen. Mit den Mystikern geht er über den Zweifel und über das Unadäquate menschlicher Begriffe in der Gotteslehre hinaus durch die Annahme einer unmittelbaren Erkenntniss oder Anschauung Gottes (intuitio, speculatio, visio sine comprehensione, comprehensio incomprehensibilis), indem er sich an die neuplatonische Doctrin von der Erhebung über die Endlichkeit durch Ekstase (raptus) anschliesst. Er lehrt, dass die intellectuelle Anschauung (intuitio intellectualis) auf die Einheit des Entgegengesetzten (coincidentia contradictoriorum) gehe (welches Princip schon bei Eckhart und seinen Schülern hervorzutreten beginnt und von Bruno im Anschluss an Nicolaus Cusanus wieder aufgenommen wird). Aber mit der skeptischen und mystischen Richtung verbindet sich bei Nicolaus von Cusa die auf Beobachtung und Mathematik basirte mechanische und astronomische Forschung; in ihrem Einfluss auf seine philosophische Gedankenbildung ist die wesentliche Gemeinschaft seiner Doctrin mit der Philosophie der Neuzeit begründet. Schon 1436 hat Nicolaus eine Schrift de reparatione Calendarii verfasst, worin er eine der gregorianischen analoge Kalenderreform vorschlägt; seine astronomische Doctrin enthält den Gedanken einer Axendrehung der Erde, durch den er ein Vorläufer des Copernicus geworden ist (dessen Schrift über die Bahnen der Himmelskörper 1543 erschien). Im Zusammenhang mit der Doctrin der Erdbewegung gelangte der Cusaner zu der Annahme einer zeitlichen und räumlichen Unbegrenztheit des Universums, wodurch er die mittelalterliche Gebundenheit der Weltanschauung an die Grenze des anscheinenden Fixsterngewölbes wesentlich überschritt. In der philosophischen Ausführung seiner Gottes- und Weltlehre schliesst sich Nicolaus Cusanus zumeist an die pythagoreische Zahlenspeculation und an die platonische Naturphilosophie an. Die Zahl ist ihm die ratio explicata. Er sagt: rationalis fabricae naturale quoddam pullulans principium numerus est. Nicolaus Cusanus erklärt Gott als die Einheit, die ohne Anderheit sei (das ἕν, das *würde* ohne das ἕτερον) und hält (mit Plato) die Welt für das Beste unter dem Gewordenen. Die Welt ist ein beseeltes gegliedertes Ganzes. Jedes Ding spiegelt an seiner Stelle das Universum. Ein jedes Wesen bewahrt sein Dasein vermöge der Gemeinschaft mit den anderen. Die sittliche Aufgabe ist, ein Jegliches nach seiner Stelle in der Stufenordnung des Ganzen zu lieben. Gott ist dreieinig, da er zugleich denkendes Subject, Denkobject und Denken (intelligens, intelligibile, intelligere) ist; er ist als unitas, aequalitas und connexio Vater, Sohn und Geist. Ab unitate igitur unitatis aequalitas; connexio vero ab unitate procedit et ab unitatis aequalitate. Gott ist das absolute Maximum, die Welt das entfaltete Maximum, das Abbild der Vollkommenheit Gottes. Liebe zu Gott ist Eins werden mit Gott. In dem Gottmenschen ist der Gegensatz des Unendlichen und Endlichen vermittelt. — Die Werke des Nicolaus von Cusa sind schon im fünfzehnten Jahrhundert, vermuthlich zu Basel, dann durch Jacob Faber Stapulensis Par. 1514, ferner Bas. 1565 herausgegeben worden; eine deutsche Uebersetzung seiner wichtigsten Schriften hat F. A. Scharpff Freiburg 1862 veröffentlicht. Ueber ihn handeln Harzheim (vita N. de C., Trevir. 1730), F. A. Scharpff (der Card. N. v. C., Mainz 1843), Fr. J. Clemens (Giordano Bruno und Nic. Cus., Bonn 1846), J. M. Düx (der deutsche Card N. v. C. u. die Kirche s. Zeit, Regensburg 1847), Jäger (der Streit des Cardinals N. C. mit dem Herzoge Siegmund von Oesterreich, Innsbruck 1861).

§ 5. Anfänge selbstständiger philos. Forschung.

Bei den Platonikern der nächstfolgenden Zeit, namentlich bei denen, die auch die Cabbala hochhielten, wie bei Picus von Mirandola und Reuchlin und besonders bei Agrippa von Nettesheim, auch bei Franciscus Georgius Venetus (F. G. Zorzi aus Venedig), dem Verfasser einer Schrift: de harmonia mundi totius cantica (Ven. 1525) giebt sich ein Mitteinfluss der neuaufkommenden Mathematik und Naturforschung kund, obschon die durch Naturkenntnis vermittelte Einwirkung auf die Natur sich meist (namentlich bei Agrippa) in die Form der Magie kleidet. Auch dem damals sich weitverbreitenden astrologischen Glauben (den auch Melanchthon theilte) lag das in mystische Form sich kleidende Bewusstsein einer von Gott in die Dinge gelegten Naturcausalität zum Grunde. Die Verbindung von selbstständiger Naturbetrachtung und Theosophie erscheint aber zu jener Zeit am ausgeprägtesten bei Philippus Theophrastus (Bombast) Höhener oder von Hohenheim, der sich (den Namen Höhener oder von Hohenheim übertragend) Aureolus Theophrastus Paracelsus nennt (geb. 1493 zu Einsiedeln in der Schweiz, gest. 1541 zu Salzburg). Er beabsichtigte die Medicin zu reformiren; Krankheiten sollen vielmehr durch Anregung und Kräftigung des Lebensprincips (Archaeus) in seinem Kampfe gegen das Krankheitsprincip und Entfernung der Hindernisse, als durch directe chemische Gegenwirkungen geheilt werden. Es soll nicht das Kalte durch das Warme, das Trockene durch das Feuchte bekämpft, sondern die schädliche Wirkung eines Princips durch seine wohlthätige vernichtet werden (eine Anticipation der homöopathischen Doctrin). Chemie und Theosophie mischen sich bei Paracelsus auf abenteuerliche Weise. Die Paracelsische Richtung theilt u. A. Robert Fludd (de fluctibus), geb. 1574, gest. 1637, ferner Joh. Baptista van Helmont (1577 – 1644) und dessen Sohn Franc. Mercurius van Helmont (1618–99), auch Marcus Marci von Kronland (gest. 1676), der die platonische Doctrin der Ideae operatrices erneuerte. Die Werke des Paracelsus sind Bas. 1589, Strassb. 1616–18, Genf 1658 erschienen; über ihn handeln: J. J. Loos im 1. Bande der von Daub und Creuzer hrsg. Studien, Kurt Sprengel im 3. Theile seiner Gesch. der Arzneikunde, Rixner und Siber im 1. Hefte der Beiträge zur Gesch. der Physiol., Sulzbach 1819. Rob. Fludd, hist. macro- et microcosmi metaph., physica et technica, Oppenh. 1617. Philos. Mosaica, Gudae 1638. Bapt. Helmont. opera, Amst. 1644 u. ö. Franc. Merc. Helm. opusc. philos. Amst. 1690. Vgl. über J. B. v. Helmont Rixner und Siber's Beitr. Heft VII, und Spiess, H.'s System der Medicin, Frankf. 1840. Joh. Marc. Marci a Kronland, idearum operatricum Idea s. hypothesis et detectio illius occultae virtutis, quae semina foecundat et ex iisdem corpora producit, Prag 1634; philosophia vetus restituta: de mutationibus, quae in universo fiunt, de partium universi constitutione, de statu hominis secundum naturam et praeter naturam, de curatione morborum, Prag 1662; über Marcus Marci handelt Gahrauer im XXI. Bde. der Fichteschen Ztschr. f. Ph., Halle 1852, S. 241–259.

Hieronymus Cardanus (1501 – 1576), Mathematiker, Arzt und Philosoph, schliesst sich in der Verschmelzung der Theologie mit der Zahlenlehre an Nicolaus Cusanus an. Er schreibt der Welt eine Seele zu, die er mit Licht und Wärme identificirt. Ihm gilt die Wahrheit als nur Wenigen zugänglich. Die Menschen theilt er in drei Classen ein: bloss Betrogene, betrogene Betrüger und nichtbetrogene Nichtbetrüger. Dogmen, die ethisch-politischen Zwecken dienen, soll der Staat durch strenge Gesetze und harte Strafen aufrecht erhalten; denkt das Volk über die Religion nach, so entstehen daraus nur Tumulte. (Nur die Offenheit des Bekenntnisses zu dieser Doctrin ist dem Cardanus eigenthümlich; thatsächlich hat jede ideell überwundene, äusserlich aber noch herrschende Macht dieselbe befolgt.) Den Weisen freilich binden diese Gesetze nicht; für sich selbst folgt Cardanus dem Grundsatz:

§ 5. Anfänge selbstständiger philos. Forschung.

verbas omnibus anteponenda aeque impiam duxerim propter illam adversari legibus. Uebrigens war Cardanus ein Visionär und voll kindischen Aberglaubens. Sein Gegner Julius Caesar Scaliger (1484—1558), ein Schüler des Pomponatius, urtheilt über ihn: eum in quibusdam interdum plus homine sapere, in plurimis minus quoris puero intelligere. Cardan's Schrift de subtilitate erschien zuerst 1552, de varietate rerum 1556, die Arcana aeternitatis erst nach seinem Tode in der Sammlung seiner Werke: Hieronymi Cardani Mediolanensis opera omnia cura Caroli Sponii, Lugduni 1663. Die Cardanische Regel zur Auflösung von Gleichungen des dritten Grades findet sich in der 1545 erschienenen Schrift: Ars magna s. de regulis algebraicis. Cardan hat eine Selbstbiographie verfasst, welche schon Bas. 1542, dann fortgeführt ebd. 1576 erschienen ist; seine Naturphilosophie wird ausführlich dargestellt in den oben citirten Beitr. zur Gesch. der Physiol. von Rixner und Siber, Heft II. Scaliger's gegen Cardan's Schrift de subtilitate gerichtete Exercitationes exotericae erschienen Par. 1557; Cardan hat dagegen eine Apologia verfasst, die den späteren Ausgaben seiner Schrift de subtilitate beigefügt ist.

Bernardinus Telesius, geb. zu Cosenza 1508, gest. ebend. 1588, ist einer der Begründer der Philosophie der Neuzeit geworden durch sein Unternehmen, die Aristotelische Philosophie nicht zu Gunsten des Platonismus oder eines andern antiken Systems, sondern eigener Naturforschung zu bekämpfen; jedoch lehnte er sich bei derselben an die vorsokratische, besonders an die von Parmenides (freilich nur als Lehre vom Schein) aufgestellte Naturphilosophie an. Das Erkennen durch Schlüsse gilt ihm als ein unvollkommener Ersatz der Empfindung. Er gründete zu Neapel eine naturforschende Gesellschaft, die Academia Telesiana oder Cosentina, nach deren Muster später viele andere gelehrte Gesellschaften sich gebildet haben. Von seinem Hauptwerke: de natura juxta propria principia sind die beiden ersten Bücher zu Rom 1565 erschienen, die ganze aus neun Büchern bestehende Schrift zu Neapel 1586, dann auch zu Genf 1588 zugleich mit Andr. Caesalpin's Quaestiones peripateticae; einzelne Abhandlungen des Telesius sind in einer Sammlung zu Venedig 1590 erschienen. Eine ausführliche Uebersicht über seine Naturphilosophie enthält das dritte Heft der oben citirten Beiträge von Rixner und Siber.

Franciscus Patritius, geb. zu Clissa in Dalmatien 1529, 1576—93 Lehrer der platonischen Philosophie zu Ferrara, gest. zu Rom 1597, hat den Neuplatonismus mit Telesianischen Ansichten verschmolzen. In seinen Discussiones peripateticae, quibus Aristotelicae philosophiae universae historia atque dogmata cum veterum placitis collata eleganter et erudite declarantur, pars I—IV, Venet. 1571—81, Basil. 1584, erklärt und bekämpft er zugleich die aristotelische Doctrin. Er hat den Commentar des Philoponus über die Metaphysik des Aristoteles übersetzt, auch den Hermes trismegistus und die Orakel des Zoroaster; seine eigene Doctrin entwickelt er in der Schrift: Nova de universis philosophia, in qua Aristotelica methodo non per motum, sed per lucem et lumina ad primam causam ascenditur, deinde propria Patritii methodo tota in contemplationem venit divinitas, postremo methodo Platonica rerum universitas a conditore Deo deducitur, Ferrar. 1591, Ven. 1593, Lond. 1611. Ueber ihn handeln Rixner und Siber im vierten Heft der oben citirten Beiträge.

In der Bekämpfung der Aristotelischen Physik und Metaphysik und dem Versuch einer Reformation dieser Doctrinen kommen mit Telesius unter Andern auch überein: Petrus Ramus, der schon oben (§ 5, S. 18) erwähnte Gegner der Logik des Aristoteles, der (nachdem sein Antagonist Jac. Carpentarius eine descriptio universae naturae ex Aristotele, Par. 1562 hatte erscheinen lassen) scholarum phys. libr. octo, Par. 1565, und scholarum metaphys. libr. quatuordecim, Par. 1566, ver-

§ 6. Anfänge selbstständiger philos. Forschung.

öffentlichte, ferner Sebastian Basso, der philosophiae naturalis adv. Aristotelem libr. duodecim, Par. 1621, verfasste, Claude Guillermet de Berigard (oder Beauregard, der noch am 1667 eine Professur zu Padua bekleidete) in seiner Schrift: Circuli Pisani seu de veterum et peripatetica philosophia dialogi, Udin. 1643—47; Pat. 1661; wie Gassendi (s. u. §. 3, S. 15) an Epicur, so schlossen sich Sennert und Magnenus in ihren Reformbestrehungen auf dem Gebiete der Physik an Demokrit, Maignan an Empedocles an (Sennerti physica, Viteb. 1618, opera omnia Venet. 1641 u. ö.; Magneni Democritus reviviscens, Ticini 1646 u. ö.; Maignani cursus philosophicus, Tolosae 1652 und Lugd. 1673).

Unter den oben (§ 3, S. 11—15) genannten Aristotelikern ist hier als selbstständiger philosophischer Forscher, dem namentlich auch die Thier- und Pflanzenphysiologie wesentliche Bereicherungen verdankt, der den averroistischen Aristotelismus zum Pantheismus fortbildende Andreas Caesalpinus (1519—1603) von Neuem zu erwähnen.

In protestantisch-kirchlichem Sinne hat Nicolaus Taurellus (geb. 1547 zu Mömpelgard, gest. zu Altdorf 1606) nicht nur den averroistischen Aristotelismus und Pantheismus des Caesalpin, sondern den Aristotelismus überhaupt und jegliche menschliche Autorität in der Philosophie bekämpft ("maximam philosophiae maculam inessit authoritas") und ein neues Lehrgebäude aufzuführen unternommen, in welchem zwischen der philosophischen und theologischen Wahrheit kein Widerstreit sein soll. Taurellus will nicht, während er christlich glaubt, heidnisch denken, nicht Christo den Glauben, dem Aristoteles aber die Einsicht verdanken. Er hält dafür, ohne den Sündenfall würde die Philosophie genügen (dicam uno verbo quod res est: si peccatum non esset, sola viguisset philosophia), in Folge des Sündenfalls aber ward die Offenbarung erforderlich, welche unsere philosophische Erkenntniss durch das, was den Stand der Gnade betrifft, ergänzt. Die Lehre von der zeitlichen Entstehung der (in Atome gegliederten) Welt (im Gegensatz zu der Annahme einer Schöpfung der Welt von Ewigkeit her), wie auch das Dogma der Trinität sieht Taurellus nicht (mit den Aristotelikern) als bloss geoffenbarte und theologische, sondern (mit Platonikern) als auch philosophisch begründbare Sätze an. Aber sein Christenthum knüpft sich an die Fundamentaldogmen; er wollte nicht Lutheraner, noch Calvinist, sondern Christ heissen. Die Ergreifung des Heils in Christo ist ihm Sache der menschlichen Freiheit. Die sich überzeugen, dass Christus für sie gestorben sei, werden selig, die Uebrigen auf ewig verdammt werden. Den Triumph der von dem Aristotelismus befreiten, mit der Theologie harmonirenden Philosophie feiert Taurellus in der Schrift: philosophiae triumphus, hoc est, metaphysica philosophandi methodus, qua divinitus indita menti notitiis humanae rationes eo deducuntur, ut firmissimis inde constructis demonstrationibus aperte rei veritas elucescat et quae diu philosophorum sepulta fuit authoritate philosophiae victrix erumpat; quaestionibus enim vel sexcentis ea, quibus cum revelata nobis veritate philosophia pugnare videbatur, adeo vere conciliantur, ut non fidei solum servire dicenda sit, sed ejus esse fundamentum, Basil. 1573; gegen Caesalpin ist seine Schrift: Alpes caesae, hoc est, Andreae Caesalpini Itali monstrosa et superba dogmata discussa et excussa, Francof. 1597, eine polemische Synopsis Arist. Metaph., Hanoviae 1596, de mundo Ambergae 1603; Uranologia, Amb. 1603, de rerum aeternitate: metaph. universalis partes quatuor, in quibus placita Aristotelis, Valleoli, Piccolominei, Caesalpini, societatis Coimbricensis aliorumque dicutiuntur, examinantur et refutantur, Marpurgi 1604, und Anderes geschrieben. Die Altdorfer Aristotelikur Schegk und später dessen Schüler und Nachfolger Scherbius haben die peripatetische Doctrin gegen Taurellus, wie gegen Ramus, vertheidigt; der Marburger Professor Goclenius aber,

26 § 5. Anfänge selbständiger philos. Forschung.

der auch Ramistische Sätze in die Logik aufnahm, war ihm günstig gesinnt. Im Allgemeinen fand Taurellus bei seinen Zeitgenossen wenig Anklang. Leibnitz hat ihn als geistvollen Denker hochgeschätzt und mit Scaliger, dem scharfsinnigen Bestreiter des Cardanus, verglichen. Ueber ihn handeln insbesondere: Jac. Wilh. Feuerlin, diss. apologetica pro Nic. Taurello philosopho Altdorfino atheismi et deismi injuste accusato et ipsius Taurelli Synopsis Arist. metaphysices recusa cum annot. editoris, Norimbergae 1734; F. X. Schmid aus Schwarzenberg, Nic. Taur., der erste deutsche Philosoph, aus den Quellen dargestellt, Erlangen 1860, neue Ausg. ebd. 1864.

Im katholisch-kirchlichen Sinne hat, an Nicolaus Cusanus anknüpfend, der auch als Mathematiker nicht unbedeutende Carolus Bovillus (Charles Bouillé, geb. um 1470 oder 1475 zu Sancourt in der Nähe von Amiens, gest. um 1553, ein unmittelbarer Schüler des Faber Stapulensis (s. o. § 8, S. 12) eine philosophisch-theologische Doctrin entwickelt. Ueber ihn handelt insbesondere Joseph Dippel, Versuch einer syst. Darstellung der Philosophie des C. B. nebst einem kurzen Lebensabriss, Würzburg 1865.

Giordano Bruno, geb. um 1550 zu Nola im Neapolitanischen, hat die Doctrin des Cusaners in einem antikirchlichen Sinne fortgebildet. In den Dominicanerorden eingetreten, verliess er denselben, als er zu einer dem Dogma widerstreitenden Ueberzeugung gelangt war, am 1580, begab sich nach Genf, dessen reformirte Orthodoxie ihm jedoch eben so wenig, wie die katholische, zusagte, dann nach Lyon und Toulouse, Paris, Oxford und London, dann über Paris nach Wittenberg, von dort nach Prag, Helmstädt, Frankfurt am Main, Zürich, Padua und Venedig; hier gefangen gesetzt, ward er 1598 nach Rom ausgeliefert, erduldete noch eine zweijährige Gefangenschaft im Kerker der Inquisition, und wurde, da seine Ueberzeugung ungebrochen blieb und er eine heuchlerische Unterwerfung mit edler Wahrheitstreue verschmähte, zum Scheiterhaufen verurtheilt (mit der gewohnten höhnenden Formel, er werde der weltlichen Obrigkeit übergeben mit der Bitte, ihn so gelinde wie möglich und ohne Blutvergiessen zu strafen). Bruno erwiderte seinen Richtern: Ihr mögt mit grösserer Furcht das Urtheil fällen, als ich es empfange. Er ward zu Rom auf dem Campofiore (dem jetzigen Minerva-Platze) am 17. Februar 1600 verbrannt, ein Märtyrer der wissenschaftlichen Ueberzeugung, die auf der freien Forschung der Neuzeit ruht. Das befreite Italien hat ihn durch eine Statue in Neapel geehrt, vor welcher am 7. Jan. 1865 Studenten die päpstliche Encyclica vom 8. Dec. 1864 verbrannten. Mit dem Copernicanischen Weltsystem, dessen Wahrheit ihm zur Gewissheit geworden war, fand er das kirchliche Dogma unverträglich. Bruno erweitert die Copernicanische Doctrin. Ihm ist das Universum unendlich, unser Sonnensystem eine Welt neben unzähligen (für welche Lehre er sich auch auf Epikur und Lucretius beruft). Gott die Seele des All, die dem Universum immanente erste Ursache. Die Gestirne werden nicht durch einen primus motor, sondern durch die ihnen selbst innewohnende Seele bewegt. Bruno bekämpft den aristotelisch-scholastischen Dualismus von Materie und Form. Die Materie trägt in ihrem Schoosse die Formen und bringt aus sich dieselben hervor. Die elementaren Theile alles Existirenden sind die Minima oder Monaden, die Bruno als punctuell und doch nicht schlechthin unausgedehnt, sondern sphärisch vorstellt; sie sind psychisch und materiell zugleich. Die Seele ist eine Monade, Gott ist die Monade der Monaden; er ist das Minimum, weil alles aus ihm, und zugleich das Maximum, weil alles in ihm ist. Die Welten hat Gott nicht durch einen Act der Willkür, sondern mit innerer Nothwendigkeit, eben darum aber auch ohne Zwang, also mit Freiheit, aus sich hervorgehen lassen; sie sind die gewordene Natur, Gott ist die wirkende Natur. Jede der Welten ist in ihrer Art vollkommen; es giebt kein absolutes Uebel. Alle

§ 5. Anfänge selbstständiger philos. Forschung.

Einzelwesen sind dem Wechsel unterworfen, das Universum aber bleibt in seiner absoluten Vollkommenheit stets sich selbst gleich. — Dem Scholasticismus feindlich gesinnt, hielt Bruno die Versuche zu neuer Gedankenbildung hoch, die er bei Raimund Lull und bei Nicolaus von Cusa vorfand. Er trug oft die Raimundsche Kunst vor, wenn die Möglichkeit des Doctrans an das Betreten eines neutralen Bodens geknüpft war. Von Nicolaus Cusanus, von dem er das principium coincidentiae oppositorum angenommen hat, redet er mit hoher Achtung, ohne jedoch zu verschweigen, dass auch ihn der Priesterrock beengt habe. Er freut sich der neuen von Telesius eröffneten Bahn, hat jedoch dieselbe nicht durch eigene Einzelforschung verfolgt. Er will, dass wir von dem Untersten, Bedingtesten aufsteigend uns stufenweise bis zum Höchsten erheben, ohne jedoch selbst diesen methodischen Gang streng einzuhalten. Seine Virtuosität liegt in der phantasievollen Ergänzung der ersten naturwissenschaftlichen Errungenschaften der Neuzeit zu einem dem Geiste der modernen Wissenschaft gemässen Gesammtbilde des Universums. Unter den Schriften Giordano Bruno's sind die, in welchen er zumeist sein System entwickelt, in italienischer Sprache verfasst; unter denselben ist die bedeutendste della causa, principio ed uno, Venet. (oder London) 1584, woraus F. H. Jacobi einen Auszug seiner Schrift über die Lehre des Spinoza (Werke, Bd. IV., Abth. 1) beigefügt hat; in demselben Jahre erschien dell' infinito universo e mondi. Unter den lateinischen Schriften sind hervorzuheben: Jordani Bruni de compendiosa architectura et complemento artis Lullii, Venet. 1582; Par. 1642. De triplici minimo (d. h. über das mathematische, physikalische und metaphysische Minimum) et mensura libri quinque, Francof. 1591. De monade, numero et figura liber, item de immenso et infigurabili et de innumerabilibus, seu de universo et mundis libri octo, Francof. 1591. Die italienischen Schriften hat Ad. Wagner Leipzig 1829 herausgegeben, die lateinischen theilweise (insbesondere die logischen) A. F. Gfrörer, Stuttg. 1834. Ueber Bruno handeln unser F. H. Jacobi a. a. O. und Schelling in seinem Gespräch: Bruno oder über das natürliche und göttliche Princip der Dinge, Berlin 1802, insbesondere: Rixner und Siber in den oben angef. Beiträgen, Heft 5, Sulzbach 1824, Steffens in den nachgel. Schriften, Berlin 1846, S. 43—76, Falkson, G. Bruno, Hamburg 1846, - Chr. Bartholmèss, Jordano Bruno, Paris 1846 — 47, F. J. Clemens, Giordano Bruno und Nicolaus von Cusa, Bonn 1847; vgl. auch M. Carrière, die philos. Weltanschauung der Reformationszeit, Stuttg. 1849, S. 365 ff., und über das Verhältniss seiner Doctrin zu der des Spinoza Schaarschmidt, Descartes und Spinoza, Bonn 1850, S. 151 ff.

Thomas Campanella, geb. zu Stilo in Calabrien 1568, gest. zu Paris 1639, ein streng kirchlich gesinnter Dominicaner und Schwärmer für eine katholische Universalmonarchie, entging dennoch, weil er als Neuerer auftrat, nicht dem Verdacht und der Verfolgung. Von 1599 — 1626 wurde er, einer Conspiration gegen die spanische Regierung angeklagt, in strenger Haft gehalten, danach kam er drei Jahre lang in die Gefängnisse der römischen Inquisition; endlich freigegeben, brachte er seine letzten Lebensjahre (seit 1634) in Paris zu, wo er eine ehrenvolle Aufnahme fand. Campanella erkennt eine zweifache göttliche Offenbarung an, in der Bibel und in der Natur. Die Welt, sagt er in einer (von Herder übersetzten) Canzone, ist das zweite Buch, darin ewiger Verstand selbsteigene Gedanken schrieb, der lebendige Spiegel, der uns Gottes Antlitz im Reflexe zeigt; menschliche Bücher sind nur todte Copien des Lebens, voll Irrthum und Trug. Er polemisirt insbesondere gegen das Studium der Natur aus den Schriften des Aristoteles und verlangt, dass wir (mit Telesius) selbst die Natur erforschen (de gentilismo non retinendo; utrum liceat novam post gentiles condere philosophiam; utrum liceat Aristoteli contradicere; utrum liceat jurare in verba magistri, Par. 1636). Die Grundlage aller Erkenntniss

§ 5. Anfänge selbstständiger philos. Forschung.

ist die Wahrnehmung und der Glaube; aus diesem erwächst die Theologie, aus jener die Philosophie durch wissenschaftliche Verarbeitung. Campanella geht (wie Augustin und mehrere Scholastiker, besonders Nominalisten, und wie später Descartes) von der Gewissheit der eigenen Existenz aus, um daraus zunächst auf das Dasein Gottes zu schliessen. Aus unserer Gottesvorstellung sucht er Gottes Existenz zu erweisen, aber nicht ontologisch (mit Anselm), sondern psychologisch: als endliches Wesen, meint er, kann ich nicht die Idee eines unendlichen, die Welt überragenden Wesens selbst erzeugt, sondern nur durch eben dieses Wesen, das darum wirklich sein muss, dieselbe erhalten haben. Das unendliche Wesen oder die Gottheit, deren „Primalitäten" Macht, Weisheit und Liebe sind, hat die Ideen, die Engel, die unsterblichen Menschenseelen, den Raum und die vergänglichen Dinge producirt, indem mit seinem reinen Sein immer mehr das Nichtsein sich mischt. Diese Wesen alle sind beseelt; es giebt nichts Empfindungsloses. Der Raum ist beseelt; denn er sehnt die Leerheit und begehrt nach Erfüllung; die Pflanzen trauern, wenn sie welken und empfinden Freude nach erquickendem Regen; auf Sympathie und Antipathie beruhen alle freien Bewegungen der Naturobjecte. Die Planeten kreisen um die Sonne, diese selbst aber um die Erde. Die Welt ist Gottes lebendiges Abbild (mundus est Dei viva statua). Campanella's Staatslehre ruht (in der Civitas Solis) auf der Platonischen Rep.; doch werden von ihm die zur Herrschaft berufenen Philosophen als Priester betrachtet, und so schliesst sich ihm an diese platonische Doctrin (in seinen späteren Schriften) der Gedanke einer universellen Herrschaft des Papstes an; er fordert Unterordnung des Staates unter die Kirche und Verfolgung der Ketzer in dem Sinne, wie Philipp II. von Spanien sie geübt hat. In Paris hat Campanella selbst eine (unvollendet gebliebene) Gesammtausgabe seiner Werke veranstaltet; neuerdings sind die Opere di Tommaso Campanella, Torino 1854 herausgegeben worden. Ueber ihn handeln Rixner und Siber im 6. Hefte der oben angef. Beiträge, ferner Daldschini, acta e filosofia di Tommaso Campanella, Neapel 1840—43.

An den Alexandrinismus des Pomponatius anknüpfend, hat der Neapolitaner Lucilio Vanini (geb. um 1585, verbrannt zu Toulouse 1619) in seinem Amphitheatrum aeternae providentiae Lngd. 1615, und in der Schrift de admirandis naturae reginae deaeque mortalium arcanis libri quatuor, Par. 1616 (vgl. Leben und Schicksale, Charakter und Meinungen des L. V., eines Atheisten im 17. Jahrh., von W. D. F., Leipz. 1800, und: Emile Vaisse, L. V., sa vie, sa doctrine, sa mort, Extrait des Mémoires de l'Acad. impériale des sc. de Toulouse) eine naturalistische Doctrin entwickelt. Dass er der Kirche sich zu unterwerfen erklärte, hat ihn nicht vor einer — mehr grauenhaften, als tragischen — Verurtheilung geschützt.

In England hat den Kampf gegen die Scholastik vor Allen Baco von Verulam (1561—1626) erfolgreich geführt. Baco steht auf der Grenze zwischen der Uebergangsperiode und der Philosophie der Neuzeit, mag jedoch, theils weil er das theosophische Element abstreift und eine Methodologie für reine Naturforschung sucht, theils weil er mit einer neuen, wesentlich modernen Entwicklungsreihe, die in Locke culminirt, in wesentlichem Zusammenhange steht, unten (§ 7) die angemessenere Stelle finden.

In der Naturphilosophie aller bisher genannten Denker liegen mehr oder minder auch theosophische Elemente. Prävalirend aber ist die Theosophie besonders bei Valentin Weigel und Jacob Böhme. Valentin Weigel (geb. 1533 in Hayna bei Dresden, gest. nach 1594; vgl. über ihn Jul. Otto Opel, Leipzig 1864), hat sich an Nicolaus Cusanus und an Paracelsus, zum Theil auch an den eine Vergeistigung des Lutheranismus anstrebenden Caspar Schwenkfeld aus Ossing (1490—1561)

§ 5. Anfänge selbstständiger philos. Forschung.

angeschlossen. Auf Weigel und auf Paracelsus fusst der Görlitzer Schuster Jacob Böhme (1575—1624), der durch seinen inmitten des dogmatischen Streits über die Erbsünde, das Böse und den freien Willen aufgetauchten Gedanken eines finstern, negativen Princips in Gott (worein ihm die Eckhart'sche Lehre von dem an sich unoffenbaren Absoluten umschlug) eine philosophische Bedeutung gewonnen und insbesondere auch der Speculation Baaders, Schellings und Hegels, welche eben diesen Gedanken wieder aufnahm, einen willkommenen Anknüpfungspunkt geboten hat, übrigens aber in der Durchführung seiner Theosophie theils nur religiös-erbaulich, theils, sofern er philosophiren will, phantastisch verfährt, unverstandene chemische Termini psychologisch und theosophisch deutet, Mineralien mit menschlichen Gefühlen und göttlichen Persönlichkeiten identificirt. Böhme's 1612 verfasste Hauptschrift ist unter dem Titel: „Aurora oder die Morgenröthe im Aufgang" zuerst 1634 im Auszuge, vollständiger Amst. 1656 u. ö. gedruckt worden. Seine Werke sind, durch Betke gesammelt, Amst. 1675 herausgegeben worden, vollständiger durch Gichtel ebend. 1682 u. ö., neuerdings durch Schiebler, Leipz. 1831—46, 2. Aufl. 1861 ff. Ueber ihn handeln: Adelung in der Gesch. der menschl. Narrheit, II, S. 210; J. G. Räuse, Blumenlese aus J. B.'s Schriften, Leipzig 1829; Umbreit, J. B., Heidelberg 1835; Wilh. Lodw. Wullen, J. B.'s Leben und Lehre. Stuttg. 1836, Blüthen aus B.'s Mystik, Stuttg. 1838; Hamberger, die Lehre des deutschen Philosophen J. B., München 1844; Chr. Ferd. Baur, zur Geschichte der protestantischen Mystik, in: Theol. Jahrb. 1848, S. 453 ff., 1849, S. 65 ff.; H. A. Fechner, J. B., sein Leben und seine Schriften, Görlitz 1857; Alb. Peip, J. B., der deutsche Philosoph, der Vorläufer christlicher Wissenschaft, Leipzig 1860. Louis Claude St. Martin (1743—1804) hat mehrere Schriften Böhme's in's Französische übersetzt: l'aurore naissante, les trois principes de l'essence divine, de la triple vie de l'homme, quarante questions sur l'âme, avec une notice sur J. B., Paris 1800. Ueber St. Martin (dessen Dichtungen F. Beck übersetzt und erläutert hat, München 1853) handelt Matter, St. M., le philosophe inconnu, son maître Martinez et leurs groupes, Paris 1862.

Auf dem Gebiete der Rechts- und Staatslehre hat zuerst Nicolò Macchiavelli (geb. zu Florenz 1469, gest. 1527), der Verfasser der Istorie Fiorentine 1215 bis 1494 (Florenz 1532, deutsch von Reumont, Leipzig 1846; vgl. darüber u. A. Ranke, zur Kritik neuerer Geschichtschreiber, Berl. und Leipzig 1824) ein wesentlich modernes Princip zur Geltung gebracht, indem ihm, zunächst im Hinblick auf Italien, die nationale Selbstständigkeit und Macht und, soweit sie jedesmal mit derselben vereinbar ist, die bürgerliche Freiheit als das Ideal gilt, welches der Politiker durch die zweckentsprechendsten Mittel zu erstreben habe. In einseitiger Begeisterung für dieses Ideal misst Macchiavell den Werth der Mittel ausschliesslich an ihrer Zweckdienlichkeit ab mit Unterschätzung der moralischen Würdigung des Charakters, den dieselben an und für sich selbst und in Hinblick auf andere sittliche Güter betrachtet tragen. Macchiavell's Fehler liegt nicht in der Ueberzeugung (auf welcher unter anderm jede sittliche Rechtfertigung des Krieges allein beruhen kann), dass ein Mittel, an welches sinnliche und sittliche Uebel mit Nothwendigkeit sich knüpfen, dennoch aus sittlichen Gründen gewollt werden müsse, wenn der allein durch eben dieses Mittel erreichbare Zweck durch die in ihm liegenden sinnlichen und sittlichen Güter jene Uebel aufwiegt und überwiegt, sondern nur in der Einseitigkeit der Abschätzung, die, durch den Einen Zweck bestimmt, alles Uebrige bloss in seiner Beziehung zu diesem würdigt. Diese Einseitigkeit ist das relativ nothwendige entgegengesetzte Extrem zu derjenigen, die von Vertretern des kirchlichen Princips geübt wurde, der Würdigung aller menschlichen Verhältnisse ausschliesslich aus dem Gesichtspunkte der Beziehung zu der mit der absoluten Wahrheit identificirten kirchlichen Lehre und zu der mit dem Reiche Gottes gleichgesetzten

§ 5. Anfänge selbstständiger philos. Forschung.

kirchlichen Gemeinschaft. Macchiavell befeindet die Kirche als das Hinderniss der Einheit und Freiheit seines Vaterlandes; er sieht der christlichen Religion, die den Blick von den politischen Interessen ablenke und zur Passivität verleite, die altrömische vor, welche die Mannhaftigkeit und politische Activität begünstige. Macchiavell's Weise, jedesmal gegen den einen Zweck, den er verfolgt, alles Uebrige hintanzusetzen, hat seinen verschiedenen Schriften einen verschiedenen Charakter aufgeprägt: von den beiden Seiten seines politischen Ideals, nämlich der bürgerlichen Freiheit und der Unabhängigkeit, Grösse und Macht des Staates, wird in den Discorsi sopra la prima decade di Tito Livio jene, in der Schrift: Il Principe aber diese hervorgehoben, und zwar so, dass im Principe die republicanische Freiheit der absoluten Fürstenmacht mindestens zeitweilig geopfert wird. Doch mildert Macchiavell die Discrepanz durch die Unterscheidung verdorbener Zustände, welche despotischer Heilmittel bedürfen, und echten Gemeinsinnes, der die Freiheit bedinge. Macchiavell's Werke, zuerst zu Rom 1531—32 veröffentlicht, sind bis auf die neueste Zeit sehr häufig gedruckt, auch öfters in's Französische und Englische übersetzt worden, in's Deutsche von Ziegler, Karlsruhe 1832—41. Die Litteratur über ihn stellt Robert von Mohl, Gesch. u. Litt. der Staatswissenschaften, Bd. III., Erlangen 1858, S. 519—591 zusammen und giebt mit grossem Organisationstalent über die mannigfachen Ansichten der verschiedenen Autoren eine lichtvolle Uebersicht. Besonders bemerkenswerth ist unter den Widerlegungsversuchen Friedrich's des Grossen Jugendschrift: Anti-Macchiavelli (s. darüber unser Mohl, der hier einseitig urtheilt, indem er an eine Schrift, die als historische Würdigung und Widerlegung M.'s, wofür freilich Friedrich selbst sie ansah, sehr schwach, als ethisch-politische Reflexion über das Verhalten, das einem Fürsten bei schon gesicherter Herrschaft zieme, und Selbstorientirung über die künftig einzuhaltenden Regierungsmaximen aber sehr achtungswerth ist, ausschliesslich den ersteren Maasstab anlegt, was durch Friedrich's eigene Nichtunterscheidung beider Aufgaben nicht gerechtfertigt wird, besonders Trendelenburg, M. und A.-M., Vortrag zum Gedächtniss F.'s d. Gr., gehalten am 25. Jan. 1855 in der k. Akad. der Wiss., Berlin 1855, und Theod. Bernhardi, Macchiavelli's Buch vom Fürsten und F.'s d. Gr. Antimacchiavell, Braunschweig 1864).

Plato's Idealstaat frei nachbildend, hat Thomas Morus (geb. zu London 1480, enthauptet 1535) in seiner Schrift: de optimo reip. statu deque nova insula Utopia, Lovan. 1516 n. ö., deutsch von Oettinger, Leipzig 1846, philosophische Gedanken über Entstehung und Aufgabe des Staates in phantastischer Form geäussert. Er fordert u. A. Gleichheit des Besitzes und religiöse Toleranz. Vgl. über ihn Rudhart, Nürnberg 1829, 2. Aufl. 1855, und Mackintosh, Life of Sir Th. M., London 1830, 2. ed. ebd. 1844.

Die philosophische Rechts- und Staatslehre ist zu jener Zeit bei Katholiken und Protestanten im Wesentlichen die aristotelische, bei jenen durch die Scholastik und das kanonische Recht, bei diesen besonders durch biblische Sätze modificirt. Luther hat nur das Criminalrecht im Auge, indem er sagt (in einem Schreiben an den Herzog Johann von Sachsen): „Wenn alle Welt rechte Christen wären, so wäre kein Fürst, König, Herr, Schwerdt, noch Recht nöthig oder nütze. Denn wozu sollte es dienen? Der Gerechte thut von sich selbst alles und mehr, denn alle Rechte fordern. Aber die Ungerechten thun nichts recht, darum bedürfen sie des Rechts, das sie lehre, zwinge und dränge, wohl zu thun." Die Grundzüge des jus naturale findet Melanchthon (im zweiten Buch seiner Schrift: philosophiae moralis libri duo, 1538), Joh. Oldendorp (εἰσαγωγή, sive elementaris introductio juris naturalis, gentium et civilis, Colon. Agr. 1539), Nic. Hemming (de lege naturae methodus apodictica 1562 u. ö.), Benedict Winkler (principiorum juris libri quinque,

§ 5. Anfänge selbstständiger philos. Forschung.   31

Lips. 1615) u. A. im Decalog, Hemming insbesondere in der zweiten Gesetzestafel, wogegen die erste ethischer Art sei und die vita spiritualis betreffe. (Oldendorps, Hemmings und Winklers naturrechtliche Schriften sind im Auszuge wiederabgedr. in v. Kaltenborn's oben citirtem Werke.) Wie in der Ethik, so betonen auch in der Rechts- und Staatslehre Protestanten die göttliche Ordnung, Katholiken und zumeist Jesuiten (wie Ferd. Vasquez, Lud. Molina, Mariana, Bellarmin, auch Suarez u. A.) den Mitantheil menschlicher Freiheit. Der Staat ist (gleich wie die Sprache) nach scholastisch-jesuitischer Doctrin von menschlichem Ursprung. Luther nennt die Obrigkeit ein Zeichen der göttlichen Gnade, denn ohne Regiment würden die Völker mit Morden und Würgen sich unter einander selbst hinwegrichten. Die Obrigkeit kann in ihrem Amt und weltlichen Regiment ohne Sünde nicht sein; aber Luther billigt weder Selbsthülfe der Verletzten, noch kennt er constitutionelle Garantien, sondern will nur, dass man Gott für die Obrigkeit bitte. Die altprotestantische Doctrin begünstigt den politischen Absolutismus, ist aber der socialen und religiösen Freiheit des Individuums förderlich.

Das Verdienst, den verschiedenen Confessionen im Staate die Gleichberechtigung vindicirt und Naturrecht und Politik auf die Völkerkunde und Geschichtsbetrachtung gegründet zu haben, hat vor Allen Jean Bodin (geb. zu Angers 1530, gest. 1596 oder 1597) sich erworben durch seine (zuerst Paris 1577 erschienenen) six livres de la république (vom Verfasser lateinisch bearbeitet 1584), wie auch durch seine Schrift: juris universi distributio, und durch das (erst in neuester Zeit vollständig veröffentlichte) Colloquium heptaplomeres de abditis rerum sublimium arcanis, ein unparteilsch gehaltenes Gespräch über die verschiedenen Religionen und Confessionen, welches durch die Anerkennung relativer Wahrheit in einer jeden derselben die Forderung der Toleranz begründet. Bodins Moral ruht auf deistischem Grunde. Von dem Colloquium heptaplomeres hat Guhrauer einen Auszug in deutscher Sprache (nebst partiellem Abdruck des lateinischen Textes) Berl. 1841 veröffentlicht; vollständig ist der Originaltext aus einem Manuscript der Bibliothek zu Giessen durch Ludw. Noack, Schwerin 1857, edirt worden. Eine Notiz zur Geschichte des Werkes hat auch schon E. G. Vogel im Serapeum 1840, Nr. 8-10, gegeben. Ausführlich handeln über Bodin H. Baudrillart, J. B. et son temps, tableau des théories politiques et des idées économiques du seizième siècle, Paris 1853, und N. Planchenault (président du tribunal civil d'Angers), études sur Jean Bodin, magistrat et publiciste, Angers 1858.

Albericus Gentilis (geb. 1551 in der Mark Ancona, gest. als Professor zu Oxford 1611) ist besonders durch seine Schriften: de legationibus libri tres, Lond. 1585 u. ö., de jure belli libri tres, Lugd. Bat. 1588 u. ö., de justitia bellica 1590, worin er aus der Natur, insbesondere der menschlichen, das Recht ableitet, mit More und Bodin für Toleranz eintritt und u. a. auch Freiheit des Verkehrs zur See fordert, ein Vorläufer des Hugo Grotius geworden.

Hugo Grotius (Huig de Groot, geb. zu Delft 1583, gest. 1645 zu Rostock) hat sich theils durch die Schrift: Mare liberum seu de jure, quod Batavis competit ad Indica commercia, Lugd. Bat. 1609, worin er, um den Niederländern die Freiheit des Handels nach Ostindien zu vindiciren, die Grundsätze des Seerechts philosophisch entwickelt, theils durch sein rechtswissenschaftliches Hauptwerk: de jure belli et pacis, Paris 1625, 1632 u. ö., ein bleibendes Verdienst um das Naturrecht erworben und das internationale oder Völkerrecht wissenschaftlich begründet. Wie bei dem Rechte der Personen, so unterscheidet Grotius auch bei dem der Völker oder dem internationalen Rechte das jus naturale und das jus voluntarium (oder civile); das letztere beruht auf positiven Bestimmungen, das erste aber fliesst mit Nothwendigkeit aus der menschlichen Natur. Unter dem jus divinum versteht Grotius die Vorschriften im alten und neuen Testament; er unterscheidet davon das Naturrecht als ein jus humanum. Der Mensch ist mit Vernunft und Sprache begabt, daher zum Leben in der Gemeinschaft bestimmt; was zum Bestehen der Gemeinschaft erforderlich ist, ist natürliches Recht (und auch was die Annehmlichkeit des socialen Lebens fördert, gehört als jus naturale laxius zum Naturrecht im weiteren Sinne); aus diesem Geselligkeitsprincip ergiebt sich die vernunftgemässe Entscheidung, mit deren Resultat das Herkommen bei gesitteten Völkern zusammen zu treffen pflegt, welches in diesem Sinne ein empirisches Kriterium des natürlichen Rechtes ist. Die Staatsgemeinschaft beruht auf freier Einwilligung der Betheiligten, also auf Vertrag. Das Strafrecht steht dem Staate nur in soweit zu, als das Princip der custodia societatis es fordert, also nicht als Vergeltung (quia peccatum est), sondern nur zur Verhütung der Gesetzesübertretungen durch Abschreckung und Besserung (ne peccetur). Grotius fordert Toleranz gegen alle positiven Religionen, Intoleranz aber gegen die Leugner der auch von dem blossen Deismus anerkannten Sätze von Gott und Unsterblichkeit. Doch vertheidigt er in seiner (1619 erschienenen) Schrift de veritate religionis christianae auch die den Confessionen gemeinsamen christlichen Dogmen. Die ausgedehnten biblischen Studien des Grotius (niedergelegt besonders in den Annot. in N. T., Amst. 1641—46 u. ö. und Annot. in V. T., Par. 1644 u. ö.) haben einen hohen philologisch-exegetischen und historischen Werth; der religiöse Standpunkt ist ein schwankender, ein principielles Festhalten am Offenbarungsglauben unter thatsächlicher Annäherung an kritisch-historische und rationalistische Auflösung desselben. Ueber Grotius handelt in neuerer Zeit namentlich H. Luden, M. G. nach seinen Schicksalen und Schriften, Berlin 1806; Charles Butler, Life of H. Gr., London 1826; Friedr. Creuzer, Luther and Grotius oder Glaube und Wissenschaft, Heidelberg 1846; vgl. auch Ompteda, Litt. des Völkerrechts, Bd. I, S. 174 ff., Stahl, Gesch. der Rechtsphilosophie, S. 158 ff., v. Kaltenborn, Kritik des Völkerrechts, S. 87 ff., Robert von Mohl, die Gesch. und Litt. der Staatswiss. I, S. 229 f.

Zweiter Abschnitt der Philosophie der Neuzeit.
Die neuere Philosophie oder die Zeit des ausgebildeten Gegensatzes zwischen Empirismus und Dogmatismus.

§ 6. Den zweiten Abschnitt der Philosophie der Neuzeit charakterisirt der ausgebildete Gegensatz zwischen Empirismus und Dogmatismus, neben welchen Richtungen auch der Skepticismus zu selbstständigerer Entwickelung, als in der Uebergangsperiode, gelangt. Der Empirismus ist die Einschränkung der Methode der philosophischen Forschung auf Erfahrung und Combination von Erfahrungsthatsachen und des Bereichs der philosophischen Erkenntniss auf die Erfahrungsobjecte. Der Dogmatismus (oder Dogmaticismus) ist diejenige philosophische Richtung, welche durch das Denken den gesammten Erfahrungskreis überschreiten und die theologischen Fundamentalsätze, insbesondere die Lehre vom Dasein Gottes und der Unsterblichkeit der Menschenseelen, philosophisch erweisen zu können glaubt (und nicht durch eine Kritik des menschlichen Erkenntnissvermögens zur Negation der Möglichkeit theoretischer Ueberschreitung des Erfahrungskreises gelangt ist). Der **Skepticismus** ist der principielle Zweifel an jeder Gewissheit, mindestens an der Gültigkeit aller den Erfahrungskreis überschreitenden Sätze (ohne eine methodische, auf Kritik der Vernunft gegründete Abgrenzung eines zwar unserer Vernunfterkenntniss unzugänglichen, jedoch anderweitig gesicherten Gebietes).

Ueber die Philosophie dieses Zeitabschnittes vgl. ausser den betreffenden Abschnitten der oben (S. 1—2) angeführten umfassenderen Geschichtswerke, wie auch der Gesch. des 18. Jahrhunderts von Schlosser und anderen historischen Schriften, insbesondere noch Ludw. Feuerbach, Gesch. der neueren Philosophie von Baco bis Spinoza, Ansbach 1833, 2. Aufl. 1844, nebst dessen Specialschriften über Leibnitz und Bayle; Damiron, Essai sur l'hist. de la philos. au XVIIme siècle, Par. 1846.

Die vorstehenden Begriffsbestimmungen sind die Kantischen. Die historische Gültigkeit der Charakteristik, welche Kant von den seiner eigenen Philosophie zunächst vorangegangenen philosophischen Richtungen gegeben hat, kann und muss auch dann noch anerkannt werden, wenn der philosophische Standpunkt Kants nicht mehr als die philosophische Wahrheit und als der absolute Maassstab der Würdigung früherer Richtungen gilt. — Kants **Kriticismus** schränkt nicht die Erkenntnissmittel der Philosophie auf Empirie, aber ihre Erkenntnissobjecte auf den Erfahrungskreis ein.

Der **empiristischen** Richtung gehören an: Baco und Hobbes und mehrere ihrer Zeitgenossen, Locke und die an ihn mehr oder weniger, sei es zustimmend oder auch polemisch, anknüpfenden englischen und schottischen Philosophen, der französische Sensualismus und Materialismus des achtzehnten Jahrhunderts und zum Theil auch die deutsche Aufklärung. Die Koryphäen der **dogmatischen** Richtung sind: Cartesius, Spinoza und Leibnitz. Der **Skepticismus** erreicht seinen Höhepunkt in Hume.

Da die Philosophen der verschiedenen Richtungen einen wechselseitigen wesentlichen Einfluss auf einander geübt haben, so kann nicht wohl eine jede der Hauptrichtungen in ununterbrochener Folge vollständig für sich dargestellt werden, sondern die chronologische Ordnung ist, sofern sie dem genetischen Verhältniss entspricht, die angemessenere.

§ 7. Durch Abstreifung des theosophischen Charakters, den die Naturphilosophie in der Uebergangsperiode an sich trug, durch Einschränkung ihrer Methode auf Erfahrung und Induction und durch die Erhebung der Grundzüge dieser Methode zum philosophischen, von der Gebundenheit an irgend einen einzelnen naturwissenschaftlichen Forschungskreis befreiten Bewusstsein ist **Baco von Verulam (1561—1626)** der Begründer — zwar nicht der empirisch-methodischen Naturforschung, wohl aber — der **empiristischen Entwicklungsreihe der neueren Philosophie** geworden. Baco's höchstes Ziel ist die Erweiterung der Macht des Menschen vermittelst des Wissens. Wie die Buchdruckerkunst, das Pulver und der Compass das Culturleben umgestaltet haben und den Vorzug der Neuzeit vor jedem früheren Zeitalter begründen, so soll durch immer neue und fruchtreiche Erfindungen die betretene Bahn mit Bewusstsein weiter verfolgt, was diesem Ziele dient, gefördert, was von ihm ablenkt, gemieden werden. Religionsstreitigkeiten schaden. Die Religion soll unangetastet gelassen, aber nicht (nach der Weise der Scholastiker) mit der Wissenschaft vermengt werden; die Einmischung der Wissenschaft in die Religion führt zum Unglauben, die Einmischung der Religion in die Wissenschaft zur Phantasterei. Vom Aberglauben und von Vorurtheilen jeder Art muss der Geist befreit sein, um als reiner Spiegel die Dinge so, wie sie sind, aufzufassen. Mit der Erfahrung muss die Erkenntniss anheben, von Beobachtungen und Experimenten ausgehen, dann stufenweise mittelst der Induction erst zu Sätzen von geringerer, dann zu Sätzen von höherer Allgemeinheit methodisch fortgehen, um endlich von diesen aus zu dem Einzelnen wiederherabzusteigen und zu Erfindungen zu gelangen, welche die Macht des Menschen über die Natur erhöhen. In der Bezeichnung wesentlicher Ziele und Mittel der Neuzeit, in der kräftigen (obschon einseitigen) Hervorhebung des Werthes echter, selbsterrungener Naturerkenntniss, in der Beseitigung des scholastischen Ausgehens von vermeintlich durch Vernunft oder göttliche Offenbarung gegebenen Begriffen und Sätzen und der darauf basirten, empirieloseu Streitwissenschaft, und in der Bezeichnung der Grundzüge der Methode empirisch basirter inductiver Forschung liegt Baco's historische Bedeutung; die nähere Ausführung der methodischen Grundsätze hat neben einzelnem Bedeutenden vieles Verfehlte, und die von Baco unternommenen Versuche, durch eigene Naturforschung die von ihm auf ihren allgemeinsten philosophischen Ausdruck gebrachte Methode zur praktischen Anwendung zu bringen, sind roh und halten nicht den Vergleich mit den Leistungen älterer und gleichzeitiger Naturforscher aus. Die Einseitigkeit der Hochschätzung der materiellen Culturmittel und die Ersetzung der religiösen und moralischen Bildung durch eine vernunftlose Unterwerfung unter ihm gleichgültige Dogmen und durch ein um den Werth der Mittel wenig bekümmertes Streben nach Macht hat sich an Baco durch schändende Charakterschwäche gerächt. Im Anschluss an Baco's Principien hat der mit ihm befreundete Politiker Hobbes (1588 — 1679) den Staat als beruhend auf unbedingter Unterwerfung der Handlungen und selbst der Gesinnungen unter den Willen eines absoluten Monarchen zu verstehen gesucht, in dessen Gewaltherrschaft er unter Verkennung der Kraft des politischen Gemeinsinnes, der die Vereinigung von Freiheit und Einheit ermöglicht, das einzige Mittel zum Heraustreten aus dem Naturzustande, dem Kampfe Aller gegen Alle, findet. Des Hobbes älterer Zeitgenosse Herbert von Cherbury begründet einen aus den positiven Religionen eine allgemeine oder Naturreligion abstrahirenden und in dieser allein das Wesentliche der Religion erkennenden Rationalismus. In der nächstfolgenden Zeit herrscht unter den englischen Philosophen ein erneuter Platonismus vor, der sich von der aristotelischen Scholastik eben sowohl, wie von dem Hobbes'schen Naturalismus entfernt, dem Mysticismus aber und zum Theil auch dem Cartesianismus befreundet ist.

Baco's Schrift: de dignitate et augmentis scientiarum ist im Entwurf in englischer Sprache unter dem Titel: the two books of Francis Bacon on the proficience and advancement of learning divine and human, Lond. 1605, lateinisch weit vollständiger ausgeführt ebend. 1623, ferner Lugd. Bat. 1652, Argent. 1654 u. ö. erschienen, in's Deutsche übersetzt von Joh. Herm. Pfingsten, Pesth 1783. Im Jahr 1612 erschien die Schrift: Cogitata et visa, welche später zu dem Novum Organum scientiarum umgearbeitet wurde, das zuerst Lond. 1620, dann sehr häufig erschienen ist, neuerdings Leipzig 1837 und 1889, in's Deutsche übersetzt von G. W. Bartholdy, Berlin 1793, und von Brück, Leipz. 1830. Die Essays moral, economical and political, zuerst 1597 erschienen, haben neuerdings unter Anderen W. A. Wright, Lond. 1862, Rich. Whately, 6. edit., London 1864 edirt; in lateinischer Uebersetzung tragen sie den Titel Sermones fideles. Die Werke Baco's sind gesammelt durch William Rawley mit beigefügter Lebensbeschreibung des Baco Amst. 1663 herausgegeben worden, auch zu Frankf. a. M. 1665, vollständiger von Mallet, gleichfalls mit einer Biographie des Baco, London 1740 und 1765. Lateinische Ausgaben der Werke sind Francof. 1666, Amst. 1684, Lips. 1694, Lugd. Bat. 1696, Amst. 1730 erschienen. In neuerster Zeit haben die Werke edirt: Montague, London 1825—34, Henry G. Bohn, London 1816, und R. L. Ellis, J. Spedding und D. D. Heath, London 1858—59, wozu als Ergänzung (voll. VIII. und IX. der Werke) gehört: the letters and life of Francis Bacon, including all his occasional Works, newly collected, revised and set out in chronological order, with a commentary biographical and historical, by James Spedding, London 1862. Von den zahlreichen Schriften über Baco sind hervorzuheben: Analyse de la philosophie du chancellier François Bacon, avec sa vie, Leyden 1756 und 1778. J. B. de Vauzelles, histoire de la vie et des ouvrages de Fr. Bacon, Paris 1833. Jos. de Maistre, examen de la philosophie de Bacon, Par. 1836, 7. éd., Lyon et Paris 1865. Macaulay, in: Edinb. Review, 1837, deutsch von Bülau, Leipz. 1850, John Campbell, the lives of the Lord Chancellors of England, vol. II., London 1845, chap. 51. Charles de Rémusat, Bacon, sa vie, — son temps, sa philosophie et son influence jusqu'à nos jours, 2. éd. Par. 1858. Kuno Fischer, Franz Baco von Verulam, die Realphilosophie und ihr Zeitalter, Leipz. 1856, in's Englische übersetzt von John Oxenford, London 1857; vgl. J. B. Meyer, B.'s Utilismus nach K. Fischer, Whewell und Ch. de Rémusat, in: Zschr. f. Ph. u. ph. Krit., N. F., Bd. 36, 1860, S. 242—247. K. F. H. Marx, Franz B. und das letzte Ziel der ärztlichen Kunst: in: Abh. der k. Ges. der Wiss. zu Göttingen, Bd. IX, 1860. C. L. Craik, Lord Bacon, his writings and his philosophy, new edition, London 1860. H. Dixon, the personal history of Lord Bacon, from unpublished letters and documents, London 1861, ein Versuch der Vertheidigung des Charakters Bacons, worauf entgegnet wird in der Schrift: Lord Bacons life and writings, an

§ 7. Baco, Hobbes und andere englische Philosophen.

answer to Mr. H. Dixons pers. hist. of L. B., London 1861. Adolf Lasson, Montaigne und Bacon, im Archiv f. neuere Spr. u. Litt., XXXI, S. 259—276; über B.'s wissenschaftliche Principien, Programm der Louisenst. Realschule zu Berlin, Herbst 1860. Justus von Liebig, über Francis Bacon von Verulam und die Methode der Naturforschung, München 1863. Lasson und Liebig bekämpfen die Ansicht, als habe Baco die Methode der modernen Naturforschung begründet, geübt oder auch nur zutreffend bezeichnet. Was Beide an Baco tadeln, wird fast durchgängig mit Recht von ihnen getadelt, aber das positiv Werthvolle, Baco's Hervorhebung der Bedeutung der Naturwissenschaft für das gesammte Culturleben und seine Bezeichnung der Grundzüge inductiver Forschung, ist mit gleichem Recht von Andern betont worden. C. Sigwart, ein Philosoph und ein Naturforscher über B., in den von Haym hrsg. preuss. Jahrb. Bd. XII, Heft 2, August 1863; vgl. dessen Antwort auf eine in der Augsb. Allg. Zeitung enthaltene Entgegnung Liebigs, in den preuss. Jahrb. XIII, Heft 1, Jan. 1864. Heinr. Böhmer, über B. und die Verbindung der Philosophie mit der Naturwiss., Erlangen 1864 (1863). E. Wohlwill, B. v. V. und die Geschichte der Naturwissenschaft, in: D. Jahrb. f. Pol. u. Litt., Bd. IX, Heft 3, Dec. 1863, und Bd. X, Heft 2, Febr. 1864. Alb. Desjardins, de jure apud Franciscum B., Par. 1862. Const. Schlottmann, B.'s Lehre von den Idolen und ihre Bedeutung für die Gegenwart, in Gelzer's prot. Monatsbl. Bd. 21, Febr. 1863. Th. Merz, B.'s Stellung in der Culturgeschichte, in Gelzer's prot. Monatsbl. Sept. 1864. H. v. Bamberger, über B. v. V. bes. vom medicinischen Standpunkte, Würzburger Gratulationsschrift zum 500jährigen Jubiläum der Universität zu Wien, Würzburg 1865. Ed. Chaigne et Ch. Sedail, l'influence des travaux de B. d. V. et de Descartes sur la marche de l'esprit humain, Bordeaux 1865.

Die Schriften des Hobbes sind lateinisch in einer durch ihn selbst veranstalteten Sammlung Amst. 1668 erschienen; die erste englische Gesammtausgabe seiner moralischen und politischen Werke Lond. 1750. Notizen über das Leben des Hobbes finden sich theils in seinen eigenen Schriften, insbesondere in seiner Selbstbiographie (the life of Thomas Hobbes, written by himself in a latin poem and translated into english, Lond. 1680, theils in dem von Rudolph Baxburst herausgegebenen Sammelwerk: Th. H. Angli Malmesburiensis vita, Carolopoli apud Eleutherium Anglicum 1681; ausführlich handelt über Leben und Schriften und Lehre des Hobbes unter den Historikern der Philosophie besonders Buhle, Gesch. der neueren Philosophie, Bd. III., Gött. 1802, S. 223 — 525. Eine Monographie über seine Staatstheorie, verfasst von Heinrich Nüscheler, bei Kym, Zürich 1865, herausgegeben.

Geboren am 22. Januar 1561 zu London als der zweite und jüngste Sohn des Grosssiegelbewahrers von England Nicolaus Bacon, durch Studien in Cambridge, durch einen zweijährigen Aufenthalt in Paris als Begleiter des englischen Gesandten und durch juristische Praxis vorgebildet, trat Francis Bacon 1595 in's Parlament, ward 1604 besoldeter Rechtsbeistand der Krone, 1617 Grosssiegelbewahrer, 1619 Lordkanzler und Baron von Verulam, 1620 Vicegraf von St. Albans, verlor aber 1621, durch das Parlament wegen empfangener Bestechungen verurtheilt, seine sämmtlichen Aemter und lebte dann in der Zurückgezogenheit zu Highgate bis zum 9. April 1626.

Baco's Plan einer Neugestaltung der Wissenschaften umfasst zuvörderst die allgemeine Umschreibung des Gebietes der Wissenschaften (des globus intellectualis), dann die Methodenlehre, endlich die Darstellung der Wissenschaften selbst und ihre Anwendung zu Erfindungen. Demgemäss beginnt das Gesammtwerk, dem Baco den Titel Instauratio magna gegeben hat, mit der Schrift de dignitate et augmentis scientiarum; daran schliesst sich als zweiter Haupttheil das Novum Organon; zu der

§ 7. Baco, Hobbes und andere englische Philosophen.

Darstellung der Naturgeschichte aber (die dem Baco als vera inductionis supellex sive sylva gilt) und zu der Naturerklärung, wie auch zu einem Verzeichniss der schon gemachten Erfindungen und einer Anleitung zu neuen, hat Baco nur einzelne Beiträge geliefert; zur Naturgeschichte gehört insbesondere die erst nach seinem Tode veröffentlichte Sylva sylvarum (Sammlung mehrerer Materialiensammlungen) sive historia naturalis, zur Naturerklärung seine Theorie der Wärme, die eine Art der Bewegung sei (nämlich expansive Bewegung, aufwärts strebend, durch die kleineren Theile des Körpers sich erstreckend, gehemmt und zurückgetrieben, mit einer gewissen Schnelligkeit erfolgend).

Auf das Gedächtniss gründet sich nach Baco's Ansicht die Geschichtskunde, auf die Einbildungskraft die Poesie, auf den Verstand die Philosophie oder die eigentliche Wissenschaft. Die Geschichtskunde theilt Baco in die historia civilis und naturalis ein; bei jener bezeichnet er namentlich die Litteraturgeschichte und die Geschichte der Philosophie als Desiderata. Die Poesie theilt er in die epische, dramatische und allegorisch-didaktische ein. Die Philosophie geht auf Gott, den Menschen und die Natur. Philosophiae objectum triplex: Deus, natura et homo; percutit autem natura intellectum nostrum radio directo, Deus autem propter medium inaequale radio tantum refracto, ipse vero homo sibimet ipsi monstratur et exhibetur radio reflexo. Sofern die Erkenntniss Gottes aus der Offenbarung fliesst, ist sie nicht ein Wissen, sondern ein Glauben; die natürliche oder philosophische Theologie aber kann keine affirmative Erkenntniss begründen, reicht jedoch zur Widerlegung des Atheismus aus, da die Erklärung aus physischen Ursachen der Ergänzung durch die Zuflucht zur göttlichen Vorsehung bedarf. Baco sagt: leves gustus in philosophia movere fortasse ad atheismum, sed pleniores haustus ad religionem reducere. Ebenso, wie Gott, ist nach Baco auch der von Gott dem Menschen eingehauchte Geist (spiraculum) wissenschaftlich nicht erkennbar; nur die physische Seele, die ein dünner, warmer Körper ist, ist ein Object wissenschaftlicher Erkenntniss. Die Begriffe und Sätze, welche allen Theilen der Philosophie gleichmässig zum Grunde liegen, wie die Begriffe Sein und Nichtsein, Aehnlichkeit und Verschiedenheit, das Axiom von der Gleichheit zweier Grössen, die einer dritten gleich sind, entwickelt die philosophia prima oder scientia universalis. Die Naturphilosophie geht theils auf die Erkenntniss, theils auf die Anwendung der Naturgesetze, ist demnach theils speculativ, theils operativ. Die speculative Naturphilosophie ist Physik, sofern sie die wirkenden Ursachen, Metaphysik, sofern sie die Zwecke betrachtet, die operative ist als Anwendung der Physik Mechanik, als Anwendung der Metaphysik natürliche Magie. Die Mathematik ist eine Hülfswissenschaft der Physik. Die Astronomie soll nicht bloss die Erscheinungen und Gesetze mathematisch construiren, sondern auch physikalisch erklären. (Zur Erfüllung der letzten Forderung verschloss ihr freilich Baco durch Verwerfung des Copernicanischen Systems, das er für einen abenteuerlichen Einfall hielt, und durch Unterschätzung der Mathematik den Weg.) Die philosophische Lehre vom Menschen betrachtet denselben theils als Einzelnen, theils als Glied der Gesellschaft; sie ist demnach theils Anthropologie (philosophia humana), theils Politik (philosophia civilis). Die Anthropologie geht theils auf den menschlichen Leib, theils auf die menschliche Seele. Die Seelenlehre betrachtet zunächst die Empfindungen und Bewegungen und ihr gegenseitiges Verhältniss. Baco schreibt allen Körperelementen Perceptionen zu, die sich durch Anziehungen und Abstossungen bekunden; die (bewussten) Empfindungen der Seele unterscheiden sich von den blossen Perceptionen; Baco will, dass die Natur und der Grund dieses Unterschieds genauer untersucht werde. Hieran schliesst sich die Logik als die Lehre von der auf die Wahrheit gerichteten Erkenntniss und die Ethik

§ 7. Baco, Hobbes und andere englische Philosophen.

als die Lehre von dem auf das Gute (das Individuelle und das Gemeinwohl) gerichteten Willen. Logica ad illuminationis puritatem, ethica ad liberae voluntatis directionem servit. — Ut manus instrumentum instrumentorum, et anima humana forma est formarum, sic istae duae scientiae reliquarum omnium sunt claves. Die Ethik geht auf die bonitas interna, die Politik (philosophia civilis) auf die bonitas externa in conversationibus, negotiis et regimine sive imperio. Baco will die Politik von Staatsmännern, nicht von blossen Schulphilosophen, noch auch von einseitigen Juristen behandelt wissen.

Die Methodenlehre entwickelt Baco in dem Novum Organon. Er will zeigen, wie zur Erkenntniss der Naturgesetze zu gelangen sei, deren Anwendung die Macht des Menschen über die Natur erweitere. Ambitio (sapientis) reliqua sanior atque augustior est: humani generis ipsius potentiam et imperium in rerum universitatem instaurare et amplificare conari artibus et scientiis, cujus quidem potentiae et imperii usum sana deinde religio gubernet. — Physici est, non disputando adversarium, sed naturam operando vincere. Die Wissenschaft ist das Abbild der Wirklichkeit. Scientia nihil aliud est, quam veritatis imago; nam veritas essendi et veritas cognoscendi idem sunt, nec plus a se invicem differunt, quam radius directus et radius reflexus. — Ea demum est vera philosophia, quae mundi ipsius voces quam fidelissime reddit et veluti dictante mundo conscripta est, nec quidquam de proprio addit, sed tantum iterat et resonat.

Um die Natur getreu zu interpretiren, muss der Mensch sich zuvörderst der Idole (Trugbilder) entledigen, d. h. der falschen Vorstellungen, die nicht aus der Natur der zu erkennenden Objecte, sondern nur aus seiner eigenen geflossen sind. Die in der Natur eines jeden Menschen begründeten trügerischen Vorstellungsweisen (insbesondere die Anthropomorphismen), z. B. die Ersetzung der causae efficientes durch causae finales in der Physik, nennt Baco idola tribus, die in der Eigenthümlichkeit Einzelner wurzelnden idola specus, die durch den menschlichen Verkehr mittelst der Sprache verursachten idola fori, die auf Ueberlieferung beruhenden idola theatri. Die Lehre von den Idolen hat in Baco's neuem Organon eine ähnliche Bedeutung, wie bei Aristoteles die Lehre von den Trugschlüssen; die Lehre von den „idola tribus" anticipirt in gewissem Maasse die Grundgedanken von Kants Vernunftkritik.

Der von den Idolen gereinigte Verstand muss, um zur Naturerkenntniss zu gelangen, auf Erfahrung fussen, aber nicht auf blosse Erfahrungen sich einschränken, sondern methodisch dieselben combiniren. Wir sollen weder, wie die Spinnen ihre Fäden aus sich ziehen, bloss aus uns unsere Gedanken schöpfen, noch, wie die Ameisen, bloss sammeln, sondern wie die Bienen, sammeln und verarbeiten. Es sind zuerst durch Beobachtungen und Versuche Thatsachen zu constatiren, dann sind diese übersichtlich zu ordnen, endlich ist mittelst gesetzmässiger und wahrer Induction von den Experimenten zu Axiomen, von der Erkenntniss der Thatsachen zu der Erkenntniss der Gesetze fortzuschreiten. Diejenige Induction, welche Aristoteles und die Scholastiker lehrten, bezeichnet Baco als inductio per enumerationem simplicem; ihr fehle der methodische Charakter (den freilich auch Baco mehr erstrebt, als wirklich erreicht). Neben den positiven Instanzen sind die negativen zu berücksichtigen, ferner die Gradunterschiede zu bestimmen; die Fälle von entscheidender Bedeutung sind als prärogative Instanzen vorzugsweise zu beachten; von dem Einzelnen ist nicht sofort zum Allgemeinsten gleichsam im Fluge hinauszueilen, sondern erst zu den mittleren Sätzen, den Sätzen von geringerer Allgemeinheit, aufzusteigen, die gerade die fruchtbarsten sind. Obwohl Baco auch den Rückweg von den Axiomen zu neuen Experimenten, insbesondere zu Erfindungen, fordert, so hält er doch den Syllogismus (in welchem Aristoteles das methodische Mittel der

§ 7. Baco, Hobbes und andere englische Philosophen.

Deduction erkannt hat) nicht hoch; derselbe reiche, meint Baco, an die Feinheit der Natur nicht heran und diene mehr den Disputationen, als der Wissenschaft. Diese Verkennung des wissenschaftlichen Werthes des Syllogismus hängt mit Baco's Unterschätzung der Mathematik auf's Engste zusammen. Die Theorie der Induction hat Baco wesentlich gefördert, obschon nicht vollständig und rein durchgeführt; die Lehre von der Deduction aber ist bei ihm nicht zu ihrem Rechte gelangt.

Baco hält dafür, dass nach seiner Methode nicht nur die Naturwissenschaft, sondern auch die Moral und Politik zu begründen sei, ist jedoch auf diese letztere Aufgabe nicht in zusammenhängender Lehrentwicklung, sondern nur durch geistreiche Aphorismen eingegangen. Einen Versuch naturgesetzlicher Auffassung des Staates hat Baco's jüngerer Zeitgenosse und Freund Thomas Hobbes gemacht.

Geboren am 5. April 1588 zu Malmesbury als Sohn eines Landgeistlichen, studirte Thomas Hobbes in Oxford insbesondere die aristotelische Logik und Physik und eignete sich die nominalistische Doctrin an. In seinem zwanzigsten Lebensjahre ward er Erzieher und Gesellschafter in dem Hause des Lord Cavendish, nachmaligen Grafen von Devonshire, nahm an Reisen nach Frankreich und Italien theil; nach der Rückkehr hatte er mit Bacon Verkehr. Im Jahr 1628 übersetzte er den Thucydides in's Englische, in der ausgesprochenen Absicht, von der Demokratie abzuschrecken. Bald hernach studirte er in Paris Mathematik und Naturwissenschaften, worin er später den nachmaligen König Karl II. unterrichtete; in Paris stand er mit Gassendi und mit dem Franziscanermönche Mersenne in beständigem Verkehr. Hobbes hat die Lehren des Copernicus und Keppler, des Galilei und des Harvey nach ihrem vollen Werthe zu schätzen gewusst. Kurze Zeit vor dem Beginn des langen Parlaments (1640) verfasst er in England die Schriften: On human nature und De corpore politico, ohne jedoch dieselben sofort zu veröffentlichen; in Paris entstanden die Hauptwerke: Elementa philos. de cive, zuerst Par. 1642, dann erweitert 1647 zu Amsterdam gedruckt (in's Französische durch Sorbière übersetzt 1649), und Leviathan or the matter, form and authority of government, Lond. 1651, lateinisch Amst. 1668, deutsch Halle 1794 und 95. Nach England kehrte Hobbes, durch den Leviathan mit Katholiken und Protestanten verfeindet, 1652 zurück. In London erschienen die Schriften: Human nature or the fundamental elements of policy, 1650; de corpore politico or the elements of law moral and political, 1650; quaestiones de libertate, necessitate et casu, 1656; ferner: Elementorum philosophiae sectio prima: de corpore, englisch London 1655, Sectio secunda: de homine, englisch London 1658, beide Sectionen lateinisch Amst. 1668 (in der von Hobbes selbst veranstalteten Sammlung seiner Schriften); die Sectio tertia ist das Werk de cive. Hobbes starb zu Hardwicke am 4. December 1679.

Hobbes definirt die Philosophie als die Erkenntniss der Wirkungen oder der Phänomene aus den Ursachen und andererseits der Ursachen aus den beobachteten Wirkungen vermittelst richtiger Schlüsse; ihr Ziel liegt darin, dass wir die Wirkungen voraussehen und von dieser Voraussicht Gebrauch im Leben machen können. Hobbes kommt demnach mit Baco in der Annahme einer praktischen Abzweckung der Philosophie überein, hat aber mehr die politische Anwendung, als technische Erfindungen im Auge; er theilt Baco's mechanistische Weltansicht; das Schliessen fasst er als ein Addiren und Subtrahiren auf, will aber im Unterschiede von Baco ebensowohl, wie die methodus resolutiva sive analytica, auch die methodus compositiva sive synthetica, deren Werth er besonders durch seine mathematischen Studien erkannt hatte, in der Philosophie zur Anwendung gebracht wissen. Gegenstand der Philosophie ist jeder Körper; den Begriff des Körpers aber fasst Hobbes

§ 7. Baco, Hobbes und andere englische Philosophen.

als identisch mit dem der Substanz; eine unkörperliche Substanz ist ihm ein Unding. Die Körper sind natürliche oder künstliche, unter den letzteren ist der Staatskörper (Staatsorganismus) der wichtigste. Die Philosophie ist hiernach theils natural, theils civil philosophy. Den Ausgang nimmt Hobbes von der philosophia prima, die sich ihm auf einen Inbegriff von Definitionen der Fundamentalbegriffe, wie Raum und Zeit, Ding und Qualität, Ursache und Wirkung, reducirt. Hieran schliesst sich die Physik und Anthropologie an. Die Körper bestehen aus kleinen Theilen, die jedoch nicht als schlechthin untheilbar zu denken sind. Es giebt nicht eine schlechthin unbestimmte Materie; der allgemeine Begriff der Materie ist eine blosse Abstraction von den bestimmten Körpern. Hobbes reducirt alle realen Vorgänge auf Bewegungen. Was Anderes bewegt, muss auch selbst bewegt sein, mindestens in seinen kleinen Theilen, deren Bewegung sich zu entfernten Körpern nur durch Medien fortpflanzen kann, eine unmittelbare Wirkung in die Ferne giebt es nicht. Die Sinne der Thiere und Menschen werden durch Bewegungen afficirt, die sich nach Innen zum Gehirn, von da zum Herzen fortpflanzen; vom Herzen geht dann eine Rückwirkung aus, welche Rückbewegung und Empfindung ist. Die Empfindungsqualitäten (Farben, Tonempfindungen etc.) sind demnach als solche nur in den empfindenden Wesen; in den Körpern, welche diese Empfindungen in uns bewirken, sind nicht die gleichen Qualitäten, sondern nur Bewegungen. (Hobbes hat freilich unerklärt gelassen, wie es überhaupt denkbar sei, dass es empfindende Wesen gebe, wenn alle Wesen nur Conglomerate von bewegten, nicht empfindenden Corpuskeln sind.) Aus den Empfindungen erwächst alle Erkenntniss. Von der Empfindung bleibt die Erinnerung zurück, die wieder hervortreten kann. Die Erinnerung an Wahrgenommenes wird unterstützt und die Mittheilung an Andere möglich gemacht durch Zeichen, die wir mit den Vorstellungen der Objecte verknüpfen; hieran dienen uns insbesondere die Worte. Das nämliche Wort dient als Zeichen für viele einander ähnliche Objecte und gewinnt hierdurch den Charakter der Allgemeinheit, welcher immer nur Worten, niemals Dingen zukommt. Es steht bei uns, welche Objecte wir jedesmal durch das nämliche Wort bezeichnen wollen; wir erklären uns darüber mittelst der Definition. Alles Denken ist ein Verbinden und Trennen, Addiren und Subtrahiren von Vorstellungen; Denken ist Rechnen.

Hobbes hält den Menschen nicht (gleich der Biene, Ameise etc.) für ein schon durch Naturinstinct geselliges Wesen (ζῶον πολιτικόν), sondern setzt den Naturzustand der Menschen in einen Krieg Aller gegen Alle. Da aber dieser Zustand keine Befriedigung gewährt, so ist aus demselben herauszutreten vermöge vertragsmässiger Unterwerfung Aller unter die Obmacht eines absoluten Herrschers, dem Alle unbedingten Gehorsam leisten, um dagegen von ihm Schutz zu erhalten und eben dadurch erst die Möglichkeit eines wahrhaft humanen Lebens zu gewinnen. Ausserhalb des Staates findet sich nur Herrschaft der Affecte, Krieg, Furcht, Armuth, Schmutz, Vereinsamung, Barbarei, Unwissenheit, Wildheit, im Staate aber Herrschaft der Vernunft, Friede, Sicherheit, Reichthum, Schmuck, Geselligkeit, Zierlichkeit, Wissenschaft, Wohlwollen. (Hiernach ist die Behauptung falsch, dass der Staat des Hobbes „ohne allen idealen und ethischen Inhalt" sei und nur Sicherheit des Lebens und sinnliches Wohlsein bezwecke.) Der Herrscher kann ein Monarch oder auch eine Versammlung sein; die Monarchie aber ist als die strengere Einheit die vollkommnere Form. Der Krieg ist ein Rest des Urzustandes. An das Zusammenleben im Staate knüpft sich der Unterschied von Recht und Unrecht, Tugend und Laster, Gutem und Bösem. Was die absolute Macht im Staate sanctionirt, ist gut, das Gegentheil verwerflich. Das Strafrecht des Staates ist ein Ausfluss seines Rechtes auf Selbsterhaltung. Es soll nicht um des vergangenen Bösen, sondern um des zukünftigen Guten willen gestraft werden; die Furcht vor der Strafe soll die

§ 7. Baco, Hobbes und andere englische Philosophen. 41

Lust, die Jemand von der durch den Staat verbotenen That erwartet, aufzuwiegen vermögen; nach diesem Princip ist das Strafmaass zu bestimmen. Religion und Aberglaube kommen darin überein, dass sie Furcht vor erdichteten oder traditionsmässig angenommenen unsichtbaren Mächten sind; die Furcht vor denjenigen unsichtbaren Mächten, welche der Staat anerkennt, ist Religion, die Furcht vor solchen, welche derselbe nicht anerkennt, ist Aberglaube. Religiöse Privatüberzeugung dem sanctionirten Glauben entgegensetzen, ist ein revolutionäres Treiben, welches den Staatsverband auflöst. Die Gewissenhaftigkeit besteht in dem Gehorsam gegen den Herrscher.

Die Vertragstheorie (die freilich nicht sowohl den historischen Entstehungsgrund des Staates bezeichnet, als vielmehr eine Norm zur Messung bestehender Zustände an einem Ideal aufstellt) konnte mit gleicher und grösserer Consequenz zu entgegengesetzten Resultaten führen, die später von Spinoza, Locke, Rousseau und Anderen vertreten wurden.

Nicht bis zu der (Hobbes'schen) Negation der inneren Berechtigung aller Religionen giengen andere Denker in jener und der nachfolgenden Zeit fort, sondern hielten sich an eine bloss auf Vernunft zu gründende Religion, namentlich schon Hobbes' älterer Zeitgenosse, Lord Eduard Herbert of Cherbury (1581—1648), der als Politiker auf der Seite der parlamentarischen Opposition stand. Sein Hauptwerk ist: Tractatus de veritate prout distinguitur a revelatione, a verisimili, a possibili et a falso, Paris 1624 u. ö.,; auch schrieb er: De religione gentilium errorumque apud eos causis, Theil I, Lond. 1645, vollständig Lond. 1663 und Amst. 1670, ferner De religione laici und historische Schriften. Er nimmt an, dass alle Menschen in gewissen communes notitiae einstimmig seien, und will, dass diese als Kriterien bei allen Religionsstreitigkeiten dienen. Seine Doctrin, sowie die mehr oder minder durch dieselbe bedingte Lehre späterer Freidenker (worüber besonders Victor Lechler, Gesch. des engl. Deismus, Stuttg. u. Tüb. 1841, eingehend handelt) ist jedoch mehr für die Geschichte der Religion, als der Philosophie von Wichtigkeit. Vgl. Ch. de Rémusat, Lord Herbert de Cherbury, Revue des deux mondes VII, livr. 4, 1854.

Die auf die Zeit Locke's gewann an den englischen Schulen der Empirismus nicht die Herrschaft; die Scholastik ward beschränkt, aber zunächst zu Gunsten theils des Skepticismus, theils eines erneuten Platonismus, Neuplatonismus und Mysticismus. Dem Skepticismus huldigte Joseph Glanville (Karls II. Hofkaplan, gest. 1680), der in seinen Schriften Scepsis scientifica or confessed ignorance, the way to science, an Essay of the vanity of dogmatizing and confident opinion, London 1665, und De incrementis scientiarum, London 1670, besonders den Aristotelischen und Cartesianischen Dogmatismus bekämpft; er bemerkt, dass wir die Causalität nicht erfahren, sondern erschliessen, aber nicht mit Sicherheit: nam non sequitur necessario, hoc est post illud, ergo propter illud. Der bedeutendste Platoniker unter den englischen Philosophen jener Zeit ist Ralph (Rudolph) Cudworth (1617—1688), der den durch die Lehre des Hobbes begünstigten Atheismus bekämpfte, die Zweckursachen auch der Physik vindicirte und zur Erklärung des Organismus eine bildende Kraft, eine plastische Natur annahm; sein Hauptwerk ist: the true intellectual system of the universe, wherein all the reason and the philosophy of atheism is confuted, London 1678, auch 1743, in's Lat. übers. von J. S. Mosheim, Jen. 1733, auch Lugd. 1773. Auch Sam. Parker (gest. 1688) bekämpfte die atomistische Physik und gründete in seinen Tentamina physico-theologica, Lond. 1669, 1673, und anderen Schriften den Glauben an das Dasein Gottes hauptsächlich auf die in dem Bau der Naturobjecte sich bekundende Zweckmässigkeit. Mit dem Cabbalismus verschmolz Henry More (1614—87; opera philosophica, London 1679) den Platonismus. Theophilus Gale (1628—77; philosophia universalis und Aula deorum gentilium, Lond. 1676), leitete alle Gotteserkenntniss aus der Offenbarung ab und sein Sohn Thomas Gale (opascula mythologica etc., Cambridge 1682) edirte Documente theologischer Dichtung und Philosophie. Der Richtung Jacob Böhme's huldigten John Pordage (1625—98), sein Schüler Thomas Bromley (gest. 1691) und Andere.

§ 8. An der Spitze der dogmatistischen (oder rationalistischen) Entwicklungsreihe der neueren Philosophie steht die Cartesianische Doctrin. René Descartes (1596—1650), in einer Jesuitenschule gebildet, kam durch Vergleichung der verschiedenen Anschauungen und Sitten unter verschiedenen Nationen und Parteien und durch allgemeine philosophische Betrachtungen, insbesondere durch die Erkenntniss des weiten Abstandes aller Demonstrationen in der Philosophie und anderen Doctrinen von der mathematischen Gewissheit, zum Zweifel an der Wahrheit aller überlieferten Sätze und fasste den Entschluss, durch eigenes voraussetzungsloses Denken zu gesicherten Ueberzeugungen zu gelangen. Das Einzige, woran sich, wenn alles Uebrige bezweifelt wird, nicht zweifeln lässt, ist das Zweifeln selbst und überhaupt das Denken im weitesten Sinne als die Gesammtheit aller bewussten psychischen Processe. Mein Denken aber hat meine Existenz zur Voraussetzung: cogito, ergo sum. Ich finde in mir die Gottesvorstellung, die ich nicht aus eigener Kraft gebildet haben kann, da sie eine vollere Realität involvirt, als ich in mir selbst trage; sie muss Gott selbst zum Urheber haben, der sie mir einprägte, wie der Architekt seinem Werke seinen Stempel aufdrückt. Auch folgt schon aus dem Gottesbegriff Gottes Existenz, da das Wesen Gottes die Existenz und zwar die ewige und nothwendige Existenz involvirt. Zu den Eigenschaften Gottes gehört die Wahrhaftigkeit (veracitas); Gott kann mich nicht täuschen wollen; daher muss alles, was ich klar und bestimmt erkenne, wahr sein. Aller Irrthum beruht auf dem Missbrauch der Willensfreiheit zu einem vorschnellen Urtheil über solches, was ich noch nicht klar und bestimmt erkannt habe. Ich kann die Seele als denkende Substanz klar und bestimmt auffassen, ohne sie als ausgedehnt vorzustellen; das Denken involvirt keine an die Ausdehnung geknüpften Prädicate. Ich muss andererseits den Körper als ausgedehnte Substanz denken und als solche für real halten, weil ich durch die Mathematik eine klare und bestimmte Erkenntniss von der Ausdehnung gewinnen kann und mir zugleich der Bedingtheit meiner Sinnesempfindungen durch äussere, körperliche Ursachen klar bewusst bin. Figur, Grösse, Bewegung kommen als Modi der Ausdehnung den Aussendingen zu; die Empfindungen der Farben, der Töne, der Wärme etc. aber existiren ebensowohl, wie Lust und Schmerz, nur in der Seele und nicht in den körperlichen Objecten. Nur durch Druck und Stoss werden die Körper bewegt. Die Seele steht mit dem Körper in unmittelbarer Beziehung und Wechselwirkung nur an einem einzigen Punkte inmitten des Gehirns, und zwar in der Zirbeldrüse. Bei dem dualistischen Verhältniss, welches Descartes zwischen Leib und Seele annahm, indem er beide für völlig heterogen ansah und keine Mittelstufen anerkannte, ward die von ihm behauptete, obschon durch Gottes Assistenz gestützte Wechselwirkung zwischen Seele und Leib undenkbar, weshalb der Cartesianer Geulinx den Occasionalismus ausbildete oder die Lehre, dass bei Gelegenheit des seelischen Vorgangs Gott den entsprechenden leiblichen und bei Gelegenheit des leiblichen den psychischen bewirke, und Malebranche die mystische Lehre aufstellte, dass wir alle Dinge in Gott schauen, der der Ort der Geister sei.

Von den Schriften, die Descartes veröffentlicht hat, ist die früheste der Discours de la méthode, pour bien conduire sa raison et chercher la vérité dans les sciences, der zugleich mit der Dioptrique, den Météores und der Géométrie unter dem Titel Essays philosophiques, Leyden 1637 erschien, in lateinischer, vom Abbé Etienne de Courcelles angefertigter, von Descartes durchgesehener Uebersetzung. Specimina philosophica, Amst. 1644. (Die hierin nicht mitenthaltene Geom. hat van Schooten übersetzt, Lugduni Bat. 1649.) In lateinischer Sprache hat Descartes die Meditationes de prima philosophia, ubi de Dei existentia et animae immortalitate; his adjunctae sunt variae objectiones doctorum virorum in istas de Deo et anima demonstrationes (nämlich 1. von Craterus in Antwerpen, 2. von Pariser Gelehrten, gesammelt von Mersenne, 3. von Hobbes, 4. von Arnauld, 5. von Gassendi, 6. von verschiedenen Theologen und Philosophen) cum responsionibus auctoris, Paris 1641 veröffentlicht; die zweite Ausgabe ist zu Amsterdam 1642 unter dem Titel: Meditationes de prima philosophia, in quibus Dei existentia et animae humanae a corpore distinctio demonstratur, erschienen; zu den objectiones und responsiones der ersten Auflage sind hier noch als objectiones septimae die Einwürfe des Jesuiten Bourdin nebst den Antworten des Descartes hinzugekommen; eine französische Uebersetzung der Meditationen durch den Herzog von Luynes und der Einwürfe und Antworten durch Clerselier, von Descartes durchgesehen, erschien 1647, auch 1661, eine andere, von René Fedé ausgearbeitete Uebersetzung 1673 und 1724. Die systematische Darstellung der gesammten Doctrin erschien unter dem Titel: Renati Descartes principia philosophiae zu Amsterdam 1644, die französische Uebersetzung von Picot 1647, 1651, 1658, 1681. Die Streitschrift: Epistola Renati Descartes ad Gisbertum Voëtium erschien Amst. 1643, die psychologische Monographie: les passions de l'âme Amst. 1650. Mehrere Abhandlungen und Briefe wurden nach Descartes' Tode aus seinem Nachlass herausgegeben, namentlich durch Claude de Clerselier Fragmente der von Descartes selbst wegen der Verurtheilung Galilei's nicht veröffentlichten Schrift: Le monde ou traité de la lumière, zuerst Paris 1664, dann besser Paris 1677; ferner, gleichfalls durch Clerselier, traité de l'homme et de la formation du foetus, Par. 1664, lateinisch mit Noten von Louis de la Forge, 1677; Briefe, Par. 1657—67, lat. Amst. 1668 und 1692; später wurden auch die Regulae ad directionem ingenii (Règles pour la direction de l'esprit) und: Inquisitio veritatis per lumen naturale (Recherche de la vérité par les lumières naturelles), zuerst in den Opuscula physica et math., Amstel. 1701, veröffentlicht. Lateinische Gesammtausgaben der Werke des Descartes sind Amst. 1670—83 und ebend. 1692—1701 erschienen, die Opera philosophica auch Francof. ad M. 1692; in französischer Sprache sind die Werke Par. 1701, ebend. 1724 und durch Victor Cousin ebend. 1824—26 herausgegeben worden, die philosophischen Werke durch Garnier, Paris 1835; einiges früher Unveröffentlichte hat Foucher de Careil herausgegeben: oeuvres inédites de Descartes, précédées d'une préface et publiées par le comte F. d. C., Paris 1859. Sehr häufig sind bis auf die neueste Zeit einzelne Schriften und Sammlungen der philosophischen Hauptwerke erschienen. In's Deutsche hat neuerdings Kuno Fischer die philosophischen Hauptschriften des Descartes übertragen und mit einem Vorwort begleitet, Mannheim 1863.

Die Hauptzüge aus dem Leben und Entwicklungsgange des Descartes hat er selbst besonders in seinem Discours sur la méthode mitgetheilt. Kurze Biographien erschienen schon bald nach seinem Tode, eine ausführliche, von A. Baillet verfasst, unter dem Titel: la vie de Mr. des Cartes, Paris 1691, im Auszuge ebend. 1693. Eloge de René Descartes, par Thomas, Par. 1765 (von der Pariser Akademie mit dem Preise gekrönt). Eloge de René Descartes par Gaillard, Par. 1765; par Mercier, Genève et Paris 1765. In den Werken über die Geschichte der neueren Philosophie und in manchen Ausgaben von Schriften des Descartes findet man Skizzen seines Lebens- und Entwicklungsganges, n. a. auch im ersten Bande der Hist. de la philos. Cartésienne par Francisque Bouillier, Par. 1854, in den Oeuvres morales et philosophiques de Descartes, précédées d'une notice sur sa vie et ses ouvrages par Amédée Prevost, Paris 1855 etc. Eine ansiehende Schilderung seines Lebensganges giebt Kuno Fischer, Gesch. der neueren Philosophie I, 1, zweite Aufl., Mannheim 1865, S. 121—278.

Ueber die Geschichte des Cartesianismus ist das Hauptwerk: Histoire de la philosophie Cartésienne par Francisque Bouillier, Paris et Lyon 1854 (eine Erweiterung der bereits 1843 veröffentlichten, von der Académie des sciences morales et politiques gekrönte Preisschrift: Histoire et critique de la révolution cartésienne); vgl. die betreffenden Abschnitte bei Damiron, Histoire de la philosophie du XVII. siècle. Zu den zahlreichen neueren Abhandlungen und Schriften über den Cartesianismus gehören folgende: Heinr. Ritter, über den Einfluss des Cart. auf die Ausbildung des Spinozismus, Leipz. 1816. H. C. W. Sigwart, über den Zusammenhang des Spinozismus mit der Cartesianischen Philosophie, Tübingen 1816. H. G. Hotho, du philos. Cart. diss., Berol. 1826. Carl Schaarschmidt, Des Cartes und Spinoza, urkundliche Darstellung der Philosophie Beider, Bonn 1850. J. H. Löwe, das speculative System des René Descartes, seine Vorzüge und Mängel, Wien 1855. X. Schmidt aus Schwarzenberg, René Descartes und seine Reform der Philosophie Nördlingen 1859. E. Saisset, précurseurs et disciples de Descartes, Paris 1862. Jul. Baumann, doctrina Cartesiana de vero et falso explicata atque examinata, diss. Inaug., Berol. 1863. Ludw. Gerkrath, de connexione, quae intercedit inter Cart. et Pascalium, Progr. des Lyceum Hos., Braunsberg 1863. Gust. Theod. Schedin, är Occasionalismen en konsequent utreckling af Cartesianismen? Akademisk Afhandl., Upsala 1844. Vgl. die Darstellungen der Doctrin des Cartesius in den Geschichtswerken von Buhle, Tennemann, Ritter, Feuerbach, Erdmann, Fischer und Anderen.

Arnoldi Geulinx Logica fundamentis suis, a quibus hactenus collapsa fuerat, restituta, Lugd. Bat. 1660, Amst. 1698; Metaphysica vera et ad mentem Peripateticorum, Amst. 1695; Γνῶθι σεαυτόν, s. Ethica, Amst. 1665, Lugd. Bat. 1675; Physica vera 1698; ausserdem Commentare zu Descartes' Principien der Philosophie Dordracl 1690 und 91.

§ 8. Descartes, Geulinx, Malebranche und gleichzeitige Philosophen. 45

Nic. Malebranche, de la recherche de la vérité où l'on traite de la nature, de l'esprit de l'homme et de l'usage qu'il doit faire pour éviter l'erreur dans les sciences Par. 1675 u. ö., am vollständigsten 1712; Conversations métaphysiques et chrétiennes, 1677; traité de la nature et de la grâce, Amst. 1680; traité de morale, Rotterd. 1684; Méditations métaph. et chrétiennes, 1684; Entretiens sur la métaphysique et sur la religion (eine compendiarische Darstellung seiner Doctrin) 1688; traité de l'amour de Dieu, 1697; Entretiens d'un philosophe chrétien et d'un philosophe chinois sur la nature de Dieu, Par. 1708; Oeuvres, Par. 1712; vgl. den betreffenden Abschnitt bei Bouillier, hist. de la philos. Cartésienne und in anderen Geschichtswerken, ferner Blampignon, étude sur Mal. d'après des documents manuscrits, suivie d'une correspondance inédite, Paris 1862.

Geboren am 31. März 1596 zu Lahaye in Touraine, erhielt René Descartes (aus der früheren Form: de Quartis; Renatus Cartesius) in der Jesuitenschule zu Laflèche in Anjou seine Jugendbildung (1604—12), lebte dann meist in Paris, hauptsächlich mit mathematischen Studien beschäftigt, diente (1617—21) als Freiwilliger erst unter Moritz von Nassau, dem Sohne des Prinzen Wilhelm von Oranien, dann (seit 1619) unter Tilly und Boucquoi und war bei dem Heere, das die Schlacht bei Prag gegen den König von Böhmen, Friedrich V. von der Pfalz gewann, dessen Tochter Elisabeth später Descartes' Schülerin ward. Die nächsten Jahre brachte Descartes auf Reisen zu, führte 1624 eine Wallfahrt nach Loretto aus, die er vier Jahre zuvor für eine Lösung seiner Zweifel gelobt hatte, nahm auch an der Belagerung von la Rochelle (1628) theil. Mit der Ausbildung seines Systems und der Abfassung seiner Schriften beschäftigt, lebte Descartes 1629—49 an verschiedenen Orten der Niederlande, bis er, einem Rufe der Königin von Schweden folgend, nach Stockholm übersiedelte, wo er der Königin Unterricht ertheilte, auch eine Akademie der Wissenschaften begründen sollte, aber bereits am 11. Februar 1650 dem für ihn zu rauhen Klima erlag.

Descartes ist der Sohn einer Zeit, in welcher die confessionellen Interessen zwar bei der Menge des Volkes und bei einem Theile der Gebildeten noch ihre alte Macht behaupteten, aber nicht nur von Fürsten und Staatsmännern fast durchgängig politischen Zwecken entschieden nachgesetzt wurden, sondern auch bereits bei Vielen hinter die Macht der freien wissenschaftlichen Erkenntniss zurücktraten. Die Unterscheidungslehren waren das Product der vorangegangenen Generationen, die sich in ihrer Ausbildung einer neuen Geistesfreiheit erfreut hatten; in der damaligen Zeit aber waren bereits die überkommenen Resultate scholastisch fixirt, der Kampf wurde schon längst nicht mehr mit der ursprünglichen Frische, aber mit um so grösserer Bitterkeit geführt und hatte sich mehr und mehr in Subtilitäten verloren, der Riss war klaffend und unheilbar geworden, und zugleich musste mehr als in der früheren Zeit das Leid der Spaltung in unabässigen, den Wohlstand und die Freiheit der Länder vernichtenden, Rohheit und Laster aller Art begünstigenden Kriegen empfunden werden. So bildete sich eine Richtung aus, welche zwar mit scheuer Ehrfurcht an der Kirche aufschaute, Collisionen mit ihren Vertretern fürchtete und nach Möglichkeit mied, aber ohne positives Interesse für die kirchlichen Dogmen war und Befriedigung für Geist und Gemüth nicht in ihnen, sondern nur theils in den allgemeinen Sätzen der rationalen Theologie, theils in der Mathematik, Naturforschung und psychologisch-ethischen Betrachtung des Menschenlebens fand. Auf diesem Standpunkte war die Verschiedenheit der durch Geburt und äussere Verhältnisse bedingten Confession kein Hinderniss inniger persönlicher Freundschaft, die sich an die Gemeinschaft des wesentlichen Lebensinteresses, des Studiums und der Erweiterung der Wissenschaften, knüpfte. Ob Kriegsdienste bei Katholiken oder bei Pro-

§ 8. Descartes, Geulinx, Malebranche und gleichzeitige Philosophen.

testanten genommen wurden, hing weniger von der Confession, als von äusseren politischen und specifisch militärischen Rücksichten ab. Die gewohnten religiösen Gebräuche hafteten fester als die Dogmen; aber sie bestimmten nur die Aussenseite des Lebens, dessen geistiger Gehalt ein wesentlich neuer ward. Die Philosophie des Descartes ist nicht eine katholische und nicht eine protestantische Philosophie, sondern ein selbstständiges Streben nach Wahrheit auf dem Grunde und nach dem Vorbilde der apodiktischen Gewissheit der mathematischen und mathematisch-naturwissenschaftlichen Erkenntnisse. Den „vérités révélées" macht er seine Reverenz, aber hütet sich sorgsam vor jeder näheren Berührung. Bossuet sagt: „M. Descartes a toujours craint d'être noté par l'Eglise et on lui voit prendre sur cela des précautions qui allaient jusqu'à l'excès." Der Uebertritt der Tochter Gustav Adolfs zum Katholicismus soll seinen ersten Anlass in dem Umgang dieser Fürstin mit Descartes gehabt haben; dass nicht ein directer Einfluss im Sinne einer „Proselytenmacherei" stattgefunden habe, sollte keiner Erwähnung bedürfen; aber im Sinne einer Vergleichgültigung der confessionellen Unterscheidungslehren, welche die natürliche Folge der neuen Erkenntniss war, und etwa noch positiv durch Descartes' Betonung der menschlichen Freiheit, die besser zum katholischen, als zum protestantischen Dogma stimmte, kann ein wesentlicher Einfluss des Descartes allerdings mit Grund angenommen werden.

Descartes ist nicht nur als Philosoph, sondern auch als Mathematiker und Physiker von hervorragender Bedeutung. Sein mathematisches Hauptverdienst ist die Begründung der analytischen Geometrie, welche die räumlichen Verhältnisse durch Bestimmung der Entfernungen aller Punkte von festen Linien (Coordinaten) auf arithmetische zurückführt und mittelst der (algebraischen) Rechnung mit Gleichungen geometrische Aufgaben löst und Lehrsätze beweist. Auch die Bezeichnung der Potenzen durch Exponenten wird ihm verdankt. Als Physiker hat er sich um die Lehre von der Refraction des Lichtes, um die Erklärung des Regenbogens, um die Bestimmung der Schwere der Luft verdient gemacht. Der fundamentale Irrthum des Descartes, die Materie nur durch Druck und Stoss und nicht durch innere Kräfte bewegt zu denken, ist durch die Newton'sche Gravitationslehre berichtigt worden; andererseits enthält die Lehre des Descartes vom Licht und von der Entstehung der Weltkörper manche Ahnungen des Richtigen, welche von den Newtonianern verkannt wurden, aber durch die von Huygens und Euler vertretene Undulationstheorie, und durch die von Kant und Laplace aufgestellte Lehre von der Entstehung des Weltgebäudes wieder zu Ehren gekommen sind. Auch auf dem Gebiete der Anatomie hat Descartes mit Erfolg gearbeitet.

Der Discours de la méthode zerfällt in sechs Abschnitte: 1. considérations touchant les sciences, 2. principales règles de la méthode, 3. quelques règles de la morale, 4. raisons qui prouvent l'existence de Dieu et de l'âme humaine, ou fondement de la métaphysique, 5. ordre des questions de physique, 6. quelles choses sont requises pour aller plus avant en la recherche de la nature. In dem ersten Abschnitt erzählt Descartes, wie ihn in seiner Jugend alle Wissenschaften ausser der Mathematik unbefriedigt gelassen haben. Von der Philosophie, die er in dem Jesuitencollegium gelernt hat, weiss er nur zu rühmen, dass sie „donne moyen de parler vraisemblablement de toutes choses et se faire admirer des moins savants"; er hält alles in ihr für zweifelhaft. Er ist darüber erstaunt, dass man auf die so feste Basis der Mathematik nichts Höheres als die mechanischen Künste gebaut habe. Die überlieferten Wissenschaften, sagt Descartes in der zweiten Abhandlung, sind grösstentheils nur Conglomerate von Meinungen, eben so unförmlich, wie Städte, die nach keinem einheitlichen Plane gebaut sind. Was ein Einzelner

§ 8. Descartes, Geulinx, Malebranche und gleichzeitige Philosophen.

planmässig schafft, wird in der Regel weit besser, als was sich ohne Plan und Ordnung historisch gestaltet hat. Es wäre zwar nicht wohlgethan, den Staat von Grund aus umzubilden „en le renversant pour le redresser", denn die Gewohnheit lässt die Uebelstände leichter ertragen, der Umsturz wäre gewaltsam und der Neubau schwierig; aber die eigenen Meinungen sämmtlich aufzuheben, um methodisch ein wohlbegründetes Wissen zu gewinnen, dies setzt Descartes sich zur Lebensaufgabe. Die Methode, welche Descartes befolgen will, ist durch das Vorbild der Mathematik bedingt. Er stellt vier methodische Grundsätze auf, die, wie er glaubt, vor der aristotelischen Logik, insbesondere der Syllogistik, welche mehr dem Unterricht, als der Forschung diene, und noch viel mehr vor der Lullischen Kunst zu schwatzen, den Vorzug verdienen. Diese vier methodischen Grundsätze sind: 1. Nichts für wahr zu halten, was nicht mit Evidenz als wahr erkannt sei, indem es sich mit einer jeden Zweifel ausschliessenden Klarheit und Bestimmtheit dem Geiste darstellt (si clairement et si distinctement, que je n'eusse aucune occasion de le mettre en doute). 2. Jedes schwierige Problem möglichst in seine Theile zu zerlegen. 3. Ordnungsmässig zu denken, indem vom Einfacheren und Leichteren successiv zum Complicirteren und Schwierigeren fortgegangen und selbst da, wo nicht durch die Natur des Objects eine bestimmte Ordnung gegeben ist, um des geordneten Fortschritts der Untersuchung willen eine solche angenommen wird. 4. Durch Vollständigkeit in den Aufzählungen und Allgemeinheit in den Uebersichten sich zu vergewissern, dass nichts übersehen werde. (Diese Regeln betreffen das subjective Verhalten des Denkenden als solches, nicht die durch das Verhältniss des Denkens zur Objectivität bedingten Denkformen und Denkgesetze, welche die aristotelische Logik durch Analyse des Denkens zu verstehen sucht; sie sind daher, so zweckmässig sie in ihrer Art sein mögen, doch nicht im Mindesten dazu geeignet, die aristotelische Logik zu ersetzen; schon die aus der Schule des Descartes hervorgegangene Schrift: La logique ou l'art de penser, Paris 1662 u. ö., hat vielmehr diese Cartesianischen Regeln mit einer modificirten aristotelischen Logik verbunden. Auf den Gang des Denkens im Verhältniss zur Objectivität bezieht sich die von Descartes der aristotelischen Schule entnommene Unterscheidung der analytischen Methode, die von dem Bedingten zum Bedingenden, und der synthetischen Methode, die umgekehrt von dem Bedingenden zum Bedingten fortgeht; doch hat Descartes auch dieser Unterscheidung eine subjectivere Wendung gegeben, indem er die analytische Methode als die der Erfindung, die synthetische als die der didaktischen Darstellung bezeichnet, was höchstens a potiori, aber keineswegs durchgängig zutrifft.) In dem dritten Abschnitt des Discours de la méthode theilt Descartes einige moralische Regeln mit, die er provisorisch (so lange nicht eine befriedigende Moralphilosophie begründet sei) zu seinem eigenen Gebrauch sich gebildet habe. Die erste ist, die Gesetze und Gewohnheiten seines Landes zu befolgen, an der Religion, in der er erzogen sei, festzuhalten und im praktischen Leben durchweg die gemässigtsten und verbreitetsten Maximen zu befolgen; die zweite geht auf Consequenz im Handeln, die dritte auf Mässigung der Ansprüche an das äussere Leben; die vierte ist der Entschluss, sein Leben der Ausbildung seiner Vernunft und der Entdeckung wissenschaftlicher Wahrheiten zu widmen. In dem vierten und fünften Abschnitt giebt Descartes die Grundzüge der Doctrin, die er später (in den Medit. und den Princip. philos.) entwickelt hat, und verbreitet sich im sechsten über das zur Förderung der Physik und erweiterten Anwendung derselben auf die Heilkunde einzuhaltende Verfahren.

In den Meditationes de prima philosophia sucht Descartes das Dasein Gottes und die selbstständige, vom Leibe trennbare Existenz der menschlichen Seele darzuthun. In der ersten Meditation zeigt Descartes, dass sich an allem zweifeln lasse, nur nicht daran, dass wir zweifeln, also, da das Zweifeln ein Denken ist, nicht daran, dass wir denken. Von meiner Jugendzeit an, sagt der Verfasser, habe ich eine Menge überlieferter Ansichten als wahr angenommen und darauf weiter gebaut; was aber auf so unsicherem Grunde ruht, kann nur sehr ungewiss sein; es thut daher noth, sich irgend einmal im Leben von allen überkommenen Meinungen loszumachen und vom Fundament an einen Neubau anfzuführen. Die Sinne täuschen oft; ich darf ihnen daher in keinem Falle unbedingt trauen. Der Traum täuscht mich durch falsche Bilder; ich finde aber kein sicheres Kriterium, um zu entscheiden, ob ich in diesem Augenblick schlafe oder wache. Vielleicht ist unser Körper nicht so, wie er sich unsern Sinnen darstellt. Dass es überhaupt Ausdehnung gebe, scheint sich freilich nicht wohl bezweifeln zu lassen; jedoch weiss ich nicht, ob nicht vielleicht ein allmächtiges Wesen bewirkt habe, dass zwar in der That keine Erde, kein Himmel, kein ausgedehntes Object, keine Figur, keine Grösse, kein Ort existirt und dass ich nichtsdestoweniger die sinnlichen Vorstellungen habe, die mir die Existenz aller dieser Objecte vorspiegeln, dass ich sogar in der Addition von zwei und drei, in der Zählung der Seiten eines Quadrats, in den leichtesten Schlüssen mich täusche. Meine Unvollkommenheit kann so gross sein, dass ich mich immer täusche. Wie Archimedes, sagt Descartes in der zweiten Meditation, nur einen festen Punkt forderte, um die Erde bewegen zu können, so werde ich grosse Hoffnungen fassen dürfen, wenn ich glücklich genug bin auch nur einen Satz zu finden, der völlig gewiss und unzweifelhaft ist. In der That ist Eins gewiss, während mir Alles als ungewiss erscheint, nämlich eben mein Zweifeln und Denken selbst und daher meine Existenz. Gäbe es auch ein mächtiges Wesen, welches es darauf angelegt hätte, mich zu täuschen, so muss ich doch existiren, um getäuscht werden zu können. Indem ich denke, dass ich sei, so beweist eben dieses Denken, dass ich wirklich bin. Der Satz: ich bin, ich existire, ist allemal, da ich ihn ausspreche oder denke, nothwendigerweise wahr. Cogito, ergo sum. Nur das Denken ist mir gewiss, ich bin eine res cogitans, id est mens sive animus sive intellectus sive ratio. Die res cogitans ist eine res dubitans, intelligens, affirmans, negans, volens, nolens, imaginans quoque et sentiens. (Nämlich als „cogitandi modos" habe ich gewiss auch sinnliche Empfindungen, obschon die Beziehung zu äusseren Objecten und Affection der Sinne zweifelhaft sein mag.) Nonne ego ipse sum qui jam dubito fere de omnibus, qui nonnihil tamen intelligo, qui hoc unum verum esse affirmo, nego caetera, cupio plura nosse, nolo decipi, multa vel invitus imaginor, multa etiam tamquam a sensibus venientia animadverto? Ich kenne mich selbst als denkendes Wesen besser, als ich die Aussendinge kenne. (Die Aehnlichkeit mit dem Ausgangspunkte des Augustin'schen Philosophirens und mit Sätzen des Occam und späterer Nominalisten ist augenfällig. Freilich führt Descartes die res cogitans, also die Anwendbarkeit des Substanzbegriffs, und das ego, also die Individualität, die Einheit des Bewusstseins in sich und Verschiedenheit von anderm, ohne Ableitung mit in seinen Fundamentalsatz ein. Lichtenberg hat geurtheilt, Descartes habe nur schliessen dürfen: Cogitat, ergo est. Ferner kann mit Kant in Frage gestellt werden, ob das Bewusstsein, das wir von unserm Denken, Wollen, Empfinden, überhaupt von unsern psychischen Functionen haben, diese Functionen so, wie sie an sich sind, auffasse oder mit einer Form behaftet sei, die nur der Selbstauffassung und nicht dem Aufzufassenden an sich zukomme, in welchem Falle die durch den „innern Sinn" vermittelte Selbsterscheinung ebenso, wie die durch die äussern Sinne vermittelte Erscheinung räumlicher Objecte, von dem, was eben diese Erscheinungen veranlasst, z. B. unser Bewusstsein über unser Zweifeln, Denken, Wollen von dem wirklichen innern Vorgang beim Zweifeln, Denken, Wollen verschieden und mit demselben ungleichartig sein würde.) In der dritten Meditation geht Descartes zur Gotteserkenntniss fort.

§ 8. Descartes, Geulinx, Malebranche und gleichzeitige Philosophen.

Ich bin, sagt er, dessen gewiss, dass ich ein denkendes Wesen bin; aber weiss ich nicht auch, was dazu gehört, irgend einer Sache gewiss zu sein? In der ersten Erkenntniss, die ich gewonnen habe, hat nichts anderes mich der Wahrheit vergewissert, als die klare und bestimmte Perception dessen, was ich behaupte, und diese würde mich nicht der Wahrheit haben gewiss machen können, wenn es geschehen könnte, dass irgend etwas, das ich mit solcher Klarheit und Bestimmtheit auffasse, falsch wäre; hiernach darf ich wohl als allgemeine Regel annehmen, alles sei wahr, was ich sehr klar und bestimmt percipire (jam videor pro regula generali posse statuere, illud omne esse verum, quod valde clare et distincte percipio). Nur die Möglichkeit, dass ein Wesen, welches über mich Macht habe, mich in allem täusche, könnte die Gültigkeit dieser Regel einschränken. Ich habe daher Anlass, zunächst das Dasein Gottes zum Gegenstand meiner Untersuchung zu machen. (Descartes übersieht freilich, indem er in der Klarheit der Erkenntniss das Kriterium ihrer Wahrheit findet, die Relativität dieser Begriffe. Ich muss allerdings jedesmal dasjenige, was ich klar und bestimmt zu erkennen überzeugt bin, als wahr annehmen, aber ich soll auch eingedenk bleiben, dass eine anscheinend klare Erkenntniss bei einer vertieften Betrachtung sich als ungenügend und irrthümlich erweisen kann; wie die Wahrheit der klaren sinnlichen Anschauung, z. B. vom Himmelsgewölbe, durch eine klare wissenschaftliche Einsicht eingeschränkt und aufgehoben werden kann, so kann wiederum die Gültigkeit einer Stufe des Denkens durch eine höhere, insbesondere die Gültigkeit des unmittelbar auf die Objecte gerichteten Denkens durch ein erkenntnisstheoretisches Denken eingeschränkt und aufgehoben werden. Es ist falsch, die vollere Wahrheit, die der höheren Stufe eignet, einer niederen, die, so lange noch keine höhere erreicht ist, in natürlicher Selbsttäuschung für die höchste gehalten wird, zu vindiciren, und, falls sie sich dort nicht findet, von malitiöser Täuschung, von verwerflichem Trug zu reden.) Meine Gedanken, sagt Descartes, indem er sich zur Untersuchung über das Dasein Gottes wendet, sind theils Vorstellungen (Ideen, d. h. in meine Seele aufgenommene Formen, εἴδη, von Dingen), theils Willensacte und Gefühle, theils Urtheile. Wahrheit und Irrthum ist nur in den Urtheilen. Das Urtheil, dass eine Vorstellung einem Object ausser mir conform sei, kann irrthümlich sein; die Vorstellung für sich allein ist es nicht. Unter meinen Vorstellungen scheinen mir die einen angeboren, andere von aussen gekommen, andere durch mich selbst gebildet zu sein (ideae aliae innatae, aliae adventitiae, aliae a me ipso factae mihi videntur). Zu der ersten Classe bin ich geneigt die Vorstellungen des Dinges, der Wahrheit, des Denkens zu rechnen, die ich aus meinem eigenen Wesen schöpfe (ab ipsemet mea natura, wobei freilich von Descartes kein Unterschied zwischen dem Angeborensein einer Vorstellung als solcher und dem durch Abstraction vermittelten Ursprung einer Vorstellung aus der innern Wahrnehmung der psychischen Functionen, zu denen die Fähigkeit uns angeboren ist, gemacht wird). Der zweiten Classe scheinen die sinnlichen Wahrnehmungen, der dritten aber Fictionen, wie die einer Sirene, eines Flügelrosses etc. anzugehören. Es giebt einen Weg, aus dem psychischen Charakter einer Idee selbst zu schliessen, ob sie von einem realen Objecte ausser mir herstamme. Die verschiedenen Ideen haben nämlich ein verschiedenes Maass von realitas objectiva, d. h. sie participiren als Vorstellungen an höheren oder geringeren Graden des Seins oder der Vollkommenheit. (Unter dem Objectiven versteht Descartes noch ganz, wie die Scholastiker, das, was als Vorstellung im Geiste ist, nicht das äussere Object, die res externa; unter dem Subject aber jedes Substrat, ὑποκείμενον.) Ideen, durch welche ich Substanzen vorstelle, sind vollkommener, als solche, die nur Modi oder Accidentien repräsentiren; die Vorstellung eines unendlichen, ewigen; unveränderlichen, allwissenden, allmächtigen Wesens, des Schöpfers aller endlichen Dinge, hat

§ 8. Descartes, Geulinx, Malebranche und gleichzeitige Philosophen.

mehr Vorstellungsrealität, als die Vorstellungen, welche endliche Substanzen repräsentiren. Nun aber kann in einer Wirkung nicht mehr Realität sein, als in der vollen Ursache; die Ursache muss alles Reale der Wirkung entweder formaliter oder eminenter (d. h. entweder die nämlichen Realitäten oder andere, die noch vorzüglicher sind) in sich enthalten. Daher kann ich, falls die Vorstellungsrealität irgend einer meiner Ideen so gross ist, dass sie das Maass meiner eigenen Realität überragt, schliessen, ich sei nicht das einzige existirende Wesen, sondern es müsse noch irgend etwas Anderes, das die Ursache jener Idee sei, existiren. Da ich endlich bin, so könnte in mir nicht die Idee einer unendlichen Substanz sein, wenn nicht diese Idee von einer wirklich existirenden unendlichen Substanz herstammte. Ich darf nicht die Vorstellung des Unendlichen für eine blosse Negation der Endlichkeit halten, wie ich Ruhe und Finsterniss nur durch Negation der Bewegung und des Lichtes percipire; denn im Unendlichen liegt mehr Realität, als im Endlichen. (Freilich hat Descartes, indem er mit Recht in Abrede stellt, dass die Vorstellung des Unendlichen eine blosse Negation sei, die successive Idealisirung, durch welche der positive Inhalt dieser Vorstellung gewonnen wird, zu wenig beachtet, und nicht erwogen, ob auch das Hinausschreiten über das auf diesem Wege erreichbare Maass von vorgestellter Vollkommenheit noch einen positiven Vorstellungsinhalt hinzufüge oder auf eine durch blosse Abstraction zu vollziehende Negation aller Schranken hinauslaufe.) Zu diesem Argument für die Existenz Gottes fügt Descartes folgendes hinzu. Ich selbst, der ich jene Idee habe, könnte nicht existiren, wenn nicht Gott wäre. Wäre ich durch mich selbst, so würde ich mir alle möglichen Vollkommenheiten gegeben haben, die ich doch thatsächlich nicht besitze. Bin ich durch Andere, durch Eltern, Voreltern etc., so muss es doch eine erste Ursache geben, die Gott ist; ein regressus in infinitum ist um so weniger anzunehmen, da auch mein Fortbestehen von einem Augenblick zum andern nicht von mir selbst und nicht von endlichen Ursachen meines Daseins, sondern nur von der ersten Ursache abhängig sein kann. Die Gottesvorstellung ist mir ebenso eingeboren, wie die Vorstellung, die ich von mir selbst habe, mir eingeboren ist. Die Art der Angeborenseins lässt Descartes ziemlich unbestimmt; er sagt: ei sane non mirum est, Deum me creando ideam illam mihi indidisse, ut esset tamquam nota artificis operi suo impressa, nec etiam opus est, ut nota illa sit aliqua res ab opere ipso diversa, sed ex hoc uno quod Deus me creavit, valde credibile est me quodammodo ad imaginem et similitudinem ejus factum esse, illamque similitudinem, in qua Dei idea continetur, a me percipi per eandem facultatem, per quam ego ipse a me percipior, hoc est, dum in me ipsum mentis aciem converto, non modo intelligo me esse rem incompletam et ab alio dependentem remque ad majora et majora sive meliora indefinite aspirantem, sed simul etiam intelligo illum a quo pendeo, majora ista omnia non indefinite et potentia tantum, sed reipsa infinite in se habere, atque ita Deum esse, totaque vis argumenti in eo est, quod agnoscam fieri non posse ut existam talis naturae, qualis sum, nempe ideam Dei in me habens nisi re vera Deus etiam existeret. Zu den nothwendigen Eigenschaften Gottes gehört die Wahrheitsliebe. Gott kann nicht täuschen wollen. Velle fallere vel malitiam vel imbecillitatem testatur nec proinde in Deum cadit. Aus dieser Eigenschaft Gottes, der veracitas, zieht Descartes in den folgenden Meditationen Schlüsse. Die Ursache aller meiner Irrthümer, sagt Descartes in der vierten Meditation, liegt darin, dass meine Willenskraft weiter reicht, als meine Einsicht, und ich die Anwendung jener nicht so einschränke, wie das Maass meiner Einsicht es fordert, sondern auch über das, was ich nicht einsehe, statt mich des Urtheils zu enthalten, ein Urtheil zu fällen mir anmaasse. Was ich klar und bestimmt erkenne, dem darf ich zustimmen; denn dass die klare und bestimmte Erkenntniss wahr sein muss, folgt aus Gottes Wahrhaftigkeit. (Freilich hat

§ 8. Descartes, Geulinx, Malebranche und gleichzeitige Philosophen.

Descartes auf eben dieses auf Gottes Wahrhaftigkeit gestützte Kriterium schon den Beweis für Gottes Dasein stützen müssen; soll dasselbe durch eine Erkenntniss, die von ihm selbst abhängig ist, gesichert werden, so ergiebt sich unleugbar ein Cirkelschluss.) Zu den deutlichen Erkenntnissen rechnet Descartes in der fünften Meditation die der räumlichen Ausdehnung sammt allen mathematischen Sätzen. In derselben Weise aber, wie aus dem Wesen eines Dreiecks folgt, dass die Summe seiner Winkel gleich zwei rechten Winkeln sei, folgt aus der Natur Gottes, dass er existire; denn unter Gott ist das schlechthin vollkommene Wesen zu verstehen, zu den Vollkommenheiten aber gehört die Existenz, die Existenz ist also von Gottes Wesen unabtrennbar, also existirt Gott. (Descartes begeht hier den gleichen Fehler, wie Anselm, die Bedingung jedes kategorischen Schlusses aus der Definition, dass nämlich die Setzung des Subjectes anderweitig gesichert sein müsse, zu vernachlässigen; dieser Vorwurf wird ihm von den die thomistische Widerlegung des Anselm'schen Argumentes gegen ihn kehrenden Craterus in den Objectiones primae mit Recht gemacht; seine Vertheidigung ist unzutreffend. Descartes' Prämissen führen logisch nur zu dem nichtssagenden Schlusse, dass wenn Gott ist, die Existenz ihm zukommt, und wenn Gott fingirt wird, er als seiend fingirt werden muss. Zudem hat die Cartesianische Form des ontologischen Argumentes einen Mangel, von dem die Anselm'sche frei ist, dass nämlich die Prämisse: das Sein gehört zu den Vollkommenheiten, eine sehr bestreitbare Auffassung des Seins als einer Prädicates neben anderen Prädicaten involvirt, während Anselm eine bestimmte Art des Seins, nämlich das nicht bloss in unserm Geiste, sondern auch ausserhalb desselben stattfindende Sein, als etwas Vollkommeneres bezeichnet hatte.) In der sechsten Meditation folgert Descartes aus der klaren und bestimmten Erkenntniss, die wir von der Ausdehnung und den Körpern haben und aus unserm deutlichen Bewusstsein des Bestimmtwerdens unserer Vorstellungsfähigkeit durch eine äussere und zwar körperliche Ursache, dass die Körper wirklich existiren und wir nicht durch die Vorstellung einer Körperwelt getäuscht werden, da sonst der Grund der Täuschung in Gott selbst liegen müsste; die Farbenempfindung aber und Tonempfindung gilt ihm ebensowohl, wie die Lust und der Schmerz, für bloss subjectiv. Daraus aber, dass wir eine klare und bestimmte Vorstellung von dem Denken im weitesten Sinne (mit Einschluss des Empfindens und Wollens) haben, ohne dass darin Körperliches mitvorgestellt werde, folgert Descartes die von dem Leibe gesonderte, selbstständige Existenz unserer Seelen (wobei freilich fraglich bleibt, ob nicht die ἀφαίρεσις mit dem χωρισμός, die abstractio mit der realis distinctio, verwechselt werde; mit Recht haben Gassendi und Andere in ihren Einwürfen die Descartes'sche Verwechselung zweier Sätze gerügt: a. ich kann das Denken vorstellen, ohne die Ausdehnung mitvorzustellen, b. ich kann nachweisen, dass das Denken thatsächlich bestehen bleibe, wenn das ausgedehnte Wesen, mit dem es verbunden erscheint, zu bestehen aufhört; Gassendi wirft ferner ein, es erhelle nicht, wie in einem unausgedehnten Wesen Bilder des Ausgedehnten existiren können; Descartes hat diesem Einwurf gegenüber zwar die Körperlichkeit der Bilder geleugnet, aber die Thatsache ihres Ausgedehntseins in drei Dimensionen unberührt gelassen).

Die Gedankenentwicklung in den Meditationen bezeichnet Descartes selbst als eine analytische, die der Weise der Erfindung gemäss sei; die synthetische Darstellung eigene sich für metaphysische Betrachtungen weniger, als für mathematische. Descartes macht einen Versuch synthetischer Darstellung in einem Anhang zu seiner Beantwortung der zweiten Reihe von Einwürfen, ohne jedoch darauf grosses Gewicht zu legen.

Die systematische Hauptschrift: Principia philosophiae, handelt in vier Abschnitten de principiis cognitionis humanae, de principiis rerum materialium, de

mundo aspectabili, de terra. Nach einer Recapitulation der in den Meditationen aufgestellten Grundsätze folgt in synthetischer Entwicklung das philosophische System, insbesondere die Naturlehre des Descartes. In den grundlegenden Betrachtungen ist insbesondere die Ordnung der Beweise für das Dasein Gottes geändert, indem (wie auch schon in der synthetischen Darstellung bei der Antwort auf die obj. secundae) das ontologische Argument den übrigen vorangestellt wird; im Begriffe Gottes, sagt hier Descartes, liege die nothwendige, ewige und vollkommene Existenz, wogegen im Begriff der endlichen Dinge nur die zufällige Existenz enthalten sei (was freilich nur unter der Voraussetzung richtig ist, dass die objective Nothwendigkeit von der subjectiven Gewissheit der Existenz streng unterschieden werde; denn aber lässt sich immer nur folgern: falls es einen Gott giebt, so ist seine Existenz eine ewige, an sich selbst nothwendige und nicht durch Anderes bedingte). Bemerkenswerth sind die Definitionen, die in den Princ. philos. in grösserer Zahl und zum Theil in grösserer Präcision, als in den Medit., auftreten. Von fundamentaler Bedeutung sind die Definitionen der Klarheit und Bestimmtheit und der Substanz. Descartes sagt Princ. ph. I, 45: Ad perceptionem, cui certum et indubitatum judicium possit inniti, non modo requiritur ut sit clara, sed etiam ut sit distincta. Claram voco illam, quae menti attendenti praesens et aperta est, sicut ea clare a nobis videri dicimus, quae oculo intuenti praesentia satis fortiter et aperte illum movent; distinctam autem illam, quae quum clara sit, ab omnibus aliis ita sejuncta est et praecisa, ut nihil plane aliud, quam quod clarum est, in se contineat. Zur Erläuterung führt Descartes das Beispiel des Schmerzes an: ita dum quis magnum aliquem sentit dolorem, clarissima quidem in eo est ista perceptio doloris, sed non semper est distincta; vulgo enim homines illam confundunt cum obscuro suo judicio de natura ejus, quod putant esse in parte dolente simile sensui doloris, quem solum clare percipiunt. Was wir percipiren, sind theils res und rerum affectiones (sive modi), theils aeternae veritates, nullam existentiam extra cogitationem nostram habentes. Zu den aeternae veritates rechnet Descartes Sätze, wie: ex nihilo nihil fit; impossibile est, idem simul esse et non esse; quod factum est, infectum esse nequit; is qui cogitat, non potest non existere, dum cogitat. Die res theilt er in zwei oberste Genera: unum est rerum intellectualium sive cogitativarum, hoc est ad mentem sive ad substantiam cogitantem pertinentium; aliud rerum materialium sive quae pertinent ad substantiam extensam, hoc est ad corpus. Der denkenden Substanz gehören an: perceptio, volitio omnesque modi tam percipiendi quam volendi, der ausgedehnten Substanz aber: magnitudo sive ipsa extensio in longum, latum et profundum, figura, motus, situs, partium ipsarum divisibilitas, et talia. Von der Vereinigung (unio) des Geistes mit dem Körper gehen aus die sinnlichen Begehrungen, Gemüthsbewegungen und Empfindungen, die der denkenden Substanz, sofern sie mit dem Körper verbunden ist, angehören. Dieser Classification (Princ. ph. I, 48—50) lässt Descartes die Definition der Substanz nachfolgen (ib. 51): Per substantiam nihil aliud intelligere possumus, quam rem quae ita existit, ut nulla alia re indigeat ad existendum. Er fügt bei (ib. 51—52): Et quidem substantia, quae nulla plane re indigeat, unica tantum potest intelligi, nempe Deus; alias vero omnes non nisi ope concursus Dei existere posse percipimus; atque ideo nomen substantiae non convenit Deo et illis univoce, ut dici solet in scholis, hoc est, nulla ejus nominis significatio potest distincte intelligi, quae Deo et creaturis sit communis; possunt autem substantia corporea et mens sive substantia cogitans creata sub hoc communi conceptu intelligi, quod sint res, quae solo Dei concursu egent ad existendum. Aus jedem Attribute kann auf eine res existens oder substantia, der es zukomme, geschlossen werden; aber jede Substanz hat eine praecipua proprietas, quae ipsius naturam essentiamque constituit et ad quam aliae omnes referuntur;

nempe extensio in longum, latum et profundum substantiae corporeae naturam constituit, et cogitatio constituit naturam substantiae cogitantis; nam omne aliud, quod corpori tribui potest, extensionem praesupponit estque tantum modus quidam rei extensae, ut et omnia quae in mente reperiamus, sunt unium diversi modi cogitandi. Figur und Bewegung sind Modi der Ausdehnung, Einbildung, Sinnesempfindung, Wille sind Modi des Denkens (ib. 53). Die Modi können in derselben Substanz wechseln; die jedesmalige Beschaffenheit ist die Qualität der Substanz; was nicht wechselt, ist nicht eigentlich als Modus oder Qualität, sondern nur mit dem allgemeineren Ausdruck als Attribut zu bezeichnen (ib. 56). Diese Definitionen sind besonders auf die Doctrin des Spinoza von massgebendem Einfluss gewesen. — Das Einzelne der in den Princ. philos. dargestellten Doctrin ist mehr von naturwissenschaftlichem, als eigentlich philosophischem Interesse. Mit Ausschluss der Zwecke (causae finales) sucht Descartes nur die wirkenden Ursachen (causae efficientes) zu erkennen (Pr. ph. I, 28). Der Materie legt er nur Ausdehnung und Modi der Ausdehnung, keine inneren Zustände, keine Kräfte bei; Druck und Stoss sollen zur Erklärung der Erscheinungen ausreichen. Das Quantum der Materie und der Bewegung bleibt im Universum unverändert. Die Seele kann nur die Richtung von Bewegungen bestimmen, aber das Quantum derselben weder vermehren noch vermindern. Die Weltkörper können betrachtet werden als entstanden aus Wirbelbewegungen einer chaotischen Materie. Wo Raum ist, ist auch Materie; diese ist gleich dem Raume in's Unendliche theilbar und eben so erstreckt sich, wenn nicht in's Unendliche (in infinitum), jedenfalls unbestimmbar weit hin (in indefinitum). Dass mit Aufhebung der Voraussetzung eines kugelförmig begrenzten Universums auch die Annahme einer periodischen Rotation desselben um die Erde aufgehoben ist, ist selbstverständlich; doch scheut sich Descartes, zu der Copernicanischen Doctrin, um deren willen Galilei verdammt ward, sich offen zu bekennen; er hilft sich durch die Wendung, die Erde ruhe, wie jeder Planet, in dem bewegten Aether, wie der schlafende Reisende in einem bewegten Schiffe oder wie ein nur vom Strome getriebenes Schiff in diesem. Aus den Gesetzen des Druckes und Stosses allein sucht Descartes nicht nur die physikalischen Erscheinungen, sondern auch die Pflanzen und Thiere zu begreifen; er ist nicht geneigt, den Thieren Seelen zuzugestehen. Was im menschlichen Seelenleben an die Beziehung der Seele zum Körper geknüpft ist, erklärt Descartes durchaus mechanistisch, z. B. die Ideenassociation aus beharrenden materiellen Veränderungen, die das Gehirn bei der Affection der Sinne erleide, und aus der Bedingtheit der späteren Vorstellungsbildung durch diese Veränderungen. Als unausgedehntes Wesen kann die Seele sich mit dem Leibe nur an einem Punkte berühren und zwar im Gehirn (Princ. philos. IV, 189, 196, 197) und näher (Dioptr. IV, 1 ff., Pass. anim. I, 31 ff.) in der Zirbeldrüse (glans pinealis), als dem Organ inmitten des Hirns, welches einfach und nicht, wie die meisten Theile, doppelt, sowohl rechts, als links, vorhanden ist. (Dieser Ansicht, dass die Seele einen punctuellen Sitz habe, steht die Doctrin des Spinoza gerade entgegen, aber die Leibnitz'sche Lehre von der Seele als Monade beruht auf ihr. Dass die Zirbeldrüse der Sitz der Seele sei, widerstreitet der Thatsache der Fortdauer des Seelenlebens in dem Fall einer Zerstörung jenes Organs.) Die Einwirkung der Seele auf den Leib und des Leibes auf die Seele setzt Gottes Beihülfe (concursus oder assistentia Dei) voraus. (Dass die gegenseitige Einwirkung durch die völlige Verschiedenheit der Wesen nicht ausgeschlossen werde, hat Descartes schon in seinen Antworten auf die Einwürfe des Gassendi gegen seine Meditationen behauptet.)

Die Abhandlung über die passiones animae ist ein physiologisch-psychologischer Erklärungsversuch der Affecte im weitesten Sinne nach den in der Prin-

54 § 8. Descartes, Geulinx, Malebranche und gleichzeitige Philosophen.

cipia philos. entwickelten Grundsätzen. Von sechs primitiven Affecten: Bewunderung, Liebe, Hass, Verlangen, Freude und Traurigkeit, sucht er alle anderen abzuleiten. Der vollkommenste aller Affecte ist die intellectuelle Liebe zu Gott. Nur gelegentlich hat Descartes biblische Ansichten geäussert. Alle Lust liegt in dem Bewusstsein irgend welcher perfectio; die Tugend beruht auf der Beherrschung der Leidenschaften durch die Weisheit, welche die Lust an vernunftgemässer Thätigkeit aller niederen Lust vorzieht.

Zu den Anhängern des Cartesius gehören Reneri und Regius in Utrecht, Raey, Heereboord, Heidanus in Leiden und andere holländische Gelehrte, ferner in Frankreich viele Oratorianer und Jansenisten, deren Augustinismus sie für die neue Doctrin empfänglich machte. Unter den Jansenisten der Abtei Port-Royal (worüber Herm. Reuchlin, Gesch. von Port-Royal, Hamb. u. Gotha 1839—44, handelt) ist der namhafteste Freund der Cartesischen Richtung der im Einzelnen manche Bedenken erhebende, die Cartesische Gewissheitsregel auf Wissensobjecte einschränkende Verfasser der Objectiones quartae Anton Arnauld (1612—94; oeuvres complètes, Lausanne 1775—83). Zu den bedeutenderen Cartesianorn gehören ferner: Pierre Sylvain Regis (1632—1707; cours entier de la philos., Paris 1690, Amst. 1691), Pierre Nicole (1625—05; essais de morale, Par. 1671—74 u. ö.; oeuvres mor., Par. 1718) u. A.; unter den deutschen Cartesianern sind zu nennen: Balthasar Bekker (1634—98; de philos. Cartesiana admonitio candida et sincera, Wesel 1668), der sich besonders durch Bestreitung des Unwesens der Hexenprocesse (in seiner Schrift: die verzauberte Welt, holländisch, Leuwarden 1690 und Amst. 1691—93) verdient gemacht hat, auch Johann Clauberg (1625—65), Lehrer zu Duisburg (Logica vetus et nova etc., Duisb. 1656; opera philos., Amst. 1691) und Andere.

Von den Gegnern des Descartes stehen Hobbes und Gassendi auf naturalistischem Standpunkt. (Unter den vielen zum Theil höchst scharfsinnigen und treffenden Einwürfen des Gassendi findet sich gerade derjenige nicht, der oft allein erwähnt wird, der aber nur von Descartes in seiner Antwort dem Gassendi in den Mund gelegt worden ist: es könne auch aus dem Spazierengehen das Sein erschlossen werden; Gassendi sagt nur, aus jeder Action könne das Sein erschlossen werden, und missbilligt die Cartesianische Subsumtion aller psychischen Actionen unter „Cogitare". Wir werden uns in der That unseres Seins früher durch Reflexion auf unser Wollen, als auf unser Denken bewusst.) Vom Standpunkte theologischer Orthodoxie und aristotelischer Philosophie haben besonders der Protestant Gisbertus Voëtius und die Jesuiten Bourdin (der Verfasser der Objectiones septimae), Daniel (voyage du monde de Descartes, Par. 1691, lat. Amst. 1694; nouvelles difficultés proposées par un Péripatéticien, Amst. 1694, lat. ebend. 1694) und Andere den Cartesianismus bekämpft; die Synode zu Dortrecht vom Jahr 1656 hat denselben den Theologen verboten; zu Rom wurden 1663 Descartes' Schriften auf den Index librorum prohibitorum gesetzt und 1671 wurde durch königlichen Befehl auf der Pariser Universität der Vortrag der Cartesianischen Doctrin untersagt.

In einem theilweise befreundeten, theilweise gegnerischen Verhältniss standen zum Cartesianismus mystische Philosophen, wie Blaise Pascal (1623—62; Lettres provinciales, Cologne 1657 u. ö.; Pensées sur la religion, 1669, Amst. 1697, Par. 1720 u. ö., herausg. von Frangère Par. 1844; mit Vorrede von J. F. Astié, Paris et Lausanne 1857; Oeuvres, à la Haye 1779, brsg. von Bossuet in 6 Bänden, Par. 1819; Opuscules philos., Paris 1864, 65, 66; über ihn handeln u. A. Cousin, Études sur P., Par. 1854, Havet in Vorreden und Commentaren zu den Pensées, Herm. Reuchlin, P.'s Leben und der Geist seiner Schriften, Stuttg. und Tübingen 1840; Maynard, Pascal, sa vie et son caractère, Paris 1850; Märcker in der Zeitschr.: der Gedanke, Bd. IV,

§ 8. Descartes, Geulinx, Malebranche und gleichzeitige Philosophen.

Berlin 1863, Heft 3; sein Grundgedanke lau. In autere confond les Pyrrhoniens et la raison confond les dogmatistes; nous avons une impuissance à prouver invincible à tout le dogmatisme, nous avons une idée de la vérité invincible à tout le Pyrrhonisme, Pensées art. XXI.), Pierre Poiret (1646—1719; Cogitationes rationales de Deo, animo et malo, Amst. 1677 u. ö.; Oecon. divine, Amst. 1687; de eruditione triplici: solida, superficiaria et falsa, Amst. 1692 u. ö.; fides et ratio collatae ac suo utraque loco redditae adversus principia Jo. Lockii, Amst. 1707; Opera posthuma, Amst. 1721), die Platoniker Ralph Cudworth (siehe oben am Schluss von § 7) und Andere, insbesondere der Platoniker und Cabbalist Henry More, der im Jahr 1648 mit Descartes selbst Briefe gewechselt hat (abgedruckt im X. Bde. der Cousin'schen Ausgabe der Werke des Descartes), worin er unter Anderm den Begriff einer immateriellen Ausdehnung, die Gott und den Seelen zukomme, gegen Descartes behauptet und Descartes' exclusiv-mechanistische Naturlehre bestreitet. Der in der Theologie orthodoxe philosophische Skeptiker, Bischof Huet (1630—1721; vgl. über ihn C. Bartholmèss, Huet, évêque d'Avranches ou le scepticisme théologique, Paris 1850, A. Flottes, Étude sur Dan. Huet, Montpellier 1857, Karl Sigmund Barach, Pierre Dan. Huet als Philosoph, Wien u. Leipzig 1862) schrieb eine Censura philosophiae Cartesianae, Paris 1689 u. ö., die mehrere Gegenschriften von Cartesianern hervorrief, ferner (anonym) Nouveaux Mémoires pour servir à l'histoire du Cartésianisme, Paris 1692 u. ö. Auch der Skeptiker Pierre Bayle (1647—1705) hat, obschon der Cartesianischen Philosophie nicht abgeneigt, doch derselben, wie jeglichem Dogmatismus, seine skeptischen Argumente entgegengehalten. Er behauptete von der menschlichen Vernunft überhaupt, was von seiner individuellen Vernunft galt, dass sie stark sei in der Entdeckung von Irrthümern, schwach in der positiven Erkenntniss. Das altprotestantische Princip des Widerstreits zwischen Vernunft und Glauben beutete er zur Aufzeigung von Absurditäten in der orthodoxen Glaubenslehre aus. Des Maizeaux, la vie de P. B., Amst. 1730 u. ö.; L. Feuerbach, P. B. nach seinen für die Gesch. der Philos. und Menschheit interessantesten Momenten, Ansbach 1838.

Der Cartesianische Dualismus stellte Mens und Corpus als zwei völlig heterogene Substanzen nebeneinander. Er sprach der Seele die vegetativen Functionen ab, die Aristoteles derselben zugeschrieben hatte, um dieselben dem Leibe, insbesondere den durch denselben verbreiteten Lebensgeistern (spiritus vitales), die eine feine Materie seien, zu vindiciren; er sprach andererseits der Materie alle inneren Zustände ab. Eben hierdurch wurde die thatsächliche Beziehung zwischen psychischen und somatischen Vorgängen unbegreiflich. Ein natürlicher Einfluss (influxus physicus) des Leibes auf die Seele und der Seele auf den Leib liess sich consequentermaassen nicht annehmen, auch nicht unter der Voraussetzung göttlicher Beihülfe; nur Gottes Wirksamkeit allein blieb als Erklärungsgrund übrig; bei Gelegenheit des leiblichen Vorgangs ruft Gott in der Seele die Vorstellung hervor; bei Gelegenheit des Wollens bewegt Gott den Leib (Occasionalismus). Diese theilweise schon von Clauberg, Louis de la Forge und Cordemoy erkannte Consequenz haben ausdrücklich Arn. Geulinx (1625—69) und Nic. Malebranche (1638—1715; Pater des Oratoriums) gezogen; der Letztere lehrt, dass wir alle Dinge in Gott schauen, der der Ort der Geister sei, indem wir Theil nehmen an seinem Wissen. Freilich war die so aufgefasste Wirksamkeit Gottes selbst schlechthin unbegreiflich; an dieser Unbegreiflichkeit nahmen nicht diese Philosophen, wohl aber Spinoza Anstoss, der desshalb an die Stelle des Dualismus zwischen Seele und Leib, wie auch zwischen Gott und Welt den Monismus der Substanz zu setzen unternahm. Die Extreme des Dualismus und des Monismus aber versuchte Leibnitz in seiner Monadenlehre durch Anerkennung der harmonischen Stufenordnung der Substanzen zu überwinden.

§ 9. Baruch Despinoza (Benedictus de Spinoza), geb. zu Amsterdam 1632, gest. im Haag 1677, wandte sich, unbefriedigt durch die thalmudische Bildung, der Philosophie des Cartesius zu, bildete aber den Cartesianischen Dualismus zu einem Pantheismus um, dessen Grundgedanke die Einheit der Substanz ist. Unter der Substanz versteht Spinoza das, was in sich ist und aus sich zu begreifen ist. Es giebt nur Eine Substanz, und diese ist Gott. Dieselbe hat zwei uns erkennbare Grundeigenschaften oder Attribute, nämlich Denken und Ausdehnung; es giebt nicht eine ausgedehnte Substanz neben einer denkenden Substanz. Zu den unwesentlichen, wechselnden Gestaltungen oder Modis dieser Attribute gehört die individuelle Existenz. Gott ist nicht individuell determinirt, denn sonst wäre er endlich und nicht absolut; jede Determination ist eine Negation. Gott ist die immanente, nicht die transscendente Ursache der Gesammtheit der endlichen Dinge oder der Welt. Gott wirkt nach der inneren Nothwendigkeit seines Wesens; eben hierin liegt seine Freiheit. Er bewirkt alles Einzelne nur mittelbar, durch anderes Einzelnes, womit es im Causalnexus steht; es giebt kein unmittelbares Wirken Gottes nach Zwecken und keine causalitätslose menschliche Freiheit. Aber es wirkt immer nur ein Modus der Ausdehnung auf einen andern Modus der Ausdehnung und ein Modus des Denkens auf einen andern Modus des Denkens ein; zwischen dem Denken und der Ausdehnung dagegen besteht kein Causalnexus, sondern eine durchgängige Uebereinstimmung; die Ordnung und Verbindung der Gedanken ist mit der Ordnung und Verbindung der ausgedehnten Dinge identisch, indem jeder Gedanke immer nur die Idee des zugehörigen Modus der Ausdehnung ist. Es giebt eine Stufenfolge in der Klarheit und dem Werthe der menschlichen Gedanken von den verworrenen Vorstellungen bis zu der adäquaten Erkenntniss des Intellects, die alles Einzelne aus dem Ganzen, die Dinge nicht als zufällige, sondern als nothwendige unter der Form der Ewigkeit auffasst. An das verworrene, am Endlichen haftende Vorstellen knüpfen sich die Affecte und die Knechtschaft des Willens, an die intellectuelle Erkenntniss aber die intellectuelle Liebe Gottes, worin unser Glück und unsere Freiheit liegt. Nicht ein der Tugend beigegebener Lohn, sondern die Tugend selbst ist die Seligkeit.

Unter den Schriften des Spinoza ist die früheste seine (durch mündlichen Unterricht an einen Privatschüler veranlasste) Darstellung der Cartesianischen Lehren nach mathematischer Methode: Renati des Cartes Principiorum philosophiae pars I. et II., more geometrico demonstratae, per Benedictum de Spinoza Amstelodamensem, accesserunt ejusdem Cogitata metaphysica, in quibus difficiliores quae tam in parte Metaphysices generali quam speciali occurrunt, quaestiones

§ 9. Spinoza. 57

brevitas explicantur, Amstelodami apud Johannem Riewerts, 1663. Demnächst erschien: Tractatus theologico-politicus, continens dissertationes aliquot, quibus ostenditur libertatem philosophandi non tantum salva pietate et reipublicae pace posse concedi, sed eandem nisi cum pace reipublicae ipsaque pietate tolli non posse, mit dem Motto aus dem ersten Johannesbriefe: per hoc cognoscimus quod in Deo manemus et Deus manet in nobis, quod de spiritu suo dedit nobis. Hamburgi apud Henricum Künrath (Amst., Christoph Conrad) 1670. Eben dieser Tractatus theologico-politicus erschien, nachdem er mit Beschlag belegt war, 1673 zweimal zu Amsterdam und einmal zu Leyden unter falschen Titeln, dann wiederum sine loco 1674 als Tractatus theologico-politicus bezeichnet mit angehängtem neuem Abdruck der zuerst Eleutheropoli (Amst.) 1666 veröffentlichten (von Spinoza's Freunde, dem Arzt Ludwig Meyer verfassten) Schrift: philosophia scripturae interpres. Randglossen Spinoza's zu dem Tractatus theologico-politicus sind mehrfach veröffentlicht worden, theilweise schon in der 1678 erschienenen französischen Uebersetzung eben dieses Tractatus durch St. Glain, zum andern Theil durch Christoph Theophil de Murr, Hagae Comitum 1802, und Andere. Erst nach Spinoza's Tode erschien sein philosophisches Hauptwerk, die Ethik, zugleich mit kleineren Tractaten unter dem Titel: B. d. S. Opera posthuma, Amst. 1677. (Inhalt: Praefatio, von dem Mennoniten Jarig Jelles holländisch abgefasst, von Ludwig Meyer in's Lateinische übersetzt. — — Ethica, ordine geometrico demonstrata, et in quinque partes distincta, in quibus agitur I. de Deo, II. de natura et origine mentis, III. de origine et natura affectuum, IV. de servitute humana seu de affectuum viribus, V. de potentia intellectus seu de libertate humana. — Tractatus politicus, in quo demonstratur, quomodo societas, ubi imperium monarchicum locum habet, sicut et ea, ubi Optimi imperant, debet institui, ne in tyrannidem labatur, et ut pax libertasque civium inviolata maneat. — Tractatus de intellectus emendatione, et de via, qua optime in verum rerum cognitionem dirigitur. — Epistolae doctorum quorundam virorum ad B. d. S. et auctoris responsiones, ad aliorum ejus operum elucidationem non parum facientes. — Compendium grammaticae linguae Hebraeae.) Eine Gesammtausgabe der Werke hat Paulus besorgt: Benedicti de Spinoza opera quae supersunt omnia, iterum edenda curavit, praefationes, vitam auctoris nec non notitias, quae ad historiam scriptorum pertinent, addidit Henr. Eberh. Gottlob Paulus, Jenae 1802—3. Spätere Ausgaben sind: Benedicti de Spinoza opera philosophica omnia edidit et praefationem adjecit A. Gfrörer, Stuttgardiae 1830. Renati des Cartes et Benedicti de Spinoza praecipua opera philosophica recognovit, notitias historico-philosophicas adjecit Carolus Riedel, Lipsiae 1843 (Cartesii Medit., Spinozae diss. philos., Spinozae Eth.). Benedicti de Spinoza opera quae supersunt omnia ex editionibus princ. denuo ed. et praefatus est Carol. Herm. Bruder, Lips. 1843—46. Neuaufgefundenes veröffentlichen (doch vgl. Ritter in: Gött. Anz. 1862, St. 47): Benedicti de Spinoza tractatus de Deo et homine ejusque felicitate lineamentis atque adnotationes ad tractatum theologico-politicum ed. et illustr. Ed. Boehmer, Halae 1852, und: Ad Benedicti de Spinoza opera quae supersunt omnia supplementum, contin. tractatum de Deo et homine, tractatulum de iride, epistolas nonnullas ineditas et ad eas vitamque philosophi Collectanea (ed. J. van Vloten), Amst. 1862. In's Holländische sind die nachgelassenen Werke bereits 1677 (von Jarig Jelles) übersetzt worden. Eine schon bei Spinoza's Lebzeiten angefertigte, aber damals seinem Wunsche gemäss unveröffentlicht gebliebene Uebersetzung des Tractatus theologico-politicus ist unter dem Titel: De rechtzinnige Theologant, Hamburg by Henricus Koenraad (Amsterdam) 1693 herausgegeben worden. Eine französische Uebersetzung des tractatus theol.-pol. (wahrscheinlich von St. Glain) ist unter verschiedenen verbergenden Titeln 1678 erschienen; in neuerer Zeit hat Emile Saisset die Oeuvres de Spinoza in's Franzö-

§ 9. Spinoza.

sische übersetzt, Paris 1842; eine neue Ausgabe von dieser Uebersetzung ist Paris 1861 (und von der zugehörigen Introduction critique bereits Paris 1860) erschienen. Den Tractatus politicus (von dem Tract. theol. - pol. wohl zu unterscheiden) hat J. G. Prat in's Franz. übersetzt: Traité politique de B. de Spinoza, Paris 1860. Oeuvres complètes, traduites et annotées par J. G. Prat, Paris 1863 ff. In's Deutsche übersetzt ist die Ethik des Spinoza zugleich mit Chr. Wolff's Widerlegung Frankf. und Leipzig 1744 erschienen. Seine Abh. über die Cultur des menschl. Verstandes und über die Aristokratie und Demokratie hat S. H. Ewald übersetzt, Leipzig 1785, und derselbe auch seine „philosophischen Schriften": Bd. I.(B. v. S. über h. Schrift, Judenthum, Recht der höchsten Gewalt in geistlichen Dingen, und Freiheit zu philosophiren (theol. - polit. Tractat), Gera 1787; Bd. II. and III.: Sp.'s Ethik, Gera 1791 — 93. Die theol. - polit. Abhandlung hat auch C. Ph. Conz, Stuttg. 1806 and J. A. Kalb, München 1826, die Ethik Schmidt, Berlin 1811, die sämmtlichen Werke aber Berthold Auerbach in's Deutsche übersetzt, 5 Bde, Stuttgart 1841.

Die Hauptquelle unserer Kenntniss des Lebens Spinoza's bildet nächst Spinoza's eigenen Schriften und Briefen die von dem lutherischen Pfarrer Johannes Colerus verfasste Biographie, die holländisch 1705 erschienen, französisch à la Haye 1706 u. 1731 (auch in den Opera ed. Paulus abg.), deutsch Frankf. u. Leipzig 1733, auch, von Kahler übersetzt, Lemgo 1734. Minder zuverlässig sind die Angaben in: La vie et l'esprit de Mr. Benoit de Spinoza (Amst.) 1719 (vom Arzt Lucas im Haag); neue Ausgabe des ersten Theils: la vie de Spinoza, par un de ses disciples, Hamb. 1735, und in der Schrift des Christian Kortholt: de tribus impostoribus magnis (Herbert von Cherbury, Hobbes und Spinoza), Hamburg: 1700. Schon früher (1696) hatte Bayle's Wörterbuch einige Notizen über Spinoza's Leben gebracht, die in holländischer Uebersetzung nebst beigefügten Abhandlungen Utrecht 1698 (mit neuem Titelblatt 1711) erschienen. Die von Colerus verfasste Lebensbeschreibung ist nebst Notizen aus der von einem Freunde Spinoza's (Lucas) verfassten Vie de Spinoza der Schriftensammlung beigedruckt worden: Réfutation des erreurs de Benoit de Spinoza par Mr. de Fénélon, par — le P. Lami Benedictin et par le Comte Boulainvilliers, Bruxelles 1731. II. F. v. Diez, Ben. von Spinoza nach Leben und Lehren, Dessau und Leipzig 1783. M. Philippson, Leben B.'s von Spinoza, Leipzig 1790. Unter den neueren Schriften über Spinoza's Leben und Werke ist hervorzuheben die Histoire de la vie et des ouvrages de B. — de Spinoza, fondateur de l'exégèse et de la philosophie modernes, par Amand Saintes, Paris 1842. Die spärlichen historischen Angaben über Spinoza's Leben hat Berthold Auerbach poetisch zu ergänzen gesucht in der Schrift: Spinoza, ein historischer Roman, Stuttgart 1837, in zweiter, neu durchgearbeiteter, stereotypirter Auflage: Spinoza, ein Denkerleben, Mannheim 1855 (in den Partien, welche Spinoza's Entwicklungsgang schildern, voll tiefer poetischer Wahrheit). Conf. von Orelli, Spinoza's Leben und Lehre, zweite Ausg., Aarau 1850. Zu den preisenden Darstellungen Spinoza's bildet ein Gegenstück die Einleitung des Antonius van der Linde zu seiner Schrift: Spinoza, seine Lehre und deren erste Nachwirkungen in Holland, Göttingen 1862, der nicht nur jeder poetischen Idealisirung des wissenschaftlichen Stilllebens Spinoza's sich abgeneigt zeigt, sondern über Leben und Lehre des Philosophen herabsetzend urtheilt. Durch neu aufgefundenes Material ist von Werth: J. van Vloten, Baruch d'Espinoza, zyn leven en schriften, Amst. 1862. Vgl. Ed. Böhmer, Spinozana, in: Zeitschr. f. Philos., Bd. 36, 1860, S. 121—166, ebd. Bd. 42, 1863, S. 76—121; Ant. v. d. Linde, zur Litt. des Spinozismus, ebd. Bd. 45, 1864, S. 301—305. J. B. Lehmann, Sp., sein Lebensbild und seine Philosophie, Inaug.-Diss., Würzburg 1864. Ein mit Liebe gezeichnetes historisches Charakterbild liefert Kuno Fischer, Baruch Spinoza's Leben und Charakter, ein Vortrag, Mannheim 1865, und in seiner Geschichte der neueren Philosophie, Bd. I, Theil 2, 2. Aufl., Heidelberg 1865, S. 98—139.

§ 9. Spinoza.

Die Lehre des Spinoza wurde gleich nach ihrer Veröffentlichung in mehreren Schriften bekämpft. Von dem remonstrantischen Prediger im Haag, Jacob Vateler, wurde gegen den theologisch-politischen Tractat die Schrift verfasst: Vindiciae miraculorum, per quas divinae religionis et fidei Christianae veritas olim confirmata fuit, adversus profanum auctorem tractatus theol.-polit. B. Spinosam (Amst. 1674). Johannes Bredenburg schrieb eine Enervatio tractatus theol.-pol., una cum demonstratione geometrico ordine disposita, naturam non esse Deum, Roterodami 1675. Im folgenden Jahr erschien die (von Manchen für eine verdeckte Vertheidigung des Spinozismus gehaltene) Schrift: Arcana atheismi revelata, philosophice et paradoxe refutata examine tract. theol.-pol. per Franciscum Cuperum Amstelodamensem, Roterodami 1676. Aber die bahnbrechenden historisch-kritischen Gedanken des theol.-polit. Tractats haben auch schon früh einen positiven Einfluss auf die Schriftforschung christlicher Theologen gewonnen, der sich bereits bei dem Katholiken Richard Simon bekundet, besonders in seiner Histoire critique du Vieux Testament, Paris 1678. Zu den frühen Bekämpfern des Spinozismus gehören auch der Mystiker Poiret: fundamenta atheismi eversa, in seinen Cogit. de Deo, anima et malo, Amst. 1677 u. ö., und der Skeptiker Bayle. Gegen die Ethik schrieb insbesondere der Cartesianer Christoph Wittich: Anti-Spinoza sive examen Ethices Ben. de Spinoza, Amst. 1690. Von Einigen (wie Aubert de Versé, l'impie convaincu, Amst. 1684, 1685) wurde mit dem Spinozismus zugleich auch der Cartesianismus als dessen Quelle bekämpft; von Andern dagegen (wie von Ruardus Andala) erschienen Gegenschriften, worin Cartesius als „verus Spinozismi eversor" gepriesen ward. Auf Spinoza's Grundsätzen aber ruht die anonyme Schrift des Abraham Johann Cuffelaer (oder Cuffeler): Specimen artis ratiocinandi naturalis et artificialis, ad pantosophiae principia manuducens Hamburgi apud Henr. Kunrath (Amst.) 1684, Principiorum pantosophiae p. II., III. 1b. 1684, zum Theil wohl auch Joh. Ge. Wachter's Schriften: Concordia rationis et fidei, Amst. (Berol.) 1692, und: der Spinozismus im Judenthum oder die von dem heutigen Judenthum und dessen geheimer Cabbala vergötterte Welt, von Mose Germano, sonsten Joh. Peter Speeth, von Augsburg gebürtig, befunden und widerlegt von J. G. Wachter, Amsterdam 1699. Leibniz schrieb animadversiones ad J. G. Wachteri librum de recondita Hebraeorum philosophia (eine Kritik spinozistischer Doctrinen vom Standpunkte der Monadologie); diese Bemerkungen blieben ungedruckt, bis sie in neuester Zeit A. Foucher de Careil in den Archiven der K. Bibliothek zu Hannover auffand und unter dem Titel: Réfutation inédite de Spinoza par Leibniz, Paris 1854, veröffentlichte. Christian Wolff bekämpfte in einem Abschnitt seiner Theologia naturalis (pars poster. § 672 – 716) den Spinozismus; diese Bekämpfung erschien mit der Ethik des Spinoza zusammen, in's Deutsche übersetzt, Frankf. u. Leipz. 1744. In Deutschland wurde die Aufmerksamkeit auf den Spinozismus besonders durch den Streit zwischen Jacobi und Mendelssohn über Lessing's Beziehung zu dieser Doctrin gelenkt. Fr. H. Jacobi, über die Lehre des Spinoza, in Briefen an Moses Mendelssohn, Leipzig 1785, 2. Aufl. Breslau 1789; Werke, Bd. IV. Abth. 1. Moses Mendelssohn, an die Freunde Lessings, Berlin 1786. F. H. Jacobi, wider Mendelssohns Beschuldigungen, betreffend die Briefe über die Lehre des Spinoza, Leipz. 1786. Vgl. auch Moses Mendelssohn, Morgenstunden oder Vorlesungen über das Dasein Gottes, Berlin 1785 u. ö. Herder, Gott, einige Gespräche über Spinoza's System, nebst Shaftesbury's Naturhymnus, Gotha 1787, 2. Aufl. 1800, in der Cotta'schen Gesammtausgabe Bd. XXXI, 1853, S. 73 – 216 (ein Versuch, den Spinozismus nicht mit Jacobi als einen Pantheismus oder als Atheismus, sondern als einen Theismus zu deuten). Göthe, aus meinem Leben, Dichtung und Wahrheit, in III. und IV.; vgl. Wilh. Danzel, über Göthe's Spinozismus, Hamburg 1843. G. S. Francke, über die neueren Schicksale des

§ 9. Spinoza.

Spinozismus und seinen Einfluss auf die Philosophie überhaupt und die Vernunfttheologie insbesondere, Preisschrift, Schleswig 1839 und 1842. Ueber den Einfluss der Philosophie des Cartesius auf die Ausbildung der des Spinoza handelt Heinr. Ritter, Leipz. u. Altenburg 1817, über den Zusammenhang des Spinozismus mit der cartesianischen Philosophie H. C. W. Sigwart, Tüb. 1816; vgl. dessen Beiträge zur Erläuterung des Spinozismus, Tüb. 1838, der Spinozismus historisch und philosophisch erläutert, Tüb. 1839, Vergleichung der Rechts- und Staatstheorie des B. Spinoza und des Th. Hobbes, Tüb. 1842. Lud. Boumann, explic. Spinozismi, diss. Berol. 1828. Car. Rosenkranz, de Sp. philosophia, Hal. et Lips. 1828. C. B. Schlüter, die Lehre des Spinoza in ihren Hauptmomenten geprüft und dargestellt, Münster 1836. Karl Thomas, Spinoza als Metaphysiker, Königsberg 1840. J. A. Voigtländer, Spinoza nicht Pantheist, sondern Theist, in: Theol. Stud. u. Kritiken, 1841, Heft 3. Franz Baader, über eine Nothwendigkeit der Revision der Wissenschaft in Bezug auf spinozistische Systeme, Erlangen 1841. Saisset, Introduction zu seiner (oben citirten) Uebersetzung der Werke; vgl. auch die den Spinozismus betreffenden Abschnitte bei Bouillier, Hist. de la philosophie Cartésienne, und bei Damiron, Hist. de la philosophie du XVII. siècle. Ad. Helfferich, Spinoza und Leibnitz oder das Wesen des Idealismus und des Realismus, Hamburg und Gotha 1846. Franz Keller, Spinoza und Leibnitz über die Freiheit des menschlichen Willens, Erlangen 1847. J. E. Erdmann, die Grundbegriffe des Spinozismus, in: Verm. Aufs., Leipz. 1848, S. 118—192. C. Schaarschmidt, Des Cartes und Spinoza, urkundliche Darstellung der Philosophie Beider, nebst einer Abhandlung von Jac. Bernays über Spinoza's hebräische Grammatik, Bonn 1850. C. H(ebler), Spinoza's Lehre vom Verhältniss der Substanz zu ihren Bestimmtheiten, Bern 1850; Hebler, Lessing-Studien, Bern 1852, S. 116 ff. Zimmermann, über einige logische Fehler der spinozistischen Ethik, aus dem Octoberheft 1850 und Aprilheft 1851 der Sitzungsberichte der philos.-hist. Cl. der kais. Akad. d. Wiss. besonders abgedruckt. J. E. Horn, Spinoza's Staatslehre, Dessau 1851. Adolf Trendelenburg, über Spinoza's Grundgedanken und dessen Erfolg, vorgetragen in der K. Akad. d. Wissenschaften, Berlin 1851, auch im II. Bande der Hist. Beiträge zur Philosophie, Berlin 1855, S. 81—111; vgl. dessen Abh. über den letzten Unterschied der philos. Systeme, in: Denkschriften der K. Akad. d. Wiss., philos. u. hist Cl. 1847, S. 249. („Entweder steht die Kraft der wirkenden Ursache vor und über dem Gedanken, oder der Gedanke steht vor und über der Kraft, oder endlich Gedanke und Kraft sind im Grunde dieselben; — in Spinoza erscheint der Gegensatz von Gedanke und blinder Kraft als Denken und Ausdehnung, cogitatio und extensio, und fasst beide ohne Ueberordnung und Unterordnung in Eins", — so bezeichnet Trendelenburg den Grundgedanken des Spinoza, wobei jedoch sehr fraglich ist, ob die Identificirung von Ausdehnung und blinder Kraft im Sinne des Spinoza entrefend sei, und nicht vielmehr nach Spinoza innerhalb der Cogitatio selbst das Blinde und das Bewusste als verworrene Vorstellung und klares Denken zu unterscheiden sei, denen innerhalb der Ausdehnung eine verworrene und eine geordnete Bewegung, zunächst im Gehirn, entsprechen.) Alphons v. Raesfeld, symbola ad penitiorem notitiam doctrinae, quam Sp. de substantia propos., diss. Bonn. 1858. Theod. Hub. Weber, Sp. atque Leibnitii philosophiae, comm. Bonn. 1858. F. E. Bader, B. d. Sp. de rebus singularibus doctrina, Berol. 1858. Joh. Heinr. Löwe, über den Gottesbegriff Spinoza's und dessen Schicksale, als Anhang zu Löwe's Schrift über die Philosophie Fichte's, Stuttgart 1862. (Löwe sucht durch Hervorhebung des Unterschieds zwischen der „cogitatio" als unpersönlichem Attribut der Substanz und dem „infinitus intellectus Dei" als nominstanter Wirkung der Substanz diesem unendlichen Intellect ein absolutes Selbstbewusstsein, eine persönliche Einheit zu vindiciren und so den Gottesbegriff des Spinoza dem theistischen anzunähern.

§ 9. Spinoza.

Ueber dieselbe Frage vgl. u. A. Ed. Böhmer, Spinozana, III., in Z. f. Ph., Bd. 42, 1863, S. 92 ff. und Lebmans a. a. O. S. 170—125.) Spinoza et la Kabbale, par le rabbin Elie Benamozegh, Paris 1864 (Extrait de l'Univers israélite). N. A. Forsberg, Jemförande Betraktelse of Spinoza's och Malebranche's metafysiska princip., Akad. Afhandl., Upsala 1864. P. Kramer, de doctr. Sp. de mente humana, diss. inaug., Halae 1866. Chr. A. Thilo, über Sp.'s Religionsphilosophie, in: Zeitschr. für exacte Philosophie, Bd. VI., Heft 2, Leipzig 1865, S. 113 — 145. A. v. Oettingen, Sp.'s Ethik und der moderne Materialismus, in: Dorpater Zeitschr. für Theol. u. Kirche, Bd. VII, Heft 8. Vgl. die Urtheile über Spinoza in den Werken von Schleiermacher, J. G. Fichte, Schelling, Hegel, Herbart und anderen Philosophen, ferner die Darstellung und Kritik seiner Doctrin in den Geschichten der (neueren) Philosophie von Brucker, Buhle, Tennemann, Ritter, Feuerbach, Erdmann, Kuno Fischer u. A., auch in Specialschriften über die Geschichte des Pantheismus, wie Buhle, de ortu et progressu pantheismi inde a Xenophane usque ad Spinozam, in: Comm. soc. sc. Gott. vol. X., 1791, Jäsche, der Pantheismus nach seinen verschiedenen Hauptformen, Berlin 1826—32 (vgl. Heinr. Ritter, die Halbkantianer und der Pantheismus, Berlin 1827), J. Volkmuth, der dreieinige Pantheismus von Thales bis Hegel (Zeno, Spinoza, Schelling), Köln 1837, in den der Kritik philosophischer Standpunkte gewidmeten Werken und Abhandlungen von I. Herm. Fichte, Ulrici, Sengler, Weisse, Henne etc. und in vielen anderen religionsphilosophischen Schriften.

Baruch Despinoza (das s ist als z zu sprechen), geb. zu Amsterdam am 21. November 1632, stammte aus einer der jüdischen Familien, die, um den Bedrückungen in Spanien und Portugal zu entgehen, nach den Niederlanden ausgewandert waren. Er erhielt seine erste Bildung unter dem berühmten Thalmudisten Saul Levi Morteira, lernte auch die Schriften des Maimonides kennen, den er hochhält, und kabbalistische Schriften, von denen er jedoch selten und nur mit Geringschätzung redet. Am 6. August 1656 wurde er wegen „schrecklicher Irrlehren" aus der jüdischen Gemeinschaft gänzlich ausgeschlossen. Schon vorher hatte er bei dem gelehrten, naturalistisch gesinnten Arzte Franz van den Ende (nicht bei dessen Tochter Clara Maria, die im Jahre 1656 erst zwölfjährig war) lateinischen Unterricht genossen. Von 1656—61 wohnte Spinoza, mit dem Studium der Cartesianischen und der Ausbildung seiner eigenen Philosophie beschäftigt, in der Nähe von Amsterdam bei einem arminianisch gesinnten Freunde, später in Rhynsburg, von 1664—69 in Voorburg beim Haag, dann im Haag selbst in Pension bei der Wittwe van Velden, dann, seit 1671, bei dem Maler van der Spyck bis zu seinem am 21. Februar 1677 erfolgten Tode. Durch Glasschleifen gewann er seinen Lebensunterhalt. Einen im Jahr 1673 an ihn ergangenen Ruf nach Heidelberg, wo Karl Ludwig von der Pfalz ihm eine Professur der Philosophie antragen liess, schlug er aus, um nicht in der Freiheit des Philosophirens, obschon diese ihm zugestanden wurde, sich durch unvermeidliche Collisionen behindert zu finden.

In den „Principien der Philosophie des Descartes" nebst den angehängten „Cogitata metaphysica" stellt Spinoza nicht seine eigene Doctrin dar, was er in der Vorrede (durch den Herausgeber, seinen Freund Ludwig Meyer) ausdrücklich erklären lässt; er war zur Zeit der Abfassung bereits zu den in den späteren Schriften entwickelten Ueberzeugungen gelangt.

Der Tractatus theologico-politicus ruht auf dem Grundgedanken der wesentlichen Verschiedenheit der Aufgabe der positiven Religion und der Philosophie. Wie später an Descartes, so scheint Spinoza bereits vor seinem Austritt aus der jüdischen Gemeinschaft an Maimonides in seiner eigenen Gedankenbildung kritisch angeknüpft zu haben, indem er von der Annahme des mittelalterlichen

§ 9. Spinoza.

Philosophen, der zum philosophischen Denken hinleiten wollte, das Gesetz sei nicht bloss zur Uebung des Gehorsams, sondern auch als Offenbarung der höchsten Wahrheiten den Juden gegeben, zu der entgegengesetzten, dem Tractatus theol.-polit. zu Grunde liegenden fortigt, die dem Bedürfniss dient, bei gesichertem Interesse an philosophischem Denken dasselbe von der nur zeitweilig wohlthätigen Gebundenheit zu befreien: die Religion ziele nicht auf Wahrheitserkenntniss als solche, sondern auf Gehorsam ab (wie später im gleichen Interesse Moses Mendelssohn dem Judenthum Freiheit von bindenden Dogmen vindicirte und Schleiermacher die Religion als beruhend auf dem Gefühl und die Philosophie als das Streben nach objectiv gültiger Erkenntniss von einander sonderte und einander coordinirte). Demgemäss soll weder (mit Maimonides) die Bibel zur Uebereinstimmung mit unserer Vernunft gedeutet, noch (mit manchen Rabbinen) die Vernunft der Bibel unterworfen werden; die Bibel will nicht Naturgesetze offenbaren, sondern Sittengesetze aufstellen. Durch dieses Princip gewinnt Spinoza die Möglichkeit einer nicht an dogmatische Voraussetzungen gebundenen historisch-kritischen Betrachtung der Bibel, besonders des alten Testaments, die er dann im Einzelnen durchführt. Das philosophische System selbst ist in dem Tractatus theologico-politicus nur theilweise angedeutet, nicht entwickelt.

In dem (später verfassten) Tractatus politicus, der von Vertrautheit mit der Lehre des Hobbes zeugt, tritt Spinoza doch der absolutistischen Theorie des Hobbes scharf entgegen. Die Regierung soll die Handlungen, aber nicht die Ueberzeugungen der Menschen zur Einstimmigkeit bringen. Thut sie den Ueberzeugungen Zwang an, so provocirt sie den Aufstand. Männer aus dem Volk, aber durch die Regierung ausgewählt, sollen der Regierung bei der Gesetzgebung und Verwaltung zur Seite stehen.

Der (früh verfasste) Tractatus de intellectus emendatione führt Gedanken über die Methode aus, die in dem Hauptwerk, der Ethik, den Grundzügen nach enthalten sind. Die Wahrheitserkenntniss ist das edelste Gut.

In dem Compendium grammatices linguae Hebraeae hat man die Vorliebe des Substanzlehrers für das Substantivum bemerkenswerth gefunden. Vgl. darüber besonders die oben (S. 60) angeführte Abh. von Jac. Bernays, Bonn 1850.

Die Genesis des in der Ethik dargelegten Monismus der Substanz mag sich hinsichtlich des Menschen an die Frage nach der Möglichkeit der Wechselbeziehung zwischen Seele und Leib geknüpft haben, bei welchem damals vielverhandelten Problem die Unhaltbarkeit des Cartesianischen Dualismus am einleuchtendsten ist, und hinsichtlich der Gesammtheit der Dinge an Spinozas religiösen Glauben, nicht oder doch nur in geringem Maasse an den neuplatonischen und kabbalistischen Emanatismus. In der systematischen Darstellung aber geht Spinoza von der Cartesianischen Definition der Substanz aus, die er consequenter durchführt, als von Descartes selbst geschehen war. Descartes hatte die Substanz schlechthin definirt als res quae ita existit, ut nulla alia re indigeat ad existendum, die substantia creata aber res, quae solo Dei concursu eget ad existendum. Spinoza definirt (Eth. p. I, def. 3): per substantiam intelligo id, quod in se est et per se concipitur, hoc est id, cujus conceptus non indiget conceptu alterius rei, a quo formari debeat. Spinoza sowohl, wie Descartes, haben in der Definition der Substanz die beiden Kategorien nicht auseinandergehalten, die Kant als Substanzen (wozu die Inhärenz der Prädicate das Correlat bildet) und Causalität (wozu als Correlat die Dependenz der Folgen gehört) unterscheidet; die οὐσία des Aristoteles wird mit der wirkenden Ursache gleichgesetzt; da nun Gott von Beiden als die einzige Ursache alles Seienden anerkannt (obschon nicht durch fehlerfreie Beweise dargethan) wird, so folgt sofort, dass er Beiden auch als die einzige Substanz gelten muss. Dass Descartes Substanzen

§ 9. Spinoza.

annimmt, die unter seine Definition der Substanz sich nicht subsumiren lassen, ist eine Inconsequenz, welche Spinoza vermeidet, der Gott als die einzige Substanz bezeichnet und alles, was nicht Gott ist, auch nicht als eine Substanz anerkennt. Ist in die Definition der Substanz die Nichtinhärenz und die Nichtdependenz zugleich aufgenommen worden, so folgt daraus jedoch immer noch nicht, dass Bedingtes, wenn es gleich nicht Substanz genannt werden darf, nur als etwas Inhärentes existiren könne, sondern es folgt nur, dass es eines anderen Terminus bedarf, um solches zu bezeichnen, was Träger des Inhärirenden, und doch als Bedingtes von Anderem abhängig ist; falls aber die Bildung eines solchen Terminus nicht angemessen ist, dann muss die Definition der Substanz in einer Weise gebildet werden, welche die Unterscheidung der beiden wesentlich verschiedenen Verhältnisse: Inhärenz und Dependenz, involvirt.

Spinoza eröffnet seine Ethik mit einer Reihe von Definitionen und Axiomen nach der Weise des Euklid, um daraus in streng syllogistischer Weise „nach geometrischer Methode" Lehrsätze abzuleiten. Er glaubt hierdurch für seine Doctrin mathematische Gewissheit zu erzielen. Aber dieses Unternehmen ist illusorisch. Euklids Definitionen treten zwar zunächst als Nominalerklärungen auf (die nur bestimmen, was unter den betreffenden Ausdrücken verstanden werden soll), erweisen sich aber nachträglich als Realerklärungen (die auf mathematisch-reale Objecte gehen); Spinoza dagegen hat den Nachweis der Realität der Objecte seiner Definitionen nicht wirklich erbracht. Euklid's Definitionen haben sinnliche Anschaulichkeit, die Spinoza's Definitionen fast durchgängig fehlt oder bei dem Gebrauch bildlicher Ausdrücke (wie in se esse etc.) nur illusorisch ist; einzelne Definitionen des Spinoza (wie die der causa sui etc.) involviren Widersprüche. Euklid gebraucht die Termini durchgängig nur in dem durch die Definition festgestellten Sinne; Spinoza fährt mitunter Argumentationen so, dass das eine Glied derselben durch den Gebrauch der Ausdrücke im Sinne des gewöhnlichen Sprachgebrauchs plausibel wird, dann das andere Glied dieselben Ausdrücke in dem durch seine (willkürliche) Definition bestimmten Sinne wiederholt und somit der Schlusssatz durch einen Paralogismus, die quaternio terminorum mittelst Verwechselung einer „synthetischen" Definition mit einer „analytischen" (vgl. mein System der Logik, § 61 und § 126) gewonnen wird. (Die Belege hierfür werden sich unten bei den Sätzen über Substanz und causa sui herausstellen.) Spinoza's Ethik ist keineswegs (wie namentlich F. H. Jacobi gemeint hat) theoretisch unwiderlegbar, sondern vielmehr (wie Herbart und Andere mit Recht geurtheilt haben) überreich an Paralogismen.

Die erste Definition des ersten Theiles der Ethik lautet: Per causam sui intelligo id, cujus essentia involvit existentiam sive id, cujus natura non potest concipi nisi existens. Der Begriff „causa sui" aber ist, nach dem Wortsinne verstanden, ein Unbegriff, denn um sich selbst zu verursachen, müsste ein Object dasein, ehe es ist (dasein, um überhaupt irgend etwas verursachen zu können; ehe es ist, weil es selbst erst verursacht werden soll); der Ausdruck ist nur eine ungenaue Bezeichnung für das Ursachlose, wobei der hier allein adäquate negative Ausdruck in einen inadäquaten positiven Ausdruck umgesetzt wird. Der Ausdruck aber, dem Spinoza zur Definition von „causa sui" dient, nämlich „essentia involvens existentiam" oder „non posse concipi nisi existens" hat den Fehler, der in dem ontologischen Argumente liegt (s. oben bei Anselm und bei Descartes) zur Voraussetzung und wird von Spinoza im gleichen Sinne bei den nachfolgenden Demonstrationen verwendet. Dass jeder Beweis aus der Definition die anderweitig feststehende Existenz des Definirten zur Voraussetzung hat, ist eine logische Forderung, gegen die Spinoza eben so naiv, wie Anselm, und viel naiver, als Descartes, verstösst. Durch die

§ 9. Spinoza.

Berufung auf das Involvirtsein der Existenz in der essentia wird das in willkürlichen Definitionen zum Theil naturwidrig Gedachte mit dem trügerischen Scheine der Realität versehen und dadurch der Blick auf das thatsächlich Reale vielfach getrübt.

Die zweite Definition lautet: Ea res dicitur in suo genere finita, quae alia ejusdem naturae terminari potest. Als Beispiele führt Spinoza an, ein Körper sei endlich, sofern sich stets ein anderer grösserer Körper denken lasse; gleichermaassen sei ein Gedanke endlich, sofern derselbe durch einen andern Gedanken begrenzt werde; aber es werde nicht ein Körper durch einen Gedanken oder ein Gedanke durch einen Körper begrenzt. Diese Definition des in seiner Art Endlichen oder Begrenzten ist nur in sofern zutreffend, als sie auf solche Objecte (res) beschränkt bleibt, neben welchen andere gleichartige existiren können, und bei welchen das Zusammenbestehen eine gegenseitige Einschränkung involvirt; sie verliert jede Bedeutung, wenn sie nicht auf solche res, sondern auf Naturen oder Attribute bezogen wird, wie z. B. wenn gefragt würde, ob die quadratische Natur oder das Wesen des Quadrats, d. h. das Begrenztsein einer ebenen Figur durch vier einander gleiche gerade Linien bei lauter rechten Winkeln, in suo genere finita oder infinita sei, oder ob die menschliche Natur, die Adlernatur, die Löwennatur etc. begrenzt oder unbegrenzt sei. Und doch macht Spinoza, nachdem einmal die Definition im Hinblick auf die von ihm angeführten Beispiele, auf deren erstes wenigstens sie passt, zugegeben worden ist, später von ihr eben den unzulässigen Gebrauch, bei welchem die angegebene Grenze ihres Sinnes und ihrer Gültigkeit vergessen wird, und begeht dann den zweiten, noch schlimmeren Fehler, nicht einmal das Begrenztwerdenkönnen einer „Natur" oder eines „Attributs" durch eine andere (generisch gleiche, specifisch verschiedene) Natur, sondern in der That das Begrenztwerdenkönnen durch sich selbst als eine zweite Natur, was absurd ist, zum Kriterium der Endlichkeit zu machen. Er sagt nämlich (in der Demonstratio zur Propos. VIII.: omnis substantia est necessario infinita) von der substantia unius attributi, sie sei nicht begrenzt, da sie (nach der zweiten Definition) von einer andern derselben Natur begrenzt werden müsste, was nicht angehe, weil keine zwei Substanzen von dem nämlichen Attribut existiren können; dies Letztere aber hat er dadurch bewiesen, dass er die Substanz mit der Gesammtheit ihrer Attribute identificirt, wonach in unabweisbarer Consequenz die Substanz von Einem Attribute oder Einer Natur mit eben diesem Attribute oder dieser Natur selbst schlechthin identisch zu denken ist; ein Begrenztwerden dieser Substanz durch eine andere derselben Natur wäre also ein Begrenztwerden derselben Natur durch sich selbst als eine zweite Natur, welche Absurdität nicht die Nichtbegrenztheit dieser Natur oder dieser Substanz beweisen kann, weil sie nicht in der Annahme der Begrenztheit, sondern in Spinoza's absurdem Verfahren begründet liegt. Die quadratische Natur, die Adlernatur etc. oder auch eine mit dieser Natur identische Substanz kann nicht durch sich selbst als eine andere Natur oder Substanz begrenzt werden, aber nicht darum, weil sie unbegrenzt oder unendlich wäre, sondern darum, weil sie nicht von sich selbst verschieden, 1 nicht = 2 ist, und weil auch schon die Vorstellung des Begrenztwerdens durch ein Anderes, Gleichartiges nur auf neben einander bestehende Objecte, res, und nicht auf „Naturen", eine volle und klare Anwendung findet. Der täuschende Schein der Demonstration ist in dem irreführenden Ausdruck: substantia unius naturae begründet, der die Vorstellung einer von der Natur oder dem Attribute selbst unterschiedenen concreten Existenz hervorruft, welche Vorstellung, nachdem sie den Paralogismus vermittelt hat, von Spinoza durch Recurs auf seine Definitionen und die daraus abgeleiteten Sätze wieder abgeworfen wird. Der Paralogismus aber hat zu einem Satze geführt, durch welchen Spinoza's Verfahren, nur solches, was unbegrenzt ist (die Ausdehnung) oder sich allenfalls als unbegrenzt betrachten lässt (die cogitatio) als ein Attribut oder eine natura gelten zu lassen, und alles Uebrige unter die Affectionen oder Modi zu verweisen, anscheinend gerechtfertigt wird. (Auf das gleiche Resultat führt dann auch die mit dieser Definition der Endlichkeit eng zusammenhängende Definition der Affection oder des Modus durch den Terminus: „in alio esse", siehe unten.)

Als dritte, vierte und fünfte Definition folgen die Aussagen, was Spinoza unter Substanz, Attribut und Modus verstehe. Per substantiam intelligo id, quod in se est et per se concipitur, hoc est id, cujus conceptus non indiget conceptu alterius rei, a quo formari debeat. Per attributum intelligo id, quod intellectus de substantia percipit tamquam ejus essentiam constituens. Per modum intelligo substantiae affectiones sive id, quod in alio est, per quod etiam concipitur. Hiernach begründet das in se esse und in alio esse den Unterschied zwischen der Substanz und den Affectionen oder Modis; die Attribute aber machen in ihrer Gesammtheit die Substanz aus. Durchweg verbindet Spinoza die Angabe, wie ein Jedes sei und wie es begriffen werde (nämlich im adäquaten Begreifen, welches mit dem Sein übereinkommt). Man hat seine Definition des Attributs in einer Weise zu verstehen gesucht, die den Spinozismus dem Kantianismus annähern würde, dass nämlich nur unser Verstand den Unterschied der Attribute in die Substanz hineintrage, wie unserm Auge eine an sich weisse Fläche blau oder grün erscheint, wenn sie von uns durch ein blaues oder grünes Glas betrachtet wird; aber diese (subjectivistische) Auffassung stimmt nicht zu dem (objectivistischen) Gesammtcharakter der Doctrin des Spinoza und auch nicht zu seinen ausdrücklichen Aussagen (z. B. dem Ausdruck in Def. VI.: substantiam constantem infinitis attributis etc.); die Attribute sind dem Spinoza realiter in der Substanz zwar nicht von einander geschieden, aber doch verschieden und unser Verstand erkennt nur die an sich bestehende Verschiedenheit an; das Dasein unseres Verstandes setzt ja selbst bereits das Dasein des Attributes cogitatio und die reale Unterschiedenheit desselben von der extensio voraus; nur die Isolirung des einzelnen Attributes, die Heraushebung desselben aus der an sich ungeschiedenen Einheit aller Attribute zum Behuf gesonderter Betrachtung ist etwas bloss Subjectives, bloss durch unsern Verstand Vollzogenes; was aber zu der rein subjectivistischen Auffassung der Attribute Anlass geben kann (wie Spinoza's Vergleich der Attribute mit der Glätte und Weisse Einer Fläche) ist im Sinne des Spinoza auf verschiedene Momente im Objecte selbst, woran sich nur eine entsprechende Verschiedenheit in unserer subjectiven Auffassung knüpfe, zu beziehen. Die Substanz ist die Gesammtheit der Attribute selbst, die Modi dagegen sind ein Anderes, Secundäres, weshalb Spinoza auch sagen kann (im Corollar zur Propos. VI.), es existire nichts als Substanz und Affectionen, nicht als ob die Attribute als solche nicht Existenz hätten oder als ob sie nicht realiter von einander verschieden wären, sondern weil ihre Existenz durch die Erwähnung der Substanz bereits mitbezeichnet ist. Die Modi oder Affectionen aber sind nicht Bestandtheile der Substanz; die Substanz ist ihrer Natur nach früher als ihre Affectionen (nach Propos. I., die unmittelbar aus den Definitionen abgeleitet wird) und muss, um der Wahrheit gemäss betrachtet zu werden, ohne die Affectionen und in sich (Demonstr. zu Propos. V.: depositis affectionibus et in se considerata) betrachtet werden. Hiernach kann Spinoza unter der Substanz nicht ein concretes Ding verstehen, da ja dieses niemals ohne alle individuelle Bestimmtheiten (die doch Spinoza zu den Affectionen rechnet) bestehen kann und nicht „depositis affectionibus" wahrhaft oder seiner wirklichen Existenz gemäss betrachtet wird; unter der Substanz kann bei ihm nur ein Abstractum, das er aber (nach der Weise mittelalterlicher Realisten) selbstständig existiren lässt, zu verstehen sein. Bei der Bestimmung des Unterschiedes

§ 9. Spinoza.

zwischen der Substanz und den Affectionen aber verkennt Spinoza die Bildlichkeit der von ihm gebrauchten Ausdrücke: in se esse, in alio esse, und die Unfähigkeit derselben, zu Kriterien des entweder attributiven oder Modus-Charakters irgend welcher Elemente eines Objectes zu dienen. Ausdehnung und Denken gelten ihm als Attribute; ist also die Substanz in sich, so ist Ausdehnung und Denken in Ausdehnung und Denken, womit sich keine klare Vorstellung verbinden lässt. Jeder einzelne Gedanke und Willensact gilt ihm als Modus; dass aber die individualisirenden Momente in dem Denken überhaupt seien, kann höchstens in einem bildlichen Sinne gesagt werden, da die eigentliche Bedeutung des Darinseins an das Attribut der Ausdehnung gebunden ist. Würde vollends über die von Spinoza selbst gegebenen Anwendungen hinausgegangen (was zulässig sein müsste, da die Beschränkung der erkennbaren Attribute auf Denken und Ausdehnung willkürlich und nur durch Paralogismen gestützt ist) und das Darinsein der Affectionen in dem durch die Definition bezeichneten Wesen noch auf andere Fälle bezogen, so müsste die bestimmte Länge der Seiten eines einzelnen Quadrates und die Lage desselben als der quadratischen Natur immanent bezeichnet, der einzelne Mensch, Adler, Löwe als in der menschlichen Natur, in dem Wesen des Adlers, des Löwen befindlich bezeichnet werden, womit ein crasser Realismus (im mittelalterlichen Sinne dieses Ausdrucks) ohne Weiteres als wissenschaftlich gültig vorausgesetzt wäre, ohne dass Spinoza jemals die nominalistischen Gegengründe erwogen oder auch nur eine Kenntniss derselben bekundet hätte. Er verfährt hier, wie in logischem Betracht durchgängig, völlig naiv. Das Inesse, *ἐνυπάρχειν* ist allerdings auch eine aristotelische Bezeichnung; aber sie hat bei Aristoteles ihren guten Sinn, da diesem die Substanzen, denen vorzugsweise der Name Substanz zukommt (die πρῶται οὐσίαι) die Einzelobjecte sind, in welchen solches ist, was sich von ihnen aussagen lässt; von den Einzelobjecten kann nicht gesagt werden und sagt Aristoteles nicht, dass sie „depositis affectionibus" (also nach Abstraction z. B. von Figur und Begrenztheit unter blosser Festhaltung des Attributs der Ausdehnung und nach Abstraction von allem, was ein denkendes Wesen von anderen unterscheidet, unter blosser Festhaltung des Attributs des Denkens) „vere", d. h. nach ihrem wirklichen Sein, betrachtet werden; dies Letztere setzt jene andere Bedeutung der Substanz und des Substanziellen voraus, wonach darunter die essentia und das Essentielle (Wesentliche) verstanden wird. Es bedarf einer tief eingehenden logischen Untersuchung, um den Unterschied des Substanziellen im Sinne des Wesentlichen von dem Unwesentlichen durch allgemeine Kriterien festzustellen; Spinoza führt diese Untersuchung nicht, sondern ersetzt sie durch Beibehaltung der nur bei der ersten Bedeutung von „Substanz" einigermassen zutreffenden Ausdrücke: „in se — in alio esse", welche Unkritik dann nothwendigerweise eine totale Verwirrung zur Folge hat. Die erste Bedeutung von „Substanz" ist aufgegeben, die zweite wird corrumpirt, indem nur solches als substanziell gilt, wobei das „Darinsein" eine wirkliche Bedeutung hat (d. h. die Ausdehnung) oder wobei es sich zur Noth deuten lässt (d. h. die cogitatio), alles Uebrige aber (z. B. das, was dem Quadrat wesentlich ist, um Quadrat zu sein, dem Menschen, um Mensch zu sein etc.), als unwesentlich zu den Affectionen oder Modis gerechnet wird. Auf Unklarheiten und Paralogismen beruht weitaus in den meisten Fällen die mit Unrecht gepriesene vermeintlich strenge Verkettung der Gedanken in der „Ethik" des Spinoza. Seine Theoreme sind grossentheils weit besser, als seine Argumentationen.

Die sechste Definition lautet: Per Deum intelligo ens absolute infinitum, hoc est substantiam constantem infinitis attributis, quorum unumquodque aeternam et infinitam essentiam exprimit. Der Ausdruck absolute infinitum wird in der beigefügten Explicatio durch den Gegensatz zu in suo genere infinitum erläutert; was nur in seiner Art unbegrenzt oder unendlich ist, ist dies nicht hinsichtlich aller möglichen

Attribute, das absolut Unendliche aber in Betracht aller Attribute. Dass ausser Denken und Ausdehnung unzählige andere Attribute bestehen, giebt Spinoza an, schlüpft jedoch über diesen Punkt hinweg; welche es sein können, bleibt nebelhaft. Mit dieser Definition „Gottes" aber ist es Spinoza, der dieselbe mittelst des Unbegriffes „essentia involvens existentiam" durch den ontologischen Paralogismus, sobald es in den Bewegung passt, zu realer Gültigkeit erheben kann, nicht schwer, alles factisch Vorhandene in die Einheit der Substanz hineinzuziehen.

Die siebente Definition ist die der Freiheit. Ea res libera dicetur, quae ex sola suae naturae necessitate existit et a se sola ad agendum determinatur. Necessaria autem vel potius coacta quae ab alio determinatur ad existendum et operandum certa ac determinata ratione. Der erste Theil der Definition der res libera involvirt denselben Irrthum, wie der positive Gebrauch des Ausdrucks causa sui, nämlich die Verwechselung der Ursachlosigkeit des Ewigen und Primitiven mit einem Verursachtsein durch sich selbst, einer durch die eigene Natur (als ob diese — sei es auch unseitlich — realiter der Existenz vorhergehen könnte) gesetzten Existenz. Der zweite Theil derselben trifft näher zum Ziel, weil sich die Freiheit in der That auf das Handeln und nicht auf das Eintreten in die Existenz bezieht, rückt aber das in dem gesammten Kreis der Erfahrung allein vorliegende Verhältniss aus den Augen, dass jedes Geschehen auf einem Zusammenwirken mehrerer Factoren beruht und es sich bei der Freiheit nur um die Prävalenz des inneren Factors vor dem äussern handelt. Die Definitionen der Nothwendigkeit und des Zwanges aber hätten von einander gesondert und nicht durch ein „vel potius" amalgamirt werden sollen. Mit Recht findet übrigens Spinoza den eigentlichen Gegensatz der Freiheit nicht in der Nothwendigkeit überhaupt, sondern nur in einer bestimmten Art der Nothwendigkeit, nämlich dem Zwange, der als die nicht aus dem Wesen selbst, sondern aus irgend etwas dem Wesen Fremden (mag dies nun immer noch dem Innern angehören oder der Aussenwelt) herfliessende und das aus dem Wesen selbst hervorgehende Streben überwältigende (und dem Wunsch vereitelnde) Nothwendigkeit zu definiren ist.

Die achte Definition knüpft den Begriff der Ewigkeit an den ontologischen Paralogismus. Per aeternitatem intelligo ipsam existentiam, quatenus ex sola rei aeternae definitione necessario sequi concipitur.

Den acht Definitionen lässt Spinoza sieben Axiome nachfolgen. Das erste lautet: Omnia, quae sunt, vel in se vel in alio sunt. Durch dieses Axiom im Verein mit der dritten und fünften Definition wird (in der Demonstratio zum vierten und im Corollar zum sechsten Lehrsatz) die Annahme begründet, dass es in Wirklichkeit nichts gebe, als Substanzen und deren Affectionen, was aber illusorisch ist wegen des bildlichen Gebrauchs der Ausdrücke in se esse und in alio esse in den Definitionen, während doch die Plausibilität des Axioms (sofern dieselbe bei der Unklarheit des Terminus in se esse besteht) an den Gebrauch im eigentlichen Sinne geknüpft ist.

Das zweite Axiom lautet: Id quod per aliud non potest concipi, per se concipi debet, wobei ein Zweifaches ausser Acht gelassen ist: 1. dass, sofern das Begreifen auf den Causalnexus geht, jedes Causalverhältniss aber auf einer Beziehung zwischen zwei oder mehreren Elementen beruht, nicht sowohl das „Entweder — Oder", das concipi per aliud oder concipi per se, als vielmehr das „Sowohl, als auch" am Orte war, das Begriffenwerden aus der Beziehung des Einen zum Andern, indem nur nach der Verschiedenheit des Falles auf das Eine oder Andere das grössere Gewicht fällt; 2. dass nicht ohne Weiteres die Begreiflichkeit von Allem vorausgesetzt werden darf, sondern in Frage zu stellen ist, ob es Schranken unserer Erkenntniss gehe, welche Frage wiederum sich in die (Kantische) Frage nach etwaigen absoluten Schranken der menschlichen Erkenntniss und die (für die jedesmalige Bestimmung der nächsten wissenschaftlichen Aufgaben massgebende) Frage nach der zur Zeit bestehenden Grenze der Begreiflichkeit und den nächstnothwendigen Schritten zur Erweiterung dieser Grenze gliedert.

Das dritte Axiom ist nur dann richtig, wenn der Begriff der Ursache richtig gefasst und die Ursache nicht als etwas Einfaches gedacht wird. Es dass causa determinata necessario sequitur effectus, et contra: si nulla detur determinata causa, impossibile est, ut effectus sequatur.

Effectus cognitio a cognitione causae dependet et eandem involvit, ist das vierte Axiom, welches das Nämliche, was im dritten objectiv ausgedrückt war, in (subjectiver) Beziehung auf unsere Erkenntniss ausspricht. Charakteristisch ist für Spinoza, dass er von dem durch Aristoteles bezeichneten Doppelverhältniss unserer Erkenntniss zu dem objectiven Causalnexus nur die eine Seite bezeichnet, nämlich die Erkenntniss, welche von dem πρότερον φύσει zu dem ὕστερον φύσει (a priori ad posterius) fortschreitet, die andere aber unerwähnt lässt, nämlich den Rückschluss von der Wirkung auf die Ursache, a posteriori ad prius, von dem ὕστερον φύσει, welches aber das πρότερον πρὸς ἡμᾶς oder das ἡμῖν γνωριμώτερον ist, auf das πρότερον φύσει, welches das ὕστερον πρὸς ἡμᾶς ist.

Das fünfte Axiom besagt: Quae nihil commune cum se invicem habent, etiam per se invicem intelligi non possunt, sive conceptus unius alterius conceptum non involvit, woraus in Verbindung mit den vorangehenden Axiomen (in Propos. III.) gefolgert wird, dass, wenn zwei Dinge nichts mit einander gemein haben, das eine nicht die Ursache des andern sein könne. Bei diesem Satze gelten wiederum die obigen Bemerkungen über das Causalitätsverhältniss.

Im sechsten Axiom sagt Spinoza, die wahre Vorstellung müsse mit dem vorgestellten Objecte übereinkommen: idea vera debet cum suo ideato convenire. Es hätte hier keines Axiomes bedurft, sondern nur einer Definition der Wahrheit. Allerdings ist die Wahrheit im eigentlichen, theoretischen Sinne dieses Wortes die Uebereinstimmung zwischen dem Gedanken und derjenigen Wirklichkeit, auf welche der Gedanke gerichtet ist. Aber nicht die vereinzelte Vorstellung (idea) ist wahr oder falsch, sondern nur die Verbindung von Vorstellungen zu einem Urtheil (einer Aussage); wenn eine Vorstellung nicht in irgend eine Behauptung eingeht, so besteht nicht das Verhältniss der Wahrheit oder Falschheit. Diese richtige Bemerkung des Aristoteles hat Spinoza unbeachtet gelassen.

Das siebente und letzte Axiom lautet: Quidquid ut non existens potest concipi, ejus essentia non involvit existentiam. Dieses Axiom involvirt den ontologischen Paralogismus, als ob es solches gäbe, aus dessen Definition die Existenz erschlossen werden könne. Jede essentia, die realiter vorhanden ist, involvirt das Sein der Objecte, deren Essenz sie ist; aber dieser Satz wäre eine blosse Tautologie. Keine Essenz kann Ursache sein, ehe sie Dasein hat; Dasein aber hat sie nur in den Objecten, deren Essenz sie ist. Der Gedanke aber, der auf die essentia geht, d. h. der (subjective) Begriff (conceptus) kann wohl unter der Voraussetzung der Realität des Gedachten die Beilegung bestimmter Prädicate begründen, aber nicht ohne diese Voraussetzung, und kann daher niemals diese Voraussetzung selbst erweisen.

An die Definitionen und Axiome schliessen sich die Lehrsätze (propositiones), die mit Beweisen versehen sind, freilich nur mit Scheinbeweisen, sofern schon die zum Beweisgrunde dienenden Definitionen und Postulate logische Fehler involviren.

§ 9. Spinoza.

Die propositio prima, aus den Definitionen III. und V. unmittelbar gefolgert, lautet: Die Substanz ist früher, als ihre Affectionen. Der zweite Lehrsatz besagt, dass zwei Substanzen, deren Attribute verschieden seien, nichts mit einander gemein haben, was aus der Definition der Substanz abgeleitet wird (welche Argumentation jedoch nur unter der Voraussetzung der totalen Verschiedenheit der Attribute zutrifft, nicht unter der Voraussetzung, die Spinoza nicht anlässt, dass verschiedene Attribute generisch gleich und nur specifisch verschieden seien); daraus wird gefolgert, dass eine Substanz nicht Ursache einer Substanz mit einem von der ihrigen verschiedenen Attribute sein könne; Spinoza behauptet aber ferner (in Propos. V.), es gebe nicht zwei oder mehrere Substanzen mit dem nämlichen Attribut (weil ihm, wie oben bemerkt, die Substanz mit ihren Attributen identisch, also in allen Individuen derselben Art die Substanz die nämliche ist), so dass auch nicht eine Substanz Ursache einer andern Substanz mit einem dem ihrigen gleichen Attribut sein kann; also, schliesst er, kann eine Substanz überhaupt nicht Ursache einer andern Substanz sein (Propos. VI.). Eine Substanz kann nicht von einer andern Substanz, und daher, da es nichts Anderes, als Substanzen und deren Affectionen in Wirklichkeit giebt, überhaupt nicht von irgend etwas Anderem hervorgebracht werden (Corollar zur Propos. VI.). Da eine Substanz nicht von einer andern hervorgebracht werden kann, so muss sie, sagt Spinoza (in der Demonstratio zur Propos. VII.) Ursache ihrer selbst sein, d. h. nach der ersten Definition, ihr Wesen (essentia) involvirt ihr Sein (existentia) oder es gehört die Existenz zu ihrer Natur (propos. VII : ad naturam substantiae pertinet existere). Bei dieser ontologischen Demonstration ist 1. übersehen, dass der erste Satz noch der Clausel bedürfte: falls sie existirt; 2. ist die negative Aussage: sie muss ursachlos sein, unberechtigterweise in die positive: sie muss Ursache ihrer selbst sein, umgesetzt worden; 3. ist bei der Folgerung, sie müsse, da sie nicht von Anderm verursacht sei, durch sich selbst verursacht sein, der Ausdruck Ursache nach dem allgemein gebräuchlichen Sinne genommen worden; in der angeknüpften Prämisse aber: id est „per Def. I.) ipsius essentia involvit necessario existendam sive ad ejus naturam pertinet existere, wird der Ausdruck „causa sui" so erklärt, wie die von Spinoza willkürlich gebildete Definition es besagt, ohne dass auch nur der Versuch eines Beweises für das Zusammentreffen beider Bedeutungen gemacht wird; es wird also der vorhin schon bezeichnete Schlussfehler der quaternio terminorum durch Verwechselung einer „synthetisch gebildeten Definition" mit einer „analytisch gebildeten" begangen.

Dass der für die Propos. VIII.: omnis substantia est necessario infinita, geführte Beweis, der sich auf die Einzigkeit jeder Substanz von Einem Attribute stützt, ein Scheinbeweis sei, ist schon oben bemerkt worden. Die Einzigkeit und Nichtbegrenzbarkeit durch einen Doppelgänger ihrer selbst (der nicht vorhanden sein kann) bestimmt nichts über die Grösse des Verbreitungskreises einer „Substanz". Ist z. B. jeder Gedanke als solcher jedem andern Gedanken gleichartig, giebt es also nur Ein „Denken überhaupt", so folgt daraus eine Unbegrenztheit und ein Allverbreitetsein dieses Denkens ebensowenig, wie daraus, dass jeder Adler an der Einen Adlernatur theilhat (oder, um nach Analogie der Weise des Spinoza zu reden, in der Adlernatur ist) gefolgert werden kann, dass die Adlernatur unbegrenzt und allverbreitet sei. Der von Spinoza im ersten Scholion beigefügte kürzere Beweis, der sich auf die blosse Propos. VII. (ad naturam substantiae pertinet existere) stützt, jede Substanz müsse unendlich sein, weil das Endliche in Wahrheit „ex parte negatio" sei und das Unendliche „absoluta affirmatio existentiae alicujus naturae" (was mit dem Satze Spinozas: „omnis determinatio est negatio" übereinkommt) involvirt eine petitio principii, indem die Unendlichkeit alles Primitiven schon vorausgesetzt werden muss, um die Endlichkeit als eine theilweise Negation dieser

§ 9. Spinoza.

primitiven Realität bezeichnen zu dürfen; wer Atome oder endliche Monaden oder wer etwa eine endliche Welt als primitiv annähme, wäre nicht genöthigt, den Spinozistischen Satz zuzugeben und könnte durch denselben nicht widerlegt werden. (Leibniz erklärt in seinen Considérations sur la doctrine d'un Esprit universel in Erdmann's Ausg. der philos. Schr. S. 179 Spinoza's Demonstrationen über die Substanz für „pitoyables ou non intelligibles".)

Aus der Definition des Attributs folgert Spinoza den neunten Lehrsatz: Quo plus realitatis aut esse unaquaeque res habet, eo plura attributa ipsi competunt, und aus derselben Definition im Verein mit der Definition der Substanz den zehnten Lehrsatz: Unumquodque unius substantiae attributum per se concipi debet. Der letztere Lehrsatz steht freilich zu der Definition, Substanz sei das, was in so weit es per se concipitur, in einem bedenklichen Verhältnisse, da füglich gefolgert werden könnte, das Attribut müsse als per se concipiendum (welche Bestimmung zu dem in es esse bei Spinoza nicht als ein zweites von dem ersten trennbares Merkmal der Substanz hinzutritt, sondern gemäss der Congruenz von Denken und Sein wesentlich das Gleiche besagt) auch Substanz sein, oder jede Substanz könne nur ein Attribut haben; Spinoza weist in einem Scholion diese Folgerung als unzulässig ab, weil sie dem Inhalt des neunten Lehrsatzes widerstreiten würde, ohne dass es ihm jedoch gelänge, ihre formale Gültigkeit und Nothwendigkeit aufzuheben; der Unterschied zwischen Attribut und Substanz kann mit dem jedem Attribut zugeschriebenen per se concipi nicht zusammenbestehen und bei dem neunten Lehrsatz ist die Voraussetzung selbst, dass eine Substanz mehr Realität oder Sein, als die andere, haben könne, ungerechtfertigt geblieben. Consequenter möchte die Annahme des Bestehens Einer Substanz mit Einem Attribut oder auch vieler, vielleicht unendlich vieler Substanzen mit je Einem Attribut (so dass Substanz und Attribut durchgängig identisch wären) sein, wo dann bei Substanzen keine Unterscheidung zwischen höherer und geringerer Realität, noch auch zwischen einem Unendlichsein in seiner Art und einem absoluten Unendlichsein zulässig wäre. Aber Spinoza hat diese Unterscheidungen gemacht und hält sie fest, offenbar, so wenig er es auch eingesteht, um nicht mit dem Gegebenen und um nicht mit seiner eigenen Einheitsüberzeugung in Collision zu gerathen, und alle Bedenken werden niedergeschlagen durch das leichte Mittel, alle Attribute in die Definition Gottes als des „ens absolute infinitum" aufzunehmen und diese Definition durch den Begriff des Involvirens der Existenz reale Gültigkeit zu vindiciren. So wird auf den ontologischen Paralogismus die Propositio XI. basirt: Deus sive substantia constans infinitis attributis, quorum unumquodque aeternam et infinitam essentiam exprimit, necessario existit. Mit dem aus der Definition gezogenen Argumente für das Dasein der unendlichen Substanz, welche Spinoza als Demonstratio a priori bezeichnet, verbindet er (in ähnlicher Art, wie Descartes) eine andere, auf die Thatsache unserer eigenen Existenz basirte Demonstration, durch die Gottes Dasein a posteriori erwiesen werde: Es können nicht bloss endliche Wesen existiren, denn sonst würden dieselben als nothwendige Wesen mächtiger als das absolut unendliche Wesen sein, da das posse non existere eine impotentia, das posse existere dagegen eine potentia ist. Dass in dieser Argumentation unsere (subjective) Ungewissheit über die Existenz oder Nichtexistenz mit einer Ohnmacht des Objects (dessen Existenz eben hiermit schon präsumirt wird) unkritisch verwechselt werde, leuchtet sofort ein; Spinoza hat hier wiederum, seiner Weise gemäss, die (von dem Nominalismus und noch mehr von dem Kantischen Kriticismus getrinne) Verschiedenheit des subjectiven und objectiven Elementes in unserer Erkenntniss (nach der Weise des einseitigen „Realismus" und des „Dogmatismus", obschon in anderem Betracht Spinoza's Doctrin auch nominalistische Elemente enthält) ganz unbeachtet gelassen.

§ 9. Spinoza.

Es würde über die Grenzen, innerhalb deren die Darstellung in diesem Grundriss sich bewegen muss, weit hinausführen, wenn durchgehends in gleicher Weise, wie bisher, die logischen Fehler, die zumeist bei den ersten, mitunter jedoch auch noch bei den späteren Schriften in der „Ethik" von Spinoza begangen werden, einzeln aufgezeigt werden sollten; die bisherige Ausführlichkeit mag sich durch die Wichtigkeit einer genauen Erwägung der Fundamente der Spinozistischen Doctrin und durch die verhältnissmässige Seltenheit einer in's Einzelne der Demonstrationen genau eingehenden Kritik rechtfertigen. Von nun an möge eine blosse Uebersicht über den ferneren Gang der Gedankenentwicklung genügen.

Die Substanz ist als solche untheilbar; denn unter einem Theil der Substanz würde nichts anderes verstanden werden können, als eine begrenzte Substanz, was ein Widerspruch ist. Neben Gott existirt keine andere Substanz; denn jedes Attribut, wodurch eine Substanz bestimmt werden kann, fällt in Gott hinein, und es giebt nicht mehrere Substanzen mit dem nämlichen Attribute. Es ist nur Ein Gott; denn es kann nur Eine absolut unendliche Substanz existiren. Es gehören nicht nur alle Attribute Gott an, sondern es sind auch alle Modi als Affectionen der Substanz in Gott: quidquid est, in Deo est, et nihil sine Deo esse neque concipi potest (propos. XV.). Ausführlich rechtfertigt Spinoza (im Scholion zur propos. XV.) die Miraufnahme der Ausdehnung in das Wesen Gottes. Aus der Nothwendigkeit der göttlichen Natur folgt unendlich Vieles auf unendlich viele Weisen; Gott ist daher die wirkende Ursache (causa efficiens) alles dessen, was unter den unendlichen Intellect fallen kann, und zwar die schlechthin erste Ursache. Gott handelt nur nach den Gesetzen seiner Natur und von Niemandem gezwungen, also mit absoluter Freiheit, und er ist die einzige freie Ursache. Gott ist aller Dinge immanente, nicht transscendente Ursache. (Deus est omnium rerum causa immanens, non vero transiens, propos. XVIII.; vgl. Epist. XXI., ad Oldenburgium: Deum omnium rerum causam immanentem, ut ajunt, non vero transeuntem statuo. Omnia, inquam, in Deo esse et in Deo moveri cum Paulo affirmo et forte etiam cum omnibus antiquis philosophis, licet alio modo, et auderem etiam dicere, cum antiquis omnibus Hebraeis, quantum ex quibusdam traditionibus, tametsi multis modis adulteratis, conjicere licet.) Gottes Existenz ist mit seinem Wesen identisch. Alle seine Attribute sind unveränderlich. Alles, was aus der absoluten Natur irgend eines göttlichen Attributes folgt, ist gleichfalls ewig und unendlich. Das Wesen der von Gott hervorgebrachten Dinge involvirt nicht die Existenz; Gott ist die Ursache ihres Wesens, ihres Eintritts in die Existenz und ihres Beharrens in der Existenz. Die Einzelobjecte sind nichts anderes, als Affectionen der Attribute Gottes oder Modi, durch welche Gottes Attribute auf eine bestimmte Weise ausgedrückt werden (Corollar zur Propos. XXV.: res particulares nihil sunt, nisi Dei attributorum affectiones, sive modi, quibus Dei attributa certo et determinato modo exprimuntur). Alles Geschehen, auch jeder Willensact, ist durch Gott determinirt. Alles Einzelne, das eine endliche und begrenzte Existenz hat, kann zur Existenz und zum Handeln nur mittelst einer endlichen Ursache und nicht unmittelbar durch Gott determinirt werden, da Gottes unmittelbare Wirksamkeit nur Unendliches und Ewiges schafft (wodurch nach Spinozistischem Lehrbegriff das Wunder im Sinne eines unmittelbaren Eingreifens Gottes in den Naturzusammenhang ausgeschlossen wird). Gott in seinen Attributen oder als freie Ursache betrachtet wird von Spinoza natura naturans genannt; unter natura naturata aber versteht Spinoza alles das, was aus der Nothwendigkeit der göttlichen Natur oder eines jeden der Attribute folgt, d. h. alle Modi der Attribute Gottes, sofern sie als Dinge, die in Gott sind und nicht ohne Gott sein noch begriffen werden können, betrachtet werden. Der Intellect, der im Unterschiede von der absoluta cogitatio ein bestimmter modus cogitandi ist, der von anderen Modis, wie

§ 9. Spinoza.

voluntas, cupiditas, amor, verschieden ist, gehört sowohl als unendlicher, wie auch als endlicher Intellect zur natura naturata, nicht zur natura naturans. (Der unendliche Intellect darf nur als die immanente Einheit, somit nicht als die Summe, sondern als das Princip der endlichen Intellecte gedacht werden, aber im Unterschiede von der cogitatio absoluta als eine explicite oder actuelle Einheit; jeder Intellectus ist etwas Actuelles, eine Intellectio. Voluntas und intellectus verhalten sich zur cogitatio eben so, wie motus und quies zur extensio.) Die Dinge haben auf keine andere Weise und in keiner andern Ordnung von Gott geschaffen werden können, als sie geschaffen sind, da sie aus Gottes unveränderlicher Natur mit Nothwendigkeit gefolgt und nicht nach Willkür um bestimmter Zwecke willen hervorgebracht worden sind Gottes Macht ist mit seinem Wesen identisch. Was in seiner Macht liegt, ist mit Nothwendigkeit. Nichts existirt, aus dessen Natur nicht irgend eine Wirkung folgte, da alles Existirende ein bestimmter Modus der wirksamen göttlichen Macht ist.

Im zweiten Theile seiner Ethik handelt Spinoza von dem Wesen und Ursprung des menschlichen Geistes (de natura et origine mentis). Er beginnt wiederum mit Definitionen und Axiomen. Den Körper definirt er als den Modus, der Gottes Wesen, sofern Gott als ein ausgedehntes Ding betrachtet werde, auf eine bestimmte Weise ausdrücke. Zum Wesen eines Dinges rechnet Spinoza das, mit dessen Setzung das Ding selber nothwendig gesetzt wird und mit dessen Aufhebung das Ding nothwendig aufgehoben wird, oder das, ohne welches das Ding und welches seinerseits ohne das Ding weder sein, noch gedacht werden kann. Unter der Idee (die Spinoza nur im subjectiven Sinne nimmt) versteht er den Begriff (conceptus), den der Geist (mens) als denkendes Ding (res cogitans) bildet; er will sich lieber des Ausdrucks conceptus, als perceptio, bedienen, weil conceptus eine Activität, perceptio aber eine Passivität des Geistes auszudrücken scheine (womit freilich die Beziehung auf die primitive Bedeutung von Idea: Gestalt oder Form eines Gegenstandes, welche Bedeutung bei der Uebertragung auf das Wahrnehmungsbild als die in das Bewusstsein aufgenommene Form eines Gegenstandes immer noch maassgebend blieb, völlig beseitigt wird, was Spinoza um so leichter ward, da ihn die Rücksicht auf den griechischen Sprachgebrauch nicht band). Unter der idea adaequata versteht Spinoza die Idee, welche alle inneren Merkmale einer wahren Idee habe (im Unterschiede von dem äussern Merkmale, nämlich der convenientia ideae cum suo ideato). Unter der Dauer (duratio) versteht er die unbestimmte Continuation der Existenz. Die Realität identificirt er mit der Vollkommenheit. Unter den Einzelobjecten (res singulares) versteht er die endlichen Dinge. An diese Definitionen knüpfen sich Axiome und Postulate. Das erste Axiom besagt, dass das Wesen des Menschen nicht die nothwendige Existenz involvire. Dann folgen mehrere Erfahrungssätze unter der Benennung „Axiome" auch. Der Mensch denkt. Durch die Vorstellung (idea) eines Objectes und Liebe, Verlangen, überhaupt alle Modi des Denkens bedingt; die Vorstellung aber kann ohne die übrigen Modi dasein. Wir werden mannigfacher Affectionen inne, die einen gewissen Körper treffen (nos corpus quoddam multis modis affici sentimus). Wir empfänden und percipiren keine anderen Einzelobjecte, als Körper und Modi des Denkens. An einer späteren Stelle folgen Erfahrungssätze, die den Körper betreffen, insbesondere über dessen Bestehen aus Theilen, die wiederum zusammengesetzt seien, und über seine Beziehung zu anderen Körpern, unter dem Namen „Postulate". Unter den Lehrsätzen dieses Theiles sind die bemerkenswerthesten folgende. Gott ist eine res cogitans und eine res extensa; cogitatio und extensio sind Attribute Gottes. In Gott ist mit Nothwendigkeit eine Idee sowohl von seinem Wesen, als auch von Allem, was aus seinem Wesen mit Nothwendigkeit folgt. Alle einzelnen Gedanken haben Gott als denkendes Wesen, wie alle einzelnen Körper Gott als ausgedehntes Wesen zur Ursache; die Ideen haben nicht die Ideata oder percipirten Dinge zur Ursache, und die Dinge haben nicht Gedanken zur Ursache. Aber es folgen auf dieselbe Weise und mit derselben Nothwendigkeit die vorgestellten Dinge aus ihrem Attribute, wie die Vorstellungen aus dem Attribute des Denkens; die Ordnung und Verbindung der Ideen ist dieselbe, wie die Ordnung und Verbindung der Dinge (propos. VII. ordo et connexio idearum idem est, ac ordo et connexio rerum); denn die Attribute, aus denen jene und diese mit Nothwendigkeit folgen, drücken das Wesen Einer Substanz aus. Was aus der unendlichen Natur Gottes in der äusseren Wirklichkeit (formaliter) folgt, das alles folgt aus Gottes Idee in derselben Ordnung und Verbindung im Vorstellen (objective). Die Idee einer jeden Weise, wie der menschliche Körper von äusseren Körpern afficirt wird, muss zwar zumeist die Natur des menschlichen Körpers, daneben aber zugleich auch die Natur des äussern, afficirenden Körpers in sich tragen, weil alle Weisen, wie ein Körper afficirt wird, zugleich aus der Natur des afficirten und des afficirenden Körpers folgen. Der menschliche Geist fasst daher die Natur sehr vieler Körper zugleich mit der Natur seines eigenen Körpers auf. (So richtig diese Theorie von Spinoza's Grundvoraussetzungen aus entwickelt ist, so wird doch durch die Fundamentalbegriffe der Grund der Nothwendigkeit der Uebereinstimmung zwischen den Modis des Denkens und der Ausdehnung nicht wirklich klar, denn wie aus der „Einheit der Substanz" die Conformität in der Duplicität folge, bleibt unbestimmt; ferner müssen, der Consequenz gemäss, die Spinoza anerkennt, Eth. II., propos. 13, sehol: „individua omnia, quamvis diversis gradibus, animata tamen sunt", alle Dinge bis zu den Mineralien und Gasen herab an dem Attribute des Denkens, dem jeder einzelne Gedanke immanent sein soll, unmittelbar da, wo sie selbst realiter sind, theilhaben, und nicht bloss mittelst ihrer Bilder im menschlichen Hirn; bei solcher Allbeseelung aber, die als eine mannigfach abgestufte zu denken ist, bleibt unklar, welche Bedeutung das Attribut des „Denkens" in Beziehung auf die nichtanimalischen Wesen habe.) Vermöge der Nachwirkung der Eindrücke, die der Körper von aussen empfangen hat, können andere Körper, auch wenn sie nicht mehr gegenwärtig sind, immer noch so, als ob sie gegenwärtig wären, vorgestellt werden. Haben zwei Körper zugleich unsern Körper afficirt und wird der eine derselben wieder vorgestellt, so muss wegen der Ordnung und Verkettung der Eindrücke, die der Körper empfangen hat, auch der andere Körper mit vorgestellt werden. Mit dem Geiste ist eine Idee des Geistes (das Selbstbewusstsein) auf gleiche Weise geeinigt, wie der Geist mit dem Körper geeinigt ist. Die Idee des Geistes oder die Idee der Idee ist nichts anderes, als die Form der Idee, sofern diese als ein Modus des Denkens ohne Beziehung zu dem körperlichen Object betrachtet wird. Wer etwas weiss, weiss eben hierdurch auch, dass er es weiss. Der Geist erkennt sich selbst nur in sofern, als er die Ideen der Affectionen des Körpers percipirt. Da die Theile des menschlichen Körpers sehr zusammengesetzte Individua sind, die zum Wesen des menschlichen Körpers nur in gewissem Betracht gehören, in anderm Betracht aber durch den allgemeinen Naturzusammenhang bestimmt sind, so hat der menschliche Geist in sich nicht eine adäquate Kenntniss der seinen Körper bildenden Theile, noch weniger eine adäquate Kenntniss der Aussendinge, die er nur mittelst ihrer Wirkungen auf seinen Körper kennt, und auch die Kenntniss seiner selbst, die er vermöge der Idee der Idee einer jeglichen Affection des menschlichen Körpers besitzt, ist nicht adäquat. Alle Ideen sind wahr, sofern sie auf Gott bezogen werden; denn alle Ideen, die in Gott sind, kommen mit ihren Gegenständen vollkommen überein (cum suis ideatis omnino conveniunt). Jede Idee, die in uns als eine absolute oder adäquate Idee ist, ist wahr; denn jede derartige Idee ist in Gott, sofern derselbe das Wesen unseres Geistes ausmacht. Falschheit ist nichts

Positives in den Ideen, sondern besteht in einer gewissen, nicht absoluten Privation (in cognitionis privatione, quam ideae inadaequatae sive mutilae et confusae involvunt). Dem Causalnexus sind die inadäquaten und verworrenen Ideen ebensowohl, wie die adäquaten oder klaren und bestimmten Ideen unterworfen. Von dem, was dem menschlichen Körper und Körpern, die ihn afficiren, gemeinsam und in allen Theilen gleichmässig ist, hat der menschliche Geist eine adäquate Vorstellung; der Geist ist um so fähiger, viele adäquate Vorstellungen zu bilden, je mehr mit anderen Körpern Gemeinsames sein Körper hat; Vorstellungen, die aus adäquaten folgen, sind auch selbst adäquat. Näher unterscheidet Spinoza drei Arten von Erkenntnissen. Unter der Erkenntniss der ersten Art, die er opinio oder imaginatio nennt, versteht er die Bildung von Perceptionen und daraus abgeleiteten allgemeinen Vorstellungen theils aus Sinneseindrücken durch ungeordnete Erfahrung (experientia vaga), theils aus Zeichen, insbesondere Worten, welche mittelst der Erinnerung Imaginationen hervorrufen. Die zweite Erkenntnissart, von Spinoza ratio genannt, liegt in den adäquaten Ideen von Eigenthümlichkeiten der Dinge oder den notiones communes. Die dritte und höchste Art der Erkenntniss ist die scientia intuitiva, die der Intellect von Gott besitzt. Die Erkenntniss der ersten Art ist die einzige Quelle der Täuschung, die der zweiten und dritten lehrt uns das Wahre von dem Falschen unterscheiden. Wer eine wahre Idee hat, ist zugleich der Wahrheit derselben gewiss. Sicut lux se ipsam et tenebras manifestat, sic veritas norma sui et falsi est. Unser Geist ist, sofern er die Dinge wahrhaft erkennt, ein Theil des unendlichen göttlichen Intellects (pars est infiniti Dei intellectus) und es müssen daher seine klaren und bestimmten Ideen eben so nothwendig wahr sein, wie die Ideen Gottes. Die Ratio betrachtet die Dinge, weil sie dieselben so wie sie wirklich sind, betrachtet, nicht als zufällig, sondern als nothwendig; nur die Imaginatio stellt dieselbe als zufällig dar, sofern Erinnerungen an verschiedenartige Fälle verschiedene Vorstellungen in uns hervortreten lassen und unsere Erwartung schwankt. Die Ratio fasst die Dinge „sub quadam aeternitatis specie" auf, weil die Nothwendigkeit der Dinge die Nothwendigkeit der ewigen Natur Gottes ist. Jede Idee eines Einzelobjectes involvirt nothwendig auch das ewige und unendliche Wesen Gottes, das in allen gleichmässig ist und daher von dem menschlichen Geiste adäquat erkannt wird. Im menschlichen Geiste giebt es, da derselbe „certus et determinatus modus cogitandi" ist, keine absolute Willensfreiheit; der Wille, Ideen zu bejahen oder zu verneinen, ist nicht ein ursachloses Belieben, sondern an die Vorstellung selbst gebunden, und wie die einzelnen Willensacte und Vorstellungen, so sind auch Wille und Intellect, die blosse Abstractionen und nichts Reales ausser den einzelnen Acten sind, mit einander identisch. (Die Cartesianische Erklärung des Irrthums aus einer über das beschränkte Vorstellen übergreifenden unbeschränkten Willensfreiheit wird hierdurch aufgehoben.)

Der dritte Theil der Ethik handelt von dem Ursprung und Wesen der Affecte. Unter dem Affect versteht Spinoza solche Affectionen des Körpers, durch welche seine Fähigkeit zu handeln vermehrt oder vermindert, gefördert oder eingeschränkt wird, und zugleich die Ideen dieser Affectionen. Was die Macht unseres Körpers, zu wirken, vermehrt oder vermindert, dessen Vorstellung vermehrt oder vermindert die Denkkraft unseres Geistes. Der Uebergang des Geistes zu grösserer oder geringerer Vollkommenheit begründet die Affecte Freude und Traurigkeit; jene ist die passio, qua mens ad majorem, diese die passio, qua mens ad minorem transit perfectionem. Die Begierde oder das Verlangen (cupiditas) ist der bewusste Trieb, appetitus cum ejusdem conscientia; der Trieb aber ist ipsa hominis essentia, quatenus determinata est ad ea agendum, quae ipsius conservationi inserviunt. Diese drei Affecte: cupiditas, laetitia, tristitia, gelten dem Spinoza als die einzigen primären

Affecte; alle anderen leitet er aus denselben ab. Die Liebe z. B. ist Freude, begleitet von der Vorstellung der äussern Ursache (amor est laetitia concomitante idea causae externae), der Hass ist tristitia concomitante idea causae externae; die Hoffnung ist inconstans laetitia, orta ex imagine rei futurae vel praeteritae, de cujus eventu dubitamus, die Furcht inconstans tristitia ex rei dubiae imagine orta. Die admiratio wird von Spinoza definirt als rei alicujus imaginatio, in qua mens defixa propterea manet, quia haec singularis imaginatio nullam cum reliquis habet connexionem, der contemptus als rei alicujus imaginatio, quae mentem adeo parum tangit, ut ipsa mens ex rei praesentia magis moveatur ad ea imaginandum, quae in ipsa re non sunt, quam quae in ipsa sunt; beide aber lässt Spinoza nicht als eigentliche Affecte gelten. Ausser der Freude und dem Begehren, welche Passionen sind, giebt es andere Affecte der Freude und des Begehrens, die auf uns, sofern wir handeln, sich beziehen, also Actionen sind; Affecte der Traurigkeit aber sind niemals Actionen. Alle Actionen, die aus Affecten folgen, welche auf den Geist als intelligentes Wesen bezogen sind, subsumirt Spinoza unter den Begriff Fortitudo, und theilt die Fortitudo in Animositas und Generositas ein; jene sei das Streben, das eigne Sein vernunftgemäss zu wahren, diese das Streben, vernunftgemäss die andern Menschen zu unterstützen und sich zu Freunden zu machen. (Im Allgemeinen bemerkt Spinoza, die Namen der Affecte seien mehr ex eorum vulgari usu, als auf Grund genauer Kenntniss derselben erfunden worden. Bei einigen seiner Definitionen, z. B. bei der das uninteressirte Wohlwollen ausschliessenden Definition der Liebe, kommt freilich in Frage, ob sie „analytisch", d. h. durch Zergliederung des im allgemeinen Bewusstsein gegebenen Begriffs und dem allgemeinen Sprachgebrauche gemäss, oder „synthetisch", d. h. durch freie Verknüpfung irgend eines nach dem Bedürfniss des Systems gestalteten Begriffs mit einem gegebenen Namen, gebildet seien, und ob im letzteren Fall nicht mitunter solches, was von der Liebe etc. nur im Sinne dieser Definitionen gelte, auf die Liebe etc. nach dem durch den Sprachgebrauch an die gleichen Worte geknüpften Begriffe paralogistisch übertragen worden sei.)

Der vierte Theil der Ethik handelt von der menschlichen Knechtschaft (de servitute humana), worunter Spinoza die menschliche Impotenz in der Lenkung und Einschränkung der Affecte versteht. Der den Affecten unterworfene Mensch ist nicht in seiner Macht, sondern in der Macht der äusseren Umstände oder des Geschickes (fortuna) und oft genöthigt, während er das Bessere sieht, das Schlechtere zu vollziehen. Die Betrachtungen dieses Theiles ruhen besonders auf den Definitionen des Guten und des Uebels: per bonum id intelligam, quod certo scimus nobis esse utile, per malum autem id, quod certo scimus impedire, quo minus boni alicujus simus compotes; das utile aber bestimmt Spinoza als medium, ut ad exemplar humanae naturae, quod nobis proponimus, magis magisque accedamus. Die Begriffe bonum und malum bezeichnen nicht etwas Absolutes, das in den Dingen wäre, sofern dieselben an und für sich betrachtet werden, sondern sind relative Begriffe, die sich aus der Reflexion auf die Beziehung der Dinge zu einander ergeben. Aus dem Axiome: es giebt nichts Einzelnes in der Natur, das nicht durch ein Anderes an Kraft übertroffen würde, folgt, dass der Mensch, der als Einzelwesen ein Theil der gesammten Natur und dessen Macht ein endlicher Theil der unendlichen Macht Gottes oder der Natur ist, nothwendig Passionen unterworfen ist, d. h. in Zustände kommt, von denen er nicht selbst die volle Ursache ist, und deren Gewalt und Wachsthum durch das Verhältniss der Macht der äusseren Ursache zu seiner eigenen Macht bestimmt wird. Der Affect kann nur durch einen stärkeren Affect überwunden werden, daher nicht durch die wahre Erkenntniss des Guten und Bösen, sofern dieselbe wahr ist, sondern nur, sofern dieselbe zugleich ein Affect der Lust oder Traurigkeit und sofern sie als solcher mächtiger als der entgegenstehende Affect ist. Mit Nothwendigkeit strebt ein Jeder nach dem, was ihm nützlich ist, und da die Vernunft nichts Widernatürliches fordert, so fordert sie, dass Jeder das erstrebe, was ihm wirklich nützlich sei zur Erhaltung seines Seins und zur Erlangung grösserer Vollkommenheit; nichts aber ist dem Menschen nützlicher, als der Mensch, und darum streben die Menschen, die durch die Vernunft geleitet werden, d. h. die der Vernunft gemäss ihren Nutzen suchen, nichts für sich zu erlangen, was sie nicht auch für die übrigen Menschen begehren, und sind darum gerecht, treu und ehrbar. Der durch die Vernunft geleitete Mensch ist in höherem Grade frei in einem Staate, in welchem er nach gemeinsamem Gesetze lebt, als in einer Vereinzelung, in welcher er nur sich selbst gehorcht.

In dem fünften Theile der Ethik handelt Spinoza von der Macht des Intellects oder von der menschlichen Freiheit, indem er zeigt, was die Vernunft oder der adäquate Gedanke über die blinde Kraft der Affecte vermöge. Der Affect ist als passio eine verworrene Vorstellung; sobald wir aber von demselben eine klare und bestimmte Vorstellung bilden, was stets möglich ist, hört derselbe auf, eine Passion zu sein. In der wahren Erkenntniss der Affecte liegt daher das beste Heilmittel gegen dieselben. Je mehr der Geist alle Dinge als nothwendig erkennt, um so weniger leidet er von den Affecten. Wer sich und seine Affecte klar und bestimmt erkennt, freut sich dieser Erkenntniss, und diese Freude wird von der Gottesvorstellung begleitet, da jede klare Erkenntniss diese Vorstellung involvirt; die von der Vorstellung der Ursache begleitete Freude aber ist Liebe; wer also sich und seine Affecte klar erkennt, liebt Gott, und zwar um so mehr, je vollkommener seine Erkenntniss ist. Diese Gottesliebe muss, weil sie mit der Erkenntniss aller Affecte verbunden ist, den Geist zumeist erfüllen. Gott ist frei von allen Passionen, weil alle Ideen als Ideen Gottes wahr, also adäquat sind und weil Gott nicht zu höherer oder geringerer Vollkommenheit übergehen kann: Gott wird also nicht durch Freude oder Traurigkeit afficirt, also auch nicht durch Liebe und Hass. Niemand kann Gott hassen, weil die Gottesvorstellung als adäquate Idee nicht von Traurigkeit begleitet sein kann. Wer Gott liebt, kann nicht nach Gottes Gegenliebe begehren; denn er würde dadurch begehren, dass Gott nicht Gott wäre. Die Fähigkeit des Geistes zur Imagination und zur Wiedererinnerung ist an die Dauer des Körpers gebunden. In Gott giebt es jedoch, weil derselbe nicht bloss die Ursache der Existenz, sondern auch des Wesens (der essentia) ist, nothwendig eine Idee, welche das Wesen des einzelnen menschlichen Körpers unter der Form der Ewigkeit (sub specie aeternitatis) ausdrückt. Der menschliche Geist kann demnach nicht mit dem Körper völlig zerstört werden, sondern etwas Ewiges bleibt von ihm zurück. Die Idee, welche das Wesen (essentia) des Körpers unter der Form der Ewigkeit ausdrückt, ist ein bestimmter Modus des Denkens, der zum Wesen des Geistes (ad mentis essentiam) gehört und nothwendig ewig ist. Aber diese Ewigkeit kann nicht durch das Maass der Dauer in der Zeit bestimmt werden; wir können uns daher nicht einer Existenz vor dem Dasein unseres Körpers erinnern. Nichtsdestoweniger fühlen und erfahren wir uns als ewig und zwar durch die Augen des Geistes, die Demonstrationen. Dauerndes Bestehen innerhalb gewisser Zeitgrenzen kann unserm Geiste nur insoweit zugeschrieben werden, als er die actuelle Existenz des Körpers involvirt; nur in soweit hat er die Macht, die Dinge unter der Form der Zeit aufzufassen. Das höchste Streben des Geistes und seine höchste Tugend ist, die Dinge zu begreifen durch die höchste Art der Erkenntniss (die Spinoza im zweiten Theile der Ethik als tertium cognitionis genus bezeichnet hat), welche von der adäquaten Vorstellung gewisser göttlicher Attribute zur adäquaten Erkenntniss des Wesens der Dinge fortgeht. Je mehr wir auf diese Weise die Dinge begreifen, um so mehr begreifen wir Gott. Je befähigter der Geist ist, auf diese Weise zu erkennen, um so mehr begehrt er nach solcher Erkenntniss, und es entspringt aus derselben seine höchste Befriedigung. Soweit unser Geist sich und seinen Körper unter der Form der Ewigkeit auffasst, hat er mit Nothwendigkeit die Gotteserkenntniss und weiss, dass er in Gott ist und durch Gott gedacht wird; diese Art der Erkenntniss hat den Geist, sofern er ewig ist, zur Ursache, und die intellectuelle Liebe Gottes (amor Dei intellectualis), die daraus entspringt, ist ewig; jede andere Liebe dagegen sammt allen Affecten, welche Passionen sind, ist gleich der Imagination an den Bestand des Leibes gebunden und nicht ewig. Gott liebt sich selbst mit unendlicher intellectueller Liebe, denn die göttliche Natur erfreut sich unendlicher Vollkommenheit, welche von der Selbstvorstellung als der Vorstellung der Ursache begleitet ist (welche Aeusserung Spinoza's für speculative Constructionen der christlichen Dreieinigkeit als ursächliches Sein, Selbstbewusstsein und Liebe in Gott als Anknüpfungspunkt dienen konnte und gedient hat). Die intellectuelle Liebe des Geistes zu Gott ist Gottes Liebe selbst, durch welche Gott sich selbst liebt, nicht sofern er unendlich ist, sondern sofern er durch das unter der Form der Ewigkeit betrachtete Wesen des menschlichen Geistes erklärt werden kann, d. h. die intellectuelle Liebe des Geistes zu Gott ist ein Theil der unendlichen Liebe, mit welcher Gott sich selbst liebt (wie der menschliche Intellect ein Theil des unendlichen göttlichen Intellectes ist). Sofern Gott sich selbst liebt, liebt er die Menschen; die Liebe Gottes zu den Menschen und die intellectuelle Liebe des Geistes zu Gott sind identisch. Unser Heil oder unsere Glückseligkeit oder unsere Freiheit besteht in der beständigen und ewigen Liebe zu Gott oder der Liebe Gottes zu den Menschen. Diese Liebe ist unaufhebbar. Je mehr der Geist von ihr erfüllt ist, um so mehr Unsterbliches ist in ihm. Der ewige Theil des Geistes ist der Intellect, durch den allein wir uns activ verhalten, der untergehende ist die Imagination, durch die wir Passionen unterworfen sind; also ist der ewige Theil des Geistes der bessere. Auch wenn wir nicht wüssten, dass unser Geist ewig sei, so müssten wir doch die Frömmigkeit und Gewissenhaftigkeit, wie alles Edle, für das Höchste erachten. Beatitudo non est virtutis praemium, sed ipsa virtus, nec eadem gaudemus, quia libidines coërcemus, sed contra, quia eadem gaudemus, ideo libidines coërcere possumus.

§ 10. John Locke (1632—1704) sucht in seinem Hauptwerke, dem „Versuch über den menschlichen Verstand" den Ursprung der menschlichen Erkenntniss zu ermitteln, um dadurch die Grenzen und das Maass von objectiver Gültigkeit derselben zu bestimmen. Er verneint die Existenz von angeborenen Vorstellungen und Sätzen. Der Geist ist ursprünglich gleich einer unbeschriebenen Tafel. Nichts ist im Intellect, was nicht vorher in den Sinnen war. Alle Erkenntniss stammt theils aus der Sensation oder sinnlichen Wahrnehmung, theils aus der Reflexion oder inneren Wahrnehmung her; jene ist die Auffassung der äusseren Objecte mittelst der äusseren Sinne, diese ist die Auffassung der psychischen Vorgänge durch den innern Sinn. Die verschiedenen Elemente der sinnlichen Wahrnehmung stehen in verschiedenem Verhältnisse zu der objectiven Realität. Ausdehnung, Figur, Bewegung, überhaupt alle räumlichen Bestimmungen, kommen auch den Objecten an sich selbst zu; Farbe und

Ton aber, überhaupt die Empfindungsqualitäten, sind nur in dem percipirenden Subjecte und nicht in dem Objecte an sich selbst, sie sind nur Zeichen, nicht Abbilder von räumlichen Vorgängen, die in den Objecten stattfinden. Durch die innere Erfahrung oder Reflexion erkennen wir unser Denken und Wollen. Durch die äusseren Sinne und den innern Sinn zugleich erhalten wir die Ideen der Kraft, der Einheit und andere. Aus den einfachen Ideen bildet der Verstand durch Combination die zusammengesetzten (complexen) Ideen. Diese sind theils Ideen von Modis, theils von Substanzen, theils von Relationen. Wenn wir mehrere Modi beständig mit einander verbunden finden, so setzen wir eine Substanz oder ein Substrat, dem sie inhäriren, als ihren Träger voraus; doch ist dieser Begriff dunkel und von geringem Nutzen. Das Princip der Individuation ist die Existenz selbst; die von den Aristotelikern sogenannten zweiten Substanzen oder die Gattungen sind nur unsere subjectiven Zusammenfassungen vieler einander gleichartigen Individuen mittelst der Bezeichnung durch das nämliche Wort. Die Erkenntniss ist die Wahrnehmung der Verbindung und Uebereinstimmung oder der Nichtübereinstimmung und des Widerstreits einiger unserer Vorstellungen, nach den vier Verhältnissen der Identität oder Verschiedenheit, der Beziehung, der Coexistenz und der realen Existenz. Vernunftmässig sind Sätze, deren Wahrheit wir durch Untersuchung und Entwicklung der Begriffe, die aus Empfindung und Reflexion entspringen, entdecken können, z. B. die Existenz eines Gottes; über die Vernunft hinausgehend sind Sätze, deren Wahrheit oder Wahrscheinlichkeit wir auf diesem Wege nicht entdecken können, z. B. die Auferstehung der Todten, auf solche Sätze geht der Glaube; gegen die Vernunft sind Sätze, die mit sich selbst streiten oder mit klaren und deutlichen Begriffen unvereinbar sind, z. B. die Existenz mehrerer Götter, derartige Sätze können nicht offenbart sein und nicht geglaubt werden. Für das Dasein Gottes führt Locke den kosmologischen Beweis. Dass die Seele immateriell sei, ist ihm wahrscheinlich, aber das Gegentheil nicht undenkbar. Sein Moralprincip ist die Glückseligkeit. An Locke anknüpfend, hat Berkeley durch die Behauptung, dass nur Geister, keine Körper existiren, einen subjectiven Idealismus ausgebildet; Hartley und Priestley dagegen haben eine materialistische Psychologie begründet, die sie jedoch mit theologischen Ueberzeugungen zu vereinigen wussten. Samuel Clarke, der gegen Leibnitz Locke's Lehre vertrat, der jüngere Shaftesbury, Hutcheson und Andere haben in verschiedenem Sinne, mehr oder minder unter dem Einfluss der Locke'schen Doctrin, um die Förderung der Moralphilosophie sich verdient gemacht.

§ 10. Locke, Shaftesbury, Clarke u. a. engl. Philosophen. Berkeley, der Idealist.

Locke's Hauptwerk: An essay concerning human understanding, in four books, erschien zuerst London 1690, dann 1694, 1697, 1700, 1706 u. ö., nach der vierten Ausg. unter Mitwirkung des Verfassers in's Franz. übersetzt von Coste, Amst. 1700, 1729 u. ö., neuerdings London 1860, lat. von Burridge, Lond. 1701 u. ö., von G. H. Thiele, Lips. 1781, holländisch Amst. 1736, deutsch von H. E. Poley, Altenburg 1757, im Auszuge von G. A. Tittel, Mannheim 1791, vollständig von W. G. Tennemann, nebst einer Abh. über den Empirismus in der Philosophie, Leipzig 1795—97. Die Schrift: Thoughts on education erschien London 1693 u. ö., franz. von Coste, Amst. 1705 u. ö., deutsch von Rudolphi, Braunschweig 1788. Posthumous Works, Lond. 1706; oeuvres diverses de Locke, Rott. 1710, Amst. 1732. Die sämmtl. Werke sind London 1714, 1722 u. ö., eine Ergänzung derselben unter dem Titel: Collection of several pieces of J. Locke ist London 1720 erschienen. Neuerdings sind Locke's sämmtliche Werke in 9 Bänden, London 1853, Locke's philos. Werke durch St. John in 2 Bänden, London 1854, herausgegeben worden.

Ueber Locke's Leben handelt Locke's Freund Jean Leclerc in seinem Eloge historique im sechsten Bande seiner Bibliothèque choisie (wiederabg. im ersten Bande der Oeuvres diverses des Locke, in Hermann's Acta philos. VI., S. 375 u. ö.) auf Grund von Mittheilungen Locke's und des Grafen von Shaftesbury und der Frau Masham. In neuerer Zeit hat insbesondere Lord King eine Biographie Locke's verfasst, London 1829. Seine Doctrin wurde gleich nach dem Erscheinen seiner Schriften in manchen Gegenschriften bekämpft, gewann aber in Brittanien, Frankreich, Holland, Deutschland etc. bis gegen das Ende des achtzehnten Jahrhunderts einen wachsenden Einfluss. Die bedeutendste Schrift gegen den Essay concerning human understanding ist die umfassende Kritik desselben durch Leibnitz: Nouveaux essais sur l'entendement humain (s. unten § 11). Von den Schriften über Locke aus neuerer Zeit mögen hier folgende erwähnt sein: Tagart, Locke's Writings and philosophy, London 1855; Th. E. Webb, the intellectualism of Locke, London 1858; — J. Brown, Locke and Sydenham, 2. ed. Lond. 1859; Vict. Cousin, la philos. de Locke, 4. éd., Paris 1861; John Locke, seine Verstandestheorie und seine Lehren über Religion, Staat und Erziehung, psychologisch-historisch dargestellt von Emanuel Schärer, Leipzig 1860; Locke's Lehre von der menschl. Erkenntniss in Vergleichung mit Leibnitz's Kritik derselben dargestellt von G. Hartenstein (aus dem 4. Bande der philol.-hist. Cl. der K. Sächs. Ges. der Wiss.), Leipzig 1861; E. Fritsche, John Locke's Ansichten über Erziehung, Naumburg 1866.

G. Berkeley, Theory of vision, Lond. 1709 u. ö.; Lond. 1860. Treatise on the principles of human knowledge, London 1710. Three dialogues between Hylas and Philonous, London 1713, deutsch Leipz. 1781. Alciphron or the minute philosopher, Lond. 1732 (worin u. a. auch gegen Mandeville's Schrift: the fable of the bees or private vices made public benefits, Lond. 1714, polemisirt wird; Mandeville vertheidigt seine Ansicht in der Schrift: A letter to Dion occasioned by his book called Alciphron, Lond. 1732). Sammlung der vornehmsten Schriftsteller, die die Wirklichkeit ihres eigenen Körpers und der ganzen Körperwelt leugnen, enthaltend Berkeley's Gespräche zwischen Hylas und Philonous und des Collier allgemeinen Schlüssel (Clavis universalis or a new inquiry after truth, by Collier, Lond. 1713), übers. u. widerlegt von Joh. Christ. Eschenbach, Rostock 1756. The Works of G. Berkeley (nebst seiner Biographie von Arbuthnot), London 1784.

John Locke, Sohn des Rechtsgelehrten John Locke, wurde am 29. August 1632 zu Wrington (fünf Meilen von Bristol) geboren. Er studirte in dem College von Westminster und später (seit 1651) in dem Christchurch-College zu Oxford. Mit Vorliebe trieb er naturwissenschaftliche und medicinische Studien. Die scholastische

§ 10 Locke, Shaftesbury, Clarke u. a. engl. Philosophen. Berkeley, der Idealist.

Philosophie liess ihn unbefriedigt; die Schriften des Descartes zogen ihn an durch ihre Klarheit und Bestimmtheit und durch ihren Anschluss an die selbstständige neuere Naturforschung. Im Jahr 1664 begleitete er als Legationssecretair den englischen Gesandten Sir William Swan an den Brandenburgischen Hof und lebte ein Jahr lang in Berlin. Nach England zurückgekehrt, beschäftigte er sich mit naturwissenschaftlichen, insbesondere mit meteorologischen Untersuchungen. In Oxford wurde er 1667 mit Lord Ashley, späterem Earl of Shaftesbury bekannt, in dessen Hause er seitdem eine Reihe von Jahren hindurch als Arzt und Freund gelebt hat. Im Jahr 1668 begleitete er den Earl von Northumberland auf einer Reise durch Frankreich und Italien. Dann leitete er im Hause des Grafen von Shaftesbury die Erziehung von dessen (damals sechzehnjährigem) Sohne. Die Grundzüge des „Versuchs über den menschlichen Verstand" hat Locke 1670 entworfen, denselben jedoch erst nach wiederholter Ueberarbeitung veröffentlicht. Als sein Gönner 1672 Grosskanzler von England wurde, erhielt Locke von ihm das Amt eines Secretary of the presentation of benefices, das er im folgenden Jahr, als derselbe in Ungnade fiel, wieder verlor. In den Jahren 1675–79 lebte Locke in Frankreich, vorzugsweise in Montpellier im Umgang mit Herbert, dem späteren Earl of Pembroke, dem er seinen Versuch über den menschlichen Verstand gewidmet hat, auch in Paris im Verkehr mit wissenschaftlich hervorragenden Männern. Als Shaftesbury 1679 Conseils-Präsident geworden war, rief er Locke nach England zurück. Nachdem aber Shaftesbury, wegen seines Widerstandes gegen absolutistische Tendenzen des Königs aufs Neue seines Amtes enthoben, in den Tower geworfen worden war, dann, in dem Process, den der Hof gegen ihn eingeleitet hatte, durch die Jury freigesprochen, sich nach Holland begeben hatte, wo ihn der Statthalter, Prinz Wilhelm von Oranien, günstig aufnahm, folgte Locke ihm gegen Ende des Jahres 1683 nach und lebte zuerst in Amsterdam, dann, als durch die englische Regierung seine Auslieferung gefordert wurde, abwechselnd in Utrecht, Cleve und Amsterdam, bis er 1688 in Folge der Revolution, durch welche Prinz Wilhelm von Oranien den englischen Thron erhielt, nach England zurückkehren konnte, wo er die Stelle eines Commissioner of appeals, später eines Commissioner of trade and plantages erhielt. Im Jahr 1685 veröffentlichte Locke seinen ersten Brief für Toleranz (anonym), 1689 den zweiten und dritten. Der „Versuch über den menschlichen Verstand" ward 1687 beendet, im folgenden Jahr ein von Locke angefertigter Auszug durch Leclerc in's Französische übersetzt und in dessen Bibl. univers. VIII, S. 49—142 veröffentlicht, 1689 das Werk selbst zuerst gedruckt. Anonym liess Locke 1689 zwei Abhandlungen „über die bürgerliche Regierung" erscheinen, gegen die Doctrin des Robert Filmer, dass der König die patriarchalische Allgewalt von Adam geerbt habe, und zur Rechtfertigung der vollzogenen Staatsumwälzung. Drei kleine Schriften über das Münzwesen erschienen ebenfalls im Jahr 1689. Die Schrift über Erziehung erschien 1693. Die Schrift „über die Vernunftmässigkeit des Christenthums, wie es in der Schrift überliefert ist" erschien 1695. Seine letzten Lebensjahre brachte Locke grösstentheils in Oates in der Grafschaft Essex im Hause des Sir Francis Masham zu, dessen Gemahlin eine Tochter Cudworth's war. Er starb hier im 73. Jahre seines Lebens am 28. October 1704.

Locke bezeichnet als den Gegenstand und Zweck seines „Essay concerning human understanding" (I, 1, 2 und 3) „eine Untersuchung über den Ursprung, über die Gewissheit und den Umfang der menschlichen Erkenntniss, über die Gründe und Grade des Glaubens, der Meinung und des Beifalls". Er will „die Art und Weise, wie der Verstand zu seinen Begriffen von Objecten gelangt, erklären, den Grad der Gewissheit unserer Erkenntniss bestimmen, die Grenzen zwischen dem

§ 10. Locke, Shaftesbury, Clarke u. a. engl. Philosophen. Berkeley, der Idealist.

Meinen und Wissen erforschen und die Grundsätze untersuchen, nach welchen wir in Dingen, wo keine gewisse Erkenntniss stattfindet, unsern Beifall und unsere Ueberzeugung bestimmen sollten*. Er erzählt (in der Vorrede), dass, da einige seiner Freunde bei einer philosophischen Disputation zu keinem Resultate gelangen konnten, er auf den Gedanken gekommen sei, dass eine Untersuchung, wie weit das Vermögen des Verstandes reiche, welche Objecte in seiner Sphäre und welche jenseits seines Gesichtskreises liegen, allen anderen philosophischen Forschungen vorangehen müsse.

In dem ersten Buche der Untersuchung über den menschlichen Verstand sucht Locke darzuthun, dass es keine angeborenen Erkenntnisse gebe.

In unserm Verstande sind Ideen (welchen Ausdruck Locke mit Vorstellung, notio, als gleichbedeutend gebrauchen zu wollen erklärt). Jeder Mensch findet Vorstellungen in seinem eigenen Bewusstsein und die Worte und Handlungen anderer Menschen beweisen, dass solche auch in ihrem Vorstellungsvermögen vorkommen. Wie kommen nun diese Ideen in den Verstand?

Es giebt eine Meinung, wonach in dem Verstande gewisse angeborne Grundsätze, ursprüngliche Begriffe (*notae innatae*) angetroffen werden, indem gewisse Schriftzüge (*Characters*) demselben eingeprägt seien, welche die Seele mit sich in die Welt bringe. Diese Meinung liesse sich zwar durch den blossen Nachweis, wie alle Arten unserer Vorstellungen mittelst des Gebrauchs unserer natürlichen Kräfte wirklich entstehen, für den uneingenommenen Leser hinreichend widerlegen; doch müssen, da jene Meinung sehr verbreitet ist, auch die Gründe, auf welche ihre Vertheidiger sich stützen, geprüft und die Gegengründe angegeben werden.

Das wichtigste Argument der Vertheidiger jener Meinung liegt darin, dass gewisse theoretische und praktische Grundsätze allgemein für wahr gehalten werden. Locke bestreitet sowohl die Wahrheit, als auch die Beweiskraft dieses Argumentes. Die vorgebliche Uebereinstimmung über derartige Grundsätze besteht nicht, und bestände sie, so würde sie nicht das Angeborensein beweisen, sofern eine andere Weise, wie die Uebereinstimmung zu Stande komme, aufgezeigt werden kann.

Zu den theoretischen Grundsätzen, die man für angeborene ausgiebt, gehören die berühmten Fundamentalsätze der Demonstrationen: Was ist, das ist (Satz der Identität) und: es ist unmöglich, dass dasselbe Ding sei und nicht sei (Satz des Widerspruchs). Diese Sätze sind aber Kindern und Allen, die ohne wissenschaftliche Bildung sind, unbekannt und es ist doch fast ein Widerspruch, anzunehmen, dass der Seele Wahrheiten eingeprägt seien, von denen sie kein Bewusstsein und keine Erkenntniss habe. Sagt man, ein Begriff ist der Seele eingeprägt, und behauptet zu gleicher Zeit, sie habe davon keine Kenntniss, so heisst das, den Eindruck zu einem Unding machen. Soll etwas in der Seele sein, was sie bisher noch nicht erkannt hat, so muss es dies in dem Sinne sein, dass sie das Vermögen hat es zu erkennen; dieses gilt aber von allen erkennbaren Wahrheiten, auch solchen, die Mancher während seines ganzen Lebens niemals wirklich erkennt. Dass die Fähigkeit angeboren sei, die Erkenntniss aber erworben, gilt nicht von einzelnen, sondern von allen Erkenntnissen; werden aber angeborene Ideen angenommen, so will man diese von andern Ideen, die nicht angeboren seien, unterscheiden; also will man das Angeborensein nicht auf die blosse Fähigkeit beziehen; dann aber muss man auch annehmen, dass die angeborenen Erkenntnisse von Anfang an bewusst seien, denn im Verstande sein, heisst Gedachtwerden. Sagt man: jene Sätze werden dann von den Menschen erkannt und für wahr gehalten, wenn man zum Gebrauch ihrer Vernunft gelangen, so ist dies weder in dem Sinne wahr und beweiskräftig, dass wir sie mittelst des Vernunftgebrauchs durch Deduction erkennen, noch in dem

§ 10. Locke, Shaftesbury, Clarke u. a. engl. Philosophen. Berkeley, der Idealist.

Sinne, dass wir sie denken, sobald wir zum Gebrauch unserer Vernunft gelangen; wir erkennen vieles Andere früher. Dass das Bittere nicht süss, dass eine Erdbe und eine Kirsche nicht einerlei Ding sei, erkennt ein Kind weit früher, als es den allgemeinen Satz versteht und für wahr hält, dass das nämliche Ding unmöglich sein und auch nicht sein könne. Wäre das sofortige Fürwahrhalten eines Satzes ein zuverlässiges Merkmal des Angeborenseins, so müsste auch der Satz, dass Eins und Zwei gleich Drei sei, nebst unzähligen anderen angeboren sein. Ebensowenig, wie angeborene theoretische Sätze, giebt es angeborene praktische Grundsätze. Keine moralischen Grundsätze sind so klar und gelten so allgemein, wie die oben genannten theoretischen. Die moralischen Sätze sind eben so wahr, aber nicht eben so evident wie die theoretischen. Der moralische Fundamentalsatz: Jeder soll so handeln, wie er wünschen kann, dass Andere gegen ihn handeln, und alle anderen moralischen Regeln bedürfen der Begründung und sind daher nicht angeboren. Auf die Frage: warum soll man Verträge halten? wird der Christ sich auf den Willen Gottes, der Anhänger des Hobbes auf den Willen der Gesellschaft, der heidnische Philosoph auf die Würde des Menschen berufen. Angeboren ist zwar das Verlangen nach Glückseligkeit und der Abscheu gegen Elend: diese Motive aller unserer Handlungen sind aber nur Richtungen des Begehrens und nicht Eindrücke auf den Verstand. Nur diese Motive wirken allgemein; die praktischen Grundsätze der einzelnen Personen und ganzer Nationen sind verschieden, ja einander entgegengesetzt; soweit sich dabei Uebereinstimmung findet, ist dieselbe darin begründet, dass die Befolgung gewisser moralischer Regeln als der nothwendige Weg zum Bestande der Gesellschaft und zur allgemeinen Glückseligkeit erkannt wird, und dass Erziehung, Umgang und Sitte Gleichheit der moralischen Ueberzeugungen bewirkt, was um so leichter geschehen kann, da der noch unschuldige und uneingenommene Verstand der Kinder alle Sätze, die man ihm als Wahrheiten einprägt, ebenso aufnimmt, wie unbeschriebenes Papier alle beliebigen Schriftzüge, und später diese Sätze, deren Ursprung man nicht kennt, heilig gehalten und keiner Prüfung unterworfen zu werden pflegen. Grundsätze können nicht angeboren sein, wenn die Begriffe, die in sie eingehen, nicht angeboren sind; in die allgemeinsten Sätze gehen die abstractesten Begriffe ein, und diese sind den Kindern die fernliegendsten und unverständlichsten, die nur durch einen hohen Grad von Nachdenken und Aufmerksamkeit richtig gebildet werden können; Begriffe, wie Identität und Verschiedenheit, Möglichkeit und Unmöglichkeit, werden so wenig bei der Geburt auf die Welt gebracht, dass sie im Gegentheil von den Empfindungen des Hungers und Durstes, der Wärme und Kälte, der Lust und des Schmerzes, die thatsächlich die frühesten sind, am allerweitesten abliegen. Auch die Gottesvorstellung ist nicht angeboren. Nicht alle Nationen haben sie; nicht nur die Vorstellungen der Polytheisten und Monotheisten, sondern auch die Gottesvorstellungen verschiedener Personen, die derselben Religion und demselben Lande angehören, sind sehr von einander verschieden. Die Spuren der Weisheit und Macht offenbaren sich so klar in den Werken der Schöpfung, dass kein vernünftiges Wesen, wenn es sie aufmerksam betrachtet, Gott verkennen kann, und nachdem einmal durch Nachdenken über die Ursachen der Dinge von Einzelnen dieser Begriff erlangt worden war, musste derselbe so allgemein einleuchten, dass er nicht mehr verloren gehen konnte.

Im zweiten Buche sucht Locke positiv nachzuweisen, woher der Verstand seine Vorstellungen erhalte. Er nimmt an, die Seele sei ursprünglich gleich einem weissen unbeschriebenen Papier, ohne alle Vorstellungen. Sie erlangt solche durch die Erfahrung. Alle unsere Erkenntniss gründet sich auf die Erfahrung und entspringt aus ihr. Die Erfahrung ist aber eine zweifache, eine äussere und innere, Sensation und Reflection, jenachdem sie die äusseren, wahrnehmbaren Gegen-

§ 10. Locke, Shaftesbury, Clarke u. a. engl. Philosophen. Berkeley, der Idealist.

stände oder die inneren Wirkungen unseres Geistes zum Gegenstande hat. Die Sinne führen von den äusseren Objecten dasjenige in die Seele, was in dieser die Vorstellungen von dem Gelben, Weissen, der Hitze, der Kälte, der Weichheit, Härte, Süssigkeit, Bitterkeit und überhaupt von den sogenannten sinnlichen Beschaffenheiten hervorbringt. An den vorhandenen Vorstellungen werden Wirkungen (Operations) des Gemüths in uns selbst ausgeübt, welche theils Thätigkeiten, theils passive Zustände sind; wenn die Seele diese Thätigkeiten und Zustände beachtet, und über sie reflectirt, so erhält der Verstand eine andere Reihe von Vorstellungen, welche nicht von den Aussendingen entspringen können; solche Thätigkeiten des Gemüthes sind unter andern das Wahrnehmen, Denken, Zweifeln, Glauben, Schliessen, Erkennen, Wollen. Aus einer dieser beiden Quellen stammen alle unsere Begriffe her.

Der Mensch fängt an Vorstellungen zu haben, wenn er den ersten Sinneseindruck empfängt; schon vor der Geburt mag er wohl Hunger und Wärme empfinden. Vor dem ersten sinnlichen Eindruck aber denkt die Seele ebensowenig, wie sie später im traumlosen Schlafe denkt. Die Behauptung, dass die Seele immer denke, ist eben so willkürlich, wie die, dass jeder Körper unablässig in Bewegung sei.

Unsere Vorstellungen sind theils einfach, theils zusammengesetzt. Von den einfachen Vorstellungen kommen einige nur vermittelst Eines Sinnes, andere vermittelst mehrerer Sinne in die Seele, andere erhält sie bloss durch die Reflexion, wiederum andere endlich bieten sich ihr auf jedem Wege, durch die Sinne und durch die Reflection, dar. Durch den Sinn des Gefühls erhalten wir die Vorstellungen von der Hitze, Kälte und Dichtheit, ferner von der Glätte und Rauhheit, Härte und Weichheit und andere, durch den Sinn des Gesichts die Vorstellungen vom Licht und den Farben etc. Die Vorstellungen, welche wir durch mehr als einen Sinn, nämlich durch den Gesichts- und den Gefühlssinn, erlangen, sind die vom Raum oder der Ausdehnung, von der Gestalt, Ruhe und Bewegung. In sich selbst nimmt das Gemüth durch die Reflexion das Vorstellen (perception) oder Denken und das Wollen wahr. (Locke missbilligt die Cartesianische Zusammenfassung des Denkens und Wollens unter Cogitatio.) Das Vermögen, zu denken, wird Verstand, das Vermögen, zu wollen, Wille genannt. Sowohl durch die Sinne, als durch die Reflexion werden der Seele die Vorstellungen von Vergnügen oder Lust, von Schmerz oder Unlust, Existenz, Einheit, Kraft und Zeitfolge zugeführt.

Die meisten sinnlichen Vorstellungen sind eben so wenig einem ausser uns existirenden Dinge ähnlich, als die Worte den bezeichneten Vorstellungen, obgleich diese durch jene hervorgerufen werden. In den Körpern selbst sind wirklich und von ihnen in jedem Zustande unzertrennlich folgende Eigenschaften: Grösse, Gestalt, Zahl, Lage, Bewegung oder Ruhe ihrer dichten (raumerfüllenden) Theile. Diese nennt Locke ursprüngliche Eigenschaften (original qualities oder primary qualities), auch wohl reale Eigenschaften. Sofern wir die primären Eigenschaften wahrnehmen, sind unsere Vorstellungen von denselben Copien dieser Eigenschaften selbst, wir stellen dadurch das Ding so vor, wie es an sich ist. Die Körper haben aber ferner die Kraft, vermöge gewisser primitiver Eigenschaften, die nicht als solche wahrnehmbar sind, auf eine solche Weise auf unsere Sinne zu wirken, dass sie dadurch die Vorstellungen von Farben, Tönen, Gerüchen etc. in uns hervorbringen. Farben, Töne etc. sind nicht in den Körpern selbst, sondern nur in der Seele. Wenn man von ihnen das Vorgestelltwerden trennt, wenn die Augen nicht das Licht oder die Farben sehen, die Ohren nicht die Töne hören, der Gaumen nicht schmeckt, die Nase nicht riecht, so verschwinden alle Farben, Töne, Geschmacksempfindungen, Gerüche, und es bleibt nichts übrig, als das, was sie verursachte, nämlich die Grösse, Gestalt und Bewegung der Theile. Locke nennt die

§ 10. Locke, Shaftesbury, Clarke u. a. engl. Philosophen. Berkeley, der Idealist.

Farben, Töne etc. abgeleitete oder secundäre Eigenschaften (secondary qualities). Alle Vorstellungen dieser Classe sind nicht Copien von gleichartigen Eigenschaften in realen Objecten, so wenig, wie das Gefühl von Schmerz mit der Bewegung eines Stückes Stahl durch empfindliche Theile eines thierischen Körpers hindurch Aehnlichkeit hat; sie werden in uns durch den Stoss erzeugt, der sich von den Körpern aus durch unsere Nerven hindurch bis in das Gehirn als den Sitz des Bewusstseins, gleichsam das Audienzzimmer der Seele, fortpflanzt. Wie dort Vorstellungen erzeugt werden, untersucht Locke nicht, sondern sagt nur, es sei ohne Widerspruch denkbar, dass Gott an Bewegungen auch solche Vorstellungen, die mit denselben keine Aehnlichkeit haben, geknüpft habe. Endlich stellt Locke noch eine dritte Classe von Eigenschaften in den Körpern auf, nämlich die Kräfte der Körper, vermöge der besonderen Beschaffenheit ihrer ursprünglichen Eigenschaften in der Grösse, Gestalt, Zusammensetzung und Bewegung anderer Körper solche Veränderungen hervorzubringen, dass diese Körper nun unsere Sinne anders afficiren, als vorher; er rechnet hierher z. B. die Kraft der Sonne, das Wachs zu bleichen, des Feuers, das Blei zu schmelzen; diese Eigenschaften werden insbesondere Kräfte genannt. (Es ist eine ungerechtfertigte partielle Accommodation Locke's an die vulgäre Voraussetzung, dass Farben, Töne etc. als solche in den unsere Sinne afficirenden Körpern seien, wenn er dieselben „secundäre Eigenschaften" nennt; denn Empfindungen, die nicht in jenen Körpern, sondern nur in den empfindenden Wesen sind, können überhaupt nicht Eigenschaften jener Körper, also auch nicht abgeleitete Eigenschaften derselben sein, und es kann den Leser nur verwirren, wenn Locke, während er diese Einsicht zu begründen sucht, einen Ausdruck, der eben den Irrthum involvirt, welchen er zerstören will, sanctionirt und einen Terminus schafft, der in seinen beiden Bestandtheilen die Einsicht mit dem Vorurtheil auf eine unnatürliche Weise zusammenschmiedet. Sachlich hat Locke's Untersuchung insbesondere die Mängel, dass die objective Realität der Anschauung ohne Beweis vorausgesetzt, und dass die Frage, wie Empfindungen mit Bewegungen im Gehirn zusammenhängen, durch Berufung auf Gottes Allmacht zur Seite geschoben wird. Die Untersuchung selbst über das Verhältniss der Sinneswahrnehmung zu der die Sinne afficirenden objectiven Realität, worin Locke grossentheils sich an Descartes anschliesst, ist von fundamentalem Interesse; Leibnitz und Kant haben ihre Bedeutung gewürdigt, Hegel aber hat dieselbe durchaus verkannt und die Locke'sche Philosophie überhaupt ebenso wie den Kantischen Kriticismus darum schief aufgefasst, weil er den Gegensatz des Ansichseins und unserer Auffassung mit dem Gegensatze des Essentiellen und Accidentellen in den Objecten zusammenwirft.)

Bei der Erörterung der durch Reflection gewonnenen einfachen Vorstellungen macht Locke manche fruchtreiche psychologische Bemerkungen. Er untersucht insbesondere das Vorstellungsvermögen (perception), das Behaltungsvermögen (retention) und das Vermögen des Unterscheidens, Verbindens und Trennens etc. In dem Vorstellungsvermögen erkennt Locke das Merkmal, durch welches das Thier und der Mensch sich von der Pflanze unterscheide. Das Behaltungsvermögen (retention) ist die Fähigkeit der Aufbewahrung der Vorstellungen theils durch andauernde Betrachtung, theils durch Wiedererzeugung nach ihrem zeitweiligen Entschwinden aus dem zum gleichzeitigen Festhalten vieler Vorstellungen zu beschränkten menschlichen Verstande; es kommt schon den Thieren, und zum Theil in gleichem Grade, wie den Menschen, zu. Locke hält für wahrscheinlich, dass die Beschaffenheit des Körpers grossen Einfluss auf das Gedächtniss habe, da oft die Fieberhitze ansscheinend feste Gedächtnissbilder austilge. Die Vergleichung der Vorstellungen untereinander aber wird von den Thieren nicht auf eine eben so vollkommene Art, wie von den Menschen geübt. Das Vermögen, Vorstellungen mit einander zu verbinden,

§ 10. Locke, Shaftesbury, Clarke u. a. engl. Philosophen. Berkeley, der Idealist.

haben Thiere nur in geringem Grade. Dem Menschen eigenthümlich ist das Vermögen der Abstraction, wodurch die Vorstellungen einzelner Objecte, von allen zufälligen Beschaffenheiten der realen Existenz, wie Zeit und Raum, und allen begleitenden Vorstellungen abgesondert, zu allgemeinen Begriffen der ganzen Gattung werden und ihre Sprachzeichen eine allgemeine Anwendbarkeit für alles, was mit diesem abstracten Begriffe einstimmig ist, erhalten.

Die einfachen Vorstellungen sind die Bestandtheile der zusammengesetzten. Die zusammengesetzten Vorstellungen führt Locke auf drei Classen zurück: Modi, Substanzen und Relationen. Die Modi sind zusammengesetzte Begriffe, welche nichts für sich Bestehendes enthalten; sie sind reine Modi (simple modes) oder Modificationen einfacher Vorstellungen, wenn ihre Bestandtheile einander gleichartig, gemischte Modi (mixed modes), wenn ihre Bestandtheile einander ungleichartig sind. Die Begriffe von Substanzen sind solche Verbindungen einfacher Vorstellungen, welche gebraucht werden, um Dinge, die für sich bestehn, vorzustellen. Die Verhältnissvorstellungen bestehen in der Vergleichung einer Vorstellung mit einer andern. Zu den reinen Modalbegriffen gehören die Modificationen des Raums, der Zeit, des Denkens etc.; eben hierher gehört auch der Begriff des Vermögens. Die tägliche Erfahrung von der Veränderung der Gegenstände der einfachen Vorstellungen an Aussendingen, die Bemerkung, dass hier ein Ding aufhört zu sein, dort ein anderes an seine Stelle tritt, die Beobachtung des beständigen Wechsels der Vorstellungen in dem Gemüthe, welcher theils von den Eindrücken äusserer Objecte, theils von unserer eigenen Wahl abhängt, alles dieses leitet den menschlichen Verstand auf den Schluss, dass eben dieselben bisher beobachteten Veränderungen auch in der Zukunft an denselben Objecten durch dieselben Ursachen und auf dieselbe Weise stattfänden werden; er denkt sich demnach in dem einen Wesen die Möglichkeit, dass die einfachen Merkmale desselben wechseln und in dem andern die Möglichkeit, diesen Wechsel hervorzubringen, und kommt hierdurch auf den Begriff von einem Vermögen. Das Vermögen ist leidendes Vermögen als Möglichkeit, eine Veränderung anzunehmen, thätiges Vermögen oder Kraft (power) aber als Möglichkeit, eine Veränderung zu bewirken. Den klarsten Begriff von thätigem Vermögen erhalten wir durch das Achten auf die Thätigkeiten unseres Geistes. Die innere Erfahrung lehrt uns, dass wir durch ein blosses Wollen ruhende Glieder des Körpers in Bewegung setzen können. Wenn die Substanz, welche eine Kraft besitzt, dieselbe durch eine Handlung äussert, so heisst sie Ursache; was sie hervorbringt, heisst Wirkung. Ursache ist das, was macht, dass ein Anderes zu sein anfängt, Wirkung das, was durch ein Anderes entstanden ist. Indem dem Verstande eine grosse Anzahl von einfachen Vorstellungen durch Sensation und Reflexion zugeführt werden, so bemerkt er auch, dass eine gewisse Zahl einfacher Vorstellungen immer mit einander vergesellschaftet ist; da wir uns nun das, was durch dieselben vorgestellt wird, nicht als an sich subsistirend denken können, so gewöhnen wir uns, ein Substrat vorauszusetzen, in welchem dasselbe bestehe und woher es entspringe; dieses Substrat nennen wir eine Substanz. Der Begriff der Substanz enthält nichts, als die Voraussetzung von einem unbekannten Etwas, welches den Eigenschaften zum Grunde liege. Von der Substanz hat man keinen deutlichen Begriff, und zwar gleich wenig von einer materiellen, wie von einer geistigen Substanz. Wir haben keinen Grund, geistige Substanzen für unmöglich zu halten; andererseits wäre jedoch auch nicht undenkbar, dass Gott die Materie mit der Fähigkeit, zu denken, begabt habe. Ausser den zusammengesetzten Begriffen von einzelnen Substanzen kommen in dem Verstande noch zusammengesetzte collective Begriffe von Substanzen vor, wie Heer, Flotte, Stadt, Welt; diese collectiven Begriffe bildet die Seele durch ihr Verbindungsvermögen. Aus der Ver-

§ 10. Locke, Shaftesbury, Clarke u. a. engl. Philosophen. Berkeley, der Idealist.

gleichung mehrerer Dinge mit einander entspringen die Verhältnissbegriffe; zu denselben gehören die Begriffe von Ursache und Wirkung, von Zeit- und Ortsverhältnissen, von Identität und Verschiedenheit, von Graden, von moralischen Verhältnissen etc.

Im dritten Buche des Versuchs über den menschlichen Verstand handelt Locke von der Sprache, im vierten Buche von der Erkenntniss und Meinung. Die Worte sind Zeichen, die Gemeinnamen gemeinsame Zeichen für vorgestellte Objecte. Wahrheit und Falschheit ist streng genommen nur in Urtheilen, nicht in einzelnen Vorstellungen. Wir erkennen uns selbst durch innere Wahrnehmung und Gott durch den Schluss vom Existirenden auf eine erste Ursache, von denkenden Wesen (und zum mindesten unser eigenes Denken ist uns unzweifelhaft) auf ein erstes und ewiges denkendes Wesen mit voller Evidenz, die Aussenwelt aber mit geringerer Evidenz; jenseits der Vernunfterkenntniss liegt der Glaube an göttliche Offenbarungen; für Offenbarung kann jedoch nichts gelten, was gesicherter Vernunfterkenntniss widerstreitet.

Die Aeusserungen Locke's über ethische, pädagogische und politische Fragen bekunden einen edlen und humanen Sinn und haben zur Milderung mancher traditionellen Härten wesentlich beigetragen. Inconsequenterweise gesteht Locke den Atheisten keine Gewissensfreiheit zu und bricht dadurch selbst die Kraft seiner philosophischen Argumente für die Toleranz.

Locke's philosophische Bedeutung knüpft sich zumeist an die Untersuchung über den menschlichen Verstand, die der Ausgangspunkt der empiristischen Richtung der Philosophie des achtzehnten Jahrhunderts in England, Frankreich und Deutschland geworden ist, über den Scholasticismus und Cartesianismus den Sieg davontrug, in Deutschland aber zumeist durch den Leibnitzianismus eingeschränkt wurde. Spinoza's Objectivismus, der die Ordnung der Gedanken mit der Ordnung der Dinge unmittelbar gleichsetzt, erhielt durch Locke's auf die Erkenntnissgrenzen des Subjects gerichtete Forschung sein unabweisbares Complement. Leibnitz, der gegen Locke die Nouveaux essais sur l'entendement humain schrieb, hat doch die Wichtigkeit der Locke'schen Forschung anerkannt, obschon er die Prüfung unserer Erkenntnisskraft nicht für die erste, alle anderen philosophischen Untersuchungen bedingende Aufgabe der Philosophie hielt, sondern für eine solche, die mit Erfolg nur dann behandelt werden könne, wenn vorher schon manches Andere festgestellt sei; in ähnlicher Art hat in der nachkantischen Zeit wiederum Herbart geurtheilt. Kant dagegen ist als Begründer des Kriticismus zu der Locke'schen Ueberzeugung zurückgekehrt, dass die Untersuchung über den Ursprung und die Grenzen unserer Erkenntniss für die Philosophie von fundamentaler Bedeutung sei, hat aber diese Untersuchung in einem zwar vielfach durch Locke's Vorgang bedingten, jedoch sowohl in dem Gang, wie in dem Ergebniss wesentlich verschiedenen Sinne geführt. Hegel misst der Untersuchung über den Ursprung der Erkenntniss nur eine untergeordnete Bedeutung bei, erkennt eine Grenze der philosophischen Erkenntniss principiell nicht an, hält die menschliche Vernunft für wesentlich identisch mit der aller Wirklichkeit innewohnenden Vernunft und will nicht psychologisch den Ursprung der Begriffe, sondern dialektisch ihre Bedeutung und ihr System ermitteln; er billigt, dass nicht bei der blossen Definition der einzelnen Begriffe stehen geblieben, sondern ein Zusammenhang aufgesucht werde, hält aber die psychologische Erforschung der Genesis der Begriffe im denkenden Subject für eine blosse Veräusserlichung der philosophischen Aufgabe, die in der dialektischen Begriffsentwickelung liege. Das Hegel'sche Urtheil würde richtig sein, wenn zwischen dem (objectiven) Dasein und dem (subjectiven) Bewusstsein nur Uebereinstimmung und nicht auch Discrepanz in wesentlichen Be-

§ 10. Locke, Shaftesbury, Clarke u. a. engl. Philosophen. Berkeley, der Idealist.

siebungen bestände; ist die Uebereinstimmung eine durch stufenweise Annäherung zu erreichende Aufgabe, so hat auch die Kritik der menschlichen Erkenntnisskraft eine wesentliche philosophische Bedeutung, und Locke wird nicht von dem Vorwurf getroffen, dass er eine unphilosophische oder wenig philosophische Betrachtung an die Stelle einer allein wahrhaft philosophischen gesetzt habe; mit Recht aber kann geurtheilt werden, dass er nicht die ganze philosophische Aufgabe, sondern nur den einen Theil derselben zu lösen unternommen habe. Gegen den Inhalt seiner Erkenntnisslehre ist insbesondere (von Leibnitz und Kant) der Einwurf gerichtet worden, dass die Erfahrung nicht zur Erkenntniss des Allgemeinen und Nothwendigen führe, weshalb Leibnitz zu der Annahme angeborener Begriffe zurückkehrte, Kant aber Formen der Anschauung und des Denkens unabhängig von aller Erfahrung (oder „a priori") dem Ich innewohnen liess, wobei freilich in Frage kommt, ob nicht das, was durch derartige Begriffe und Formen erklärt werden soll, auf eine wahrere und befriedigendere Weise durch die logischen Gesetze sich erklären lasse, nach welchen das Subject den durch äussere und innere Erfahrung gegebenen Erkenntnisstoff denkend verarbeitet.

Unter den Fortbildnern der theoretischen Philosophie Locke's in seinem Vaterlande ist von hervorragender Bedeutung der Begründer des subjectiven Idealismus George Berkeley, geb. in Irland 1684, seit 1733 Bischof zu Cloyne, gest. zu Oxford 1753, der die Existenz der Körperwelt nicht nur (nach dem Vorgange Augustins und Locke's selbst) nicht für streng erweisbar, sondern für eine falsche Annahme hielt. Es existiren nur Geister. Dass unser Denken existirt, ist uns unmittelbar gewiss; dass Körper existiren, schliessen wir; aber dieser Schluss ist trüglich; er hat nichts Zwingendes und wird widerlegt durch die Unmöglichkeit, das Zusammenwirken von heterogenen Substanzen, wie Körper und Geist, zu erklären. Gott ruft in uns in geordneter Weise die Vorstellungen von äusseren Objecten hervor. Was wir Naturgesetz nennen, ist in der That nur die Ordnung der Aufeinanderfolge unserer Ideen. — Aehnliches hat Collier (Clavis universalis, Lond. 1713) gelehrt.

Im materialistischen Sinne haben besonders David Hartley (1704—1757; observations on man, Lond. 1749) und der mit dem Materialismus seinen christlichen Glauben vereinigende Joseph Priestley (1733—1804; disquisitions relating to matter and spirit, Lond. 1777, the doctrine of philosophical necessity, Lond. 1777, bekämpft von dem Platoniker R. Price in seinen Letters on Materialism and philosophical necessity, London 1778) Locke's Untersuchungen fortgeführt.

Locke's jüngerer Zeitgenosse, der grosse Mathematiker und Physiker Isaak Newton (1642—1727; naturalis philosophiae principia mathematica, Lond. 1687 u. ö.; über ihn handelt David Brewster, Edinb. 1831, deutsch von Goldberg, Leipz. 1833; Memoirs of the life, writings and discoveries of Sir Isaac Newton, Edinb. 1855; vgl. auch Karl Snell, Newton und die mechan. Naturwissenschaft, Dresden u. Leipzig 1843) stand den specifisch philosophischen Untersuchungen fern. Er rief der Physik zu: hüte dich vor der Metaphysik! Entstehung und Bestand der Ordnung des Weltalls setzt Gottes Wirksamkeit voraus. Den unendlichen Raum hielt Newton (im Anschluss an Henry More) für das Sensorium der Gottheit.

Zahlreiche Bearbeiter fand in der Zeit nach Locke und grossentheils in Folge der von ihm ausgegangenen Anregung in England und Schottland die Moralphilosophie. Schon vor Locke's Auftreten hatte sein Zeitgenosse Richard Cumberland (1632—1719) die Doctrin des Hobbes bestritten und auf das Wohlwollen die Moral gegründet in der Schrift: de legibus naturae disquisitio philosophica, in qua elementa philosophiae Hobbesianae quam moralis, tam civilis considerantur et refutantur, Lond. 1672. William Wollaston (1659—1724) stellte den Grundsatz

§ 10. Locke, Shaftesbury, Clarke u. a. engl. Philosophen. Berkeley, der Idealist.

auf, jede Handlung sei gut, die einen wahren Gedanken ausdrücke (the religion of nature delineated, Lond. 1724 u. ö.; J. M. Dreschsler, über Wollaston's Moralphilosophie, Erlangen 1801). Anthony Ashley Cooper, Graf von Shaftesbury (der Enkel des älteren Sh., 1671—1713; an inquiry concerning virtue and merit 1699, in's Deutsche nach Diderot's franz. Bearbeitung übersetzt 1780; Characteristics of Men, Manners, Opinions, Times, London 1711, 1714 u. ö., deutsch Leipzig 1776), ein Freund Locke's, setzte das Wesen der Sittlichkeit in das richtige Verhältniss der geselligen und selbstischen Neigungen. Leibnitz erklärt viele Gedanken seiner Theodicee bereits bei Shaftesbury gefunden zu haben. Der Prediger Samuel Clarke (1675—1729; demonstration of the being and attributes of God, London 1705—1706; opera, London 1738—42), ein Schüler Newton's und Locke's, der ihre Ansichten insbesondere auch gegen Leibnitz vertrat, setzte das Wesen der Tugend in die der eigenthümlichen Beschaffenheit der Dinge gemässe Behandlung derselben, so dass ein jedes nach seiner Stelle in der Harmonie des Weltganzen und so dem Willen Gottes gemäss verwandt werde. Francis Hutcheson (geb. 1694 in Irland, seit 1729 Professor zu Glasgow, gest. 1747) setzte mit Cumberland die sittliche Güte in die wohlwollenden Neigungen; sie ist in einem sittlichen Sinne oder Gefühle (moral sense) gegründet (Inquiry into the original of our ideas of beauty and virtue, Lond. 1720 u. ö., deutsch Frankf. 1762; philosophiae moralis institutio compendiaria, ethices et jurisprudentiae naturalis principia continens, Glasgow 1745). Unter den späteren schottischen Moralisten sind der Aesthetiker Henry Home (gest. 1782; Essays on the principles of morality and natural religion, Edinb. 1751, deutsch Braunschweig 1766; Elements of criticism, Lond. 1762, deutsch Leipzig 1772) und Adam Ferguson (1724—1816; instit. of moral. philos. London 1769, deutsch von Garve, Leipz. 1772), der die Tugend in die fortschreitende Entwickelung des menschlichen Wesens zu geistiger Vollkommenheit setzte, hervorzuheben. Der als Nationalökonom berühmte Adam Smith (1723—1790; theory of moral sentiment, Lond. 1759 u. ö.; Inquiry into the nature and causes of the wealth of nations, Lond. 1776), ein Freund des David Hume, ist auch für die Moralphilosophie von Bedeutung. Als das Princip der Moral gilt ihm die Sympathie. Der Mensch hat eine natürliche Neigung zur Theilnahme an den Zuständen, Gefühlen und Handlungen Anderer. Wenn der unparteiische Zuschauer, indem er die Motive des Andern in sich nachbildet, das Verhalten desselben billigen kann, so ist dasselbe als moralisch gut, andernfalls als moralisch fehlerhaft anzusehen. Die moralische Grundforderung ist: Handle so, dass der unparteiische Beobachter mit dir sympathisiren kann (wobei freilich die Gründe der Sympathie oder Antipathie, die gerade der Philosoph nachweisen sollte, unerörtert bleiben).

Foland, der Pantheist (1671—1722; Pantheisticon, Cosmopoli 1720), der Freidenker Collins (1676—1729), der Rationalist Tindal (1656—1733) und andere Deisten (über die Lechler in der Gesch. des engl. Deismus, Stuttg. u. Tüb. 1841, eingehend handelt) gingen über Locke's biblisches Christenthum zum Vernunftglauben hinaus.

§ 11. Der Begründer der deutschen Philosophie des achtzehnten Jahrhunderts ist Gottfried Wilhelm von Leibnitz (1646—1716). Er theilt mit Descartes und Spinoza im Gegensatz zu Locke die dogmatistische Richtung des Philosophirens oder das unmittelbare Vertrauen zu dem menschlichen Denken, durch volle Klarheit und Bestimmtheit zugleich zur Uebereinstimmung mit der Wirklichkeit zu gelangen. Aber er überschreitet den Cartesianischen Dualismus zwischen Materie und Geist ebensowohl, wie den Spinozistischen Monismus durch die Anerkennung einer Stufenreihe von Wesen in seiner Monadologie. Monade nennt Leibnitz die einfache, unausgedehnte Substanz. Die Substanz ist das, was zu wirken vermag; die thätige Kraft (gleich der Kraft eines gespannten Bogens) ist das Wesen der Substanz. Die menschliche Seele ist eine Monade; denn ihr Wirken auf sich selbst beweist ihre Substanzialität. Was uns als ein Körper erscheint, ist in Wirklichkeit eine Vielheit von einfachen Substanzen oder Monaden; nur in Folge der Verworrenheit der sinnlichen Wahrnehmung stellt sich uns diese Vielheit als ein continuirliches Ganzes dar. Alle Monaden haben innere Zustände, welche Vorstellungen sind; aber die Vorstellungen der verschiedenen Monaden haben verschiedene Grade der Klarheit. Vorstellungen sind klar, wenn sie die Unterscheidung ihrer Objecte möglich machen, andernfalls dunkel; sie sind deutlich oder bestimmt, wenn sie zur Unterscheidung der Theile ihrer Objecte zureichen, andernfalls unbestimmt oder verworren; sie sind adäquat, wenn sie absolut deutlich sind, d. h. auch zur klaren Erkenntniss der letzten oder absolut einfachen Theile in den Stand setzen. Gott ist die Urmonade, die primitive Substanz; alle anderen Monaden sind ihre Effulgurationen. Gott hat lauter adäquate Vorstellungen. Die Monaden, welche denkende Wesen oder Geister sind, wie die menschlichen Seelen, sind klarer und deutlicher Vorstellungen fähig, können auch einzelne adäquate Vorstellungen haben; sie haben als Vernunftwesen das Bewusstsein ihrer selbst und Gottes. Die Thiere haben Empfindung und Gedächtniss. Die Pflanzen und Mineralien sind gleichsam schlafende Monaden mit unbewussten Vorstellungen; in den Pflanzen sind diese Vorstellungen bildende Lebenskräfte. Jede Monade spiegelt das Weltall von ihrem Standpunkte aus, indem ihr jedesmal diejenigen Theile desselben am klarsten sind, zu welchen sie in der nächsten Beziehung steht. Die Ordnung der Monaden erscheint in unserer sinnlichen Auffassung als die räumliche und zeitliche Ordnung der Dinge; der Raum ist die Ordnung der coexistirenden Phänomene, die Zeit ist die Ordnung der Succession der Phänomene. Der Vorstellungslauf in einer jeden Monade beruht auf immanenter Causalität; die Monaden haben keine Fenster, um Einflüsse von aussen aufzunehmen. Ebenso beruht andererseits der Wechsel der Beziehungen der Monaden zu einander, ihrer Bewegung, Verbindung und Trennung auf rein mechanischer Causalität. Aber zwischen dem Vorstellungslauf und den Bewegungen besteht eine von Gott vorausbestimmte (prästabilirte) Harmonie. Seele und Leib des Menschen stimmen zusammen, wie zwei anfänglich gleichgestellte

Uhren von vollkommen gleichmässigem Gange. Die bestehende Welt ist die beste unter allen möglichen Welten. Mit der physischen Welt steht die moralische oder das von Gott beherrschte Reich der Geister in beständiger Harmonie. Auf Leibnitzens Gedanken hat Christian Wolff (1679—1754) indem er dieselben besonders mit aristotelischen combinirt, theilweise modificirt, ordnet und mit Demonstrationen versieht, ein umfassendes System der Philosophie gegründet. Die Leibnitzisch-Wolffische Philosophie hat in Deutschland während des achtzehnten Jahrhunderts bis auf Kant eine zunehmende Verbreitung gewonnen und im Verein mit anderen, besonders mit Locke'schen Philosophemen theils die Schulen beherrscht, theils der populären Aufklärung gedient.

Von den philosophischen Schriften des Leibnitz ist ausser den frühesten Dissertationen (de principio individui, Lipsiae 1663, wieder herausgegeben durch G. E. Guhrauer mit kritischer Einleitung, Berlin 1837; specimen quaestionum philosophicarum ex jure collectarum, ib. 1664, tractatus de arte combinatoria, cui subnexa est demonstratio existentiae Dei ad math. certitudinem exacta, Lips. 1666, Francof. 1694) nur die Théodicée, Amst. 1710 u. ö. (lat. Colon. 1716, Francof. 1719 u. ö., deutsch mit Fontenelle's Eloge, Hannover 1720 u. ö., deutsch von Gottsched, 5. Aufl., Hann. u. Leipz. 1763) bei seinen Lebzeiten als ein selbstständiges Werk erschienen; um so zahlreicher aber sind die Abhandlungen, die Leibnitz in der seit 1682 durch Otto Mencken herausgegebenen Zeitschrift: Acta eruditorum Lipsiensium seit 1684 und in dem Journal des savans seit 1691 veröffentlichte. Sehr ausgebreitet war Leibnitzens Briefwechsel, in welchem er manche Seiten seiner Doctrin, die in den von ihm veröffentlichten Schriften unberührt geblieben sind, entwickelt hat. Neben bald nach Leibnitzens Tode wurden einzelne bis dahin ungedruckte Briefe und Abhandlungen herausgegeben, insbesondere: A Collection of papers, which passed between the late learned Mr. Leibnitz and Dr. Clarke in the years 1715 and 1716 relating to the principles of natural philosophy and religion, by Sam. Clarke, London 1717, französisch: Recueil de diverses pièces sur la philosophie, la religion etc. par Mr. Leibnitz, Clarke, Newton (par des Maizeaux), Amst. 1719, 2. éd. 1740, deutsch mit einer Vorrede von Wolff, hrsg. von Joh. Heinr. Köhler, Frauf. 1720. Leibnitii otium Hannoveranum sive Miscellanea G. W. Leibnitii ed. Joach. Fr. Feller, Lips. 1718, und als zweite Sammlung: Monumenta varia inedita, Lips. 1724. In der Zeitschrift „L'Europe savante" wurde 1718, Nov., Art. VI, p. 101 zuerst der Aufsatz veröffentlicht: Principes de la nature et de la grâce, den dann des Maizeaux im zweiten Bande des oben angef. Recueil 1719 und Dutens in der unten zu erwähnenden Sammlung 1768 wieder abdrucken liess. Mit diesem Aufsatz ist nicht zu verwechseln L.'s für den Prinzen Eugen von Savoyen niedergeschriebener Abriss seines Systems, den zuerst Joh. Heinr. Köhler in einer deutschen Uebersetzung unter dem Titel: des Herrn Gottfried Wilhelm von Leibnitz Lehrsätze über die Monadologie, imgleichen von Gott, seiner Existenz, seinen Eigenschaften, und von der Seele des Menschen, Frankfurt 1720, veröffentlicht hat (neu aufgelegt von J. C. Huth ebd. 1740); aus dem Deutschen in's Lat. übersetzt, erschien dieselbe Schrift in den Act. erud. Lips., suppl. t. VII, 1721, dann noch, mit commentirenden Bemerkungen von Mich. Gottl. Hansch, Frankf. u. Leipz. 1728, und in der Dutens'schen Sammlung unter dem Titel: Principia philosophiae seu theses in gratiam principis Eugenii conscriptae; das franz. Original ist nach der auf der Kgl. Bibliothek

§ 11. Leibniz und gleichzeitige Philos. und die deutsche Philos. des 18. Jahrh.

zu Hannover aufbewahrten Handschrift zuerst von Erdmann in seiner Ausgabe der Opera philosophica 1840 veröffentlicht worden. Leibnitii epist. ad diversos ed. Chr. Kortholt, Lips. 1734 — 42. Commercium epistolicum Leibnitianum ed. Joh. Dan. Gruber, Hann. et Gott. 1745. Oeuvres philosophiques latines et françaises de feu Mr. Leibnis, tirées de ses manuscrits qui se conservent dans la bibliothèque royale à Hannovre, et publiées par R. E. Raspe, avec une préface de Kästner, à Amst. et à Leips. 1765, deutsch mit Zusätzen und Anmerkungen von J. H. F. Ulrich, Halle 1778 — 80. In dieser Raspe'schen Sammlung ist von besonderer Wichtigkeit die vorher nicht veröffentlichte umfangreiche Streitschrift gegen Locke: Nouveaux essais sur l'entendement humain; ferner enthält dieselbe: Remarques sur le sentiment du P. Malebranche qui porte que nous voyons tout en Dieu, concernant l'examen que Mr. Locke en a fait; Dialogus de connexione inter res et verba; Difficultates quaedam logicae; Discours touchant la méthode de la certitude et l'art d'inventer; Historia et commentatio characteristicae universalis, quae simul sit ars inveniendi. Bald hernach folgte die Dutens'sche Ausgabe der Leibnitzischen Werke, die aber die von Raspe veröffentlichten Stücke nicht mitaufgenommen hat: Gothofredi Guilielmi Leibnitii opera omnia, nunc primum collecta, in classes distributa, praefationibus et indicibus ornata studio Ludovici Dutens, tom. VI, Genevae 1768 (Band I.: Opera theologica, II.: Log., Metaph., Phys. gener., Chym., Medic., Botan., Histor. natur., Artes, III.: Opera mathematica, IV.: Philos. in genere et opuscula ad hanc attingentia, V.: Opera philologica, VI.: Philologicorum continuat. et collectanea etymologica). Mehrere Ergänzungen zu diesen Veröffentlichungen sind seitdem erschienen: Commercii epistolici Leibnitiani typis nondum evulgati selecta specimina, ed. J. G. H. Feder, Hannov. 1805. Leibnitii systema theologicum (in conciliatorischem Sinne vielleicht schon um 1686 geschrieben), mit franz. Uebersetzung zuerst herausgegeben Par. 1819, lat. u. deutsch, 2. Aufl. Mainz 1820, lat. u. deutsch von Carl Haas, Tübingen 1860. Leibniz' deutsche Schriften hat G. E. Guhrauer, Berlin 1838 — 40, herausgegeben. Eine neue Gesammtausgabe der philosophischen Schriften hat Joh. Ed. Erdmann veranstaltet, manches Unedirte aus Manuscripten der K. Bibliothek zu Hannover mit aufgenommen, über die Entstehungszeit der einzelnen Briefe, Abhandlungen und Schriften Notizen beigefügt: Godofr. Guil. Leibnitii opera philos. quae exstant Latina, Gallica, Germanica omnia, Berolini 1840. Oeuvres de Leibnitz, nouvelle édition, par M. A. Jacques, 2 voll., Paris 1842. Eine vollständige Sammlung aller Leibnitzischen Schriften hat Georg Heinrich Pertz begonnen: erste Folge, Gesch., Bd. I.—IV., Hannover 1843—47; zweite Folge, Philos., Bd. I.: Briefwechsel zwischen Leibniz, Arnauld und dem Landgrafen Ernst von Hessen-Rheinfels, aus den Handschr. der K. Bibl. zu Hannover hrsg. von C. L. Grotefend, Hannover 1846; dritte Folge, Math., hrsg. v. C. J. Gerhardt, Bd. I.—VII, Berlin und (von Bd. III. an) Halle 1849—63. A. Foucher de Careil hat die oben (bei der Litteratur über Spinoza) citirte Réfutation inédite de Spinoza par Leibniz veröffentlicht, und giebt ferner heraus: Oeuvres de Leibniz, publiées par la pr. fois d'après les mscr. originaux, Paris 1859 sqq. (Lettres de L., Bossuet, Pellisson, Molanus et Spinola, Ulrich etc. pour la réunion des protestants et des catholiques: hist. et pol. etc.). Den Briefwechsel zwischen Leibniz und Christian Wolf hat C. J. Gerhardt, Halle 1860, edirt. Eine Auswahl kleinerer philos. Aufsätze hat in deutscher Uebersetzung nebst beigefügten Einleitungen Gustav Schilling unter dem Titel: Leibniz als Denker, Leipz. 1863, abdrucken lassen. Eine neue Ausgabe der Werke veranstaltet auf Grund des handschriftlichen Nachlasses in der K. Bibl. zu Hannover Onno Klopp, 1. Reihe: hist.-polit. und staatswiss. Schriften, Hannover 1864 ff.

Ueber den philosophischen Entwicklungsgang des Leibniz sind vor Allem seine eigenen Aeusserungen, insbesondere in Briefen an Remond de Montmort u. A., be-

§ 11. Leibnitz und gleichzeitige Philos. und die deutsche Philos. des 18. Jahrh.

lehrend. Ueber sein Leben, seine Schriften und seine Lehre handeln namentlich: Jo. Geo. von Eckhart (Leibnitzens Secretär und später sein College in der Historiographie des Hauses Braunschweig), dessen biographische Notizen erst spät durch von Murr in dem Journal zur Kunstgesch. u. allg. Litt. VII, Nürnberg 1779, veröffentlicht worden sind, aber im Manuscript an Fontenelle mitgetheilt, von diesem benutzt wurden für sein Eloge de Mr. de Leibnitz (gelesen in der Pariser Akademie der Wiss. 1717, abgedr. in der Hist. de l'acad. des sc. de Paris, auch in der Sammlung der Eloges von Fontenelle, verdeutscht durch Eckhart in der deutschen Ausgabe der Theodicee von 1720, auch von 1730; vgl. Schleiermacher, über Lobreden im Allgemeinen und die Fontenelle'sche auf Leibnitz insbesondere, in Schleiermacher's Werken III., 3, S. 66 ff. Elogium Leibnitii (von Chr. Wolff) in den Act. erud. 1717. Histoire de la vie et des ouvrages de Mr. Leibnitz par M. L. de Neufville (Jancourt) in der Amsterdamer Ausgabe der Theodicée von 1734. Karl Günther Ludovici, ausführlicher Entwurf einer vollständigen Historie der Leibnitzischen Philosophie, Leipzig 1737. Lamprecht, Leben des Herrn von L., Berlin 1740, italienisch von Joseph Barsoul mit Anmerkungen besonders auf L.'s Aufenthalt in Rom 1690 bezüglich. Geschichte des Herrn von L., aus dem Franz. des Ritters von Jancourt, Leipz. 1757. Eloge de L., qui a remporté le prix de l'acad. de Berlin, par Bailly, Berl. 1769. Lobschrift auf Gottfr. Wilh. Freih. v. L. in der K. deutschen Ges. zu Göttingen vorgel. von Abr. Gotthelf Kästner, Altenburg 1769. Mich. Hissmann, Versuch über das Leben L.'s, Münster 1783. Auch Rehberg im Hannöverschen Magazin 1787, und Eberhard im Pantheon der Deutschen II., 1795, haben Leibnitzens Leben dargestellt. In neuerer Zeit hat Gottschalk Eduard Guhrauer eine ausführliche Biographie geliefert, G. W. Freih. v. L., 2 Bde., Dreslau 1842, mit Nachträgen 1846, englisch von Mackl, Boston 1845. Vgl. u. a. mehrere Vorträge und Abhandlungen von Boeckh über Leibniz u. d. deutschen Akademien, über L.'s Ansichten von der philologischen Kritik, über L. in s. Verhältniss zur positiven Theol. etc., abg. in Boeckh's kl. Schr., hrsg. v. Ferd. Ascherson, Bd. II., Leipz. 1859 und Bd. III.), Trendelenburg (in den Abh. der Akad. der Wiss. und in Tr.'s hist. Beitr. zur Philos., Bd. II., Berlin 1856), Onno Klopp (das Verhältniss von L. zu den kirchl. Reunionsversuchen in der zweiten Hälfte des 17. Jahrh., in: Zeitschrift des hist. Vereins für Niedersachsen, Jahrg. 1860, Leibn. als Stifter gelehrter Gesellschaften, Vortrag bei der Philologen-Versammlung zu Hannover, Gött. 1864, L.'s Vorschlag einer franz. Expedition nach Aegypten, Hannover 1864; die darauf bezüglichen Schriften haben Klopp, Hann. 1864, und Foucher de Careil, Oeuvres de L: Projet d'expédition d'Egypte, présenté par L. à Louis XIV., Paris 1864, edirt). — Auf die Leibnitzische Doctrin gehen ausser den betreffenden Theilen in den umfassenderen Geschichtswerken, worunter besonders Erdmann's und Kuno Fischer's Darstellungen hervorzuheben sind, Ludwig Feuerbach, Darstellung, Entwicklung und Kritik der L.'schen Philosophie, Ansbach 1837, 2. Aufl. 1844; Nourrisson, la philosophie de L., Paris 1860, ferner manche ältere und neuere Abhandlungen und Schriften, die einzelne Seiten der Leibnitzischen Philosophie betreffen. Georg Bernhard Bilfinger, comm. de harmonia animi et corporis humani praestabilita, in monte Leibnitii, Prof. 1723, 2. ed. 1735, de origine et permissione mali, praecipue moralis, Prof. 1724. Fr. Ch. Baumeister, hist. doctrinae de optimo mundo, Gorlitii 1741. G. Ploucquet, primaria monadologiae capita, Berol. 1748. De Justi, diss. qui a remporté le prix proposé par l'acad. des sc. de Prusse sur le système des monades, Berl. 1748. (Reinhard) diss. qui a remporté le prix prop. par l'acad. des sc. de Prusse sur l'optimisme, Berl. 1755. Kant, über den Optimismus, Königsberg 1759, womit jedoch die spätere, vom kritischen Standpunkt aus das Problem behandelnde Schrift über das Misslingen aller philos. Versuche einer Theodicee zu vergleichen

§ 11. Leibniz und gleichzeitige Philos. und die deutsche Philos. des 18. Jahrh.

L. Ancillon, essai sur l'esprit du Leibnitianisme, in den Abh. der ph. Cl. der Akad. der Wiss., Berlin 1816. H. C. W. Sigwart, die L.'sche Lehre von der prästabilirten Harmonie in ihrem Zusammenhange mit früheren Philosophemen betrachtet, Tübingen 1822. G. E. Gahrauer, Leibnitii doctrina de unione animae et corporis, Inaug.-Diss., Berlin 1837. Karl Moritz Kahle, L.'s vinculum substantiale, Berlin 1839. G. Hartenstein commentatio de materiae apud Leibnitium notione et ad monadas relatione (zur Feier des 21. Juni 1846 als des zweihundertjährigen Geburtstages L.'s), Lipsiae 1846. R. Zimmermann, L. und Herbart, eine Vergleichung ihrer Monadologien, Wien 1849; das Rechtsprincip bei L., Wien 1852. F. B. Kvet, L.'s Logik; L. und Comenius, Prag 1857. Sloman, the claim of L. to invention of the differential calculus, London 1860. Trendelenburg, über L.'s Entwurf einer allgemein. Charakteristik, aus den Abh. der Akad. bes. abg., Berlin 1856; L.'s Tafel der Definitionen, in: Monatsber. der K. Akad. der Wiss., Berl. 1861. A. Foucher de Careil, L., la philos. juive et la cabbale, Paris 1861; L., Descartes et Spinoza, avec un rapport par Victor Cousin, Paris 1863. J. Bonifas, étude sur la théodicée de L., Paris 1863. Oscar Svahn, akad. Abh. über die Monadenlehre, Lund 1863. Hugo Sommer, de doctrina, quam de harmonia praestabilita Leibnitius propos., Gottingae 1864.

W. L. G. Frhr. von Eberstein, Versuch einer Geschichte der Logik und Metaphysik bei den Deutschen von Leibnitz bis auf die gegenwärtige Zeit, Halle 1794 — 99.

Gottfried Wilhelm Leibnitz (später geadelt) wurde zu Leipzig am 21. Juni (alten Stils = 1. Juli neuen Stils) 1646 geboren. Sein Vater Friedrich L., Professor der Moralphilosophie zu Leipzig, starb bereits 1652. Auf der Nicolaischule und auf der Leipziger Universität, welche er zu Ostern 1661 bezog, war der besonders um die Geschichte der alten Philosophie verdiente Jacob Thomasius (geb. zu Leipzig 1622, gest. 1684, der Vater des berühmten Juristen und Rechtsphilosophen Christian Thomasius) der bedeutendste. Ohne Aristoteles und die Scholastiker, wie auch Plato und Plotin, gering zu achten, fand er doch vollere Befriedigung bei Descartes; später näherte er sich jenen wiederum an. Leibnitz vertheidigte im Mai 1663 unter dem Vorsitze des Jacob Thomasius eine Abhandlung de principio individui, worin er sich für die nominalistische Doctrin erklärt. Im Sommer 1663 studirte er in Jena, besonders Mathematik unter Erhard Weigel. Gegen Ende des Jahres 1664 erschien zu Leipzig sein Specimen difficultatis in jure seu quaestiones philosophicae amoeniores ex jure collectae, 1666 seine Ars combinatoria. Die juristische Doctorwürde, um die er sich 1666 bewarb, wurde ihm in Leipzig nicht ertheilt, indem man ihn wegen seiner Jugend, um nicht ältere Bewerber um das Doctorat und das daran geknüpfte Anrecht auf Assessorstellen hintanzusetzen, auf eine spätere Promotion verwies, wohl aber in Altdorf, wo er die Abhandlung de casibus perplexis in jure vertheidigte; er verlangt in derselben im Fall einer Unbestimmtheit der positiven Gesetze Entscheidung nach dem Naturrecht. Ohne Neigung zu der akademischen Lehrthätigkeit, die er in Altdorf hätte antreten können, suchte er sich in der nächstfolgenden Zeit durch den Umgang mit hervorragenden Gelehrten und Staatsmännern weiter auszubilden. In Nürnberg kam er mit Alchymisten in Berührung. Am einflussreichsten ward für ihn die Verbindung mit dem Freiherrn Johann Christian von Boineburg, der bis zum Jahr 1664 erster geheimer Rath (Minister) des Kurfürsten Johann Philipp von Mainz gewesen war und immer noch grossen Einfluss besass. Leibnitz widmete dem Kurfürsten die Schrift: Methodus nova discendae docendaeque jurisprudentiae, cum subjuncto catalogo desideratorum in jurisprudentia, Francof. 1668. Bei dem Catalogus desideratorum leitete ihn Baco's Vorgang in der Schrift de augmentis scientiarum. Mit dem Mainzischen Hofrath

§ 11. Leibnitz und gleichzeitige Philos. und die deutsche Philos. des 18. Jahrh.

Lasser arbeitete er 1668 und 69 an einer Verbesserung des Corpus juris. Von des Nicolius Schrift de veris principiis et vera ratione philosophandi contra pseudo-philosophos, Parma 1553 (s. oben § 3, S. 12) besorgte Leibnitz, durch Boineburg veranlasst, eine neue Ausgabe mit Anmerkungen und Abhandlungen (insbesondere einer diss. de stilo philosophico Marii Nizolii), welche Francf. 1670, auch 1674 erschien. Im Sommer 1670 wurde Leibnitz Rath am Ober-Revisionscollegium, dem höchsten Gerichtshof des Kurfürstenthums. Im März 1672 trat er eine Reise nach Paris und London an. Nach London reiste er im Januar 1673, kam im März desselben Jahres nach Paris zurück, wo er bis zum October 1676 verweilte, eine Zeitlang als Erzieher von Boineburg's Söhne. In Paris erhielt Leibnitz im Jahr 1676 von dem Herzog Johann Friedrich von Braunschweig-Lüneburg und Hannover eine Ernennung zum Bibliothekar in Hannover. Er reiste aus Frankreich über London und Amsterdam nach Hannover, wo er im December 1676 seine Stelle antrat. Unter den Gelehrten, mit denen ihn der Aufenthalt im Auslande in Verbindung brachte, sind die bedeutendsten: in Paris der Cartesianer Arnauld, der holländische Mathematiker und Physiker Huygens, der deutsche Mathematiker und Logiker Walther von Tschirnhausen, in London der auch mit Spinoza befreundete Secretär der Akademie der Wissenschaften Oldenburg, der Chemiker Boyle, ferner der Mathematiker Collins (den er jedoch erst 1676 sah); durch Oldenburgs Vermittlung hat Leibnitz auch mit Newton, der damals in Cambridge war, Briefe gewechselt; bei der Durchreise durch Holland hat Leibnitz Spinoza besucht, mit dem er schon im October 1671, jedoch nur über eine optische Frage, correspondirt hat. Schon bei seinem ersten Aufenthalt in Paris im Jahr 1672 legte Leibnitz Ludwig dem XIV. das „Consilium Aegyptiacum", den Rath zur Eroberung Aegyptens vor, wodurch Frankreichs Macht gemehrt, zugleich aber sein Interesse von den deutschen Angelegenheiten abgelenkt werden sollte. Newton hatte bereits seit 1665 und 1666 die Grundzüge der von ihm sogenannten „Arithmetik der Fluxionen" erfunden, veröffentlichte dieselben aber erst in seinem 1687 erschienenen grossen Werke: Principia mathematica philosophiae naturalis. In den Jahren 1675 und 1676 erfand Leibnitz die mit Newton's Fluxionencalcul sachlich übereinkommende, formell aber vollkommenere „Differentialrechnung"; er veröffentlichte seine Erfindung zuerst 1684 im November in den „Acta eruditorum" durch den Aufsatz: Nova methodus pro maximis et minimis. Sowohl bei dem Newton'schen, wie bei dem Leibnitzischen Verfahren handelt es sich um die Bestimmung der Grenzwerthe, dem das Verhältniss der Zunahmen zweier veränderlichen Grössen, deren eine von der andern abhängig oder eine „Function" derselben ist, sich immer mehr nähert, je kleiner diese Zunahmen werden, dann auch umgekehrt (in der sogenannten „Integralrechnung"), wenn dieser Grenzwerth gegeben ist, um den Rückschluss auf die Art der Abhängigkeit der einen Grösse von der andern. Newton nannte die stetig veränderlichen Grössen fliessende (fluentes) und die Verhältnisse der Veränderungen Fluxionen; Leibnitz nannte die Differenzen je zweier Werthe einer veränderlichen Grösse, sofern diese Differenzen als unendlich klein oder verschwindend (in's Unendliche abnehmend) gedacht werden, Differentialien und den Grenzwerth, dem sich das Verhältniss zwischen den Differenzen der einen und denen der andern Grösse bei unendlicher Verkleinerung dieser Differenzen immer mehr annähert, den Differentialquotienten. Durch einen Brief Newtons an Oldenburg vom 13. Juni 1676 erfuhr Leibnitz, dass Newton ein methodisches Mittel zur Lösung gewisser mathematischer Probleme gefunden habe, theilte seinerseits am 27. August desselben Jahres mit, dass er in dem gleichen Falle sei, erhielt dann von Newton durch ein Schreiben vom 24. October bestimmtere Mittheilungen über mehrere analytische Entdeckungen Newtons nebst einer Andeutung über den Fluxionencalcul durch ein Anagramm des Satzes: „data aequatione

§ 11. Leibnitz und gleichzeitige Philos. und die deutsche Philos. des 18. Jahrh. 95

quotcunque fluentes quantitates involvente fluxiones invenire et vice versa"; Leibnitz
theilte darauf in einem (durch Oldenburg übersandten) Briefe vom 21. Juni 1677 an
Newton seine Methode nicht bloss andeutungsweise, sondern ausführlich mit, und
bemerkte, diese möge vielleicht mit der von Newton angedeuteten Methode übereinkommen ("arbitror quae celare voluit Newtonus de tangentibus ducendis, ab his non
abludere"). Bei der Veröffentlichung seiner Methode in den Act. erud. 1684 erwähnte
Leibnitz (der über Newtons Methode keine Gewissheit hatte) diese Correspondenz
nicht, was Newton kränkte. Newton aber, der auf Leibnitzens letzten Brief nicht
mehr geantwortet hatte, erwähnte dieselbe in einem Scholion zu Buch II., Abschn. VII.,
Lehrsatz 2 seiner „Principia" (das er jedoch in der dritten Auflage, vom Jahr 1725,
nicht wiederabdrucken liess, weil es von Leibnitz anders gedeutet worden war, als
Newton es verstanden wissen wollte). Er sagt in demselben, auf seine Mittheilung,
er sei im Besitz einer Methode, die Maxima und Minima zu bestimmen, Tangenten
zu ziehen etc., auch wenn die Gleichungen irrationale Ausdrücke enthielten, habe
Leibnitz geantwortet, er sei auf eine gleiche [das Nämliche leistende] Methode gefallen, und habe diese mitgetheilt, die in der That von der seinigen (Newton'schen)
nur unwesentlich abweiche. (Wann und wie Leibnitz dieselbe gefunden habe, lässt
Newton hier unbestimmt. Leibnitz glaubte in dem Scholion eine ausdrückliche Anerkennung der Selbstständigkeit seiner Erfindung finden zu dürfen, welche Deutung
Newton in der zweiten Ausgabe der Principia 1716 abwies.) In der Folge entspann
sich ein Streit über die Priorität der Erfindung, der in dem am 24. April 1712 der
kgl. Societät der Wissenschaften zu London durch die von ihr niedergesetzte Com-
mission erstatteten (1713 veröffentlichten) Berichte zu Gunsten Newtons entschieden
wurde, in sofern mit Recht, als die Voraussetzung der Identität beider Methoden
zutrifft, da in der That Newton die Erfindung früher gemacht, Leibnitz später, unabhängig von Newton dieselbe auf's Neue gemacht hat und nur die Priorität der Veröffentlichung Leibnitzen zuzuerkennen ist, in sofern jedoch nicht mit Recht, als jene
Voraussetzung nur in beschränktem Maasse gilt, indem Leibnitzens Methode weit
vollkommener und durchgebildeter, als die Newton'sche, insbesondere seine Bezeichnung sachgemässer und brauchbarer ist, und die fruchtreichste Entwicklung des
Grundgedankens (dessen Keime übrigens schon in der Exhaustionsmethode der Alten,
in Cavallieri's „Methode der Untheilbaren", 1635, und in der bei rationalen Ausdrücken zureichenden Methode Fermat's zur Bestimmung der Maxima und Minima
der Ordinaten, ferner in Wallis' „Arithmetica infinitorum", von deren Studium Newton
ausging, lagen) nicht von Newton, sondern theils von Leibnitz, theils von Jacob und
Johann Bernouilli (besonders in Bezug auf transscendente Functionen) gefunden
worden ist. In diesem Sinne haben Euler, Lagrange, Laplace, Biot und andere
Mathematiker geurtheilt (vgl. u. a. die kurze Zusammenstellung ihrer Ansichten in
dem Anhange zu der deutschen Uebersetzung von Brewster's Leben Newton's,
Leipzig 1833, S. 338—336); Biot sagt: „die Differentialrechnung würde noch jetzt
eine bewunderungswürdige Schöpfung sein, wenn wir blos die Fluxionsrechnung
so, wie sie in Newtons Werken dargestellt ist, besässen". In Hannover hatte Leibnitz
die herzogliche Bibliothek zu verwalten, in der Folge hatte er auch die Oberaufsicht
über die Wolfenbüttler Bibliothek zu führen, ferner die Geschichte des Fürsten-
hauses zu schreiben; seit 1678 war er als herzoglicher Hofrath ein Mitglied der
Kanzlei für Justizsachen, an deren Spitze der Vicekanzler Ludolph Hugo stand.
Im Auftrage des Herzogs Ernst August, der 1679 seinem Bruder Johann Friedrich
in der Regierung nachfolgte, machte Leibnitz auf einer in den Jahren 1687—90
unternommenen Reise durch Deutschland und Italien (die ihn 1688 nach Wien,
1689 nach Rom führte) Studien zur Geschichte des Braunschweig-Lüneburgischen
Hauses. Er veröffentlichte u. a. die Sammelwerke: Codex juris gentium diplomati-

ens nebst beigefügter Mantissa, 1693—1700, Accessiones historicae, 1698, Scriptores rerum Brunsvicensium illustrazioni inservientes, 1701—11, und arbeitete an der (unvollendet gebliebenen, erst vor Kurzem veröffentlichten) Schrift: Annales Brunsvicenses. Bei den Verhandlungen, welche die Erhebung Hannovers zum Kurfürstenthum (1692) betrafen, war auch Leibnitz betheiligt. Den Herzogen Johann Friedrich und Ernst August stand Leibnitz als Rathgeber und Freund persönlich nahe, weniger dem Sohne und (seit 1698) Regierungsnachfolger des Ernst August, Georg Ludwig, um so mehr aber dessen Mutter, der (bis 1714 lebenden) Gemahlin Ernst August's Sophie (einer Tochter Friedrichs V. von der Pfalz, Schwester der Prinzessin Elisabeth', der Descartes seine Princ. ph. widmete; ihre Tochter Sophie Charlotte (gest. 1705), die in Leibnitz ihren Lehrer verehrte, ging mit der vollsten und für ihn selbst anregendsten Theilnahme auf seine philosophisch-theologischen Gedanken ein, auch nachdem sie an den Kurfürsten Friedrich III. von Brandenburg (seit 1701 preussischem König Friedrich I.) vermählt war. Von ihr unterstützt, bewog Leibnitz diesen zu der (im Jahre 1700 erfolgten) Stiftung der Societät der Wissenschaften in Berlin (die später, bei ihrer Umgestaltung unter Friedrich II. 1744, als Akademie der Wissenschaften bezeichnet wurde). Vgl. Christian Bartholmèss, histoire philosophique de l'académie de Prusse depuis Leibn., Paris 1850—51; Adolf Trendelenburg, Leibn. und die philos. Thätigkeit der Akademie im vorigen Jahrhundert, akad. Vortrag, Berlin 1852. Auch in Dresden und Wien hat Leibnitz, obschon ohne unmittelbaren Erfolg, Akademien zu stiften gesucht. Auf Veranlassung der von Bayle in seinem Dictionnaire und anderen Schriften geäusserten philosophisch-theologischen Zweifel, über welche sich Leibnitz oft mit der Königin Sophie Charlotte unterhalten hatte, veröffentlichte dieser 1710 seine Essais de Théodicée sur la bonté de Dieu, la liberté de l'homme et l'origine du mal, mit einem vorausgeschickten, gegen Bayle's Annahme, dass die Glaubenslehren mit der Vernunft unvereinbar seien, gerichteten Discours de la conformité de la foi avec la raison. Im Jahr 1711 traf Leibnitz zu Torgau mit Peter dem Grossen von Russland zusammen, ebenso wiederum 1712 in Karlsbad, 1716 in Pyrmont und in Herrenhausen; dieser Monarch schätzte ihn hoch, ernannte ihn zu seinem Geheimen Justizrath, und liess sich von ihm Rathschläge über die Beförderung der Wissenschaften und der Civilisation im russischen Reiche ertheilen; zu der Gründung einer Akademie der Wissenschaften in Petersburg, die jedoch erst nach Peters Tode erfolgte, gab Leibnitz die erste Anregung. In Wien lebte Leibnitz vom December 1712 bis zum September 1714. Er wurde am 2. Jan. 1712 zum Reichshofrathe ernannt, schon früher (vor 1692) war er in den Adelsstand erhoben worden; auch die Reichsfreiherrnwürde ward ihm ertheilt. Während seines Aufenthalts in Wien schrieb Leibnitz 1714 für den Prinzen Eugen von Savoyen in französischer Sprache den Abriss seines Systems, der erst nach seinem Tode (zuerst deutsch von Köhler unter dem Titel: L.'s Lehrsätze über die Monadologie etc., s. oben) veröffentlicht worden ist. Nach Hannover kehrte Leibnitz im September 1714 zurück. Er traf den Kurfürsten Georg Ludwig nicht mehr dort an, da derselbe bereits nach England, wo er als Georg I. den Thron bestieg, abgereist war. Leibnitz arbeitete 1715 und 1716 hauptsächlich an seinen Annales Brunsvicenses. In eben diesen Jahren wurde Leibnitz in einen (brieflich durch Vermittlung der Prinzessin von Wales, Wilhelmine Charlotte aus Ansbach, die besonders Leibnitzens Theodicee hochhielt, geführten) Streit mit Clarke, einem Anhänger Newton's und Locke's, über seine philosophischen Grundlehren verwickelt, vor dessen Abschluss er am 14. November 1716 starb.

Leibnitz hat seine philosophische Doctrin in systematischer Ordnung niemals ausführlich, im Abriss besonders in der auf Wunsch des Prinzen Eugen von Savoyen niedergeschriebenen Darstellung der Monadologie entwickelt. In ihm selbst gestaltete

§ 11. Leibniz und gleichzeitige Philos. und die deutsche Philos. des 18. Jahrh.   97

rieb sein System erst allmählich, und zugleich fand er angemessen, sich in seinen für die Oeffentlichkeit bestimmten Aufsätzen in Gedanken und Terminis nur schrittweise von den herrschenden philosophischen Richtungen, dem Aristotelismus und dem Cartesianismus, zu entfernen.

In einem Briefe aus dem Jahre 1714 an Remond de Montmort (in Erdmann's Ausgabe der philos. Schriften, S. 701 f.) erzählt Leibniz über seinen philosophischen Bildungsgang: „Als ich die niedere Schule verlassen hatte, fiel ich auf die neueren Philosophen, und ich erinnere mich, dass ich in einem Wäldchen bei Leipzig, das Rosenthal genannt, im Alter von fünfzehn Jahren einsam lustwandelte, um mit mir zu Rathe zu gehen, ob ich die substantiellen Formen beibehalten solle. Der Mechanismus gewann endlich die Oberhand und führte mich der Mathematik zu. Aber als ich die letzten Gründe des Mechanismus und der Bewegungsgesetze suchte, kehrte ich zur Metaphysik und zur Annahme von Entelechien zurück, und vom Materiellen zum Formellen, und endlich begriff ich, nachdem ich mehrmals meine Begriffe berichtigt und weiter geführt hatte, dass die Monaden oder einfachen Substanzen die einzigen wirklichen Substanzen sind, und dass die materiellen Dinge nur Erscheinungen sind, aber wohl begründete und mit einander verknüpfte Erscheinungen."

Leibniz sagt, er verachte völlig nur solches, was auf blosse Täuschung hinauslaufe, wie die astrologische Wahrsagekunst; er finde aber selbst an der Lullischen Kunst noch etwas Achtungswerthes und Brauchbares. Er hält dafür, die Wahrheit sei verbreiteter, als man anzunehmen pflege; die Mehrheit der Secten habe Recht in einem grossen Theile ihrer affirmativen, aber nicht in ihren meisten negativen Sätzen. Teleologen und Mechanisten haben im Positiven ihrer Behauptungen beide Recht; denn der Mechanismus besteht ausnahmslos, aber er verwirklicht den Zweck. Man kann, sagt Leibniz, sogar einen Fortschritt in der philosophischen Erkenntnis bemerken. Die Orientalen haben schöne und grosse Vorstellungen von der Gottheit. Die Griechen haben das Schliessen und überhaupt eine wissenschaftliche Form hinzugefügt. Die Kirchenväter haben das Schlechte beseitigt, das sie in der griechischen Philosophie fanden; die Scholastiker aber haben das Zulässige daraus für das Christenthum nützlich zu verwenden gestrebt. Die Philosophie des Descartes ist gleichsam das Vorzimmer der Wahrheit; er hat erkannt, dass sich in der Natur stets die gleiche Kraft erhält; hätte er auch erkannt, dass die Gesammtrichtung unverändert bleibt, so hätte er zum System der prästabilirten Harmonie gelangen müssen. Doch fügt Leibniz, veranlasst durch die scherzhafte Frage, ob er selbst uns aus dem Vorzimmer in das Cabinet der Natur zu führen gedenke, bescheiden hinzu, zwischen dem Vorzimmer und dem Cabinet liege das Audienzzimmer, und es werde genügen, wenn wir Audienz erhalten, ohne dass wir Anspruch machen, in's Innere zu dringen (nous prétendre de pénétrer dans l'intérieur, in Erdmann's Ausg. XXXV., S, 123; ähnlich, obschon in anderer Wendung, lautet Hallers bekanntes, von Goethe persiflirtes Wort: „Ins Innre der Natur dringt kein erschaffner Geist").

In der am 30. Mai 1663 vertheidigten „Disputatio metaphysica de principio individui" behauptet Leibniz die nominalistische Thesis: omne individuum sua tota entitate individuatur, als deren erste Vertreter er Petrus Aureolus und Durandus (s. oben Grdr. II., 2. Aufl., § 25, S. 229 ff.) nennt. Wäre nicht die entitas tota das Princip der Individuation, so müsste dieses Princip entweder eine Negation sein oder eine Position, und in dem letzteren Falle entweder ein physischer, die Essenz bestimmender Theil, nämlich die Existenz, oder ein metaphysischer, die Species bestimmender Theil, nämlich die Haecceitas. Dass die Negation das individualisirende Princip sei, könnte, wie Leibniz mit Recht bemerkt, nur auf Grund

Ueberweg, Grundriss III.   7

der realistischen Voraussetzung: universale magis esse ens, quam singulare, angenommen werden. (In der That hat der Satz des Spinoza: omnis determinatio est negatio, die Ueberzeugung, dass der Substanz, die das Allgemeinste ist, das Sein im vollsten Sinne zukomme, zur Voraussetzung.) Leibnitz aber, überzeugt, dass das Individuum ein ens positivum sei, erklärt für unbegreiflich, wie dieses durch etwas Negatives constituirt werden könne. Die Negation kann nicht die individuellen Merkmale hervorbringen (negatio non potest producere accidentia individualia). Die Meinung, dass die Existenz das Princip der Individualität sei, kommt entweder mit der Thesis, dass die entitas es sei, überein (nämlich wenn der Unterschied zwischen essentia und existentia nur für einen rationellen gilt, in welchem Sinne Leibnitz die Ansicht seines Lehrers Scherzer deutet), oder sie führt (nämlich wenn der Unterschied für einen realen gilt) auf die Absurdität einer Trennbarkeit der Existenz von der Essenz, so dass die Essenz auch nach Hinwegnahme der Existenz noch existiren müsste. Endlich prüft Leibnitz die Haecceitas, die Scotus (sent. II, 3, 6 u. ö.) behauptet habe und zu deren Vertheidigung die Scotisten sich eidlich zu verpflichten pflegten. Der Behauptung, die species werde durch die differentia individualis oder haecceitas zum Individuum contrahirt, gleich wie das Genus durch die specifische Differenz zur Species, setzt Leibnitz die nominalistische Doctrin entgegen, das Genus werde nicht durch irgend etwas zur Species, und diese nicht zum Individuum contrahirt, weil Genus und Species nicht ausserhalb des Intellectes seien; es existiren in Wirklichkeit nur Individuen; was existirt, ist durch sein Dasein selbst etwas Individuelles. — Unter den Corollarien, welche Leibnitz seiner Dissertation angehängt hat, ist besonders die psychologische Thesis bemerkenswerth, worin er sich zu der altscholastischen, von der katholischen Kirche (am ausdrücklichsten durch das Concil zu Vienne 1311) sanctionirten (von manchen Nominalisten verworfenen) Umbildung der aristotelischen, den νοῦς allein als eine Substanz vom Leibe sondernden Doctrin bekennt, nämlich zu der Lehre, dass die sensitive und auch (welches Letztere Descartes negirte) die vegetative Kraft mit der Denkkraft zugleich der nämlichen Seele zukommen: hominis solum una est anima, quae vegetativam et sensitivam virtualiter includat. Nicht uninteressant ist auch die philologische Thesis, die dem Phalaris zugeschriebenen Briefe seien für untergeschoben zu halten.

In den philosophischen Schriften der nächstfolgenden Zeit, der Dissertatio de arte combinatoria, der (von Spizelius so betitelten) Confessio naturae contra atheistas, der Epistola ad Jacobum Thomasium, die nebst der diss. de stilo philosophico Nizolii der Ausgabe der Schrift des Nizolius de veris principiis et vera ratione philosophandi vorgedruckt ist, erklärt sich Leibnitz für die Ansicht, in welcher die Reformatoren der Philosophie: Baco, Hobbes, Gassendi, Cartesius etc., im Gegensatz zu den Scholastikern miteinander übereinkommen, dass in den Körpern nur Grösse, Figur und Bewegung, nicht verborgene Qualitäten oder Kräfte seien, nicht irgend etwas, das sich nicht rein mechanisch erklären lasse. Aber er will darum doch nicht Cartesianer heissen; er hält dafür, dass die Aristotelische Physik mehr Wahrheiten enthalte, als die Cartesianische, dass, was Aristoteles über Materie, Form, Beraubtsein, Natur, Ort, Unendlichkeit, Zeit, Bewegung lehre, grösstentheils unerschütterlich feststehe: auch finde derselbe mit Recht den letzten Grund aller Bewegung im göttlichen Geist; zweifelhaft sei die von ihm behauptete Existenz eines leeren Raumes; unter der substanziellen Form sei nur der Unterschied der Substanz eines Körpers von der Substanz eines andern Körpers zu verstehen; was Aristoteles über Materie, Form und Bewegung abstract vortrage, könne in einer Weise aufgefasst werden, dass es mit der Lehre der Neueren über die Körper zusammenstimme. Leibnitz billigt des Nizolius Bekämpfung der Scholastik, die bei dem Mangel an Erfahrung und Mathematik die Natur nicht zu erkennen vermochte, tadelt aber seine

§ 11. Leibnitz und gleichzeitige Philos. und die deutsche Philos. des 18. Jahrh.

zu weit gehende Bekämpfung des Aristoteles selbst, und seine extrem nominalistische Ansicht, dass das Genus nur eine Zusammenfassung (collectio) von Individuen sei, wodurch die Möglichkeit der wissenschaftlichen Demonstration aus allgemeinen Sätzen aufgehoben werde und nur die Induction als blosse Zusammenstellung gleichartiger Erfahrungen übrig bleibe.

Das von Erdmann veröffentlichte Autographon: de vita beata enthält Cartesianische Sätze (besonders aus Briefen vom Jahre 1645 an die Prinzessin Elisabeth, s. Trendelenburg. hist. Beitr. zur Ph. II, 5, 1855). In der Ethik hat Leibnitz dem Descartes eine höhere Autorität, als in der Physik, eingeräumt. Doch ist zweifelhaft, ob und in wie weit Leibnitz sich jene Sätze angeeignet oder dieselben nur als Cartesianische (so, wie seine Excerpte aus Plato, Spinoza etc.) zusammengestellt habe.

In den Meditationes de cognitione, veritate et ideis, die 1684 in den Acta Eruditorum Lipsiensium erschienen, modificirt Leibnitz Cartesianische Begriffe. Die Erkenntniss (cognitio) ist dunkel oder klar (vel obscura vel clara), die klare Erkenntniss ist verworren oder deutlich (vel confusa vel distincta), die deutliche Erkenntniss ist unangemessen oder angemessen (vel inadaequata, vel adaequata), ferner symbolisch oder intuitiv; die adäquate und zugleich intuitive Erkenntniss ist die vollkommenste. Leibnitz definirt: Obscura est notio, quae non sufficit ad rem repraesentatam agnoscendam, — unde propositio quoque obscura fit, quam notio talis ingreditur; clara ergo cognitio est quum habeo unde rem repraesentatam agnoscere possim. Confusa est, quum non possum (distincta, quum possum) notas ad rem ab aliis discernendam sufficientes separatim enumerare, licet res illa tales notas atque requisita revera habeat, in quae notio ejus resolvi possit; — quae enumeratio est definitio nominalis; — datur cognitio distincta notionis indefinibilis, quando ea est primitiva sive nota sui ipsius. Cognitio est adaequata, quum id omne, quod notitiam distinctam ingreditur, rursus distincte cognitum est, seu quum analysis ad finem usque producta habetur. Quum notio valde composita est, non possumus omnes ingredientes eam notiones simul cogitare; ubi tamen hoc licet, vel saltem in quantum licet, cognitionem voco intuitivam. Leibnitz macht von diesen Bestimmungen eine Anwendung auf das ontologische Argument für das Dasein Gottes in dessen (Cartesianischer) Form: Was aus der Definition eines Dinges folgt, kann von diesem Dinge prädicirt werden; die Existenz folgt aus der Definition Gottes als des Ens perfectissimum vel quo majus cogitari non potest (denn die Existenz ist eine der Vollkommenheiten); also kann die Existenz von Gott prädicirt werden. Er meint, es folge nur, dass Gott, falls er möglich sei, existire; denn der Schluss aus der Definition setze voraus, dass die Definition eine Realdefinition sei, d. h. keinen Widerspruch involvire; die Nominaldefinition nämlich enthalte nur die zur Unterscheidung dienenden Merkmale, die Realdefinition aber constatire die Möglichkeit der Sache; diese Möglichkeit werde a priori aus der Vereinbarkeit sämmtlicher Prädicate mitelnander, d. h. daraus erkannt, dass bei vollständiger Analyse kein Widerspruch sich zeige (oder bei dem Gottesbegriff dadurch ausgeschlossen sei, dass derselbe nur Realitäten in sich fasse). (Der kategorische Schluss aus der Definition setzt aber nicht bloss die Möglichkeit, sondern die Wirklichkeit des definirten Gegenstandes voraus; die Definition zeigt nur die Nothwendigkeit der Verknüpfung des Prädicates mit dem Subjecte, nicht die der Setzung des Subjectes selbst, führt also an sich zu einem hypothetischen Satze, der nur dann, wenn anderweitig die Wirklichkeit und nicht bloss die Möglichkeit des Subjectes dargethan ist, in einen kategorischen Satz übergeht. Kant hat mit Recht das Cartesianische Argument mit Einschluss der Leibnitzischen Ergänzung desselben bestritten.) Leibnitz warnt vor dem Missbrauch des Cartesianischen Principe: quid quid clare et distincte de re aliqua percipio, id est verum seu de ea enuntiabile;

oft erscheine uns als klar und deutlich, was dunkel und verworren sei; jener Satz reiche nur dann zu, wenn die oben aufgestellten Kriterien der Klarheit und Deutlichkeit angewandt werden, die Vorstellungen widerspruchslos und die Lehrsätze nach den Regeln der gewöhnlichen (Aristotelischen) Logik durch genaue Erfahrung und fehlerlose Beweisführung gesichert seien. (Dass das Kriterium der Wahrheit, welches in der Klarheit und Deutlichkeit der Erkenntniss gefunden wird, gar sehr die Gefahr der Selbsttäuschung mit sich führe und der Reduction auf die durch die logischen Normen bedingte Denknothwendigkeit bedürfe, lehrt Leibniz mit Recht; aber er geht auch hier nicht weit genug, sofern er von der vollen Klarheit, Deutlichkeit und Denkrichtigkeit sofort die volle Uebereinstimmung mit dem Sein erwartet und nicht untersucht, ob und in wie weit die menschliche Erkenntniss Elemente von subjectivem Charakter enthalte, die durch die Klarheit und logische Richtigkeit des bloss auf die Objecte gerichteten Denkens niemals aufgehoben, noch auch von den objectiv gültigen Elementen gesondert, sondern nur durch ein auf die Erkenntniss selbst gerichtetes Denken in ihrem subjectiven Charakter erkannt werden können, was später Kant durch seine Vernunftkritik zu leisten unternahm; ist jene Sonderung vollzogen, dann ist zu untersuchen, ob nunmehr mittelst derselben die Frage, wie die Dinge an sich selbst seien, sich successive einer positiven Lösung, die Kant für unmöglich hielt, zuführen lasse, so dass das Kriterium der Klarheit und Denkrichtigkeit in einem nicht dogmatistischen oder vor der Kritik liegenden, sondern über das hinausgehenden und sie involvirenden Sinne zu neuer Geltung gelangen würde. Vgl. meine Abh.: der Idealismus, Realismus und Idealrealismus, in der Zeitschr. f. Ph., N. F., Bd. 84, 1859, S. 53 ff. über oben diesen Unterschied, welchen Ulrici in seiner angehängten Entgegnung oder von ihm sogenannten „Berichtigung" verwischt.)

Leibniz hält dafür, dass es gelingen könne, alles Denken auf ein Rechnen und die Denkrichtigkeit auf Richtigkeit der Rechnung zurückzuführen, wenn für die einfachsten Begriffe und für die Verbindungsweisen der Begriffe überhaupt Zeichen von solcher Angemessenheit gefunden würden, wie die Mathematik auf ihrem Gebiete solche besitzt. Hierauf zielt sein schon in seiner Jugendzeit ausgebildeter und bis zum Alter festgehaltener, in manchen Schriften und Briefen erwähnter Plan einer **Characteristica universalis** (Spécieuse générale) ab, der jedoch ein blosses Project geblieben ist.

Der Sammlung von Staatsverhandlungen und Verträgen seit dem Ende des elften Jahrhunderts, welche Leibniz unter dem Titel „Codex Juris gentium diplomaticus" 1693 zu Hannover erscheinen liess, hat er eine Reihe von **Definitionen ethischer und juridischer Begriffe** vorangeschickt. Die Streitfrage, ob es eine uninteressirte Liebe (amor non mercenarius, ab omni utilitatis respectu separatus) gebe, sucht Leibniz durch die Definition zu lösen: amare sive diligere est felicitate alterius delectari, in welcher einerseits die Beziehung auf unseren eigenen Genuss festgehalten, andererseits aber die Quelle desselben in dem Glücke des Andern selbst gefunden wird (welche letztere Bestimmung der Spinozistischen Definition fehlt: amor est laetitia concomitante idea causae externae). Die Liebe ist ein Affect, welcher durch die Vernunft geleitet werden muss, damit die Tugend der Gerechtigkeit daraus erwachse. Leibniz definirt: Benevolentia est amandi sive diligendi **habitus** (die durch häufige gleichartige Bethätigung aus der Fähigkeit, δύναμις, hervorgegangene Fertigkeit, ἕξις, nach der Aristotelischen Terminologie, s. oben Grdr. I, § 50). Caritas est benevolentia universalis. Justitia est caritas sapientis, hoc est sapientiae dictata sequens. Vir bonus est qui amat omnes quantum ratio permittit; justitia est virtus hujus affectus rectrix. Leibniz unterscheidet drei Stufen des natürlichen Rechts: das strenge Recht (jus strictum) in der ausgleichenden

§ 11. Leibnitz und gleichzeitige Philos. und die deutsche Philos. des 18. Jahrh.

Gerechtigkeit (justitia commutativa), die Billigkeit oder Liebe im engeren Sinne (aequitas vel angustiore vocis sensu caritas) in der austheilenden Gerechtigkeit (justitia distributiva) und die Frömmigkeit oder Rechtlichkeit (pietas vel probitas) in der allgemeinen Gerechtigkeit (justitia universalis). Die ausgleichende Gerechtigkeit, lehrt Leibnitz im Anschluss an Aristoteles (s. oben Grdr. I, § 50), berücksichtigt keine anderen Unterschiede zwischen den Menschen, als die, welche aus dem jedesmaligen Verkehr selbst hervorgehen (quae ex ipso negotio nascuntur) und betrachtet im Uebrigen die Menschen als einander gleich. Die distributive Gerechtigkeit zieht die Verdienste der Einzelnen in Betracht, um nach dem Maasse derselben den Lohn (oder die Strafe) zu bestimmen. Das strenge Recht ist erzwingbar; es dient zur Vermeidung der Verletzungen und Aufrechterhaltung des Friedens; die Billigkeit oder Liebe in der austheilenden Gerechtigkeit aber zielt auch auf positive Beförderung des Glückes ab, jedoch nur des irdischen. Die Unterwerfung aber unter die ewigen Gesetze der göttlichen Monarchie ist die Gerechtigkeit in dem allgemeinen Sinne, in welchem sie (nach Aristoteles) alle Tugenden in sich begreift. Leibnitz versucht (und zwar schon in der Schrift über die Methode der Jurisprudenz) diese drei Stufen: jus strictum, aequitas, pietas, auf die drei Rechtsgrundsätze zurückzuführen: neminem laedere, suum cuique tribuere, honeste vivere bei welcher Deutung freilich mehr Leibnitzens eigener Rechtsbegriff, als der der römischen Juristen maassgebend gewesen ist.

Die Lehre von den Monaden und von der präatablirten Harmonie hat Leibnitz zuerst Einzelnen mitgetheilt, insbesondere Arnauld brieflich seit 1686, am bestimmtesten in einem Venedig 23. März 1690 datirten Schreiben, dann öffentlich in verschiedenen Artikeln im Journal des Savans und in den Acta eruditorum Lipsiensium. Bereits in einer mathematischen, in den Act. erud. 1686 erschienenen Abhandlung hat Leibnitz den Beweis für seine Behauptung zu führen gesucht, dass nicht, wie Descartes annahm, die Quantität der Bewegung, sondern vielmehr die Grösse der Kraft, die nicht durch das Product aus der Masse und Geschwindigkeit, sondern aus der Masse und dem Quadrate der Geschwindigkeit bestimmt sei, sich im Universum stets unverändert erhalte. Leibnitz folgert hieraus, dass die Natur des Körpers nicht in der blossen Ausdehnung bestehen könne, wie Descartes annahm, auch nicht, wie Leibnitz selbst früher mit Gassendi und Anderen geglaubt hatte und noch in dem Briefe an Jac. Thomasius 1669 annimmt, bloss in der Ausdehnung und Undurchdringlichkeit, sondern auch die Fähigkeit des Wirkens involvire. Die Annahme einer blossen Passivität konnte leicht zu Spinoza's theologischer Ansicht führen, dass Gott die einzige Substanz sei. Andererseits aber lag in dem Maasse, wie der Körper nicht als bloss ausgedehnt, sondern als kraftbegabt erschien, also das von Descartes angenommene dualistische Verhältniss zwischen der bloss ausgedehnten und der bloss denkenden Substanz aufgehoben wurde, Spinoza's psychologischer Grundgedanke einer substanziellen Einheit von Leib und Seele nahe. Leibnitz würde den Spinozismus haben billigen müssen, wenn er an der Ansicht, dass es ausgedehnte Substanzen gebe, hätte festhalten können; er hält aber dafür, dass die Theilbarkeit des Körpers beweise, dass derselbe ein Aggregat von Substanzen sei; dass es keine kleinsten untheilbaren Körper oder Atome gebe, weil dieselben immer noch ausgedehnt, also auch Aggregate von Substanzen sein würden; dass die wirklichen Substanzen, aus denen die Körper bestehen, untheilbar, unerzeugbar und unzerstörbar (nur durch Schöpfung entstehend, nur durch Vernichtung vergehend, sofern Gott sie schaffen oder vernichten will) und in gewissem Betracht den Seelen, die Leibnitz gleichfalls als untheilbare Substanzen betrachtet, ähnlich seien. Die untheilbaren, unräumlichen Substanzen nennt Leibnitz Monaden. Er sagt: „Spinoza würde Recht haben, wenn es keine Monaden gäbe" (Lettre II. à Mr. Bourguet, in Erdmann's Ausg. S. 720).

In der Abhandlung: Système nouveau de la nature (Journal des Savans 1695, in Erdmann's Ausg. der philos. Schriften XXXVI, S. 124) sagt Leibnitz, er habe nach mancherlei Meditationen sich schliesslich überzeugt, dass es unmöglich sei, die Gründe einer wahren Einheit in der Materie allein oder in dem, was nur passiv sei, zu finden, weil darin alles in's Unendliche hin nur ein Conglomerat von Theilen sei. Da es Zusammengesetztes gebe, so müsse es auch einfache Substanzen geben, die als wahre Einheiten nicht materielle, sondern nur formelle Atome, gleichsam metaphysische Punkte sein können: diese wahren Einheiten oder einfachen Substanzen sind zu definiren mittelst des Begriffs der Kraft. Die active Kraft (vis activa) ist (wie Leibnitz in der Abh. de primae philosophiae emendatione et de notione substantiae, in Act. Erud. 1694 sagt) ein Mittleres zwischen der blossen Fähigkeit des Wirkens und dem Wirken selbst; die blosse Fähigkeit bedarf der positiven Anregung von aussen, die active Kraft aber nur der Hinwegräumung der Hindernisse, um die Wirkung zu üben, wie die gespannte Sehne eines Bogens nur gelöst zu werden braucht, um ihre Kraft zu äussern. In den (um 1714 verfassten) Principes de la nature et de la grâce, fondés en raison, in Erdmann's Ausg. S. 714, definirt Leibnitz: La substance est un être capable d'action. Doch ist in jeder endlichen Monade auch Passivität, welche Leibnitz als materia prima (im Unterschied von der dem Aggregat oder der Masse als der materia secunda) bezeichnet; nur Gott ist actus purus, frei von jeder Potentialität. Müssen wir die Substanzen mittelst des Begriffs der Kraft denken, so folgt daraus, sagt Leibnitz in dem Syst. nouv., „quelque chose d'analogique au sentiment et à l'appetit"; man muss die Substanzen auffassen „à l'imitation de la notion que nous avons des âmes". Jede Substanz hat Perceptionen und Tendenzen zu neuen Perceptionen. In sich selbst trägt sie das Gesetz der Fortsetzung der Reihe ihrer Wirkungen (legem continuationis seriei suarum operationum, Brief an Arnauld 1690, in Erdmann's Ausg. S. 107). Jede Substanz hat eine repräsentative Natur, sie stellt das Universum vor, aber die eine deutlicher, als die andere, und eine jede mit grösserer Klarheit in Bezug auf die Dinge, zu denen sie in der nächsten Beziehung steht, mit geringerer Klarheit in Bezug auf die übrigen. Wer Eine Monade vollständig erkennte, würde in ihr das All erkennen, dessen Spiegel (miroir) sie ist; sie selbst erkennt nur, was sie klar vorstellt. Demgemäss repräsentirt jede Monade das Universum gemäss ihrem eigenthümlichen Gesichtspunkte (selon son point de vue). Hierdurch sind alle Monaden und alle Monadencomplexe von einander verschieden; es giebt im Universum nicht zwei einander vollkommen gleiche Objecte; was qualitativ ununterscheidbar ist, ist schlechthin identisch (principium identitatis indiscernibilium, Monad. 9 u. 5.). Darin, dass jede Monade von ihrem Standpunkte aus das Universum spiegelt, besteht die von Gott, dem Schöpfer der Monaden, zwischen ihnen allen von Anfang an begründete Harmonie (harmonia praestabilita).

Obwohl durch die Monadenlehre die Ungleichartigkeit aufgehoben wird, welche nach Descartes zwischen dem Leibe und der Seele besteht, und eine continuirliche Stufenordnung percipirender Substanzen an die Stelle tritt (welche Doctrin zwischen dem Cartesianischen Dualismus und dem Spinozistischen Monismus die Mitte hält), so nimmt Leibnitz doch nicht eine natürliche Wechselwirkung zwischen denselben an; denn der Ablauf der Vorstellungen der Seele kann nicht in den Mechanismus der leiblichen Bewegungen modificirend eingreifen, und dieser nicht in den Vorstellungslauf. Es ist nicht möglich, sagt Leibnitz (Syst. nouv. 14), dass die Seele oder irgend eine andere wahre Substanz etwas von aussen empfange, es sei denn durch die göttliche Allmacht. Die Monaden, sagt er an einer andern Stelle (Monad. 7), haben keine Fenster, durch die irgend welche Elemente in sie eingehen oder hinaustreten könnten. Es giebt keinen influxus physicus zwischen irgend welchen geschaffenen Substanzen, also auch nicht zwischen der Substanz, welche Seele ist und denjenigen Substanzen, die ihren Leib ausmachen. Die Seele kann ferner darum nicht auf den Leib wirken, weil sich im Universum, wie in jedem System von nur auf einander wirkenden und von einander Wirkungen erfahrenden Substanzen, nicht nur dieselbe Grösse der Kraft, sondern auch dieselbe Quantität aller Bewegungsrichtungen unverändert erhält; die Seele kann also nicht, wie Descartes dafürhielt, auf die Richtung der Bewegungen modificirend einwirken. Descartes liess noch die gewöhnliche Annahme eines natürlichen Einflusses bestehen; ein Theil seiner Schüler erkannte, dass derselbe unmöglich sei, und bildete die Doctrin des Occasionalismus aus, die besonders durch Malebranche in Aufnahme gekommen ist; aber diese Doctrin macht die alltäglichen Vorgänge zu Wundern, indem sie Gott stets auf's Neue in den Naturlauf eingreifen lässt. Gott hat vielmehr von Anfang an Seele und Leib und überhaupt alle Substanzen so geschaffen, dass, indem jede dem Gesetz ihrer inneren Entwicklung (der oben erwähnten lex continuationis seriei suarum operationum) mit voller Selbstständigkeit (spontanéité) folgt, sie zugleich mit allen andern in jedem Augenblick in genauer Uebereinstimmung (conformité) steht (also die Seele dem Gesetz der Vorstellungsassociation gemäss in demselben Augenblick eine schmerzhafte Empfindung hat, in welchem der Körper geschlagen oder verwundet wird etc. und umgekehrt der Arm den Gesetzen des Mechanismus des Leibes gemäss in demselben Augenblicke sich ausstreckt, in welchem in der Seele ein bestimmtes Begehren auftaucht u. dergl. mehr). Das Verhältniss dieser Annahme der prästabilirten Harmonie zu den beiden anderen möglichen Erklärungen der Correspondenz zwischen Seele und Leib erläutert Leibnitz (in dem Second Eclaircissement und Troisième Eclaircissement du nouveau Systême de la communication des substances, in Erdmann's Ausg. S. 133 f.) durch folgendes Gleichniss. Dass zwei Uhren mit einander stets übereinstimmen, kann auf drei Weisen erzielt werden, deren erste der Lehre von einem physischen Einfluss zwischen Leib und Seele entspricht, die zweite dem Occasionalismus, die dritte dem System der prästabilirten Harmonie. Entweder werden beide Uhren durch irgend einen Mechanismus mit einander in Verbindung gebracht, so dass der Gang der einen auf den Gang der andern einen bestimmenden Einfluss übt, oder es wird Jemand beauftragt, fortwährend die eine nach der andern zu stellen, oder es sind beide mit so vollkommener Genauigkeit gleich anfangs gearbeitet worden, dass man auf ihren andauernd gleichmässigen Gang ohne rectificirendes Eingreifen eines Arbeiters rechnen kann. Da Leibnitz zwischen Seele und Leib einen physischen Einfluss für unmöglich hält, so bleibt ihm nur die Wahl zwischen den beiden letzteren Annahmen übrig, und er entscheidet sich für die eines „consentement préétabli", weil er diese Weise, die Uebereinstimmung zu sichern, für naturgemässer und gotteswürdiger hält, als das jedesmalige gelegentliche Eingreifen. Der absolute Künstler konnte nur vollkommene Werke schaffen, die der stets erneuten Rectification nicht bedürfen.

Die Seele kann die herrschende Monade oder das substanzielle Centrum des Leibes genannt werden, oder auch die auf die Monaden des Leibes wirkende Substanz, sofern die andern ihr angepasst sind und ihr Zustand den Erklärungsgrund für die leiblichen Veränderungen ausmacht (Syst. nouv. 17, in Erdmann's Ausg. S. 128). Jede Monade, welche Seele ist, ist mit einem organischen Leibe umkleidet, den sie niemals in allen seinen Theilen verliert. (Fischers Reduction des Unterschieds von Seele und Leib auf den der Activität und Passivität Einer Monade ist nur die Erhebung eines Missverständnisses zum „esoterischen" Sinn der Doctrin.)

§ 11. Leibniz und gleichzeitige Philos. und die deutsche Philos. des 18. Jahrh.

Es existirt nichts anderes, als Monaden und Erscheinungen, welche Vorstellungen der Monaden sind. Alle Ausdehnung gehört nur der Erscheinung an; nur in der verworrenen sinnlichen Auffassung erscheint die continuirlich ausgedehnte Materie. Diese Materie ist nur ein „phaenomenon bene fundatum", „un phénomène régié et exact, qui ne trompe point, quand on prend garde aux règles abstraites de la raison". Der Raum ist die Ordnung der möglichen coexistirenden Erscheinungen, die Zeit ist die Ordnung der Successionen (in Erdmann's Ausg. S. 189, 745 f., 752 u. ö.). Was in der Ausdehnung Reales ist, besteht nur in dem Grunde der Ordnung und geregelten Folge der Erscheinungen, welcher Grund nicht anschaulich vorgestellt, sondern nur gedacht werden kann.

Die Vereinigung von einfachen Substanzen zu einem Organismus ist eine unio realis und bildet eine zusammengesetzte Substanz, indem die einfachen Substanzen gleichsam durch ein „vinculum substantiale" mit einander zu einem Ganzen verknüpft sind. Aus der monadischen und geistigen Natur der Seele folgert Leibniz ihre Unzerstörbarkeit und Unsterblichkeit. Syst. nouv. in Erdmann's Ausg. S. 126: „Tout esprit étant comme un monde à part, suffisant à lui-même, indépendant de toute autre créature, enveloppant l'infini, exprimant l'univers est aussi durable, aussi subsistant et aussi absolu que l'univers même des créatures". Aus der Unmöglichkeit, die thatsächliche Uebereinstimmung zwischen Seele und Leib durch physischen Einfluss zu erklären, folgert er die Nothwendigkeit der Annahme der Existenz Gottes als der gemeinsamen Ursache aller endlichen Substanzen: „car ce parfait accord de tant de substances qui n'ont point de communication ensemble, ne sauroit venir que de la cause commune" (Syst. nouv. 1695, in Erdmann's Ausg. S. 128). Wahrscheinlich hat Leibniz im Jahr 1673, als er in einem Briefe an den Herzog Johann Heinrich von Braunschweig schrieb: ratio ultima rerum seu harmonia universalis, id est Deus, Gott nicht als den Begründer der Harmonie, sondern als die Harmonie selbst gedacht; in seiner späteren Zeit aber lehrt er schwankungslos, Gott, die primitive Substanz, habe jede Monade so eingerichtet, dass sie stets von ihrem Standpunkte aus das Weltall spiegele, und er habe hierdurch die Harmonie bewirkt. Gott ist, sagt Leibniz (Monad. 47, in Erdmann's Ausg. S. 708) die primitive Einheit oder die ursprüngliche einfache Substanz, die Monas primitiva (Epist. ad Dierlingium, in Erdmann's Ausg. S. 678), deren Productionen alle geschaffenen oder abgeleiteten Monaden sind, die (wie Leibniz allerdings nicht ohne einige Beeinträchtigung seiner Voraussetzung der Untheilbarkeit der Monaden lehrt) aus ihr gleichsam durch beständige Ausstrahlungen (die doch dynamische Theilungen sind) entstehen (par des fulgurations continuelles de la Divinité de moment à moment, bornées par la réceptivité de la créature à laquelle il est essentiel d'être limitée). Gott hat eine adäquate Kenntniss von allem, da er dessen Quelle ist. Er ist gleichsam ein allgegenwärtiges Centrum; alles ist ihm unmittelbar gegenwärtig, nichts ist fern von ihm. Diejenigen Monaden, welche Geister sind, haben vor den übrigen die Gotteserkenntnisse voraus, und haben einigen Antheil an Gottes schaffender Kraft. Gott beherrscht die Natur als Architect, die Geister als Monarch; zwischen dem Reiche der Natur und der Gnade besteht eine vorausbestimmte Harmonie (Principes de la nature et de la grâce 15, in Erdmann's Ausg. S. 717).

Auf dem Princip der Harmonie zwischen den Reichen der Natur und der Gnade beruht Leibnitzens Theodicaea (Théodicée) oder Rechtfertigung Gottes wegen des Uebels in der Welt. Die Welt muss als Werk Gottes die beste unter allen möglichen Welten sein; denn wäre eine bessere Welt möglich, als diejenige, welche wirklich besteht, so hätte Gottes Weisheit dieselbe erkennen, seine Güte sie wollen, seine Allmacht sie schaffen müssen. Das Uebel in der Welt ist mit Nothwendigkeit durch

§ 11. Leibniz und gleichzeitige Philos. und die deutsche Philos. des 18. Jahrh.

die Existenz der Welt selbst bedingt. Sollte es eine Welt geben, so musste sie aus endlichen Wesen bestehen; hierdurch rechtfertigt sich die Endlichkeit oder Beschränktheit und Leidensfähigkeit, die man das metaphysische Uebel nennen kann. Das physische Uebel oder der Schmerz ist heilsam als Strafe oder als Erziehungsmittel. Das moralische Uebel oder das Böse konnte Gott nicht aufheben, ohne die Selbstbestimmung und damit die Moralität selbst aufzuheben; die Freiheit, nicht als Exemtion von der Gesetzmässigkeit, sondern als Selbstentscheidung nach dem erkannten Gesetz, gehört zum Wesen des Geistes. Der Naturlauf ist so von Gott geordnet, dass er jedesmal dasjenige herbeiführt, was für den Geist das Zuträglichste ist; eben hierin besteht die Harmonie zwischen dem Reiche der Natur und dem Reiche der Gnade.

Den Kern seiner Bemerkungen gegen Locke's Essay concerning human understanding (welche Schrift er jedoch als „un des plus beaux et des plus estimés ouvrages de ce temps" anerkennt in seinen Nouveaux essais sur l'entendement humain) bezeichnet Leibnitz selbst (in einem Briefe an Bierling) in folgender Weise: „Bei Locke sind gewisse besondere Wahrheiten nicht übel auseinandergesetzt; aber in der Hauptsache entfernt er sich weit vom Richtigen, und er hat die Natur des Geistes und der Wahrheit nicht erkannt. Hätte er den Unterschied zwischen den nothwendigen Wahrheiten oder denjenigen, welche durch Demonstration erkannt werden, und denjenigen, zu welchen wir bis auf einen gewissen Grad durch Induction gelangen, richtig erwogen, so würde er eingesehen haben, dass die nothwendigen Wahrheiten nur aus den dem Geiste eingepflanzten Principien, den sogenannten angeborenen Ideen, bewiesen werden können, weil die Sinne zwar lehren, was geschieht, aber nicht, was nothwendig geschieht. Er hat auch nicht beachtet, dass die Begriffe des Seienden, der Substanz, der Identität, des Wahren und Guten deswegen unserm Geiste angeboren sind, weil er selbst sich angeboren ist, in sich selbst dieses alles ergreift. Nihil est in intellectu, quod non fuerit in sensu, nisi ipse intellectus." (Da jedoch Locke ausser der Sensation auch die Reflexion als das Bewusstsein des Geistes von seinem eigenen Thun angenommen hat, so ist der Gegensatz geringer, als er nach dem Wortlaute erscheint. Wenn der Geist den Begriff des Seienden, der Substanz darum zu gewinnen vermag, weil er selbst ein Seiendes, eine Substanz ist, so ist ihm nicht dieser Begriff als solcher, sondern das, woraus dieser Begriff sich bilden lässt, angeboren; ist er der Wahrheit und Güte fähig und vermag durch Reflexion auf die von ihm gewonnene Wahrheit und Güte eben diese Begriffe zu bilden, so erlangt er dieselben nicht ohne die „réflexion", und die Leibnitzische Theorie läuft darauf hinaus, dass die Möglichkeit derjenigen Reflexion, die zu jenen Begriffen führt, durch eine der Seele innewohnende Activität bedingt ist, die den Vergleich derselben mit einer bloss passiven tabula rasa unpassend macht; doch hinkt auch der Leibnitzische Vergleich der (durchweg lebendigen) Seele mit einem von Adern durchzogenen Marmor. Zur Erkenntniss der Nothwendigkeit führt nicht die vereinzelte Erfahrung, wohl aber die Combination von Erfahrungen nach logischen Normen.) Ueber das Einzelne vergl. insbesondere die schon oben (§ 10, S. 78) citirte Abhandlung von G. Hartenstein, Locke's Lehre von der menschlichen Erkenntniss in Vergleichung mit Leibnitz's Kritik derselben, des IV. Bandes der Abh. der philologisch-historischen Classe der K. Sächs. Gesellschaft der Wiss. No. II., Leipzig 1861.

Als Principien des Schliessens bezeichnet Leibnitz den Satz der Identität und des Widerspruchs und den Satz des zureichenden Grundes. Monadol. 31, 32 (in Erdmanns Ausgabe S. 707): Nos raisonnemens sont fondés sur deux grands principes, celui de la contradiction, en vertu duquel nous jugeons faux ce

§ 11. Leibniz und gleichzeitige Philos. und die deutsche Philos. des 18. Jahrh.

qui en enveloppe, et vrai ce qui est opposé ou contradictoire au faux, et celui de la raison suffisante, en vertu duquel nous considérons qu'aucun fait ne saurait se trouver vrai ou existant, aucune énonciation véritable, sans qu'il y ait une raison suffisante pourquoi il en soit ainsi et non pas autrement, quoique ces raisons le plus souvent ne puissent point nous être connues. Die nothwendigen Wahrheiten führt Leibnitz auf den Satz des Widerspruchs zurück, die zufälligen oder factischen auf den Satz des Grundes; die ersteren, worin Leibnitz insbesondere die mathematischen rechnet, kann man durch eine Analysis der Begriffe und Sätze, die bis zu den primitiven fortgeht, erkennen. (Im Gegensatz zu dieser Lehre hat Kant die mathematischen Erkenntnisse als synthetische Urtheile a priori bezeichnet. Manche Leibnitzianer haben den Satz des Grundes aus dem des Widerspruchs abzuleiten versucht.)

Auf die Religion und auf die allgemeine Bildung im achtzehnten Jahrhundert hat Leibnitz zumeist durch seinen Versuch eines Nachweises der Conformität von Vernunft und Glauben (in der Théodicée) gewirkt, den er zunächst im Gegensatz gegen Bayle's extreme Durchführung des altprotestantischen Princips des Widerstreits aufstellte, und der bei der Ausbreitung und Vertiefung der wissenschaftlichen Vernunfterkenntniss auf den Gebieten der Natur und Geschichte als ein dringendes Zeitbedürfniss erschien. In dem Maasse, wie sein Princip Eingang fand, wurde einerseits die Schroffheit des Gegensatzes zwischen Katholicismus und Protestantismus gemildert, andererseits aber die Bedeutung der Offenbarungslehren überhaupt (obschon Leibnitz an denselben festhielt und insbesondere socinianische Einwürfe gegen die orthodoxe Trinitätslehre bekämpfte zu Gunsten der durch die blosse Vernunft erkennbaren Wahrheiten abgeschwächt, in welcher Richtung die sogenannte Aufklärung weit über Leibnitzens Absicht hinausging. Die Leibnitzisch-Wolff'sche Philosophie bahnte dem theologischen Rationalismus an, der später durch den Kantianismus zu einer volleren und consequenteren Ausbildung gelangte.

Ging in philosophischem Betracht Leibnitzens Streben vorzüglich auf die Vereinigung der theologischen und kosmologischen Auffassung, der Ableitung aus Gott und der Erklärung durch Naturgesetze, so ist doch eine wirkliche Harmonie beider Elemente nicht erreicht worden. Die prästabilirte Harmonie lässt nur anscheinend eine naturgesetzliche Auffassung zu, indem jede Monade von ihrem Standorte aus das All spiegeln soll; eine wirkliche Naturgesetzlichkeit müsste den Causalnexus involviren. Wie Gott die Monaden zu bestimmen vermöge, bleibt unklar. Die Verschiedenheit der Standorte der Monaden muss entweder von eben solcher Art sein, wie die der Lage von Punkten in dem Raume der sinnlichen Anschauung oder nicht. Ist sie es nicht, so bleibt die Natur derselben völlig unbestimmt; die Durchführung der Monadenlehre, welche fast durchgängig die Analogie räumlicher Verhältnisse voraussetzt, wird durch den allgemeinen Satz, dass alle derartigen Verhältnisse bei den Monaden nicht stattfinden, nicht nur durchaus unanschaulich, sondern verliert auch jede Klarheit für das Denken; die Leibnitzsche Lehre vom Raum bleibt hiernach nicht wesentlich von der Kantischen Doctrin, wonach derselbe eine blosse subjective Anschauungsform ist, unterschieden, sieht dann aber consequentermaassen, wie Kant gezeigt hat, auch die Denkformen in den blossen Subjectivismus mit hinein, und unterliegt andererseits den nämlichen Bedenken, welche diesen Kantischen Subjectivismus als unhaltbar erweisen und insbesondere Herbart zur Ausbildung eines neuen „Realismus" bestimmt haben. Sind aber die Monadenorte räumlicher Art (zu welcher Annahme insbesondere die mathematische Bestimmtheit der mechanischen Gesetze nöthigt, welche Gesetze unleugbar über das Subject auf die transscendentalen Objecte, die seine sinnlichen Anschauungen bedingen, hinausweisen), so muss (mit Herbart) ein intelligibler Raum von dem phänomenalen unterschieden, aber derselbe dem letztern gleichartig gedacht werden, was jedoch Leibniz nicht will, der ausdrücklich alle räumlichen Beziehungen auf Phänomene einschränkt und die Uebertragung derselben auf die Monaden abweist; durch diese Uebertragung würde mindestens die theologische Seite der Leibnitzischen Doctrin, die Allgegenwart Gottes, sein Nichtgebundensein an einen bestimmten Punkt, seine gleich nahe Beziehung zu allen endlichen Monaden gefährdet werden. Die punktuelle Einfachheit der Monade verträgt sich nicht mit der zum Behuf der Auschliessung äusserer Einwirkungen angenommenen Vielfachheit der in ihr liegenden Perceptionen; schon Bayle hat hierauf aufmerksam gemacht; wird die Einfachheit aufgegeben, so ist zunächst der Spinozismus hergestellt; Herbart hat, um die punktuelle Einfachheit zu retten (deren Möglichkeit übrigens auch an sich selbst zweifelhaft ist, da der Punkt nur als Grenze existirt und nur in der Abstraction verselbstständigt wird), die Consequenz der Einfachheit der Qualität gezogen, wodurch aber nicht nur die prästabilirte Harmonie aufgehoben, sondern auch jede Durchführung einer theoretischen Gotteslehre unmöglich wird. Der Kantianismus, Spinozismus und Herbartianismus liegen ausgewickelt in der Leibnitzischen Doctrin mit einander vereint; zu einer wirklichen Versöhnung der widerstreitenden Elemente ist Leibniz nicht gelangt.

Die nächste Aufgabe war jedoch nicht die Auflösung, sondern die Systematisirung der Leibnitzischen Gedanken. Dieser Aufgabe hat sich mit entschiedenem Talent, unermüdlichem Fleiss und bedeutendem Erfolg Christian Wolff unterzogen, so dass fast alle Anhänger Leibnitzens in Deutschland nach unter seinem Einfluss gestanden haben und die Schule als die Leibniz-Wolff'sche bezeichnet zu werden pflegt. Doch gingen neben der Leibnitzischen Doctrin, welche das Haltbare der Cartesianischen und der Aristotelischen Philosophie grösstentheils in sich aufgenommen hatte, auch andere Gedankenrichtungen nebenher, insbesondere die Locke'sche; auch behaupteten einige andere mit Leibniz gleichzeitige Denker, wie der Rechtslehrer Pufendorf, der Logiker Tschirnhausen etc. auf bestimmten Gebieten der Philosophie eine mehr oder minder bedeutende Autorität.

Ein deutscher Vorgänger Leibnitzens in dem Bestreben nach einer Reform der Philosophie war Joachim Jungius (1587—1657), ein tüchtiger Mathematiker und Naturforscher, der besonders auch (mit Plato) die propädeutische Bedeutung der Mathematik für ein echtes Philosophiren hervorhob. Er ist der Verfasser der Logica Hamburgensis, Hamb. 1638 u. 1681. Ueber ihn handelt G. E. Guhrauer, J. J. und sein Zeitalter, nebst Göthe's Fragm. über Jungius, Stuttg. u. Tüb. 1850.

Die skeptische Ansicht vom menschlichen Wissen, welche einst Agrippa von Nettesheim in seiner Schrift de incertitudine et vanitate scientiarum, Colon. 1527, geäussert hatte und im siebenzehnten Jahrhundert in England Joseph Glanvill (scepsis scientifica, Lond. 1665, de incrementis scientiarum, Lond. 1670), in Frankreich Le Vayer u. A. vertraten, äusserte Hieronymus Hirnhaym (gest. zu Prag 1679) in seiner Schrift de typho generis humani sive scientiarum humanarum inani ac ventoso tumore, zu dem Zweck, den Offenbarungsglauben und die Ascese zu heben. Doch war er kein Feind wissenschaftlicher Studien. Ueber ihn handelt K. S. Barach, H. H., Wien 1864.

Die Mystik erneuerte Angelus Silesius (Johann Scheffler, 1624—77) in poëtischer Form.

Walther von Tschirnhausen (1651—1708), ein Mathematiker, Physiker und Logiker, der sich besonders durch das Studium der Schriften des Descartes und des Spinoza gebildet hat und mit Leibniz früh in persönliche Beziehung trat, behandelte die Logik als Erfindungskunst in seiner Medicina mentis sive artis inveniendi praecepta generalia, Amst. 1687, Lips. 1695 u. ö.

Samuel von Pufendorf (1632—94) hat sich durch seine unter dem Namen Severinus a Monzambano veröffentlichte Schrift de statu reip. Germaniae 1667 u. ö., um das deutsche Staatsrecht, durch die Schriften: de jure naturae et gentium, Lond. 1672, Frankf. 1684 u. ö., de officio hominis et civis, Lond. 1673 u. ö., um das Naturrecht und die Ethik verdient gemacht. Von Grotius nimmt Pufendorf das Princip der Geselligkeit, von Hobbes das des individuellen Interesses an, und vereinigt beide durch den Satz, dass die Geselligkeit im Interesse eines jeden Einzelnen liege. In der systematischen Anordnung der Naturrechtslehre liegt die Hauptbedeutung der Pufendorf'schen Darstellung.

Im Wesentlichen fusst auf Pufendorf Christian Thomasius (1655—1728) in seinen Institutionum jurisprudentiae divinae libri tres, in quibus fundamenta juris nat. secundum hypotheses ill. Pufendorfii perspicue demonstrantur, Francof. et Lips. 1688; 7. ed. 1730; selbstständiger verfährt er in den Fundamenta juris naturae et gentium ex sensu communi deducta, in quibus accernuntur principia honesti, justi ac decori, Hall. 1705 u. ö., worin er das justum, decorum und honestum als drei Stufen des der Weisheit gemässen Verhaltens bezeichnet, indem er für das justum das Princip aufstellt: quod tibi non vis fieri, alteri ne feceris, für das decorum: quod vis ut alii tibi faciant, tu et ipsis facias, für das honestum: quod vis ut alii sibi faciant, tu et ipsis facias. Die Rechtspflichten sind erzwingbar. Vgl. Luden, Chr. Thomasius nach seinen Schicksalen und Schriften, Berlin 1805.

Auf dem Gebiete der Rechts- und Geschichtsphilosophie hat sich unter Leibnitzens jüngeren Zeitgenossen der Neapolitaner Giovanni Battista Vico (1669 bis 1744) ausgezeichnet. Er schrieb: de antiquissima Italorum sapientia, Neap. 1710; de uno universi juris principio et fine uno, Neap. 1720; liber alter, qui est de constantia jurisprudentis, ib. 1721; Principj di una scienza nuova d'intorno alla communo natura delle nazioni, Neapel 1725, 1730, 1744 u. ö., deutsch von W. E. Weber, Leipz. 1822. Eine Gesammtausgabe seiner Werke ist Neapel 1835 erschienen. Neuerdings sind Scritti inediti durch G. del Giudice, Napoli 1862, veröffentlicht worden.

Christian Wolff, geb. 1679 zu Breslau, 1707—28 Professor in Halle, von dort vertrieben Professor in Marburg, 1740 durch Friedrich II. nach Halle zurückgerufen, gest. daselbst 1752, hat sich durch Systematisirung der Philosophie ein sehr beträchtliches Verdienst um die wissenschaftliche Form und um die gründliche didaktische Behandlung derselben erworben, obschon dasselbe durch die zu weit gehende, pedantische Anwendung der mathematischen Methode und durch geschmacklose Breite der Darstellung verringert wird. Die Leibnitzischen Gedanken hat er sich angeeignet und nach Leibnitzens eigenem Vorgange mit der bis dahin in den Schulen herrschenden Aristotelischen Doctrin zu vereinigen gesucht, zum Theil durch neue Argumente gestützt, theilweise jedoch auch modificirt und durch Beseitigung gewagterer Annahmen der gewöhnlichen Weltauffassung näher gebracht; er will insbesondere denjenigen Monaden, welche nicht Seelen sind, nicht Vorstellungen beilegen, ferner die präastabilirte Harmonie nur als eine zulässige Hypothese gelten lassen und die Möglichkeit der natürlichen Wechselwirkung zwischen Leib und Seele nicht ausschliessen. An dem Leibnitzischen Optimismus und Determinismus hält er fest. Den Satz des zureichenden Grundes sucht er auf den Satz des Widerspruchs zurückzuführen, welchen allein er (im Anschluss an Aristoteles und an die frühere Ansicht Leibnitzens selbst) als ein schlechthin fundamentales Princip der

§ 11. Leibniz und gleichzeitige Philos. und die deutsche Philos. des 18. Jahrh. 109

Demonstration gelten lässt. Die Metaphysik theilt er in die Ontologie, rationale Psychologie, Kosmologie und Theologie ein; die Ontologie handelt von dem Seienden überhaupt, die rationale Psychologie von der Seele als einfacher, unausgedehnter Substanz, die Kosmologie von dem Weltganzen, die rationale Theologie von dem Dasein und den Eigenschaften Gottes. Wolff's Moralprincip ist der Begriff der Vollkommenheit. Unsere eigene und auch fremde Vollkommenheit zu befördern, ist das Gesetz unserer vernünftigen Natur. Wolff's deutsche und (grösstentheils spätere und ausführlichere) lateinische Schriften gehen auf alle Zweige der Philosophie (mit Ausnahme der Aesthetik, die erst von Wolff's Schüler Baumgarten ausgebildet wurde). Ueber sein Leben handeln Joh. Chr. Gottsched, histor. Lobschrift auf Christian Freiherrn von Wolff, Halle 1755, und Andere, eine Selbstbiographie W.'s hat Wuttke, Leipz. 1841, herausgegeben. Ueber W.'s Vertreibung aus Halle handelt Ed. Zeller in: Preuss. Jahrb. X, 1862, S. 47 ff., wiederabg. in Zellers Vortr. und Abh. geschichtlichen Inhalts, Leipz. 1865, S. 108—139.

Johann Joachim Lange (1670—1744), der Wolff's Vertreibung aus Halle bewirkte, suchte in den Schriften: Causa Dei et religionis naturalis adversus atheismum, Hal. 1723, Modesta disquisitio novi philos. syst. de Deo, mundo et homine et praesertim harmonia commercii inter animam et corpus praestabilita, Hal. 1723 etc. den religionsgefährlichen, spinozistischen und atheistischen Charakter der Wolff'schen Doctrin darzuthun; besonders an ihrem Determinismus nahm er Anstoss.

Andreas Rüdiger (1573—1731), ein Schüler des Christian Thomasius, ein Eklektiker, bekämpfte die Leibnitzische Doctrin von der prästabilirten Harmonie zwischen Leib und Seele und hielt an der Lehre von dem physischen Einfluss fest und behauptete die Ausgedehntheit der Seele und den sinnlichen Ursprung aller Vorstellungen. Andr. Rüdigeri disp. de eo, quod omnes ideae oriantur a sensione, Lips. 1704; de sensu veri et falsi, Hal. 1709, Lips. 1722; Philos. synthetica, Hal. 1707 u. ö.; Physica divina, recta via ad utramque hominis felicitatem tendens, Frcf. ad M. 1716; Philos. pragmatica, Lips. 1723; Wolfens Meinung von dem Wesen der Seele und Rüdigers Gegenerinnerung, Leipz. 1727.

Rüdigers (mittelbarer) Schüler war Christian August Crusius (1712—1775), der einflussreichste Gegner des Wolffianismus, der besonders den Optimismus und Determinismus bekämpfte und die Ethik auf den Willen Gottes als des Gesetzgebers basirte. Anweisung vernünftig zu leben, Leipz. 1744; Gewissheit und Zuverlässigkeit der menschl. Erkenntniss, Leipz. 1747, etc. In manchem Betracht kommt mit ihm der Eklektiker Daries (1714—1772) überein. Element. metaph., Jen. 1743—44; philos. Nebenstunden, Jen. 1749—52; Via ad veritatem, Jen. 1755; erste Gründe der philos. Sittenlehre, Jen. 1755.

Zu den Gegnern der Leibnitzisch-Wolff'schen Doctrin gehört auch der Eklektiker Jean Pierre de Crousaz (1663—1748), der eine Logik, frz. Amst. 1712, lat. Genf 1724, eine Lehre vom Schönen, Amst. 1712, 2. Aufl. 1724, eine Abh. über die Erziehung, Haag 1724 und andere Schriften verfasst hat.

Zu den frühen, nicht unter Wolff's Miteinfluss stehenden Anhängern Leibnitzens gehört Michael Gottlieb Hansch (1683—1769), der Verfasser einer Schrift: Selecta moralia, Hal. 1720 und einer Ars inveniendi, 1727. Weitaus die meisten Anhänger der Leibnitzischen Doctrin aber sind zugleich Wolfianer, bis in der spätern Zeit, als Wolff's Ansehen bereits zu sinken begann, Manche wiederum mehr unmittelbar auf Leibnitz selbst zurückgingen. Vgl. über die frühere Zeit die oben (S. 92) angeführte Schrift von C. G. Ludovici, ausführlicher Entwurf einer vollständigen Historie der Leibnitzischen Philosophie, 2. Aufl., Leipz. 1737, ferner dessen Samm-

110 § 11. Leibnitz und gleichzeitige Philos. und die deutsche Philos. des 18. Jahrh.

lung und Auszüge der sämmtlichen Streitschriften wegen der Wolff'schen Philosophie, Leipz. 1737, neueste Merkwürdigkeiten der Leibnitz-Wolff'schen Philosophie, Leipz. 1738, und über die Zeit bis gegen das Ende des 18. Jahrhunderts ausser W. L. G. v. Eberstein's oben (S. 93) angef. Gesch. der Log. u. Metaph. seit Leibnitz, Halle 1794—99, noch die unten wiederum zu erwähnenden, besonders auf den Kampf zwischen dem Leibnitzianismus und Kantianismus bezüglichen Preisschriften von Joh. Christoph Schwab, C. L. Reinhold und Joh. Heinr. Abicht über die Frage: Welche Fortschritte hat die Metaphysik seit Leibnitzens und Wolf's Zeiten in Deutschland gemacht? Berlin 1796. Ausser den Darstellungen in Werken, die eigens auf die Geschichte der Philosophie gehen, sind hinsichtlich der Beziehung der Philosophie zur allgemeinen Bildung manche Darstellungen der deutschen Nationallitteratur und daneben besonders Schlosser's Gesch. des 18. Jahrhunderts und Frank's Gesch. der protest. Theologie, 2. Theil, Leipz. 1866 zu vergleichen.

Zu den bedeutenderen Wolffianern gehören: Georg Bernhard Bülffinger (oder Bülfinger, 1693—1750) der eine Disput. de triplici rerum cognitione, historica, philosophica et mathematica, Tub. 1722, eine Commentatio de harmonia animi et corporis humani maxime praestabilita ex mente Leibnitii, Frcf. et Lips. 1723, 2. ed. 1735, Commentationes philos. de origine et permissione mali, praecipue moralis, ib. 1724 etc. verfasste, Ludw. Phil. Thümming (1697—1728), der Institutiones philosophiae Wolfianae, Frcf. et Lips. 1725—26 etc. verfasste, der Probst Joh. Gust. Reinbeck (1682—1741), der seinen Betrachtungen über die in der Augsburgischen Confession enthaltenen Wahrheiten eine Vorrede von dem Gebrauch der Vernunft- und Weltweisheit in der Gottesgelahrtheit beifügte, die Juristen J. G. Heineccius, J. A. von Ickstadt, J. U. von Cramer, Dan. Nettelbladt und Andere, der Litteraturhistoriker und Kritiker Joh. Christoph Gottsched (1700-1766), der u. a. auch eine Schrift: erste Gründe der gesammten Weltweisheit, Leipz. 1734, 2. Aufl. 1735—34, verfasst hat (vgl. über ihn Danzel, Gottsched und seine Zeit, Leipz. 1848), der Mathematiker Martin Knutzen (gest. 1751), der von der Immaterielleu Natur der Seele, Frankf. 1744. Syst. causarum efficientium, Lips. 1745 schrieb und einer der Lehrer Kant's war, Fr. Chr. Baumeister (1707—1785), der Lehrbücher verfasste, auch eine Historia doctrinae de mundo optimo, Gorl. 1741, schrieb, Alex. Gottlieb Baumgarten (1714—1762), der u. a. eine Schrift: Aesthetica, Francof. ad Viadr. 1750—58, verfasste, worin er diesen von ihm zuerst so benannten Zweig der Philosophie auf Grund der Definition der Schönheit als der sinnlich angeschauten Vollkommenheit systematisch durchführte, sein Schüler Georg Friedr. Meier (gest. 1777 zu Halle), der Anfangsgründe der schönen Wissenschaften, Halle 1748, 2. Aufl. 1754, ferner ein Lehrbuch der Logik, Halle 1752 (welches u. A. auch Kant seinen Vorlesungen über die Logik zu Grunde legte), eine Metaphysik, Halle 1756, eine philos. Sittenlehre, Halle 1753—61, und viele andere Schriften verfasste.

Im Wesentlichen standen in der gleichen Denkweise auch Herm. Sam. Reimarus (1694—1765), der eine Vernunftlehre, Hamburg und Kiel 1756, 5. Aufl. 1790, Betrachtungen über die Kunsttriebe der Thiere, 1762, 4. Aufl. 1798, eine Schrift über die vornehmsten Wahrheiten der natürlichen Religion, Hamburg 1754, 6. Aufl. 1791 veröffentlicht, auch die später durch Lessing herausgegebenen Wolfenbüttelschen Fragmente (gegen das Positive in der christlichen Religion) verfasst hat; Gottfried Ploucquet (1716—1790), der u. a. die Schrift: Principia de substantiis et phaenomenis, accedit methodus calculandi in logicis ab ipso inventa, cui praemittitur commentatio de arte characteristica universali, Frcf. et Lips. 1753, ed II. 1764, verfasst hat (vgl. Aug. Friedr. Böck, Sammlung von Schriften, welche den logischen Calcul des Herrn Prof. Pl. betreffen, Frankf. und Leipz. 1766), Joh. Heinrich Lambert

§ 11. Leibnitz und gleichzeitige Philos. und die deutschen Philos. des 18. Jahrh. 111

(1728—1777), dessen neues Organon oder Gedanken über die Erforschung und Bezeichnung des Wahren und dessen Unterscheidung vom Irrthum und Schein, Leipz. 1764, Architektonik, Riga 1771, ebenso wie die kosmologischen Briefe, Augsburg 1761, vieles Originelle enthalten.

Unter den zum Theil sehr achtbaren Denkern, welche mehr eklektisch verfahren, als sich an ein einzelnes System banden, stehen der Leibnizisch-Wolffischen Richtung nahe: Moses Mendelssohn, Eberhard, Platner und Andere. Moses Mendelssohn (geb. zu Dessau 6. Sept. 1729, gest. 4. Januar 1786) hat besonders für religiöse Aufklärung gewirkt. Er wollte durch die religiösen Vorschriften nur das Handeln bestimmt wissen und trug auf dem Gebiet der specifisch religiösen Handlungen vielleicht allzugrosse Scheu vor reformatorischen Versuchen im Judenthum, vindicirte dagegen dem Denken volle Freiheit, und unternahm die Lehre vom Dasein Gottes und von der Unsterblichkeit der menschlichen Seele philosophisch streng zu erweisen; er verfasste: Briefe über die Empfindungen, Berlin 1755; Abh. über die Evidenz in den metaphysischen Wissenschaften, Berlin 1764, 2. Aufl. 1786; Phädon oder über die Unsterblichkeit der Seele (eine Modernisirung des platonischen Phädon), Berlin 1767 u. ö.; Jerusalem oder über religiöse Macht und Judenthum, Berlin 1783; Morgenstunden oder über das Dasein Gottes, Berlin 1785 u. ö.; Mos. Mend. an die Freunde Lessings, Berlin 1786 (gegen F. H. Jacobi's Schrift: über die Lehre des Spinoza, worin behauptet wurde, Lessing sei ein Spinozist gewesen) u. a.; seine sämmtlichen Werke hat sein Enkel Georg Benjamin M. in 7 Bänden, Leipz. 1843—45, herausgegeben; über seine philosophischen und religiösen Grundsätze handelt Kayserling, Leipz. 1856. Joh. Aug. Eberhard, (1739—1809; vgl. über ihn F. Nicolai, Gedächtnissschrift auf J. A. E., Berlin 1810) versuchte den Leibnitzianismus gegen den Kantianismus zu vertheidigen; er war der Herausgeber der Zeitschriften: Philosophisches Magazin, Halle 1788—92, und: Philos. Archiv, 1792—95; unter seinen Schriften sind hervorzuheben: Allgemeine Theorie des Denkens und Empfindens, Berlin 1776—80, Theorie der schönen Künste und Wissenschaften, Halle 1783, 2. Aufl. 1790, Handbuch der Aesthetik für gebildete Leser, Halle 1803 ff., 2. Aufl. 1807 ff., Versuch einer allgemeinen deutschen Synonymik, Halle 1795, 2. Aufl. 1820 (fortgesetzt von Maass). Ernst Platner's (1714—1818) Schrift: Philosophische Aphorismen, Leipz. 1776—82, 2. umgearb. Aufl. 1793—1800, worin er mit der Darstellung und gedrängten Begründung der philosophischen Doctrinen historisch-kritische Rückblicke auf die Lehrsätze älterer und neuerer Philosophen verbindet, ist noch heute von Werth. Christoph Meiners (1747—1810) hat ausser Schriften zur Geschichte der älteren Philosophie (s. o. Theil 1, § 7) besonders Untersuchungen über die Denk- und Willenskräfte, Gött. 1806, verfasst. Als populärer Moralist verdient hier der Dichter Christian Fürchtegott Gellert (1715—1769) Erwähnung. Seine sämmtl. Schriften sind Leipz. 1769—70 herausgegeben worden, seine moralischen Vorlesungen haben Ad. Schlegel und Heyer veröffentlicht, Leipz. 1770. Die (durch Friedrich den Grossen begünstigte) Locke'sche Doctrin, wie auch die moralischen, politischen und ästhetischen Untersuchungen der Engländer, zum Theil auch der Franzosen, haben die Denkrichtung Garve's, Sulzers und Anderer wesentlich bestimmt. Christian Garve (1742—1798) hat die Ethik und die Politik des Aristoteles übersetzt und erläutert, einen kritischen Ueberblick über die Geschichte der Moral mit besonders eingehender Prüfung der Kantischen Lehre hinzugefügt (Uebersicht der vornehmsten Principien der Sittenlehre von dem Zeitalter des Aristoteles an bis auf unsere Zeiten, Breslau 1798), Cicero's Schrift von den Pflichten übersetzt und erklärt, Breslau 1783, 6. Aufl. ebend. 1819, Versuche über verschiedene Gegenstände aus der Moral, Literatur und dem gesellschaftlichen Leben, Berl. 1792—1802, 2. Aufl. 1821 und andere Schriften und Ab-

112 § 11. Leibnitz und gleichzeitige Philos. und die deutsche Philos. des 18. Jahrh.

handlungen verfasst, die von umfassender und feiner Beobachtung des menschlichen Lebens zeugen. Als Psychologen sind Joh. Christ. Lossius, der in seiner Schrift: Physische Ursachen des Wahren, Gotha 1775, die Beziehung der psychischen Processe zu den Bewegungen der Hirnfibern zu erforschen strebte, und sein Gegner Joh. Nic. Tetens (1736—1805), der Verfasser der Philos. Versuche über die menschl. Natur und ihre Entwickelung, Leipzig 1776 — 77, von Bedeutung. Einer eklektischen Richtung huldigte Joh. Georg Heinrich Feder (1740—1811), dessen Lehrbücher (Grundriss der philos. Wiss., Coburg 1767, Institutiones log. et metaph. Fref. 1777 etc.) zu ihrer Zeit sehr verbreitet waren; seine Autobiographie hat sein Sohn, Leipz. 1825, herausgegeben. Dietrich Tiedemann (1748—1803), der Locke'sche Elemente mit der Leibnitzischen Doctrin verband, ist nicht nur als Historiker der Philosophie, sondern auch durch seine Untersuchungen zur Psychologie und Erkenntnislehre (Untersuchungen über den Menschen, Leipz. 1777—98; Theätet oder über das menschl. Wissen, ein Beitrag zur Vernunftkritik, Frankf. a. M. 1794; Idealistische Briefe, Marburg 1798; Handbuch der Psychologie hrsg. von Wachler, Leipz. 1804) von Bedeutung. Hauptsächlich durch seine Allgemeine Theorie der schönen Künste, Leipz. 1771—74, auch 1792—94 (nebst Zusätzen von Blankenburg, 1796—98, und Nachträgen von Dyk und Schütz, Leipz. 1792—1808) hat Johann Georg Sulzer (1720—1779) sich verdient gemacht. Gotthilf Samuel Steinbart (1738—1809) schrieb eine Glückseligkeitslehre des Christenthums, Züllichau 1778, 4. Aufl. 1794, und andere populäre Schriften. Johann Jacob Engel hat sich besonders durch seine Schrift: der Philosoph für die Welt, Leipz. 1775—1777, 2. Aufl. 1801—2 hervorgethan. Karl Philipp Moritz (1757—93) gab ein Magazin zur Erfahrungsseelenlehre, 1785—93, heraus, lieferte eine Selbstcharakteristik in der Schrift: Anton Reiser, Berlin 1785—90, verfasste eine Abhandlung über die bildende Nachahmung des Schönen, Braunschweig 1788 und andere psychologische und ästhetische Schriften. Karl Theod. Ant. Maria von Dalberg hat seine Betrachtungen über das Universum, Erfurt 1776, 7. Aufl. 1821, Gedanken von der Bestimmung des moralischen Werths, ebend. 1787 und andere philosophische Schriften verfasst. Unter Rousseau's Einfluss standen die Pädagogen Joh. Bernh. Basedow (1723—90), Joachim Heinr. Campe (1746—1818) und Andere. Mehr der Literaturgeschichte als der Philosophie gehört Eschenburg's (1743—1820) Entwurf einer Theorie und Litteratur der schönen Wissenschaften, Berlin 1783, 5. Aufl. 1836, Handbuch der class. Litteratur, 8. Aufl., Berlin 1837, an. Lessings (1729—81) fruchtreiche Gedanken zur Aesthetik und Philosophie der Geschichte (besonders in der Hamburger Dramaturgie und in der Schrift über die Erziehung des Menschengeschlechts) enthalten Keime, deren Entwickelung zu den wesentlichsten Verdiensten der deutschen Philosophie in der folgenden Periode gehört. Die Frage nach dem Vorzug der Forschungsthätigkeit oder des durch göttliche Gabe gesicherten Besitzes der Wahrheit hat Lessing im entgegengesetzten Sinne, wie Augustin (s. Grdr. II, § 16, 2. Aufl. S. 85 f.), zu Gunsten der Forschung entschieden. Lessing's philosophische Anschauungen sind zumeist aus der Leibnitzischen Doctrin erwachsen. Der „Spinozismus" (zu dem er sich gegen Jacobi bekannte) ist nach Lessing's Erklärung auf Jacobi's Frage, ob Mendelssohn darum wisse, wohl insbesondere, obschon nicht ausschliesslich, auf die (in § 73 der „Erziehung des Menschengeschlechts" enthaltene) speculative Umdeutung der Dreieinigkeitslehre zu beziehen, welche durch Stellen im fünften Buche der Ethik (s. oben § 9, S. 77) nahe gelegt wurde. Vgl. ausser den oben § 9, S. 59 citirten Schriften insbesondere noch die Schriften über Lessing's Leben und Werke von Danzel und Guhrauer, Leipz. 1850—54, und Ad. Stahr, Berlin 1859, ferner Monographien, wie die Inaugural-Abh. von Eberhard Zirngiebl, der Jacobi-Mendelssohnsche Streit über Lessings Spinozismus, München 1861.

§ 12. Die französische Philosophie im achtzehnten Jahrhundert ist vorwiegend Opposition gegen die geltenden Dogmen und bestehenden Zustände in Kirche und Staat und Begründung einer neuen theoretischen und praktischen Weltansicht auf naturalistische Principien. Nachdem diese Richtung hauptsächlich durch den Scepticismus des Bayle angebahnt worden war, fand Voltaire, der in dem Positiven seiner Weltanschauung wesentlich auf Newton's Naturlehre und Locke's Erkenntnisslehre fusst, besonders mit seiner Polemik gegen den herrschenden kirchlichen Glauben Eingang bei den Gebildeten seiner Nation und grossentheils auch ausserhalb Frankreichs. Schon vor ihm hat Maupertuis die Newton'sche Kosmologie gegen die Cartesianische siegreich vertreten und vornehmlich Montesquieu für die Ideen des Liberalismus die Ueberzeugung der Gebildeten gewonnen. Rousseau, der gegenüber einer entarteten Cultur auf die Natur zurückwies, predigte unter Abweisung des Positiven, historisch Gegebenen eine auf die Ideen: Gott, Tugend und Unsterblichkeit begründete Naturreligion, forderte eine naturgemässe Erziehung und eine demokratische Staatsform, welche die natürliche Freiheit eines Jeden nur insoweit einschränke, als derselbe vertragsmässig diese Einschränkung ohne Preisgebung der unveräusserlichen Menschenrechte zugestehen könne. Um die Aesthetik hat Batteux, der in der Nachahmung der schönen Natur das Wesen der Kunst fand, sich verdient gemacht. Den Sensualismus hat im Anschluss an Locke, aber über diesen hinausgehend, Condillac ausgebildet, der auch die innere Wahrnehmung aus der äussern oder sinnlichen Wahrnehmung entspringen lässt und demgemäss alle psychischen Functionen als umgebildete Sinneswahrnehmung auffasst. Auf das Princip des eigenen Interesses hat mittelst des Satzes, dass dieses nur in Uebereinstimmung mit dem Gemeinwohl seine ungetrübte und volle Befriedigung zu finden vermöge, Helvetius die Moral zu gründen versucht. Diderot, der im Verein mit d'Alembert die Herausgabe der das Ganze der Wissenschaften umfassenden Encyclopädie besorgte, ging allmählich vom Deismus zum Pantheismus fort. Durch die Annahme einer natürlichen Gradation der Wesen, eines stufenweisen Fortgangs der Naturgebilde bis zum Menschen hinauf, ist Robinet ein Vorläufer Schellings geworden. Einen mit dem Glauben an Gott und Unsterblichkeit verschmolzenen Materialismus hat Bonnet auszubilden versucht. Den reinen Materialismus hat der Arzt Lamettrie hauptsächlich als psychologische Doctrin, der Baron von Holbach aber in dem Système de la nature als eine allumfassende, der Theologie entgegengesetzte Weltansicht dargestellt.

§ 12. Die französische Philosophie im 18. Jahrhundert.

Ueber die Philosophie der Franzosen im achtzehnten Jahrhundert ist das Hauptwerk: Ph. Damiron, Mémoires pour servir à l'histoire de la philosophie au XVIIIe siècle, tom. I.—II., Paris 1858, tome III. avec une introduction de M. C. Gouraud, Paris 1864. Vgl. die betreffenden Abschnitte in den umfassenderen Werken über die Geschichte der Philosophie und in historischen und literarhistorischen Schriften, insbesondere bei Nisard, hist. de la litt. fr., Par. 1848—49, Ch. Bartholmèss, hist. philos. de l'acad. de Prusse depuis Leibn., Paris 1850—61, und hist. crit. des doctrines religieuses de la philosophie moderne, Strassb. 1855, A. Sayous, le dix-huitième siècle à l'étranger, hist. de la littérature française dans les divers pays de l'Europe depuis la mort de Louis XIV. jusqu'à la révolution française, 2 tomes, Paris 1861, ferner in Schlosser's Geschichte des 18. Jahrhunderts, im II. Theil (der auf die franz. Litt. geht) von Herm. Hettner's Litteraturgesch. des 18. Jahrhunderts, und bei F. Albert Lange, Geschichte des Materialismus, Iserlohn 1866.

Unter den französischen Schriftstellern des achtzehnten Jahrhunderts, welche philosophische Probleme berühren, haben die meisten weit mehr um die allgemeine Bildung und um die Umgestaltung der kirchlichen, politischen und socialen Verhältnisse, als um die Philosophie als Wissenschaft sich Verdienste erworben. Eine eingehendere Darstellung des Kampfes gegen den Despotismus in Staat und Kirche gehört mehr in die Geschichte der Litteratur und Kultur, als in die Geschichte der Philosophie. Besonders die Ausbildung des Sensualismus und des Materialismus hat philosophisches Interesse.

Nachdem Fontenelle (1657—1757) in seinem 1686 erschienenen Entretiens sur la pluralité des mondes die astronomische Doctrin des Copernicus und des Cartesius populariert hatte, ward für die Newton'sche Lehre das Gleiche besonders durch Voltaire (21. Nov. 1694—30. Mai 1778) geleistet, der vielleicht zumeist durch die moderne Astronomie zur Ueberzeugung von der Unwahrheit der kirchlichen Dogmatik geführt wurde und sich deren Bekämpfung zur Lebensaufgabe setzte. Die streng wissenschaftliche Widerlegung der Cartesianischen und Begründung der Newton'schen Doctrin hat in Frankreich vor Allen Maupertuis (1698—1759, seit 1740 Präsident der Berliner Akademie der Wissenschaften) geleistet, der 1732 der Pariser Akademie seine Denkschriften: Sur les lois de l'attraction und Discours sur la figure des astres einreichte und bei der zum Behuf der Lösung der Streitfrage über die Figur der Erde 1736—37 unternommenen Gradmessung die Expedition nach Lappland leitete. Die Beziehungen der astronomischen Theorie aber zu der gesammten Weltanschauung hat vornehmlich Voltaire den Gebildeten zum Bewusstsein zu bringen gesucht. In den Jahren 1726—29 hielt sich Voltaire in London auf (wo er seinen Namen Arouet in Voltaire, ein Anagramm von Arouet l. j., d. h. Arouet le jeune, umänderte). Die mathematische Physik und Astronomie erfreute sich damals des lebendigen Interesses der Gebildeten. In einem 1728 geschriebenen Briefe sagt Voltaire: „Wenn ein Franzose in London ankommt, so findet er einen sehr grossen Unterschied, in der Philosophie sowohl, als in den meisten andern Dingen. In Paris verlässt er die Welt ganz voll von Materie; hier findet er völlig leere Räume. In Paris sieht man das Universum mit lauter ätherischen Wirbeln besetzt, während hier in demselben Raum die unsichtbaren Kräfte der Gravitation ihr Spiel treiben. In Paris malt man uns die Erde länglich wie ein Ei, und in London ist sie abgeplattet wie eine Melone. In Paris macht der Druck des Mondes die Ebbe und Fluth; in England gravitirt vielmehr das Meer gegen den Mond, so dass, wenn die Pariser von dem Monde eben Hochwasser verlangen, die Herren in London zu derselben Zeit Ebbe haben wollen." Die Lettres sur les Anglais,

1728 verfasst, wurden zuerst in London veröffentlicht; in Frankreich erschienen dieselben 1734. Im Jahr 1738 veröffentlichte Voltaire zu Amsterdam die Elemens de la philosophie de Newton, mis à la portée de tout le monde (in Frankreich erst 1741 erschienen, weil anfangs der Cartesianisch gesinnte Censor Daguesseau der, wie er meinte, unpatriotischen und unvernünftigen Schrift die Druckerlaubniss versagte); daran schloss sich die Schrift: la métaphysique de Newton ou parallèle des sentiments de Newton et de Leibnitz, Amst. 1740. Aber nicht bloss die Naturlehre, sondern auch die politischen Einrichtungen der Engländer zogen Voltaire an; schon vorher kirchlichem und bürgerlichem Despotismus feind, bildete er besonders durch den Aufenthalt in England seine politischen Anschauungen bestimmter aus. Er sagt: la liberté consiste à ne dépendre que des lois. Gleichheit ist nicht schlechthin, sondern nur als Gleichheit vor dem Gesetz möglich. In die Geschichtschreibung hat Voltaire die durchgängige Mitberücksichtigung der Sitten und Bildung der Völker eingeführt. In der Erkenntnisslehre, Psychologie, Ethik und Theologie schloss sich Voltaire zumeist an Locke an, dessen Lehre von der Seele sich zu der des Descartes und des Malebranche verhalte wie die Geschichte zum Roman. Voltaire nennt Locke einen bescheidenen Mann, von mässigem aber solidem Besitz; er sagt (in der 1767 geschriebenen Abhandlung: Le philosophe ignorant): „après tant de courses malheureuses, fatigué, harassé, honteux d'avoir cherché tant de vérités et trouvé tant de chimères, je suis revenu à Locke comme l'enfant prodigue qui retourne chez son père, je me suis rejeté entre les bras d'un homme modeste qui ne feint jamais de savoir ce qu'il ne sait pas, qui, à la vérité, ne possède pas des richesses immenses, mais dont les fonds sont bien assurés et qui jouit du bien le plus solide sans aucune ostentation". Voltaire betont stärker, als Locke, die Möglichkeit der Annahme, dass die Materie denken könne. Er kann sich nicht überzeugen, dass eine unräumliche Substanz wie ein kleiner Gott inmitten des Gehirns wohne, und ist geneigt, die substanzielle Seele für eine „abstraction réalisée" zu halten, gleich der antiken Göttin Memoria oder gleich einer etwaigen Personification der bindbildenden Kraft. Alle unsere Vorstellungen stammen aus den Sinnen. Voltaire sagt (Lettre XIII. sur les Anglais): „Personne ne me fera jamais croire que je pense toujours, et je ne suis pas plus disposé que Locke à imaginer que, quelques semaines après ma conception, j'étais une âme fort savante, sachant alors mille choses que j'ai oubliées en naissant et ayant fort inutilement possédé dans l'uterus des connaissances qui m'ont échappé dès que j'ai pu en avoir besoin et que je n'ai jamais bien pu reprendre depuis". Doch erkennt Voltaire an, dass gewisse Ideen, insbesondere die moralischen, obschon sie nicht angeboren sind, mit Nothwendigkeit aus der menschlichen Natur herfliessen und nicht bloss conventionelle Geltung haben. Das Dasein Gottes hält Voltaire mit Locke für beweisbar (durch das kosmologische und teleologische Argument); zugleich aber findet er in dem Glauben an einen belohnenden und rächenden Gott eine nothwendige Stütze der moralischen Ordnung; er sagt in diesem Sinne: „si Dieu n'existait pas, il faudrait l'inventer, mais toute la nature nous crie qu'il existe". Die Leibnitzische Lehre, dass die bestehende Welt die beste unter allen möglichen Welten sei, persifflirt Voltaire in der (zuerst 1757 erschienenen) Schrift: Candide ou sur l'Optimisme, obschon er früher selbst der optimistischen Ansicht sich zugewandt hatte; er hält das Problem, wie das Uebel in der Welt mit Gottes Güte, Weisheit und Macht zu vereinigen sei, für unlösbar, hofft auf den Fortschritt zum Besseren, und fordert, dass wir vielmehr im Handeln, als in undurchführbarer Speculation unsere Befriedigung suchen; doch will er im Collisionsfalle lieber Gottes Macht, als Gottes Güte beschränkt denken. Voltaire hat in seiner früheren Zeit die Willensfreiheit im Sinne des Indeterminismus behauptet, später jedoch die Gründe für den Determinismus als unabweisbar anerkannt.

§ 12. Die französische Philosophie im 18. Jahrhundert.

Vgl. u. a. die Lebensbeschreibung Voltaire's von Condorcet, Paris 1820; E. Bersot, la philosophie de Voltaire, Paris 1848; J. B. Meyer, Voltaire und Rousseau, Berlin 1856; J. Janin, le roi Voltaire, 3. éd. Paris 1861.

Charles de Sécondat, baron de la Brède et de Montesquieu, geb. 18. Jan. 1689 zu Brède, gest. 20. Febr. 1755 zu Paris, hat bereits in den Lettres persanes, Paris 1721, den Absolutismus in Staat und Kirche bekämpft, dann in den Considérations sur les causes de la grandeur des Romains et de leur décadence, Paris 1734, gezeigt, dass nicht sowohl der Zufall einzelner Siege oder Niederlagen, als vielmehr die Macht der Gesinnung, die Liebe zur Freiheit, zur Arbeit und zum Vaterland das Geschick der Staaten und Völker bedinge, endlich in seinem Hauptwerke, dem Esprit des lois, Genf 1748 u. ö., die Grundlagen, Bedingungen und Bürgschaften der politischen Freiheit untersucht. In der ersten Schrift, vor seinem Aufenthalt in England (1728—29), erscheint ihm die Staatsform der Schweiz und der Niederlande, in den späteren Schriften aber, besonders im Esprit des lois, die englische Verfassung als die vorzüglichste unter den bestehenden. Montesquieu hat in dem Esprit des lois aus der concreten Form des englischen Staates den abstracten Schematismus der constitutionellen Monarchie entnommen und sich dadurch um die Theorie und Praxis des modernen Staates einerseits ein grosses und unbestreitbares Verdienst erworben, andererseits aber auch, obschon er principiell die Verschiedenheit der Verfassungen nach der Verschiedenheit des Geistes der Nationen fordert („le gouvernement le plus conforme à la nature est celui dont la disposition particulière se rapporte mieux à la disposition du peuple pour lequel il est établi"), doch thatsächlich dazu Anlass gegeben, Einrichtungen, die nur unter bestimmten Voraussetzungen zweckmässig sind (wie die völlige Trennung der gesetzgebenden, vollziehenden und richterlichen Gewalt, die Sonderung der aristokratischen und demokratischen Elemente in ein Ober- und Unterhaus, die sich gegenseitig durch ihr Veto binden sollen, freilich auch leicht lähmen können) als allgemeingültige Normen eines geordneten und freien Staatslebens anzusehen und auf Verhältnisse zu übertragen, unter welchen sie nur zu unheilbaren Conflicten, zu unheilvoller Verwechslung juridischer Fictionen mit Thatsachen, zur Stockung der Gesetzgebung, zur Lockerung der Rechtssicherheit und zur Gefährdung der Existenz des Staates selbst zu führen vermochten. Ueber Montesquieu handelt Bersot, Paris 1852.

Den Ursprung der Kunst hat Jean Baptiste Dubos (geb. 1670 zu Beauvais, gest. zu Paris 1742) in seinen Réflexions critiques sur la poésie, la peinture et la musique, Par. 1719 u. ö. (in Uebereinstimmung mit dem ächten aristotelischen Begriffe der Katharsis) in dem Bedürfniss einer solchen Anregung der Affecte, welche von den Inconvenienzen, die sich im wirklichen Leben daran knüpfen, getrennt sei, gefunden. „L'art ne pourrait-il pas trouver le moyen de séparer les mauvaises suites de la plupart des passions d'avec ce qu'elles ont d'agréable? la poésie et la peinture en sont venues à bout." Schon in der Abtrennung des Affects von der Beziehung auf unser individuelles Interesse liegt eine gewisse Veredelung desselben. Dass aber die Aufgabe der Kunst eine Erhebung über die gemeine Wirklichkeit durch Nachahmung der schönen Natur sei, hat Charles Batteux (1713—1780; les beaux arts réduits à un même principe, Paris 1746) erkannt, ohne freilich begrifflich zu bestimmen, was das Schöne sei.

Jean Jacques Rousseau (geb. zu Genf 1712, gest. 1778 zu Ermenonville) sucht den Uebeln einer entarteten Cultur, die er tief empfindet, aber nicht durch positiven Fortschritt zu überwinden weiss, durch Rückgang auf einen erträumten Naturzustand zu entgehen. Für geschichtliche Entwicklung hat unter den Koryphäen der

§ 12. Die französische Philosophie im 18. Jahrhundert. 117

Aufklärung im achtzehnten Jahrhundert Rousseau am wenigsten Verständniss. Rousseau's politisches Ideal ist die Freiheit und Gleichheit der reinen Demokratie. Der Vernunftglaube an Gott, Tugend und Unsterblichkeit ist ihm um so mehr Gemüthsbedürfniss, je weniger die sittlichen Ideen seinen Willen beherrschen; er bezeugt diesen Glauben am eifrigsten nach dem ersten Hervortreten des Materialismus und Pantheismus Diderot's und anderer Encyclopädisten, wogegen Holbach's atheistisches Natursystem erst nach Rousseau's Schriften und im Gegensatz zu denselben erschienen ist. In der Revolutionszeit ist, wie für die Gestaltung der constitutionellen Monarchie Montesquieu's Staatsideal, so für Robespierre's Tendenzen Rousseau's Doctrin maassgebend gewesen. Rousseau's Hauptschriften sind: Discours sur les sciences et les arts (veranlasst durch die 1749 von der Akademie zu Dijon gestellte Preisfrage: s) le rétablissement des sciences et des arts a contribué à épurer les moeurs), Discours sur l'origine et les fondemens de l'inégalité parmi les hommes, 1753 u. ö. Du contrat social ou principes du droit politique, Amst. 1762. Emile, — ou sur l'éducation, 1762. Die Oeuvres sind Par. 1764 u. ö. erschienen; L'oedipes — hat Streckeisen-Moulton, Par. 1861 u. 65 veröffentlicht; Biographien zur Ergänzung der coquetirenden Confessions haben Musset-Pathay, Paris 1821, Morin, Par. 1851, E. Guion, Strassb. 1860, F. Brockerhoff, Leipz. 1863 geliefert.

Julien Offroy de la Mettrie (1709—1751), zu Paris von Jansenisten gebildet, dann (seit 1733) unter Boerhaave (der als Philosoph der Ansicht des Spinoza sich zuneigte) Medicin studirend, gelangte durch Beobachtungen, die er, von einem hitzigen Fieber befallen, über den Einfluss der Blutwallungen auf das Denken an sich selbst anstellte, zu der Ueberzeugung, dass die psychischen Functionen aus der Organisation des Körpers zu erklären seien und äusserte dieselbe in der Histoire — naturelle de l'âme, à la Haye (Paris) 1745. Aus den Empfindungen stammt alles Denken und Wollen; der Unterricht entwickelt dasselbe. Ein ausserhalb des menschlichen Verkehrs aufgewachsener Mensch, sagt Lamettrie im Anschluss an Arnobius (s. Grdr. II, § 14), würde geistig leer sein. Die „Seele" wächst mit dem Leibe und nimmt mit ihm ab; „ergo participem teli quoque convenit esse". Von diesem Standpunkte, den die Hist. nat. de l'âme begründet, geht Lamettrie in: l'homme — machine, Leyden 1748 u. ö. (bei welcher Schrift der Descartes'sche Mechanismus noch mehr, als der Locke'sche Empirismus von maassgebendem Einfluss war), l'homme plante, Potsdam 1748, l'art de jouir, 1750 und anderen Schriften aus. Gegenüber der Moral der Abstinenz sucht Lamettrie, zu dem entgegengesetzten Extrem fortgehend, in einer noch mehr künstlich überspannten, als frivolen Weise den sinnlichen Genuss zu rechtfertigen. Die Macht der Convention und der Charlatanerie im menschlichen Leben entlockt ihm die bittere Bezeichnung desselben als eines Possenspiels. Friedrich der Grosse, der ihm an seinem Hofe Schutz gewährte, hat sein Eloge geschrieben (wiederabg. in Assézat's Ausg. von l'homme mach., Par. 1865). Die beste Darstellung seiner Doctrin giebt A. Lange, Gesch. d. Mat. S. 165—186.

Etienne Bonnot de Condillac (1715—1780) steht in seinen frühesten Schriften: Essai sur l'origine des connaissances humaines, Amst. 1746, und Traité des systèmes, 1749 (einer Polemik gegen Malebranche, Leibniz und Spinoza) im Wesentlichen noch ganz innerhalb des Locke'schen Gedankenkreises, geht aber in dem Traité des sensations, Londres 1754 und den späteren Schriften (Traité des — animaux, Amst. 1755, philos. Lehrbücher für den Prinzen von Parma, dessen Erziehung Condillac zu leiten hatte, etc.) darüber hinaus, indem er nicht mehr in der inneren Wahrnehmung eine zweite, selbstständige Quelle von Vorstellungen neben der sinnlichen Wahrnehmung anerkennt, sondern aus der letzteren als der einzigen Quelle alle Vorstellungen abzuleiten sucht. Er strebt danach, die sämmtlichen psy-

§ 12. Die französische Philosophie im 18. Jahrhundert.

chischen Functionen genetisch zu begreifen, indem er sie als Umbildungen der Sinneswahrnehmung (sensation transformée) auffasst. Um darzuthun, dass ohne die Annahme angeborner Ideen aus der blossen Sinnesempfindung die sämmtlichen psychischen Processe sich ableiten lassen, macht Condillac die Fiction, dass einer Marmorstatue nach einander die einzelnen Sinne gegeben werden und zwar zunächst der Geruchssinn. Dieser Sinn liefert Perceptionen, welchen Bewusstsein (conscience) zukommt. Die einen sind stärker als die andern und werden daher mehr beachtet, d. h. auf sie richtet sich die Aufmerksamkeit. Spuren bleiben zurück, d. h. die Statue hat Gedächtniss. Treten die Perceptionen aus dem Gedächtniss wieder hervor, so erinnern wir uns derselben, sie werden zu Objecten unserer Auffassung oder wir haben von ihnen Ideen, d. h. Vorstellungen. Treten gleichzeitig neue sinnliche Perceptionen ein, so involvirt das Getheiltsein der Empfindung zwischen denselben die Vergleichung und das Urtheil. Die ursprüngliche Verbindung und Folge der Perceptionen bedingt ihre Association bei der Reproduction. Die Seele verweilt bei den Vorstellungen, die ihr angenehm sind; hieran knüpft sich die Sonderung einzelner Vorstellungen von anderen oder die Abstraction. Treten die übrigen Sinne hinzu und associren sich die Vorstellungen mit den Worten als ihren Zeichen, so wird die Bildung eine reichere. Der Tastsinn unterscheidet sich von den übrigen Sinnen darin, dass er uns die Existenz äusserer Objecte empfinden lässt: seine Empfindungen sind daher nicht erst in der Erinnerung, sondern schon sofort Ideen, d. h. Vorstellungen von etwas, das irgendwie von der Perception selbst verschieden ist. Mit Descartes und Locke nimmt auch Condillac an, dass die Ausdehnung dem Dinge selbst zukomme, Farben, Töne etc. aber nur subjective Empfindungen seien. Erinnert sich die Seele einer vergangenen Lustempfindung, so entspringt daraus das Begehren. Das Ich ist die Gesammtheit der Sensationen. Le moi de chaque homme n'est que la collection des sensations qu'il éprouve et de celles que la mémoire lui rappelle, c'est tout à la fois la conscience de ce qu'il est et le souvenir de ce qu'il a été. Condillac ist Sensualist, aber nicht Materialist. Er hält nicht für möglich, dass die Materie empfinde und denke; denn als ausgedehnt und theilbar sei dieselbe ein Aggregat, das Empfinden und Denken aber setze die Einheit des Subjectes (Substrates) voraus.

Der Schweizer Charles Bonnet (1720—93) hat in seinem 1749 entworfenen, Lond. 1755 erschienenen Essai de psychologie ou Considérations sur les opérations de l'âme, dem er 1760 einen Essai analytique sur les facultés de l'âme folgen liess, einen halbmaterialistischen Sensualismus ausgebildet, den er jedoch mit dem religiösen Glauben (wie Priestley) durch die Annahme einer Wiederanferweckung des Leibes zu vereinigen wusste. Er war mit Albrecht von Haller befreundet, dessen beschränkterer Gläubigkeit jedoch seine freiere Stellung zu dem athanasianischen Dogma zum Anstoss gereichte. Ueber B. handelt der Herzog von Caraman, Par. 1859.

Denis Diderot (1713—1784) und der Mathematiker Jean d'Alembert (1717—1783) sind die Begründer und Herausgeber des das Gesammtgebiet der Wissenschaften und Künste umfassenden Werkes: Encyclopédie ou Dictionnaire raisonné des sciences, des arts et des métiers, in 28 Bänden, Paris 1751—72; dazu Supplément in 5 Bänden, Amst. 1776—77, und Table analytique in 2 Bänden, Paris 1780. Beiträge zu dieser Encyclopädie haben auch Voltaire, Rousseau (der jedoch später, seit 1757, als Gegner der Encyclopädisten auftrat), Grimm, Holbach, Turgot, Jaucourt und Andere geliefert. Die treffliche Einleitung (Discours préliminaire), worin unter Anknüpfung an Baco von Verulam über die Gliederung und die Methode der Wissenschaften gehandelt wird, ist von d'Alembert verfasst worden (der seit 1757 an der Redaction der Encyclopädie sich nicht mehr betheiligte). D'Alem-

§ 12. Die französische Philosophie im 18. Jahrhundert. 119

bert, der Mathematiker, ist in der Metaphysik Skeptiker. Die Verbindung der
Theile in den Organismen scheint auf eine bewusste Intelligenz hinzuweisen; aber
wie diese zur Materie sich verhalten könne, ist undenkbar. Weder von der Materie,
noch vom Geist haben wir eine deutliche und vollständige Idee. Diderot ist
von einem offenbarungsgläubigen Theismus aus bis zum Pantheismus fortgegangen,
der in dem Naturgesetz und in der Wahrheit, Schönheit und Güte die Gottheit erkennt.
Durch den Gedanken, dass aller Materie die Empfindung innewohne, überschreitet er
den Materialismus, indem er die letzte Consequenz desselben zieht. An die Stelle der
Leibnitzischen Monaden setzt er Atome, in welchen Empfindungen gebunden liegen.
Die Empfindungen werden bewusste in dem animalischen Organismus. Aus den
Empfindungen erwächst das Denken. In der Schrift: principes de la philosophie
morale oo essay sur le merite et la verto, 1745, die fast nur Shaftesbury's Inquiry
concerning virtue and merit wiedergiebt, bekennt sich Diderot zum Offenbarungsglauben, den er nicht mehr in den Pensées philosophiques, à la Haye 1746, hegt;
nach mehreren Schwankungen fixirt sich sein philosophischer Standpunkt in den
Pensées sur l'interprétation de la nature, Paris 1754; die eingehendste, bei aller
Leichtigkeit der Form und allem Fernhalten äusserlichen Beweisapparats von dem
tiefsten Blick in den Zusammenhang der philosophischen Probleme zeugende
Schrift: Eoueilen entre d'Alembert et Diderot, nebst: Le Rêve d'Alembert, 1769
verfasst, ist erst 1831, im vierten Bande der Mémoires, Correspondance et ouvrages
inédits veröffentlicht worden. Diderots philos. Werke sind in 6 Bänden, Amst.
1772, die sämmtlichen Werke in 5 Bänden, Lond. 1773 erschienen. Das umfassendste
und eingehendste Werk über ihn ist: Rosenkranz, Diderot, Leipz. 1866.

Der Abbé Morelly hat, Locke's Aeusserung über die Schädlichkeit der über-
grossen Ungleichheit des Besitzes auf die Spitze treibend, und wohl auch durch
Platons Staatslehre angeregt, in seinem Code de la nature, Amst. 1755, eine com-
munistische Doctrin aufgestellt. Der Eigennutz, le désir d'avoir pour soi, aus dem
Anspruch auf Privateigenthum stammt, ist die Quelle aller Streitigkeiten, aller
Barbarei, alles Unglücks. In ähnlicher Art verwischt Mably (1709—1788), ein
älterer Bruder Condillac's, in seiner 1776 erschienenen Schrift: de la législation ou
principes des lois, die Grenze zwischen der Rechtsordnung und dem freien Wohlwollen. Mehr dem Thatsächlichen zugewandt waren die nationalökonomischen Forschungen der (das Interesse des Landbaues einseitig hervorhebenden) Physiokraten
Quesnay (1697—1774) u. A. und des die Einseitigkeit derselben vermeidenden
Turgot (1727—1781), des Verfassers der Lettre sur le papier monnaie, der Re-
flexions sur la formation et la distribution des richesses, 1774, etc., auch der Gegner
der Physiokraten, des Abbé Galiani, in seinen Dialogues sur le commerce des
blés 1770. Das Monopol und die Sclaverei hat der Abbé Raynal in seiner Hist.
philos. do commerce des deux Indes bekämpft. An Morelly hat in der Revolutionszeit Babeuf sich angeschlossen. Gerade im Gegentheil findet Claude Adrien
Helvetius (1715—1771) in seinem Buche: de l'esprit, Paris 1758, und den nach
seinem Tode erschienenen Schriften: de l'homme, de ses facultés et de son éducation, Londres (Amst.) 1772; les progrès de la raison dans la recherche du vrai,
Lond. 1775, in der Selbstliebe, vermöge deren wir nach der Lust streben und die
Unlust abwehren, das einzige praktische Motiv und hält dafür, dass es nur der
rechten Leitung der Selbstliebe durch Erziehung und Gesetzgebung bedürfe, um
dieselbe mit dem Gemeinwohl in Einklang zu bringen. Völlige Unterdrückung der
Leidenschaften führt zur Verdummung; Leidenschaft befruchtet den Geist; aber sie
bedarf der Regelung. Wer sein Interesse so erstrebt, dass er dadurch das Interesse
Anderer nicht schädigt, sondern fördert, ist der gute Mensch. Nicht Aufhebung

des Eigenthums, sondern Begründung der Möglichkeit, dass ein Jeder zu Eigenthum gelange, Beschränkung der Ausbeutung der Arbeitskraft der Einen durch die Anderen, Herabsetzung der Arbeitszeit auf sieben bis acht Stunden des Tages, Verbreitung der Bildung sind die wahren legislatorischen Aufgaben. Offenbar sind die Forderungen, die Helvetius an den Staat stellt, der Idee des Wohlwollens entstammt, während er die Individuen an den Eigennutz gekettet glaubt; sein Fehler ist, den stufenweisen Fortschritt von der ursprünglichen Selbstbeschränktheit des Individuums zur Erfüllung mit dem Geiste engerer und weiterer Gemeinschaften, die über egoistische Berechnung hinausführt, nicht gewürdigt zu haben. Der Inhalt seiner Vorschläge ist besser, als deren Begründung. An Helvetius schliessen sich, seine Principien mildernd und die unauflösliche Verbindung des Glücks des Einzelnen und der Gesammtheit betonend, insbesondere Charles François de St. Lambert (1716—1803; Catéchisme universel, 1797) und Volney (Constantin François de Chasseboeuf, 1757—1820; Catéchisme du citoyen français 1793, in zweiter Auflage unter dem Titel: la loi naturelle ou principes physiques de la morale, déduits de l'organisation de l'homme et de l'univers; oeuvres complètes, Paris 1821, 2. éd. 1836) an; in der Schrift: die Ruinen, macht Volney von dieser Ethik eine geschichtsphilosophische Anwendung. Die französische Revolution gilt ihm als der Versuch der Verwirklichung des Ideals der Vernunftherrschaft. Auf dem gleichen Ideal beruht Condorcet's Geschichtsphilosophie (Esquisse d'un tableau historique des progrès de l'esprit humain, 1794).

Jean Baptiste Robinet (geb. zu Rennes 1735, gest. ebendaselbst am 24. Januar 1820) hat in seinem Hauptwerke: de la nature, 4 vols., Amst. 1761—66 (Vol. I, nouvelle édit., Amst. 1763), wie auch in den Schriften: Considérations philosophiques de la gradation naturelles des formes de l'être, ou des essais de la nature qui apprend à faire l'homme, Amst. 1767; Parallèle de la condition et des facultés de l'homme avec celles des autres animaux, trad. de l'Anglais, Bouillon 1769, die Idee einer stufenmässigen Entwicklung der Wesen durchzuführen gesucht. Robinet erkennt eine einheitliche, schöpferische Ursache der Natur an, glaubt aber derselben Persönlichkeit nicht ohne täuschenden Anthropomorphismus beilegen zu können.

Das systematische Hauptwerk des französischen Materialismus im achtzehnten Jahrhundert ist das von dem Baron Paul Heinrich Dietrich von Holbach (geb. 1723 zu Heidelsheim in der Pfalz, gest. am 21. Februar 1789 zu Paris), einem Freunde Diderot's, verfasste Natursystem: Système de la nature ou des lois du monde physique et du monde moral, Lond. (in Wirklichkeit Amst. oder Leyden) 1770 (vorgeblich par feu Mr. Mirabaud, gest. 1760, welcher Secretair der Pariser Akademie gewesen war). Holbachs System vereinigt in sich alle bis dahin mehr vereinzelt ausgebildeten Elemente der empiristischen Doctrin: den (Lamettrie'schen) Materialismus, den (Condillac'schen) Sensualismus, den (auch von Diderot anerkannten) Determinismus, den Atheismus (den er selbst am offensten erklärt, zum Theil nach dem Vorgange einer aus dem ersten Viertel des achtzehnten Jahrhunderts stammenden, vielleicht von dem Alterthumsforscher Nic. Fréret, geb. 1688, gest. als Secretair der Akademie der Inscriften 1749, verfassten Lettre de Thrasybule à Leucippe, worin der religiöse Glaube für eine Verwechselung des Subjectiven mit dem Objectiven erklärt wird) und die (von Helvetius vertretene, von Holbach durch Betonung des Gesammtinteresses gemilderte) auf das Princip der Selbstliebe oder des wohlverstandenen Interesses gebaute, aber in ihren Forderungen sachlich mit der Doctrin des Wohlwollens grösstentheils übereinkommende Moral. Holbach hat anonym ausser dem Système de la nature eine Reihe von Schriften verfasst, die sich gegen supranaturalistische Doctrinen richten, insbesondere Lettres

§ 13. Der Hume'sche Skepticismus u. s. Bekämpfer: Reid, Beattie etc. 121

à Engdale ou préservatif contre les préjugés 1768, Examen critique sur la vie et les ouvrages de St. Paul, 1770, Le bon sens ou Idées naturelles opposées aux idées surnaturelles, 1772, La politique naturelle ou discours sur les vrais principes du gouvernement, 1773, Système social, 1773, Eléments de la morale universelle, 1776, L'éthocratie ou le gouvernement fondé sur la morale universelle, 1776. (Andere, öfters Holbach zugeschriebene, direct gegen die christliche Theologie gerichtete Schriften haben andere Verfasser, wie Damilaville und Naigeon.)

Der Naturforscher Buffon (1707—1788) theilte die naturalistische Grundansicht, ohne dieselbe offen und rückhaltlos zu äussern. An Condillac anknüpfend, aber über ihn hinausgehend, hat Cabanis (1757—1808; rapports de physique et du moral de l'homme, 1798—99 in den Mém. de l'institut, dann separat 1802 u. ö.) die Physiologie und Psychologie im materialistischen Sinne ausgebildet. Destutt de Tracy (1754—1836; Eléments d'idéologie, Par. 1801—15; Commentaire sur l'esprit des lois de Montesquieu, Par. 1819), Laromiguière (Leçons de philos. ou essai sur les facultés de l'âme, Par. 1815—18) u. A. haben in den ersten Jahrzehnten des neunzehnten Jahrhunderts den Sensualismus theils fortzubilden, theils zu mildern gesucht, aber theils an kirchlich gesinnten Philosophen, theils an Royer-Collard und Victor Cousin, die theils an Descartes, theils an schottische und deutsche Philosophen sich anschlossen, und der von ihnen gegründeten eklektischen oder spiritualistischen Schule Gegner gefunden, die ihren Einfluss beträchtlich beschränkt haben. Vgl. Damiron, essai sur l'histoire de la philos. en France au dix-neuvième siècle, Paris 1828.

§ 13. Gleichzeitig mit der französischen Aufklärung und in Wechselwirkung mit derselben hat sich der Hume'sche Skepticismus entwickelt. David Hume (1711—1776), Philosoph, Staatsmann und Historiker, steht auf dem Boden des Locke'schen Empirismus, bildet denselben aber besonders mittelst seiner Untersuchungen über den Ursprung und die Anwendbarkeit des Begriffs der Causalität zum Skepticismus um. Er findet den Ursprung des Causalbegriffs in der Gewohnheit, vermöge deren wir, wenn sich ähnliche Fälle wiederholen, beim Eintreten der einen Begebenheit das Eintreten der andern, die sich uns oft mit ihr verbunden gezeigt hat, erwarten, und beschränkt die Anwendbarkeit dieses Begriffs auf solche Schlüsse, wodurch wir aus gegebenen Thatsachen nach Analogien der Erfahrung auf andere schliessen; Hume negirt demgemäss die Erkennbarkeit der Art und Weise des objectiven Zusammenhangs zwischen Ursachen und Wirkungen und die philosophische Berechtigung, vermöge des Causalbegriffs das Gesammtgebiet der Erfahrung zu überschreiten und auf das Dasein Gottes und die Unsterblichkeit der Seele zu schliessen. Vorzüglich die antitheologischen Consequenzen dieses Standpunktes gaben mehreren schottischen Philosophen, an deren Spitze Thomas Reid steht, Anlass zu einer lebhaften Bekämpfung desselben, die in ihrem philosophischen Princip, der Berufung auf den gesunden Menschenver-

stand (Common sense) schwach ist, aber zu manchen und zum Theil
zu werthvollen empirisch-psychologischen und moralischen Untersuchungen geführt hat; die Doctrin dieser schottischen Philosophen
hat später der Cousinsche Eklekticismus mit in sich aufgenommen.
In Deutschland ist Immanuel Kant zumeist durch Hume's Skepticismus zur Ausbildung seines Kriticismus angeregt worden.

Hume's Treatise of human nature ist in 3 Bänden Lond. 1739—40 erschienen,
deutsch von Ludw. Heinr. Jakob, Halle 1790—91. Sein philosophisches Hauptwerk: Enquiry concerning human understanding, erschien zuerst Lond. 1748; in's
Deutsche (von Sulzer) übersetzt, ist dasselbe Hamb. u. Leipz. 1755, und von W. G.
Tennemann übersetzt nebst einer Abhandlung über den philosophischen Skepticismus
von Karl Leonh. Reinhold Jena 1793 erschienen. Unter dem Titel: Essays and
treatises on several subjects liess Hume 1770 die Essays moral, political and literary,
die zuerst 1742 erschienen waren, zugleich mit dem Enquiry concerning human
understanding, und mit den Abhandlungen: a dissertation on the passions, an enquiry
concerning the principles of moral (zuerst Lond. 1751) und the natural history of
religion (zuerst Lond. 1755) zusammen drucken; diese Sammlung ist mehrmals
wiedergedruckt worden. Nach Hume's Tode erschien die Schrift: Dialogues concerning natural religion by David Hume, mit deren Herausgabe er seinen Freund
Adam Smith beauftragt hatte, the second edition, Lond. 1779, deutsch (von Schreiter)
nebst einem Gespräche über den Atheismus von Ernst Platner, Leipzig 1781. Essays
on suicide and the immortality of soul, ascribed to the late David Hume, Lond.
1783, a new edition, Lond. 1789. Gesammtausgaben seiner philos. Schriften sind
Edinb. 1827, 1836, London 1856 erschienen. Hume's Autobiographie erschien Lond.
1777, lat. 1787; über ihn handeln J. H. Burton, life and correspondence of D. H.,
Edinb. 1846; Feuerlein, Hume's Leben und Wirken, in der Zeitschr.: der Gedanke,
Bd. IV. u. V., Berlin 1863 und 64.

Geboren zu Edinburg am 26. April 1711, lebte Hume von 1734—37 in Frankreich. In Paris erregten damals die Wunder, die zu Gunsten der verfolgten Jansenisten besonders auf dem Kirchhof von St. Medard am Grabe des Abbé Paris geschahen, Aufsehen und gaben uninteressirten Denkern Anlass zu psychologischen
Untersuchungen über die Genesis des Wunderglaubens. Hume bekundet dies von
sich selbst in seiner Abhandlung über die Wunder. (In ähnlicher Art haben die
angeblichen Wunder des thierischen Magnetismus David Friedrich Strauss in ziemlich frühem Alter zu psychologischen Betrachtungen angeregt.) Während seines
Aufenthalts in Frankreich schrieb Hume sein erstes philosophisches Werk: A treatise
of human nature, being an attempt to introduce the experimental method of reasoning into moral subjects, welches er nach seiner Rückkehr nach England zu London
1739—40 erscheinen liess. Dasselbe fand geringe Beachtung. Günstigere Aufnahme
fanden die 1742 zu Edinburg erschienenen Essays moral, political and litterary. Im
Jahre 1746 bewarb sich Hume vergeblich um die Lehrstelle der Moralphilosophie
zu Edinburg; der mehr beredte, als philosophisch bedeutende, aber in seinen religiösen Ansichten unanstössige Beattie ward ihm vorgezogen. Nicht lange hernach
(1747) begleitete Hume den General St. Clair als Secretair bei einer militairischen
Gesandtschaft an die Höfe von Wien und Turin; in Turin arbeitete Hume seinen
Tractat über die menschliche Natur um und theilte denselben in mehrere einzelne
Abhandlungen; von diesen ist die bedeutendste die Untersuchung über den menschlichen Verstand, Enquiry concerning human understanding, London 1748. Im Jahr

§ 13. Der Hume'sche Skepticismus u. s. Bekämpfer: Reid, Beattie etc.

1746 reiste Hume nach Schottland zurück. Im Jahr 1751 veröffentlichte er Untersuchungen über die Principien der Moral. Mit vielem Beifall wurden seine politischen Discurse, political discourses, Edinb. 1752, 2. Ausg. ebend. 1753, aufgenommen. Eine 1752 angetretene Bibliothekarstelle in Edinburg, durch die ihm eine Fülle litterarischer Hülfsmittel leicht zugänglich wurde, veranlasste ihn, seine Geschichte Englands zu schreiben, deren erster Band 1754 erschien, der fünfte 1761. Im Jahr 1755 erschien die Natural history of religion, die ihm manche Anfeindungen zuzog. Hume begleitete 1763 als Secretär den Grafen von Hertford, der als Gesandter zum Abschluss des Friedens nach Versailles ging. In Paris fand Hume eine glänzende Aufnahme. Bei seiner Rückkehr nach England 1766 liess er sich von Rousseau begleiten, mit dem er Freundschaft geschlossen hatte; doch ward ihm bald von diesem, den die Abhängigkeit drückte und der sich von Hume besonders durch gewisse öffentliche Aeusserungen, die er jedoch fälschlich diesem zuschrieb, beleidigt glaubte, mit Undank gelohnt. Als Unterstaatssecretär im auswärtigen Amte hat Hume 1767—68 die diplomatische Correspondenz Englands geführt. Von 1769 an lebte Hume privatisirend in Edinburg, wo er am 25. August 1776 starb.

Nachdem Hume in seinem philosophischen Hauptwerk, der „Untersuchung über den menschlichen Verstand", erklärt hat, dass es ihm nicht um blosse Ermahnung zur Tugend, sondern um eine gründliche Erörterung der Kräfte des Menschen und der Grenzen unserer Erkenntniss zu thun sei, also nicht um ein bloss populäres, sondern um ein wissenschaftliches Philosophiren, in welchem er jedoch die Gemeinigkeit mit der Klarheit möglichst zu vereinigen suchen werde, wendet er sich zunächst zu der Untersuchung über den Ursprung der Vorstellungen. Er unterscheidet Eindrücke (impressions) und Ideen oder Gedanken (ideas, thoughts); unter den ersteren versteht er die lebhaften Empfindungen, die wir haben, wenn wir hören, sehen, fühlen, oder lieben, hassen, begehren, wollen, unter den letzteren aber die minder lebhaften Erinnerungs- oder Einbildungs-Vorstellungen, deren wir uns dann bewusst werden, wenn wir über irgend einen Eindruck reflectiren. Die schöpferische Kraft des Denkens erstreckt sich nicht weiter, als auf das Vermögen, denjenigen Stoff, welchen die Sinne und die Erfahrung liefern, zu verbinden, umzustellen, zu erweitern oder zu vermindern. Alle Materialien des Denkens werden uns durch die äussere oder innere Erfahrung gegeben; nur die Combination derselben ist das Werk des Verstandes oder Willens. Alle unsere Ideen sind Copien von den Perceptionen. Auch die Gottesidee macht hiervon keine Ausnahme; der Verstand gewinnt sie, indem er die menschlichen Eigenschaften der Weisheit und Güte über alle Grenzen hinaus steigert. Die Verknüpfung der verschiedenen Vorstellungen miteinander beruht auf den drei Principien der Association: Aehnlichkeit, Verbindung in Raum und Zeit, und Ursache und Wirkung.

Man kann alle Gegenstände der menschlichen Vernunft oder der Untersuchung in zwei Classen eintheilen: Beziehungen der Ideen und Thatsachen. Zu der ersten Classe gehören die Sätze der Geometrie, der Arithmetik und Algebra und überhaupt jedes Urtheil, dessen Evidenz auf Intuition oder Demonstration sich gründet. Sätze dieser Art werden durch die blosse Wirksamkeit des Denkvermögens gefunden; sie sind unabhängig von aller Existenz. Auch wenn kein Cirkel oder Dreieck in der Natur vorhanden wäre, würden die geometrischen Sätze gelten. (Diese Ansicht Hume's ist freilich nur eine Behauptung, nichts Erwiesenes; sie ist nur haltbar unter der mindestens höchst bestreitbaren Voraussetzung der blossen Subjectivität des Raumes, zu welcher freilich Hume durch Gleichstellung der von Locke angenommenen primitiven Qualitäten mit den secundären und später entschiedener Kant fortgegangen ist, die aber keineswegs mit Nothwendigkeit gilt, und selbst

§ 13. Der Hume'sche Skepticismus u. s. Bekämpfer: Reid, Beattie etc.

unter dieser Voraussetzung giebt sie nicht eine wirkliche Erklärung der apodiktischen Erkenntniss.) Sätze dagegen, die auf Thatsächliches gehen, haben nicht denselben Grad und nicht dieselbe Art von Evidenz. Die Wahrheit oder Unwahrheit solcher Sätze ist nicht durch blosse Begriffe erweislich; denn wäre sie es, so müsste die Annahme des Gegentheils in sich selbst mit einem Widerspruche behaftet sein, was nicht der Fall ist. Alles Schliessen, welches auf Thatsachen geht, scheint sich auf die Beziehung von Ursache und Wirkung zu gründen. Man setzt voraus, dass es einen Causalzusammenhang zwischen dem gegenwärtigen Factum und demjenigen, auf welches geschlossen wird, gebe, so dass das eine die Ursache des andern oder auch beide Facta coordinirte Wirkungen der nämlichen Ursache seien. Wollen wir daher in das Wesen der Gewissheit über erschlossene Thatsachen eine befriedigende Einsicht gewinnen, so müssen wir untersuchen, auf welche Weise wir die Kenntniss von Ursache und Wirkung erlangen.

Wir erlangen, sagt Hume, die Kenntniss des Causalnexus in keinem Falle durch Schlüsse a priori, sondern lediglich durch Erfahrung, indem wir nämlich finden, dass gewisse Objecte nach einer beständigen Regel verknüpft sind. Die Wirkung ist von der Ursache durchaus verschieden und sie kann folglich nicht in dem Begriffe der letzteren aufgefunden und erfahrungslos durch den Verstand erschlossen werden. Ein Stein oder ein Metallstück fällt sogleich zur Erde, wenn es in der freien Luft ohne Stütze ist. Dies lehrt die Erfahrung. Aber können wir wohl durch Schlüsse a priori nur das Geringste entdecken, woraus sich erkennen liesse, dass der Stein oder das Metall sich nicht eben so gut nach oben, wie nach dem Mittelpunkte der Erde bewegen werde? Noch weniger, als die Art der Wirkung, kann der Verstand die nothwendige, unveränderliche Verknüpfung zwischen Ursache und Wirkung a priori erkennen. Hieraus folgt, dass das höchste Ziel der menschlichen Erkenntniss darin besteht, die empirisch gefundenen Ursachen von Naturerscheinungen einheitlich zusammenzufassen und die Mannigfaltigkeit der besonderen Wirkungen einigen wenigen generellen Ursachen unterzuordnen. Aber die Bemühung ist vergeblich, die Ursachen von diesen generellen Ursachen entdecken zu wollen. Die letzten Gründe sind der Neugier und Nachforschung der Menschen gänzlich verschlossen. Die Elasticität, die Schwerkraft, die Cohäsion der Theile, die Mittheilung der Bewegung durch den Stoss, das sind wahrscheinlich die generellsten Ursachen, auf welche wir die Naturerscheinungen zurückführen können; aber hierdurch wird unsere Unwissenheit über die Natur nur etwas weiter zurückgeschoben. Das Analoge gilt in Bezug auf die Moralphilosophie und Erkenntnisslehre. Die Geometrie, so gross auch ihr wohlverdienter Ruhm von Seiten der Bündigkeit und Strenge ihrer Schlüsse ist, kann uns doch nicht zur Erkenntniss der letzten Naturursachen verhelfen; denn sie dient nur bei der Entdeckung und bei der Anwendung der Naturgesetze; diese selbst aber müssen mittelst der Erfahrung erkannt werden.

Wenn wir ähnliche sinnliche Beschaffenheiten wahrnehmen, so erwarten wir, dass von ihnen ähnliche Wirkungen, als wir schon erfahren haben, entspringen werden. Aber es lässt sich weiter fragen, worauf diese Erwartung beruhe. Könnte man irgendwie vermuthen, dass der Lauf der Natur sich ändern und das Vergangene keine Regel mehr für das Künftige sein werde, so würde alle Erfahrung unnütz werden und keine Quelle mehr sein, woraus man Folgerungen ableiten kann. Das Princip, welches die Erwartung ähnlicher Wirkungen bestimmt, ist nicht eine Erkenntniss der verborgenen Kraft, durch welche das eine Ding das andere hervorbringt, denn eine solche Kraft können wir weder ausser uns, noch in uns beobachten; sondern dieses Princip ist die Gewohnheit: der Verstand wird, wenn sich ähn-

§ 13. Der Hume'sche Skepticismus u. s. Bekämpfer: Reid, Beattie etc.

liche Fälle wiederholen, durch die Gewohnheit bestimmt, bei Erscheinung der einen Begebenheit ihre gewöhnliche Begleiterin zu erwarten und zu glauben, sie werde zur Wirklichkeit kommen. Diese Verknüpfung, welche wir in dem Gemüthe fühlen, der gewohnte Uebergang von einem Gegenstande zu seinem gewöhnlichen Gefährten, ist die Empfindung oder der Eindruck, aus welchem wir den Begriff einer Kraft oder nothwendigen Verknüpfung bilden. (So richtig Hume hiermit den Anfang des auf Erfahrungen gegründeten Schliessens bei Thieren und Menschen bezeichnet, so wenig hat er den Fortgang desselben, die Aufhebung der naiven Objectivirung des jedesmaligen subjectiven Vorstellungslaufs und die stufenweise Erhebung zu objectiv gültiger Einsicht, klar zu machen gewusst. Das Thier, welches in die Falle geht, der blosse Praktiker, der nur Routine hat und in aussergewöhnlichen Fällen durch Beharren bei dem gewohnten Gange in's Unglück geräth, zeigen diejenige Erscheinung, welche von Hume psychologisch erklärt wird; aber Hume hat nur einen schwachen Versuch gemacht, zu zeigen, wie diejenigen Schlussreihen zu Stande kommen, durch welche dem Menschen die Ueberlistung des Thieres möglich wird oder der Denker die Fehler des blossen Praktikers vermeidet. Umfassendere Induction kann zu allgemeineren Sätzen führen, welche die Obersätze zu deductiven Schlüssen abgeben, durch welche die Gültigkeit der Ergebnisse minder umfassender Inductionen theils bestätigt und gesichert, theils beschränkt wird; in dem Maasse aber, wie die so berichtigten Erwartungen mehr in Uebereinstimmung mit der Wirklichkeit treten, erlangt der Begriff der Causalität, der aus der Reflexion auf die Bethätigung unserer eigenen Willenskraft entspringt, objective Gültigkeit und gehen die Regeln, die nicht ohne Ausnahmen gelten, in ausnahmslos gültige Gesetze über. Indem Hume selbst sagt: „das Moment, von welchem die Wirkung abhängt, ist oft mit fremden und äussern Umständen verwickelt; die Abtrennung derselben erfordert oft grosse Aufmerksamkeit, Genauigkeit und Scharfsinn", so erkennt er hiermit, aber nur implicite, eine objective Norm des Causalbegriffs an. Auch steht die Gewohnheit selbst im psychischen Causalnexus, setzt also die Objectivität der Causalität voraus. Um eine objective Gültigkeit dem Begriff der Causalität zu vindiciren, hat Kant denselben für einen Begriff a priori erklärt, wie er Raum und Zeit als Anschauungen a priori fasste, wodurch freilich die wirkliche Objectivität verloren geht, s. unten § 15).

An Hume's Betrachtungen über die Causalität knüpft sich zumeist seine philosophische Bedeutung. Sein Skepticismus ist eben darin begründet, dass der Causalbegriff bei seinem Ursprung aus der Gewohnheit nur einen Gebrauch innerhalb des Erfahrungskreises zulässt; der Schluss von dem empirisch Gegebenen auf Transscendentes (über den gesammten Erfahrungskreis Hinausgehendes), wie Gott und Unsterblichkeit, erscheint Hume als unzulässig. Hume's ethisches Princip ist das Gefühl der Glückseligkeit und des Elends der Menschen.

Die schottischen Philosophen Thomas Reid (1710—96; inquiry into the human mind or the principle of common sense, Edinburg 1765; essays on the powers of the human mind, Lond. 1803, Werke, hrsg. von Dugald Stewart, Edinb. 1804, hrsg. von Hamilton, 2. ed. Edinb. 1849), James Beattie (1735—1803; essay on the nature and immutability of truth in opposition to sophistry and scepticism, Edinb. 1770 u. ö. etc.), James Oswald (appeal to common sense in behalf of religion, Edinb. 1766—72) vermochten durch ihren Recurs auf den „common sense" Hume's Skepticismus nicht wahrhaft zu überwinden. An sie haben sich spätere schottische Philosophen, zum Theil mit selbstständiger psychologischer Forschung, wie Dugald Stewart (1753—1828; elements of the philos. of the human mind, Lond. 1792 u. ö., Lond. 1852; outlines of moral philosophy, etc.; philos. Werke, hrsg. von Hamilton, 10 Bds., Edinb. 1854—58), Thom. Brown (1778—1820) lectures on the philos. of human mind, 1820 u. ö., 19. Aufl. Lond. 1856, Lectures on Ethics, ib. 1806), James Mackintosh (1765—1832; dissertation on the progress of ethical philosophy, chiefly during the 17. and 18. centuries, Edinb. 1836, franz. v. Peret, Paris 1834) und Andere angeschlossen.

Dritter Abschnitt der Philosophie der Neuzeit.
Die neueste Philosophie oder die Kritik und Speculation seit Kant.

§ 14. Den dritten Abschnitt der Philosophie der Neuzeit eröffnet die Kantische Vernunftkritik, die durch Reflexion auf den Ursprung, den Umfang und die Grenzen der menschlichen Erkenntniss die Unterscheidung zwischen den Erscheinungen, deren Stoff durch Sinnesaffection gegeben, deren Form aber von dem Subjecte selbst erzeugt sei, und den Dingen an sich, welche raum-, zeit- und causalitätslos existiren, zu begründen sucht und vermöge dieser Unterscheidung einerseits der empirischen Forschung auf dem Erscheinungsgebiete volle Selbstständigkeit vindicirt, andererseits aber neben den Erfahrungsobjecten ein Gebiet der Freiheit anerkennt, welches Kant selbst zwar nur dem moralischen Bewusstsein eröffnet, einige seiner Nachfolger aber, das Princip der Autonomie des Geistes erweiternd, auch der theoretischen Speculation vindiciren. In Kants Lehre von der Erscheinungswelt ist der subjective Ursprung, den er den Formen der Erkenntniss zuschreibt, ein (subjectiv-) idealistisches Element, das Gegebensein des Stoffes ein realistisches; in seiner Lehre von den Dingen an sich ist die denselben beigelegte Function des Afficirens unserer Sinne ein realistisches, die denselben vindicirte Freiheit ein idealistisches Element. Ueber den Dualismus der bei Kant unvermittelt neben einander stehenden, wo nicht einander widerstreitenden idealistischen und realistischen Elemente geht ein Theil der nachkantischen Philosophen zu einem reinen Idealismus hinaus (und zwar Fichte zum subjectiven, Schelling zum vorwiegend objectiven, Hegel zum absoluten Idealismus), ein anderer Theil derselben zum Realismus, während wiederum von Anderen die harmonische Vereinigung beider Seiten in einem Idealrealismus erstrebt wird. Mit den in der Philosophie selbst liegenden Entwicklungsmotiven trifft auch in diesem Abschnitt die Wechselbeziehung zu der positiven Natur- und Geschichtsforschung, zu der Dichtung, zu den politischen Verhältnissen und zu dem religiösen Leben, überhaupt zu der allgemeinen Culturentwicklung zusammen.

Die Erläuterung und Begründung dieser Andeutungen kann nur durch den Verfolg der Darstellung selbst gegeben werden. An dieser Stelle mag die Anführung der speciell diesen Abschnitt betreffenden Schriften genügen, womit die betreffenden Theile der Grdr. I, § 4 und III, § 1 citirten umfassenderen Werke zu vergleichen sind.

Karl Ludw. Michelet, Geschichte der letzten Systeme der Philosophie in Deutschland von Kant bis Hegel, 2 Bände, Berlin 1837—38, und: Entwicklungsgeschichte der neuesten deutschen Philosophie, Berlin 1843.

Heinr. Mor. Chalybäus, histor. Entwicklung der speculativen Philosophie in Deutschland von Kant bis Hegel, Dresden 1837, 5. Aufl. 1860.

Friedr. Karl Biedermann, die deutsche Philosophie von Kant bis auf unsere Tage, Leipzig 1842—43.

A. Ott, Hégel et la philosophie allemande ou exposé et examen critique des principaux systèmes de la philosophie allemande depuis Kant, Paris 1843.

A. S. Willm, histoire de la philosophie allemande depuis Kant jusqu'à Hégel, Paris 1846—49.

L. Wocquier, essai sur le mouvement philosophique de l'Allemagne depuis Kant jusqu'à nos jours, Bruxelles, Gand et Leipz. 1852.

C. Fortlage, genetische Geschichte der Philosophie seit Kant, Leipzig 1852.

H. Ritter, Versuch zur Verständigung über die neueste deutsche Philosophie seit Kant, aus der Allgem. Monatsschrift für Wiss. u. Litt. besonders abgedruckt, Braunschweig 1853.

G. Weigelt, zur Geschichte der neueren Philosophie, Hamburg 1854—55.

Carl Herm. Kirchner, die speculativen Systeme seit Kant und die philosophische Aufgabe der Gegenwart, Leipzig 1860.

A. Foucher de Careil, Hégel et Schopenhauer, études sur la philosophie allemande moderne depuis Kant, Paris 1862.

Ad. Dressler, Charakteristik der philosophischen Systeme seit Kant, Dresden 1863.

O. Liebmann, Kant und die Epigonen, Stuttgart 1865.

§ 15. Immanuel Kant, geboren zu Königsberg in Ostpreussen am 22. April 1724, gest. ebendaselbst am 12. Februar 1804, erhielt seine Bildung und wirkte als Universitätslehrer in seiner Vaterstadt. Für Kants erste philosophische Richtung war die Wolff'sche Philosophie und die Newton'sche Naturlehre von maassgebendem Einfluss; erst später, seit dem Jahr 1769, bildete er den Kriticismus aus, den er in seinen Hauptwerken vertritt. Unter Kants Schriften aus der dem Kriticismus vorausgehenden Periode ist die bedeutendste die „Allgemeine Naturgeschichte und Theorie des Himmels"; die kritischen Hauptschriften sind: die zuerst 1781, dann in neuer Bearbeitung 1787 erschienene Kritik der reinen Vernunft, die 1788 veröffentlichte Kritik der praktischen Vernunft und die 1790 verfasste Kritik der Urtheilskraft. Die „Metaphysischen Anfangsgründe der Naturwissenschaft" (1786), die „Religion innerhalb der Grenzen der blossen Vernunft" (1793) und andere kleinere Schriften enthalten die Anwendung der Principien des Kriticismus auf einzelne Gebiete der philosophischen Betrachtung. In Forschung und Lehre hat Kant ebenso, wie in äussern Leben, stets strenge Gewissenhaftigkeit und unablässige Pflichttreue bewährt.

§ 15. Kants Leben und Schriften.

Ueber Kants Leben und Charakter handeln: Ludwig Ernst Borowski, Darstellung des Lebens und Charakters Kants, Königsberg 1804 (eine bereits 1792 entworfene und damals von Kant selbst revidirte, nach Kants Tode von ihrem Verfasser vervollständigte und veröffentlichte Biographie, die besonders über Kants Familienverhältnisse und früheres Leben werthvolle Notizen enthält), Reinhold Bernhard Jachmann, Immanuel Kant, in Briefen an einen Freund, Königsberg 1804 (eine auf persönlichem Umgang mit Kant 1784—94 gegründete Charakterschilderung nebst vorangeschickter biographischer Skizze), Ehregott Andreas Christoph Wasianski, Kant in seinen letzten Lebensjahren, Königsberg 1804 (ein treuer Bericht über das allmähliche Erlöschen der geistigen und körperlichen Kräfte Kants), ferner Theodor Rink, Ansichten aus I. Kants Leben, Königsberg 1805, F. Bouterweck, I. Kant, Hamburg 1805 und Andere, dann aber namentlich, die Leistungen der Früheren zusammenfassend und durch vieles neue Material erweiternd, Friedr. Wilh. Schubert, Imm. Kant's Biographie, in: Kant's Werke, hrsg. von Rosenkranz und Schubert, Bd. XI, Abth. 2, Leipzig 1842. Das Material hat nachträglich noch einige Vervollständigungen erhalten durch Chr. Friedr. Reusch, Kant und seine Tischgenossen, aus dem Nachlass des jüngsten derselben (aus den Neuen Preuss. Provinzialblättern Bd. VI., Königsberg 1848, Heft 4 und 5 besonders abgedruckt) und durch die Schrift: Kantiana, Beiträge zu Imm. Kant's Leben und Schriften, hrsg. von Rud. Reicke (Separatabdruck aus den Neuen Preuss. Provinzial-Blättern), Königsberg 1860, worin eine von dem Consistorialrath Prof. Wald im Jahr 1804 gehaltene Gedächtnissrede auf Kant nebst den Notizen, worauf Wald fusste, und insbesondere mit mehreren werthvollen Bemerkungen des mit Kant innig befreundeten Professors Kraus, wie auch einige Nachträge zu Kant's Schriften abgedruckt sind. Aus diesen Quellenschriften haben die späteren Darsteller (unter denen Kuno Fischer, Kant's Leben und die Grundlagen seiner Lehre, drei Vorträge, Mannheim 1860, auch Gesch. der neueren Ph., Bd. III., Mannheim 1860, S. 42—110, mit Auszeichnung zu erwähnen ist), geschöpft.

Kant's Schriften sind in neuerer Zeit in zwei Gesammtausgaben erschienen: Immanuel Kant's Werke, hrsg. von G. Hartenstein, 10 Bde, Leips. bei Modes und Baumann, 1838—39, und: I. Kant's sämmtliche Werke, hrsg. von Karl Rosenkranz und Friedr. Wilh. Schubert, Leipz. bei Leop. Voss, 1842, in 12 Bänden, deren letzter die „Geschichte der Kantischen Philosophie" von K. Rosenkranz enthält. (Hartenstein's Ausgabe ist im Einzelnen zum Theil correcter; die Ausgabe von Ros. u. Sch. ist eleganter und reicher an Material und an anregenden Betrachtungen. Die Anordnung ist bei beiden eine im Ganzen systematische. Bei H. folgt auf die Logik und Metaphysik erst die Lehre von der praktischen Vernunft und von der Urtheilskraft, dann die Naturphilosophie, bei Ros. u. Sch. aber besteht die Folge: Logik (mit Einschluss der Metaphysik), Natur- und Geistesphilosophie. Das letztere Verfahren ist das übersichtlichere; weit vorzüglicher aber möchte eine (nur durch Zusammenstellung der Briefe, wie auch vielleicht einzelner Complexe von Abhandlungen eingeschränkte) chronologische Ordnung des Ganzen sein, die Kant's Entwicklungsgang zur Anschauung brächte.

Die Familie Cant stammte aus Schottland. Johann Georg Cant betrieb in Königsberg das Sattlerhandwerk. Das vierte Kind aus seiner Ehe mit Anna Regina Reuter war der am 22. April 1724 geborene Immanuel, der (um der falschen Aussprache Zant vorzubeugen) seinen Familiennamen Kant schrieb. Ein Bruder, Johann Heinrich, (1735—1800) ward Theolog; von drei Schwestern überlebte die jüngste ihren Bruder Immanuel. Sechs andere Geschwister starben früh. Die Erziehung war eine streng religiöse im Geiste des damals verbreiteten Pietismus,

§ 15. Kants Leben und Schriften.

dessen Hauptvertreter der seit 1731 an der altstädtischen Kirche als Pfarrer und Consistorialrath angestellte, seit 1732 auch ein Ordinariat der Theologie an der Universität bekleidende und seit 1733 das Collegium Fridericianum leitende Franz Albert Schulz war (gest. 1763). Kant empfing im Collegium Fridericianum von Ostern 1732 bis Mich. 1740 die Vorbildung zu den Universitätsstudien. Unter seinen Lehrern schätzte Kant neben Franz Alb. Schulz besonders den Latinisten Joh. Friedr. Heydenreich; unter seinen Mitschülern war der bedeutendste der (zu Ostern 1741 vom Gymnasium abgegangene) David Ruhnken, der spätere Professor der Philologie zu Leyden, der in einem Briefe an Kant vom 10. März 1771 über jene Gymnasialzeit sagt: tetrica illa quidem, sed utili nec poenitenda fanaticorum disciplina continebamur, und hinzufügt, schon damals hätten Alle von Kant (der besonders die römischen Classiker eifrig las und sich gut lateinisch auszudrücken wusste) die höchsten Erwartungen gehegt. Auf der Königsberger Universität studirte Kant seit Mich. 1740 Philosophie, Mathematik und Theologie. Er hörte mit Vorliebe die Vorlesungen des ausserordentlichen Professors Martin Knutzen über Mathematik und Philosophie und lebte sich besonders in den Newton'schen Gedankenkreis ein, hörte auch Physik bei Professor Teske und philosophische Vorlesungen bei Anderen, die aber nur geringen Einfluss auf ihn gewannen, und Dogmatik bei Franz Albert Schulz, der übrigens mit seiner pietistischen Richtung die Wolff'sche Philosophie zu verbinden wusste. Nach Vollendung der Universitätsstudien bekleidete Kant von 1746—53 Hauslehrerstellen, zuerst bei dem reformirten Pfarrer Andersch in der Nähe von Gumbinnen, dann bei dem Rittergutsbesitzer von Hülsen auf Arensdorf bei Mohrungen, endlich bei dem Grafen Kayserling zu Rautenburg, habilitirte sich an der Königsberger Universität und eröffnete mit dem Wintersemester 1755 seine Vorlesungen über Mathematik und Physik, Logik, Metaphysik, Moral und philosophische Encyclopädie; seit 1760 las er ausserdem noch über natürliche Theologie, Anthropologie und physische Geographie. Er bewarb sich im April 1756 um die durch Knutzen's frühen Tod erledigte ausserordentliche Professur der Mathematik und Philosophie, aber vergeblich, weil die Regierung den durch den bevorstehenden Krieg gerechtfertigten, jedoch nur geringe Ersparnisse mittelst rücksichtsloser Härte gegen unalimentirte Docenten erzielenden Beschluss gefasst hatte, die Extraordinariate nicht mehr zu besetzen. Das im Jahr 1758 erledigte Ordinariat für Logik und Metaphysik erhielt von dem damaligen russischen Gouverneur der in der Anciennität Kant vorangehende Docent der Mathematik und Philosophie Buck; erst zwölf Jahre später, 1770, rückte Kant in dieselbe Stelle ein, indem Buck die ordentliche Professur der Mathematik erhielt; 1766 war dem „geschickten und durch seine gelehrten Schriften berühmt gemachten Magister Kant" eine Stelle als Unterbibliothekar an der Kgl. Schlossbibliothek mit 62 Thlr. Gehalt verliehen worden, die er 1772 aufgab. Einen Ruf nach Halle und andere Anträge schlug Kant aus. Er docirte bis zum Herbst 1797, wo Altersschwäche ihn zum Aufgeben der Vorlesungen bewog. Als akademischer Lehrer wollte er mehr die Zuhörer zum Selbstdenken anregen, als Resultate mittheilen; sein Vortrag war ein Verlautbaren des Processes der Gedankenbildung.

Lebhaft betheiligte sich Kant an den politischen Tagesinteressen; seine Gesinnung war ein consequenter Liberalismus. Er sympathisirte mit den Amerikanern im Unabhängigkeitskriege, mit den Franzosen bei der Staatsumwälzung, welche die Idee der politischen Freiheit zu realisiren verhiess, wie er auf dem Gebiet der Erziehung den Rousseau'schen Grundsätzen huldigte. Kant sagt (in den Fragmenten aus seinem Nachlasse, Werke, Bd. XI, Abth. 1, S. 253 ff.): „Es kann nichts entsetzlicher sein, als dass die Handlungen eines Menschen unter dem Willen eines Andern stehen sollen. Daher kann kein Abscheu natürlicher sein, als den ein

§ 15. Kants Leben und Schriften.

Mensch gegen die Knechtschaft hat. Um dergleichen weint und erbittert sich ein Kind, wenn es das thun soll, was Andere wollen, ohne dass man sich bemüht hat es ihm beliebt zu machen, und es wünscht nur bald ein Mann zu sein um nach seinem Willen zu schalten." — „Auch in unserer Verfassung ist uns ein jeder Mensch verächtlich, der in einem grossen Grade unterworfen ist." — Jeden Menschen als Selbstzweck, keinen als blosses Mittel zu behandeln, ist ein Fundamentalsatz der Kantischen Ethik. Aber Kant begehrte die Unabhängigkeit wesentlich zu dem Zweck der Selbstbestimmung im Sinne des sittlichen Gesetzes. Vgl. Schubert, Kant und seine Stellung zur Politik, in Raumer's hist. Taschenbuch 1838, S. 575 ff., wo besonders die grosse Macht der monarchisch-conservativen Gesinnung bei allem Liberalismus in Kant nachgewiesen wird.

Charakteristisch für Kant's Gesinnung ist sein Selbstbekenntniss in einem Briefe an Moses Mendelssohn vom 8. April 1766: „Was es auch für Fehler geben mag, denen die standhafteste Entschliessung nicht allemal völlig auszuweichen kann, so ist doch die wetterwendische und auf den Schein angelegte Gemüthsart dasjenige, worin ich sicherlich niemals gerathen werde, nachdem ich schon den grössten Theil meiner Lebenszeit hindurch gelernt habe, das meiste von demjenigen zu entbehren und zu verachten, was den Charakter zu corrumpiren pflegt, und also der Verlust der Selbstbilligung, die aus dem Bewusstsein einer unverstellten Gesinnung entspringt, das grösste Uebel sein würde, was mir nur immer begegnen könnte, aber gewiss niemals begegnen wird. Zwar denke ich vieles mit der allerklarsten Ueberzeugung, was ich niemals den Muth haben werde zu sagen; niemals aber werde ich etwas sagen, was ich nicht denke."

Innige Freundschaft verknüpfte Kant mit dem durch Liebe zur Unabhängigkeit und zu gewissenhafter Pünktlichkeit ihm gleichgesinnten Engländer Green (gest. 1784), ferner mit dem Kaufmann Motherby, dem Bankdirektor Ruffmann, dem Oberförster Wobser in Modliten (nahe bei Königsberg), in dessen Forsthause er sich während der Ferien mitunter aufhielt und insbesondere auch die „Beobachtungen vom Schönen und Erhabenen" niedergeschrieben hat. Auch mit Hippel und mit Hamann war Kant befreundet. Von seinen Collegen standen ihm besonders der Hofprediger und Professor der Mathematik Joh. Schultz, der erste Anhänger und Erläuterer seiner Doctrin, und der Professor der Cameralwissenschaften Kraus nahe. Den weitesten Kreis von Verehrern und Freunden fand Kant in seinem höheren Alter als gefeiertes Haupt der weit sich verbreitenden kritischen Schule; am überschwenglichsten ward er von solchen gepriesen, denen die neue Philosophie zu einer Art von neuer Religion ward (wie von Baggesen, dem er für einen zweiten Messias galt).

Der Freiherr von Zedlitz, der unter Friedrich dem Grossen Cultusminister war und dies unter dessen Nachfolger noch bis 1788 blieb, schätzte Kant hoch; auch unter dem Ministerium Wöllner erfreute er sich anfangs noch der Gunst der Regierung; als er aber die Aufsätze zu veröffentlichen gedachte, welche zusammen seine „Religion innerhalb der Grenzen der blossen Vernunft" ausmachen, kam er mit der Censur in Conflict, die nach den Grundsätzen des Religionsedicts geübt werden sollte, welches die symbolischen Schriften der lutherischen und reformirten Kirche zur bindenden Norm machte. Zwar wurde der ersten jener Abhandlungen: „Vom radicalen Bösen", worin Kant die mit dem Pietismus im Wesentlichen harmonirende Seite seiner Religionsphilosophie entwickelt, das Imprimatur ertheilt, nachdem selbst dieser nur mit der Bemerkung: „dass sie gedruckt werden möge, da doch nur tiefdenkende Gelehrte die Kantischen Schriften lesen"; sie erschien im April 1792 in der „Berliner Monatsschrift". Aber bereits der zweiten Abhandlung:

„Von dem Kampfe des guten Princips mit dem bösen um die Herrschaft über den Menschen" wurde von dem Berliner Censurcollegium die Druckerlaubniss versagt. Kant blieb der Ausweg übrig, von einer theologischen Facultät die Schrift censiren zu lassen. Die theologische Facultät seiner Vaterstadt erlaubte den Druck, und die „Religion innerhalb der Grenzen der blossen Vernunft" erschien zu Ostern 1793 bei Nicolovius in Königsberg; in zweiter Auflage 1794. Um aber für die Zukunft Kant diesen Ausweg abzuschneiden, erwirkten seine Gegner eine Kgl. Kabinetsordre (vom 1. Oct. 1794), worin Kant die „Entstellung und Herabwürdigung mancher Haupt- und Grundlehren der heiligen Schrift und des Christenthums" vorgeworfen und gefordert wird, er solle sein Ansehen und seine Talente zur Förderung der „landesväterlichen Intention" anwenden. Auch werden sämmtliche theologische und philosophische Lehrer der Königsberger Universität durch Namensunterschrift verpflichtet, nicht über Kant's „Religion innerhalb der Grenzen der blossen Vernunft" zu lesen. Kant hielt dafür (wie ein Zettel in seinem Nachlass bezeugt, bei Schubert XI, 2, S. 138), Widerruf und Verleugnung seiner Ueberzeugung sei niederträchtig, aber Schweigen in dem vorliegenden Falle Unterthanenpflicht; alles, was man sage, müsse wahr sein, aber man brauche nicht alles Wahre öffentlich zu sagen; er erklärte demgemäss in seinem Verantwortungsschreiben „als Sr. Maj. getreuester Unterthan" sich fernerhin aller öffentlichen Vorträge über Religion auf dem Katheder und in Schriften enthalten zu wollen. Da für Kant nur in der Unterthanenpflicht gegen Friedrich Wilhelm II. das Motiv des Schweigens lag, so fand er sich beim Tode dieses Königs wiederum zu öffentlichen Aeusserungen berechtigt; in der Schrift: „der Streit der Facultäten" hat er der philosophischen Betrachtung, sofern sie auf ihrem Gebiete verbleibe und nicht in die biblische Theologie als solche übergreife, die volle Freiheit des Gedankens und der Gedankenäusserung vindicirt und seinem Unwillen über den Despotismus Luft gemacht, welcher dem, was nur mit freier Achtung wahrhaft verehrt werden könne, durch Zwangsgesetze Ansehen verschaffen wolle. Doch konnte Kant seine Vorlesungen über Religionsphilosophie nicht mehr aufnehmen; seine leibliche und geistige Kraft war gebrochen. Er erlag einer allmählich zunehmenden und in den letzten Monaten ihm Gedächtniss und Denkkraft raubenden Altersschwäche, während gleichzeitig seine Doctrin auf den meisten deutschen Universitäten glänzende Triumphe feierte. Die Ueberschreitung seines Princips durch Fichte's Wissenschaftslehre hat Kant missbilligt, ohne jedoch durch seine Gegenerklärung den Fortgang der philosophischen Speculation in der idealistischen Richtung zu hemmen.

Kant's Schriften sind folgende:

I. Aus der ersten, dem Kriticismus vorangehenden genetischen Periode, in welcher Kant im Ganzen auf dem Boden des Leibnitzisch-Wolff'schen Dogmatismus stand, im Einzelnen aber diesen Standpunkt vielfach, besonders durch den Einfluss Newton'scher und Euler'scher Gedanken, überschritt und mehr und mehr dem Empirismus und Skepticismus, eben dadurch aber mittelbar auch dem spätern Kriticismus sich annäherte.

Gedanken von der wahren Schätzung der lebendigen Kräfte und Beurtheilung der Beweise, deren sich Leibnitz und andere Mechaniker in dieser Streitsache bedient haben, Königsberg 1747 (nicht, wie auf dem Titelblatt steht, 1746; die Vorrede ist unterzeichnet: den 22. April 1747). Kant nennt die Frage, ob die Kraft des bewegten Körpers (mit Leibnitz u. A.) nach dem Product der Masse in das Quadrat der Geschwindigkeit (mv^2) oder (mit Des Cartes, Euler u. A.) nach dem Product der Masse in die einfache Geschwindigkeit (mv) zu messen sei, eine der grössten Spaltungen, die unter den Geometern von Europa herrsche; er hofft zu ihrer Beilegung beitragen zu können. Er setzt der damals in Deutschland herrschenden Leibnitzischen Ansicht zu Gunsten der Cartesianischen mehrere Einwürfe entgegen, will jedoch jene unter einer gewissen Einschränkung gelten lassen. Kant theilt nämlich (§§ 15, 23, 118, 119) alle Bewegungen in zwei Classen ein: die eine soll sich in dem Körper, dem sie mitgetheilt werde, erhalten und in's Unendliche fortdauern, wenn kein Hinderniss sich entgegensetze, die andere soll, ohne dass ein Widerstand sie vernichte, aufhören, sobald die äussere Kraft, durch welche sie hervorgerufen werde, nicht mehr einwirke (welche „Eintheilung" freilich, wie gar manches in dieser Erstlingsschrift, durchaus verfehlt ist); im ersten Fall soll das Leibnitzische, im andern das Cartesianische Princip gelten. (Falls der Begriff der Kraft für einen blossen Hülfsbegriff genommen wird, so wird die Streitfrage selbst aufgehoben, indem dann nur die Feststellung der Bewegungserscheinungen und ihrer Gesetze unmittelbar von objectiver Bedeutung ist, bei der Definition der Kraft aber vielmehr die methodische Zweckmässigkeit in Frage kommt. Wird unter Kraft eine der Quantität der Bewegung eines Körpers proportionale Ursache verstanden, so gilt das Cartesianische Princip; versteht man aber darunter die Fähigkeit des bewegten Körpers gewisse specielle Wirkungen zu üben, z. B. einen continuirlichen und gleichmässigen Widerstand zu überwinden, so gilt die Leibnitzische Formel, die von der „Kraft" ausgeführte „Arbeit" ist gleich dem Unterschiede der Producte der halben Masse in das Quadrat der Geschwindigkeit am Anfang und am Ende der Bewegung. D'Alembert hat bereits 1743 gezeigt, dass die analytische Mechanik die Streitfrage bei Seite lassen könne. Vom heutigen Standpunkte aus urtheilt z. B. W. H. Lexis, de generalibus motus legibus, diss. inaug., Bonn 1859: Nostro tempore miramur quod tot viri docti non viderint totam disceptationem verti circa merum verbum „vis", quod ab aliis alio sensu adhibebatur. — Kantius, gravibus quidem erroribus laborans, tamen multis locis, ex. gr. §§ 88 et 89 (worin Kant von der Erleichterung handelt, die dem Aufsuchen von Beweisfehlern durch eine vorausgehende Abschätzung der Beweiskraft der Argumente zu Theil werde), profundiorem rei ostendit perspicientiam. Doch lag dem Discussionen, von dem Wortstreit überdeckt, das Problem zum Grunde, das Princip der Proportionalität zwischen Ursache und Wirkung mit den Thatsachen zu vereinigen. Uebrigens ist Kant's Erklärung § 19 charakteristisch, die Metaphysik sei, wie viele andere Wissenschaften, erst an der Grenze einer recht gründlichen Erkenntniss.)

Untersuchung der Frage, ob die Erde in ihrer Umdrehung um die Achse einige Veränderungen seit den ersten Zeiten ihres Ursprungs erlitten habe, in den Königsbergischen Nachrichten 1754. Kant will dieser Frage nicht historisch, sondern nur physikalisch nachspüren; er findet in der Ebbe und Fluth eine Ursache beständiger Retardation.

Die Frage, ob die Erde veralte, physikalisch erwogen, ebend. 1754. Kant handelt diese Frage nicht entscheidend, sondern prüfend ab, indem er verschiedene Argumente für ein Veralten einer Kritik unterwirft.

Allgemeine Naturgeschichte und Theorie des Himmels, Königsberg und Leipzig 1755. Die Schrift erschien anonym. Sie ist Friedrich II. gewidmet. Der philosophische Grundgedanke derselben ist die Vereinbarkeit einer mechanischen Naturerklärung, welche ohne willkürliche Grenzen jedesmal wieder zu der Ursache eine Naturursache sucht, mit einer Teleologie, welche die gesammte Natur von Gott abhängig sein lässt. Somit findet Kant in den entgegengesetzten Doctrinen Elemente der Wahrheit. Dass die Naturkräfte selbst zweckmässig wirken, zeugt für das Dasein eines intelligenten Urhebers der Natur. Die Materie ist an gewisse Gesetze gebunden, welchen sie frei überlassen nothwendig schöne Verbindungen hervorrufen muss. Aber gerade darum ist ein Gott. Denn wie wäre es möglich, dass Dinge von verschiedenen Naturen in Verbindung mit einander so vortreffliche Uebereinstimmungen und Schönheiten zu bewirken trachten sollten, wenn sie nicht einen gemeinschaftlichen Ursprung erkenneten, nämlich einen unendlichen Verstand, in welchem aller Dinge wesentliche Beschaffenheiten bestehend entworfen worden? Wenn ihre Naturen für sich und unabhängig von einander nothwendig wären, so würden sie nicht mit ihren natürlichen Bestrebungen sich gerade so zusammen passen, wie eine überlegte kluge Wahl sie vereinigen würde. Weil Gott durch die in die Materie selbst gelegten Gesetze wirkt, so ist zu jedem Erfolg die nächste Ursache in den Naturkräften selbst zu suchen. Die anfängliche seitwärts gerichtete Bewegung, welche zugleich mit der Gravitation den Lauf der Planeten bestimmt, ist ihrerseits wiederum aus Naturkräften zu begreifen. Sie entstand, als die Materie der Sonne und Planeten, die anfänglich als Dunstmasse ausgebreitet war, sich zu ballen begann, indem der Zusammensturz der Massen Sehnenbewegungen erzeugte. Nach der Analogie mit der Genesis und dem Bestande des Planetensystems ist die Genesis und der Bestand des Fixsternsystems zu denken. Kant hält die meisten Planeten für bewohnt und die Bewohner der von der Sonne entfernteren Planeten für die vollkommneren. Wer weiss, fragt Kant, laufen nicht jene Trabanten um den Juppiter, um uns dereinst zu leuchten? (Vgl. Ueberweg, über Kant's Allg. Nrg. etc. in: Altpreuss. Monatsschrift, Bd. II, Heft 4, Königsberg 1865, S. 339—353) und E. Hay, über Kant's Kosmogonie, ebd. Bd. III, Heft 1, 1866, S. 312—372.)

Meditationum quorundam de igne succincta delineatio, Kant's Doctor-Dissertation, der philos. Facultät zu Königsberg vorgelegt 1755, von Schubert aus Kant's Originalhandschrift zuerst veröffentlicht in den Werken V, Leipz. 1839, S. 233—254. Die Körperelemente stehen einander nicht durch unmittelbare Berührung an, sondern durch Vermittlung einer zwischen ihnen liegenden elastischen Materie, welche mit der Materie der Wärme und des Lichtes identisch ist; das Licht ist ebenso wie die Wärme nicht ein Ausfluss materieller Theile aus den leuchtenden Körpern, sondern nach der durch Euler's Autorität auf's Neue bekräftigten Annahme eine Fortpflanzung vibratorischer Bewegung in dem allverbreiteten Aether. Die Flamme ist „vapor ignitus". (Eine Beurtheilung der einzelnen Sätze dieser Dissertation aus dem heutigen Standpunkte der Physik und Chemie von Werther ist angekündigt in: Altpreuss. Monatsschr., Königsberg 1866.)

Principiorum primorum cognitionis metaphysicae nova dilucidatio, Kant's Habilitationsschrift, Königsberg 1755. Kant entwickelt im Wesentlichen nur die Leibnitzischen Principien, jedoch mit einigen bemerkenswerthen Modificationen. Nicht das Princip des Widerspruchs, sondern das der Identität erkennt er als das schlechthin erste an. Das Princip der Identität umfasse die beiden Sätze: quidquid est, est, als Princip der affirmativen Wahrheiten, und: quidquid non est, non est, als Princip der negativen Wahrheiten. Das Princip der ratio determinans (wofür Kant nicht den Ausdruck ratio sufficiens gesetzt schon will) zerlegt Kant in zwei Formen, die er durch die Termini: ratio cur oder antecedenter determinans und ratio quod oder consequenter determinans unterscheidet; jene setzt er mit der ratio essendi vel fiendi, diese mit der ratio cognoscendi gleich (was freilich ungenau ist, wofern die Erkenntniss aus dem Realgrunde dabei entweder unberücksichtigt bleibt, oder mit dem Werden aus dem Realgrunde vermischt wird). Kant vertheidigt das principium rationis determinantis gegen die Angriffe, die besonders Crusius auf dasselbe gerichtet hatte, insbesondere gegen den Einwurf, dass dasselbe die Freiheit aufhebe, indem er (im Leibnitzischen Sinne) definirt: Spontaneitas est actio a principio interno profecta; quando haec repraesentationi optimi conformiter determinatur, dicitur libertas (welche Definition später Kant selbst verwarf). Aus dem Princip des Grundes leitet Kant Folgesätze ab, deren wichtigster ist: quantitas realitatis obsoluta in mundo naturaliter non mutatur nec augescendo nec decrescendo, was Kant auch auf die Kräfte der Geister mitbezieht, sofern nicht Gott unmittelbar einwirke. Das principium identitatis indiscernibilium, wonach es keine zwei einander vollkommen gleiche Wesen im Universum geben soll, verwirft Kant, leitet aber aus dem Princip des bestimmenden Grundes noch zwei allgemeine Sätze ab: 1) das Princip der Succession, alle Veränderung sei an die Verbindung der Substanzen unter einander geknüpft (welches Princip später Herbart durchgeführt hat; beide schliessen auf Grund dieses Princips aus der Veränderung unserer Vorstellungen auf wirklich vorhandene äussere Objecte); 2) das Princip der Coexistenz: die reale Verbindung der endlichen Substanzen unter einander beruht nur auf der Verbindung, in welcher ihr gemeinsamer Daseinsgrund, der göttliche Intellect, sie denkt und erhält (durch welchen Satz Kant der Leibnitz'schen Lehre von der prästabilirten Harmonie sich annähert, ohne jedoch derselben beizutreten; noch weniger billigt er den Occasionalismus; es soll vielmehr durch Gott eine wirkliche actio universalis spirituum in corpora corporumque in spiritus, nicht ein blosser consensus, sondern eine wirkliche dependentia gesetzt sein; andererseits unterscheidet Kant dieses so begründete „systema universalis substantiarum commercii" streng von dem blossen influxus physicus der wirkenden Ursachen).

Metaphysicae cum geometria junctae usus in philosophia naturali, cujus specimen I. continet monadologiam physicam, Königsberg 1756, eine von Kant zu dem Zweck, für ein Extraordinariat in Vorschlag gebracht werden zu dürfen (welches ihm jedoch aus dem oben angegebenen Grunde nicht zu Theil wurde) vertheidigte Dissertation. An die Stelle der punctuellen Leibnitzischen Monaden setzt Kant ausgedehnte und doch einfache, weil nicht aus einer Mehrheit von Substanzen bestehende Elemente der Körper, wodurch er die Monadenlehre der Atomistik annähert; von der letzteren aber unterscheidet sich seine Doctrin wiederum wesentlich durch die von ihm behauptete dynamische Raumerfüllung mittelst der Repulsivkraft (die von dem Centrum aus nach dem Cubus der Entfernungen abnehmen mag) und der Attractionskraft (die nach dem Quadrat der Entfernungen abnimmt); wo die Wirkungen beider gleich seien, sei die Grenze des Körpers. Quodlibet corporis elementum simplex s. monas non solum est in spatio, sed et implet spatium, salva nihilo minus ipsius simplicitate. Monas spatiolum praesentiae suae definit non pluralitate partium suarum substantialium, sed sphaera activitatis, qua externas utrinque sibi praesentes arcet ab ulteriori ad se invicem appropinquatione. Adest alia pariter insita attractionis vis cum impenetrabilitate conjunctim limitem definiens extensioris. Kant folgert hieraus u. a., dass die Elemente der Körper als solche vollkommen elastisch seien, da der ihnen innewohnenden Repulsivkraft eine stärkere Kraft entgegentreten könne, welche die Wirkungen jener beschränken müsse, aber niemals aufzuheben vermöge.

Geschichte und Naturbeschreibung des Erdbebens im Jahr 1755, Königsberg 1756; Betrachtung der seit einiger Zeit wahrgenommenen Erderschütterungen, in den Königsbergischen Nachrichten, 1756, Nr. 15 und 16; einige Anmerkungen zur Erläuterung der Theorie der Winde, Königsberg 1756, naturwissenschaftliche Abhandlungen, wovon die beiden ersten mit der „Allg. Naturgesch. u. Theorie des Himmels" in nahem Zusammenhange stehen, die dritte aber die richtige Theorie der periodischen Winde zuerst aufstellt und dadurch für die Meteorologie das wahre Fundament gewinnt. (Die Berichte, worauf Kant in der Schrift über das Lissaboner Erdbeben von 1755 fusste, hält Otto Volger in seinen „Untersuchungen über die Phänomene der Erdbeben in der Schweiz", Gotha 1857—58, für sehr ungenau.)

§ 15. Kants Leben und Schriften.

Entwurf und Ankündigung eines Collegii über die physische Geographie nebst Betrachtung über die Frage, ob die Westwinde in unseren Gegenden darum feucht sind, weil sie über ein grosses Meer streichen. (Nach Hartenstein IX, Vorr. S. 7 bereits 1757, nicht erst 1765 erschienen. Eine Fortsetzung der Untersuchungen aus den Jahren 1755 und 1756. Jene Frage über die Westwinde wird verneint, aber die volle positive Lösung fehlt.)

Neuer Lehrbegriff der Bewegung und Ruhe, Königsberg 1758. Kant weist die Relativität aller Bewegung nach, erklärt daraus die Gleichheit der Wirkung und Gegenwirkung in dem Stosse der Körper, und giebt die wahre Deutung der gewöhnlich einer „Trägheitskraft" zugeschriebenen Erscheinungen.

Versuch einiger Betrachtungen über den Optimismus, Königsberg 1759. Kant billigt hier den Optimismus, in der Ueberzeugung, Gott könne nicht umhin das Beste zu wählen; er hält dafür, dass die Weltganze das Beste sei und Alles um des Ganzen willen gut. Sein späterer Kriticismus lässt diesen Argumentationsgang nicht zu und betont vielmehr, als die Einheit des Ganzen, die persönliche Freiheit der Individuen.

Gedanken bei dem Ableben des Stud. von Funk, Trostschreiben an seine Mutter, Königsberg 1760. Eine Gelegenheitsschrift.

Die falsche Spitzfindigkeit der vier syllogistischen Figuren, Königsberg 1762. Kant lässt nur die erste Figur als naturgemäss gelten. (Vgl. dagegen die von mir Syst. der Log. in § 100, 2. Aufl. S. 209 ff. aufgestellte Widerlegung.)

Versuch, den Begriff der negativen Grössen in die Weltweisheit einzuführen, Königsberg 1763. Einander entgegengesetzt ist, wovon Eines dasjenige aufhebt, was durch das Andere gesetzt ist. Die Entgegensetzung ist entweder logische oder reale Opposition. Jene ist der Widerspruch und besteht darin, dass von demselben Dinge etwas zugleich bejaht und verneint wird; ihre Folge ist das nihil negativum irrepraesentabile. Die reale Opposition ist diejenige, da zwei Prädicate eines Dinges entgegengesetzt sind, aber nicht durch den Satz des Widerspruchs; beide Prädicate sind bei der Realrepugnanz bejahend, aber in entgegengesetztem Sinne, wie eine Bewegung und die gleich rasche Bewegung in der gerade entgegengesetzten Richtung oder wie eine Activschuld und die gleich hohe Passivschuld; die Folge davon ist das nihil privativum, repraesentabile, das Kant Zero nennen will; auf diese reale Entgegensetzung gehen die mathematischen Zeichen $+$ und $-$. Alle positiven und negativen Realgründe der Welt sind zusammengenommen gleich Zero. (Schon in der Abhandlung: princ. cogn. met. dilucidatio hat Kant die von Daries aufgestellte Argumentation für das logische Princip des Widerspruchs durch die mathematische Formel: $+A - A = 0$, getadelt, da diese Andeutung des Minus-Zeichens willkürlich sei und eine petitio principii involvire; in der gegenwärtigen Abhandlung aber weist er bestimmter den Unterschied nach.) Der Unterscheidung der logischen und realen Entgegensetzung entspricht die des logischen und des Realgrundes; aus jenem ergiebt sich die Folge nach der Regel der Identität, indem sie als Theilbegriff in ihm liegt, aus diesem nicht nach der Regel der Identität, sondern als etwas Anderes und Neues. Wie Causalität in diesem letzteren Sinne möglich sei, bekennt Kant nicht einzusehen. (Kant hat solidem an der Ueberzeugung festgehalten, dass die Causalität sich nicht aus dem Satze der Identität und des Widerspruchs verstehen lasse. Zunächst führt er nun die Annahme von Causalverhältnissen auf die Erfahrung zurück, später, in der Periode des Kriticismus, auf einen ursprünglichen Verstandesbegriff.)

Der einzig mögliche Beweisgrund zu einer Demonstration des Daseins Gottes, Königsberg 1763. Kant äussert schon in dieser Abhandlung die Ueberzeugung, „die

Vorsehung habe nicht gewollt, dass unsere zur Glückseligkeit höchst nöthigen Einsichten auf der Spitzfindigkeit feiner Schlüsse beruhen sollten, sondern sie dem natürlichen gemeinen Verstande unmittelbar überliefert"; „es ist durchaus nöthig, dass man sich vom Dasein Gottes überzeuge, aber es ist nicht eben so nöthig, dass man es demonstrire". Nichts desto weniger hält Kant hier noch für möglich, zu einem Beweise für Gottes Dasein zu gelangen, indem man sich auf den finsteren Ocean der Metaphysik wage, wogegen er später die Unmöglichkeit jedes theoretischen Beweises der Existenz Gottes darzuthun unternimmt. Schon in dieser Abhandlung stellt er den Satz auf, das Dasein sei kein Prädicat oder Determination von irgend einem Dinge; die Dinge erhalten nicht durch die Existenz ein Prädicat mehr, als sie ohne dieselbe, als bloss mögliche Dinge, haben. In dem Begriffe des Subjects findet man immer nur Prädicate der Möglichkeit. Das Dasein ist die absolute Position eines Dinges und unterscheidet sich dadurch auch von jeglichem Prädicate, welches als ein solches jederzeit bloss beziehungsweise gesetzt wird. Wenn ich sage, Gott ist allmächtig, so wird nur diese logische Beziehung zwischen Gott und der Allmacht gedacht, da die letztere ein Merkmal des ersteren ist. Es ist unmöglich, dass nichts existire; denn dadurch würde das Material und die Data zu allem Möglichen aufgehoben, also alle Möglichkeit verneint werden; wodurch aber alle Möglichkeit aufgehoben wird, das ist schlechterdings unmöglich (was freilich ein Paralogismus ist: die Aufhebung aller Möglichkeit des Daseins ist freilich mit der Behauptung der Unmöglichkeit des Daseins, aber nicht mit der Behauptung der Unmöglichkeit jener Aufhebung aller Möglichkeit identisch). Demnach existirt etwas absolut nothwendiger Weise. Das nothwendige Wesen ist einig, weil es den letzten Realgrund aller andern Möglichkeit enthält, also jedes andere Ding von ihm abhängig sein muss, es ist einfach, nicht aus vielen Substanzen zusammengesetzt, es ist unveränderlich und ewig, es enthält die höchste Realität, es ist ein Geist, da zu der höchsten Realität die Eigenschaften des Verstandes und Willens gehören; mithin ist ein Gott. Diese Argumentation, die nicht empirisch irgend eine Existenz voraussetzt, sondern nur von dem Kennzeichen der absoluten Nothwendigkeit hergenommen sei, erklärt Kant für einen vollkommen a priori geführten Beweis; man erkenne auf diese Weise das Dasein jenes Wesens aus demjenigen, was wirklich die absolute Nothwendigkeit desselben ausmache, also recht genetisch; alle anderen Beweise, auch wenn sie die Strenge hätten, die ihnen fehlt, würden doch niemals die Natur jener Nothwendigkeit begreiflich machen können. Die (Anselmische und) Cartesianische Form des ontologischen Beweises, aus dem vorausgesetzten Begriffe Gottes auf Gottes Existenz zu schliessen, verwirft Kant. Uebrigens fügt Kant eine (vortrefflich durchgeführte) Betrachtung bei, worin aus der wahrgenommenen Einheit in dem Wesen der Dinge auf das Dasein Gottes a posteriori geschlossen wird und führt insbesondere den physiko-theologischen Grundgedanken seiner „Allg. Naturgesch. und Theorie des Himmels" weiter durch.

Untersuchung über die Deutlichkeit der Grundsätze der natürlichen Theologie und Moral, zur Beantwortung der Frage, welche die K. Akademie der Wiss. zu Berlin auf das Jahr 1763 aufgegeben hat. Kant's Abhandlung erhielt das Accessit, die Mendelssohn'sche („über die Evidenz in den metaphysischen Wissenschaften") den Preis. Beide wurden zusammen Berlin 1764 gedruckt. Kant geht von einer Vergleichung der philosophischen Erkenntnissweise mit der mathematischen aus. Die Mathematik gelangt zu allen ihren Definitionen synthetisch, die Philosophie aber analytisch; die Mathematik betrachtet das Allgemeine unter den Zeichen in concreto, die Weltweisheit das Allgemeine durch die Zeichen in abstracto; in der Mathematik sind nur wenige unauflösliche Begriffe und unerweisliche Sätze, in der Philosophie aber unzählige; das Object der Mathematik ist leicht und einfach, das der Philosophie aber schwer und verwickelt. „Die Metaphysik ist ohne Zweifel die schwerste unter allen menschlichen Einsichten; allein es ist noch niemals eine geschrieben worden." Die einzige Methode, zur höchstmöglichen Gewissheit in der Metaphysik zu gelangen, ist mit derjenigen identisch, die Newton in die Naturwissenschaft einführte: Zergliederung der Erfahrungen und Erklärung der Erscheinungen aus den hierdurch gefundenen Regeln, möglichst mit Hülfe der Mathematik.

Raisonnement über den Abenteurer Jan Komarnicki, in der Königsb. Ztg. 1764, den „Ziegenpropheten", der von einem achtjährigen Knaben begleitet umherzog. Kant fand in dem „kleinen Wilden", dessen Rüstigkeit und Freimüthigkeit ihm gefiel, ein interessantes Exemplar eines Naturkindes im Rousseau'schen Sinne.

Beobachtungen über das Gefühl des Schönen und Erhabenen, Königsberg 1764. Eine Reihe der feinsten Beobachtungen aus dem Gebiet der Aesthetik, Moral und Psychologie. Charakteristisch ist die ästhetische Begründung der Moral auf das „Gefühl von der Schönheit und Würde der menschlichen Natur".

Nachricht von der Einrichtung seiner Vorlesungen über die Philosophie zur Ankündigung derselben im Wintersemester 1765—66. Königsberg 1765. Der Vortrag soll nicht Gedanken, sondern denken lehren; es gilt nicht Philosophie lernen, sondern philosophiren lernen. Eine fertige Weltweisheit ist nicht vorhanden; die Methode des philosophischen Unterrichts muss forschend (zetetisch) sein.

Ueber Swedenborg, Brief an Fräulein von Knobloch, vom 10. August 1763 (nicht 1758, wie Borowski angegeben hat und auch nicht, wie Andere wollen, 1768; das Jahr 1763 ergiebt sich schon aus der Vergleichung des historischen Data mit Gewissheit und dazu stimmt auch, dass die Vermählung der Adressatin, Charlotte Amalie von Knobloch, geb. 10. Aug. 1740, mit dem Hauptmann Friedrich von Klingsporn am 23. Juli 1764 stattgefunden hat, s. Neue geneal.-hist. Nachr., Theil 37, Leipz. 1765, S. 354). Versuch über die Krankheiten des Kopfes, in der Königsberger Zeitung 1764. Träume eines Geistersehers, erläutert durch Träume der Metaphysik, Riga 1766 (anonym). Zwischen Ernst und Scherz die Mitte haltende Schriften, in welchen Kant mehr und mehr zu einer skeptischen Haltung fortgeht. Die Möglichkeit mancher beliebten metaphysischen Annahmen ist unbestreitbar, aber sie theilt diesen Vortheil mit manchen Wahngebilden der Verrückten; manche Speculationen finden nur darum Geltung, weil die Verstandeswage nicht ganz unpartheiisch ist und ein Arm derselben, der die Aufschrift trägt: „Hoffnung der Zukunft" einen mechanischen Vortheil hat, eine Unrichtigkeit, die Kant selbst nicht heben zu können und nicht heben zu wollen bekennt. Uebrigens findet es Kant der menschlichen Natur und Reinigkeit der Sitten gemässer, die Erwartung der künftigen Welt auf die Empfindungen einer wohlgearteten Seele, als umgekehrt ihr Wohlverhalten auf die Hoffnung der andern Welt zu gründen. Vgl. Theod. Weber, Kant's Dualismus von Geist und Natur aus dem Jahre 1766 und des posit. Christenthums, Breslau 1866.

Vom ersten Grunde des Unterschiedes der Gegenden im Raume, in den Königsb. Nachrichten 1768. Aus dem Umstande, dass Figuren (wie z. B. die der rechten und der linken Hand) einander völlig gleich und ähnlich seien und dennoch nicht in denselben Grenzen beschlossen werden können (wie z. B. der rechte Handschuh nicht auf die linke Hand passt), glaubt Kant den Schluss ziehen zu dürfen, dass der vollständige Bestimmungsgrund einer körperlichen Gestalt nicht lediglich auf dem Verhältniss und der Lage seiner Theile gegeneinander beruhe, sondern noch überdies auf einer Beziehung gegen den allgemeinen absoluten Raum; der Raum soll demgemäss nicht bloss in dem äusseren Verhältniss der neben einander befindlichen Theile der Materie bestehen, sondern etwas Ursprüngliches sein, und zwar

§ 15. Kants Leben und Schriften.

nicht als blosses Gedankending, sondern in der Realität. Freilich findet Kant diesen Begriff von ungelösten Schwierigkeiten umgeben, welche nicht lange nachher ihn dazu führten, den Raum für eine blosse Form unserer Anschauung zu erklären, womit der erste Schritt zum Kriticismus geschah.

II. Schriften aus der Periode des Kriticismus.

De mundi sensibilis atque intelligibilis forma et principiis, dissertatio pro loco professionis logicae et metaph. ordin. rite sibi vindicanda, Regimonti 1770. Der Grundgedanke der Vernunftkritik tritt hier bereits in Bezug auf Raum und Zeit, aber noch nicht in Bezug auf Substanzialität, Causalität und überhaupt die Kategorien hervor. Auf diese letzteren dehnte Kant denselben erst in den nachfolgenden Jahren aus. Der Zeitraum von 1769—1781 kann mit vollerem Recht, als der vorangegangene, die Periode des Suchens nach einem durchgängig neuen Lehrgebäude genannt werden.

Recension der Schrift von Moscati über den Unterschied der Structur der Thiere und Menschen, aus der Königsb. gelehrten u. polit. Zeitung 1771 abg. In Reicke's Kantiana, S. 66—68. Kant billigt Moscati's anatomische Begründung des Satzes, dass die thierische Natur des Menschen ursprünglich auf den vierfüssigen Gang angelegt sei.

Von den verschiedenen Racen der Menschen, Programm zur Ankündigung seiner Vorlesungen für das Sommersemester 1775. Alle Menschen gehören zu einer Naturgattung; die Racen sind die festesten unter den Abarten. Bemerkenswerth ist Kants Aeusserung, eine wirkliche Naturgeschichte werde vermuthlich eine grosse Menge scheinbar verschiedener Arten zu Racen eben derselben Gattung zurückführen und das jetzt so weitläufige Schulsystem der Naturbeschreibung in ein physisches System für den Verstand verwandeln; man müsse eine genealogische Naturerkenntniss zu erlangen suchen, die wohl nach und nach von Meinungen zu Einsichten fortrücken könne. In der Kritik der teleologischen Urtheilskraft hat Kant später eben diesen Gedanken von Neuem entwickelt.

Ueber das Dessauer Philanthropin, in der Königsb. gel. u. pol. Ztg. 1776—78, bei Reicke, Kantiana, S. 68 ff. (Doch ist nur bei A. und B. die Kantische Autorschaft genügend gesichert, bei C. dagegen, das in Gedanken und Ausdruck gemässigter, aber auch vulgärer ist, mindestens zweifelhaft; der Hofprediger Crichton scheint nach Kant's Aufforderung vom 29. Juli 1778, bei R. u. Sch. XI, S. 72, den Artikel verfasst zu haben. Kant interessirt sich lebhaft für die „weislich aus der Natur selbst gezogene" Erziehungsmethode des Philanthropins.

Kritik der reinen Vernunft, Riga 1781. In diesem Werke hat Kant (nach einem Briefe an Moses Mendelssohn vom 18. August 1783) das Resultat eines mindestens zwölfjährigen Nachdenkens niedergelegt, die Ausarbeitung aber „binnen vier bis fünf Monaten mit grösster Aufmerksamkeit auf den Inhalt, aber weniger Fleiss auf den Vortrag und Beförderung der leichten Einsicht für den Leser zu Stande gebracht". Die zweite, umgearbeitete Auflage erschien ebend. 1787; die späteren Auflagen bis zur siebenten, Leipz. 1828, sind unveränderte Abdrücke der zweiten. In beiden Gesammtausgaben der Werke sind die Differenzen zwischen beiden Ausgaben vollständig angegeben; doch legt Rosenkranz die erste Auflage zum Grunde und giebt nachträglich die in der zweiten eingetretenen Aenderungen an; Hartenstein fügt umgekehrt dem Abdruck der zweiten Auflage die Varianten der ersten bei *). Dieses entgegengesetzte Verfahren hängt mit der Verschiedenheit des Urtheils

---

*) Bei dieser Gelegenheit sei der Vorschlag erlaubt, in künftigen Auflagen der Vernunftkritik die differirenden Partien in je zwei (nach Bedürfniss gleich oder ungleich

beider Herausgeber über den Werth beider Ausgaben zusammen. Rosenkranz bevorzugt die erste, indem er mit Michelet, Schopenhauer und Anderen Aenderungen des Gedankens zum Nachtheil der Consequenz zu finden glaubt; Hartenstein dagegen erkennt im Anschluss an Kant's eigene Aussage (in der Vorrede zur zweiten Aufl.) nur Aenderungen der Darstellung zur Abwehr hervorgetretener Missverständnisse und zur Erleichterung der Auffassung in der zweiten Auflage an. Vgl. über diese Streitfrage meine Diss. de priore et posteriore forma Kantianae Critices rationis purae, Berol. 1862, worin ich die Richtigkeit des Kantischen Selbstzeugnisses im Einzelnen nachzuweisen suche; Kant hebt in der zweiten Auflage der Vernunftkritik, wie schon in den 1783 erschienenen „Prolegomena", die realistische Seite seines Lehrbegriffs, die in demselben von Anfang an lag und die er auch für den aufmerksamen Leser deutlich genug bezeichnet hatte, die aber von flüchtigen Lesern verkannt worden war, stärker hervor; man thut Kant Unrecht, wenn man hierin eine wesentliche Aenderung seines Gedankens, die er selbst misskannt oder gar (wie Schopenhauer meint) heuchlerisch verleugnet habe, erblicken will. Michelets Entgegnung in seiner Zeitschrift: der Gedanke, III, 1862, S. 237—243 leidet an hegelianisirender Umdeutung des Kantischen Begriffs der uns afficirenden und dadurch Vorstellungen in uns hervorrufenden Dinge an sich zu der Einheit des Wesens in der Mannigfaltigkeit der Erscheinungen, wodurch den Kantischen Worten ein fremdartiger Sinn untergeschoben wird (vgl. unten zu § 16). Ueber den Inhalt der Kritik der reinen Vernunft, so wie der andern Hauptwerke soll nicht in dieser vorläufigen Uebersicht, sondern in der Darstellung des Kantischen Lehrgebäudes referirt werden.

Prolegomena zu einer jeden künftigen Metaphysik, die als Wissenschaft wird auftreten können, Riga 1783. Den Hauptinhalt dieser Schrift hat Kant später in die zweite Auflage der Kritik der reinen Vernunft hineinverarbeitet. Gegen eine in den Gött. gel. Anz. 19. Jan. 1782 erschienene, von Garve verfasste, aber vor dem Abdruck von Feder verstümmelte (später anderwärtig in ihrer ursprünglichen Gestalt veröffentlichte) Recension, die das realistische Element in Kant's Ansicht übersehen und Kant's Lehre der Berkeley'schen zu nahe gerückt hatte, hebt Kant eben jenes Element, welches er ursprünglich als etwas allgemein Anerkanntes mehr vorausgesetzt, als erörtert hatte, kräftig hervor. In der Vorrede erzählt Kant, wie er durch Hume's Bedenken gegen den Causalbegriff aus dem „dogmatischen Schlummer" zuerst geweckt worden sei; an dem Funken, den der Skeptiker ausstreuete, habe das kritische Licht sich entzündet.

Ueber Schulz's (Predigers zu Gielsdorf) Versuch einer Anleitung zur Sittenlehre für alle Menschen ohne Unterschied der Religion, im „Raisonnirenden Bücherverzeichniss", Königsberg 1783, S. 97—104. Kant verwirft von seinem kritischen Standpunkte aus die auf eine consequente Durchführung der Leibnitzischen Principien der Stufenordnung der Wesen und des Determinismus hinauslaufende Psychologie und Ethik; für Kant fällt jetzt der Determinismus mit dem Fatalismus zusammen, und statt einer Stelle in der Stufenordnung vindicirt er jetzt dem Menschen eine Freiheit, die denselben „gänzlich ausserhalb der Naturkette setze". (Ueber die spätere Amtsentsetzung jenes charaktervollen Mannes durch einen Willküract des Ministeriums Wöllner handelt Volkmar, Religionsprocess des Predigers Schulz zu Gielsdorf, eines Lichtfreundes des 18. Jahrhunderts, Leipz. 1846).

breiten) Spalten auf den nämlichen Seiten nebeneinander herlaufen zu lassen (so, wie in der Rosenkranz'schen Ausgabe die Antinomien gedruckt sind), während das Uebereinstimmende einfach bleibt. Kleine Abweichungen können in Noten angegeben werden.

§ 15. Kant's Leben und Schriften.

Ideen zu einer allgemeinen Geschichte in weltbürgerlicher Absicht, in der Berliner Monatsschrift, 1784 im Novemberheft. Was heisst Aufklärung? ebend. im Decemberheft. (Aufklärung heisst Ausgang aus der selbst verschuldeten Unmündigkeit.)

Recension von Herder's Ideen zur Philosophie der Geschichte der Menschheit, in der Allg. Lhtztg. 1785. Kant verwirft hier von seinem Kriticismus aus, indem er Natur und Freiheit schroff von einander sondert, Betrachtungen, die auf der Voraussetzung einer wesentlichen Einheit beider ruhen; die Kritik, die sich gegen Herder kehrt, ist in gewissem Sinne zugleich auch eine Reaction des späteren Standpunkts Kants gegen seinen eigenen früheren.

Ueber die Vulcane im Monde, Berl. Monatsschr., März 1785.

Von der Unrechtmässigkeit des Büchernachdrucks, ebend. Mai 1785.

Ueber die Bestimmung des Begriffs von einer Menschenrace, ebendaselbst Bd. VI., 1785.

Grundlegung zur Metaphysik der Sitten, Riga 1785 u. ö.

Metaphysische Anfangsgründe der Naturwissenschaft, Riga 1785 u. ö.

Muthmasslicher Anfang der Menschengeschichte, Berl. Monatsschr. Jan. 1786. Ueber Hufeland's Grundsatz des Naturrechts, Allg. Lhtztg. 1786. Was heisst sich im Denken orientiren? Berl. M., Oct. 1786 (welche Frage Kant dahin beantwortet: sich bei der Unzulänglichkeit der objectiven Principien der Vernunft im Fürwahrhalten nach einem subjectiven Princip derselben bestimmen; wir irren nur dann, wenn wir beides verwechseln, mithin Bedürfniss für Einsicht halten). Einige Bemerkungen zu Jacob's Prüfung der Mendelssohn'schen Morgenstunden, 1786.

Ueber den Gebrauch teleologischer Principien in der Philosophie, in Wieland's deutschem Mercur 1788.

Kritik der praktischen Vernunft, Riga 1788; 6. Aufl. Leipz. 1827.

Kritik der Urtheilskraft, Berlin und Libau 1790 u. ö.

Ueber eine Entdeckung (Eberhard's), nach der alle neue Kritik der Vernunft durch eine ältere entbehrlich gemacht werden soll, Königsberg 1790. Ueber Schwärmerei und Mittel dagegen, bei Borowski's Buch über Cagliostro, Königsberg 1790.

Ueber das Misslingen aller philosophischen Versuche in der Theodicee, Berl. Monatsschr., Januar 1791.

Ueber die von der K. Akademie der Wissenschaften zu Berlin für das Jahr 1791 ausgesetzte Preisaufgabe: welches sind die wirklichen Fortschritte, die die Metaphysik seit Leibnitz's und Wolff's Zeiten gemacht hat? Herausg. von F. Th. Rink, Königsberg 1804. Kant sucht hier, ohne speciell auf Leistungen Anderer einzugehen, die Bedeutung des Fortschritts vom Leibniz-Wolff'schen Dogmatismus zum Kriticismus nachzuweisen. Die Schrift ist nicht zur Preisbewerbung eingesandt worden.

Die Religion innerhalb der Grenzen der blossen Vernunft, Königsberg 1793, 2. Aufl. ebend. 1794.

Ueber den Gemeinspruch: das mag in der Theorie richtig sein, passt aber nicht für die Praxis, Berl. Monatsschr. Sept. 1793. Kant verwirft diese Maxime, sofern sie Tugend- oder Rechtspflichten betreffe, als verderblich für die Moralität im privaten Verkehr, wie in Bezug auf Staatsrecht und Völkerrecht.

Etwas über den Einfluss des Mondes auf die Witterung, Berl. Monatsschr., Mai 1794. Das Ende aller Dinge, ebend. 1794. Ueber Philosophie überhaupt, an Beck's Auszug aus Kant's kritischen Schriften, Riga 1793—94.

Zum ewigen Frieden, ein philosophischer Entwurf, Königsberg 1795, 2. Aufl. ebend. 1796.

Zu Sömmering's Schrift über das Organ der Seele, Königsberg 1796. Kant spricht die Vermuthung aus, dass das die Gehirnhöhlen erfüllende Wasser die Uebertragung der Affectionen von einer Gehirnfaser auf andere vermitteln möge.

Von einem neuerdings erhobenen vornehmen Tone in der Philosophie, Berl. Monatsschr. Mai 1796. (Gegen platonisirende Gefühlsphilosophen.) Ausgleichung eines auf Missverstand beruhenden mathematischen Streits, ebd. Oct. 1796. (Wenige Worte zur Deutung eines nach dem Wortsinn unzutreffenden Ausdrucks, den Kant gebraucht hatte; er will denselben aus dem Zusammenhang zum Richtigen gedeutet wissen.) Verkündigung eines nahen Abschlusses eines Tractates zum ewigen Frieden in der Philosophie, Berl. Monatsschr., Dec. 1796. (Gegen Joh. Georg Schlosser.)

Metaphysische Anfangsgründe der Rechtslehre, Königsberg 1797.

Metaphysische Anfangsgründe der Tugendlehre, Königsberg 1797.

Ueber ein vermeintes Recht, aus Menschenliebe zu lügen, Berl. Blätter 1797.

Der Streit der Facultäten, worin zugleich die Abhandlung enthalten ist: Von der Macht des Gemüthes, durch den blossen Vorsatz seiner krankhaften Gefühle Meister zu werden, Königsberg 1798.

Anthropologie in pragmatischer Hinsicht, Königsberg 1798.

Vorrede zu Jachmann's Prüfung der Kantischen Religionsphilosophie in Hinsicht auf die ihr beigelegte Aehnlichkeit mit dem reinen Mysticismus, Königsberg 1800. Nachschrift eines Freundes zu Heilsberg's Vorrede zu Mielke's litthauischem Wörterbuch, Königsberg 1800.

Kant's Logik, hrsg. von J. B. Jäsche, Königsberg 1800.

Kant's physische Geographie, hrsg. von Rink, Königsberg 1802—1803.

Kant über Pädagogik, hrsg. von Rink, Königsberg 1803.

Ausserdem enthalten die Gesammtausgaben Briefe, Erklärungen und andere kleinere schriftliche Aeusserungen Kant's. Unter Mitwirkung Kant's sind seine „vermischten Schriften" von Tieftrunk in 3 Bden, Halle 1799 und mehrere kleinere Schriften von Rink, Königsberg 1800 herausgegeben worden. Ungedruckt ist ein Manuscript zur Metaphysik der Natur, woran Kant in seinen letzten Lebensjahren gearbeitet hat, s. Schubert in: N. preuss. Prov.-Bl., Königsberg 1858, S. 58—61; Preuss. Jahrb. h. v. Haym, I., 1858, S. 80—84, und besonders Rudolf Reicke in der Altpreuss. Monatsschr., Bd. I., Königsberg 1864, S. 742—749.

In's Lateinische hat Kant's kritische Schriften F. G. Born übersetzt, 4 Bde, Leipzig 1796—98; noch andere Uebersetzungen werden u. a. im Tennemann'schen Grundriss der Gesch. der Philos., 5. Aufl., Leipz. 1829, zu § 358, S. 466 f. und im 11. Bande der Ausgabe von Rosenkranz und Schubert S. 217 f. citirt.

§ 16. Unter der Kritik der Vernunft versteht Kant die Prüfung des Ursprungs, des Umfangs und der Grenzen der menschlichen Erkenntniss. Reine Vernunft nennt er die von aller Erfahrung unabhängige Vernunft. Die Schrift: „Kritik der reinen

Vernunft" unterwirft die reine theoretische Vernunft der Prüfung. Kant hält dafür, dass diese Prüfung jeder andern philosophischen Erkenntniss vorangehen müsse. Jede Philosophie, die den Erfahrungskreis überschreitet, ohne diese Ueberschreitung durch eine Prüfung der Erkenntnisskraft gerechtfertigt zu haben, nennt Kant Dogmatismus, die philosophische Beschränkung auf den Erfahrungskreis Empirismus, den philosophischen Zweifel an aller den Erfahrungskreis überschreitenden Erkenntniss, sofern derselbe sich nur auf das Ungenügende aller vorhandenen Beweisversuche und nicht auf eine Prüfung der menschlichen Erkenntnisskraft überhaupt stützt, Skepticismus, seine eigene Richtung aber, die von dem Resultate jener Prüfung alles fernere Philosophiren abhängig macht, Kriticismus. Der Kriticismus ist Transcendentalphilosophie oder transcendentaler Idealismus, sofern er die Möglichkeit einer transcendenten, d. h. den gesammten Erfahrungskreis überschreitenden Erkenntniss prüft und verneint.

Kant geht in seiner Vernunftkritik von einer zweifachen Unterscheidung der Urtheile (insbesondere der kategorischen Urtheile) aus. Nach dem Verhältniss des Prädicates zum Subjecte theilt er die Urtheile ein in analytische oder Erläuterungsurtheile, deren Prädicat sich aus dem Subjectsbegriff durch blosse Zergliederung desselben entnehmen lasse oder auch mit ihm identisch sei (in welchem letzteren Falle das analytische Urtheil ein identisches ist) und synthetische oder Erweiterungsurtheile, deren Prädicat nicht im Subjectsbegriffe liegt, sondern zu demselben hinzutritt; das Princip der analytischen Urtheile ist der Satz der Identität und des Widerspruchs, synthetische Urtheile aber können nicht aus dem jedesmaligen Subjectsbegriff auf Grund dieses Satzes allein gebildet werden. Nach dem Ursprung der Erkenntniss aber unterscheidet Kant Urtheile a priori und Urtheile a posteriori; unter den Urtheilen a posteriori versteht er Erfahrungsurtheile, unter Urtheilen a priori im absoluten Sinn solche, die schlechthin von aller Erfahrung unabhängig seien, im relativen Sinne aber solche, die mittelbar auf der Erfahrung ruhen, indem dasjenige, was in ihnen gedacht wird, nicht erfahren worden ist, wohl aber anderes, woraus jenes geschlossen wird. Für Urtheile a priori im absoluten Sinne hält Kant alle diejenigen, welche mit Nothwendigkeit und strenger Allgemeinheit gelten, indem er von der (unerwiesenen, von ihm als selbstverständlich angesehenen, sein ganzes Lehrgebäude bedingenden) Voraussetzung ausgeht, Nothwendigkeit und strenge Allgemeinheit lasse sich durch keine Combination von Erfahrungen, wohl aber unabhängig von aller Erfahrung gewinnen. Alle analytischen Urtheile sind Urtheile a priori; denn wenn auch der Subjectsbegriff durch Erfahrung gewonnen worden sein mag, so bedarf es doch zu der Zergliederung desselben, durch welche das Urtheil sich ergiebt, nicht mehr einer Erfahrung. Die synthetischen Urtheile aber zerfallen in zwei Classen. Wird nämlich die Synthesis des Prädicates mit dem Subjecte auf Grund der Erfahrung vollzogen, so entstehen synthetische Urtheile a posteriori; wird sie ohne alle Erfahrung vollzogen, so entstehen synthetische Urtheile a priori. Die Existenz der letzteren Classe hält Kant für unlengbar; denn unter den Urtheilen, die anerkanntermaassen streng universell und apodiktisch, demgemäss nach Kant's Voraussetzung Urtheile a priori sind, findet er solche, die zugleich als synthetische anerkannt werden müssen. Hierher gehören zunächst die meisten mathematischen Urtheile. Ein Theil der arithmetischen Fundamentalurtheile (z. B. $a = a$) ist zwar nach Kant analytischer Art, die übrigen arithmetischen und sämmtliche geometrischen Urtheile aber sind nach ihm synthetische Urtheile, folglich, da sie mit strenger Allgemeinheit und Nothwendigkeit gelten, synthetische Urtheile a priori. Den nämlichen Charakter tragen nach Kant die allgemeinsten Sätze der Naturwissenschaft, z. B.: in allen Veränderungen der körperlichen Welt bleibt die Quantität der Materie unverändert; auch diese Sätze werden ohne alle Erfahrung erkannt, da sie allgemeingültige und apodiktische Urtheile sind, und doch nicht durch blosse Zergliederung des Subjectsbegriffs sich ergeben, da ja das Prädicat über den blossen Subjectsbegriff hinausgeht. Ebenso sind endlich wenigstens ihrer Tendenz nach alle metaphysischen Sätze synthetische Urtheile a priori, z. B. der Satz: alles, was geschieht, muss eine Ursache haben. Lassen sich nun auch die metaphysischen Sätze anfechten, so stehen doch mindestens die mathematischen unzweifelhaft fest. Es giebt also, schliesst Kant, synthetische Urtheile a priori oder reine Vernunfturtheile. Die Grundfrage seiner Kritik ist nunmehr diese: Wie sind synthetische Urtheile a priori möglich?

Die Antwort lautet: Synthetische Urtheile a priori sind dadurch möglich, dass der Mensch zu dem Stoffe der Erkenntniss, welchen er vermöge seiner Receptivität empirisch aufnimmt, gewisse reine Erkenntnissformen, die er vermöge seiner Spontaneität unabhängig von aller Erfahrung selbst erzeugt, hinzubringt und allen gegebenen Stoff diesen Formen einfügt. Diese Formen, welche die Bedingungen der Möglichkeit der Erfahrung überhaupt sind, sind zugleich die Bedingungen der Möglichkeit der Objecte der Erfahrung, weil alles, um für mich Object zu sein, die Formen annehmen muss, durch welche das Ich, mein ursprüngliches Bewusstsein oder die „transcendentale Einheit der Apperception" alles Gegebene gestaltet; sie haben daher objective Gültigkeit in einem synthetischen Urtheil a priori. Aber die Objecte, für welche sie gelten, sind nicht die Dinge an sich oder die transcendentalen Objecte, d. h. die Objecte, wie sie abgesehen von unserer Weise sie aufzufassen, an sich selbst sind, sondern nur die empirischen Objecte oder die Erscheinungen, welche als Vorstellungen in unserm Bewusstsein sind. Die Dinge an sich sind dem Menschen unerkennbar. Nur ein schöpferisches göttliches Bewusstsein, das ihnen, indem es sie denkt, zugleich auch Wirklichkeit giebt, vermag sie zu erkennen. Die Dinge an sich richten sich nicht nach unseren Erkenntnissformen, weil unser Bewusstsein kein schöpferisches, unsere Anschauung nicht von blos subjectiven Elementen frei, nicht „intellectuelle Anschauung" ist; unsere Erkenntnissformen richten sich nicht nach den Dingen an sich, weil sonst alle unsere Erkenntnisse empirisch und ohne Nothwendigkeit und strenge Allgemeinheit wäre; die empirischen Objecte aber, da sie unsere Vorstellungen sind, richten sich nach unsern Erkenntnissformen. Also können wir die empirischen Objecte oder die Erscheinungen, aber auch nur diese erkennen. Alle Erkenntniss a priori hat nur Geltung in Bezug auf Erscheinungen, also auf Objecte wirklicher oder möglicher Erfahrung.

Die Erkenntnissformen sind theils Anschauungs-, theils Denkformen. Von jenen handelt die „transcendentale Aesthetik", von diesen die „transcendentale Logik".

Die Formen der Anschauung sind: Raum und Zeit. Der Raum ist die Form des äusseren Sinnes, die Zeit ist die Form des inneren und mittelbar auch des äusseren Sinnes. Auf der Apriorität des Raumes beruht die Möglichkeit der geometrischen, auf der der Zeit die der arithmetischen Urtheile. Die Dinge an sich oder die transcendentalen Objecte sind weder räumlich noch zeitlich; alles Neben- und Nacheinander ist nur in den Erscheinungsobjecten, folglich nur in dem anschauenden Subject.

Die Formen des Denkens sind die zwölf Kategorien oder Stammbegriffe des Verstandes, welche die Formen der Urtheile bedingen: Einheit, Vielheit, Allheit; Realität, Negation, Limitation; Substanzialität, Causalität, Wechselwirkung; Möglichkeit, Dasein, Nothwendigkeit. Auf ihrer Apriorität beruht die Gültigkeit der allgemeinsten Urtheile, die aller empirischen Erkenntniss zu Grunde liegen. Die Dinge an sich oder die transcendentalen Objecte haben weder Einheit noch Vielheit, sind nicht Substanzen und unterliegen nicht dem Causalverhältniss, sind überhaupt nicht den Kategorien unterworfen; die Kategorien finden nur Anwendung auf die Erscheinungsobjecte, welche in unserm Bewusstsein sind.

Die Vernunft strebt über die Verstandeserkenntniss, die an dem Endlichen und Bedingten haftet, zum Unbedingten hinauszugehen. Sie bildet die Idee der Seele als einer Substanz, die immer beharre, der Welt als einer unbegrenzten Causalreihe und Gottes als des absoluten Inbegriffs aller Vollkommenheiten oder des „allerrealsten Wesens". Indem diese Ideen auf Objecte gehen, die jenseits aller möglichen Erfahrung liegen, so haben sie keine theoretische Gültigkeit; wird ihnen dieselbe (von der dogmatistischen Metaphysik) vindicirt, so geschieht dies mittelst einer irreführenden Logik des Scheins oder Dialektik. Der psychologische Paralogismus verwechselt die Einheit des Ich, welches niemals als Prädicat, sondern immer nur als Subject vorgestellt werden kann, mit der Einfachheit und absoluten Beharrlichkeit einer psychischen Substanz. Die Kosmologie führt auf Antinomien, deren beide einander widersprechende Glieder sich indirect erweisen lassen, wenn die Realität von Raum, Zeit und Kategorien vorausgesetzt wird, aber mit Aufhebung dieser falschen Voraussetzung wegfallen. Die rationale Theologie, welche durch das ontologische, kosmologische und physikotheologische Argument das Dasein Gottes zu erweisen sucht, verstrickt sich in eine Reihe von Sophistikationen. Doch sind jene Ideen in zweifachem Betracht von Werth: 1. theoretisch, sofern sie nicht als constitutive Principien gelten, durch welche eine wirkliche Erkenntniss von Dingen an sich gewonnen werden könne, sondern als regulative Principien, die nur besagen, dass, wie weit auch die empirische Forschung gelangt sein möge, niemals der Kreis der Objecte möglicher Erfahrung für völlig abgeschlossen angesehen werden dürfe, sondern immer noch weiter zu forschen sei; 2. praktisch, sofern sie Annahmen denkbar machen, zu welchen mit moralischer Nothwendigkeit die praktische Vernunft hinführt.

In den „metaphysischen Anfangsgründen der Naturwissenschaft" sucht Kant, indem er die Materie auf Kräfte zurückführt, eine **dynamische Naturerklärung** zu begründen.

Ueber Kants Philosophie überhaupt und insbesondere über seine theoretische Philosophie handeln in unzähligen Schriften Kantianer, Halbkantianer und Antikantianer, wovon die bedeutendsten unten erwähnt werden sollen; vgl. darüber insbesondere die Geschichte des Kantianismus von Rosenkranz, welche als zwölfter Band der Gesammtausgabe der Werke Kants beigefügt ist. Aus neuerer Zeit sind ausser den Historikern der Philosophie überhaupt und insbesondere der neueren Philosophie (Hegel, Michelet, Erdmann, Kuno Fischer, I. Herm. Fichte, Chalybäus, Ulrici, Biedermann, G. Weigelt, Barchou de Penhoën, A. Ott, Willm u. A., s. oben S. 1—2 und 127) noch zu nennen: Charles Villers (philosophie de Kant, Metz 1801),

Tissot, der Uebersetzer der Vernunftkritik (Critique de la raison pure, 3. éd. en français, Paris 1864), Amand Saintes (histoire de la vie et de la philosophie de Kant, Paris et Hambourg 1844), Barcl (der mehrere Schriften Kants übersetzt und erläutert hat), Victor Cousin (Leçons sur la philosophie de Kant, Par. 1842, 4. éd. Par. 1864), Emile Saisset (le scepticisme, Acnésidème, Pascal, Kant, Paris 1865), Pasquale Galuppi, Saggio filosofico sulla critica della conoscenza, Napoli 1819), F. A. Nitsch (View of Kants principles, London 1796). A. F. M. Willich (Elements of the critical philosophy, London 1798), Meiklejohn, der Uebersetzer der Vernunftkritik in's Englische (Critic of Pure Reason, translated from the German of Imm. Kant, London 1855), ferner u. A. Th. A. Suabedissen (Resultate der philos. Forschungen über die Natur der menschlichen Erkenntniss von Plato bis Kant, Marburg 1805), Ed. Beneke (Kant und die philos. Aufgabe unserer Zeit, Berlin 1832), Mirbt (Kant und seine Nachfolger, Jena 1841), J. C. Glaser (de principiis philosophiae Kantianae, diss. inaug., Hal. 1844), Chr. H. Weisse (in welchem Sinne die deutsche Philosophie jetzt wieder an Kant sich zu orientiren hat, Leipzig 1847), Julius Rupp (Imm. Kant, über den Charakter seiner Philosophie und das Verhältniss derselben zur Gegenwart, Königsberg 1857), Joh. Jacoby (Kant und Lessing, Rede zu Kant's Geburtstagsfeier, Königsberg 1859), Theod. Sträter (de principiis philos. K., diss. inaug., Bonn 1859), J. B. Meyer (über den Kriticismus mit besonderer Rücksicht auf Kant, in: Zeitschr. f. Ph., Band 37, 1860, S. 225—263 und Band 39, 1861, S. 46—66), L. Noack (I. Kant's Auferstehung aus dem Grabe, seine Lehre urkundlich dargestellt, Leipzig 1861), die anonyme Schrift: ein Ergebniss aus der Kritik der Kantischen Freiheitslehre, von dem Verf. der Schrift: das unbewusste Geistesleben und die göttliche Offenbarung, Leipzig 1861, Michelis (die Philos. Kant's und ihr Einfluss auf die Entwicklung der neueren Naturwissenschaft, in: Natur und Offenbarung, Bd. VIII., Münster 1862), K. F. E. Trahndorf (Aristoteles und Kant, oder: was ist die Vernunft? in: Zeitschr. für die luth. Theol. u. Kirche, Jahrg. 1863, S. 91—125), Joh. Huber (Lessing und Kant im Verhältniss zur relig. Bewegung des achtzehnten Jahrhunderts, in: Deutsche Vierteljahrsschrift, Jahrg. 27, 1864, S. 241—295), Theod. Merz (über die Bedeutung der Kantischen Philos. für die Gegenwart, in: Protest. Monatsbl., hrsg. von H. Gelzer, Dec. 1864, S. 375—388), O. Liebmann (Kant und die Epigonen, Stuttg. 1865). Einige Abhandlungen, welche speciellere Probleme betreffen, werden unten im Verfolg der Darstellung erwähnt werden.

Kant versteht unter dem „Dogmatismus der Metaphysik", als dessen bedeutendsten Vertreter er Wolff nennt, das allgemeine Zutrauen derselben zu ihren Principien ohne vorhergehende Kritik des Vernunftvermögens selbst, bloss um ihres Gelingens willen (Kant gegen Eberhard, über eine Entdeckung etc., bei Ros. u. Sch. I., S. 452) oder das dogmatische (aus philosophischen Begriffen streng argumentirende) Verfahren der Vernunft ohne vorangehende Kritik ihres eigenen Vermögens (Vorr. zur 2. Aufl. der Kr. d. r. V., S. XXXV). Unter dem Skepticismus, wie denselben namentlich David Hume repräsentire, versteht Kant das ohne vorhergegangene Kritik gegen die reine Vernunft gefasste allgemeine Misstrauen, bloss um des Misslingens ihrer Behauptungen willen (a. a. O. I., S. 452). Kant hält dafür, dass man vom empiristischen Standpunkte aus das Dasein Gottes und die Unsterblichkeit der Seele nicht beweisen könne, da beide ganz ausserhalb der Grenzen möglicher Erfahrung liegen, und findet in Locke's Beweisversuch eine Inconsequenz (Kr. d. r. V., S. 127 und 882 f.), so dass ihm der Skepticismus als die nothwendige Folge des Empirismus erscheint. Die reine Vernunft in ihrem dogmatischen Gebrauche muss vor dem kritischen Auge einer höheren und richterlichen Vernunft erscheinen (Kr. d. r. V., S. 767); die Kritik der reinen Vernunft ist der wahre

§ 36. Kants Kritik der reinen Vernunft und metaph. Anfangsgr. der Naturw.

Gerichtshof für alle Streitigkeiten der Vernunft (ebd. S. 779); der Kriticismus des Verfahrens mit allem, was zur Metaphysik gehört, ist die Maxime eines allgemeinen Misstrauens gegen alle synthetischen Sätze derselben, bevor nicht ein allgemeiner Grund ihrer Möglichkeit in den wesentlichen Bedingungen unserer Erkenntnissvermögen eingesehen worden (gegen Eberhard, a. a. O. I., S. 452). Unter der Kritik der reinen Vernunft versteht Kant eine Prüfung des Vernunftvermögens überhaupt in Ansehung aller Erkenntnisse, zu denen die Vernunft unabhängig von aller Erfahrung streben mag, mithin die Entscheidung der Möglichkeit oder Unmöglichkeit einer Metaphysik überhaupt, und die Bestimmung sowohl der Quellen, als des Umfangs und der Grenzen derselben, alles aber aus Principien (Vorr. zur 1. Aufl. der Kr. d. r. V.). Vernunft ist ihm das Vermögen, welches die Principien der Erkenntniss a priori enthält, reine Vernunft das Vermögen der Principien, etwas schlechthin a priori zu erkennen. Die Kritik der reinen Vernunft, welche die Quellen und Grenzen derselben beurtheilt, ist die Vorbedingung eines Systems der reinen Vernunft oder aller reinen Erkenntnisse a priori.

Gegen das Kantische Unternehmen einer Vernunftkritik ist eingewandt worden, das Denken könne nur durch das Denken geprüft werden; vor dem wirklichen Denken das Denken prüfen wollen, heisse daher denken wollen vor dem Denken oder gleichsam schwimmen lernen wollen, ohne in's Wasser zu gehen (Hegel). Jedoch dieser Einwurf widerlegt sich durch die Unterscheidung des vorkritischen und des kritisch-philosophischen Denkens. Jenes muss allerdings der Vernunftkritik vorangehen, dann aber eine Prüfung desselben eintreten, die sich an ihm ebenso verhält, wie die Optik zum Sehen. Nachdem aber durch die kritische Reflexion der Ursprung und Umfang der Erkenntniss festgestellt und das Maass und der Sinn der Gültigkeit der Erkenntnisse ermittelt worden ist, so kann hieran ein ferneres philosophisches Denken sich anschliessen. Vgl. m. Syst. der Log. zu § 81 und Kuno Fischer a. a. O.

Kant führt die Genesis seiner Vernunftkritik auf die Anregung zurück, die er durch Hume empfangen habe. Er sagt (in der Einleitung der Prolegomena s. e. j. k. Metaph.), seit Locke's und Leibnitz's Versuchen über den menschlichen Verstand, ja seit dem Entstehen der Metaphysik, sei nichts Bedeutenderes auf diesem Gebiet erschienen, als Hume's Skepsis. — Hume „brachte kein Licht in diese Art von Erkenntniss, aber er schlug doch einen Funken, bei welchem man wohl ein Licht hätte anzünden können, wenn er einen empfänglichen Zunder getroffen hätte". „Ich gestehe frei, die Erinnerung des David Hume (gegen die Gültigkeit des Causalbegriffs) war eben dasjenige, was mir vor vielen Jahren zuerst den dogmatischen Schlummer unterbrach und meinen Untersuchungen im Felde der speculativen Philosophie eine ganz andere Richtung gab. — Ich versuchte zuerst, ob sich nicht Hume's Einwurf allgemein vorstellen liesse, und fand bald, dass der Begriff der Verknüpfung von Ursache und Wirkung bei weitem nicht der einzige sei, durch den der Verstand a priori sich Verknüpfungen der Dinge denkt, vielmehr, dass Metaphysik ganz und gar daraus bestehe. Ich suchte mich ihrer Zahl zu versichern, und da dieses mir nach Wunsch, sämtlich aus einem einzigen Princip, gelungen war, so ging ich an die Deduction dieser Begriffe, von denen ich nunmehr versichert war, dass sie nicht, wie Hume besorgt hatte, von der Erfahrung abgeleitet, sondern aus dem reinen Verstande entsprungen seien."

Transscendental nennt Kant nicht jede Erkenntniss a priori, sondern nur die Erkenntniss, dass und wie gewisse Vorstellungen (Anschauungen oder Begriffe) lediglich a priori angewandt werden oder möglich seien. Im Unterschiede von transscendentaler Erkenntniss nennt Kant einen transscendenten Gebrauch von Begriffen denjenigen, der über alle mögliche Erfahrung hinausgeht. Die Ver-

§ 16. Kants Kritik der reinen Vernunft und metaph. Anfangsgr. der Naturw.

nunftkritik, welche selbst transcendental ist, weist die Unzulässigkeit jedes transscendenten Vernunftgebrauchs nach.

Der Gang der Untersuchung in der „Kritik der reinen Vernunft" ist folgender.

In der Einleitung sucht Kant das Vorhandensein solcher Erkenntnisse darzuthun, die er „synthetische Urtheile a priori" nennt, und wirft die Frage auf, wie dieselben möglich seien. Er findet, dass ihre Möglichkeit bedingt sei durch gewisse rein subjective Formen der Anschauung, nämlich den Raum und die Zeit, und durch ebensolche Formen des Verstandes, die er Kategorien nennt; aus den letzteren sollen auch die Vernunftideen erwachsen. Nun theilt Kant den Complex seiner Untersuchungen ein in die transcendentale Elementarlehre und die transscendentale Methodenlehre (im Anschluss an die zu seiner Zeit übliche Eintheilung der formalen Logik). Die transcendentale Elementarlehre handelt von den Materialien, die transscendentale Methodenlehre von dem Plan oder den formalen Bedingungen eines vollständigen Inbegriffs aller Erkenntnisse der reinen speculativen Vernunft. Die transscendentale Elementarlehre theilt Kant ein in die transcendentale Aesthetik und Logik; jene handelt von den reinen Anschauungen der Sinnlichkeit, Raum und Zeit, diese von den reinen Verstandeserkenntnissen. Der Theil der transscendentalen Logik, der die Elemente der reinen Verstandeserkenntniss vorträgt und die Principien, ohne welche überall kein Gegenstand gedacht werden kann, ist die transscendentale Analytik und zugleich eine Logik der Wahrheit. Der zweite Theil der transscendentalen Logik aber ist die transscendentale Dialektik, d. h. die Kritik des Verstandes und der Vernunft in Ansehung ihres hyperphysischen Gebrauchs, eine Kritik des dialektischen Scheinens, welcher entsteht, wenn man die reinen Verstandes- und Vernunfterkenntnisse nicht auf Gegenstände der Erfahrung bezieht, sondern sich ihrer ohne ein gegebenes Object über die Grenzen der Erfahrung hinaus bedient und somit von den bloss formalen Principien des reinen Verstandes einen materialen Gebrauch macht. Die transscendentale Methodenlehre hat vier Hauptstücke, welche die Titel führen: die Disciplin der reinen Vernunft, der Kanon derselben, ihre Architektonik und ihre Geschichte.

Alle unsere Erkenntniss, sagt Kant in der Einleitung, fängt mit der Erfahrung an, aber nicht alle Erkenntniss entspringt aus der Erfahrung. Erfahrung ist continuirliche Zusammenfügung (Synthesis) der Wahrnehmungen. Erfahrung ist das erste Product, welches unser Verstand hervorbringt, indem er den rohen Stoff sinnlicher Empfindungen bearbeitet. Nun behauptet Kant (indem er einen Satz, der von der vereinzelten Erfahrung und von der elementarsten Form der Inductionen „per enumerationem simplicem" gilt, auf alle logische Combination von Erfahrungen mitüberträgt): „Erfahrung sagt uns zwar, was da sei, aber nicht, dass es nothwendig Weise so und nicht anders sein müsse; eben darum giebt sie uns auch keine wahre Allgemeinheit; Nothwendigkeit und strenge (nicht bloss „comparative") Allgemeinheit gelten Kant als sichere Kennzeichen einer nicht empirischen Erkenntniss. (In diesen Voraussetzungen, welche Kant feststanden, ohne von ihm jemals einer Prüfung unterworfen worden zu sein, liegt das πρῶτον ψεῦδος, aus welchem mit strenger Consequenz das gesammte Lehrgebäude des „Kriticismus" erwachsen ist.)

Die (vermeintlich) nicht aus der Erfahrung stammende Erkenntniss bezeichnet Kant als „Erkenntniss a priori". („Erkenntniss a priori" heisst in dem seit Aristoteles üblichen Sinne: „Erkenntniss aus den realen Ursachen", und an diese Art von Erkenntniss knüpft sich allerdings Nothwendigkeit oder apodiktische Gültigkeit; Kant deutet den Terminus um auf seinen Begriff einer ohne alle Erfahrung feststehenden Erkenntniss, nimmt aber für diese das Attribut der Apodiktizität gleichfalls oder vielmehr ausschliesslich in Anspruch.)

§ 16. Kants Kritik der reinen Vernunft und metaph. Anfangsgr. der Naturw.

Kant unterscheidet: „man pflegt wohl von mancher aus Erfahrungsquellen abgeleiteten Erkenntniss zu sagen, dass wir ihrer a priori fähig oder theilhaftig sind, weil wir sie nicht unmittelbar aus der Erfahrung, sondern aus einer allgemeinen Regel, die wir gleichwohl selbst doch aus der Erfahrung entlehnt haben, ableiten; wir werden aber im Verfolg unter Erkenntnissen a priori nicht solche verstehen, die von dieser oder jener, sondern die schlechterdings von aller Erfahrung unabhängig stattfinden; ihnen sind empirische Erkenntnisse oder solche, die nur a posteriori, d. i. durch Erfahrung, möglich sind, entgegengesetzt; von den Erkenntnissen a priori heissen diejenigen rein, denen gar nichts Empirisches beigemischt ist". (Hiermit aber ist der Gesichtspunkt jener von Aristoteles begründeten Eintheilung verrückt, wonach unter Erkenntniss a priori die Erkenntniss aus den Ursachen, unter Erkenntniss a posteriori die Erkenntniss aus den Wirkungen verstanden wurde; die Erkenntniss a priori in diesem aristotelischen Sinne ist nicht eine annähernd von der Erfahrung unabhängige Erkenntniss, zu der eine andere, die von aller Erfahrung unabhängig wäre, sich wie eine reine zu einer unreinen verhalten könnte, sondern ruht vielmehr auf der grössten Fülle logisch vorarbeiteter Erfahrungen und ist nur von der auf den Inhalt des Schlusssatzes selbst gerichteten Erfahrung unabhängig, wie z. B. die Vorausberechnung irgend einer astronomischen Erscheinung zwar von dem Erfahren eben dieser Erscheinung selbst unabhängig ist, aber theils auf vielen andern empirisch constatirten Datis beruht, theils auf dem der Rechnung zum Grunde liegenden Newton'schen Gravitationsprincip, welches, wie Kant selbst anerkennt, aus der Erfahrung des Falls der Körper zur Erde und der Umläufe des Mondes und der Planeten geschöpft ist; ein von aller Erfahrung unabhängiges Urtheil würde, falls es überhaupt möglich wäre, nicht den höchsten Grad von Gewissheit, sondern gar keine Gewissheit haben und ein blosses Vorurtheil sein; ohne alle Erfahrung können wir überhaupt gar keine Erkenntniss, geschweige denn, wie Kant will, apodiktische Erkenntniss gewinnen; gleich wie Maschinen, durch welche wir die Resultate blosser Handarbeit überschreiten, nicht ohne Hände durch Zauber, sondern nur mittelst des Gebrauchs der Hände zu Stande kommen, so kommt der Beweis, durch welchen wir die Resultate vereinzelter Erfahrung überschreiten und die Nothwendigkeit erkennen, nicht unabhängig von aller Erfahrung durch subjective „Formen" von unbegreiflichem Ursprung, sondern nur durch logische Combination von Erfahrungen nach inductiver und deductiver Methode zu Stande.)

Kant verbindet mit der Eintheilung der Erkenntnisse in apriorische und empirische die zweite Eintheilung derselben in analytische und synthetische. Er versteht unter analytischen Urtheilen solche, deren Prädicat B zum Subjecte A als etwas gehört, was verdeckter Weise in diesem Begriffe A bereits enthalten ist, z. B. alle Körper (ausgedehnten undurchdringlichen Substanzen) sind ausgedehnt, unter synthetischen Urtheilen aber solche, deren Prädicat B ausser dem Subjectsbegriff A liegt, ob es zwar mit demselben in Verknüpfung steht, z. B. alle Körper (ausgedehnten undurchdringlichen Substanzen) sind schwer. In den analytischen Urtheilen wird die Verknüpfung des Prädicats mit dem Subject durch Identität, in den synthetischen ohne Identität gedacht; jene beruhen auf dem Satz des Widerspruchs, diese bedürfen eines andern Principe. (Diesen Gebrauch der Ausdrücke analytisch und synthetisch unterscheidet Kant selbst richtig von dem sonst üblichen, wonach die Methode des das Gegebene zergliedernden Fortgangs zur Erkenntniss der Bedingungen und zuhöchst der Principien analytisch, die Methode des deducirenden Fortgangs aber von den Principien zur Erkenntniss des Bedingten aber synthetisch genannt wird; Kant will jene Methode lieber die regressive, diese die progressive genannt wissen. Der Kantische Begriff des analytischen Urtheils ist eine Erweiterung des Begriffs des identischen Urtheils; in diesem bildet der ganze Subjectsbegriff, in jenem entweder der ganze Subjectsbegriff oder irgend ein Element desselben den Prädicatsbegriff. Doch ist mehr der Terminus neu, als der Begriff; auch die Früheren haben partiell identische Urtheile und schlechthin identische unterschieden).

Durch analytische Urtheile wird unsere Erkenntnis nicht erweitert, sondern nur der Begriff, den wir haben, auseinandergesetzt. Bei synthetischen Urtheilen aber muss ich ausser dem Begriff des Subjects noch etwas Anderes = x haben, worauf sich der Verstand stützt, um ein Prädicat, das in jenem Begriffe nicht liegt, doch als dazu gehörig zu erkennen. Bei empirischen oder Erfahrungsurtheilen, welche als solche insgesammt synthetisch sind, hat es hiermit gar keine Schwierigkeit; denn dieses x ist die vollständige Erfahrung von dem Gegenstande, den ich durch einen Begriff A denke, welcher nur einen Theil dieser Erfahrung ausmacht. Aber bei synthetischen Urtheilen a priori fehlt dieses Hülfsmittel ganz und gar. Was ist hier das x, worauf sich der Verstand stützt, wenn er ausser dem Begriff von A ein demselben fremdes Prädicat aufzufinden glaubt, das gleichwohl (und zwar mit Nothwendigkeit) mit demselben verknüpft sei? Mit andern Worten: Wie sind synthetische Urtheile a priori möglich? Dies ist die Grundfrage der Kritik der reinen (von der Erfahrung unabhängigen) Vernunft.

Kant glaubt drei Arten synthetischer Urtheile a priori als vorhanden nachweisen zu können, nämlich mathematische, naturwissenschaftliche und metaphysische. Unbestrittene allgemeine und apodiktische Erkenntnis enthalten Mathematik und Naturwissenschaft; bestrittene enthält die Metaphysik, sofern in Frage steht, ob überhaupt Metaphysik möglich sei; ihrer Tendenz nach aber sind auch alle eigentlich metaphysischen Sätze synthetische Urtheile a priori.

Mathematische Urtheile, sagt Kant, sind insgesammt synthetisch (obschon Kant einige mathematische Grundsätze, wie $a = a$, $a + b > a$, als wirklich analytische Sätze anerkennt, die aber nur zur Kette der Methode und nicht als Principien dienen sollen). Man sollte, sagt Kant, anfänglich zwar denken, dass der Satz $7 + 5 = 12$ ein blos analytischer Satz sei, der aus dem Begriffe einer Summe von 7 und 5 nach dem Satze des Widerspruchs erfolge. Aber durch diesen Begriff ist noch nicht gedacht, welches die einzige Zahl sei, die jene beiden zusammenfasst. Man muss über diese Begriffe hinausgehen, indem man die Anschauung zu Hülfe nimmt, die einem von beiden correspondirt, etwa seine fünf Finger oder fünf Puncte, und so nach und nach die Einheiten der in der Anschauung gegebenen Fünf zu dem Begriff der Sieben hinzuthut. (In der That aber ist dieses didaktische Hülfsmittel keine wissenschaftliche Nothwendigkeit; das Zurückgehen auf die Definitionen: Zwei ist die Summe von Eins und Eins, drei die Summe von Zwei und Eins etc., ferner auf die Definition des dekadischen Systems und auf den aus dem Begriff der Summe fliessenden Satz, dass die Ordnung der Zusammenfassung der Summanden für die Summe gleichgültig sei, reicht zu. Empirisch ist das Vorhandensein gleichartiger Objecte gegeben, die sich unter den nämlichen Begriff stellen lassen, woran die Zählbarkeit sich knüpft; aus den arithmetischen Fundamentalbegriffen aber folgen dann als analytische Sätze die arithmetischen Grundsätze und aus diesen syllogistisch die übrigen Sätze.)

Ebensowenig, sagt Kant, ist irgend ein Grundsatz der reinen Geometrie analytisch. Dass die gerade Linie zwischen zwei Puncten die kürzeste sei, ist ein synthetischer Satz; denn mein Begriff vom Geraden enthält nichts von Grösse, sondern nur eine Qualität; Anschauung muss zu Hülfe genommen werden, vermöge deren allein die Synthesis möglich ist. (Allerdings sind die geometrischen Sätze synthetisch. Aber die geometrischen Fundamentalsätze, z. B. dass der Raum drei Dimensionen hat, dass zwischen zwei Puncten nur Eine gerade Linie möglich sei, haben assertorische Gewissheit, nicht apodiktische; der Geometer erkennt die Dreizahl der Dimensionen des Raumes nur als Thatsache und weiss keinen Grund anzugeben, warum es nothwendig sei, dass derselbe gerade drei und nicht zwei oder vier Dimensionen habe; diese assertorische Gültigkeit aber wird erlangt durch Abstraction, Induction und andere logische Operationen, die auf dem Grunde zahlreicher Erfahrungen über räumliche Verhältnisse ruhen. Die in den Fundamentalsätzen sich bekundende Ordnung räumlicher Gebilde, welche sich philosophisch auf das Princip der Unabhängigkeit der Form von der Grösse reduciren lässt, bekräftigt ihre Gültigkeit, ist aber in der objectiven Natur des Raumes selbst begründet; nichts beweist ihren bloss subjectiven Charakter. Aus den Fundamentalsätzen folgen die übrigen geometrischen Sätze syllogistisch; sie haben apodiktische Gültigkeit und nicht bloss empirische, sofern sie aus jenen erwiesen und nicht auf unmittelbare Erfahrung gegründet sind; in diesem, aber auch nur in diesem Sinne ist die Geometrie eine apodiktische und nach dem Aristotelischen Gebrauch dieses Wortes apriorische, aber keineswegs nach dem Kantischen Wortgebrauch apriorische Wissenschaft.)

Naturwissenschaft, sagt Kant ferner, enthält synthetische Urtheile a priori in sich, z. B.: in allen Veränderungen der körperlichen Welt bleibt die Quantität der Materie unverändert; in aller Mittheilung der Bewegung müssen Wirkung und Gegenwirkung jederzeit einander gleich sein; ferner das Gesetz der Trägheit etc. (Die Geschichte der Naturwissenschaft zeigt aber, dass sich diese allgemeinen Sätze, wenn das Gesetz der Erhaltung der Kraft u. a. sich hinzufügen lassen, als späte Abstractionen aus wissenschaftlich durchgearbeiteten Erfahrungen ergeben haben und keineswegs a priori vor aller Erfahrung oder doch unabhängig von aller Erfahrung als wissenschaftliche Sätze festgestanden; nur in sofern sich in ihnen nachträglich eine gewisse Ordnung bekundet, die eine philosophische Ableitung aus noch allgemeineren Principien, z. B. aus der Relativität des Raumes, möglich zu machen scheint, gewinnen sie einen im Aristotelischen, aber wiederum nicht im Kantischen Sinne apriorischen Charakter.)

In der Metaphysik, behauptet Kant, wenn man sie auch nur für eine bisher bloss versuchte, dennoch aber durch die Natur der menschlichen Vernunft unentbehrliche Wissenschaft ansieht, sollen synthetische Erkenntnisse a priori enthalten sein, z. B. der Satz: die Welt muss einen ersten Anfang haben. Metaphysik besteht wenigstens ihrem Zwecke nach aus lauter synthetischen Sätzen a priori. Hieran knüpft sich die zweifache Frage: Wie ist Metaphysik als Naturanlage möglich, und: Wie ist Metaphysik als Wissenschaft möglich?

In der transcendentalen Aesthetik, der Wissenschaft von den Principien der Sinnlichkeit a priori, sucht Kant die Apriorität des Raumes und der Zeit darzuthun. In einer „metaphysischen Erörterung dieses Begriffs", die dasjenige enthalten soll, was den Begriff als a priori gegeben darstellt, stellt Kant vier Sätze auf. 1. Der Raum ist kein empirischer Begriff, der von äusseren Erfahrungen abgezogen worden; denn die Vorstellung des Raumes muss aller concreten Localisirung schon zum Grunde liegen (was freilich ein Cirkelschluss ist). 2. Der Raum ist eine nothwendige Vorstellung a priori, die allen äusseren Anschauungen zum Grunde liegt; denn man kann sich niemals eine Vorstellung davon machen, dass kein Raum sei (was aber nicht die Subjectivität und Apriorität des Raumes beweist). 3. Der Raum ist kein discursiver oder allgemeiner Begriff von Verhältnissen der Dinge überhaupt, sondern eine reine Anschauung; denn man kann sich nur einen einzigen Raum vorstellen, dessen Theile alle sogenannten Räume sind (wobei freilich auffallend ist, dass Kant in der Ueberschrift doch den Raum als einen „Begriff" bezeichnet). 4. Der Raum wird als eine unendliche gegebene Grösse vorgestellt; kein Begriff aber kann so gedacht werden, als ob er eine unendliche Menge von Vorstellungen in sich enthielte; also ist die ursprüngliche Vorstellung vom Raume Anschauung a priori und nicht Begriff (wobei freilich die Behauptung, dass kein Begriff eine unendliche Menge von Theilvorstellungen in sich enthalten könne, eine willkürliche ist, sofern es sich um ein potentielles Enthaltensein derselben in ihm handelt; actuell aber enthält unsere Raumvorstellung nicht eine Unendlichkeit unterschiedener Theile, und actuell erstreckt sich auch der Raum, den wir uns vorstellen, nicht in's Unendliche, sondern nur bis höchstens zu dem angeschauten Himmelsgewölbe hin; die Unendlichkeit der Ausdehnung liegt nur in der Reflexion, dass wir, wie weit wir auch gelangt sein mögen, immer noch weiter fortschreiten könnten, dass also keine Grenze eine schlechthin unüberschreitbare sei; hieraus aber folgt keineswegs, dass der Raum eine bloss subjective Anschauung sei).

In der „transscendentalen Erörterung des Begriffs vom Raum", unter der Kant die Erklärung desselben als eines Principe, woraus die Möglichkeit anderer synthetischer Erkenntnisse a priori eingesehen werden könne, versteht, führt Kant die Behauptung durch, die Vorstellung des Raumes müsse eine Anschauung a priori sein, wenn es möglich sein solle, dass die Geometrie die Eigenschaften desselben synthetisch und doch a priori bestimme. (Freilich hat Kant ebensowenig nachgewiesen, in welcher Art denn aus der vorausgesetzten Apriorität der Raumanschauung die Gewissheit der geometrischen Fundamentalsätze folge, wie andererseits, dass dieselbe aus einer objectiv und empirisch begründeten Raumanschauung nicht folgen könne. Ausserdem hat Kant den Doppelgebrauch nicht genügend gerechtfertigt, den er von Raum, Zeit und Kategorien macht, sofern ihm dieselben einerseits als blosse Formen oder Weisen der Verknüpfung des empirisch gegebenen Stoffes, und doch andererseits unleugbar auch als etwas Materiales gelten, nämlich als die Materie oder der Denkinhalt, woraus wir die synthetischen Urtheile a priori bilden.)

Der Raum gilt demnach Kant als eine Anschauung a priori, die vor aller Wahrnehmung eines Gegenstandes in uns angetroffen werde, und zwar als die formale Beschaffenheit des Gemüthes von Objecten afficirt zu werden oder als die Form des äusseren Sinnes überhaupt. (Dass der Raum nur die Form des äussern und nicht des innern Sinnes sei, die Zeit dagegen die Form des innern und mittelbar auch des äussern Sinnes, glaubt Kant nach der Natur der äussern und innern Erfahrung annehmen zu sollen; in der That aber haftet die Räumlichkeit allerdings auch den „Erscheinungen des inneren Sinnes" an, den Wahrnehmungsbildern als solchen, den Erinnerungsvorstellungen, auch den Begriffen, sofern die concreten Vorstellungen, aus denen sie abstrahirt sind, ihre anschaubare Basis ausmachen, daher auch den aus ihnen combinirten Urtheilen, sofern das, worauf das Urtheil geht, anschaulich mitvorgestellt wird, etc.; auch die psychischen Processe vollziehen sich in einem Raume, der freilich als Bewusstseinsraum von dem Raume der äusseren Objecte zu unterscheiden ist.) Die Räumlichkeit ist nach Kant nicht eine Form der Existenz von Objecten an sich selbst. Weil wir, sagt Kant, die besonderen Bedingungen der Sinnlichkeit nicht zu Bedingungen der Möglichkeit der Sachen, sondern nur ihrer Erscheinungen machen können, so können wir wohl sagen, dass der Raum alle Dinge befasse, die uns äusserlich erscheinen mögen, aber nicht alle Dinge an sich selbst, sie mögen angeschaut werden oder nicht oder auch von welchem Subject man wolle. Wir können nur von dem Standpunkte eines Menschen vom Raum, von ausgedehnten Wesen etc. reden. Gehen wir von der subjectiven Bedingung ab, unter welcher wir allein äussere Anschauung bekommen können, so wie wir nämlich von den Gegenständen afficirt werden mögen, so bedeutet die Vorstellung vom Raume gar nichts. Dieses Prädicat wird den Dingen nur in sofern beigelegt, als sie uns erscheinen, d. h. Gegenstände der Sinnlichkeit sind. Der Raum hat Realität, d. h. objective Gültigkeit, in Ansehung alles dessen, was äusserlich als Gegenstand uns vorkommen kann, Idealität aber in Ansehung der Dinge, wenn sie durch die Vernunft an sich selbst erwogen werden, ohne Rücksicht auf die Beschaffenheit unserer Sinnlichkeit zu nehmen. (Vgl. O. Ule, über den Raum und die Raumtheorie des Aristoteles und Kant, Halle 1850.)

Durch eine ganz analoge metaphysische und transcendentale Erörterung des Begriffs der Zeit sucht Kant auch deren empirische Realität und transcendentale Idealität darzuthun. Die Zeit ist ebensowenig, wie der Raum, etwas, was für sich bestände oder auch den Dingen als objective Bestimmung oder Ordnung anhinge, mithin übrig bliebe, wenn man von allen subjectiven Bedingungen der Anschauung derselben abstrahirte: die Zeit ist nichts anderes, als die Form des inneren Sinnes, d. h. des Anschauens unserer selbst und unseres inneren Zustandes, indem sie das Verhältniss der Vorstellungen in unserm Innern Zustande bestimmt; weil aber alle Vorstellungen, auch wenn sie äussere Dinge zum Gegenstande haben, doch an sich selbst, als Bestimmungen des Gemüths, zum inneren Zustand gehören, dessen formale Bedingung die Zeit ist, so ist die Zeit mittelbar auch eine formale Bedingung a priori der äusseren Erscheinungen. Die Zeit ist an sich, ausser dem Subjecte nichts; sie kann den Gegenständen an sich, ohne ihr Verhältniss auf unsere Anschauung, weder subsistirend, noch inhärirend beigezählt werden. Die Zeit hat subjective Realität in Ansehung der innern Erfahrung. Wenn aber ich selbst oder ein anderes Wesen mich ohne diese Bedingung der Sinnlichkeit anschauen könnte, so würden eben dieselben Bestimmungen, die wir uns jetzt als Veränderungen vorstellen, eine Erkenntniss geben, in welcher die Vorstellung der Zeit, mithin auch der Veränderung, gar nicht vorkäme. Den Einwurf, dass die Wirklichkeit des Wechsels unserer Vorstellungen die Wirklichkeit der Zeit beweise, weist Kant durch die Bemerkung ab, dass auch die Objecte des „inneren Sinnes" nur zur Erscheinung gehören, welche jederzeit zwei Seiten habe, die eine, da das Object an sich selbst betrachtet werde, die andere, da auf die Form der Anschauung desselben gesehen werde, welche nicht in dem Gegenstande an sich selbst, sondern in dem Subject, dem derselbe erscheine, gesucht werden müsse (welche Unterscheidung freilich, auch wenn ein „innerer Sinn" in der Art, wie Kant denselben annimmt, wirklich bestände, doch nicht zutreffen würde, weil bei der psychologischen Selbstbeobachtung das Subject, dem die inneren Zustände erscheinen, mit dem Object, dem sie angehören, identisch ist; die Erscheinung des Vorstellungsacts dürfte nicht bloss als ein untreues Abbild der an sich soliden, den innern Sinn afficirenden inneren Zustände, sondern müsste auch als ein durch diese Affection in der Seele oder in dem Ich wirklich gewordenes, dem Seienden als solchem und nicht bloss der Erscheinung angehörendes Resultat betrachtet werden; zudem ist über die Natur des „innern Sinnes" anders zu urtheilen, s. m. System der Logik, § 40).

Kant erklärt den Satz der Leibniz-Wolff'schen Philosophie für falsch, dass unsere Sinnlichkeit nur die verworrene Vorstellung der Dinge und dessen, was diesen an sich selbst zukomme, sei. Er spricht dem Menschen die „intellectuelle Anschauung" ab, die ohne Affection von aussen oder von innen her und ohne bloss subjective Formen (Raum und Zeit) Objecte, wie sie an sich seien, erkenne.

Das Resultat der transscendentalen Aesthetik fasst Kant (in der „allg. Anmerkung zur transscendentalen Aesthetik", 1. Aufl. S. 42, 2. Aufl. S. 59, bei Ros. II,

§ 16. Kant's Kritik der reinen Vernunft und metaph. Anfangsgr. der Naturw.

S. 49) dahin zusammen: „dass die Dinge, die wir anschauen, nicht das an sich selbst sind, wofür wir sie anschauen, noch ihre Verhältnisse so an sich selbst beschaffen sind, als sie uns erscheinen, und dass, wenn wir unser Subject oder auch nur die subjective Beschaffenheit der Sinne überhaupt aufheben, alle die Beschaffenheit, alle Verhältnisse der Objecte in Raum und Zeit, ja selbst Raum und Zeit verschwinden würden, und als Erscheinungen nicht an sich selbst, sondern nur in uns existiren können; was es für eine Bewandtniss mit den Gegenständen an sich und abgesondert von aller dieser Receptivität unserer Sinnlichkeit haben möge, bleibt uns gänzlich unbekannt". Was wir äussere Gegenstände nennen, darin findet Kant nur Vorstellungen unserer Sinnlichkeit.

Zu dem gleichen Resultat gelangt Kant in Bezug auf die Verstandesformen in der transcendentalen Logik.

Die Receptivität des Gemüthes, Vorstellungen zu empfangen, sofern es auf irgend eine Weise afficirt wird, ist die Sinnlichkeit, die Spontaneität des Erkenntnisses aber, Vorstellungen selbst hervorzubringen, ist der Verstand. Gedanken ohne Anschauung sind leer, Anschauungen ohne Begriffe aber sind blind. Der Verstand vermag nichts anzuschauen, und die Sinne nichts zu denken. Alle Anschauungen beruhen auf Affectionen, die Begriffe aber auf Functionen; Function ist die Einheit der Handlung, verschiedene Vorstellungen unter einer gemeinschaftlichen zu ordnen. Mittelst dieser Functionen bildet der Verstand Urtheile, welche mittelbare Erkenntnisse der Gegenstände sind. Auf den verschiedenen Stammbegriffen des Verstandes oder Kategorien beruhen die verschiedenen Urtheilsformen, und umgekehrt können aus den letzteren, wie die allgemeine (formale) Logik sie darlegt, die Kategorien durch Rückschluss von uns erkannt werden. (Vgl. A. F. C. Kersten, quo jure Kantius Arist. categ. rejecerit, Progr. des Cöln. Real-Gymn., Berl. 1858, Lud. Gerkrath, de Kantii categ. doctrina, diss. inaug., Bonn 1854.) Kant deducirt die Kategorien als Begriffe von einem Gegenstande überhaupt, dadurch dessen Anschauung in Ansehung einer der logischen Urtheilsfunctionen als bestimmt angesehen wird (wie z. B. Körper durch die Kategorie der Substanz als Subject in dem Urtheil: alle Körper sind theilbar). Er stellt folgende Tafel der Urtheilsformen und der entsprechenden Kategorien auf:

Logische Tafel der Urtheile.

Der Quantität nach	Der Qualität nach	Der Relation nach	Der Modalität nach
Einzelurtheile	Bejahende	Kategorische	Problematische
Besondere (particulare oder plurative)	Verneinende	Hypothetische	Assertorische
Allgemeine Urtheile	Unendliche oder limitative	Disjunctive	Apodiktische

Transcendentale Tafel der Verstandesbegriffe.

Der Quantität nach	Der Qualität nach	Der Relation nach	Der Modalität nach
Einheit	Realität	Substanzialität und Inhärenz	Möglichkeit und Unmöglichkeit
Vielheit	Negation	Causalität und Dependenz	Dasein und Nichtsein
Allheit	Limitation	Gemeinschaft oder Wechselwirkung (Concurrenz)	Nothwendigkeit und Zufälligkeit

§ 16. Kants Kritik der reinen Vernunft und metaph. Anfangsgr. der Naturw. 155

Hieran reiht sich eine Tafel synthetischer Urtheile a priori, die sich auf jene Verstandesbegriffe gründen. Kant bezeichnet dieselbe als:

Reine physiologische Tafel allgemeiner Grundsätze der Naturwissenschaft.

| Axiome | Anticipationen | Analogien | Postulate |
| der Anschauung | der Wahrnehmung | der Erfahrung | des empirischen Denkens überhaupt. |

Ein vollständiges System der Transscendentalphilosophie, sagt Kant, müsste auch die aus den reinen Stammbegriffen abgeleiteten, daher gleichfalls apriorischen oder reinen Begriffe des Verstandes enthalten, z. B. Kraft, Handlung, Leiden, welche aus dem Begriffe der Causalität folgen; diese zu verzeichnen, wäre eine nützliche und nicht unangenehme, hier aber entbehrliche Bemühung (woraus folgt, dass Kant das Wesentlichste der gesammten Transscendentalphilosophie bereits in der Kritik der reinen Vernunft gegeben zu haben glaubt).

Kant bemerkt über diese Kategorien u. a., dass derselben in jeder Classe drei seien, da doch sonst alle Eintheilung a priori durch Begriffe Dichotomie (A und non-A) sein müsse; die dritte entspringe jedesmal aus der Verbindung der zweiten mit der ersten ihrer Classe. (In der „Kritik der Urtheilskraft", Einl., letzte Note, nennt Kant jene Dichotomie eine analytische Eintheilung a priori, die nach dem Satze des Widerspruchs geschehe; jede synthetische Eintheilung a priori aber, die nicht, wie in der Mathematik, aus der dem Begriffe correspondirenden Anschauung, sondern aus Begriffen a priori geführt werden solle, müsse ein Dreifaches enthalten: 1. eine Bedingung, 2. ein Bedingtes, 3. den Begriff, der aus der Vereinigung des Bedingten mit seiner Bedingung entspringe.) Die Allheit sei die Vielheit als Einheit betrachtet, die Einschränkung die Realität mit Negation verbunden, die Gemeinschaft wechselseitige Causalität unter Substanzen, die Nothwendigkeit die durch die Möglichkeit selbst gegebene Existenz. Aber die Verbindung erfordere einen besonderen Act des Verstandes, um deswillen der dritte Begriff gleichfalls als ein Stammbegriff des Verstandes gelten müsse. (In dieser Kantischen Bemerkung liegt der Keim der Fichte'schen und Hegel'schen Dialektik.)

Die objective Gültigkeit der Kategorien (von welcher Kant in der „transscendentalen Deduction der Kategorien" handelt) beruht darauf, dass durch sie allein Erfahrung, der Form des Denkens nach, möglich ist. Sie beziehen sich nothwendiger Weise und a priori auf Gegenstände der Erfahrung, weil nur vermittelst ihrer überhaupt irgend ein Gegenstand der Erfahrung gedacht werden kann.

Es sind, sagt Kant, nur zwei Fälle möglich, unter denen synthetische Vorstellung und ihre Gegenstände zusammentreffen, sich auf einander nothwendiger Weise beziehen und gleichsam einander begegnen können. Entweder, wenn der Gegenstand die Vorstellung oder diese den Gegenstand allein möglich macht.

- Im ersten Fall ist die Beziehung empirisch und die Vorstellung ist also nicht a priori möglich. Unsere Vorstellungen a priori richten sich nicht nach den Objecten, weil sie sonst empirisch und nicht Vorstellungen a priori wären. Nur was in den Erscheinungen zur Empfindung gehört (die von Kant Kr. d. r. Vern. 1. Aufl. S. 20 und 50, 2. Aufl. S. 34 und 74 sogenannte Materie der sinnlichen Erkenntniss) richtet sich nach den Objecten, jedoch ohne treu mit denselben übereinzustimmen. Die Dinge an sich oder transscendentalen Objecte afficiren unsere Sinne (Kr. d. r. V. 1. Aufl. S. 190, 2. Aufl. S. 235; Proleg. z. M. § 83); durch diese

§ 16. Kants Kritik der reinen Vernunft und metaph. Anfangsgr. der Naturw.

Affection entsteht die Empfindung der Farbe, des Geruches etc., ohne dass diese Empfindungen mit dem Unbekannten in den Dingen an sich, das sie in uns hervorruft, gleichartig wäre; die Räumlichkeit, Zeitlichkeit, Substanzialität, Causalität etc. aber beruht nach Kant nicht auch auf dieser Affection, weil sonst alle diese Formen empirisch und ohne Nothwendigkeit wären, dieselben gehören ausschliesslich dem Subject an, welches mittelst ihrer die Empfindungen gestaltet und so die Erscheinungen, die seine Vorstellungen sind, erzeugt; sie stammen nicht aus den Dingen an sich.

Der andere Fall kann nicht in dem Sinne statthaben, dass unsere Vorstellung ihren Gegenstand seinem Dasein nach hervorbringe. Zwar der Wille, allein nicht die Vorstellung als solche übt eine Causalität auf das Dasein der Objecte aus. Wohl aber kann die Erkenntniss eines Gegenstandes oder die Erscheinung sich nach unseren Vorstellungen a priori richten. Diese letztere Annahme vergleicht Kant der astronomischen Theorie des Kopernicus, welche die erscheinende Drehung des Himmelsgewölbes aus einer realen Bewegung des Erdbewohners, nach welcher jene Erscheinung sich richte, erklärt.

Das Feld oder den gesammten Gegenstand möglicher Erfahrungen aber machen Anschauungen aus. Ein Begriff a priori, der sich nicht auf diese bezöge, würde nur die logische Form zu einem Begriff, aber nicht der Begriff selbst sein, wodurch etwas gedacht würde. Die reinen Begriffe a priori können zwar nichts Empirisches enthalten, müssen aber gleichwohl, um objective Gültigkeit zu haben, lauter Bedingungen a priori zu einer möglichen Erfahrung sein.

Die Receptivität des Gemüthes kann nur mit Spontaneität verbunden Erkenntnisse möglich machen. Die Spontaneität ist der Grund einer dreifachen Synthesis, nämlich der Apprehension der Vorstellungen in der Anschauung, der Reproduction derselben in der Einbildung, und der Recognition derselben im Begriffe (Kr. d. r. Vern. 1. Aufl. S. 97 ff.).

Das Durchlaufen des Mannigfaltigen in der Anschauung und die Zusammenfassung desselben zur Einheit ist die Synthesis der Apprehension. Ohne sie würden wir nicht die Vorstellungen des Raumes und der Zeit haben können. Die reproductive Synthesis der Einbildungskraft ist gleichfalls auf Principien a priori gegründet (Kr. d. r. Vern. 1. Aufl. S. 100 ff.; ebend. S. 117 f. und 123 und 2. Aufl. S. 152 wird bestimmter von der reproductiven Einbildungskraft, die auf Bedingungen der Erfahrung beruhe, die productive als eine Bedingung a priori der Zusammensetzung des Mannigfaltigen in einer Erkenntniss unterschieden; in der 2. Aufl. a. a. O. sagt Kant, dass die erstere zur Erklärung der Möglichkeit der Erkenntniss a priori nichts beitrage und nicht in die Transscendentalphilosophie, sondern in die Psychologie gehöre, weshalb er auch in der 2. Aufl. von ihr, wie auch von der „Recognition im Begriff", nicht mehr handelt). Würde ich bei der Synthesis der Theile einer Linie, eines Zeitabschnittes, einer Zahl die früheren immer aus dem Gedanken verlieren und sie nicht reproduciren, indem ich zu den folgenden fortgebe, so würde niemals eine ganze Vorstellung, ja nicht einmal die reinsten und ersten Grundvorstellungen von Raum und Zeit entspringen können. Ohne das Bewusstsein aber, dass das, was wir denken, eben dasselbe sei, was wir einen Augenblick zuvor dachten, würde alle Reproduction in der Reihe der Vorstellungen vergeblich sein. Der Begriff ist das, was das Mannigfache, nach und nach Angeschaute und dann auch Reproducirte in Eine Vorstellung vereinigt.

In der Erkenntniss des Mannigfaltigen wird das Gemüth sich der Identität seiner Function, durch die es die Synthesis übt, bewusst. Alle Verknüpfung und Einheit

§ 16. Kants Kritik der reinen Vernunft und metaph. Anfangsgr. der Naturw. 157

Im Erkennen setzt diejenige Einheit des Bewusstseins voraus, welche vor allen Datis der Anschauungen vorhergeht und in Beziehung worauf alle Vorstellung von Gegenständen allein möglich ist. Dieses reine, ursprüngliche, unwandelbare Selbstbewusstsein nennt Kant die transscendentale Apperception. Er unterscheidet dieselbe von der empirischen Apperception oder dem wandelbaren empirischen Selbstbewusstsein im Flusse der durch den innern Sinn aufgefassten innern Erscheinungen. Die transscendentale Apperception ist ein ursprünglicher synthetischer Act, das empirische Selbstbewusstsein beruht auf einer Analysis, welche jene ursprüngliche Synthesis zur Voraussetzung hat. Die synthetische Einheit der Apperception ist der höchste Punkt, wovon aller Verstandesgebrauch abhängt. Auf ihr beruht das: „Ich denke", welches alle meine Vorstellungen muss begleiten können. Selbst die objective Einheit des Raumes und der Zeit ist nur durch Beziehung der Anschauungen auf diese transscendentale Apperception möglich.

Die Kategorien sind die Bedingungen des Denkens in einer möglichen Erfahrung. Die Möglichkeit und Nothwendigkeit der Kategorien beruht auf der Beziehung, welche die gesammte Sinnlichkeit und mit ihr alle möglichen Erscheinungen auf die ursprüngliche Apperception haben. Alles Mannigfaltige der Anschauung muss den Bedingungen der durchgängigen Einheit des Selbstbewusstseins, der ursprünglich-synthetischen Einheit der Apperception, gemäss sein, also unter allgemeinen Functionen der Synthesis nach Begriffen stehen. Die Synthesis der Apprehension, welche empirisch ist, muss der Synthesis der Apperception, welche intellectuell und gänzlich a priori in der Kategorie enthalten ist, nothwendig gemäss sein. Jeder Gegenstand, der uns in der Anschauung gegeben werden kann, steht unter den nothwendigen Bedingungen der synthetischen Einheit des Mannigfaltigen der Anschauung in einer möglichen Erfahrung. Die Kategorien als Bedingungen a priori einer möglichen Erfahrung sind demgemäss zugleich Bedingungen der Möglichkeit der Gegenstände der Erfahrung (d. h. der Erscheinungen) und haben darum objective Gültigkeit in einem synthetischen Urtheil a priori. Ebenso ist uns andererseits keine Erkenntniss a priori möglich, als lediglich von Gegenständen möglicher Erfahrung.

Dingen an sich selbst würde ihre Gesetzmässigkeit nothwendig auch ausser einem Verstande, der sie erkennt, zukommen. Allein Erscheinungen sind nur Vorstellungen von Dingen, die nach dem, was sie an sich sein mögen, unerkannt da sind. Als blosse Vorstellungen aber stehen sie unter gar keinem Gesetze der Verknüpfung, als demjenigen, welches das verknüpfende Vermögen vorschreibt. Verbindung, sagt Kant, ist nicht in den Gegenständen und kann von ihnen nicht etwa durch Wahrnehmung entlehnt und in den Verstand dadurch allererst aufgenommen werden, sondern ist allein eine Verrichtung des Verstandes, der selbst nichts weiter ist, als das Vermögen, a priori zu verbinden und das Mannigfaltige gegebener Vorstellungen unter Einheit der Apperception zu bringen, welcher Grundsatz der oberste der ganzen menschlichen Erkenntniss ist. Da nun von der Synthesis der Apprehension alle mögliche Wahrnehmung, diese empirische Synthesis aber wiederum von der transscendentalen, mithin von den Kategorien abhängt, so müssen alle möglichen Wahrnehmungen, mithin auch alles, was zum empirischen Bewusstsein immer gelangen kann, d. i. alle Erscheinungen der Natur, ihrer Verbindung nach unter den Kategorien stehen, von welchen die Natur, bloss als Natur überhaupt betrachtet, als dem ursprünglichen Grunde ihrer nothwendigen Gesetzmässigkeit abhängt. (Zur Erkenntniss besonderer Gesetze, weil diese empirisch bestimmte Erscheinungen betreffen, muss nach Kant Erfahrung dazu kommen. Freilich liegt in dieser Kantischen Theorie ein mehrfacher innerer Widerspruch, theils schon in sofern, als die

Dinge an sich uns afficiren sollen, Affection aber Zeitlichkeit und Causalität involvirt, welchen Kant doch andererseits als Formen a priori nur innerhalb der Erscheinungswelt und nicht jenseits derselben Gültigkeit zuerkennt, ferner in sofern, als diese Affection einestheils einen völlig ungeformten, chaotischen Stoff liefern müsste, damit derselbe unter gar keinem andern Gesetz der Verknüpfung, als dem apriorischen, stehe, andererseits doch einen geordneten Stoff, damit nicht jeder einzelne Stoff zu jeder einzelnen Form beziehungslos sei, alle Bestimmung bloss von Innen her erfolge und dadurch der Unterschied des Empirischen von dem Apriorischen aufgehoben werde, sondern das Einzelne der Erscheinung und sogar jedes besondere Gesetz empirisch bestimmt sein könne. Diese letztere Schwierigkeit kann nicht etwa mittelst des Begriffes der Naturzweckmässigkeit beseitigt werden, den Kant in der „Kritik der Urtheilskraft" aufstellt; denn die Naturzweckmässigkeit liegt nicht in der blossen Subsumirbarkeit specieller Gesetze unter allgemeinere, sondern in der organischen Form, und würde sie auch in jenem Sinne verstanden, so müsste sie, um die angegebene Schwierigkeit zu heben, wirklich objectiv und nicht, was Kant allein zugiebt und zugeben kann, ein bloss subjectives Princip der Urtheilskraft sein. Muss aber für die besonderen Formen und Gesetze der Grund in der wirklichen Beschaffenheit der uns afficirenden Objecte oder „Dinge an sich" gefunden werden, so lässt sich ferner nachweisen, dass die Art und Folge der Affectionen eine solche Ordnung in sich trägt, wie sie nur aus dem objectiv-wirklichen Behaftetsein eben „dieser Dinge an sich" mit der Zeitlichkeit, Räumlichkeit, Causalität etc. herfliessen kann, womit der Kantische Apriorismus und Subjectivismus gestürzt ist. Vgl. m. Syst. d. Log. § 44. Das Gleiche folgt übrigens auch schon aus der begrifflichen Nothwendigkeit, dass das Besondere das Allgemeine involvirt. Müssen die besonderen Gesetze der objectiven Realität an sich selbst zugeschrieben werden, so können auch die allgemeinen Gesetze, unter welche jene sich subsumiren lassen, derselben nicht fremd sein und nicht einen bloss subjectiven Ursprung haben.)

Kant erwähnt nachträglich (Kr. d. r. Vern. 2. Aufl. S. 167 f.) ausser den beiden Wegen, auf welchen eine nothwendige Uebereinstimmung der Erfahrung mit den Begriffen von ihren Gegenständen gedacht werden könne (dass nämlich entweder die Erfahrung diese Begriffe oder diese Begriffe die Erfahrung möglich machen) noch einen Mittelweg, der sich vorschlagen lasse, nämlich die Annahme, dass die Kategorien nicht empirische, sondern subjective, uns mit unserer Existenz zugleich eingepflanzte Anlagen zum Denken wären, die aber von unserm Urheber so eingerichtet worden, dass ihr Gebrauch mit den Gesetzen der Natur, an welchen die Erfahrung fortläuft, genau übereinstimmte. Er nennt diese Annahme (die im Wesentlichen mit der Leibnitzischen Theorie einer präastabilirten Harmonie übereinkommt, von Kant aber Proleg. z. e. J. k. Met. in einer Note zu § 37 Crusius beigelegt wird) eine Art von Präformationssystem der reinen Vernunft, erklärt sich aber gegen dieselbe, weil in einem solchen Falle den Kategorien die Nothwendigkeit mangeln würde, die ihrem Begriffe wesentlich angehöre. (Zudem liegt ein indirecter Beweis der blossen Subjectivität alles Apriorischen, sowohl der Anschauungsformen Raum und Zeit, als auch der Kategorien, für Kant in den Antinomien, wovon in einem späteren Abschnitt gehandelt wird, Kr. d. r. Vern. 1. Aufl. S. 506, 2. Aufl. S. 534, in der Gesammtausg. von Rosenkranz und Schubert Bd. II, S. 399.)

Reine Verstandesbegriffe sind den empirischen Anschauungen ganz ungleichartig, und doch muss in allen Subsumtionen eines Gegenstandes unter einen Begriff die Vorstellung des ersteren mit dem letzteren gleichartig sein. Um die Anwendung der Kategorie auf die Erscheinung möglich zu machen, muss es ein drittes geben, was einerseits mit jener, andererseits mit dieser gleichartig ist. Eine solche ver-

§ 26. Kants Kritik der reinen Vernunft und metaph. Anfangsgr. der Naturw.

mittelnde Vorstellung, erzeugt durch die transscendentale Synthesis der Einbildungskraft, nennt Kant das transscendentale Schema des Verstandes. Nun ist die Zeit als eine Form a priori mit der Kategorie, als eine Form der Sinnlichkeit aber mit der Erscheinung gleichartig. Daher ist eine Anwendung der Kategorie auf Erscheinungen vermittelst der transscendentalen Zeitbestimmung möglich.

Die Schemata gehen nach der Ordnung der Kategorien (Quantität, Qualität, Relation, Modalität) auf die Zeitreihe, den Zeitinhalt, die Zeitordnung und den Zeitinbegriff. Das Schema der Quantität ist die Zahl. Das Schema der Realität ist das Sein in der Zeit, das der Negation das Nichtsein in der Zeit. Das Schema der Substanz ist die Beharrlichkeit des Realen in der Zeit, das der Causalität die Succession des Mannigfaltigen, sofern sie einer Regel unterworfen ist, das der Gemeinschaft oder der wechselseitigen Causalität der Substanzen in Ansehung ihrer Accidentien ist das Zugleichsein der Bestimmungen der einen mit denen der andern nach einer allgemeinen Regel. Das Schema der Möglichkeit ist die Zusammenstimmung der Synthesis verschiedener Vorstellungen mit den Bedingungen der Zeit überhaupt, also die Bestimmung der Vorstellung eines Dinges zu irgend einer Zeit, das Schema der Wirklichkeit ist das Dasein in einer bestimmten Zeit, das Schema der Nothwendigkeit ist das Dasein eines Gegenstandes zu aller Zeit.

Die Beziehung der Kategorien auf mögliche Erfahrung muss alle reine Verstandeserkenntnis a priori ausmachen. Die Grundsätze des reinen Verstandes sind die Regeln des objectiven Gebrauchs der Kategorien. Aus den Kategorien der Quantität und Qualität fliessen mathematische Grundsätze von intuitiver Gewissheit, aus den Kategorien der Relation und Modalität aber dynamische Grundsätze von discursiver Gewissheit.

Das Princip der Axiome der Anschauung ist: alle Anschauungen sind extensive Grössen. Das Princip der Anticipationen der Wahrnehmung ist: in allen Erscheinungen hat das Reale, was ein Gegenstand der Empfindung ist, intensive Grösse, d. i. einen Grad. Das Princip der Analogien der Erfahrung ist: Erfahrung ist nur durch die Vorstellung einer nothwendigen Verknüpfung der Wahrnehmungen möglich; aus diesem Princip fliesst der Grundsatz der Beharrlichkeit der Substanz: bei allem Wechsel der Erscheinungen beharrt die Substanz, und das Quantum derselben wird in der Natur weder vermehrt noch vermindert, der Grundsatz der Zeitfolge nach dem Gesetz der Causalität: alle Veränderungen geschehen nach dem Gesetz der Verknüpfung der Ursache und Wirkung, der Grundsatz des Zugleichseins nach dem Gesetze der Wechselwirkung oder Gemeinschaft: alle Substanzen, sofern sie im Raume als zugleich wahrgenommen werden können, sind in durchgängiger Wechselwirkung. Die Postulate des empirischen Denkens sind: was mit den formalen Bedingungen der Erfahrung (der Anschauung und den Begriffen nach) übereinkommt, ist möglich; was mit den materialen Bedingungen der Erfahrung (der Empfindung) zusammenhängt, ist wirklich; dasjenige, dessen Zusammenhang mit dem Wirklichen nach allgemeinen Bedingungen der Erfahrung bestimmt ist, ist nothwendig.

Dem Beweis des zweiten Postulates, das auf den Erweis der Wirklichkeit geht, hat Kant in der 2. Aufl. der Kr. d. r. Vern. eine „Widerlegung des (materialen) Idealismus" beigefügt, die auf dem Satze beruht, dass innere Erfahrung überhaupt, an deren Vorhandensein sich nicht zweifeln lasse, nur durch äussere Erfahrung überhaupt, mithin nur unter der Voraussetzung des Daseins von Gegenständen im Raum ausser uns, möglich sei. Den Beweisgrund findet Kant darin, dass die Zeitbestimmung, die in dem empirisch bestimmten Bewusstsein meines eigenen Daseins liege, etwas Beharrliches in der Wahrnehmung voraussetze, das von meinen

Vorstellungen verschieden sein müsste, damit der Wechsel daran gemessen werden könne, das also nur durch ein Ding ausser mir möglich sei. (Uebrigens hat Kant auch bereits in der 1. Aufl. S. 376, Bd. II, S. 301 der Ausgabe der Werke von Rosenkranz und Schubert, den empirischen „Idealismus als eine falsche Bedenklichkeit wegen der objectiven Realität unserer äusseren Wahrnehmungen" zu widerlegen gesucht, nämlich durch die Bemerkung, dass äussere Wahrnehmung eine Wirklichkeit im Raume unmittelbar beweise, dass ohne Wahrnehmung selbst die Erdichtung und der Traum nicht möglich seien, unsere äusseren Sinne also, dem Stoff nach, woraus Erfahrung entspringen kann, ihre wirklichen correspondirenden Gegenstände im Raume haben. Aeussere Gegenstände im Raum aber sind, wie Kant immer auf's Neue wiederholt, nicht für Dinge an sich zu halten; sie heissen äussere, weil sie dem äussern Sinn anhängen, dessen Anschauung der Raum ist. Unter dem „Beharrlichen in der Wahrnehmung" kann Kant nur die „beharrliche Erscheinung im Raume", die „undurchdringliche Ausdehnung" verstehen. Vgl. auch Proleg. zur Metaph. § 49.)

Obgleich unsere Begriffe die Eintheilung in sinnliche und intellectuelle zulassen, so dürfen doch nicht die Gegenstände in Objecte der Sinne oder Phaenomena und Gegenstände des Verstandes oder Noumena im positiven Sinne eingetheilt werden; denn die Begriffe des Verstandes finden nur auf die Objecte der sinnlichen Anschauung Anwendung; ohne Anschauung sind sie gegenstandslos und eine nicht-sinnliche oder intellectuelle Anschauung besitzt der Mensch nicht. Wohl aber ist der Begriff eines Noumenon in negativer Bedeutung zulässig, indem wir darunter ein Ding verstehen, sofern es nicht Object unserer sinnlichen Anschauung ist; in diesem Sinne sind die Dinge an sich Noumena, die aber nicht durch die Kategorien des Verstandes, sondern nur als ein unbekanntes Etwas zu denken sind. (Die Folgerung Späterer, weil das Ding an sich nicht in Raum und Zeit sei, müsse es „in der Gedankenwelt" sein, ist demnach auf Kantischem Standpunkte unzulässig. Versteht man unter dem, was in der Gedankenwelt sei, etwas unserm Denken Immanentes, also einen Begriff oder Gedanken, so gilt dies von dem „Ding an sich" gar nicht; versteht man darunter ein transscendentales Object unseres Denkens, so gilt dies von dem „Ding an sich" in sofern, als wir sein Dasein überhaupt annehmen müssen, aber nicht in dem Sinne, dass die Kategorien unseres Denkens darauf Anwendung finden können. Unverkennbar aber hat Kants Beziehung des dem Platonischen Gedankenkreise entstammten Begriffs der Noumena auf seine Dinge an sich trotz der Clausel, dass derselbe nur in negativem Sinne gelten solle, schon bei Kant selbst Verwirrung gestiftet und die Hineintragung von Fremdartigem vermittelt, insbesondere die Hineintragung von Werthbestimmungen in den Begriff der Dinge an sich. Dass die raum-, zeit- und causalitätslosen Dinge an sich, welche uns afficiren, etwas Besseres und Höheres seien, als die Erscheinungen, ist eine mindestens willkürliche Annahme, die aber durch jenen platonischen Terminus, namentlich in der Entgegensetzung: homo noumenon, homo phaenomenon, eine anscheinende Stütze erhält und so in die Ethik eingeführt wird.)

Durch Verwechselung des empirischen Verstandesgebrauchs mit dem transscendentalen entsteht die Amphibolie der Reflexionsbegriffe. Die Reflexionsbegriffe sind: Einerleiheit und Verschiedenheit, Einstimmung und Widerstreit, Inneres und Aeusseres, Bestimmbares und Bestimmung (Materie und Form). Die transscendentale Ueberlegung (reflexio) ist die Handlung, dadurch ich die Vergleichung der Vorstellungen überhaupt mit der Erkenntnisskraft zusammenhalte, darin sie angestellt wird, und unterscheide, ob sie als gehörig zum reinen Verstande oder zur sinnlichen Anschauung

§ 18. Kants Kritik der reinen Vernunft und metaph. Anfangsgr. der Naturw.

untereinander verglichen werden. Kant findet die Quelle des Leibnitzischen Systemes, welches die Erscheinungen intellectuirte, in der von Leibnitz nicht erkannten Amphibolie der Reflexionsbegriffe. Leibnitz bezog den Verstandesgebrauch bei der Vergleichung der Vorstellungen fälschlich auf Objecte an sich und nahm den Begriff des Noumenon im positiven Sinne; er hielt die Sinnlichkeit nur für eine verworrene Vorstellung und glaubte die innere Beschaffenheit der Dinge zu erkennen, indem er alle Gegenstände nur mittelst des Verstandes und der abgesonderten formalen Begriffe seines Denkens verglich; so fand er natürlich keine anderen Verschiedenheiten, als die, durch welche der Verstand seine reinen Begriffe von einander unterscheidet. Daraus ergaben sich ihm die Sätze, dass das begrifflich nicht zu Unterscheidende schlechthin ununterschieden oder identisch sei, dass Realitäten als blosse Bejahungen einander realiter nicht durch Entgegenstreben aufheben können, da zwischen ihnen kein logischer Widerspruch stattfindet, dass wir den Substanzen keinen andern innern Zustand, als den der Vorstellungen, beilegen und ihre Gemeinschaft unter einander nur als prästabilirte Harmonie denken dürfen, endlich, dass der Raum nur als die Ordnung in der Gemeinschaft der Substanzen und die Zeit als die dynamische Folge ihrer Zustände zu denken sei. Kant will, dass jene Vergleichungsbegriffe auf die Erscheinungswelt nur unter Mitberücksichtigung der an die sinnliche Anschauung (welche ihre eigenthümlichen Formen habe und nicht bloss verworrene Auffassung sei) geknüpften Unterschiede, auf die Dinge an sich (oder Noumena) aber überhaupt nicht angewandt werden.

Ist der Verstand das Vermögen der Einheit der Erscheinungen vermittelst der Regeln, so ist die Vernunft das Vermögen der Einheit der Verstandesregeln unter Principien. Der Vernunftbegriff enthält das Unbedingte, und geht daher über jeden Gegenstand der Erfahrung hinaus. Kant nennt Idee einen nothwendigen Vernunftbegriff, dem kein congruirender Gegenstand in den Sinnen gegeben werden kann. (Vgl. Jul. Heidemann, Platonis de ideis doctrinam quomodo Kantius et intellexerit et excoluerit, diss. inaug., Berol. 1863.) Der transcendentale Vernunftbegriff geht auf die absolute Totalität in der Synthesis der Bedingungen und sucht die synthetische Einheit, welche in der Kategorie gedacht wird, bis zum schlechthin Unbedingten hinauszuführen. Die reine Vernunft bezieht sich niemals geradezu auf Gegenstände, sondern auf die Verstandesbegriffe von denselben. Wie die Verstandesbegriffe aus den Formen der Urtheile sich entnehmen liessen, indem die Weise der Synthesis der Anschauungen im Urtheil begrifflich aufgefasst wurde, so lassen die transcendentalen Vernunftbegriffe sich aus den Formen der Vernunftschlüsse entnehmen. Die Vernunftschlüsse sind theils kategorisch, theils hypothetisch, theils disjunctiv. Demgemäss giebt es drei transcendentale Vernunftbegriffe: ein Unbedingtes 1. der kategorischen Synthesis in einem Subject, 2. der hypothetischen Synthesis der Glieder einer Reihe, 3. der disjunctiven Synthesis der Theile in einem System. Der erste dieser Vernunftbegriffe ist der der Seele als der absoluten Einheit des denkenden Subjects, der zweite der der Welt als der absoluten Einheit der Reihe der Bedingungen der Erscheinung, der dritte der der Gottheit als der absoluten Einheit aller Gegenstände des Denkens überhaupt oder als des alle Realität in sich befassenden Wesens (ens realissimum). Diesen drei Ideen gemäss giebt es drei dialektische Vernunftschlüsse, welche Sophistikationen nicht der Menschen, sondern der reinen Vernunft selbst sind, da sie vermöge einer natürlichen Illusion entstehen, welche der menschlichen Vernunft eben so unhintertreiblich anhängt, wie gewisse optische Täuschungen dem Sehen, und gleich diesen zwar durch Kritik erklärt und unschädlich gemacht, aber nicht schlechthin beseitigt werden kann. Auf die Idee der Seele als einer einfachen Substanz geht der psychologische

Paralogismus, auf das Weltganze beziehen sich die kosmologischen Antinomien, das allerrealste Wesen endlich als das Ideal der reinen Vernunft betreffen die versuchten Beweise für das Dasein Gottes.

Die rationale Psychologie gründet sich auf das blosse Bewusstsein des denkenden Ich von sich selbst; denn wollten wir die Beobachtungen über das Spiel unserer Gedanken und die daraus zu schöpfenden Naturgesetze des denkenden Selbst auch zu Hülfe nehmen (etwa, wie später Herbart auf die gegenseitige Verbindung der Vorstellungen einen Beweis für die practische Einfachheit der Seele zu gründen versucht hat), so würde eine empirische Psychologie entspringen, die solche Eigenschaften, welche gar nicht zur möglichen Erfahrung gehören, wie namentlich die der Einfachheit, nicht darzuthun vermöchte und keine apodiktische Gültigkeit beanspruchen könnte. Aus dem Ichbewusstsein sucht die rationale Psychologie zu erweisen, dass die Seele als Substanz (und zwar als immaterielle Substanz) existire, als einfache Substanz incorruptibel, als intellectuelle Substanz stets mit sich selbst identisch oder Eine Person, in möglichem Commercium mit dem Körper und unsterblich sei. Aber die Schlüsse der rationalen Psychologie involviren eine unzulässige Anwendung des Substanzbegriffs, der Anschauung voraussetzt und nur für Erscheinungsobjecte gilt, auf das Ich als transcendentales Object. Dass Ich, der ich denke, im Denken immer nur als Subject und als etwas, das nicht bloss wie ein Prädicat dem Denken anhänge, gelten müsse, ist ein apodiktischer und selbst identischer Satz; aber er bedeutet nicht, dass ich als Object ein für mich selbst bestehendes Wesen oder Substanz sei. Ebenso liegt zwar schon im Begriffe des Denkens, dass das Ich der Apperception ein logisch einfaches Subject bezeichne, was ein analytischer Satz ist; aber das bedeutet nicht, dass das denkende Ich eine einfache Substanz sei, was ein synthetischer Satz sein würde. Die Identität meiner selbst bei allem Mannigfaltigen, dessen ich mir bewusst bin, ist wiederum ein analytischer Satz; aber daraus folgt nicht die Identität einer denkenden Substanz in allem Wechsel der Zustände. Dass ich endlich meine Existenz als einer denkenden Wesens von anderen Dingen ausser mir, wozu auch mein Körper gehört, unterscheide, ist ein analytischer Satz; aber ob dieses Bewusstsein meiner selbst ohne Dinge ausser mir möglich sei und ich also auch ohne Körper existiren könne, weiss ich dadurch gar nicht.

Die Aufgabe, die Gemeinschaft der Seele mit dem Körper zu erklären, wird durch die zwischen beiden vorausgesetzte Ungleichartigkeit erschwert. Bedenkt man aber (sagt Kant Kr. d. r. V. 2. A. S. 427 f.), dass beiderlei Art von Gegenständen sich hierin nicht innerlich, sondern nur insofern eins dem andern äusserlich erscheint, von einander unterscheiden, mithin das, was der Erscheinung der Materie als Ding an sich selbst zum Grunde liegt, vielleicht so ungleichartig nicht sein dürfte, so verschwindet diese Schwierigkeit und es bleibt keine andere übrig, als die, wie überhaupt eine Gemeinschaft von Substanzen möglich sei, welche zu lösen ganz ausser dem Felde der Psychologie und aller menschlichen Erkenntniss liegt. Der hier nur kurz angedeutete Gedanke der möglichen Gleichartigkeit zwischen dem Realen, das den Erscheinungen des äussern Sinnes, und dem, das den Erscheinungen des innern Sinnes zum Grunde liegt, findet sich in der ersten Aufl. der Kr. d. r. V. weiter ausgeführt. In der Psychologie gilt der Dualismus im empirischen Verstande, auf die Erscheinungen bezogen; im transcendentalen Verstande aber gilt weder der Dualismus, noch der Pneumatismus (Spiritualismus), noch der Materialismus, welche sämmtlich die Verschiedenheit der Vorstellungsart von Gegenständen, die uns nach dem, was sie an sich sind, unbekannt bleiben, für eine Verschiedenheit dieser Dinge selbst halten. „Das transcendentale

§ 16. Kants Kritik der reinen Vernunft und metaph. Anfangsgr. der Naturw. 163

Object, welches den äusseren Erscheinungen, ingleichen das, was der innern Anschauung zum Grunde liegt, ist weder Materie, noch ein denkendes Wesen an sich selbst, sondern ein uns unbekannter Grund der Erscheinungen, die den empirischen Begriff von der ersten sowohl als zweiten Art an die Hand geben" (Kr. d. r. V. 1. A. S. 379, bei Ros. II, S. 803). „Ich kann wohl annehmen, dass der Substanz, der in Ansehung unseres äusseren Sinnes Ausdehnung zukommt, an sich selbst Gedanken beiwohnen, die durch ihren eigenen inneren Sinn mit Bewusstsein vorgestellt werden können; auf solche Weise würde eben dasselbe, was in einer Beziehung körperlich heisst, in einer andern zugleich ein denkendes Wesen sein, dessen Gedanken wir zwar nicht, aber doch die Zeichen derselben in der Erscheinung anschauen können" (ebd. S. 859, bei Ros. II, S. 288 f.). Diese letztere, hier als möglich bezeichnete Annahme steht der Leibnitzischen Monadologie nahe, sofern nach dieser zwar nicht eine einzelne Monade, aber doch ein Monadencomplex unseren Sinnen als ein ausgedehntes Ding erscheint und zugleich in sich selbst Wesen enthält, welche Vorstellungen haben, und Wesen enthalten kann, die mit Bewusstsein vorstellen und denken; in einem andern Sinne berührt sich jene Annahme mit dem Spinozismus, welcher der Einen Substanz Denken und Ausdehnung, freilich als reale Attribute, zuschreibt. In der zweiten Auflage der Vernunftkritik hat Kant diese Möglichkeit nicht negirt, vielmehr durch den oben citirten Satz wiederum angedeutet, der näheren Ausführung aber sich enthalten. Hierin liegt sachlich keine Aenderung seines Gedankens; jedoch bekundet sich formell eine grössere Strenge in der Anwendung des kritischen Princips, sofern nunmehr Kant vorzieht, unbeweisbare dogmatische Annahmen auch nicht einmal als Hypothesen anzuführen, sondern sich auf die kürzeste Andeutung zu beschränken. Uebrigens geht jene Hypothese zunächst nicht darauf, dass das transcendentale Substrat äusserer Erscheinungen mit unserm denkenden Ich identisch oder dass es gar nur ein Gedanke des Ich sei, sondern darauf, dass es möglicherweise auch selbst ein denkendes Wesen sei und daher dem transcendentalen Substrat des inneren Sinnes gleichartig sein könne, etwa so, wie im Leibnitzischen System sämmtliche Monaden einander gleichartig sind; weil wir aber von dem transcendentalen Substrat nach Kant gar nichts Näheres wissen können, so liegt ferner in der Consequenz, dass auch noch andere Annahmen, wie etwa jene Identitätsansicht, sofern sie als blosse Hypothesen auftreten, nicht widerlegt werden können. Sehr mit Unrecht würde man die hier von Kant gewagte Vermuthung dem Fichte'schen Subjectivismus gleichsetzen. Es ist wahr, dass Kants Aeusserungen über das transcendentale Object etwas Schwankendes haben; aber dieses Schwanken findet sich (als natürliche Folge des von der Kantischen Doctrin unabtrennbaren Widerspruchs, dass das transcendentale Object Ursache der Erscheinung sein soll und doch nicht Ursache sein kann) auch bereits in der ersten Auflage der Kr. d. r. V. und ist keineswegs erst (wie Schopenhauer u. A. behauptet haben) in der zweiten zu finden. Vgl. z. B. in beiden Auflagen die Stellen einerseits bei Ros. II, S. 235, andererseits ebend. S. 391, Z. 9 v. o. ff., auch Proleg. § 57, ebd. III, S. 124. Mögen die Aeusserungen, in welchen Kant unser Nichtwissen von der Natur des transcendentalen Objectes betont, in der ersten Aufl. der Kr., später aber, da er Missverständnissen gegenüber den Unterschied seiner Ansicht von dem Berkeley'schen Idealismus deutlicher zu machen bemüht war, die Aeusserungen, worin er die Nothwendigkeit der Voraussetzung der Dinge an sich als des transcendentalen Grundes der Erscheinungswelt hervorhebt, einigermaassen häufiger sein, so ist doch Kants Ansicht im Wesentlichen die gleiche geblieben, nämlich es sei anzunehmen, dass, aber ungewiss, wie das transcendentale Object oder die Dinge an sich existiren. In der 1. Aufl. S. 105 sagt Kant doch nur, für uns sei dieser Gegenstand nichts, und S. 109 lässt er denselben doch auch nur als X immer

11*

§ 17. Kants Kritik der reinen Vernunft und metaph. Anfangsgr. der Naturw.

einerlei sein. Entschieden falsch aber würde es sein, dass transscendentale Object des äussern oder des innern Sinnes, die Noumena oder „Dinge an sich", von denen Kant in beiden Auflagen der Kritik die Mannigfaltigkeit der Affectionen des äusseren und inneren Sinnes herleitet, zu welche sich der Unterschied des Empirischen von dem Apriorischen knüpft, dogmatisirend mit der „Einheit des Wesens in der Mannigfaltigkeit der Erscheinungen" zu identificiren. (Dies zur Ergänzung und theilweise zur genaueren Bestimmung meiner Ausführungen in der Abhandlung: De priore et posteriore forma Kantianae Criticae rationis purae, Berol. 1862, und zur Antwort auf Michelets Entgegnung in seiner Zeitschrift: der Gedanke, Bd. III., Berlin 1862, S. 237—248; vgl. mein Syst. der Log. 2. Aufl. Bonn 1865, S. 42.)

Aus der kosmologischen Idee fliessen vier Antinomien, d. h. einander widersprechende Sätze, die sich doch, sofern die Erscheinungswelt für real im transscendentalen Sinne gehalten wird, aus dieser Voraussetzung mit gleich strenger Consequenz ergeben. Die Vierzahl der Antinomien knüpft sich an die vier Klassen der Kategorien. (Vgl. ausser der von Herbart, Hegel, Schopenhauer u. A. geübten Kritik insbesondere noch: Reiche, de Kantii antinomiis quae dicuntur theoreticis, Gott. 1838; Jos. Richter, die Kantischen Antinomien, Mannheim 1863.)

Auf die Quantität der Welt bezieht sich die erste Antinomie. Thesis: die Welt hat einen Anfang in der Zeit und Grenzen im Raum. Antithesis: die Welt ist anfangslos und ohne Grenzen im Raum.

Auf die Qualität der Welt geht die zweite Antinomie. Thesis: eine jede zusammengesetzte Substanz in der Welt besteht aus einfachen Theilen. Antithesis: es existirt nichts Einfaches.

Die causale Relation betrifft die dritte Antinomie. Thesis: es giebt eine Freiheit im transscendentalen Sinne als Fähigkeit eines absoluten, ursachelosen Anfangs einer Reihe von Wirkungen. Antithesis: es geschieht alles in der Welt lediglich nach Gesetzen der Natur.

An die Modalität knüpft sich die vierte Antinomie. Thesis: es gehört zur Welt (sei es als Theil oder als Ursache) ein schlechthin nothwendiges Wesen. Antithesis: es existirt nichts schlechthin Nothwendiges.

Die Beweise werden von Kant durchweg indirect geführt. Zum Beweise der Thesis wird die in der Antithesis behauptete Unendlichkeit des Fortgangs als unvollziehbar bekämpft, zum Beweise der Antithesis aber die in der Thesis angenommene Grenze als willkürlich und überschreitbar zurückgewiesen.

Kant löst die Antinomien durch seine Unterscheidung zwischen Erscheinung und Ding an sich. In Bezug auf die Welt als transscendentales Object oder Noumenon oder intelligible Welt ist in den beiden ersten oder mathematischen Antinomien sowohl die Thesis als auch die Antithesis falsch. Die intelligible Welt fällt nicht unter die Vorstellung des Räumlichen, welche den beiden Prädicaten: Begrenztheit im Raum und unendliche Ausdehnung gemeinsam übergeordnet ist etc., also kann sie weder das eine noch das andere dieser Prädicate haben; aus der Ungültigkeit des einen darf nicht die Gültigkeit des andern erschlossen werden; der contradictorische Gegensatz zwischen Thesis und Antithesis ist in der That nur ein scheinbarer, eine „dialektische Opposition". Als regulatives Princip unserer Forschung aber muss die Forderung gelten, keine Grenze als eine absolut letzte zu betrachten. In den beiden letzten oder dynamischen Antinomien ist in Bezug auf die intelligible Welt die Thesis wahr, in Bezug auf die phänomenale Welt aber gilt die Antithesis. Alle Erscheinungen sind durch andere mit Naturnothwendigkeit bedingt, in den Dingen an sich selbst aber liegt die Freiheit; es giebt keine unbedingte Ursache in der

Erscheinung, aber ausserhalb der ganzen Reihe der Erscheinungen liegt als transcendentaler Grund derselben das Unbedingte.

Der Inbegriff aller Realitäten oder Vollkommenheiten, als Urbild oder transcendentales Prototyp in concreto und selbst in individuo gedacht, ist das theologische Ideal. Die theoretischen Beweise für das Dasein Gottes sind: das ontologische, kosmologische und teleologische oder physiko-theologische Argument.

Das ontologische Argument schliesst aus dem Begriffe Gottes als des allerrealsten Wesens auf seine Existenz, da die Existenz, und zwar die nothwendige Existenz, zu den Realitäten gehöre und daher im Begriffe des allerrealsten Wesens mit enthalten sei. Kant bestreitet die Voraussetzung, dass das Sein ein reales Prädicat neben andern sei, welches zu diesen hinzutreten und dadurch die Summe der Realitäten vermehren könne. Der Vergleich zwischen einem Wesen, das andere Prädicate zwar habe, aber nicht das Sein, und einem Wesen, das mit jenen Prädicaten noch das Sein vereinige und daher um das Sein grösser, vollkommener oder realer, als jenes andere Wesen, sei, ist absurd. Sein ist die Setzung des Objects mit allen seinen Prädicaten. Diese Setzung bildet die unerlässliche Voraussetzung jedes Schlusses aus dem Begriff eines Objects auf seine Prädicate. Bei einem Schluss auf das Sein Gottes, falls das Sein als Prädicat erschlossen werden sollte, müsste demnach schon das Sein vorausgesetzt sein, wodurch wir nur zu einer eitlen Tautologie gelangen würden. Diese Tautologie wäre ein identischer, daher analytischer Satz; die Behauptung aber: Gott ist, ist, wie jeder Existenzialsatz, ein synthetischer Satz, und kann daher nicht in Bezug auf ein Noumenon a priori erwiesen werden.

Das kosmologische Argument schliesst daraus, dass überhaupt irgend etwas existirt, auf die Existenz eines schlechthin nothwendigen Wesens, welches dann unter Zuhülfenahme des ontologischen Argumentes mit der Gottheit als dem ens realissimum oder perfectissimum gleichgesetzt wird. Kant dagegen bestreitet, dass die Principien des Vernunftgebrauchs uns zu einer Verlängerung der Kette der Ursachen über alle Erfahrung hinaus berechtigen; führte aber das Argument wirklich auf eine extramundane und schlechthin nothwendige Ursache, so sei doch dieselbe noch nicht als das absolut vollkommene Wesen erwiesen und die Zuflucht zum ontologischen Argument sei wegen der erwiesenen Ungültigkeit desselben unzulässig.

Das teleologische Argument schliesst aus der Zweckmässigkeit der Natur auf die absolute Weisheit und Macht ihres Urhebers. Kant nennt dieses Argument um seiner populären Ueberzeugungskraft willen mit Achtung, spricht demselben aber die wissenschaftliche Gültigkeit ab. Der Zweckbegriff kann nach Kant ebensowenig, wie der Begriff der Ursache, zu Schlüssen berechtigen, die uns über die Erscheinungswelt überhaupt hinausführen: denn er stammt gleichfalls aus dem Ich, wird von dem Menschen in die Dinge hineingeschaut, hat aber keine Gültigkeit für das transscendentale Object. Führte aber der teleologische Schluss zu einem extramundanen Welturheber, so wäre dieser doch nur als ein Weltbaumeister von hoher Macht und Weisheit nach Maassgabe der in der Welt sich bekundenden Zweckmässigkeit, nicht als allmächtiger und allweiser Weltschöpfer erwiesen. Der ergänzende Recurs auf das ontologische Argument aber würde auch hier wiederum anstatthaft sein.

Theoretische Gültigkeit hat das Vernunftideal ebenso, wie überhaupt die transscendentalen Vernunftbegriffe, nur insofern es als ein regulatives Princip den Verstand dazu anleiten soll, in aller empirischen Erkenntniss die systematische Einheit zu suchen. Die transcendentalen Ideen sind nicht constitutive Principien, durch welche gewisse jenseits der Erfahrung liegende Objecte erkannt werden könnten, sondern fordern nur principielle Vollständigkeit des Verstandesgebrauchs im Zusammenhang der Erfahrung. Wir müssen uns nach einer richtigen Maxime der Naturphilosophie aller theologischen und überhaupt transscendenten Erklärung der Natureinrichtung enthalten. Bei dem praktischen Vernunftgebrauch aber soll das Vernunftideal als Denkform für den höchsten Gegenstand des moralisch-religiösen Glaubens dienen.

Aus der „Methodenlehre", in welcher Kant viele werthvolle Bemerkungen niedergelegt, aber die Lehre von dem Verhältniss unseres Denkens zur objectiven Realität nicht um ein wesentliches Glied erweitert, sondern vielmehr aus den schon gewonnenen Sätzen methodologische Consequenzen gezogen hat, mag hier genügen, einen Satz anzuführen, den Kant in dem Abschnitt von der Disciplin der Vernunft im polemischen Gebrauch ausspricht (Kr. d. r. V. 1. Aufl. S. 747, 2. Aufl. S. 775, bei Ros. II., S. 577): „es ist sehr was Ungereimtes, von der Vernunft Aufklärung zu erwarten und ihr doch vorher vorzuschreiben, auf welche Seite sie nothwendig ausfallen müsse".

An die Kritik der reinen Vernunft und insbesondere an die transscendentale Aesthetik und Analytik schliesst sich Kant's Naturphilosophie an. Soll die Naturphilosophie die Naturerscheinungen aus dem, was denselben als transscendentales Object oder Ding an sich zum Grunde liegt, erklären, so ist eine solche auf dem kritischen Standpunct unmöglich, der uns auf die Erkenntniss von Erscheinungen beschränkt, welche unsere Vorstellungen sind. Die „metaphysischen Anfangsgründe der Naturwissenschaft" können nur eine systematische Zusammenstellung der Sätze enthalten, die Kant für naturwissenschaftliche Grundsätze a priori hält. Wenn dennoch über die Erscheinung hinausgegangen, insbesondere die Materie auf Kräfte zurückgeführt wird, so steht diese hinter der Erscheinung liegende Kraft in einer unhaltbaren Mitte zwischen einem Phänomenon und Noumenon, Erscheinung und Ding an sich.

Nach der Kritik der reinen Vernunft ist es das unräumliche und zeitlose Ding an sich, was unsere (an sich gleichfalls unräumlichen und zeitlosen) Sinne so afficirt, dass dadurch in uns Empfindungen entstehen, welche durch das Ich in die apriorischen Anschauungs- und Denkformen eingefügt werden. In den metaphysischen Anfangsgründen der Naturwissenschaft sagt Kant: „Durch Bewegung allein können die äusseren Sinne afficirt werden". Nach der Consequenz der Kritik der reinen Vernunft kann dieser Satz nur bedeuten: wenn die Affection selbst wieder Erscheinung wird (indem wir nicht bloss eine Affection erleiden, sondern den Vorgang der Affection bei andern empfindenden Wesen oder auch bei uns selbst wiederum wahrnehmen, z. B. den Schlag sehen, der unseren Gefühlsinn trifft etc.), dann muss die raum- und zeitlose Beziehung, die in der That den Vorgang der Empfindungsbildung bedingt, uns als Bewegung erscheinen. Aber diese Beschränkung, in welcher der Satz von der Affection durch Bewegung nach den Principien der Vernunftkritik allein gelten dürfte, tritt in der darauf gebauten Naturphilosophie mehr und mehr zurück, so dass dieselbe zwischen einer apriorischen Theorie der (nur in unserm Bewusstsein vorhandenen) Erscheinungen, und einer Theorie der (unabhängig von dem Bewusstsein empfindender Wesen existirenden, möglicherweise vor der Existenz von Organismen bereits bestehenden, und die Entstehung der Empfindungen bedingenden) Realität, die allen Naturerscheinungen zum Grunde liegt, in einer unklaren Mitte schwebt. Man muss bei der Lectüre der „metaphysischen Anfangsgründe der

§ 16. Kants Kritik der reinen Vernunft und metaph. Anfangsgr. der Naturw. 167

Naturwissenschaft" in gewissem Betracht vergessen und doch in anderm Betracht festhalten, dass wir nach der Consequenz des Systems es nur mit Vorgängen zu thun haben, die bloss innerhalb unseres Bewusstseins stattfinden, also bereits psychisch bedingt sind und nicht der Existenz empfindender und vorstellender Wesen als Bedingung zum Grunde liegen können. (Vgl. Lazarus Demjarid, Vorlesungen über die metaph. Anfangsgr. der Naturw., und andererseits Schwab, Prüfung der Kantischen Begriffe von der Undurchdringlichkeit, der Anziehung und der Zurückstossung der Körper, nebst einer Darstellung der Hypothese des le Sage über die mechanische Ursache der allgemeinen Gravitation, 1807, und Fr. Gottlieb Busse, Kants metaph. Anfangsgr. der Naturw. In ihren Gründen widerlegt, Dresden 1828.)

Kant bringt die metaphysischen Anfangsgründe der Naturwissenschaft unter vier Hauptstücke. Das erste derselben betrachtet die Bewegung als ein reines Quantum und wird von Kant Phoronomie genannt, das zweite sieht sie als zur Qualität der Materie gehörig unter dem Namen einer ursprünglich bewegenden Kraft in Erwägung und heisst Dynamik, das dritte, die Mechanik, betrachtet die Materie mit dieser Qualität durch ihre eigene Bewegung gegeneinander in Relation, das vierte endlich bestimmt ihre Bewegung oder Ruhe bloss in Beziehung auf die Vorstellungsart oder Modalität und wird von Kant als Phänomenologie bezeichnet.

In der Phoronomie definirt Kant die Materie als das Bewegliche im Raum, und leitet insbesondere den Satz ab, jede Bewegung könne nur durch eine andere Bewegung eben desselben Beweglichen in entgegengesetzter Richtung aufgehoben werden. In der Dynamik definirt er dieselbe als das Bewegliche insofern es einen Raum erfüllt, und stellt den Lehrsatz auf: die Materie erfüllt einen Raum nicht durch ihre blosse Existenz, sondern durch eine besondere bewegende Kraft; er schreibt der Materie Anziehungskraft zu als diejenige bewegende Kraft, wodurch eine Materie die Ursache der Annäherung anderer zu ihr sein kann, und Zurückstossungskraft als diejenige Kraft, wodurch eine Materie Ursache sein kann andere von sich zu entfernen, und bestimmt die Kraft, durch welche die Materie den Raum erfülle, näher als die der Zurückstossung: die Materie erfüllt ihre Räume durch repulsive Kräfte aller ihrer Theile, d. i. durch eine ihr eigene Ausdehnungskraft, die einen bestimmten Grad hat, über den kleinere oder grössere ins Unendliche können gedacht werden. Die Elasticität als Expansivkraft ist hiernach aller Materie ursprünglich eigen. Die Materie ist in's Unendliche theilbar und zwar in Theile, deren jeder wiederum Materie ist; dies folgt aus der unendlichen Theilbarkeit des Raumes und der repulsiven Kraft jedes Theils der Materie. Die Repulsivkraft nimmt ab im umgekehrten Verhältniss der Würfel, die Attractionskraft dagegen im umgekehrten Verhältniss der Quadrate der Entfernungen. In der Mechanik definirt Kant die Materie als das Bewegliche, sofern es, als ein solches, bewegende Kraft hat, und leitet daraus insbesondere die mechanischen Grundgesetze ab: bei allen Veränderungen der körperlichen Natur bleibt die Quantität der Materie im Ganzen dieselbe, unvermehrt und unvermindert; alle Veränderung der Materie hat eine äussere Ursache (Gesetz der Beharrung in Ruhe und Bewegung oder der Trägheit); in aller Mittheilung der Bewegung sind Wirkung und Gegenwirkung einander jederzeit gleich. In der Phänomenologie definirt Kant die Materie als das Bewegliche, sofern es, als ein solches, ein Gegenstand der Erfahrung sein kann, und leitet die Lehrsätze ab, die geradlinige Bewegung einer Materie in Ansehung eines empirischen Raumes sei, zum Unterschied von der entgegengesetzten Bewegung des Raumes, ein bloss mögliches Prädicat (ohne alle Relation auf eine Materie ausser ihr aber, also als absolute Bewegung gedacht, etwas Unmögliches), die Kreisbewegung einer Materie sei, zum Unterschied von der entgegengesetzten Bewegung des Raumes, ein wirkliches Prädicat derselben (die anscheinende entgegengesetzte Bewegung eines relativen Raumes aber ein blosser Schein). In jeder Bewegung eines Körpers, wodurch er in Ansehung eines andern bewegend sei, sei eine entgegengesetzte gleiche Bewegung des letzteren nothwendig; das erste dieser phänomenologischen Gesetze bestimme die Modalität der Bewegung in Ansehung der Phoronomie, das zweite bestimme dieselbe in Ansehung der Dynamik, das dritte in Ansehung der Mechanik.

Den Uebergang von den metaphysischen Anfangsgründen der Naturwissenschaft zu der Physik bildet die (der „Metaphysik der Sitten", welche die Rechts- und Tugendlehre in sich begreift, coordinirte) „Metaphysik der Natur", die von den bewegenden Kräften der Materie handelt und von Kant in ein „Elementarsystem" und „Weltsystem" eingetheilt wird. Das Manuscript ist unvollendet geblieben. (Es wird vielleicht in nächster Zeit durch Reicke edirt werden.)

§ 17. Wie Kant in seiner Kritik der reinen Vernunft von dem Gegensatz ausgeht, den er zwischen der empirischen Erkenntniss und der Erkenntniss a priori findet, so bildet das Fundament seiner **Kritik der praktischen Vernunft** der analoge Gegensatz zwischen dem sinnlichen Trieb und dem Vernunftgesetz. Alle Zwecke, auf welche unser Begehren sich richten kann, gelten Kant als empirische und demgemäss als sinnliche und egoistische Bestimmungsgründe des Willens, die auf das Princip der eigenen Glückseligkeit sich zurückführen lassen; dieses Princip aber sei dem der Sittlichkeit nach dem unmittelbaren Zeugniss unseres sittlichen Bewusstseins gerade entgegengesetzt. Als Bestimmungsgrund des sittlichen Willens behält Kant nach Ausscheidung aller materialen Bestimmungsgründe nur die Form der möglichen Allgemeinheit des den Willen beherrschenden Gesetzes übrig. Das Princip der Sittlichkeit liegt ihm in der Forderung: „Handle so, dass die Maxime deines Willens zugleich als Princip einer allgemeinen Gesetzgebung gelten könne". Dieses „Grundgesetz der praktischen Vernunft" trägt die Form eines Gebotes, weil der Mensch nicht ein reines Vernunftwesen, sondern zugleich auch ein sinnliches Wesen ist und die Sinnlichkeit stets der Vernunft widerstrebt; es ist aber nicht ein bedingtes Gebot, wie die Maximen der Klugheit, die nur hypothetisch, nämlich unter der Voraussetzung, dass gewisse Zwecke erreicht werden sollen, gelten, sondern ein unbedingtes und zwar das einzige unbedingte Gebot, der kategorische Imperativ. Das Bewusstsein dieses Grundgesetzes ist ein Factum der Vernunft, aber kein empirisches, es ist das einzige Factum der reinen Vernunft, die sich dadurch als ursprünglich gesetzgebend ankündigt. Dieses Gebot fliesst aus der Autonomie des Willens, alle materialen, auf Eudämonismus beruhenden Principien aber aus der Heteronomie der Willkür. Aeussere Gesetzmässigkeit ist Legalität, Rechthandeln um des sittlichen Gesetzes willen aber Moralität. An die sittliche Selbstbestimmung knüpft sich unsere sittliche Würde. Der Mensch als Vernunftwesen oder Ding an sich giebt sich selbst als einem Sinnenwesen oder einer Erscheinung das Gesetz. Hierin liegt, lehrt Kant (indem er den theoretischen Unterschied von Ding an sich und Erscheinung praktisch als Werthunterschied auffasst) der Ursprung der Pflicht. Auf das moralische Bewusstsein gründen sich drei moralisch nothwendige Ueberzeugungen, welche Kant „Postulate der reinen praktischen Vernunft" nennt, nämlich die Ueberzeugung von der sittlichen Freiheit, indem nach dem Satze: du kannst, denn du sollst, die Bestimmbarkeit unserer selbst als eines Sinnenwesens durch uns selbst als ein Vernunftwesen angenommen werden müsse, von der Unsterblichkeit, da unser Wille dem Sittengesetz sich nur in's Unendliche annähern könne, und von dem Dasein Gottes als des Herrschers im Reiche der Vernunft und Natur, der zwischen sittlicher Würdigkeit und Glückseligkeit die vom moralischen Bewusstsein geforderte Harmonie herstelle.

Der Grundgedanke von Kant's philosophischer Religionslehre, den er in der Schrift: „die Religion innerhalb der Grenzen der blossen Vernunft" entwickelt, liegt in der Reduction der Religion auf das moralische Bewusstsein. Gunstbuhlerei bei Gott durch statutarische Religionshandlungen, die von den sittlichen Geboten verschieden sind, ist Afterdienst; die wahrhaft religiöse Gesinnung ist in der Erkenntniss aller unserer Pflichten als göttlicher Gebote beschlossen. Kant reducirt die kirchlichen Dogmen durch allegorisirende Umdeutung auf Lehrsätze der philosophischen Moral.

<small>Ausser der zum vorigen Paragraphen angeführten Litteratur und den Stellen bei F. H. Jacobi, Schleiermacher, Schelling, Hegel, Herbart, Beneke, Schopenhauer u. A., worin Kants ethische Lehren geprüft werden, ferner Wegscheiders Vergleichung Stolzscher und Kantischer Ethik (Hamburg 1797) etc., sind speciell über die Erziehungslehre Strümpell (die Päd. der Ph. Kant, Fichte, Herbart, Braunschweig 1843), Arthur Richter (Kants Ansichten über Erziehung, G.-Pr., Halberstadt 1865), über die Lehre vom radicalen Bösen L. Paul (Halle 1865) über Kants Religionsphilosophie überhaupt Ch. A. Thilo (in: Zeitschr. für exacte Philos. Bd. V, Leipz. 1865, S. 276—312; 353—397) zu vergleichen.

Kant hat seinem Hauptwerk über die praktische Philosophie nicht den Titel gegeben: Kritik der reinen praktischen Vernunft, sondern: Kritik der praktischen Vernunft, weil es sich um eine Kritik des ganzen praktischen Vermögens in der Absicht handle, den Nachweis zu führen, dass es reine praktische Vernunft gebe; gebe es solche, so bedürfe dieselbe nicht gleich der reinen speculativen Vernunft einer Kritik, die einer Ueberschreitung ihrer Grenzen entgegentrete, denn sie beweise ihre und ihrer Begriffe Realität durch die That (Krit. der prakt. Vern., Vorrede).</small>

§ 17. Kants Kritik d. prakt. Vern., Relig. i. d. Grenzen d. bl. Vern. u. Rechtslehre.

Die Grundbegriffe der Kritik der praktischen Vernunft hat Kant am ausführlichsten in der (dem Hauptzweck vorausgeschickten) „Grundlegung zur Metaphysik der Sitten" erörtert.

Kant definirt Maxime als das subjective Princip des Wollens; das objective Princip dagegen, das in der Vernunft selbst begründet ist, nennt er das praktische Gesetz; er fasst beides zusammen unter dem Begriff des praktischen Grundsatzes, d. h. eines Satzes, der eine allgemeine Bestimmung des Willens enthält, die mehrere praktische Regeln unter sich hat (Grundl. z. M. d. S., 1. Abschn., Note; Kr. d. pr. Vern. § 1). Er argumentirt: alle praktischen Principien, die ein Object (Materie) des Begehrungsvermögens als Bestimmungsgrund des Willens voraussetzen, sind insgesammt empirisch und können keine praktischen Gesetze abgeben (Kr. d. pr. Vern. § 2). Alle materialen praktischen Principien sind als solche insgesammt von einer und derselben Art und gehören unter das allgemeine Princip der Selbstliebe oder eigenen Glückseligkeit; unter der Glückseligkeit versteht Kant „das Bewusstsein eines vernünftigen Wesens von der Annehmlichkeit des Lebens, die ununterbrochen sein ganzes Dasein begleitet"; das Princip, dieses sich zum höchsten Bestimmungsgrunde der Willkür zu machen, ist ihm das Princip der Selbstliebe (ebend. § 3). Da nun Kant allem Empirischen die Nothwendigkeit abspricht, welche zur Gesetzmässigkeit erforderlich ist, alle Materie des Begehrens aber, d. h. jeder Gegenstand des Willens als Bestimmungsgrund desselben einen empirischen Charakter trägt, so folgt, dass, wenn ein vernünftiges Wesen sich seine Maximen als praktische allgemeine Gesetze denken soll, es sich dieselben nur als solche Principien denken kann, die nicht der Materie, sondern nur der Form nach, wodurch sie sich zur allgemeinen Gesetzgebung schicken, den Bestimmungsgrund des Willens enthalten (ebend. § 4). Der Wille, der durch die blosse gesetzgebende Form bestimmt wird, ist unabhängig von dem Naturgesetz der sinnlichen Erscheinungen, also frei (ebend. § 5), wie auch umgekehrt ein freier Wille nur durch die blosse Form oder die Tauglichkeit einer Maxime zum allgemeinen Gesetz bestimmt werden kann (ebend. § 6). Nun sind wir uns bewusst, dass unser Wille einem Gesetze unterliegt, welches schlechthin gilt; derselbe muss also durch die blosse Form bestimmbar, folglich frei sein. Reine Vernunft ist für sich allein praktisch und giebt dem Menschen ein allgemeines Gesetz, welches wir das Sittengesetz nennen (ebend. § 7). Dieses Grundgesetz der reinen praktischen Vernunft oder den kategorischen Imperativ bringt Kant in der Grundlegung zur Metaph. der Sitten auf eine dreifache Formel: 1. Handle nach solchen Maximen, von denen du wollen kannst, dass sie zu allgemeinen Gesetzen dienen sollen, oder: so, als ob die Maxime deiner Handlung durch deinen Willen zum allgemeinen Naturgesetze werden sollte; 2. Handle so, dass du die Menschheit, sowohl in deiner Person, als in der Person eines jeden Andern, jederzeit zugleich als Zweck, niemals bloss als Mittel brauchst; 3. Handle nach der Idee des Willens eines jeden vernünftigen Wesens als allgemein gesetzgebenden Willens; in der Kritik der praktischen Vernunft beschränkt er sich auf die eine Formel (§ 7): Handle so, dass die Maxime deines Willens jederzeit zugleich als Princip einer allgemeinen Gesetzgebung gelten könne. Die Selbstbestimmung nach diesem Princip nennt Kant „Autonomie des Willens"; alle Begründung des praktischen Gesetzes aber auf irgend welche „Materie des Wollens", d. h. auf irgend welche zu erstrebende Zwecke, insbesondere auf den Zweck der (eigenen oder auch allgemeinen) Glückseligkeit gilt ihm als „Heteronomie der Willkür". (Es ist freilich leicht ersichtlich, dass Kant bei dieser Bekämpfung des „Eudämonismus" den Begriff desselben erst durch Beschränkung auf die Befriedigung sinnlicher und egoistischer Absichten in's Niedrige herabgezogen hat, um ihn dann durch Messung an dem reineren moralischen Bewusstsein ungenügend und verwerflich zu finden. Wenn bereits feststeht, was das Pflichtmässige ist, so soll dasselbe aus eben den Gründen vollbracht werden, aus welchen es dieses ist, und nicht aus irgendwelchen „eudämonistischen" Nebenzwecken; dieser wahre Satz ist sehr wohl von dem falschen zu unterscheiden, dass das Pflichtmässige selbst nicht auf Zwecken beruhe; nur jene Nebenzwecke begründen wirkliche Heteronomie. Kant hat sich um die Reinigung und Schärfung des unmittelbaren moralischen Bewusstseins und insbesondere um die Hebung des Strebens nach sittlicher Selbstständigkeit durch seine ethischen Mahnungen ein sehr wesentliches Verdienst erworben; er ist mit seiner Erhebung der Achtung vor dem Rechte der Menschen als einer unbedingten Pflicht über „das süsse Gefühl des Wohlthuns" (vgl. die Abhandlung zum ewigen Frieden, bei Ros. u. Sch. VII, 1, S. 290), mit seiner Erhebung materieller und geistiger Arbeit über müssigen Genuss (vgl. den Aufsatz von einem vornehmen Ton in der Philosophie, bei Ros. u. Sch. 1, S. 622, auch die Abhandlung über den muthmassl. Anfang der Menschengesch. bei Ros. u. Sch. VII, S. 376 ff.), mit seiner Abweisung gewissenloser Willkür im guten Recht gegenüber einer Deutung des Begriffs des eigenen Wohls und des Gemeinwohls, die dem sinnlichen Behagen, der einseitig gedeuteten öffentlichen Wohlfahrt, der Aufrechterhaltung äusserer Ruhe und Ordnung gerade die edelsten und höchsten Interessen des freien Geistes zum Opfer bringen zu dürfen vermeinte; aber seine Polemik trifft nicht die wahrhafte, tiefere Fassung des Eudämonismus, wie namentlich Aristoteles dieselbe begründet hat, der die wesentliche Beziehung der Lust auf die Thätigkeit anerkennt und auf die Stufenordnung der Functionen die Ethik basirt; insbesondere übersieht Kant in seiner Polemik, dass auch aus dem eudämonistischen Princip für das Zusammenleben der Menschen die Nothwendigkeit allgemeiner Gesetze und ihrer Heilighaltung folgt. Der Mittelbegriff, durch den Kant die Herabsetzung auch der edelsten geistigen Zwecke zu Objecten der egoistischen Begierde und demgemäss ihren Ausschluss aus dem Moralprincip begründet, ist der ihres empirischen Charakters; als empirische Zwecke sollen sie der Nothwendigkeit entbehren, der Welt der sinnlichen Erscheinungen, der blossen Natur und nicht der Freiheit angehören, von dem Princip der eigenen sinnlichen Glückseligkeit allein abhängen; alles Edlere und Höhere soll jenseits des empirisch Gegebenen liegen. In der That aber fällt in die (äussere und innere) Erfahrung das Edle ebensowohl, wie das Unedle, Liebe ebensowohl wie Selbstsucht, der Gegensatz des Werthes ist specifisch verschieden von dem Gegensatz zwischen der Erfahrbaren und Unerfahrbaren. Kants Negation des Ursprungs des moralischen Gesetzes aus den realen Zwecken entspricht auf's Genaueste seiner Negation des Ursprungs der Apodikticität aus den empirischen Erkenntnissen, die sich in der Kritik der reinen Vernunft an seine Umdeutung des Begriffs der Erkenntnis a priori knüpft. Es fliesst daraus ein zweifacher Nachtheil: 1. das Höhere tritt hiernach gegen das Niedere in einen schroffen, vermittelungslosen Gegensatz, und der Gedanke der Stufenordnung wird beseitigt; 2. das Höhere wird exclusiv formalistisch gefasst, nicht aus der dem Inhalt selbst innewohnenden Ordnung verstanden, sondern als eine auf unbegreifliche Weise von dem Ich setzlos erzeugte und in den an sich formlosen Stoff hineingetragene Form gedacht; zudem wird von Kant in der Sittenlehre die Werthordnung der Zwecke mit der logischen Form möglicher Allgemeinheit verwechselt und nur durch die Rücksicht auf die Vernunftwesen als Selbstzwecke nebenbei eine wirkliche moralische Norm gewonnen; die sittliche Aufgabe der Individualisirung des Handelns aber wird verkannt und der leeren Form möglicher Allgemeinheit zum Opfer gebracht. Kant hat die Form logischer Abstraction, welche die Möglichkeit der juridischen und militairischen Ordnung bedingt, fälschlich für eine ursprüngliche Form der Moralität angesehen.

§ 17. Kants Kritik d. prakt. Vern., Relig. i. d. Grenzen d. bl. Vern. u. Rechtslehre.

Es ist wahr, dass kein einzelner einfacher Zweck, für sich allein betrachtet, etwas Moralisches noch auch Unmoralisches ist, dass die Moralität nicht ein sporadisches Wohlthun, sondern die pflichtmässige Treue gegen ein sittliches Gesetz erheischt und auf der Conformität des Willens mit einem in der Anerkennung einer allgemeingültigen Ordnung begründeten Urtheil über den Willen beruht, ebenso, wie es wahr ist, dass keine einzelne einfache Erfahrung, für sich allein betrachtet, Apodikticität involvirt, sondern alle Apodikticität auf der Einordnung in einen durch Principien bedingten Zusammenhang der Erkenntnisse beruht. Aber es ist nicht wahr, dass die Ordnung im Erkennen und Handeln zu einer an sich ordnungslosen „Materie" durch die Vernunft des Subjectes allein hinzugethan werden müsste; sie beruht auf der Aufnahme der objectiv vorhandenen Ordnung in unser Erkennen und Handeln. Die logischen Normen fliessen her aus der Beziehung unseres Wahrnehmens und Denkens auf die räumlich-zeitliche und causale Ordnung der natürlichen und geistigen Erkenntnissobjecte, und die moralischen Normen aus der Beziehung unseres Wollens und Handelns auf die in den natürlichen und geistigen Zwecken liegende Werthordnung; wie sich die Apodikticität im Erkennen zu der realen Nothwendigkeit in den zu erkennenden natürlichen und geistigen Vorgängen verhält, so verhält sich die sittliche Ordnung zu der realen Werthordnung der natürlichen und geistigen Functionen. Vgl. m. Abhandlung über das Aristotelische, Kantische und Herbart'sche Moralprincip, in Fichte's Zeitschrift für Philos. u. philos. Kritik, Bd. 24, 1854, S. 71 ff. und System der Logik zu § 187.)

Der kategorische Imperativ dient Kant in der Kritik der praktischen Vernunft als Princip der Deduction des Vermögens der Freiheit, indem er in dem moralischen Gesetz un Gesetz der Causalität durch Freiheit und demgemäss die Möglichkeit einer „übersinnlichen Natur" erkennt. Hierdurch soll der speculativen Vernunft in Ansehung ihrer Einsicht nichts zuwachsen, aber doch in Ansehung der Sicherung ihres (in den kosmologischen Antinomien) als möglich angenommenen Begriffs der Freiheit, welchem hier objective, obgleich nur praktische Realität verschafft wird. Der Begriff der Ursache wird hier nur in praktischer Absicht gebraucht, indem der Bestimmungsgrund des Willens in die intelligible Ordnung der Dinge verlegt wird, aber ohne dass der Begriff, den sich die Vernunft von ihrer eigenen Causalität als Noumenon macht, theoretisch zum Behuf der Erkenntniss ihrer übersinnlichen Existenz bestimmt werden könnte. Die Causalität als Freiheit kommt dem Menschen zu, sofern er ein Wesen an sich (ein Noumenon) ist, die Causalität als Naturmechanismus kommt ihm zu, sofern er dem Reiche der Erscheinungen (Phaenomena) angehört. Die objective Realität, welche dem Begriff der Causalität im Felde des Uebersinnlichen in praktischer Absicht zukommt, giebt auch allen übrigen Kategorien die gleiche praktisch anwendbare Realität, sofern sie mit dem Bestimmungsgrunde des reinen Willens, dem moralischen Gesetz, in nothwendiger Verbindung stehen, so dass Kant in der Kritik der praktischen Vernunft in praktischer Absicht wiedergewinnt, was er in der Kritik der reinen speculativen Vernunft in theoretischem Betracht aufgegeben hatte. Der reinen praktischen Vernunft wird von Kant das Primat vor der speculativen, d. h. eine Ueberordnung ihres Interesses über das der speculativen, in dem Sinne zugeschrieben, dass die speculative Vernunft nicht berechtigt sei, ihrem eigenen abgesonderten Interesse hartnäckig zu folgen, sondern Sätze der praktischen Vernunft, die für sie überschwenglich seien (obschon sie ihr nicht widersprechen), mit ihren Begriffen als einen fremden, auf sie übertragenen Besitz zu vereinigen suchen müsse (Kr. der pr. Vern., Ausg. der Werke von Ros. u. Sch. VIII, S. 259 ff). Ueber ein schwankendes Mithineinspielen der praktischen Gültigkeit in die theoretische kommt Kant freilich hierbei nicht hinaus.

§ 17. Kants Kritik d. prakt. Vern., Relig. i. d. Grenzen d. bl. Vern. u. Rechtslehre.

Als unabhängig und frei von dem Mechanismus der ganzen Natur hat der Mensch Persönlichkeit und gehört dem Reiche der Selbstzwecke oder der Noumena an. Indem aber diese Freiheit das Vermögen eines Wesens ist, welches eigenthümlichen, von seiner eigenen Vernunft gegebenen reinen praktischen Gesetzen unterworfen ist, mit anderen Worten, indem die Person als zur Sinnenwelt gehörig ihrer eigenen Persönlichkeit sofern sie zugleich zur intelligibeln Welt gehört, unterworfen ist, so liegt hierin der Ursprung der moralischen Pflicht. Kant preist die Pflicht als erhabenen, grossen Namen, der nichts Beliebtes, was Einschmeichelung bei sich führe, in sich fasse, sondern Unterwerfung verlange, doch auch nichts drohe, was natürliche Abneigung im Gemüthe errege und schrecke, um den Willen zu bewegen, sondern bloss ein Gesetz aufstelle, welches von selbst im Gemüthe Eingang finde und sich selbst wider Willen Verehrung, wenn gleich nicht immer Befolgung erwerbe, vor dem alle Neigungen verstummen, wenn sie gleich im Geheimen ihm entgegenwirken (Kr. d. pr. V., in der Ausg. der Werke von Ros. u. Sch. VIII, S. 214). In gleichem Sinne sagt er: „Zwei Dinge erfüllen das Gemüth mit immer neuer und annehmender Bewunderung und Ehrfurcht, je öfter und anhaltender sich das Nachdenken damit beschäftigt: der bestirnte Himmel über mir und das moralische Gesetz in mir" (ebend., Beschluss, VIII, S. 312). Das moralische Gesetz ist heilig (unverletzlich). Der Mensch ist zwar unheilig genug, aber die Menschheit in seiner Person muss ihm heilig sein. An die Idee der Persönlichkeit knüpft sich das Gefühl der Achtung, indem sie uns die Erhabenheit unserer Natur ihrer Bestimmung nach vor Augen stellt und indem sie uns zugleich den Mangel der Angemessenheit unseres Verhaltens in Ansehung derselben bemerken lässt und dadurch den Eigendünkel niederschlägt (ebend. VIII, S. 215).

Der moralische Grundsatz ist ein Gesetz, die Freiheit aber ist ein Postulat der reinen praktischen Vernunft. Postulate sind nicht theoretische Dogmen, sondern Voraussetzungen in nothwendig praktischer Rücksicht, welche die speculative Erkenntniss nicht erweitern, aber den Ideen der speculativen Vernunft im Allgemeinen vermittelst ihrer Beziehung auf's Praktische objective Realität geben und sie zu Begriffen berechtigen, deren Möglichkeit auch nur zu behaupten sie sich sonst nicht anmassen könnte, mit anderen Worten: theoretische, aber als solche nicht erweisliche Sätze, sofern dieselben einem a priori unbedingt geltenden praktischen Gesetze unzertrennlich anhängen. Ausser der Freiheit giebt es noch zwei andere Postulate der reinen praktischen Vernunft, nämlich die Unsterblichkeit der menschlichen Seele und das Dasein Gottes.

Das Postulat der Unsterblichkeit fliesst aus der praktisch nothwendigen Bedingung der Angemessenheit der Dauer zur Vollständigkeit der Erfüllung des moralischen Gesetzes. Das moralische Gesetz fordert Heiligkeit, d. h. völlige Angemessenheit des Willens zum moralischen Gesetz. Alle moralische Vollkommenheit aber, zu welcher der Mensch als ein vernünftiges Wesen, das auch der Sinnenwelt angehört, gelangen kann, ist immer nur Tugend, d. h. gesetzmässige Gesinnung aus Achtung vor dem Gesetz, ohne dass jemals das Bewusstsein eines continuirlichen Hanges zur Uebertretung oder wenigstens Unlauterkeit, d. h. Beimischung unechter, nicht moralischer Beweggründe zur Befolgung des Gesetzes, völlig fehlen könnte. Aus diesem Widerstreit zwischen der moralischen Anforderung an den Menschen und dem moralischen Vermögen des Menschen folgt das Postulat der Unsterblichkeit der Seele; denn der Widerstreit kann nur durch einen in's Unendliche gehenden Progressus der Annäherung an jene völlige Angemessenheit der Gesinnung aufgehoben werden.

§ 17. Kants Kritik d. prakt. Vern., Relig. i. d. Grenzen d. bl. Vern. u. Rechtslehre.

Das Postulat des Daseins Gottes folgt aus dem Verhältniss der Sittlichkeit zur Glückseligkeit. Das moralische Gesetz gebietet, als ein Gesetz der Freiheit, durch Bestimmungsgründe, die von der Natur und der Uebereinstimmung derselben zu unserm Begehrungsvermögen als Triebfedern ganz unabhängig sein sollen; also ist in ihm nicht der mindeste Grund zu einem nothwendigen Zusammenhang zwischen Sittlichkeit und der ihr proportionirten Glückseligkeit. Zwischen Sittlichkeit und Glückseligkeit besteht nicht eine analytische, sondern nur eine synthetische Verknüpfung. Die Ergreifung der richtigen Mittel zur Sicherung der möglichst grossen Annehmlichkeit des Daseins ist Klugheit, aber nicht (wie die Epikureer meinen) Sittlichkeit; andererseits ist das Bewusstsein der Sittlichkeit nicht (wie die Stoiker wollen) zur Glückseligkeit zureichend, denn die Glückseligkeit als der Zustand eines vernünftigen Wesens in der Welt, dem es in dem Ganzen seiner Existenz nach Wunsch und Willen geht, beruht auf der Uebereinstimmung der Natur zu seinem ganzen Zwecke und zu dem wesentlichen Bestimmungsgrunde seines Willens, das handelnde vernünftige Wesen in der Welt ist aber als ein abhängiges Wesen nicht durch seinen Willen Ursache dieser Natur und kann sie nicht aus eigenen Kräften zu jener Uebereinstimmung führen. Gleichwohl wird in der praktischen Aufgabe der Vernunft ein solcher Zusammenhang als nothwendig postulirt; wir sollen jene Uebereinstimmung zwischen der Tugend, die das oberste Gut (supremum bonum) ist, und der Glückseligkeit, in welcher Uebereinstimmung erst das vollendete Gut (das summum bonum als bonum consummatum oder das bonum perfectissimum) liegt, zu befördern suchen. Also wird auch das Dasein einer von der Natur unterschiedenen Ursache der gesammten Natur, welche vermöge einer der moralischen Gesinnung gemässen Causalität, demnach durch Verstand und Willen, den Grund dieses Zusammenhangs, nämlich der genauen Uebereinstimmung der Glückseligkeit mit der Sittlichkeit enthalte, d. h. das Dasein Gottes, postulirt.

Die Annahme des Daseins einer obersten Intelligenz ist in Ansehung der theoretischen Vernunft allein eine blosse Hypothese, in Beziehung auf die reine praktische Vernunft aber Glaube und zwar, weil bloss reine Vernunft ihre Quelle ist, reiner Vernunftglaube.

Die „Religion innerhalb der Grenzen der blossen Vernunft" enthält die Exposition des Vernunftglaubens in seinem Verhältniss zum Kirchenglauben (wobei Kant freilich zu ausschliesslich die moralische Seite mit Hintansetzung des ästhetischen und des intellectuellen Bedürfnisses anerkennt, die moralischen Beziehungen aber kräftig und rein hervorhebt, obschon nicht ohne Ueberspannung des Gegensatzes zwischen Natur und Freiheit, Neigung und Pflicht). Diese Schrift hat vier Abschnitte: 1. von der Einwohnung des bösen Princips neben dem guten oder über das radicale Böse in der menschlichen Natur, 2. von dem Kampf des guten Princips mit dem bösen um die Herrschaft über den Menschen, 3. der Sieg des guten Princips über das böse und die Gründung eines Reichs Gottes auf Erden, 4. vom Dienst und Afterdienst unter der Herrschaft des guten Princips oder von Religion und Pfaffenthum. In der menschlichen Natur findet Kant einen Hang zur Umkehrung der sittlichen Ordnung der Triebfedern des Handelns, indem der Mensch das moralische Gesetz zwar neben dem der Selbstliebe in seine Maximen aufnehme, aber geneigt sei, die Triebfeder der Selbstliebe und ihre Neigungen zur Bedingung der Befolgung des moralischen Gesetzes zu machen; dieser Hang sei, weil er am Ende doch in einer freien Willkür gesucht werden müsse, moralisch böse, und dieses Böse sei radical, weil es den Grund aller Maximen verderbe. (Mit dieser Auffassung des Grundes der Immoralität im Individuum mag Kants geschichtsphilosophische Erklärung derselben aus dem Widerstreit zwischen Natur und Cultur ver-

§ 17. Kants Kritik d. prakt. Vern., Relig. i. d. Grenzen d. bl. Vern. u. Rechtslehre. 175

glichen werden, die er 1786 in der Abhandlung über den muthmasslichen Anfang der Menschengeschichte anstellt, in den Werken hrsg. von Rosenkranz und Schubert VII, 1, S. 363—383, wo er S. 374 f. für den Widerstreit zwischen der Bestrebung der Menschheit zu ihrer sittlichen Bestimmung und der unveränderten Befolgung der für den rohen und thierischen Zustand in ihre Natur gelegten Gesetze insbesondere auch die Discrepanz zwischen dem Zeitpunkt der physischen Reife und der im bürgerlichen Zustand möglichen Selbstständigkeit als Beispiel anführt, welcher Zwischenraum im rohen Naturzustande nicht bestehe, jetzt aber gewöhnlich mit Lastern und ihrer Folge, dem mannigfachen menschlichen Elend, besetzt werde; an sich seien die natürlichen Anlagen und Triebe gut, aber da sie auf den blossen Naturzustand gestellt waren, leiden sie durch die fortgehende Cultur Abbruch und thun dieser Abbruch, bis vollkommene Kunst wieder Natur wird, worin das Ideal der Cultur liegt.) Das gute Princip ist die Menschheit (das vernünftige Weltwesen überhaupt) in ihrer moralischen ganzen Vollkommenheit, wovon, als oberster Bedingung, die Glückseligkeit die unmittelbare Folge in dem Willen des höchsten Wesens ist. Dieser allein Gott wohlgefällige Mensch ist bildlich als Gottes Sohn vorzustellen; auf ihn deutet Kant die Prädicate, welche in biblischen Schriften und in der kirchlichen Lehre Christo gegeben werden. Im praktischen Glauben an diesen Sohn Gottes kann nun der Mensch hoffen, Gott wohlgefällig und dadurch auch selig zu werden, d. h. des göttlichen Wohlgefallens ist derjenige nicht unwürdig, welcher sich einer solchen moralischen Gesinnung bewusst ist, dass er glauben und auf sich gegründetes Vertrauen setzen kann, er würde unter ähnlichen Versuchungen und Leiden, wie sie (in dem Evangelium von Christo) zum Probierstein jener Idee gemacht werden, dem Urbilde der Menschheit unwandelbar anhängig und seinem Beispiele in treuer Nachfolge ähnlich bleiben. Das Urbild ist immer nur in der Vernunft zu suchen; kein Beispiel in der äussern Erfahrung ist ihm adäquat, da diese das Innere der Gesinnung nicht aufdeckt, indem sogar die innere Erfahrung uns die Tiefen des eigenen Herzens nicht vollständig durchschauen lässt; doch kann das Beispiel eines Gott wohlgefälligen Menschen, wenn äussere Erfahrung, soweit man es von ihr verlangen kann, dasselbe liefert, zur Nachahmung vorgestellt werden. Ein ethisches Gemeinwesen unter der göttlichen moralischen Gesetzgebung ist eine Kirche. Die unsichtbare Kirche ist die blosse Idee von der Vereinigung aller Rechtschaffenen unter der göttlichen moralischen Weltregierung, wie sie jeder von Menschen zu stiftenden zum Urbilde dient. Die sichtbare Kirche ist die wirkliche Vereinigung der Menschen zu einem Ganzen, das mit jenem Ideal zusammenstimmt. Die Constitution einer jeden Kirche geht allemal von irgend einem historischen (Offenbarungs-) Glauben aus; die Schwäche der menschlichen Natur ist Schuld, dass auf den reinen Religionsglauben allein keine Gemeinschaft gegründet werden kann. In dem Prävaliren des statutarischen Elements liegt der Afterdienst und das Pfaffenthum; der allmähliche Uebergang des Kirchenglaubens zur Alleinherrschaft des reinen Religionsglaubens ist die Annäherung des Reiches Gottes.

Die Rechts- und Tugendpflichten entwickelt Kant in den metaphysischen Anfangsgründen der Rechts- und der Tugendlehre. Das Princip des Rechtes ist, die Freiheit eines Jeden auf die Bedingungen einzuschränken, unter denen sie mit der Freiheit eines jeden Andern nach einem allgemeinen Gesetze zusammen bestehen kann. Der Rechtsstaat und das Rechtsverhältniss der Staaten unter einander ist das Ziel der geschichtlichen Entwickelung. Die Tugendpflichten gehen auf Zwecke, die zu haben für Jedermann ein allgemeines Gesetz sein kann. Solche Zwecke sind: die eigene Vollkommenheit und die fremde Glückseligkeit; auf jene gehen die Pflichten gegen uns selbst, auf diese die Pflichten gegen Andere. Die Beförderung unserer eigenen Glückseligkeit ist Sache der Neigung, also nicht der Pflicht; die Beförderung der Vollkommenheit des Andern aber ist nur dessen eigene Pflicht, da nur er selbst sie bewirken kann. (Diese letztere Aeusserung involvirt anerkennbar eine Ueberspannung des Begriffs der sittlichen Selbstständigkeit des Individuums und enthält nur die Wahrheit, dass nicht ohne die eigene Mitarbeit ein Fortschritt zur persönlichen Vollkommenheit möglich ist. An Kants Begründung des Rechts ist nicht ohne Grund eine zu exclusive Hervorhebung des Freiheitsbegriffs getadelt worden, da doch die Freiheit nur ein Moment der gesammten Rechtsordnung bilde; bei Kant erscheine das Recht, das doch die äussere Ordnung des gesellignen Lebens sei, als eine Ordnung der Ungeselligkeit. Aus der Beziehung auf die sittliche Gesammtaufgabe der Menschheit ist auch die Rechtsordnung zu begreifen. Kants Abtrennung der Rechtsform von dem sittlichen Zweck ist ebenso wie auf anderen Gebieten seine Trennung von Inhalt und Form relativ berechtigt gegen naive Vermischung, erschliesst aber nicht das wahrhaft befriedigende Verständniss.)

§ 18. An die Kritik der reinen speculativen und der praktischen Vernunft schliesst sich bei Kant als ein Verbindungsmittel des theoretischen und des praktischen Theiles der Philosophie zu einem Ganzen die Kritik der Urtheilskraft an. Kant definirt die Urtheilskraft überhaupt als das Vermögen, das Besondere als enthalten unter dem Allgemeinen zu denken. Ist das Allgemeine (die Regel, das Princip, das Gesetz) gegeben, so ist die Urtheilskraft, welche das Besondere darunter subsumirt, bestimmend; ist aber das Besondere gegeben, wozu sie das Allgemeine finden soll, so ist sie reflectirend. Die reflectirende Urtheilskraft bedarf eines Princips, um von dem Besondern in der Natur zum Allgemeinen aufzusteigen. Die allgemeinen Naturgesetze haben nach der Kritik der reinen Vernunft ihren Grund in unserm Verstande, der sie der Natur vorschreibt; die besonderen Naturgesetze aber sind empirisch, also nach unserer Verstandeseinsicht zufällig, müssen aber doch, um Gesetze zu sein, aus einem wenn gleich uns unbekannten Princip der Einheit des Mannigfaltigen als nothwendig angesehen werden. Nun ist das Princip der reflectirenden Urtheilskraft eben dieses, dass die besonderen empirischen Gesetze in Ansehung dessen, was in ihnen durch die allgemeinen Gesetze unbestimmt bleibt, nach einer solchen Einheit betrachtet werden müssen, als ob gleichfalls ein Verstand, wenn gleich nicht der unserige, sie zum Behuf unserer Erkenntnissvermögen, um ein System der Erfahrung nach besonderen Naturgesetzen möglich zu machen, gegeben hätte. In der Einheit des Mannigfaltigen der empirischen Gesetze liegt die Zweckmässigkeit der Natur, welche jedoch nicht den Naturproducten selbst beigelegt werden darf, sondern ein Begriff a priori ist, der lediglich in der reflectirenden Urtheilskraft seinen Ursprung hat. Vermöge der Zweckmässigkeit der Natur stimmt die Gesetzmässigkeit ihrer Form auch zur Möglichkeit der in ihr nach Freiheitsgesetzen zu bewirkenden Zwecke. Der Begriff der Einheit des Uebersinnlichen, das der Natur zum Grunde liegt, mit dem, das der Freiheitsbegriff praktisch enthält, macht den Uebergang von der reinen theoretischen zur reinen praktischen Philosophie möglich.

Die reflectirende Urtheilskraft ist theils ästhetische, theils teleologische Urtheilskraft; jene geht auf die subjective oder formale, diese auf die objective oder materiale Zweckmässigkeit. In beiderlei Beziehung ist der Zweckbegriff nur ein regulatives, nicht ein constitutives Princip.

Das Schöne ist das, was durch seine mit dem menschlichen Erkenntnissvermögen harmonirende Form ein uninteressirtes, allgemeines und nothwendiges Wohlgefallen erweckt. Das Erhabene ist das schlechthin Grosse, welches die Idee des Unendlichen in uns hervorruft und durch seinen Widerstreit gegen das Interesse der Sinne unmittelbar gefällt.

Die teleologische Urtheilskraft betrachtet die organische Natur nach der ihr innewohnenden Zweckmässigkeit. Was für intelligible Wesen das Gesetz der Sittlichkeit ist, das ist für blosse Naturwesen der organische Zweck. Die mechanische und die teleologische Naturerklärung beruhen darauf, dass sich die Naturobjecte theils als Gegenstände der Sinne, theils als Gegenstände der Vernunft betrachten lassen. Die mechanischen und die Zweckursachen mag ein intuitiver Verstand, den aber der Mensch nicht besitzt, als identisch erkennen.

Kant's Lehren über das Schöne und Erhabene sind von Schiller in seinen ästhetischen Abhandlungen, demnächst von Schelling etc. fortgebildet, von Herder in der Kalligone bekämpft worden; vgl. insbesondere Vischer's Aesthetik, Zimmermann's Gesch. der Aesthetik etc. Die Kantische Teleologie hat namentlich auf Schelling's und Hegel's Philosophie wesentlichen Einfluss geübt; vgl. darüber die Aeusserungen von Rosenkranz in seiner Gesch. der Kantischen Philosophie, ferner von Michelet, Erdmann, Kuno Fischer und Anderen.

In mehrfachem Betracht bildet die Kritik der Urtheilskraft zwischen der Kritik der reinen und praktischen Vernunft die Vermittlung. Die Kritik der reinen Vernunft erkannte nur dem Verstande constitutive Principien zu, die Kritik der praktischen Vernunft erkannte Vernunftideen als maassgebend für das Handeln an; zwischen dem Verstand und der Vernunft aber bildet Urtheilskraft das Mittelglied. Zwischen dem Erkennen und Begehren steht psychologisch das Gefühl der Lust und Unlust, auf dieses aber bezieht sich die Urtheilskraft in ihrem ästhetischen Gebrauch, indem sie ihm a priori die Regel giebt. Zwischen dem Gebiete des Naturbegriffs als dem Sinnlichen und dem Gebiete des Freiheitsbegriffs als dem Uebersinnlichen ist nach Kant eine unübersehbare Kluft befestigt, so dass von jenem zu diesem vermittelst des theoretischen Gebrauchs der Vernunft kein Uebergang möglich ist, gleich als ob es verschiedene Welten wären, davon die erste auf die zweite keinen Einfluss haben kann; gleichwohl soll doch dieser auf jene einen Einfluss haben, nämlich der Freiheitsbegriff den durch seine Gesetze aufgegebenen Zweck in der Sinnenwelt wirklich machen, folglich muss die Natur auch so gedacht werden können, dass in ihr Zwecke nach Freiheitsgesetzen sich bewirken lassen; durch den Begriff der Naturzweckmässigkeit vermittelt die Urtheilskraft den Uebergang vom Gebiete der Naturbegriffe zum Gebiete des Freiheitsbegriffs.

An einem in der Erfahrung gegebenen Gegenstande kann Zweckmässigkeit vorgestellt werden entweder aus einem bloss subjectiven Grunde als Uebereinstimmung seiner Form in der Auffassung (apprehensio) desselben vor allem Begriffe mit dem Erkenntnissvermögen, um die Anschauung mit Begriffen zu einem Erkenntniss überhaupt zu vereinigen, oder aus einem objectiven, als Uebereinstimmung seiner Form mit der Möglichkeit des Dinges selbst, nach einem Begriffe von ihm, der vorhergeht und den Grund dieser Form enthält. Die Vorstellung der Zweckmässigkeit der erstern Art beruht auf der unmittelbaren Lust an der Form des Gegenstandes in der blossen Reflexion über sie; die Vorstellung von der Zweckmässigkeit der zweiten Art hat es nicht mit einem Gefühle der Lust an den Dingen, sondern mit dem Verstande in Beurtheilung der Dinge zu thun, da sie die Form des Objects nicht auf die Erkenntnissvermögen des Subjects in der Auffassung derselben, sondern auf ein bestimmtes Erkenntniss des Gegenstandes unter einem gegebenen Begriffe bezieht. Wir können, indem wir der Natur gleichsam eine Rücksicht auf unser Erkenntnissvermögen nach der Analogie eines Zwecks beilegen, die Naturschönheit als Darstellung (Veranschaulichung) des Begriffs der formalen oder bloss subjectiven Zweckmässigkeit ansehen, die Naturzwecke aber als Darstellung des Begriffs einer realen oder objectiven Zweckmässigkeit; jene beurtheilen wir ästhetisch, vermittelst des Gefühls der Lust, durch Geschmack, diese logisch, nach Begriffen, durch Verstand und Vernunft. Hierauf gründet sich die Eintheilung der Kritik der Urtheilskraft in die der ästhetischen und teleologischen.

Das Vermögen der Beurtheilung des Schönen ist der Geschmack. Um zu unterscheiden, ob etwas schön sei oder nicht, beziehen wir die Vorstellung nicht durch den Verstand auf's Object zum Erkenntnisse, sondern durch die Einbildungskraft (vielleicht mit dem Verstande verbunden) auf's Subject und das Gefühl der Lust oder Unlust desselben; das Geschmacksurtheil ist daher nicht logisch, sondern ästhetisch.

Das Wohlgefallen am Schönen ist, seiner Qualität nach, uninteressirt. Das Interesse ist das Wohlgefallen, das wir mit der Vorstellung der Existenz eines Gegenstandes verbinden. Das Interesse hat immer zugleich Beziehung auf das Begehrungsvermögen, entweder als Bestimmungsgrund desselben, oder doch als mit dem Bestimmungsgrunde desselben nothwendig zusammenhängend. Mit Interesse verbunden ist das Wohlgefallen am Angenehmen und am Guten. Angenehm ist das, was den Sinnen in der Empfindung gefällt. Gut ist das, was vermittelst der Vernunft durch den blossen Begriff gefällt. Schön ist das, was ohne alles Interesse wohlgefällt, oder das, dessen Vorstellung in mir mit Wohlgefallen begleitet ist, so gleichgültig ich auch immer in Ansehung der Existenz des Gegenstandes dieser Vorstellung sein mag. Das Angenehme vergnügt, das Schöne gefällt. Das Gute wird geschätzt (dem Guten wird ein objectiver Werth beigelegt). Annehmlichkeit gilt auch für vernunftlose Thiere, Schönheit nur für Menschen, d. h. thierische, aber doch zugleich vernünftige Wesen, das Gute aber für jedes vernünftige Wesen überhaupt. Sowohl das Wohlgefallen der Sinne, als auch das der Vernunft zwingt den Beifall ab, das des Geschmacks am Schönen aber ist ein freies Wohlgefallen. Das

§ 18. Kants Kritik der Urtheilskraft.

Wohlgefallen am Angenehmen beruht auf Neigung, das am Schönen auf Gunst, das am Guten auf Achtung.

Das Wohlgefallen am Schönen ist, seiner Quantität nach, allgemein. Das Wohlgefallen am Schönen kann, weil es uninteressirt und frei ist, nicht (wie das am Angenehmen) in Privatbedingungen gegründet sein, sondern nur in demjenigen, was der Urtheilende auch bei jedem andern voraussetzen kann. Aber die Gültigkeit für Jedermann kann bei dem ästhetischen Urtheil nicht (wie beim ethischen Urtheil) aus Begriffen entspringen; es ist also mit demselben nicht ein Anspruch auf objective, sondern nur auf subjective Allgemeinheit verbunden.

Nach der Relation der Zwecke, welche in den Geschmacksurtheilen in Betracht gezogen werden, ist die Schönheit die Form der Zweckmässigkeit eines Gegenstandes, sofern sie ohne Vorstellung eines Zwecks an ihm wahrgenommen wird. Eine Blume, z. B. eine Tulpe, wird für schön gehalten, weil eine gewisse Zweckmässigkeit, die so, wie wir sie beurtheilen, auf gar keinen Zweck bezogen wird, in ihrer Wahrnehmung angetroffen wird. Das Geschmacksurtheil, wodurch ein Gegenstand unter der Bedingung eines bestimmten Begriffs für schön erklärt wird, ist nicht rein. Die freie Schönheit (pulchritudo vaga) setzt keinen Begriff von dem voraus, was der Gegenstand sein soll; die bloss anhängende Schönheit (pulchritudo adhaerens) setzt einen solchen und die Vollkommenheit des Gegenstandes nach demselben voraus. Das Wohlgefallen an dem Mannigfaltigen in einem Dinge in Beziehung auf den innern Zweck, der seine Möglichkeit bestimmt, ist auf einen Begriff gegründet; das Wohlgefallen an der Schönheit aber setzt keinen Begriff voraus, sondern ist unmittelbar mit der Vorstellung, dadurch der Gegenstand gegeben (nicht wodurch er gedacht wird) verknüpft. Wird das Geschmacksurtheil über die Schönheit durch das Vernunfturtheil über die Vollkommenheit oder innere Zweckmässigkeit eingeschränkt, so ist es nicht mehr ein freies und reines Geschmacksurtheil; nur in der Beurtheilung einer freien Schönheit ist das Geschmacksurtheil rein.

Der Modalität nach hat das Schöne eine nothwendige Beziehung auf das Wohlgefallen. Diese Nothwendigkeit ist nicht theoretisch und objectiv, auch nicht praktisch, sondern sie kann als Nothwendigkeit, die in einem ästhetischen Urtheile gedacht wird, nur exemplarisch genannt werden, d. h. sie ist die Nothwendigkeit der Beistimmung Aller zu einem Urtheil, das wie ein Beispiel einer allgemeinen Regel, die man nicht angeben kann, angesehen wird. Der ästhetische Gemeinsinn als Wirkung aus dem freien Spiel unserer Erkenntnisskräfte ist eine idealische Norm, unter deren Voraussetzung sich ein Urtheil, welches mit ihr zusammenstimmt und das in demselben ausgedrückte Wohlgefallen an einem Object für Jedermann mit Recht zur Regel machen lässt, weil das Princip zwar nur subjectiv, aber subjectiv allgemein, eine Jedermann nothwendige Idee ist.

Das Schöne gefällt mit einem Anspruch auf jedes Andern Beistimmung als Symbol des sittlich Guten, und der Geschmack ist demgemäss im Grunde ein Beurtheilungsvermögen der Versinnlichung sittlicher Ideen.

Erhaben ist das, was durch seinen Widerstand gegen das Interesse der Sinne unmittelbar gefällt. Ein Naturobject kann nur zur Darstellung einer Erhabenheit tauglich, aber nicht eigentlich erhaben sein, obzwar viele Naturobjecte schön genannt werden dürfen; denn das eigentliche Erhabene kann in keiner sinnlichen Form enthalten sein, sondern trifft nur Ideen der Vernunft, welche, obgleich keine ihnen angemessene Darstellung möglich ist, eben durch diese Unangemessenheit, welche sich sinnlich darstellen lässt, rege gemacht und in's Gemüth gerufen werden. Erhabenheit liegt z. B. nicht sowohl in dem durch Stürme empörten Ocean, als viel-

§ 16. Kants Kritik der Urtheilskraft.

mehr in dem Gefühl, zu welchem das Gemüth durch die Anschauung desselben gestimmt werden soll, indem es die Sinnlichkeit zu verlassen und sich mit Ideen, die höhere Zweckmässigkeit enthalten, zu beschäftigen angereizt wird. Zum Schönen der Natur müssen wir einen Grund ausser uns suchen, zum Erhabenen aber bloss in uns und der Denkungsart, die in die Vorstellung der Natur Erhabenheit hineinbringt. Das Wohlgefallen am Erhabenen muss ebensowohl, wie das am Schönen, der Quantität nach allgemeingültig, der Qualität nach ohne Interesse sein, der Relation nach subjective Zweckmässigkeit und der Modalität nach letztere als nothwendig vorstellig machen.

Kant unterscheidet zwei Classen des Erhabenen, nämlich das mathematisch und das dynamisch Erhabene. Alles Erhabene führt eine mit der Beurtheilung des Gegenstandes verbundene Bewegung des Gemüthes mit sich, während der Geschmack am Schönen das Gemüth in ruhiger Contemplation voraussetzt und erhält; diese Bewegung aber wird, indem sie als subjectiv zweckmässig beurtheilt werden soll, durch die Einbildungskraft entweder auf das Erkenntniss- oder auf das Begehrungsvermögen bezogen; im ersten Fall ist die Stimmung der Einbildungskraft eine mathematische, an Grössenschätzung geknüpfte, im andern Fall eine dynamische, aus Kräftevergleichung erwachsene; in beiden Fällen aber wird dem Objecte, welches diese Stimmung der Einbildungskraft hervorruft, der gleiche Charakter beigelegt. Gelangen wir im Fortschritt der Grössenvergleichung, indem wir z. B. von der Manneshöhe zu der Höhe eines Berges, von da zum Erddurchmesser, zum Durchmesser der Erdbahn, der Milchstrasse und der Systeme der Nebelflecke fortgehen, auf immer grössere Einheiten, so erscheint uns alles Grosse in der Natur immer wieder als klein, eigentlich aber nur unsere Einbildungskraft in ihrer ganzen Grenzlosigkeit und mit ihr die Natur als gegen die Idee der Vernunft verschwindend. Demnach ist das mathematisch Erhabene, an welchem die Einbildungskraft ihr ganzes Vermögen der Zusammenfassung fruchtlos verwendet, über allen Maassstab der Sinne gross; das Gefühl des Erhabenen involvirt ein Gefühl der Unlust aus der Unangemessenheit der Einbildungskraft in der ästhetischen Grössenschätzung, zugleich aber der Lust, jeden Maassstab der Sinnlichkeit den Ideen der Vernunft unangemessen zu finden. Dynamisch erhaben ist die Natur im ästhetischen Urtheil als Macht, die über uns keine Gewalt hat, indem sie uns als Sinnenwesen zwar furchtbar ist, aber unsere Kraft aufruft, die nicht Natur ist, um das, wofür wir besorgt sind, als klein und daher ihre Macht als keine Gewalt anzusehen, der wir uns zu beugen hätten, wenn es auf die Behauptung oder Verlassung unserer höchsten Grundsätze ankäme, so dass dem Gemüth die Erhabenheit seiner Bestimmung über die Natur fühlbar wird. Das Erhabene als das schlechthin Grosse liegt nur in des Subjects eigener Bestimmung.

Obgleich die unmittelbare Lust am Schönen der Natur eine gewisse Liberalität der Denkungsart, d. h. Unabhängigkeit des Wohlgefallens vom blossen Sinnengenusse, voraussetzt und cultivirt, so wird dadurch doch mehr die Freiheit im Spiele, als unter einem gesetzlichen Geschäft vorgestellt, welches die ächte Beschaffenheit der Sittlichkeit des Menschen ist, wo die Vernunft der Sinnlichkeit Gewalt anthun muss; im ästhetischen Urtheil über das Erhabene wird diese Gewalt durch die Einbildungskraft selbst als ein Werkzeug der Vernunft ausgeübt vorgestellt, daher ist die mit dem Gefühl für das Erhabene der Natur verbundene Stimmung des Gemüths der moralischen ähnlich.

Die Geschmacksurtheile gründen sich nicht auf bestimmte Begriffe, aber doch auf einen, obzwar unbestimmten Begriff, nämlich vom übersinnlichen Substrat der Erscheinungen.

§ 18. Kants Kritik der Urtheilskraft.

Kunst ist Hervorbringung durch Freiheit. Die mechanische Kunst verrichtet die dem Erkenntniss eines möglichen Gegenstandes angemessenen Handlungen, um ihn wirklich zu machen, die ästhetische Kunst hat das Gefühl der Lust zur unmittelbaren Absicht und zwar entweder als blosse Empfindung (angenehme Kunst) oder in der Beurtheilung als Lust am Schönen (schöne Kunst). Das Product der schönen Kunst muss zugleich als Werk der Freiheit und doch auch von allem Zwange willkürlicher Regeln so frei scheinen, als ob es ein Product der blossen Natur sei. Das Genie ist das Talent (Naturgabe), welches der Kunst die Regel giebt. Schöne Kunst ist Kunst des Genies.

Die ästhetische Zweckmässigkeit ist subjectiv und formal. Es giebt eine objective und intellectuelle Zweckmässigkeit, die bloss formal ist; diese bekundet sich in der Tauglichkeit geometrischer Figuren zur Auflösung vieler Probleme nach einem einzigen Princip; die Vernunft erkennt die Figur als angemessen zur Erzeugung vieler abgezweckter Gestalten. Auf den Begriff einer objectiven und materialen Zweckmässigkeit, d. i. auf den Begriff eines Zwecks der Natur leitet die Erfahrung unserer Urtheilskraft dann, wenn ein Verhältniss der Ursache zur Wirkung zu beurtheilen ist, welches wir als gesetzlich einzusehen uns nur dadurch vermögend finden, dass wir die Idee der Wirkung als die der Causalität ihrer Ursache zum Grunde liegende Bedingung der Möglichkeit der Wirkung betrachten und als solche der Causalität ihrer Ursache selbst unterlegen. Wir beurtheilen die Natur teleologisch, sofern wir einem Begriff vom Objecte, als ob er in der Natur belegen wäre, Causalität in Ansehung eines Objects zueignen, oder vielmehr nach der Analogie einer solchen Causalität, dergleichen wir in uns antreffen, uns die Möglichkeit des Gegenstandes vorstellen, mithin die Natur als durch eigenes Vermögen technisch denken. Wollten wir der Natur absichtlich wirkende Ursachen unterlegen, so würde hierdurch der Teleologie nicht bloss ein regulatives Princip für die blosse Beurtheilung der Erscheinungen, dem die Natur nach ihren besonderen Gesetzen als unterworfen gedacht werden könne, sondern auch ein constitutives Princip der Ableitung ihrer Producte von ihren Ursachen zum Grunde gelegt werden; denn aber würde der Begriff eines Naturzwecks nicht mehr der reflectirenden, sondern der bestimmenden Urtheilskraft zukommen, in der That aber dann gar nicht der Urtheilskraft eigenthümlich angehören, sondern als Vernunftbegriff in die Naturwissenschaft eine neue Causalität einführen, die wir doch nur von uns selbst entlehnen und anderen Wesen beilegen, ohne diese gleichwohl mit uns als gleichartig annehmen zu wollen.

Die Naturzweckmässigkeit ist theils eine innere, theils eine äussere oder relative, jenachdem wir die Wirkung entweder unmittelbar als Zweck oder als Mittel zum zweckmässigen Gebrauch für andere Wesen ansehen; die letztere Zweckmässigkeit heisst die Nutzbarkeit (für Menschen) oder auch Zuträglichkeit (für jedes andere Geschöpf). Das relativ Zweckmässige kann nur unter der Bedingung für einen (äussern) Naturzweck angesehen werden, dass die Existenz desjenigen, dem es zunächst oder auf entfernte Weise zuträglich ist, für sich selbst Zweck der Natur sei. Dinge als Naturzwecke sind organisirte Wesen, d. h. solche Naturproducte, in welchen alle Theile nicht nur um einander und des Ganzen willen existirend, sondern auch einander wechselseitig hervorbringend gedacht werden können, also Naturproducte, in welchen alles Zweck und wechselseitig auch Mittel ist. Ein organisirtes Wesen ist also nicht bloss Maschine, denn eine solche hat lediglich bewegende Kraft, sondern besitzt in sich bildende Kraft, und zwar eine solche, die sie Materien mittheilt, welche sie nicht haben, also eine sich fortpflanzende bildende Kraft, welche durch das Bewegungsvermögen allein (den Mechanismus) nicht erklärt werden kann.

§ 18. Kants Kritik der Urtheilskraft.

In dem uns unbekannten innern Grunde der Natur mögen die physisch-mechanische und die Zweckverbindung an denselben Dingen in Einem Princip zusammenhängen; aber unsere Vernunft ist nicht im Stande, sie in einem solchen zu vereinigen. Nach der Beschaffenheit unseres Verstandes ist ein reales Ganze der Natur nur als Wirkung der concurrirenden bewegenden Kräfte der Theile anzusehen. Ein intuitiver Verstand könnte die Möglichkeit der Theile ihrer Beschaffenheit und Verbindung nach als in dem Ganzen begründet vorstellen. In der discursiven Erkenntnissart, an welche unser Verstand gebunden ist, würde es ein Widerspruch sein, das Ganze als den Grund der Möglichkeit der Verknüpfung der Theile zu denken. Der discursive Verstand kann nur die Vorstellung eines Ganzen als den Grund der Möglichkeit der Form desselben und der dazu gehörigen Verknüpfung der Theile denken; ihm gilt daher das Ganze als ein Product, dessen Vorstellung die Ursache seiner Möglichkeit sei, d. h. als ein Zweck. Es ist demnach bloss eine Folge aus der besonderen Beschaffenheit unseres Verstandes, wenn wir Producte der Natur nach einer andern Art der Causalität, als der mechanischen der Naturgesetze der Materie, nämlich nach der teleologischen der Endursachen (causae finales) ansehen. Wir dürfen weder behaupten: alle Erzeugung materieller Dinge ist nach bloss mechanischen Gesetzen möglich, noch auch: einige Erzeugung derselben ist nach bloss mechanischen Gesetzen nicht möglich; die beiden Maximen aber können und müssen als regulative Principien nebeneinander bestehen: alle Erzeugung materieller Dinge und ihrer Formen muss als nach bloss mechanischen Gesetzen möglich beurtheilt werden, und: die Beurtheilung einiger Producte der materiellen Natur erfordert ein ganz anderes Gesetz der Causalität, nämlich das der Endursachen. Ich soll zum Mechanismus der Natur überall, so weit ich kann, nachforschen und alles, was zur Natur gehört, auch als nach mechanischen Gesetzen mit ihr verknüpft denken, wodurch nicht ausgeschlossen wird, dass ich über einige Naturformen und auf deren Veranlassung sogar über die ganze Natur nach dem Princip der Zweckursachen reflectire.

In der Analogie der Formen der verschiedenen Classen von Organismen findet Kant (wie später Lamarck und in neuester Zeit wiederum Darwin) Grund zu der Vermuthung einer wirklichen Verwandtschaft derselben in der Erzeugung von einer gemeinsamen Urmutter; die Hypothese, dass specifisch unterschiedene Wesen aus einander entstanden seien, z. B. aus Wasserthieren Sumpfthiere, aus diesen nach mehreren Zeugungen Landthiere, nennt er „ein gewagtes Abenteuer der Vernunft"; er erfreut sich des obschon schwachen Strahls von Hoffnung, dass hier wohl etwas mit dem Princip des Mechanismus der Natur, ohne das es keine Naturwissenschaft gebe, auszurichten sein möge; aber er hebt hervor, dass auch bei dieser Annahme die Zweckform der Producte des Thier- und Pflanzenreichs ihrer Möglichkeit nach nur so zu denken sei, dass der gemeinsamen Mutter aller dieser Organismen eine auf dieselben zweckmässig gestellte Organisation beigelegt werde; der Erklärungsgrund sei mitunter nur weiter hinausgeschoben, die Erzeugung des Pflanzen- und Thierreichs aber nicht von der Bedingung der Endursachen unabhängig gemacht worden. Wir müssen nach der Beschaffenheit unseres Erkenntnissvermögens den Mechanismus der Natur gleichsam als Werkzeug den Zwecken einer absichtlich wirkenden Ursache untergeordnet denken. Die Möglichkeit einer solchen Vereinigung zweier ganz verschiedener Arten von Causalität, der Natur in ihrer allgemeinen Gesetzmässigkeit mit einer Idee, welche jene auf eine besondere Form einschränkt, wozu als für sich gar keinen Grund enthält, begreift unsere Vernunft nicht; sie liegt in dem übersinnlichen Substrat der Natur, wovon wir nichts bejahend bestimmen können, als dass es das Wesen an sich sei, wovon wir bloss die Erscheinungen kennen.

(Aus der Kantischen Idee des intuitiven Verstandes, der in dem übersinnlichen Substrat der erscheinenden Natur den Grund des Zusammenhangs von Naturmechanismus und Zweckmässigkeit erkenne und das Ganze als den Grund der Möglichkeit der Verknüpfung der Theile begreife, hat sich später die Schelling'sche Naturphilosophie entwickelt.)

§ 19. Die Kant'sche Doctrin wurde philosophisch vom Locke'schen, Leibnitzisch-Wolff'schen und skeptischen Standpunkte aus bekämpft; von Einfluss auf die fortschreitende Entwicklung der Speculation sind insbesondere die Zweifelsgründe von Gottlob Ernst Schulze (Aenesidemus) geworden. Unter den zahlreichen Anhängern der Kantischen Philosophie sind insbesondere folgende von Bedeutung: Johannes Schultz als der früheste Erläuterer der Vernunftkritik, Karl Leonhard Reinhold als der begeisterte und erfolgreich wirkende Apostel der neuen Lehre, und Friedrich Schiller als der Dichterphilosoph, der die ethischen und ästhetischen Grundlehren durch warme und edle Darstellung zum Gemeingut der Gebildeten machte, indem er sie zugleich durch Anerkennung einer in Sittlichkeit und Kunst möglichen Ueberwindung des Gegensatzes von Natur und Geist, Realität und Idealität wesentlich fortbildete. Mit vielseitiger Empfänglichkeit und mit kritischem Blick begabt, aber zu eigner Systembildung weder befähigt noch geneigt, fand Friedrich Heinrich Jacobi in dem Spinozismus die letzte Consequenz alles philosophischen Denkens, die aber durch ihren Widerstreit gegen das Interesse des Gefühls zum Glauben als der unmittelbaren Ueberzeugung von Gott und den göttlichen Dingen nöthige; er wies nach, wie der Kantianismus sich durch den inneren Widerspruch aufhebe, dass man nicht ohne die realistische Voraussetzung eines das Subject mit der (transscendentalen) Objectivität verknüpfenden Causalnexus den Eingang in die Vernunftkritik finden, mit derselben aber nicht in der Vernunftkritik beharren könne. Seiner Richtung war die mehr positiv-christliche seines Freundes Hamann verwandt. Durch Verschmelzung Jacobi'scher Anschauungen mit der Kantischen Philosophie gelangte Jakob Fries zu der Lehre, dass das Sinnliche Object des Wissens, das Uebersinnliche Object des Glaubens (und zwar des Vernunftglaubens), die Bekundung oder Offenbarung des Uebersinnlichen im Sinnlichen aber Object der Ahnung sei; die Vernunftkritik hat Fries psychologisch zu begründen versucht. Die von Jacob Sigismund Beck aufgestellte, das „Ding an sich" beseitigende Umdeutung der Kantischen Doctrin ist der Fichte'schen Lehre vom Ich, Christoph Gottfried Bardili's Versuch der Ausbildung eines rationalen Realismus aber einigermaassen der Schelling'schen und Hegel'schen Speculation verwandt.

§ 19. Schüler u. Gegner Kants. Reinhold, Schulze, Jacobi, Fries, Beck, Bardili u. A.

Ueber die Anhänger und Bestreiter Kants bis gegen das Ende des achtzehnten Jahrhunderts handelt W. L. G. Freiherr von Eberstein im zweiten Bande seines Versuchs einer Geschichte der Logik und Metaphysik bei den Deutschen von Leibniz an, Halle 1799. Auch die neuere Geschichte des Kantianismus behandeln Rosenkranz im 12. Bande der Gesammtausgabe der Werke Kants, Leipz. 1840, und Erdmann in seiner oben angeführten Geschichte der neueren Philosophie, III, 1, Leipzig 1848. Vgl. Kuno Fischer, die beiden Kantischen Schulen in Jena in: Deutsche Vierteljahrsschr. Bd. 25, 1862, S. 348—366 und separat Stuttg. 1862.

Unter den Gegnern Kant's stehen auf dem Locke'schen Standpunkte namentlich Christian Gottlob Selle und Adam Weishaupt, theilweise auch die Eklektiker Feder und G. A. Tittel und der Historiker der Philosophie Tiedemann, der in seinem Theaetet (Frankf. a. M. 1794) die objectiv-reale Gültigkeit der menschlichen Erkenntniss vertheidigt, doch enthalten die Argumente der Letzteren auch Leibnitzianische Gedanken. Zu den selbstständigsten Bekämpfern des Kantischen Kriticismus gehört Garve, der jedoch anfangs denselben mit dem subjectiven Idealismus des Berkeley verwechselte; später hat derselbe (bei seiner Uebersetzung der Aristotelischen Ethik) die Kantische Moralphilosophie einer eingehenden und noch heute sehr beachtenswerthen Prüfung unterworfen. Unter den gegen Kant auftretenden Leibnitzianern sind die bedeutendsten: Eberhard, gegen den Kant selbst sich (in der Abhandlung „über eine Entdeckung" etc.) vertheidigt hat, und Joh. Christoph Schwab, der Verfasser einer von der Berliner Akademie der Wissenschaften gekrönten Preisschrift über die Frage: „welche Fortschritte hat die Metaphysik seit Leibnizens und Wolf's Zeiten in Deutschland gemacht? zugleich mit den Preisschriften der Kantianer Karl Leonhard Reinhold und Johann Heinrich Abicht hrsg. von der Akad. der Wiss., Berlin 1796; auch der oben genannte Historiker Eberstein polemisirt vom Leibnitz-Wolff'schen Standpunkte aus gegen den Kantianismus. Herder's Metakritik (Verstand und Erfahrung, eine Metakritik zur Kritik der reinen Vernunft, Leipzig 1799) fand bei der Bitterkeit ihres Tons weniger Beachtung, als ihr Inhalt verdiente. Der Skeptiker Gottlob Ernst Schulze unterwirft in seiner Schrift: Aenesidemus oder über die Fundamente der von Reinhold gelieferten Elementarphilosophie, nebst einer Vertheidigung des Skepticismus gegen die Anmassungen der Vernunftkritik, 1792, die Kantische und Reinhold'sche Doctrin einer scharfsinnigen Kritik; das kräftigste seiner Argumente kommt mit dem schon früher von Friedrich Heinrich Jacobi aufgestellten überein, dass der für das Kantische System nothwendige Begriff der Affection nach eben diesem System unmöglich sei. G. E. Schulze näherte sich später immer mehr Jacobi an.

Unter den Anhängern Kant's und Vertretern seiner Doctrin hat der Hofprediger und Professor der Mathematik zu Königsberg, Johannes Schultz*), bereits im Jahre 1784 „Erläuterungen über die Kritik der reinen Vernunft" veröffentlicht, die Kants vollen Beifall hatten, und später eine „Prüfung der Kantischen Kritik der reinen Vernunft", Königsberg 1789—92. Die „Erläuterungen" hat Tissot Par. 1865 in's Französische übersetzt. Ludwig Heinrich Jakob hat in seiner „Prüfung der Mendelssohn'schen Morgenstunden", Leipzig 1786, die theoretischen

---

*) Die Schreibung des Namens dieses Kantianers schwankt zwischen Schultz, Schulz und Schulze. Auf dem Titelblatt der „Erläuterungen" steht Schulze; er selbst hat sich J. Schultz unterzeichnet in einem (in Reicke's Besitz befindlichen) Briefe an Borowski aus dem Jahr 1799, worin er diesem für Mittheilungen über den Fichte'schen Atheismus-Streit dankt und Fichte anwünscht: „Möge unser Gott, dem wir ferner vertrauen wollen, ihm beistehen, denn der seinige taugt nichts!"

§ 19. Schüler u. Gegner Kants. Reinhold, Schiller, Jacobi, Fries, Beck, Bardili u. A.

Beweise Mendelssohn's für das Dasein Gottes von dem Standpunkte des Kantischen Kriticismus aus bestritten. Karl Christian Erhard Schmid, der in der Folge eine Reihe von Lehrschriften verfasst hat, liess bereits im Jahr 1786 einen „Grundriss der Kritik der reinen Vernunft nebst einem Wörterbuch zum leichteren Gebrauch der Kantischen Schriften" erscheinen; in den späteren Auflagen des Wörterbuchs vertheidigt Schmid die Kantische Doctrin gegen den Jacobi'schen, aus der „Affection" entnommenen Einwurf durch die Bemerkung, es sei dabei „alles Oertliche und Räumliche beiseite zu setzen", was zwar richtig ist, aber auch von der Zeitlichkeit und Causalität gelten muss, wodurch dann der Begriff der Affection sich völlig aufhebt; der Jacobi'sche Einwurf bleibt demnach unwiderlegt. Durch Karl Leonhard Reinhold's (geb. 1758, gest. 1823) populär gehaltene „Briefe über die Kantische Philosophie" (im Deutschen Mercur 1786—87, in neuer vermehrter Aufl. Leipzig 1790—92) fand der Kriticismus Eingang in das Bewusstsein weiterer Kreise; Reinhold's Berufung zum Professor der Philosophie in Jena (1787) machte Jena zu einem Centralpunkt des Studiums der Kantischen Philosophie; die Jenaische Allg. Litteraturzeitung wurde das einflussreichste Organ des Kantianismus. In seinem 1789 veröffentlichten „Versuch einer neuen Theorie des menschlichen Vorstellungsvermögens" (welchem als Vorrede die schon 1789 im Deutschen Mercur erschienene Abhandlung „über die bisherigen Schicksale der Kantischen Philosophie" beigefügt ist) versucht Reinhold durch Erörterung des Begriffs der Vorstellung, die ein vorstellendes Subject und ein vorgestelltes Object voraussetze, für die Kantische Doctrin eine neue Basis zu gewinnen, die jedoch wenig solid ist und später von Reinhold selbst aufgegeben wurde. Auf dem Gebiete der Aesthetik und insbesondere auch der Litteraturgeschichte hat F. Bouterwek, auf dem der Religionsphilosophie Tieftrunk, Wegscheider u. A., auf dem der Logik Kiesewetter, Krug, Fries, Maass u. A., auf dem der Psychologie Maass, Fries, v. Holchliu-Meldegg u. A., auf dem der Geschichte der Philosophie besonders Tenneman und Buhle Bedeutung. Wilhelm Traugott Krug hat sich besonders durch Popularisirung der Kantischen Philosophie verdient gemacht. Salomon Maimon hat in seinem „Versuch über die Transcendentalphilosophie", seinen „Streifereien im Gebiete der Philosophie", seinem „Versuch einer neuen Logik" und anderen Schriften mittelst skeptischer Elemente eine Nachbesserung der kritischen Doctrin zu geben versucht, die von Kant abgewiesen, von Fichte aber hochgehalten wurde. Er verwirft den Kantischen Begriff des „Dinges an sich".

Der geistvollste unter allen Kantianern war der Dichter Friedrich Schiller (11. Nov. 1759 bis 9. Mai 1805). Ueber seine Philosophie handeln insbesondere: Kuno Fischer (Schiller als Philosoph, Frankf. a. M. 1858), Drobisch (über die Stellung Schillers zur Kantischen Ethik, in: Ber. über die Verh. der K. Sächs. Ges. d. Wiss., Bd. XI, 1859, S. 176—194), Rob. Zimmermann (Schiller als Denker, in: Abh. der Böhm. Ges. d. Wiss., Bd. XI, Prag 1859), Karl Tomaschek (Schiller und Kant, Wien 1857; Schiller in seinem Verhältniss zur Wissenschaft, ebend. 1862), Carl Twesten (Schiller in seinem Verh. z. Wiss., Berlin 1863); A. Kuhn (Schillers Geistesgang, Berlin 1863); vgl. Hoffmeister, Grün, Palleske und andere Biographen Schillers, ferner Danzel, über den gegenwärtigen Zustand der Philosophie der Kunst, Zimmermann, Geschichte der Aesthetik, und manche von den durch den Druck veröffentlichten, zum Schillerfest 1859 gehaltenen Reden, deren Titel sich u. a. in der von Gustav Schmidt herausgegebenen Bibliotheca philologica 1859 und 1860 verzeichnet finden. — Schon früh hat Schiller sich mit philosophischen Schriften, insbesondere englischen Moralisten und Rousseau's, vertraut gemacht; der philosophische Unterricht in der Karlsschule ruhte auf der Leibnitz-Wolff'schen Doctrin. Schiller

§ 19. Schüler u. Gegner Kants. Reinhold, Schiller, Jacobi, Fries, Beck, Bardili u. A.

hat in der früh entstandenen „Theosophie des Julius" den Leibnitzischen Optimismus dem Pantheismus angenähert, ohne dass jedoch ein Einfluss Spinoza's angenommen werden darf. Den letzten der „philosophischen Briefe", in welchem sich ein Kantischer Einfluss bekundet, hat nicht Schiller, sondern Körner (1786) geschrieben. Im Jahr 1787 las Schiller die der Geschichtsphilosophie angehörenden Aufsätze Kant's in der Berlinischen Monatsschrift und eignete sich daraus die Idee teleologischer Geschichtsbetrachtung an, die auf seine historischen Arbeiten von wesentlichem Einfluss geworden ist. Erst seit 1791 studirte Schiller Kant's Hauptwerke und zwar zuerst die Kritik der Urtheilskraft; zugleich förderten ihn Discussionen mit eifrigen Kantianern im Verständniss der Kantischen Doctrin. Einigen, jedoch verhältnissmässig geringen Einfluss gewann auf ihn bereits im Jahr 1794 die Fichte'sche Speculation; die Vorrede zur „Braut von Messina" enthält Anklänge an Schelling'sche Gedanken. Von Schiller's philosophischen Abhandlungen aus seiner Kantianischen Periode sind die bedeutendsten: „über Anmuth und Würde", verfasst 1793, worin der sittlichen Würde als der Erhebung des Geistes über die Natur die sittliche Anmuth als die Harmonie zwischen Geist und Natur, Pflicht und Neigung ergänzend zur Seite gestellt wird (wogegen Kant in einer Note zur zweiten Auflage seiner „Religion innerhalb der Grenzen der blossen Vernunft" polemisirt), die (1793—95 ausgearbeiteten) „Briefe über ästhetische Erziehung", in welchen Schiller die ästhetische Bildung als den geeignetsten Weg der Erhebung zur sittlichen Gesinnung empfiehlt, und die Abhandlung „über naive und sentimentalische Dichtung", welche die Aesthetik mit der Geschichtsphilosophie vermittelt, indem Schiller hier durch die Begriffe: natürliche Harmonie, Erhebung zur Idee und Einheit des Ideellen mit der Realität, des Geistes und der Cultur mit der Natur, ebensowohl die verschiedenen Formen der Dichtung überhaupt und der Richtungen der Dichter (wie dieselben in Göthe und Schiller selbst sich repräsentirt fanden), als auch die Bildungsform des hellenischen Alterthums und die der Neuzeit, insbesondere den Typus der antiken und den der modernen Dichtung charakterisirt.

Friedrich Heinrich Jacobi (geb. 1743 zu Düsseldorf, gest. 1819 zu München), der Glaubensphilosoph, sucht gegenüber dem systembildenden philosophischen Denken die Unmittelbarkeit des Glaubens zur Geltung zu bringen. Er selbst bekennt: „als war es mein Zweck, ein System für die Schule aufzustellen; meine Schriften gingen hervor aus meinem innersten Leben, sie erhielten eine geschichtliche Folge, ich machte sie gewissermassen nicht selbst, nicht beliebig, sondern fortgezogen von einer höhern, mir unwiderstehlichen Gewalt". Unter Jacobi's Schriften, die in einer Gesammtausgabe Leipzig 1812—25 erschienen sind, sind hervorzuheben die philosophischen Romane: Allwill's Briefsammlung, und: Woldemar, in welchen ausser dem theoretischen Problem der Erkenntniss der Aussenwelt insbesondere die moralische Frage nach dem Verhältniss des Rechtes und der Pflicht des Individuums zu der gemeingültigen Sittenregel discutirt wird, ferner die Schrift über die Lehre des Spinoza, in Briefen an Moses Mendelssohn, Berlin 1785, worin Jacobi ein von ihm mit Lessing geführtes Gespräch mittheilt, in welchem dieser sein Hinneigung zum Spinozismus bekannt haben soll (was freilich, da Lessing, wie aus seinen eigenen Schriften unzweifelhaft hervorgeht, im Wesentlichen stets den Leibnitzischen Standpunkt eingenommen hat, sich wohl nur auf einzelne Seiten der Gotteslehre beziehen kann, von Jacobi aber offenbar in einem zu umfassenden Sinne verstanden worden ist), die Schrift: David Hume über den Glauben, oder Idealismus und Realismus, Breslau 1787, worin Jacobi auch sein Urtheil über den Kantianismus äussert, das Sendschreiben an Fichte, Hamburg 1799, die Abhandlung über das Unternehmen des Kriticismus die Vernunft zu Verstande zu bringen, im III. Heft der Reinholdschen Beiträge zur leichteren Uebersicht des Zustandes der Philosophie beim Anfange des 19. Jahrh., Hamb. 1802, von den göttlichen Dingen, Leipzig 1811 (gegen Schelling, dem Jacobi einen heuchlerischen Gebrauch theistischer und christlicher Worte im pantheistischen Sinne vorwirft). Vgl. Schlichtegroll, v. Weiller und Thiersch, Jacobi's Leben und Wirken, München 1819; Kuhn, Jacobi und die Philosophie seiner Zeit, Mainz 1834, H. Fricker, die Philosophie des F. H. Jacobi, Augsburg 1854; F. Ueberweg über F. H. J., in Gelzer's prot. Monatsbl. Juli 1856; W. Wiegand, zur Erinnerung an den Denker F. H. J. u. s. Weltansicht, Worms, Progr., 1863. Den Spinozismus hält Jacobi für das einzige consequente System, glaubt aber, dass derselbe verworfen werden müsse, weil es den unabweisbaren Bedürfnissen des Gemüthes widerstreite. Alle Demonstration führt nur zu dem Weltganzen, nicht zu einem extramundanen Welturheber, denn der demonstrirende Verstand kann immer nur von Bedingtem zu Bedingtem, nicht zum Unbedingten gelangen. Gottes Dasein beweisen würde heissen, einen Grund desselben aufzeigen, wodurch Gott zu einem bedingten Wesen werden würde (wobei Jacobi freilich die Bedeutung des indirecten Beweises, der von der Erkenntniss von Wirkungen zur Erkenntniss von Ursachen führen kann, unerörtert lässt). So nahe diese Jacobi'sche Ansicht der Kantischen steht, welche der praktischen Vernunft mit ihren Postulaten den Primat vor der theoretischen, die keine „Dinge an sich" zu erkennen vermöge, einräumt, so hat doch Kant (in der Abhandlung: „was heisst sich im Denken orientiren?" Ausg. der Werke Kants von Ros. u. Sch. Bd. I, S. 386 f.) dagegen einzuwenden gefunden, es gehe wohl an, solches zu glauben, was die theoretische Vernunft weder beweisen, noch widerlegen könne, aber nicht solches, wovon sie, wie man meine, das Gegentheil beweisen könne; Kriticismus und Gottesglaube seien vereinbar, Spinozismus und Gottesglaube aber unvereinbar. Andererseits vermochte Jacobi die Kantische Begründung der Schranken der theoretischen Erkenntniss nicht zu billigen. Er hat das Dilemma klar bezeichnet, welches für den Kantischen Kriticismus tödtlich ist: die Affection, durch welche wir den empirisch gegebenen Wahrnehmungsstoff empfangen, muss entweder von Erscheinungen oder von Dingen an sich ausgehen; das Erste aber ist absurd, weil Erscheinungen im Kantischen Sinne selbst nur Vorstellungen sind, also vor allen Vorstellungen bereits Vorstellungen vorhanden sein müssten, das andere (was Kant wirklich annimmt und sowohl in der ersten, wie in den folgenden Auflagen der Kritik der reinen Vernunft, in der Schrift gegen Eberhard etc. ausspricht) widerstreitet der kritischen Doctrin, dass das Verhältniss von Ursache und Wirkung nur innerhalb der Erscheinungswelt gelte und keine Beziehung auf Dinge an sich habe; der Anfang und Fortgang der Kritik vernichten einander (Jacobi über David Hume, Werke, Bd. II, S. 301 ff.). Jacobi selbst meint nicht das Dasein von Objecten, die uns afficiren, beweisen zu können, ist aber davon unmittelbar vermöge der Sinneswahrnehmung überzeugt. Die Objecte der sinnlichen Wahrnehmung sind ihm nicht blosse Erscheinungen, d. h. nach Kategorien mit einander verknüpfte Vorstellungen, sondern reale Objecte, aber endliche und bedingte Objecte. Nur auf solche geht auch die Verstandeserkenntniss, welche Jacobi in Uebereinstimmung mit Kant auf das Gebiet möglicher Erfahrung einschränkt, obschon nicht in dem gleichem Sinne, wie Kant. Dass auch die theoretische Vernunft, sofern derselben die Function der Beweisführung beigelegt wird, nicht über dieses Gebiet hinausführe, nimmt Jacobi wiederum mit Kant an. Jacobi missbilligt den inhaltleeren Formalismus des Kantischen Moralprincips, er will die Unmittelbarkeit des sittlichen Gefühls neben der moralischen Reflexion und die individualisirende Bestimmung der jedesmaligen moralischen Aufgabe neben der abstracten Regel anerkannt sehen. Er tadelt Kant's Argumentationen für die Gültigkeit der Postulate in der Kritik der praktischen Vernunft als unkräftig, da ein Fürwahr-

188 § 19. Schüler u. Gegner Kants. Reinhold, Schulze, Jacobi, Fries, Beck, Bardili u. A.

halten in bloss praktischer Absicht sich selbst aufhebt, hält aber dafür, dass es eine unmittelbare Ueberzeugung von dem Uebersinnlichen, worauf die Kantischen Postulate der praktischen Vernunft gehen, ebensowohl, wie von dem Dasein der sinnlichen Objecte gebe; er nennt dieselbe Glauben; in späteren Schriften bezeichnet er das Vermögen des unmittelbaren Erfassens und Vernehmens des Uebersinnlichen als die Vernunft. Wessen Gemüth sich beim Spinozismus befriedigen kann, dem kann eine entgegengesetzte Ueberzeugung nicht andemonstrirt werden, sein Denken hat Consequenz, die philosophische Gerechtigkeit muss ihn frei geben; aber er würde, meint Jacobi, auf den edelsten Gehalt des geistigen Lebens verzichten. Jacobi erkennt die philosophische Consequenz an in Fichte's Reduction des Gottesglaubens auf den Glauben an eine moralische Weltordnung; aber er befriedigt sich nicht bei dieser blossen Consequenz des Verstandes. Er tadelt Schelling, die spinozistische Consequenz verhüllen zu wollen (freilich ohne einem Standpunkt gerecht werden zu können, der diese Trennung der Realität und Idealität aufzuheben und das Endliche als erfüllt von dem ewigen Gehalt zu erkennen sucht). Jacobi erhebt sich über die Sphäre, an die der Verstand gebunden bleibe, durch den Glauben an Gott und die göttlichen Dinge. Es lebt, sagt er, in uns ein Geist unmittelbar aus Gott, der des Menschen eigentlichstes Wesen ausmacht. Wie dieser Geist dem Menschen gegenwärtig ist in seinem höchsten, tiefsten und eigensten Bewusstsein, so ist der Geber dieses Geistes, Gott selbst, dem Menschen gegenwärtig durch das Herz, wie ihm die Natur gegenwärtig ist durch den äussern Sinn. Kein sinnlicher Gegenstand kann so ergreifen und als wahrer Gegenstand unüberwindlich dem Gemüthe sich darthun, als jene absoluten Gegenstände, das Wahre, Gute, Schöne und Erhabene, die mit dem Auge des Geistes gesehen werden können. Wir dürfen die kühne Rede wagen, dass wir an Gott glauben, weil wir ihn sehen, obwohl er nicht gesehen werden kann mit den Augen dieses Leibes. Es ist ein Kleinod unseres Geschlechts, das unterscheidende Merkmal des Menschen, dass ihrer vernünftigen Seele diese Gegenstände sich erschliessen. Mit heiligem Schauer wendet der Mensch seinen Blick in jene Sphären, aus welchen allein Licht hineinfällt in das irdische Dunkel. Aber Jacobi gesteht auch: Licht ist in meinem Herzen, aber sowie ich es in den Verstand bringen will, erlischt es. Welche von beiden Klarheiten ist die wahre, die des Verstandes, die zwar feste Gestalten, aber hinter ihnen einen Abgrund zeigt, oder die des Herzens, die zwar verheissend aufwärts leuchtet, aber bestimmtes Erkennen vermissen lässt? Um dieses Zwiespaltes willen nennt sich Jacobi „einen Heiden mit dem Verstande, einen Christen mit dem Gemüth".

Jacobi findet das Wesentliche des Christenthums in dem Theismus, dem Glauben an einen persönlichen Gott, wie auch an die sittliche Freiheit und Ewigkeit der menschlichen Persönlichkeit. Das Christenthum „in dieser Reinheit aufgefasst" und auf das unmittelbare Zeugniss des eigenen Bewusstseins gegründet, ist ihm das Höchste. Im Unterschiede von diesem rationalen Zuge seiner Glaubensphilosophie, den Friedrich Köppen, Cajetan von Weiller, Jak. Salat, Chr. Weiss u. A. im Wesentlichen mit ihm theilen, hält sein Freund und Anhänger Wizenmann sich, was die Quelle des Glaubens betrifft, an die Bibel, und demgemäss in Bezug auf den Glaubensinhalt auch an die specifisch-christlichen Dogmen. In diesen letzteren findet Johann Georg Hamann (geb. zu Königsberg 1730, gest. zu Münster 1788), der mit Kant und auch mit Herder und mit Jacobi befreundete „Magus im Norden", den Halt und Trost für sein matiries, durch Sünde und Noth zerrissenes Gemüth und gefällt sich darin, in geistvollen, jedoch oft in's Gesuchte und Abenteuerliche ausartenden Gedankenblitzen die Mysterien oder „Pudenda" des christlichen Glaubens zu Ehren zu bringen; zu diesem Behuf dient ihm insbesondere

§ 19. Schüler u. Gegner Kants. Reinhold, Schiller, Jacobi, Fries, Beck, Bardili u. A. 189

das „principium coincidentiae oppositorum" des Jordano Bruno. Seine Werke hat Roth herausgegeben, Berlin 1821—43; vgl. Gildemeister, II.'s Leben und Schriften, Gotha 1858–60, ferner Heinr. von Stein's Vortrag über H. etc. Das Christenthum als die Religion der Humanität, den Menschen als Schlusspunkt der Natur und seine Geschichte als fortschreitende Entwicklung zur Humanität zu begreifen, ist die Aufgabe, an deren Lösung der phantasievolle und mit feinstem Sinn für die Realität und Poesie des Völkerlebens begabte Herder (geb. 1744 zu Morungen, gest. 1803 zu Weimar) erfolgreich gearbeitet hat; dem schroffen Dualismus, den Kant zwischen dem empirischen Stoff und der apriorischen Form statuirt, stellt er den tieferen Gedanken der wesentlichen Einheit und stufenmässigen Entwicklung in Natur und Geist entgegen; seine Weltanschauung culminirt in einem poetisch umgestalteten, mit der Idee des persönlichen Gottesgeistes und der (als Metempsychose gedachten) Unsterblichkeit erfüllten Spinozismus, den er besonders in der Schrift: Gott, Gespräche über Spinoza's System, 1787, zusammenhängend entwickelt hat. Den Ursprung der Sprache findet Herder (1772) in der Natur des Menschen, der als denkendes Wesen der uninteressirten, begierdefreien Betrachtung der Dinge fähig sei; der Ursprung der Sprache ist göttlich, sofern er menschlich ist. Der Entwicklungsgang der Sprache zeugt (wie Herder in seiner Metakritik bemerkt) gegen den Kantischen Apriorismus. Raum und Zeit sind Erfahrungsbegriffe, Form und Materie der Erkenntnis sind auch in ihrem Ursprung nicht von einander getrennt, die Vernunft subsistirt nicht abgesondert von den andern Kräften; statt der „Kritik der Vernunft" bedarf es einer Physiologie der menschlichen Erkenntnisskräfte. Herder's philosophisches Hauptverdienst liegt in der philosophischen Betrachtung der Geschichte der Menschheit (Ideen zur Philos. der Gesch. der Menschheit, Riga 1784–87 u. ö.). Uebrigens gehören Jacobi, Hamann und Herder noch mehr, als der Geschichte der Philosophie, der Geschichte der deutschen Nationallitteratur an. Vgl. die Werke von Gervinus u. A. über die letztere. Die strenge Unterscheidung Gelzer's (die deutsche Nationallitt. 1, S. 304—340) zwischen Herder's früheren und späteren Anschauungen wird mit Recht gemildert von Heinr. Erdmann in seiner Monographie: Herder als Religionsphilosoph, Marburger Inaug.-Diss., Hersfeld 1866.

Jacob Fries (geb. 1773 zu Barby, gest. 1843 zu Jena) hat eine Reihe von philosophischen Schriften verfasst, unter denen die „Neue Kritik der Vernunft", Heidelberg 1807, 2. Aufl. 1828—31, die bedeutendste ist; daneben sind insbesondere folgende hervorzuheben: System der Philosophie als evidenter Wissenschaft, Leipzig 1804, Wissen, Glaube und Ahndung, Jena 1805, System der Logik, Heidelberg 1811 (2. Aufl. 1819, 3. Aufl. 1833), Handbuch der praktischen Philosophie, Jena 1818—32, Handbuch der psychischen Anthropologie, Jena 1820—21 (2. Aufl. 1837—39), mathematische Naturphilosophie, Heidelberg 1822, Julius und Euagoras oder die Schönheit der Seele, ein philosophischer Roman, Heidelberg 1822, System der Metaphysik, Heidelberg 1824. Eine ausführliche Biographie von J. Fries wird sein Schwiegersohn Henke liefern (s. L. Schmidt in der Zeitschr. f. Ph., N. F., Bd. 46, Halle 1865, S. 313 f.). Fries wirft die Frage auf, ob die Vernunftkritik, welche die Möglichkeit der Erkenntnisse a priori untersucht, ihrerseits durch eine Erkenntniss a priori oder a posteriori zu gewinnen sei und entscheidet sich für die letztere Annahme: wir können nur a posteriori, nämlich durch innere Erfahrung, uns dessen bewusst werden, dass und wie wir Erkenntnisse a priori besitzen. Die auf innerer Erfahrung ruhende Psychologie muss demgemäss die Basis alles Philosophirens bilden. Fries meint, Kant habe theilweise, Reinhold aber durchweg diesen Charakter der Vernunftkritik verkannt und dieselbe für Erkenntniss a priori angesehen. (Kant selbst hat jene Frage nicht aufgeworfen; da er aber das Bestehen apodiktischer Erkenntniss mindestens in der Mathematik als eine Thatsache seinen Untersuchungen zu Grunde legt, ferner die Kategorien aus den empirisch gegebenen Formen der Urtheile erkennt, in der Moralphilosophie von dem unmittelbaren sittlichen Bewusstsein, das gleichsam ein „Factum der reinen Vernunft" sei, ausgeht, so lässt sich nicht leugnen, dass auch er seine Vernunftkritik auf — wirkliche oder vermeintliche — Thatsachen der inneren Erfahrung basirt; das Bedenken, ob und warum die Voraussetzung gerechtfertigt sei, dass jeder Andere in sich das Gleiche erfahre, was der Kritiker in seiner eigenen innern Erfahrung findet, trifft in diesem Sinne auch Kant. Keinesweges aber liegt, wie Einzelne gemeint haben, ein „Widersinn" in der Annahme, dass wir durch innere Erfahrung inne werden, Erkenntnisse a priori zu besitzen; denn die Apodikticität und Apriorität soll den mathematischen und metaphysischen Erkenntnissen, wie auch dem Pflichtbewusstsein selbst anhaften, der empirische Charakter aber nicht diesen Erkenntnissen als solchen, sondern nur unserm Bewusstsein, dass wir dieselben besitzen. Falls es überhaupt Erkenntnisse a priori im Kantischen Sinne dieses Terminus gäbe, so könnte ganz wohl angenommen werden, was Fries annimmt, dass die Metaphysik ebenso wie die Mathematik von aller Erfahrungswissenschaft specifisch unterschieden sei, und dass doch zugleich eine auf innerer Erfahrung ruhende Wissenschaft, nämlich die Vernunftkritik, über den Rechtsgrund und die Grenzen der Gültigkeit jener apodiktischen oder wenigstens Apodikticität beanspruchenden Erkenntnisse zu entscheiden habe.) Mit Kant nimmt Fries an, dass Raum, Zeit und Kategorien subjective Formen a priori seien, die wir zu dem Gegebenen hinzuthun; auf die Erscheinungen, welche Vorstellungen sind, geht das empirisch-mathematische Wissen und erstreckt sich nicht über dieselben hinaus, sogar die Existenz von Dingen an sich ist nicht mehr Sache des Wissens; andererseits aber sind die Erscheinungen auch durchaus dem empirisch-mathematischen Wissen zugänglich; auch die Organismen müssen sich aus der Wechselwirkung aller Theile untereinander mechanisch erklären lassen; in ihnen herrscht der Kreislauf, wie im Unorganischen das Gesetz des Gleichgewichts oder der Indifferenz. (Den Gedanken der mechanischen Erklärbarkeit der Organismen hat, zunächst in Bezug auf die Pflanzenwelt, besonders Fries' Schüler Schleiden durchzuführen gesucht.) Auf die Dinge an sich, die Fries auch das wahre, ewige Wesen der Gegenstände nennt, geht der Glaube. Allem Handeln der Vernunft liegt der Glaube an Wesen und Werth, zuhöchst an die gleiche persönliche Würde der Menschen zum Grunde; aus diesem Princip fliessen die sittlichen Gebote. Die Veredelung der Menschheit ist die höchste sittliche Aufgabe. Die Vermittlung zwischen dem Wissen und Glauben liegt in der Ahndung, welcher die ästhetisch-religiöse Betrachtung angehört. Im Gefühl des Schönen und Erhabenen wird das Endliche als Erscheinung des Ewigen angeschaut; in der religiösen Betrachtung wird die Welt nach Ideen gedeutet; die Vernunft ahnt in dem Weltlauf den Zweck, in dem Leben der schönen Naturgestalten die ewige, allwaltende Güte. Die Religionsphilosophie ist Wissenschaft vom Glauben und der Ahnung, nicht aus ihnen. Der Fries'schen Schule gehören ausser Schleiden namentlich Mirbt, F. von Calker, E. F. Apelt, dessen Schriften über die Metaphysik (mit Einschluss der Religionsphilosophie), Leipzig 1857, Religionsphilosophie hrsg. von S. G. Frank, Leipzig 1860, zur Theorie der Induction, Leipz. 1854, zur Geschichte der Astronomie, über die Epochen der Geschichte der Menschheit, Jena 1845—46 etc. als Darlegungen und Anwendungen des Fries'schen Standpunktes von hervorragendem Werthe sind), ferner Schmidt, Ernst Hallier, der Mathematiker Schlömilch und Andere an; auch der Theolog de Wette geht von Fries'schen Principien aus. Verwandter Art ist auch der Kantianismus Reichlin-Meldeggs (Psychologie, Heidelberg 1837—38). Auch F. H. Germar's selbständige Untersuchung über den Tact in der Schrift:

die alte Streitfrage: Glauben oder Wissen, beantwortet aus dem bisher verkannten Verhältnisse von Tact und Prüfung etc., Zürich 1856, mag hier erwähnt sein. Auf **Beneke**, der zum durchgeführten psychologischen Empirismus fortgegangen ist, ist die Fries'sche Doctrin in mehrfachem Betracht von wesentlichem Einfluss gewesen.

Jakob Sigismund Beck (geb. 1761) hat in seinem Hauptwerk: „Einzig möglicher Standpunkt, aus welchem die kritische Philosophie beurtheilt werden muss", Riga 1796, welches den dritten Band zu der Schrift: „Erläuternder Auszug auf Kant's kritischen Schriften", Riga 1793—94, bildet, nach dem Vorgange Maimon's und zum Theil auch wohl durch Fichte's (1794 erschienene) Wissenschaftslehre mitbestimmt, die in Kant's Vernunftkritik liegende Inconsequenz, dass die Dinge an sich uns afficiren und durch Affection den Stoff zu Vorstellungen uns geben und doch zugleich auch zeitlos, raumlos und causalitätslos existiren sollen, dadurch aufzuheben gesucht, dass er das Afficirtwerden des Subjectes durch die Dinge an sich in Abrede stellt und die Stellen, worin Kant dasselbe behauptet, für eine didaktische Accommodation an den Standpunkt des dogmatistisch gesinnten Lesers erklärt (was freilich eine wunderliche Didaktik wäre, die das richtige Verständniss nicht erleichtern, sondern nahezu unmöglich machen würde); die Frage nach der Entstehung des empirischen Vorstellungsstoffs beseitigt Beck dadurch, dass er eine Affection der Sinne durch Erscheinungen annimmt (was freilich, da die Erscheinungen selbst nur Vorstellungen sind, die Absurdität involvirt, dass die Entstehung unserer Vorstellungen überhaupt durch die Einwirkung unserer Vorstellungen auf unsere Sinne bedingt ist, dass also unsere Vorstellungen auf uns wirken, ehe sie existiren); die Beziehung des Individuums zu anderen Individuen lässt er unerklärt; die reinen Anschauungsformen Raum und Zeit führt er auf denselben Act ursprünglicher Synthesis des Mannigfaltigen, wie die Kategorien, zurück. Als Religion gilt ihm die Befolgung der Stimme des Gewissens als des inneren Richters, den der Mensch symbolisch unter sich als Gott denke.

Christoph Gottfried Bardili (1761—1808) hat in seinen Briefen über den Ursprung der Metaphysik, die anonym Altona 1798 erschienen, und besonders in seinem Grundriss der ersten Logik, gereinigt von den Irrthümern der bisherigen Logik, besonders der Kantischen, Stuttgart 1800, freilich in abstruser Form, einen „rationalen Realismus" zu begründen versucht, der manche Keime späterer Speculationen enthielt, insbesondere zu dem (Schelling'schen) Gedanken der Indifferenz des Objectiven und Subjectiven in einer absoluten Vernunft, und zu dem (Hegel'schen) Gedanken einer Logik, die zugleich Ontologie sei. Dasselbe Denken, welches das Weltall durchdringt, kommt im Menschen zum Bewusstsein; im Menschen erhebt sich das Lebensgefühl zur Personalität, die Naturgesetze der Erscheinungen werden in ihm zu Gesetzen der Association seiner Gedanken.

Der Bardilische Realismus setzt die Realität von Natur und Geist und ihre Einheit im Absoluten voraus, ohne die Kantschen Argumente eingehend widerlegt zu haben. Der Beck'sche Idealismus hebt von den beiden widerstreitenden Elementen, die im Kantschen Kriticismus liegen, das idealistische mit willkürlicher Beseitigung des realistischen hervor. Zur Aufhebung jenes Widerstreits konnte mit gleichem Recht der entgegengesetzte Weg eingeschlagen werden, indem nämlich mit dem Gedanken des Afficirtwerdens des Subjectes durch „Dinge an sich" voller Ernst gemacht und die gesammte Doctrin auf dieser Grundlage umgebildet wurde; dieses Letztere geschah durch **Herbart**, der aber nicht unmittelbar von Kant, sondern zunächst von Fichte ausgegangen ist, dessen subjectivistischem Idealismus er seine mit der Leibnitzischen Monadologie verwandte Grundlehre von der Vielheit einfacher realer Wesen entgegenstellt.

§ 20. Johann Gottlieb Fichte (1762 — 1814), von Spinozistischem Determinismus durch die Kantische Beschränkung der Causalität auf Phaenomena und Behauptung einer causalitätslosen sittlichen Freiheit des Ich als eines Noumenon zurückgeführt, macht mit eben dieser Beschränkung, die ihm im ethischen Interesse werth geworden war, in der theoretischen Philosophie volleren Ernst, als durch Kant geschehen war, indem er die von diesem angenommene Entstehung des Stoffs der Vorstellungen durch eine Affection, welche die Dinge an sich auf das Subject üben, negirt und den Stoff ebensowohl wie die Form aus der Thätigkeit des Ich hervorgehen lässt, und zwar aus demselben synthetischen Act, der die Anschauungsformen und Kategorien erzeuge. Das Mannigfaltige der Erfahrung wird ebenso wie die apriorischen Formen von uns durch ein schöpferisches Vermögen producirt. Nicht eine Thatsache, sondern die Thathandlung dieser Production ist der Grund alles Bewusstseins. Das Ich setzt sich selbst und das Nichtich und erkennt sich als eins mit dem Nichtich; der Process der Thesis, Antithesis und Synthesis ist die Form aller Erkenntniss. Dieses schöpferische Ich ist nicht das Individuum, sondern das absolute Ich; aber aus dem absoluten Ich sucht Fichte das Individuum zu deduciren; die sittliche Aufgabe nämlich fordert den Unterschied der Individuen. Die Welt ist das versinnlichte Material der Pflicht. Die ursprünglichen Schranken des Individuums erklärt Fichte ihrer Entstehung nach für unbegreiflich. Gott ist die sittliche Weltordnung. Indem Fichte in seinen späteren Speculationen vom Absoluten ausgeht, nimmt sein Philosophiren immer mehr einen religiösen Charakter an, jedoch ohne die ursprüngliche Basis zu verleugnen. Die Reden an die deutsche Nation schöpfen ihre zündende Kraft aus der Energie des sittlichen Bewusstseins. Der philosophischen Schule Fichte's gehören wenige Männer an; doch ist seine Speculation für den ferneren Entwicklungsgang der deutschen Philosophie theils durch Schelling, theils durch Herbart von entscheidendstem Einfluss geworden.

Joh. Gottlieb Fichte's Leben ist von seinem Sohne Immanuel Hermann Fichte beschrieben und zugleich der litt. Briefwechsel veröffentlicht worden, Sulzbach 1830, 2. Aufl. Leipz. 1862. Interessante Nachträge hat namentlich Karl Hase geliefert in dem Jenaischen Fichtebüchlein, Leipzig 1856. Vgl. Wilh. Schmidt, Memoir of Joh. G. Fichte, 2. ed., London 1848. Ueber Fichte als Politiker handelt Ed. Zeller in v. Sybel's histor. Zeitschr. IV, S. 1 ff., wieder abgedr. in Zeller's Vorträgen u. Abh., Leipzig 1865, S. 140—177. Unter den Darstellungen seines Systems sind besonders die von Wilh. Busse (F. u. s. Bedeutung zur Gegenwart des deutschen Volkes, Halle 1848—49), Löwe (die Philosophie Fichte's nach dem Gesammtergebniss ihrer Entwicklung und in ihrem Verhältniss zu Kant und Spinoza, Stuttgart 1862), Ludw. Noack (J. G. F. nach s. Leben, Lehren und Wirken, Leipz. 1862),

§ 20. Fichte und Fichteaner.

A. Lasson (J. G. Fichte im Verhältniss zu Kirche und Staat, Berlin 1863) zu erwähnen. Aus Anlass der Fichtefeier am 19. Mai 1862 sind zahlreiche Reden und Festschriften erschienen (über welche r. Reichlin-Meldegg in I. H. Fichte's Ztschr. f. Ph., Bd. 42, 1863, S. 247—277 eine Uebersicht giebt), insbesondere von Heinr. Ahrens, Hubert Beckers, Karl Biedermann, Chr. Aug. Brandis, Mor. Carriere, O. Dorneck, Ad. Drechsler, L. Eckardt, Joh. Ed. Erdmann, Kuno Fischer, L. George, Rud. Gottschall, F. Harms, Hebler, Helfferich, Karl Heyder, Franz Hoffmann, Karl Köstlin, A. L. Kym, Ferd. Lassalle, J. H. Löwe, Lott, Jürgen Bona Meyer (über die Reden an die D. Nat.), Monrad, L. Noack, W. A. Passow, E. A. v. Reichlin-Meldegg, Rud. Reicke (in: D. Mus.), Rosenkranz (in: Ged. V; S. 170), E. O. Schellenberg, Rob. Schellwien, Ed. Schmidt-Weissenfels, Ad. Stahr, Leop. Stein, Heinr. Sternberg, H. v. Treitschke, Ad. Trendelenburg, Chr. H. Weisse, Tob. Wildauer, R. Zimmermann.

Johann Gottlieb Fichte wurde am 19. Mai 1762 zu Rammenau in der Oberlausitz geboren. Sein Vater, ein Bandwirker, war ein Abkömmling eines in Sachsen zurückgebliebenen schwedischen Wachtmeisters aus dem Heere Gustav Adolfs. Des talentvollen Knaben nahm der Freiherr von Miltitz sich an. Von 1774—80 besuchte Fichte die Fürstenschule zu Pforta, studirte dann in Jena Theologie, bekleidete seit 1788 eine Hauslehrerstelle in der Schweiz, kam 1791 nach Königsberg, wo er das Manuscript seines ersten, rasch (vom 13. Juli bis 18. August) niedergeschriebenen Werkes: „Versuch einer Kritik aller Offenbarung" Kant vorlegte und dadurch dessen Achtung und Zuneigung gewann. Fichte war damals mit der Kantischen Philosophie erst seit einem Jahre vertraut geworden; vorher hatte er das System des Spinoza kennen gelernt und einem Determinismus gehuldigt, den er aufgab, sobald ihm die Kantische Lehre, dass die Kategorie der Causalität nur auf Erscheinungen Anwendung finde, die Möglichkeit einer Unabhängigkeit des Willensactes vom Causalnexus zu verbürgen schien; zumeist auf die Wahl zwischen deterministischem Dogmatismus und der Freiheitslehre des Kantischen Kriticismus bezieht sich sein Wort (Erste Einl. in die Wissenschaftslehre, 1797, Werke I, S. 434): „Was für eine Philosophie man wähle, hängt davon ab, was man für ein Mensch ist". Nach Reinhold's Abgange von Jena nach Kiel ward Fichte 1794 dessen Nachfolger in der Jenenser Professur, die er bis zu dem Atheismus-Streit 1799 bekleidete. Fichte setzte in einem Aufsatz: „über den Grund unseres Glaubens an eine göttliche Weltregierung", den er einer Abhandlung Forberg's: „Entwicklung des Begriffs der Religion" einleitend vorausschickte (im philos. Journal, Jena 1798, Heft I), die Begriffe Gott und moralische Weltordnung einander gleich, was ein anonymer Pamphletist in einer Schrift: „Schreiben eines Vaters an seinen Sohn über den Fichte'schen und Forberg'schen Atheismus" denunciatorisch rügte; die Chursächsische Regierung confiscirte jene Aufsätze, verbot das Journal und verlangte die Bestrafung Fichte's und Forberg's unter der Drohung, widrigenfalls ihren Unterthanen den Besuch der Universität Jena zu verbieten. Die Regierung zu Weimar gab dieser Drohung in soweit nach, als sie beschloss, den Herausgebern des Journals einen Verweis wegen Unbedachtsamkeit durch den akademischen Senat ertheilen zu lassen. Fichte, der davon im Voraus erfuhr, erklärte in einem (privaten, aber auch zu öffentlichem Gebrauch verstatteten) Briefe vom 22. März 1799 an ein Mitglied der Regierung, Geheimrath Voigt, dass er im Fall einer ihm durch den akademischen Senat zu ertheilenden „derben Weisung" seinen Abschied nehmen werde und fügte die Drohung bei, es würden in diesem Fall auch andere Professoren mit ihm die Universität verlassen. Diese Drohung, welche nach Fichte's Absicht die Regierung einschüchtern und von einem öffentlichen Verweise zurückschrecken sollte, in der That aber irritirte und zur sofortigen, formell ungerechtfertigten Entlassung Fichte's bestimmte, beruhte auf Aeusserungen von Collegen, insbesondere von Paulus, der gesagt zu haben scheint, Fichte dürfe darauf hinweisen, auch er (Paulus) und Andere würden im Fall einer Beschränkung der Lehrfreiheit nicht in Jena bleiben, was Paulus und Andere wohl von einem solchen Verfahren gegen Fichte, wodurch mittelbar auch ihre eigene Lehrfreiheit beschränkt, das Verharren in Jena ihnen verleidet, und ein Ruf nach auswärts, etwa nach Mainz, wo sich eine Aussicht zu bieten schien, annehmbar werden könnte, verstanden, Fichte aber von vorn herein in einem volleren Sinne aufgefasst und als ein Versprechen, jedenfalls zugleich mit ihm selbst (sofort) die Universität zu verlassen, gedeutet hat (welches letztere doch Paulus und Andere weder aus eigenem Interesse, noch auch aus einem alles Andere hintansetzenden, selbst das Wohl der Universität gefährdenden, aufopferungsvollen Freundschaftsenthusiasmus, noch endlich in kindischer Gedankenlosigkeit gegeben haben können). Fichte erhielt den Verweis, und zugleich, indem seine Ankündigung, eventuell den Abschied nehmen zu wollen, die bloss wegen ihres trotzigen Tones hätte gerügt werden dürfen, sofort als ein bereits eingereichtes Abschiedsgesuch behandelt wurde, die Entlassung. Vergeblich erklärte Fichte nachträglich, dass der von ihm angenommene Fall eines entehrenden und die Lehrfreiheit beschränkenden Verweises nicht vorliege. Eine Petition der Studenten zu seinen Gunsten war wohlgemeint, konnte aber erfolglos sein. Fichte ging, die anderen Professoren blieben. Nicht lange nachher erschien Kant's Erklärung (vom 7. August 1799, im Intelligenzblatt No. 109 zur Allg. Litt.-Ztg. 1799), er halte Fichte's Wissenschaftslehre für ein ganz verfehltes System und protestire gegen jede Hineindeutung Fichte'scher Sätze in seine eigene Vernunftkritik, die nach ihrem Buchstaben und nicht nach einem vermeintlich dem Buchstaben widerstreitenden Geist verstanden sein wolle. Fichte wandte sich nach Berlin, wo ihm ein im Geiste Friedrichs des Grossen gesprochenes Wort des Königs, welches Religionsansichten und bürgerliche Stellung gebührend sonderte, Duldung sicherte. Er verkehrte mit Friedrich Schlegel, Schleiermacher und anderen bedeutenden Männern und hielt bald auch öffentliche Vorträge vor einem zahlreichen Kreise Gebildeter. Im Jahr 1805 wurde ihm eine Professur an der (damals preussischen) Universität Erlangen ertheilt; er hat daselbst aber nur während des Sommersemesters 1805 gelesen. Im Sommer 1806 ging Fichte in Folge des Vorrückens der Franzosen nach Königsberg, wo er kurze Zeit Vorlesungen hielt, auch bereits an den Reden an die deutsche Nation arbeitete, die er im Winter 1807/8 im Akademiegebäude zu Berlin hielt. Seit der Gründung der Berliner Universität Professor an derselben, übte er unter fortwährender Umbildung seines Systems eine eifrige Lehrthätigkeit bis zu seinem Tode, der am 27. Januar 1814 erfolgte; er erlag dem Nervenfieber, welches durch seine Frau, die sich der Krankenpflege in den Lazarethen widmete und selbst von der Ansteckung wieder genas, auf ihn übertragen wurde.

Fichte's Hauptschriften sind folgende. Aus dem Jahr 1790 sind „Aphorismen über Religion und Deismus" erhalten, die für die Einsicht in Fichte's Entwicklungsgang von Interesse sind. Ebenso aus dem Jahr 1791: Predigten. Im Jahr 1792 erschien zu Königsberg bei Hartung die „Kritik aller Offenbarung", die, im Kantischen Geiste geschrieben, von dem Verleger, wie nach mehreren zusammentreffenden Spuren wohl anzunehmen ist, absichtlich, aber gegen Fichte's Willen, ohne den Namen des Verfassers und ohne die Vorrede, worin er sich als „Anfänger" bezeichnet, veröffentlicht, von dem Recensenten in der Jenaer Allg. Litt.-Ztg., überhaupt fast allgemein von dem philosophischen Publicum als ein Werk Kant's angesehen wurde; als der Irrthum erkannt wurde, fiel auf Fichte der Glanz der Urheberschaft eines Werkes, für dessen Verfasser Kant hatte gelten können. Dieser Umstand trug wesentlich zu seiner späteren Berufung nach Jena bei. Im Jahr 1793 erschienen anonym die (in der Schweiz, wo Fichte sich mit einer Schwestertochter Klopstock's vermählte, von ihm verfassten) Schriften: „Zurückforderung der Denkfreiheit von den Fürsten Europa's, die sie bisher unterdrückten", und: „Beiträge zur Berichtigung der Urtheile des Publicums über die französische Revolution", worin Fichte den Gedanken durchführt, dass, obschon die Staaten durch Unterdrückung und nicht durch Vertrag entstanden seien, doch der Staat seiner Idee nach auf einem Vertragsverhältniss beruhe und dieser Idee immer näher geführt werden müsse; alles Positive finde sein Maass und Gesetz in der reinen Form unseres Selbst, dem reinen Ich. Nach dem Antritt der Professur zu Jena erschien die Abhandlung: „über den Begriff der Wissenschaftslehre oder der sogenannten Philosophie", Weimar 1794, und die Schrift: „Grundlage der gesammten Wissenschaftslehre, als Handschrift für seine Zuhörer", Jena und Leipzig 1794; auch die moralischen Vorlesungen „über die Bestimmung des Gelehrten" wurden noch 1794 veröffentlicht; demselben Jahre gehört der für Schiller's „Horen" geschriebene Aufsatz „über Geist und Buchstab in der Philosophie" an. 1795: Grundriss des Eigenthümlichen in der Wissenschaftslehre. 1796: Grundlage des Naturrechts nach Principien der Wissenschaftslehre. 1797: Einleitung in die Wissenschaftslehre, und: Versuch einer neuen Darstellung der W.-L., im philos. Journal. 1798: System der Sittenlehre nach Principien der W.-L.; über den Grund unseres Glaubens an eine göttliche Weltregierung, im philos. Journal. 1799: Appellation an das Publicum gegen die Anklage des Atheismus, eine Schrift, die man zu lesen bittet, ehe man sie confiscirt, und: der Herausgeber des philos. Journals gerichtliche Verantwortungsschreiben gegen die Anklage des Atheismus. 1800: die Bestimmung des Menschen; der geschlossene Handelsstaat. 1801: Friedrich Nicolai's Leben und sonderbare Meinungen, und: sonnenklarer Bericht an das Publicum über das eigentliche Wesen der neuesten Philosophie, ein Versuch, den Leser zum Verstehen zu zwingen. 1806: Grundzüge des gegenwärtigen Zeitalters, und: Anweisung zum seligen Leben. 1808: Reden an die deutsche Nation. Mehrere seiner Vorlesungen sind später in den „Nachgelassenen Werken" veröffentlicht worden, die sein Sohn Immanuel Hermann Fichte in drei Bänden, Bonn 1834, herausgegeben hat; die „Sämmtlichen Werke" sind von ebendemselben in acht Bänden, Berlin 1845—46 edirt worden. Vgl. auch Joh. Gottlieb Fichte's Leben und litt. Briefwechsel, hrsg. von seinem Sohne I. H. Fichte, 2 Bde., Sulzbach 1830, 2. Aufl. Leipzig 1862.

In der 1792 verfassten, in der Jenaer allg. Litteraturzeitung 1794 erschienenen „Recension des Aenesidemus" (der Schrift von Gottlob Ernst Schulze „über die Fundamente der von Reinhold gelieferten Elementarphilosophie, nebst einer Vertheidigung des Skepticismus gegen die Anmassungen der Vernunftkritik") erkennt Fichte mit Reinhold und Schulze an, dass die gesammte philosophische Doctrin aus Einem Grundsatze abgeleitet werden müsse, glaubt aber nicht, dass zu diesem Behuf Reinhold's „Satz des Bewusstseins" (welcher lautet: „im Bewusstsein wird die Vorstellung durch das Subject vom Subject und Object unterschieden und auf beide bezogen) ausreiche; denn dieser Satz könne nur die theoretische Philosophie begründen, für die gesammte Philosophie aber müsse es noch einen höheren Begriff, als den der Vorstellung und einen höheren Grundsatz, als jenen, geben. Den wesentlichen Inhalt der kritischen Doctrin setzt Fichte in den Nachweis, dass der Gedanke von einem Dinge, das an sich unabhängig von irgend einem Vorstellungsvermögen existiere und gewisse Beschaffenheiten haben solle, eine Grille, ein Traum, ein Nichtgedanke sei. Der Skepticismus lasse die Möglichkeit übrig, noch etwa einmal über die Begrenzung des menschlichen Gemüthes hinauszugehen zu können, der

§ 20. Fichte und Fichteaner.

Kriticismus aber thue die absolute Unmöglichkeit eines solchen Fortschreitens dar und sei demnach negativ dogmatisch. Dass Kant nicht (wie es zuerst Reinhold versuchte) die Ableitung aus einem einzigen Grundsatz gegeben habe, erklärt Fichte aus seinem „die Wissenschaft bloss vorbereitenden Plane"; doch habe Kant in der Apperception das Fundament für eine solche Ableitung gefunden. Von der Unterscheidung aber zwischen den Dingen, wie sie uns erscheinen, und den Dingen, wie sie an sich sind, meint Fichte, dieselbe solle „gewiss nur vorläufig und für ihren Mann gelten"; dass er in diesem letzteren Betracht über Kant's Denkweise sich täusche, ward ihm später aus Kant's (oben erwähnter) Erklärung vom 7. August 1799 klar, woraufhin er dann (in einem Briefe an Reinhold) Kant einen „Dreiviertelskopf" nannte, aber an der Ueberzeugung festhielt, dass es kein von dem denkenden Subject unabhängiges Ding an sich, kein Nicht-Ich, das keinem Ich entgegengesetzt wäre, gebe, und ebenso auch an der Ueberzeugung, dass nur diese Lehre dem Geiste des Kriticismus entspreche und der „heilige Geist in Kant" wahrer, als Kant's individuelle Persönlichkeit, gedacht habe. Uebrigens spricht Fichte bereits in eben jener Recension den Satz aus, dass das Ding wirklich und an sich so beschaffen sei, wie es von jedem denkbaren intelligenten Ich gedacht werden müsse, dass mithin die logische Wahrheit für jede der endlichen Intelligenz denkbare Intelligenz zugleich real sei. (Dieser Satz ist später, jedoch ohne die Einschränkung: „für jede der endlichen Intelligenz denkbare Intelligenz" das Fundament der Schelling'schen und Hegel'schen Doctrin geworden.)

In der „Grundlage der Wissenschaftslehre" sucht Fichte die Aufgabe der Ableitung aller philosophischen Erkenntniss aus einem einzigen Princip zu lösen. Das Princip findet Fichte im Anschluss an Kant's Lehre von der transcendentalen Einheit der Apperception in dem Ichbewusstsein. Er spricht den Inhalt desselben in drei Grundsätzen aus, deren logisches Verhältniss als Thesis, Antithesis und Synthesis sich in der Gliederung des Systems überall wiederholt.

1. Das Ich setzt ursprünglich schlechthin sein eigenes Sein. Diese „Thathandlung" ist der Realgrund des logischen Grundsatzes $A = A$, aus welchem dieselbe zwar nicht erwiesen, aber gefunden werden kann. Wird in dem Satze: Ich bin, von dem bestimmten Gehalt, dem Ich, abstrahirt und die blosse Form der Folgerung vom Gesetztsein auf das Sein übrig gelassen, wie es zum Behuf der Logik geschehen muss, so erhält man als Grundsatz der Logik den Satz $A = A$.

2. Das Ich setzt sich entgegen ein Nicht-Ich. (Non-A ist nicht $= A$.)

3. Das Ich setzt dem theilbaren Ich ein theilbares Nicht-Ich entgegen, worin das doppelte liegt:

a. theoretisch: das Ich setzt sich als beschränkt oder bestimmt durch das Nicht-Ich.

b. praktisch: das Ich setzt das Nicht-Ich als bestimmt durch das Ich.

Der entsprechende logische Satz ist der Satz des Grundes.

Das Ich, von welchem die Wissenschaftslehre ausgeht, oder das Ich der intellectuellen Anschauung, ist die blosse Identität des Bewusstseienden und Bewussten, die reine Form der Ichheit, welche noch nicht Individuum ist; das Ich als Idee aber ist das Vernunftwesen, wenn es die allgemeine Vernunft in und ausser sich vollkommen dargestellt hat; mit diesem schliesst die Vernunft in ihrem praktischen Theile, indem sie dasselbe als das Endziel des Strebens unserer Vernunft aufstellt, welchem diese jedoch nur in's Unendliche sich annähern vermag; dieses Vernunftwesen ist nicht mehr Individuum, weil durch die Bildung nach allgemeinen Gesetzen die Individualität verschwunden ist (zweite Einleitung in die Wissenschafts-

Lehre, 1797, Werke I, S. 615 f.; vgl. „Sonnenkl. Bericht", 1801, Werke II, S. 323).

Indem Fichte aus jenen drei Sätzen das gesammte theoretische Bewusstsein nach Inhalt und Form und zugleich die Normen des sittlichen Handelns deducirt, so glaubt er hierdurch zu Kants Kritik das System der reinen Vernunft hinzuzufügen.

Abstrahirt man von allem Urtheilen als bestimmtem Handeln in dem Satze: Ich bin, und sieht dabei bloss auf die Handlungsart des menschlichen Geistes überhaupt, so hat man die Kategorie der Realität. Abstrahirt man in gleicher Art bei dem zweiten Grundsatze von der Handlung des Urtheilens, so hat man die Kategorie der Negation, bei dem dritten Satze die der Limitation. In ähnlicher Weise ergeben sich die übrigen Kategorien, wie auch die Formen und der Stoff der Anschauung mittelst der Abstraction aus der Thätigkeit des Ich.

Nicht in der „Grundlage der Wissenschaftslehre", sondern erst im „Naturrecht" construirt Fichte die Mehrheit der Individuen. Das Ich kann sich nicht als freies Subject denken, ohne sich durch ein Aeusseres auch zur Selbstbestimmung bestimmt zu finden; zur Selbstbestimmung aber kann es nur durch ein Vernunftwesen sollicitirt werden; es muss also nicht nur die Sinnenwelt, sondern auch andere Vernunftwesen ausser sich denken, also sich als ein Ich unter mehreren setzen.

In der „Kritik aller Offenbarung" nimmt Fichte an, dass unter der Voraussetzung totaler Entartung die Empfänglichkeit für Moralität mittelst der Sinnlichkeit vermöge der Religion durch Wunder und Offenbarungen angeregt werden könne (wogegen Kant in seiner Religion innerhalb der Grenzen der Vernunft alle aussermoralischen Elemente als statutarische bezeichnet und nicht als von Gott unmittelbar veranstaltete Heilmittel, sondern nur als menschliche Veranstaltungen der rein moralischen Religion gelten lässt). Auf dem Standpunkte der Wissenschaftslehre lässt Fichte die Religion ganz in den Glauben an eine sittliche Weltordnung aufgehen. So insbesondere in der Abhandlung vom Jahr 1798 über den Grund unseres Glaubens an eine göttliche Weltregierung und in der sich hieran anschliessenden Vertheidigungsschrift gegen die Anklage des Atheismus. Der Gottesglaube ist die ihm praktisch sich bewährende Zuversicht an der absoluten Macht des Guten. „Die lebendige und wirkende moralische Ordnung", sagt Fichte in jener Abhandlung, „ist selbst Gott; wir bedürfen keines andern Gottes und können keinen andern fassen. Es liegt kein Grund in der Vernunft, aus jener moralischen Weltordnung herauszugehen und vermittelst eines Schlusses vom Begründeten auf den Grund noch ein besonderes Wesen als die Ursache desselben anzunehmen." „Es ist gar nicht zweifelhaft, vielmehr das Gewisseste, was es giebt, ja der Grund aller andern Gewissheit, das einzige absolut gültige Objective, dass es eine moralische Weltordnung giebt, dass jedem Individuum seine bestimmte Stelle in dieser Ordnung angewiesen und auf seine Arbeit gerechnet ist, dass jedes seiner Schicksale, inwiefern es nicht etwa durch sein eigenes Betragen verursacht ist, Resultat ist von diesem Plane, dass ohne ihm kein Haar fällt von seinem Haupte und in seiner Wirkungssphäre kein Sperling vom Dache, dass jede wahrhaft gute Handlung gelingt, jede böse misslingt, und dass denen, die nur das Gute recht lieben, alle Dinge zum Besten dienen müssen. Es kann ebensowenig von der andern Seite dem, der nur einen Augenblick nachdenken und das Resultat dieses Nachdenkens sich redlich gestehen will, zweifelhaft bleiben, dass der Begriff von Gott als einer besondern Substanz unmöglich und widersprechend ist, und es ist erlaubt dies aufrichtig zu sagen und das Schulgeschwätz niederzuschlagen, damit die wahre Religion des freudigen Rechtthuns sich erhebe." (Forberg hatte in dem Aufsatz, welchem der Fichte'sche vorausgeschickt wurde, es für ungewiss erklärt, ob ein Gott sei, den Polytheismus, falls nur die mythologischen Götter moralisch handelten, für eben so verträglich mit der Religion, wie den Monotheismus und in künstlerischem Betracht für vorzüglicher erklärt, die Religion auf zwei Glaubensartikel beschränkt: den Glauben an die Unsterblichkeit der Tugend, d. h. den Glauben, dass es immer auf Erden Tugend gab und giebt, und den Glauben an ein Reich Gottes auf Erden, d. h. die Maxime, an der Beförderung des Guten wenigstens so lange zu arbeiten, als die Unmöglichkeit des Erfolges nicht klar erwiesen sei, endlich es dem Ermessen eines Jeden anheimgegeben, ob er es rathsamer finde, an einen alten Ausdruck „Religion" einen neuen, verwandten Begriff zu binden und dadurch diesen der Gefahr auszusetzen, von jenem wieder verschlungen zu werden, oder lieber den alten Ausdruck gänzlich beiseite zu legen, aber dann zugleich auch bei sehr Vielen schwerer oder gar nicht Eingang zu finden. Forberg hat auch später noch, in einem Briefe an Paulus, Coburg 1821, in: Paulus u. s. Zeit, von Reichlin-Meldegg, Stuttgart 1853, Bd. II, S. 268 f., vgl. Hase, Fichte-Büchlein, S. 21 f., erklärt: „Des Glaubens habe ich in keiner Lage meines Lebens bedurft und gedenke in meinem entschiedenen Unglauben zu verharren bis an's Ende, das für mich ein totales Ende ist" etc., wogegen Fichte über die Unsterblichkeit, obschon er sich zu verschiedenen Zeiten verschieden äussert, doch stets affirmativere Ansichten gehegt hat; kein wirklich gewordenes Ich kann nach Fichte's Doctrin jemals untergehen; wie das Sein ursprünglich sich brach, so bleibt es gebrochen in alle Ewigkeit; wirklich gewordenes im vollen Sinne ist aber nur das Ich, das sich als Leben des Begriffs erscheint, das also etwas allgemein und ewig Gültiges aus sich entwickelt hat. Vgl. Löwe, die Ph. F.'s, Stuttg. 1862, S. 224—290.)

Die „Bestimmung des Menschen", Berlin 1800, ist eine lebendige exoterische Darstellung des Fichte'schen Idealismus in seinem Gegensatz zum Spinozismus.

Bald nach dem Atheismus-Streit ging Fichte dazu über, den Ausgangspunkt seines Philosophirens im Absoluten zu nehmen, insbesondere bereits in der Darstellung der Wissenschaftslehre aus dem Jahre 1801 (erst in den Werken, Bd. II, 1845 gedruckt), in welche auch einzelne Schleiermachersche Begriffe aus den Reden über die Religion eingegangen sind, und in der „Anweisung zum seligen Leben". Er erklärt Gott für das allein wahrhaft Seiende, welches sich durch sein absolutes Denken die äussere Natur als ein unwirkliches Nicht-Ich gegenüberstellt. Zu den beiden früher (im Anschluss an Kants Ethik) unterschiedenen praktischen Lebensstandpunkten, dem des Genusses und dem des Pflichtbewusstseins in der Form des kategorischen Imperativs, fügt Fichte nunmehr drei andere hinzu, die ihm als höhere gelten: die positive oder schaffende Sittlichkeit, die religiöse Gemeinschaft mit Gott und die philosophische Gotteserkenntniss.

In der Schrift: „Grundzüge des gegenwärtigen Zeitalters", Vorlesungen, geb. zu Berlin 1804—1805, gedr. Berlin 1806, unterscheidet Fichte geschichtsphilosophisch fünf Perioden: 1. diejenige, da die menschlichen Verhältnisse ohne Zwang und Mühe durch den blossen Vernunftinstinct geordnet werden; 2. diejenige, da dieser Instinct schwächer geworden und nur noch in wenigen Auserwählten sich ausprechend, durch diese Wenigen in eine zwingende äussere Autorität für Alle verwandelt wird; 3. diejenige, da diese Autorität und mit ihr die Vernunft in der einzigen Gestalt, in der sie bis jetzt vorhanden, abgeworfen wird; 4. diejenige, da die Vernunft in der Gestalt der Wissenschaft in die Gattung eintritt; 5. diejenige, da zu dieser Wissenschaft sich die Kunst gesellt, um das Leben mit sicherer und fester Hand nach der Wissenschaft zu gestalten, und da diese Kunst die vernunftgemässe Einrichtung der menschlichen Verhältnisse frei vollendet und der Zweck des gesammten Erdenlebens erreicht wird und unsere Gattung die höheren Sphären einer andern Welt betritt. Fichte findet, dass seine Zeit in der dritten Epoche stehe. — In den im Sommersemester 1813 gehaltenen Vorlesungen über die Staatslehre erklärt Fichte (Werke, Bd. IV, S. 508) die Geschichte für den Fortgang von der ursprünglichen, auf blossem Glauben beruhenden Ungleichheit zu der Gleichheit, die das Resultat des die menschlichen Verhältnisse durchaus ordnenden Verstandes sei.

Die Energie der etbischen Gesinnung Fichte's hat sich zumeist in seinen „Reden an die deutsche Nation" bekundet, die eine geistige Wiedergeburt erstrehen. „Lasst die Freiheit auf einige Zeit verschwunden sein aus der sichtbaren Welt; geben wir ihr eine Zuflucht im Innersten unserer Gedanken, so lange, bis um uns herum die neue Welt emporwachse, die da Kraft habe, diese Gedanken auch äusserlich darzustellen." Dieses Ziel soll erreicht werden durch eine völlig neue, zur Selbstthätigkeit und Sittlichkeit führende Erziehung, für welche Fichte in Pestalozzi's Pädagogik den Anknüpfungspunkt findet. Nicht durch die einzelnen Vorschläge, die grossentheils überspannt und abenteuerlich sind, wohl aber durch das ethische Princip hat Fichte zur sittlichen Erhebung der deutschen Nation wesentlich mitgewirkt, und zumal die Jugend zum aufopferungsfreudigen Kampfe für die nationale Unabhängigkeit begeistert. Gegen Fichte's früheren Kosmopolitismus, der ihn noch 1804 in dem Staate, der jedesmal auf der Höhe der Cultur stehe, das wahre Vaterland des Gebildeten finden liess, contrastirt scharf die in den Reden sich bekundende warme Liebe zu der deutschen Nation, die sich jedoch bis zu einem überschwenglichen, den Gegensatz des Deutschen und Fremden nahezu mit dem des Guten und Bösen identificirenden Cultus des Deutschthums potenzirt.

Fichte's spätere Lehre ist eine Fortbildung der früheren in der nämlichen Richtung, in welcher Schelling über Fichte hinausging. Die Differenz zwischen Fichte's früherem und späterem Philosophiren ist in der Sache geringer, als in der Lehrform, obschon auch materiell nicht unbeträchtlich. Schelling, der seinen eigenen Einfluss auf Fichte's spätere Gedankenbildung wohl überschätzt hat, mag die Differenz überspannt und Fichte's früheren Standpunkt zu subjectivistisch gedeutet haben. Andererseits aber ist nicht zu verkennen, dass der Fichte'sche Ichbegriff etwas Schwankendes hat und dass Fichte, von Kant's transscendentaler Apperception, welche das reine Selbstbewusstsein jedes Individuums ist, ausgehend, mehr und mehr in dem Begriff des alle Individuen in sich befassenden Absoluten das Princip seines Philosophirens gefunden hat.

Zu der von Fichte in der „Wissenschaftslehre" dargelegten Doctrin hat sich eine Zeitlang auch Reinhold bekannt, der später theils Bardili'sche, theils Jacobi'sche Ansichten annahm; Forberg und Niethammer schlossen sich an eben jene Lehre an; Johannes Baptista Schad und G. E. A. Mehmel haben in Schriften und Vorlesungen eben diese Doctrin vertreten.

Von Fichte angeregt, ging Friedrich Schlegel, indem er an die Stelle des reinen Ich das geniale Individuum setzte, zu einem Cultus der Genialität fort. Im Anschluss an Jacobi gegen den Formalismus des kategorischen Imperativs (mit der Wendung, dem Kant sei „die Jurisprudenz auf die inneren Theile geschlagen") polemisirend, findet er in der Kunst die wahre Erhebung über das Gemeine, wozu sich die pflichttreue Arbeit nur wie die getrocknete Pflanze zur frischen Blume verhalte. Indem das Genie sich über jede für das gemeine Bewusstsein geltende Schranke erhebt und über alles, was es selbst anerkennt, sich wiederum erhebt, so ist sein Verhalten das Ironische. Verwandt mit Schlegel's Denkrichtung ist die von Novalis (Friedrich von Hardenberg). In's Extrem treibt Schlegel das ironische Verhalten und die Polemik gegen die Sitte in dem Roman: Lucinde, Berlin 1799, durch die Bekämpfung der Schamhaftigkeit und das „Lob der Frechheit", worin die berechtigte Polemik gegen den Formalismus der Abstraction bei dem Mangel eines positiven ethischen Gehaltes in Frivolität umschlägt. (Schleiermacher hat seine idealere Auffassung des Rechtes der Individualität in den Roman hineingetragen.) Später fand F. Schlegel im Katholicismus die Befriedigung, die ihm seine Philosophie nicht dauernd zu gewähren vermochte. Trotz der Beziehung zu Fichte's Lehre ist die Schlegel'sche Romantik und Ironie, sofern sie die Willkür des Subjects an die Stelle des Gesetzes im Denken und Wollen treten lässt, nicht eine Consequenz, sondern (wie Lasson in seiner Schrift über Fichte S. 240 sie richtig bezeichnet) „das directe Widerspiel des Fichte'schen Geistes".

§ 21. Friedrich Wilhelm Joseph Schelling (später von Schelling, geb. 1775, gest. 1854) hat die Fichte'sche Ichlehre, von der er ausging, durch Verschmelzung mit dem Spinozismus zu dem Identitätssystem umgestaltet, aber von den beiden Seiten desselben, der Lehre von der Natur und vom Geist, vorzugsweise die erstere ausgebildet. Object und Subject, Reales und Ideales, Natur und Geist sind identisch im Absoluten. Wir erkennen diese Identität mittelst intellectueller Anschauung. Die ursprüngliche ungeschiedene Einheit oder Indifferenz tritt in die polarischen Gegensätze des positiven oder idealen und des negativen oder realen Seins auseinander. Der negative oder reale Pol ist die Natur. Der Natur wohnt ein Lebensprincip inne, welches die unorganischen und die organischen Wesen vermöge einer allgemeinen Continuität aller Naturursachen zu einem Gesammtorganismus verknüpft. Dieses Princip nennt Schelling die Weltseele. Die Kräfte der unorganischen Natur wiederholen sich in höherer Potenz in der organischen. Der positive oder ideale Pol ist der Geist. Die Stufen seiner Entwicklung sind: das theoretische, das praktische und das künstlerische Verhalten, d. h. die Hineinbildung des Stoffes in die Form, der Form in den Stoff, und die absolute Ineinsbildung von Form und Stoff. Die Kunst ist bewusste Nachbildung der bewusstlosen Naturidealität, Nachbildung der Natur in den Culminationspunkten ihrer Entwickelung; die höchste Stufe der Kunst ist die Aufhebung der Form durch die vollendete Fülle der Form.

Durch successive Mitaufnahme mancher Philosopheme von Plato und Neuplatonikern, Jordano Bruno, Jakob Böhm und Anderen hat Schelling später eine synkretistische Doctrin gebildet, die immer mystischer geworden ist, auf den Entwickelungsgang der Philosophie aber einen weit geringeren Einfluss, als das anfängliche Identitätssystem, gewonnen hat. Schelling hat nach Hegels Tode das Identitätssystem, das von Hegel nur auf eine logische Form gebracht worden sei, zwar nicht für falsch, aber für einseitig erklärt und als negative Philosophie bezeichnet, welche der Ergänzung durch eine positive Philosophie, nämlich durch die „Philosophie der Mythologie" und „Philosophie der Offenbarung" bedürfe. Diese Theosophie ist eine Speculation über die Potenzen und Personen der Gottheit, wodurch der Gegensatz des petrinischen und paulinischen Christenthums oder des Katholicismus und Protestantismus in einer Johanneskirche der Zukunft aufgehoben werden soll. Der Erfolg ist weit hinter Schellings grossen Verheissungen zurückgeblieben.

Schellings Werke hat in einer Gesammtausgabe, welche ausser dem früher Gedruckten auch vieles bis dahin Ungedruckte enthält, sein Sohn K. F. A. Schelling edirt, 1. Abth. 10 Bde., 2. Abth. 4 Bde., Stuttg. u. Augsb. 1856 ff. Ueber Schelling handelt insbesondere C. Rosenkranz, Schelling, Vorlesungen gehalten im Sommer 1842 an der Universität zu Königsberg, Danzig 1843; vgl. die Darstellungen seines Systems bei den Historikern Michelet, Erdmann etc., ferner unter den älteren Schriften namentlich die von Jak. Fries über Reinhold, Fichte und Schelling, Leipz. 1803, von neueren mehrere bei der Eröffnung der Vorlesungen Schellings in Berlin erschienene Streitschriften: Schelling und die Offenbarung, Kritik des neuesten Reactionsversuchs gegen die freie Philosophie, Leipzig 1842, (Glaser) Differenz der Schelling'schen und Hegel'schen Philosophie, Leipz. 1842, Marheineke, Kritik der Schelling'schen Offenbarungsphilosophie, Berlin 1843. Salat, Schelling in München, Heidelb. 1845, L. Noack, Schelling und die Philosophie der Romantik, Berlin 1859, Mignet, notice historique sur la vie et les travaux de M. de Schelling, Paris 1858, E. A. Weber, examen critique de la philos. religieuse de Sch., thèse, Strassb. 1860, ferner Abhandlungen von Hugo Beckers in den Abh. der Bayr. Akad. der Wiss., von Ehrenfeuchter, Dorner, Hamberger in den Jahrb. f. deutsche Theol., Hoffmann im Athenaeum, Brandis in den Abh. der Berl. Akad. 1856, Böckh in den Monatsber. 1855 etc.

Als Sohn eines Würtembergischen Landgeistlichen, geboren zu Leonberg am 27. Januar 1775, trat Schelling, dessen glänzende Anlagen sich früh entwickelten, bereits in seinem sechszehnten Lebensjahre, zu Michaelis 1790, in das theologische Seminar zu Tübingen. Er trieb ausser den theologischen Studien philologische und philosophische, dann 1796 und 1797 zu Leipzig auch naturwissenschaftliche und mathematische. Seit 1798 docirte er in Jena neben Fichte und ebendaselbst auch nach dessen Abgange. Schelling erhielt 1803 eine Professur der Philosophie in Würzburg, die er bis 1806 bekleidete, wurde dann Mitglied der Akademie der Wissenschaften in München (später deren beständiger Secrotaire), 1827 nach Errichtung der Universität zu München an derselben Professor; von da 1841 nach Berlin berufen, hielt er hier einige Jahre lang Vorlesungen über Mythologie und Offenbarung, gab aber bald diese Lehrthätigkeit auf. Er starb am 20. August 1854 im Badeorte Ragaz in der Schweiz.

In seiner Magisterdissertation, die er 1792 verfasste: „Antiquissimi de prima malorum origine philosophematis explicandi tentamen criticum", gab er der biblischen Erzählung vom Sündenfall eine allegorische Deutung, im Anschluss an Herder'sche Ideen. In gleichem Geiste war die Abhandlung geschrieben, die 1793 in Paulus' Memorabilien (Stück V, S. 1—65) erschien: „Ueber Mythen, historische Sagen und Philosopheme der ältesten Welt". Der neutestamentlichen Kritik und ältesten Kirchengeschichte gehört die Abhandlung an: „de Marcione Paulinarum epistolarum emendatore", 1795. Immer mehr aber wandte sich Schellings Interesse der Philosophie zu. Er las Kants Vernunftkritik, Reinholds Elementarphilosophie Maimon's neue Theorie des Denkens, G. E. Schulze's Aenesidemus und Fichte's

Recension dieser Schrift und dessen Schrift über den Begriff der Wissenschaftslehre, und schrieb 1794 die (zu Tübingen 1795 erschienene) Schrift: „Ueber die Möglichkeit einer Form der Philosophie überhaupt", worin er zu zeigen sucht, dass weder ein materialer Grundsatz, wie Reinholds Satz des Bewusstseins, noch ein bloss formaler, wie der Satz der Identität, sich zum Princip der Philosophie eigne; dieses Princip müsse in dem Ich liegen, in welchem das Setzen und das Gesetzte zusammenfallen. In dem Satze: Ich = Ich, bedingen Form und Inhalt sich gegenseitig.

In der nächstfolgenden Schrift: „Vom Ich als Princip der Philosophie oder über das Unbedingte im menschlichen Wissen", Tüb. 1795 (wiederabgedr. in den „philos. Schriften", Landshut 1809); bezeichnet Schelling als das wahre Princip der Philosophie das absolute Ich. Das Subject ist das durch ein Object bedingte Ich; der Gegensatz zwischen Subject und Object setzt ein absolutes Ich voraus, welches nicht durch ein Object bedingt ist, sondern alles Object ausschliesst. Das Ich ist das Unbedingte im menschlichen Wissen; durch das Ich selbst und durch Entgegensetzung gegen das Ich muss sich der ganze Inhalt alles Wissens bestimmen lassen. Die Kantische Frage: wie sind synthetische Urtheile a priori möglich? ist, in ihrer höchsten Abstraction vorgestellt, keine andere, als diese: wie kommt das absolute Ich dazu, aus sich selbst herauszugehen und sich ein Nicht-Ich schlechthin entgegenzusetzen? Im endlichen Ich ist die Einheit des Bewusstseins, d. h. Persönlichkeit; das unendliche Ich aber kennt gar kein Object, also auch kein Bewusstsein und keine Einheit des Bewusstseins, keine Persönlichkeit; die Causalität des unendlichen Ich kann nicht als Moralität, Weisheit etc., sondern nur als absolute Macht vorgestellt werden.

In den „philos. Briefen über Dogmatismus und Kriticismus", in Niethammer's philos. Journal 1795 (wiederabgedr. in den „philos. Schriften", Landshut 1809), tritt Schelling den Kantianern entgegen, die er im Begriff findet, „aus den Trophäen des Kriticismus ein neues System des Dogmatismus zu erbauen, an dessen Stelle wohl jeder aufrichtige Denker das alte Gebäude zurückwünschen möchte". Schelling sucht (besonders bei dem moralischen Beweise für das Dasein Gottes) nachzuweisen, dass der Kriticismus in dem Sinne, wie die meisten Kantianer denselben verstehen, nur ein widerspruchsvolles Mittelding von Dogmatismus und Kriticismus sei; recht verstanden, sei die Kritik der reinen Vernunft gerade dazu bestimmt, die Möglichkeit zweier einander entgegengesetzter Systeme, welche beide den Widerstreit zwischen Subject und Object durch Reduction des einen auf das andere aufheben, nämlich des Idealismus und des Realismus, aus dem Wesen der Vernunft abzuleiten. „Uns Allen", sagt Schelling, „wohnt ein geheimes, wunderbares Vermögen bei, uns aus dem Wechsel der Zeit in unser Innerstes, von allem, was von aussen hinzukam, entkleidetes Selbst zurückzuziehen und da unter der Form der Unwandelbarkeit das Ewige anzuschauen; diese Anschauung ist die innerste, eigenste Erfahrung, von welcher allein alles abhängt, was wir von einer übersinnlichen Welt wissen und glauben". Schelling nennt dieselbe die „intellectuelle Anschauung". (Freilich ist das, was er hier beschreibt, vielmehr eine Abstraction, als eine Anschauung.) Spinoza, meint Schelling, objectivirt dogmatisch oder realistisch diese Anschauung und glaubt daher (gleich dem Mystiker) sich im Absoluten zu verlieren; der Idealist aber erkennt sie als Anschauung seiner selbst; sofern wir streben, das Absolute in uns zu realisiren, sind nicht wir in der Anschauung der objectiven Welt, sondern ist sie in dieser unserer Anschauung verloren, in welcher Zeit und Dauer für uns dahinschwinden und die reine absolute Ewigkeit in uns ist.

§ 21. Schelling.

Obwohl Kant die Möglichkeit einer intellectuellen Anschauung negirt, so glaubt doch Schelling (in den 1796 und 97 geschriebenen, gleichfalls zuerst in dem von Fichte und Niethammer hrsg. philos. Journal erschienenen, in den „philos. Schriften", Landshut 1809, wiederabgedr. „Abhandlungen zur Erläuterung des Idealismus der Wissenschaftslehre") mit dem Geist seiner Lehre sich in Uebereinstimmung zu finden, da Kant selbst das Ich in dem Satze: Ich denke, für eine rein intellectuale Vorstellung erkläre, die allem empirischen Denken nothwendig vorangehe. Die von Reinhold aufgeworfene Frage, ob Fichte durch seine Behauptung, dass das Princip der Vorstellungen lediglich ein inneres sei, von Kant abweiche, beantwortet Schelling, indem er sagt: „Beide Philosophen sind einig in der Behauptung, dass der Grund unserer Vorstellungen nicht im Sinnlichen, sondern im Uebersinnlichen liege. Diesen übersinnlichen Grund muss Kant in der theoretischen Philosophie symbolisiren und spricht daher von Dingen an sich als solchen, die den Stoff zu unseren Vorstellungen geben. Dieser symbolischen Darstellung kann Fichte entbehren, weil er die theoretische Philosophie nicht, wie Kant, getrennt von der praktischen behandelt. Denn eben darin besteht das eigenthümliche Verdienst des Letzteren, dass er das Princip, das Kant an die Spitze der praktischen Philosophie stellt, die Autonomie des Willens, zum Princip der gesammten Philosophie erweitert und dadurch der Stifter einer Philosophie wird, die man mit Recht die höhere Philosophie heissen kann, weil sie ihrem Geiste nach weder theoretisch, noch praktisch allein, sondern beides zugleich ist." Von der (historisch richtigen) Auffassung der Kantischen „Dinge an sich" im eigentlichen Sinne redet Schelling mit derselben Verehrung, wie von der (Aristotelischen, im Wesentlichen gleichfalls historisch richtigen) Auffassung der Platonischen Ideen als Substanzen, indem er die (grossentheils allerdings unleugbar vorhandenen, und auch von Anderen bereits aufgezeigten, theilweise jedoch nur vermeintlichen, durch Schellings eigenes Missverständniss erzeugten) Widersprüche zeigt, in welche jene Auffassung sich verwickle. „Die unendliche Welt ist ja nichts anderes, als unser schaffender Geist selbst in unendlichen Productionen und Reproductionen. Nicht also Kants Schüler! Ihnen ist die Welt und die ganze Wirklichkeit etwas, das unserm Geiste ursprünglich fremd, mit ihm keine Verwandtschaft hat, als die zufällige, dass sie auf ihn wirkt. Nichtsdestoweniger beherrschen sie eine solche Welt, die für sie doch nur zufällig ist und die eben so gut auch anders sein könnte, mit Gesetzen, die, sie wissen nicht wie und woher, in ihrem Verstande eingegraben sind. Diese Begriffe und diese Gesetze des Verstandes tragen sie, als höchste Gesetzgeber der Natur, mit vollem Bewusstsein, dass die Welt aus Dingen an sich besteht, doch auf diese Dinge an sich über, wenden sie ganz frei und selbstbeliebig an und diese Welt, diese ewige und nothwendige Natur, gehorcht ihrem speculativen Gutdünken? Und dies soll Kant gelehrt haben? — Es hat nie ein System existirt, das lächerlicher oder abenteuerlicher gewesen wäre." (Diese Kritik trifft nur halb zu, sofern nicht auf die Dinge an sich selbst, sondern auf die durch sie in uns hervorgerufenen Vorstellungen die apriorischen Formen und Gesetze übertragen werden sollen; da aber diese Vorstellungen, sofern sie von Dingen an sich abhängen, auch durch diese mitbestimmt sein müssen, so liegt in der That in der Doctrin Kants und seiner strengen Anhänger die Ungereimtheit, dass eben diese Vorstellungen doch zugleich auch widerstandslos, als ob sie gar nicht durch die Dinge an sich mitbestimmt wären, den Gesetzen gehorchen sollen, welche das Ich „ganz frei und selbstbeliebig" aus sich erzeugt. Wenn übrigens Schelling selbst dafür hält, es gebe für unsere Vorstellung kein Original ausser ihr und es finde zwischen dem vorgestellten und wirklichen Gegenstand gar kein Unterschied statt, so beweist dies nur, dass er — ebenso wie später Hegel und Andere — Kants erkenntnisstheoretisches Problem nicht gelöst hat; ein wesentlich anderes Problem, nämlich das des realen Verhältnisses zwischen Natur und Geist, hat sich, ihm selbst unbewusst, in seinem Philosophiren jenem erkenntnisstheoretischen Probleme untergeschoben und ist von ihm geistvoll und tief in seinen nächstfolgenden Schriften behandelt worden, während jenes ungelöst blieb, aber Schelling selbst und seinen Nachfolgern irrigerweise mit diesem zugleich für gelöst galt.)

Im Jahre 1797 erschien zu Leipzig der erste (und einzige) Theil der „Ideen zu einer Philosophie der Natur" (2. Aufl. Landshut 1803), im Jahre 1798 zu Hamburg die Schrift: „Von der Weltseele, eine Hypothese der höheren Physik zur Erklärung des allgemeinen Organismus" (der zweiten Auflage, welche zu Hamburg 1806 erschien, wie auch der dritten, Hamburg 1809, ist eine Abhandlung „über das Verhältniss des Realen und des Idealen in der Natur oder Entwicklung der ersten Grundsätze der Naturphilosophie an den Principien der Schwere und des Lichts" beigefügt). Im folgenden Jahre erschien: „Erster Entwurf eines Systems der Naturphilosophie", Jena u. Leipzig 1799, nebst der kleinen Schrift: Einleitung zu diesem Entwurf, oder: über den Begriff der speculativen Physik und die innere Organisation eines Systems dieser Wissenschaft. Dann folgte das „System des transscendentalen Idealismus", Tübingen 1800. Schelling betrachtet in diesen Schriften das Subjective oder Ideelle und das Objective oder Reelle als zwei Pole, die sich wechselseitig voraussetzen und fordern. Auf der Uebereinstimmung eines Objectiven mit einem Subjectiven beruht alles Wissen. Demgemäss giebt es (wie Schelling namentlich in der Einleitung zu seinem Entwurf eines Systems der Naturphil. und im System des transsc. Idealismus ausführt) nothwendig zwei Grundwissenschaften. Entweder nämlich wird das Objective zum Ersten gemacht und gefragt, wie ein Subjectives zu ihm hinzukomme, das mit ihm übereinstimme, oder das Subjective wird zum Ersten gemacht, und die Aufgabe ist die: wie ein Objectives hinzukomme, das mit ihm übereinstimme? Die erste Aufgabe ist die der speculativen Physik, die andere die der Transscendentalphilosophie. Die Transscendentalphilosophie betrachtet, indem sie die reelle oder bewusstlose Vernunftthätigkeit auf die ideelle oder bewusste zurückführt, die Natur als den sichtbaren Organismus unseres Verstandes; die Naturphilosophie dagegen zeigt, wie das Ideelle auch hinwiederum aus dem Reellen entspringt und aus ihm erklärt werden muss. Zum Behuf der Erklärung des Fortgangs der Natur von den niedrigsten bis zu den höchsten Gebilden nimmt Schelling eine Weltseele an als ein organisirendes, die Welt zum System bildendes Princip. (In der Annahme einer Weltseele ist unter den alten Philosophen namentlich Plato, unter den durch Kant angeregten Denkern aber Sal. Maimon Schelling vorangegangen; Maimon handelt „über die Weltseele, entelechia universi", im Berlinischen Journal für Aufklärung, hrsg. von A. Riem, Bd. VIII, St. 1, Juli 1790, S. 47—92; er bemerkt mit Recht, dass man nach Kant sowenig behaupten dürfe, dass es mehrere Seelen, überhaupt Kräfte, als dass es bloss eine einzige allgemeine gebe, weil Vielheit, Einheit, Einseins etc. Formen des Denkens seien, die ohne ein sinnliches Schema nicht gebraucht werden können, hält aber für eine zulässige und die Naturerkenntniss fördernde Hypothese die Annahme einer Weltseele als des Grundes der anorganischen und organischen Bildungen, des thierischen Lebens und des Verstandes und der Vernunft im Menschen.) Schelling fasst im „System des transscendentalen Idealismus" die Grundgedanken seiner Naturphilosophie (welche bei allem Phantastischen der Durchführung doch von bleibendem Werthe sind) kurz dahin zusammen: „Die nothwendige Tendenz aller Naturwissenschaft ist, von der Natur aufs Intelligente zu kommen. Dies und nichts Anderes liegt dem Bestreben zu Grunde, in die Naturerscheinungen

Theorie zu bringen. — Die vollendete Theorie der Natur würde diejenige sein, kraft welcher die ganze Natur sich in eine Intelligenz auflöste. Die todten und bewusstlosen Producte der Natur sind nur misslungene Versuche der Natur sich selbst zu reflectiren, die sogenannte todte Natur aber überhaupt eine unreife Intelligenz, daher in ihren Phänomen noch bewusstlos schon der intelligente Charakter durchblickt. Das höchste Ziel, sich selbst ganz Object zu werden, erreicht die Natur erst durch die höchste und letzte Reflexion, welche nichts Anderes, als der Mensch, oder allgemeiner, das ist, was wir Vernunft nennen, durch welche zuerst die Natur vollständig in sich selbst zurückkehrt, und wodurch offenbar wird, dass die Natur ursprünglich identisch ist mit dem, was in uns als Intelligenz und Bewusstes erkannt wird." Aus dem Subjectiven aber das Objective entstehen zu lassen, ist die Aufgabe der Transscendentalphilosophie. „Wenn alle Philosophie darauf ausgehen muss, entweder aus der Natur eine Intelligenz oder aus der Intelligenz eine Natur zu machen, so ist die Transscendentalphilosophie, welche diese letztere Aufgabe hat, die andere nothwendige Grundwissenschaft der Philosophie." Schelling theilt die Transscendentalphilosophie, den drei Kantischen Kritiken gemäss, in drei Theile, die theoretische Philosophie, die praktische, und die, welche auf die Einheit des Theoretischen und Praktischen geht und erklärt, wie die Vorstellungen zugleich als sich richtend nach den Gegenständen und diese als sich richtend nach den Vorstellungen gedacht werden können, indem sie die Identität der bewusstlosen und der bewussten Thätigkeit nachweist, d. h. die Lehre von der Naturzweckmässigkeit und von der Kunst. In dem theoretischen Theile der Transscendentalphilosophie betrachtet Schelling die Stufen der Erkenntniss in ihrer Beziehung auf die Stufen der Natur. Die Materie ist der erloschene Geist; die Acte und Epochen des Selbstbewusstseins lassen sich in den Kräften der Materie und in den Momenten ihrer Construction wiederfinden. Alle Kräfte des Universums kommen zuletzt auf Vorstellungskräfte zurück; der Leibnitzsche Idealismus, dem die Materie als der Schlafzustand der Monaden gilt, ist, gehörig verstanden, vom transscendentalen in der That nicht verschieden. Die Organisation ist darum nothwendig, weil die Intelligenz sich selbst in ihrem productiven Uebergehen von Ursache zu Wirkung oder in der Succession ihrer Vorstellungen anschauen muss, insofern diese in sich selbst zurückläuft; dies aber kann sie nicht, ohne jene Succession permanent zu machen oder sie in Ruhe darzustellen; die in sich selbst zurückkehrende, in Ruhe dargestellte Succession ist eben die Organisation. Es ist aber eine Stufenfolge der Organisation nothwendig, weil die Succession, die der Intelligenz zum Object wird, innerhalb ihrer Grenzen wieder endlos, die Intelligenz also ein unendliches Bestreben, sich zu organisiren, ist. In der Stufenfolge der Organisationen muss nothwendig eine vorkommen, welche die Intelligenz als identisch mit sich selbst anzuschauen genöthigt ist. Nur eine nie aufhörende Wechselwirkung des Individuums mit anderen Intelligenzen vollendet das ganze Bewusstsein mit allen seinen Bestimmungen. Nur dadurch, dass Intelligenzen ausser mir sind, wird mir die Welt überhaupt objectiv: die Vorstellung von Objecten ausser mir kann mir gar nicht anders entstehen, als durch Intelligenzen ausser mir, und nur durch Wechselwirkung mit anderen Individuen kann ich zum Bewusstsein meiner Freiheit gelangen. Eine Wechselwirkung von Vernunftwesen durch das Medium der objectiven Welt ist die Bedingung der Freiheit. Ob aber alle Vernunftwesen, der Vernunftforderung gemäss, ihr Handeln durch die Möglichkeit des freien Handelns aller übrigen einschränken oder nicht, darf nicht dem Zufall anvertraut sein; es muss eine zweite und höhere Natur gleichsam über der ersten errichtet werden, nämlich das Rechtsgesetz, welches mit der Unverbrüchlichkeit eines Naturgesetzes herrschen soll zum Behuf der Freiheit. Alle Versuche, die Rechtsordnung in eine moralische umzuwandeln, sind verfehlt und schlagen in Despotismus um. Ursprünglich hat der Trieb zur Reaction gegen Gewaltthätigkeit die Menschen zu einer Rechtsordnung geführt, die für das nächste Bedürfniss eingerichtet war. Die Sicherung guter Verfassung des einzelnen Staates liegt zuhöchst in der Unterordnung der Staaten unter ein gemeinsames, von einem Völkerareopag gehandhabtes Rechtsgesetz. Das allmähliche Realisiren der Rechtsverfassung ist das Object der Geschichte. Die Geschichte als Ganzes ist eine fortgehende, allmählich sich enthüllende Offenbarung des Absoluten. Man kann in der Geschichte nie eine einzelne Stelle bezeichnen, wo die Spur der Vorsehung oder Gott selbst gleichsam sichtbar wäre; nur durch die ganze Geschichte kann der Beweis vom Dasein Gottes vollendet sein. Jede einzelne Intelligenz kann betrachtet werden als ein integrirender Theil Gottes oder der moralischen Weltordnung; diese wird existiren, sobald jene sie errichten. Die Geschichte nähert sich diesem Ziele vermöge einer prästabilirten Harmonie des Objectiven oder Gesetzmässigen und des Bestimmenden oder Freien, welche nur denkbar ist durch etwas Höheres, was über beiden ist als der Grund der Identität zwischen dem absolut Subjectiven und dem absolut Objectiven, dem Bewussten und dem Bewusstlosen, welche eben zum Behuf der Erscheinung im freien Handeln sich trennen. Ist die Erscheinung der Freiheit nothwendig unendlich, so ist auch die Geschichte selbst eine nie ganz geschehene Offenbarung jenes Absoluten, das zum Behuf des Erscheinens in das Bewusste und Bewusstlose sich trennt, selbst aber in dem unzugänglichen Lichte, in welchem es wohnt, die ewige Identität und der ewige Grund der Harmonie zwischen beiden ist. Schelling unterscheidet drei Perioden dieser Offenbarung des Absoluten oder der Geschichte, welche er als die des Schicksals, der Natur und der Vorsehung charakterisirt. In der ersten Periode, welche die tragische genannt werden kann, zerstört das Herrschende als völlig blinde Macht kalt und bewusstlos auch das Grösste und Herrlichste; in sie fällt der Untergang der edelsten Menschheit, die je geblüht hat und deren Wiederkehr auf die Erde nur ein ewiger Wunsch ist. In der zweiten Periode offenbart sich das als Natur, was in der ersten als Schicksal erschien und führt so allmählich wenigstens eine mechanische Gesetzmässigkeit in der Geschichte herbei: diese Periode lässt Schelling mit der Ausbreitung der römischen Republik beginnen, wodurch die Völker unter einander verbunden wurden und was bis dahin von Sitten und Gesetzen, Künsten und Wissenschaften nur abgesondert unter einzelnen Völkern bewahrt wurde, in wechselseitige Berührung kam. Die dritte Periode der Geschichte wird die sein, wo das, was in den früheren als Schicksal und Natur erschien, sich als Vorsehung entwickeln und offenbar werden wird, dass selbst das, was blosses Werk des Schicksals oder der Natur zu sein schien, schon der Anfang einer auf unvollkommene Weise sich offenbarenden Vorsehung war. Auf der nothwendigen Harmonie der bewusstlosen und der bewussten Thätigkeit beruht die Naturzweckmässigkeit und die Kunst. Die Natur ist zweckmässig, ohne einem Zweck gemäss hervorgebracht zu sein. Das Ich selbst aber ist für sich selbst in einer und derselben Anschauung zugleich bewusst und bewusstlos in der Kunstanschauung. Was in der Erscheinung der Freiheit und was in der Anschauung des Naturproducts getrennt existirt, nämlich Identität des Bewussten und Bewusstlosen im Ich und Bewusstsein dieser Identität, das fasst die Anschauung des Kunstproductes in sich zusammen. Jede ästhetische Production geht aus von einer an sich unendlichen Trennung der beiden Thätigkeiten, welche in jedem freien Produciren getrennt sind. Da nun aber diese beiden Thätigkeiten im Product als vereinigt dargestellt werden sollen, so wird durch dasselbe ein Unendliches endlich dargestellt. Das Unendliche endlich dargestellt ist Schönheit. Wo Schönheit ist, ist der unendliche Widerspruch im Object selbst aufgehoben; wo Erhabenheit ist, ist der Widerspruch nicht im Object selbst vereinigt, sondern nur bis zu einer Höhe gesteigert, bei welcher er in der Anschauung unwillkürlich sich aufhebt. Das künstlerische Produciren ist nur durch Genie möglich, weil seine Bedingung ein unendlicher Gegensatz ist. Was die Kunst in ihrer Vollkommenheit hervorbringt, ist für die Beurtheilung der Naturschönheit, die an dem organischen Naturproduct als schlechthin zufällig erscheint, Princip und Norm. Mit der Kunst hat die Wissenschaft in ihrer höchsten Function ein und dieselbe Aufgabe; aber die Art der Lösung ist eine verschiedene, sofern sie in der Wissenschaft mechanisch ist und das Genie in ihr stets problematisch bleibt, während jede künstlerische Aufgabe nur durch Genie aufgelöst werden kann. Die Kunst ist die höchste Vereinigung von Freiheit und Nothwendigkeit.

Die „Zeitschrift für speculative Physik", 2 Bde., hrsg. von Schelling, Jena und Leipzig 1800—1801, enthält im ersten Bande neben Abhandlungen von Steffens namentlich eine „Allgemeine Deduction des dynamischen Processes oder der Kategorien der Physik" von Schelling, an deren Schluss sich die bemerkenswerthe Aeusserung findet: „wir können von der Natur zu uns, von uns zu der Natur gehen, aber die wahre Richtung für den, dem das Wissen über alles geht, ist die, welche die Natur selbst genommen hat", ferner „Miscellen", unter welchen ein kurzes naturphilosophisches Gedicht hervorgehoben zu werden verdient, das den Grundgedanken der fortschreitenden Entwicklung des in der Natur gleichsam versteinerten Riesengeistes zum Bewusstsein, welches er im Menschen gewinnt, sehr lebendig und klar darstellt. Der Mensch kann zur Welt sprechen: „Ich bin der Gott, den sie im Busen hegt, der Geist, der sich in Allem bewegt. Vom ersten Ringen dunkler Kräfte bis zum Erguss der ersten Lebenssäfte, wo Kraft in Kraft und Stoff in Stoff verquillt, die erste Blüth', die erste Knospe schwillt, zum ersten Strahl von neugebornem Licht, das durch die Nacht wie zweite Schöpfung bricht und aus den tausend Augen der Welt den Himmel so Tag wie Nacht erhellt, ist Eine Kraft, Ein Wechselspiel und Weben, Ein Trieb und Drang nach immer höherem Leben". In der „Darstellung meines Systems" im zweiten Bande dieser Zeitschrift führt Schelling die Nebenordnung der Natur- und Transscendental-Philosophie auf den Grundgedanken zurück, dass nichts ausser der absoluten Vernunft, sondern alles in ihr sei, die absolute Vernunft aber als die totale Indifferenz des Subjectiven und Objectiven gedacht werden müsse. Die Vernunft ist das Wahre an sich; die Dinge an sich erkennen, heisst, sie erkennen, wie sie in der Vernunft sind. Schelling weist unter bildlicher Anwendung mathematischer Formeln die Stufen der Natur als Potenzen des Subject-Objects nach. Die Darstellung der Stufen des Geistes fehlt. Die Differenz, welche Schelling (hypothetisch und mit der Hoffnung auf spätere Einigung) zwischen seinem Standpunkt und dem Fichte'schen findet, bezeichnet er durch den Gegensatz der Formeln: Ich = Alles, und Alles = Ich; auf jenem Satze beruhe Fichte's subjectiver Idealismus, auf diesem sein eigener objectiver Idealismus. (In dieser Bezeichnung schliesst sich Schelling an Hegels Schrift über die „Differenz des Fichte'schen und Schelling'schen Systems der Philosophie" an; doch nennt Schelling seine Doctrin auch das „absolute Identitätssystem".)

Im Jahre 1802 erschien das Gespräch: „Bruno oder über das natürliche und göttliche Princip der Dinge", Berlin 1802 (2. Aufl. ebend. 1842), worin Schelling sich theils an Sätze des Jordano Bruno, theils an den Timaeus des Plato anlehnt. Neben der Indifferenz wird hier mitunter das Ideale Gott genannt. Theils an den Bruno, theils an die Darstellung des Systems im zweiten Bande der Zeitschrift für specul. Physik schliessen sich die „Ferneren Darstellungen aus dem Systeme der Philosophie" an, welche die „Neue Zeitschrift für speculative Physik", Tüb. 1802, enthält, die auf einen Band beschränkt blieb. In demselben

§ 21. Schelling.

Jahre verband sich Schelling mit Hegel zur Herausgabe der Zeitschrift: „Kritisches Journal der Philosophie", Tübingen 1802—1803. (Der in diesem Journal enthaltene Aufsatz: „über das Verhältniss der Naturphilosophie zur Philosophie überhaupt" ist nicht von Hegel, der übrigens die meisten Beiträge geliefert hat, sondern von Schelling verfasst worden, was sich nach Erdmanns Bemerkung aus der Nichtunterscheidung der Logik als des allgemeinen Theiles der Philosophie von der Natur- und Transscendental-Philosophie, da doch Hegel nachweisbar damals schon diese Unterscheidung machte, schliessen lässt, obschon Michelet in seiner Schrift: Schelling und Hegel, Berlin 1839, und Rosenkranz, Schelling, Danzig 1843, S. 190—195 das Gegentheil behauptet haben; für Schellings Autorschaft erklärt sich auch Haym, Hegel u. s. Zeit, S. 156 und 495; doch vgl. andererseits Rosenkranz und Michelet in der Zeitschrift: „der Gedanke", Bd. I., Berlin 1861, S. 72 bis 75 über diese und einige andere Abhandlungen.) Die Grundzüge seines gesammten Lehrgebäudes hat Schelling in populärer Form in seine (im Jahre 1802 gehaltenen) „Vorlesungen über die Methode des akademischen Studiums", Stuttgart und Tübingen 1803 (2. Aufl. ebd. 1830) aufgenommen. Schelling definirt hier die Philosophie als die Wissenschaft der absoluten Identität, die Wissenschaft alles Wissens, welche das Urwissen unmittelbar und an sich selbst zum Grund und Gegenstand hat. Ihrer Form nach ist die Philosophie eine unmittelbare Vernunftoder intellectuelle Anschauung, die mit ihrem Gegenstande, dem Urwissen selbst, schlechthin identisch ist. Darstellung intellectueller Anschauung ist philosophische Construction. In der absoluten Identität oder der allgemeinen Einheit des Allgemeinen und Besondern liegen besondere Einheiten, welche den Uebergang zu den Individuen vermitteln; diese nennt Schelling im Anschluss an Plato Ideen. Diese Ideen können nur in der Vernunftanschauung enthalten sein, und die Philosophie ist demgemäss die Wissenschaft der Ideen oder der ewigen Urbilder der Dinge. Die Staatsverfassung, sagt Schelling, ist ein Bild der Verfassung des Ideenreichs. In diesem ist das Absolute als die Macht, von der alles ausfliesst, der Monarch, die Ideen sind die Freien, die einzelnen wirklichen Dinge sind die Sclaven und Leibeigenen. Schelling nimmt hiermit den Realismus (dieses Wort im scholastischen Sinne verstanden), der seit dem Ausgange des Mittelalters von allen namhaften Philosophen aufgegeben worden war und nur in der Doctrin des Spinoza in Bezug auf die absolute Substanz in gewissem Sinne liegt, durch Verschmelzung dieser Doctrin mit der platonischen Ideenlehre von Neuem auf. Die Philosophie wird in drei positiven Wissenschaften objectiv, welche nach dem Bilde des innern Typus der Philosophie sich gliedern. Von diesen ist die erste die Theologie, welche als Wissenschaft des absoluten und göttlichen Wesens den absoluten Indifferenzpunkt des Idealen und Realen objectiv darstellt. Die ideelle Seite der Philosophie, in sich getrennt objectivirt, ist die Wissenschaft der Geschichte, und sofern das vorzüglichste Werk der letzteren die Bildung der Rechtsverfassung ist, die Wissenschaft des Rechts oder die Jurisprudenz. Die reelle Seite der Philosophie wird, für sich genommen, äusserlich repräsentirt durch die Wissenschaft der Natur, und wiefern diese sich in der des Organismus concentrirt, die Medicin. Nur durch das historische Element können die positiven oder realen Wissenschaften von der absoluten oder der Philosophie geschieden sein. Da die Theologie als das wahre Centrum des Objectivwerdens der Philosophie vorzugsweise in speculativen Ideen ist, so ist sie überhaupt die höchste Synthese des philosophischen und historischen Wissens. Sofern das Ideale die höhere Potenz des Realen ist, so folgt, dass die juridische Facultät der medicinischen vorangehe. Der Gegensatz des Realen und Idealen wiederholt sich innerhalb der Religionsgeschichte als der des Hellenismus und des Christenthums. Wie in den Sinnbildern der Natur, lag in den griechischen

§ 21. Schelling.

Dichtungen die Intellectualwelt wie in einer Knospe verschlossen, verhüllt im Gegenstand und unausgesprochen im Subject. Das Christenthum dagegen ist das geoffenbarte Mysterium; in der Idealen Welt, also vornehmlich in der Geschichte, legt das Göttliche die Hülle ab, sie ist das laut gewordene Mysterium des göttlichen Reiches. Die geschichtsphilosophische Construction, die Schelling im System des transscendentalen Idealismus gegeben hat, modificirt er jetzt in dem Sinne, dass er die bewusstlose Identität mit der Natur der ersten Periode als der Zeit der schönsten Blüthe der griechischen Religion und Poesie vindicirt, dann mit dem Abbrechen des Menschen von der Natur das Schicksal herrschen, endlich aber die Einheit als bewusste Versöhnung wiederhergestellt werden lässt; diese letzte Periode, welche die der Vorsehung sei, leite in der Geschichte das Christenthum ein. Die Ideen des Christenthums, die in den Dogmen symbolisirt wurden, sind von speculativer Bedeutung. Schelling deutet die Dreieinigkeit als das Fundamentaldogma des Christenthums dahin, dass der ewige, aus dem Wesen des Vaters aller Dinge geborne Sohn Gottes das Endliche selbst sei, wie es in der ewigen Anschauung Gottes ist und welches als ein leidender und den Verhängnissen der Zeit unterworfener Gott erscheint, der in dem Gipfel seiner Erscheinung, in Christo, die Welt der Endlichkeit schliesst und die der Unendlichkeit oder der Herrschaft des Geistes eröffnet. Die Menschwerdung Gottes ist eine Menschwerdung von Ewigkeit. Das Christenthum als historische Erscheinung ist zunächst aus einem einzelnen religiösen Verein unter den Juden (dem Essäismus) hervorgegangen; seine allgemeinere Wurzel hat es in dem orientalischen Geist, der bereits in der indischen Religion das Intellectualsystem und den ältesten Idealismus geschaffen, und, nachdem er durch den ganzen Orient geflossen war, im Christenthum sein bleibendes Bett gefunden hat; von ihm war von alters her die Strömung ausgegangen, die in der hellenischen Religion und Kunst die höchste Schönheit geboren hat, während doch auch auf dem Boden des Hellenismus mystische Elemente sich finden und eine der Volksreligion entgegenstehende Philosophie, vornehmlich die platonische, eine Prophezeiung des Christenthums ist. Die Ausbreitung des Christenthums erklärt sich aus dem Unglück der Zeit, welches für eine Religion empfänglich machte, die den Menschen an das Ideale zurückwies, Verleugnung lehrte und zum Glück machte. Die ersten Bücher der Geschichte und Lehre des Christenthums sind nur eine besondere, noch dazu unvollkommene Erscheinung desselben; ihr Werth muss nach dem Masse bestimmt werden, in welchem sie die Idee des Christenthums ausdrücken. Weil diese Idee nicht von dieser Einzelheit abhängig, sondern allgemein und uralt ist, so darf sie die Auslegung dieser für die erste Geschichte des Christenthums wichtigen Urkunden nicht binden. Die Entwicklung der Idee des Christenthums liegt in seiner ganzen Geschichte und in der neuen, von ihm geschaffenen Welt. Die Philosophie hat mit dem wahrhaft modernen Standpunkt auch den der Religion wiedererrungen und die Wiedergeburt des esoterischen Christenthums, wie die Verkündigung des absoluten Evangeliums, in sich vorbereitet. In den Bemerkungen über das Studium der Geschichte und der Natur geht Schelling von dem Gedanken aus, dass jene im Idealen ausdrücke, was diese im Realen. Er unterscheidet von der philosophischen Geschichtsconstruction die empirische Aufnahme und Ausmittlung des Geschehenen, die pragmatische Behandlung der Geschichte nach einem bestimmten durch das Subject entworfenen Zweck und die künstlerische Synthesis des Geschehenen und Wirklichen mit dem Idealen, welche die Geschichte als Spiegel des Weltgeistes, als ewiges Gedicht des göttlichen Verstandes darstellt. Der Gegenstand der Historie im engeren Sinne ist die Bildung eines objectiven Organismus der Freiheit oder des Staats. Jeder Staat ist in dem Verhältniss vollkommen, in welchem jedes einzelne Glied, indem es Mittel zum

§ 21. Schelling.

Ganzen, zugleich in sich selbst Zweck ist. Die Natur ist die reale Seite in dem ewigen Act der Subject-Objectivirung. Das Sein jedes Dinges in der Identität als der allgemeinen Seele und das Streben zur Wiedervereinigung mit ihr, wenn es aus der Einheit gesetzt ist, ist der allgemeine Grund der lebendigen Erscheinungen. Die Ideen sind die einzigen Mittler, wodurch die besonderen Dinge in Gott sein können. Die absolute, in Ideen gegründete Wissenschaft der Natur ist die Bedingung für ein methodisches Verfahren der empirischen Naturlehre; in dem Experiment und seinem nothwendigen Correlat, der Theorie, liegt die exoterische Seite, welcher die Naturwissenschaft zu ihrer objectiven Existenz bedarf; die Empirie schliesst sich der Wissenschaft als Leib an, sofern sie reine objective Darstellung der Erscheinung selbst ist und keine Idee anders als durch diese auszusprechen sucht. Es ist Aufgabe der Naturwissenschaft, in den verschiedenen Naturproducten die Denkmäler einer wahren Geschichte der zeugenden Natur zu erkennen. Die Kunst ist vollkommene Ineinsbildung des Realen und Idealen; sie theilt mit der Philosophie die Aufhebung der Gegensätze der Erscheinung; aber sie verhält sich doch wiederum zur Philosophie, mit der sie sich auf dem letzten Gipfel begegnet, wie Reales zu Idealem. Philosophie der Kunst ist nothwendiges Ziel des Philosophen, der in dieser das innere Wesen seiner Wissenschaft wie in einem magischen und symbolischen Spiegel schaut.

Das in den bisher erwähnten Schriften dargelegte Identitätssystem ist Schellings originale Leistung. Immer mehr wich von nun an die Fülle philosophischer Productivität einem Synkretismus und Mysticismus, der immer trüber und doch zugleich prätensionsvoller ward. Von Anfang an war Schellings Philosophiren in seinen einzelnen Schriften nicht eine Systembildung auf dem Grunde vorausgegangener Vertrautheit mit der Gesammtheit der früheren Leistungen, sondern vielmehr eine sofortige modificirende Aneignung von Philosophemen einzelner Denker; je mehr daher sein Studium sich ausbreitete, um so mehr mangelte seinem Denken Princip und System. Einzelne mystische Anklänge finden sich auch in den Vorlesungen über akademisches Studium. Ein an den Neoplatonismus und darnach auch an Sätze des Jakob Böhm anknüpfender Mysticismus beginnt Macht zu gewinnen in der durch Eschenmayer „Philosophie in ihrem Uebergange zur Nichtphilosophie", Erlangen 1803 (worin Eschenmayer ähnlich wie Jacobi ein Hinausgehen über das philosophische Denken zum religiösen Glauben fordert) provocirten Schrift: „Philosophie und Religion", Tübingen 1804, in welcher Schelling die Endlichkeit und Leiblichkeit für ein Product des Abfalls vom Absoluten, diesen Abfall aber, dessen Versöhnung die Endabsicht der Geschichte sei, für das Mittel zur vollendeten Offenbarung Gottes erklärt. Doch sind nur Anfänge des späteren Standpunkts in dieser Schrift nachzuweisen; die (oben erwähnte, der zweiten Auflage der Schrift von der Weltseele beigegebene) Abhandlung „über das Verhältniss des Realen und Idealen in der Natur", wie auch die Schrift: „Darlegung des wahren Verhältnisses der Naturphilosophie zur verbesserten Fichte'schen Lehre, eine Erläuterungsschrift der ersteren", Tübingen 1806, und die naturphilosophischen Aufsätze in den (von A. F. Marcus und Schelling herausgegebenen) „Jahrbüchern der Medicin als Wissenschaft", Tübingen 1806—1808 zeigen neben theosophischen Elementen doch vorwiegend immer noch den alten Gedankenkreis. Eine treffliche Ausführung und Fortbildung der in früheren Schriften geäusserten Gedanken über Schönheit und Kunst enthält die 1807 gehaltene, in die „philosoph. Schriften", Landshut 1809, aufgenommene Festrede „über das Verhältniss der bildenden Künste zu der Natur", welche als das letzte Ziel der Kunst die Vernichtung der Form durch Vollendung der Form bezeichnet; wie die Natur in ihren elementaren Bildungen zuerst auf Härte und Verschlossenheit hinwirkt und erst in ihrer Vollendung als die höchste Milde erscheint, so soll der Künstler, der der Natur als der ewig schaffenden Urkraft nacheifert und die Producte derselben nach ihrem ewigen, im unendlichen Verstande entworfenen Begriff im Momente ihres vollendetsten Daseins darstellt, erst im Begrenzten treu und wahr sein, um im Ganzen vollendet und schön zu erscheinen und durch immer höhere Verbindung und endliche Verschmelzung mannigfaltiger Formen die äusserste Schönheit in Bildungen von höchster Einfalt bei unendlichem Inhalt zu erreichen.

Die Theosophie prävalirt (zum Theil in Folge des zunehmenden Einflusses des der Lehre Jakob Böhm's und St. Martins huldigenden Franz Baader) in den „philosophischen Untersuchungen über das Wesen der menschlichen Freiheit und die damit zusammenhängenden Gegenstände", welche zuerst in den „philos. Schriften", Landshut 1809, erschienen ist. Schelling hält an dem Grundsatz fest, dass von den höchsten Begriffen eine klare Vernunfteinsicht möglich sein muss, indem sie nur dadurch uns wirklich eigen, in uns selbst aufgenommen und ewig gegründet werden können, er hält auch mit Lessing die Ausbildung geoffenbarter Wahrheiten in Vernunftwahrheiten für schlechterdings nothwendig, wenn dem menschlichen Geschlecht damit geholfen werden soll. Aber der Weg, auf welchem Schelling dieses Ziel zu erreichen sucht, führt ihn zur Mystik. Im Anschluss an Jakob Böhm unterscheidet Schelling in Gott drei Momente: 1. die Indifferenz, den Urgrund oder Ungrund, 2. die Entzweiung in Grund und Existenz, 3. die Identität oder die Versöhnung des Entzweiten. Der Urgrund oder die Indifferenz, worin noch keine Persönlichkeit ist, ist nur der Anfangspunkt des göttlichen Wesens, das was in Gott nicht er selbst ist, die unbegreifliche Basis der Realität. In ihm hat das Unvollkommene und Böse, das in den endlichen Dingen ist, seinen Grund (eine Verfeinerung der Böhm'schen Doctrin, die gleichsam den Teufel in Gott versetzt). Alle Naturwesen haben ein blosses Sein im Grunde oder in der noch nicht zur Einheit mit dem Verstande gelangten anfänglichen Sehnsucht und sind also in Bezug auf Gott blosse peripherische Wesen. Nur der Mensch ist in Gott und eben durch dieses In-Gott-Sein der Freiheit fähig. Die Freiheit des Menschen liegt in einer intelligiblen, vorzeitlichen That, durch welche er sich zu dem gemacht hat, was er jetzt ist; der empirische Mensch ist in seinem Handeln der Nothwendigkeit unterworfen, aber diese Nothwendigkeit ruht auf seiner zeitlosen Selbstbestimmung (welche Lehre freilich besser in den Zusammenhang des Kant'schen Systemes passt, welches Erscheinungen und Dinge an sich unterscheidet, als des Schelling'schen, das diese Unterscheidung aufhebt). Die Einheit des particularen Willens mit dem universalen Willen ist das Gute, die Trennung das Böse. Der Mensch ist ein Centralwesen und soll darum auch im Centro bleiben. In ihm sind alle Dinge erschaffen, so wie Gott nur durch den Menschen auch die Natur annimmt und mit sich verbindet. Die Natur ist das erste oder alte Testament, da die Dinge noch ausser dem Centro und daher unter dem Gesetze sind. Der Mensch ist der Anfang des neuen Bundes, der Erlöser der Natur, durch welchen als Mittler, da er selbst mit Gott verbunden wird, nach der letzten Scheidung Gott auch die Natur annimmt und zu sich macht.

In der Streitschrift gegen Jacobi: „Denkmal der Schrift Jacobi's von den göttlichen Dingen und der ihm in derselben gemachten Beschuldigung eines absichtlich täuschenden, Lüge redenden Atheismus", Tübingen 1812, weist Schelling die Anschuldigung zurück, seine Philosophie sei Naturalismus, Spinozismus und Atheismus; Gott sei ihm Beides, A und O, Erstes und Letztes, jenes als Deus

§ 21. Schelling.

implicitas, unpersönliche Indifferenz, dieses als Deus explicitus, Gott als Persönlichkeit, als Subject der Existenz. Ein Theismus, welcher den Grund oder die Natur in Gott nicht anerkenne, sei unkräftig und leer. Gegen die von Jacobi behauptete Identität seines reinen Theismus mit dem Wesentlichen im Christenthum richtet Schelling eine herbe Polemik, welche das Irrationale und Mystische als das wahrhaft Speculative vertheidigt.

Die Schrift „über die Gottheiten von Samothrake", Stuttgart und Tübingen 1815, die eine Beilage zu den (nicht veröffentlichten) „Weltaltern" bilden sollte, ist eine allegorische Deutung jener Gottheiten auf die Momente des Gottes der Schelling'schen Abhandlung über die Freiheit.

Nach langem Schweigen veröffentlichte Schelling 1834 eine Vorrede zu Hubert Beckers' Uebersetzung einer Schrift Victor Cousin's (über französische und deutsche Philosophie, in den Fragmens philosophiques, Par. 1833). Schelling bezeichnet hier die Hegel'sche Philosophie als eine bloss negative, die an die Stelle des Lebendigen und Wirklichen unter Beseitigung des empirischen Elementes den logischen Begriff gesetzt und demselben durch die seltsamste Fiction oder Hypostasirung die nur jenem ankommende Selbstbewegung geliehen habe. Im Wesentlichen die gleiche Kritik hat Schelling in seinen zu München gehaltenen Vorlesungen „zur Geschichte der neueren Philosophie" geübt (welche im 10. Bande der I. Abth. der „sämmtl. Werke" aus dem handschriftlichen Nachlass veröffentlicht worden sind), er tadelt die Voranstellung der abstractesten Begriffe (Sein, Nichts, Werden, Dasein, etc.) vor die Natur- und Geistesphilosophie, da doch Abstracta dasjenige voraussetzen, wovon sie abstrahirt seien, und Begriffe nur im Bewusstsein, also im Geiste, existiren, und nicht der Natur und dem Geiste als Bedingung vorangehen, sich potenziren und schliesslich zur Natur entäussern können. In seiner Berliner Antrittsvorlesung, Stuttgart und Tübingen 1841 erklärt Schelling, er werde die Erfindung seiner Jugend, das Identitätssystem, das Hegel nur auf seine abstract logische Form gebracht habe, nicht aufgeben, wohl aber als negative Philosophie durch die positive Philosophie ergänzen. Diese positive Philosophie, die über die blosse Vernunftwissenschaft durch Mitaufnahme der Empirie hinausgehen soll, ist vornehmlich Philosophie der Mythologie und Offenbarung, d. h. der unvollendeten und der vollendeten Religion. In den an der Berliner Universität gehaltenen, nach Schelling's Tode aus seinem Nachlass als zweite Abtheilung der „sämmtl. Werke" herausgegebenen, jedoch ihrem wesentlichen Inhalt nach schon sofort aus nachgeschriebenen Heften theils durch Frauenstädt (Schelling's Vorlesungen in Berlin, Berlin 1842), theils durch Paulus (die endlich offenbar gewordene positive Philosophie der Offenbarung, der allgemeinen Prüfung dargelegt von H. E. G. Paulus, Darmstadt 1843) veröffentlichten religionsphilosophischen Vorlesungen führte Schelling im Wesentlichen nur die schon in der Schrift über die Freiheit vorgetragene Speculation weiter aus. Die positive Philosophie will nicht aus dem Begriffe Gottes seine Existenz, sondern umgekehrt, von der Existenz ausgehend, die Göttlichkeit des Existirenden beweisen. In Gott werden von Schelling unterschieden: a. das blind nothwendige oder unvordenkliche Sein, b. die drei Potenzen des göttlichen Wesens: der bewusstlose Wille als die causa materialis der Schöpfung, der besonnene Wille als die causa efficiens, die Einheit beider als die causa finalis, secundum quam omnia fiunt; c. die drei Personen, die aus den drei Potenzen durch Ueberwindung des unvordenklichen Seins vermöge des theogonischen Processes hervorgehen, nämlich: der Vater als die absolute Möglichkeit des Ueberwindens, der Sohn als die überwindende Macht, der Geist als die Vollendung der Ueberwindung. In der Natur wirken nur die Potenzen, im Menschen die Persönlichkeiten. Indem der Mensch vermöge seiner Freiheit die Einheit der Potenzen wieder aufhob, ward die zweite, vermittelnde Potenz entwirklicht, d. h. der Herrschaft über das blindseiende Princip beraubt und zur bloss natürlich wirkenden Potenz erniedrigt. Sie macht sich im Bewusstsein des Menschen wieder zum Herrn jenes Seins und wird zur göttlichen Persönlichkeit vermöge des theogonischen Processes, dessen Momente die Mythologie und die Offenbarung sind. Die zweite Potenz war im mythologischen Bewusstsein in göttlicher Gestalt (ἐν μορφῇ θεοῦ), entäusserte sich aber derselben und ward Mensch, um durch Gehorsam in Einheit mit dem Vater göttliche Persönlichkeit zu werden. Die Epochen der christlichen Zeit bestimmt Schelling (indem er den Fichte'schen Gedanken, dass der Protestantismus den paulinischen Charakter trage, das Johannes-Evangelium aber mit seinem Logos-Begriff den christlichen Geist am reinsten ausdrücke, weiter ausbildet) als das petrinische Christenthum, oder den Katholicismus, das paulinische oder den Protestantismus, und drittens die „Johanneskirche der Zukunft" (die jedoch durch Schelling's erneuten Gnosticismus, der gleich dem alten an die Stelle des religionsphilosophischen Begriffs das Phantasma setzte, nicht begründet werden konnte; zudem ist die Voraussetzung unhistorisch, dass der Gegensatz der katholischen und protestantischen Kirche sich mit dem der petrinischen und paulinischen Richtung decke und auf der „Johanneischen" Richtung, wie sie in dem vierten der kanonischen Evangelien erscheint, nicht bereits das Dogma und die Ethik dieser Kirchen wesentlich beruhe).

§ 22. Unter den zahlreichen Anhängern Schelling's sind für die Geschichte der Philosophie besonders folgende von Bedeutung: Georg Michael Klein, der treue Darsteller des Identitätssystems, Johann Jakob Wagner, der den Pantheismus des Identitätssystems gegenüber dem Neuplatonismus und Mysticismus in Schelling's späteren Schriften festhält, an die Stelle des Ternars oder der Trichotomie aber den Quaternar oder die viertheilige Construction setzt, der um die Geschichte der Philosophie und besonders der Platonischen verdiente Georg Anton Friedrich Ast, der durch sein Handbuch der Geschichte der Philosophie bekannte Thaddäus Anselm Rixner, der Naturalist Lorenz Oken, der Pflanzenphysiolog Nees von Esenbeck, der Pädagog und Religionsphilosoph Bernhard Heinrich Blasche, der um die Bearbeitung der Erkenntnisslehre verdiente Ignaz Paul Vital Troxler, welcher in manchem Betracht von Schelling's Lehre abweicht, Adam Karl August Eschenmayer, der die Philosophie schliesslich in Nichtphilosophie oder religiösen Glauben übergehen lässt, der extreme Katholik und Enthusiast Joseph Görres, der mystisch-naturphilosophische Psycholog und Kosmolog Gotthilf Heinrich von Schubert, der die Schelling'sche Naturphilosophie mit besonnenem Empirismus verbindende Physiolog und Psycholog Karl Friedrich Burdach, der geistvolle Psycholog und Kranioskop Karl Gustav Carus, der Physiker Hans Christian Oersted, der Aesthetiker Karl Wilhelm Ferdinand Solger, der vielseitig gebildete, schliesslich dem strengen Confessionalismus der Altlutheraner huldigende Heinrich Steffens, der mit Steffens befreundete Astronom und Rechtsphilosoph Johann Erich von Berger, der Theosoph Franz von Baader, der allseitige Denker Karl Christian Friedrich Krause. Die beiden letztgenannten sind, wie auch der besonders durch Plato, Spinoza, Kant, Fichte und Schelling philosophisch angeregte Theolog Schleiermacher und der Philosoph Hegel Stifter neuer philosophischer Richtungen geworden. Insbesondere mit gewissen neuschellingschen Principien kommt der antirationalistische, theologisirende Rechtsphilosoph Friedrich Julius Stahl überein (obwohl derselbe gegen die Bezeichnung seiner Gesammtrichtung als „Neuschellinginnismus" protestirt).

Für den Zweck des vorliegenden Grundrisses mag es genügen, die philosophischen Hauptschriften der genannten Männer (mit Ausnahme Hegel's und Schleiermacher's, von denen in den nächstfolgenden Paragraphen gehandelt werden soll) anzugeben. Wer genauere Belehrung sucht, sei auf die Werke selbst und auf Specialdarstellungen, daneben aber besonders auf Erdmann's umfassende Gesammtübersicht (im zweiten Bande seiner „Entwickelung der deutschen Speculation seit Kant") verwiesen.

G. M. Klein's Hauptwerk ist: Beiträge zum Studium der Philosophie als Wissenschaft des All, nebst einer vollständigen und fasslichen Darstellung ihrer Hauptmomente, Würzburg 1805. Speciell hat derselbe die Logik, Ethik und Religionslehre nach den Principien des Identitätssystems bearbeitet in den Schriften: Verstandeslehre, Bamberg 1810, umgearbeitet als: Anschauungs- und Denklehre, Bamberg und Würzburg 1818; Versuch, die Ethik als Wissenschaft zu begründen, Rudolstadt 1811; Darstellung der philosophischen Religions- und Sittenlehre, Bamberg und Würzburg 1818. Eine verwandte, jedoch der Fichte'schen näher stehende Richtung verfolgt Johann Josua Stutzmann in seiner Philosophie des Universums, Erlangen 1806, Philosophie der Geschichte der Menschheit, Nürnberg 1808, und anderen Schriften.

Joh. Jak. Wagner, Philosophie der Erziehungskunst, Leipzig 1802. Von der Natur der Dinge, Leipzig 1803. System der Idealphilosophie, Leipzig 1804. Grundriss der Staatswissenschaft und Politik, Leipzig 1805. Theodicee, Bamberg 1809. Math. Philosophie, Erl. 1811. Organon der menschl. Erkenntniss, Erl. 1839. Nachgelassene Schriften hrsg. von Ph. L. Adam, Ulm 1853 ff. Ueber ihn handelt Leonh. Rabus, J. J. Wagner's Leben, Lehre und Bedeutung, ein Beitrag zur Gesch. des deutschen Geistes, Nürnberg 1862.

F. Ast, Handbuch der Aesthetik, Leipzig 1805. Grundlinien der Philosophie, Landshut 1807, 2. Aufl. 1809. Grundriss einer Geschichte der Philosophie, Landshut 1807, 2. Aufl. 1825. Plato's Leben und Schriften, Leipzig 1816.

Th. Ans. Rixner, Aphorismen aus der Philosophie, Landshut 1800, umgearbeitet Sulzbach 1818. Handbuch der Geschichte der Philosophie, Sulzbach 1822—23, 2. Aufl. ebend. 1829; Supplementband, verfasst von Victor Philipp Gumposch, ebend. 1850.

Lor. Oken, die Zeugung, Bamberg und Würzburg 1805 (die Saamenbildung ist Zersetzung des Organismus in Infusorien, die Fortpflanzung ist eine Flucht des Bewohners aus der einstürzenden Hütte). Ueber das Universum, Jena 1808. Lehrbuch der Naturphilosophie, Jena 1809, 3. Aufl. Zürich 1843 (die auf den niederen Stufen

§ 22. Schelling's Anh. u. Geistesverw. Oken, Solger, Steffens, Baader, Krause u. A.

selbstständigen Gegensätze kehren auf den höheren als Attribute wieder). Isis, encyclopädische Zeitschrift, Jena 1817 ff.

Nees von Esenbeck, das System der speculativen Philosophie, Bd. I.: Naturphilosophie, Glogau und Leipzig 1842.

B. H. Blasche, das Böse im Einklang mit der Weltordnung, Leipzig 1827. Handbuch der Erziehungswissenschaft, Giessen 1828. Philosophie der Offenbarung, Leipzig 1829. Philosophische Unsterblichkeitslehre, oder: wie offenbart sich das ewige Leben? Erfurt und Gotha 1831.

Troxler, Naturlehre des menschlichen Erkennens, Aarau 1828. Logik, die Wissenschaft des Denkens und Kritik aller Erkenntniss, Stuttgart und Tübingen 1829—30. Vorlesungen über Philosophie, als Encyclopädie und Methodologie der philosophischen Wissenschaften, Bern 1835.

Eschenmayer, die Philosophie in ihrem Uebergange zur Nichtphilosophie, Erlangen 1803. Psychologie, Tübingen 1817, 2. Aufl. ebd. 1822. System der Moralphilosophie, Stuttgart und Tübingen 1818. Normalrecht, ebend. 1819—20. Religionsphilosophie, 1. Theil: Rationalismos, Tübingen 1818, 2. Theil: Mysticismus, ebend. 1822, 3. Theil: Supernaturalismus, ebend. 1824. Mysterien des innern Lebens, erläutert aus der Geschichte der Seherin von Prevorst, Tübingen 1830. Grundriss der Naturphilosophie, ebend. 1832. Grundzüge einer christlichen Philosophie, Basel 1841.

G. H. Schubert, Ahndungen einer allgemeinen Geschichte des Lebens, Leipz. 1806—1821. Ansichten von der Nachtseite der Naturwissenschaft, Dresden 1808, 4. Aufl. 1840. Die Symbolik des Traumes, Bamberg 1814. Die Urwelt und die Fixsterne, Dresden 1823, 2. Aufl. 1839. Geschichte der Seele, Tübingen 1830, 4. Aufl. 1847. Die Krankheiten und Störungen der menschlichen Seele, Stuttg. 1845.

K. F. Burdach, der Mensch nach den verschiedenen Seiten seiner Natur, Stuttgart 1836, 2. Aufl. u. u. d. T.: Anthropologie für das gebildete Publicum, hrsg. von Ernst Burdach, ebend. 1847. Blicke in's Leben, comparative Psychologie, Leipzig 1842—48.

Karl Gust. Carus, Grundzüge der vergleichenden Anatomie und Physiologie, Dresden 1825. Vorlesungen über Psychologie, Leipzig 1831. System der Physiologie, Leipzig 1838—40. Grundzüge der Kranioskopie, Stuttgart 1841. Psyche, zur Entwicklungsgeschichte der Seele, Pforzheim 1846. Physis, zur Geschichte des leiblichen Lebens, Stuttgart 1851. Organon der Erkenntniss der Natur und des Geistes, Leipz. 1855. Vgl. Carl Gust. Carus, Lebenserinnerungen und Denkwürdigkeiten, Leipzig 1865.

Oersted, der Geist in der Natur, Kopenhagen 1850—51, deutsch Leipzig 1850 ff.

K. W. Ferd. Solger, Erwin, vier Gespräche über das Schöne und die Kunst, Berlin 1815. Philosophische Gespräche, Berlin 1817. Nachgelassene Schriften und Briefwechsel, hrsg. von Ludwig Tieck und Friedrich von Raumer, Leipzig 1826. Vorlesungen über Aesthetik, hrsg. von K. W. L. Heyse, Berlin 1829.

H. Steffens, Recension von Schelling's naturphilosophischen Schriften, verfasst 1800, abg. in Schelling's Zeitschrift für speculative Physik, Bd. I., Heft 1, S. 1—48 und Heft 2, S. 84—121. Ueber den Oxydations- und Desoxydationsprocess der Erde, ebd. Heft 1, S. 143—168. Beiträge zur innern Naturgeschichte der Erde, Freiberg 1801. Grundzüge der philosophischen Naturwissenschaft, Berlin 1806. Ueber

216 § 22. Schelling's Aph. u. Geistesverw. Oken, Solger, Steffens, Baader, Krause u. A.

die Idee der Universitäten, Berlin 1809. Caricaturen des Heiligsten, Leipzig 1819—21. Anthropologie, Breslau 1822. Von der falschen Theologie und dem wahren Glauben, Breslau 1823. Wie ich wieder Lutheraner ward und was mir das Lutherthum ist, ebd. 1831 (gegen die Union). Polemische Blätter zur Beförderung der speculativen Physik, Breslau 1829, 1835. Novellen, Breslau 1837—38. Christl. Religionsphilosophie, Breslau 1839. Was ich erlebte, Breslau 1840—45, 2. Aufl. 1844—46. Nachgelassene Schriften, mit einem Vorwort von Schelling, Berlin 1846.

J. E. v. Berger, philosophische Darstellung der Harmonie des Weltalls, Altona 1808. Allgemeine Grundzüge der Wissenschaft, 4 Bde. (1. Analyse des Erkenntnissvermögens, 2. zur philos. Naturkenntniss, 3. Anthropologie, 4. praktische Philosophie), Altona 1817—27. Vgl. H. Ratjen, Joh. Erich von Berger's Leben, Altona 1835.

Franz Baader (später geadelt, geb. 1765 in München, gest. ebend. 1841; seine Biographie, von Franz Hoffmann verfasst, steht im 15. Bande der Gesammtausgabe seiner Werke und ist auch separat, Lpz. 1857, erschienen), der mit dem Studium der Medicin und Bergwissenschaft das der Philosophie und Mathematik verband, besonders mit Schriften Kant's, später auch Fichte's und Schelling's, wie andererseits Jakob Böhme's und Louis Claude de St. Martin's vertraut (über sein Verhältniss zu Böhme handelt Hamberger im 13., zu St. Martin Fr. v. Osten-Sacken im 12. Bande der Gesammtausgabe der Werke Baader's) hat auf die Ausbildung von Schelling's Naturphilosophie einen nicht unbeträchtlichen, auf die der Schelling'schen Theosophie einen wesentlich bestimmenden Einfluss gewonnen, während er andererseits durch Schelling's Doctrin in der Ausbildung seiner eigenen Speculation gefördert worden ist. Baader's Beiträge zur Elementarphysiologie, Hamburg 1797, sind von Schelling in seinen naturphilosophischen Schriften benutzt worden; durch Schelling's „Weltseele" ist Baader zu seiner Schrift „über das pythagoreische Quadrat in der Natur oder die vier Weltgegenden", Tübingen 1798, veranlasst worden, woraus Schelling wiederum manches in seinem „ersten Entwurf eines Systems der Naturphilosophie" 1799 und in der „Zeitschrift für speculative Physik" entnommen hat. Demnächst hat Baader, hauptsächlich in mündlichem Verkehr, Schelling auf den Theosophen Jakob Böhm hingelenkt. Eine Sammlung Baader'scher Abhandlungen sind die „Beiträge zur dynamischen Philosophie", Berlin 1809. In den „Fermenta cognitionis" 1822—25 bekämpft Baader die damals herrschenden philosophischen Richtungen und empfiehlt das Studium des Jakob Böhm. Die an der Münchener Universität gehaltenen Vorlesungen über speculative Dogmatik sind in fünf Heften 1827—38 im Druck erschienen. Die zu Baader's Lebzeiten veröffentlichten und die im Manuscript nachgelassenen Schriften hat Baader's bedeutendster Schüler Franz Hoffmann (der Verfasser der speculativen Entwicklung der ewigen Selbsterzeugung Gottes, aus Baader's Schriften zusammengetragen, Amberg 1835, der Vorhalle zur speculativen Lehre Baader's, Aschaffenburg 1836, der Grundzüge der Societätsphilosophie von Franz Baader, Würzburg 1837 und anderer Schriften) im Verein mit von Schaden, Schlüter, Lutterbeck u. A. unter Beifügung von Einleitungen und Erläuterungen in einer Gesammtausgabe zusammengestellt: „Franz von Baader's sämmtliche Werke", 15 Bde., Leipzig 1850—57; die Einleitung: Apologie der Naturphilosophie Baader's wider directe und indirecte Angriffe der modernen Philosophie und Naturwissenschaft, ist auch in besonderem Abdruck, Leipz. 1852, erschienen. Vgl. Theod. Culman, die Principien der Philosophie Franz von B.'s und E. A. von Schaden's, in: Zeitschr. f. Ph., Bd. 37, 1860, S. 192—226 und Bd. 38, 1861, S. 73—102; Franz Hoffmann, Beleuchtung der Angriffe auf B. in Thilo's Schrift: die theologisirende Rechts- und Staatslehre, Leipz. 1861; über die B.'sche und Herbart'sche Philosophie, im Athenaeum (philos. Zeitschr. hrsg. v. Frohschammer),

Bd. 2, Heft 1, 1863, über die B.'sche und Schopenhauer'sche Philosophie, ebd. Heft 3, 1863; K. Ph. Fischer, zur hundertjährigen Geburtstagsfeier B.'s: Versuch einer Charakteristik seiner Theosophie und ihres Verhältnisses zu den Systemen Schelling's und Hegel's, Daub's und Schleiermacher's, Erlangen 1865.

K. Chr. Krause (der seinen philosophischen Schriften die Verbreitung unter den Deutschen durch seine wunderliche Terminologie, die reindeutsch sein soll, aber undeutsch ist, selbst beschränkt hat) sucht über den Pantheismus des Identitätssystems zu einer All- In- Gott-Lehre oder einem Panentheismus hinauszugehen. Er hat alle Theile der Philosophie bearbeitet. Grundlage des Naturrechts oder philosophischer Grundriss des Ideales des Rechts, Jena 1803. Entwurf des Systems der Philosophie, 1. Abth.: allgemeine Philosophie und Anleitung zur Naturphilosophie, Jena 1804. System der Sittenlehre, Leipzig 1810. Das Urbild der Menschheit, Dresden 1811. Abriss des Systems der Philosophie, 1. Abth.: analytische Philosophie, Göttingen 1825. Abriss des Systems der Logik als philosophischer Wissenschaft, Göttingen 1828. Abriss des Systems der Rechtsphilosophie, Göttingen 1828. Vorlesungen über das System der Philosophie, Göttingen 1828. Seine nachgelassenen Werke haben einige seiner Schüler (von Leonhardi, Lindemann u. A.) herausgegeben. Vgl. H. S. Lindemann, übersichtliche Darstellung des Lebens und der Wissenschaftslehre Karl Christian Friedrich Krause's und dessen Standpunktes zur Freimaurerbrüderschaft, München 1839. Sein bedeutendster Schüler ist der Rechtsphilosoph Heinrich Ahrens, dessen Cours de droit naturel, Paris 1838, in 4. Aufl. Brüssel 1853 erschienen ist, Philosophie des Rechts und des Staates, 4. Aufl., Wien 1852; juristische Encyclopädie, Wien 1858; schon früher hat Ahrens einen Cours de philosophie, Paris 1834 und einen Cours de psychologie, Paris 1830—40 veröffentlicht. An ihn hat sich Tiberghien angeschlossen, Essai théorique et historique sur la génération des connaissances humaines dans ses rapports avec la morale, la politique et la réligion, Paris et Leipz. 1844, esquisse de philosophie morale, précis d'une introd. à la métaphysique, Bruxelles 1854, la science de l'âme dans les limites de l'observation, Paris 1862, Logique, la science de la connaissance, Paris 1865. Von Krause's Schüler H. S. Lindemann sind ausser der erwähnten Schrift über Krause noch Darstellungen der Anthropologie, Zürich 1844 und Erlangen 1848, und der Logik, Solothurn 1848, erschienen. Auch Altmeyer, Boschitté, Leonhardi, Mönnich, Röder, Schliephake (die Grundlagen des sittl. Lebens, Wiesbaden 1855, Einleitung in das System der Philosophie, Wiesbaden 1856), und Andere gehören der Krause'schen Schule an.

Friedrich Julius Stahl (1802—1862; die Philosophie des Rechts, nach geschichtlicher Ansicht, Heidelberg 1830—37; von der zweiten Auflage an, 1845, trägt die Rechts- und Staatslehre die Bezeichnung: „auf der Grundlage christlicher Weltanschauung"), der theologisirende Rechtsphilosoph, hat durch den Neuschellingianismus nicht unwesentliche Impulse erhalten.

§ 23. Georg Wilhelm Friedrich Hegel (1770—1831) hat, indem er das von Schelling vorausgesetzte Identitätsprincip nach der von Fichte geübten Methode dialektischer Entwickelung begründet und durchführt, das System des absoluten Idealismus geschaffen, dem die endlichen Dinge nicht (wie dem subjectiven Idealismus) als Erscheinungen für uns gelten, die nur in unserm Bewusstsein wären, sondern als Erscheinungen an sich, ihrer eigenen Natur nach, d. h. als solches, was den Grund seines Seins nicht in sich, sondern in der allgemeinen göttlichen Idee hat. Die absolute Vernunft offenbart sich in Natur und Geist, indem sie nicht nur als Substanz beiden zum Grunde liegt, sondern auch als Subject vermöge fortschreitender Entwicklung von den niedrigsten zu den höchsten Stufen aus ihrer Entäusserung zu sich zurückkehrt. Die Philosophie ist die Wissenschaft des Absoluten. Als denkende Betrachtung der Selbstentfaltung der absoluten Vernunft hat die Philosophie zu ihrer nothwendigen Form die dialektische Methode, welche im Bewusstsein des denkenden Subjects die Selbstbewegung des gedachten Inhaltes reproducirt. Die absolute Vernunft entäussert sich in der Natur und kehrt aus ihrem Anderssein in sich zurück im Geiste; ihre Selbstentwicklung ist demnach eine dreifache, nämlich 1. im abstracten Elemente des Gedankens, 2. in der Natur, 3. im Geiste, nach dem Schema: Thesis, Antithesis, Synthesis. Demgemäss hat auch die Philosophie drei Theile, nämlich 1. die Logik, welche die Vernunft an sich als das Prius von Natur und Geist betrachtet, 2. die Naturphilosophie, 3. die Philosophie des Geistes. Um das Subject auf den Standpunkt des philosophischen Denkens zu erheben, kann dem System die Phänomenologie des Geistes, d. h. die Lehre von den Entwicklungsstufen des Bewusstseins als Erscheinungsformen des Geistes propädeutisch vorangeschickt werden, die jedoch auch als ein Glied der philosophischen Wissenschaft innerhalb des Systems, nämlich in der Philosophie des Geistes, ihre Stelle findet. Die Logik betrachtet die Selbstbewegung des Absoluten von dem abstractesten Begriff, nämlich dem Begriff des reinen Seins, bis zu dem concretesten derjenigen Begriffe, die der Spaltung in Natur und Geist vorangehen, d. h. bis zur absoluten Idee. Ihre Theile sind: die Lehre vom Sein, vom Wesen und vom Begriff. Die Lehre vom Sein gliedert sich in die Abschnitte: Qualität, Quantität, Maass; in dem ersten werden als Momente des Seins das reine Sein, das Nichts und das Werden betrachtet, dann wird das Dasein dem Sein entgegengesetzt und im Fürsichsein die Vermittlung gefunden, die das Umschlagen der Qualität in die Quantität zur Folge hat. Die Momente der Quantität sind: die reine Quantität, das Quantum und der Grad; die Einheit von Qualität und Quantität ist das Maass. Die Lehre vom Wesen handelt von dem Wesen als Grund der Existenz, dann von der Erscheinung, endlich von der Wirklichkeit als der Einheit von Wesen und Erscheinung; unter den Begriff der Wirklichkeit stellt Hegel die Substanzialität, Causalität und Wechselwirkung. Die Lehre vom Begriff handelt vom subjectiven Begriff, welchen Hegel in den Begriff als solchen, das Urtheil und den Schluss eintheilt, von dem Object, worunter Hegel den Mechanismus,

Chemismus und die Teleologie begreift, und von der Idee, die sich als Leben, Erkennen und absolute Idee dialektisch entfaltet. Die Idee entlässt aus sich die Natur, indem sie in ihr Anderssein umschlägt. Die Natur strebt die verlorene Einheit wiederzugewinnen; die Erreichung derselben aber ist der Geist als das Ziel und Ende der Natur. Die Stufen des natürlichen Daseins betrachtet Hegel in den drei Abschnitten: Mechanik, Physik, Organik; die letztere handelt von dem Erdorganismus, von der Pflanze und von dem Thier. Das Höchste im Leben der Pflanze ist der Gattungsprocess, durch welchen das Einzelne in seiner Unmittelbarkeit für sich negirt, aber in die Gattung aufgehoben wird. Die animalische Natur ist in der Wirklichkeit und Aeusserlichkeit der unmittelbaren Einzelheit zugleich in sich reflectirtes Selbst der Einzelheit, in sich seiende subjective Allgemeinheit; das Aussereinanderbestehen der Räumlichkeit hat keine Wahrheit für die Seele, die eben darum nicht an einem Punkte, sondern in Millionen Punkten überall gegenwärtig ist. Aber die thierische Subjectivität ist noch nicht für sich selbst als reine, allgemeine Subjectivität; sie denkt sich nicht, sondern fühlt sich und schaut sich an, sie ist sich nur in einem bestimmten, besonderen Zustande gegenständlich. Das Beisichsein der Idee, die Freiheit, oder die Idee, welche aus ihrem Anderssein in sich zurückgekehrt ist, ist der Geist. Die Philosophie des Geistes hat drei Abschnitte: die Lehre vom subjectiven, objectiven und absoluten Geist. Der subjective Geist ist der Geist in der Form der Beziehung auf sich selbst, dem innerhalb seiner die ideelle Totalität der Idee, d. h. das, was sein Begriff ist, für ihn wird; der objective Geist ist der Geist in der Form der Realität als einer von ihm hervorzubringenden und hervorgebrachten Welt, in welcher die Freiheit als vorhandene Nothwendigkeit ist; der absolute Geist ist der Geist in an und für sich seiender und ewig sich hervorbringender Einheit der Objectivität des Geistes und seiner Idealität oder seines Begriffs, der Geist in seiner absoluten Wahrheit. Die Hauptstufen des subjectiven Geistes sind: der Naturgeist oder die Seele, das Bewusstsein und der Geist als solcher; Hegel nennt die betreffenden Abschnitte seiner Doctrin: Anthropologie, Phänomenologie und Psychologie. Der objective Geist realisirt sich in dem Recht, der Moralität und der beides in sich vereinigenden Sittlichkeit, in welcher die Person den Geist der Gemeinschaft oder die sittliche Substanz in Familie, bürgerlicher Gesellschaft und Staat als ihr eigenes Wesen weiss. Der absolute Geist umfasst die Kunst, welche die concrete Anschauung des an sich absoluten Geistes als des Ideals in der aus dem subjectiven Geiste gebornen concreten Gestalt, der Gestalt der Schönheit, gewährt, die Religion, welche das Wahre in der Form der Vorstellung, und die Philosophie, welche das Wahre in der Form der Wahrheit ist.

Ueber Hegel's Leben handeln Karl Rosenkranz (Georg Wilh. Friedrich Hegel's Leben, Supplement zu Hegel's Werken, Berlin 1844) und R. Haym (Hegel und seine Zeit, Vorlesungen über Entstehung und Entwicklung, Wesen und Werth der Hegel'schen Philosophie, Berlin 1857), jener mit liebevoller Anhänglichkeit und Verehrung, dieser mit strenger, rücksichtsloser Kritik, die namentlich auch die in Hegel's Charakter und Lehre (besonders in der Rechtsphilosophie) liegenden antiliberalen Elemente tadelnd hervorhebt. Uebrigens vgl. auch Rosenkranz, Apologie Hegel's gegen Haym, Berlin 1858.

Hegel's Werke sind bald nach seinem Tode in einer Gesammtausgabe erschienen: "G. W. F. Hegel's Werke, vollständige Ausgabe durch einen Verein von Freunden des Verewigten", Bd. I.—XVIII., Berlin 1832 ff., zum Theil seitdem neu aufgelegt. Bd. I.: Hegel's philos. Abhandlungen, hrsg. von Karl Ludw. Michelet, 1832 Bd. II.: Phänomenologie des Geistes, hrsg. von Joh. Schulze, 1832. Bd. III.—V.: Wissenschaft der Logik, hrsg. von Leopold von Henning 1833—34. Bd. VI.—VII.: Encyclopädie der philosophischen Wissenschaften im Grundrisse, und zwar Bd. VI.: der Encycl. erster Theil, die Logik, hrsg. und nach Anleitung der vom Verfasser gehaltenen Vorlesungen mit Erläuterungen und Zusätzen versehen von Leop. von Henning 1840, Bd. VII., 1. Abth.: Vorlesungen über die Naturphilosophie als der Encycl. der philos. Wissenschaften zweiter Theil hrsg. von K. L. Michelet 1842, Bd. VII., 2. Abth.: der Encycl. dritter Theil, die Philosophie des Geistes, hrsg. von Ludw. Boumann 1845. Bd. VIII.: Grundlinien der Philosophie des Rechts oder Naturrecht und Staatswissenschaft im Grundrisse, hrsg. von Eduard Gans 1833. Bd. IX.: Vorlesungen über die Philosophie der Geschichte, hrsg. von Ed. Gans 1837 (in zweiter Aufl. hrsg. von Hegel's Sohn Karl H.). Bd. X., Abth. 1—3: Vorlesungen über die Aesthetik, hrsg. von H. G. Hotho 1835—38. Bd. XI.—XII.: Vorlesungen über die Philosophie der Religion, nebst einer Schrift über die Beweise vom Dasein Gottes, hrsg. von Philipp Marheineke 1832 (in zweiter Auflage von Bruno Bauer). Bd. XIII.—XV.: Vorlesungen über die Geschichte der Philosophie, hrsg. von Karl Ludw. Michelet 1833—36. Bd. XVI.—XVII.: vermischte Schriften, hrsg. von Friedrich Förster und Ludwig Boumann 1834—35. Bd. XVIII.: philosophische Propädeutik, hrsg. von Karl Rosenkranz 1840.

Sachlich geordnete Auszüge aus Hegel's Schriften haben Frantz und Hillert (Hegel's Philosophie in wörtlichen Auszügen, Berlin 1843), ferner mit mannigfachen Erläuterungen Thaulow (Hegel's Aeusserungen über Erziehung und Unterricht, Kiel 1854) geliefert. Kritische Erläuterungen des Hegel'schen Systems hat Rosenkranz Königsberg 1843 erscheinen lassen. Dem gleichen Zweck dienen mehrere von den Vorreden der Herausgeber der Werke, ferner Erdmann's und Michelet's Darstellungen des Hegel'schen Systems in ihren Geschichten der neueren Philosophie, und manche anderen Schriften. Von mehreren Hegel'schen Schriften sind im Ausland Uebersetzungen erschienen, besonders französische und italienische. Eine kritische Darstellung des Systems enthält die Schrift von J. H. Stirling, the secret of Hegel, being the Hegelian system in origin, principle, form and matter, London 1865. A. Vera hat u. a. Hegel's Logik und Naturphilosophie übersetzt (Logique de Hegel, trad. et accompagnée d'une introduction et d'un commentaire perpétuel, Paris 1859; philos. de la nature de Hegel, trad. etc. Paris 1864) und auch selbst mehrere Schriften im Hegel'schen Sinne verfasst.

§ 23. Hegel.

Georg Wilhelm Friedrich Hegel, geboren zu Stuttgart am 27. August 1770, war der Sohn eines herzoglichen Verwaltungsbeamten (Rentkammersecretärs, später Expeditionsraths). Er studirte auf der Landesuniversität zu Tübingen als Mitglied des Stifts, indem er von 1788—90 den philosophischen, 1790—93 den theologischen Cursus absolvirte. Zur Erlangung der philosophischen Magisterwürde schrieb er Specimina „über das Urtheil des gemeinen Menschenverstandes über Objectivität und Subjectivität", und „über das Studium der Geschichte der Philosophie" und vertheidigte eine von dem Professor der Philosophie und Eloquenz A. F. Bock verfasste Dissertation „de limite officiorum humanorum seposita animorum immortalitate", deren Thema Hegel auch später noch (wie aus einem im Jahr 1795 von ihm verfassten Manuscript hervorgeht) viel zu denken gab; zur Erlangung der Candidatenwürde vertheidigte er die von dem Kanzler Le Bret verfasste Dissertation „de ecclesiae Wirtembergicae renascentis calamitatibus". Ueber Hegel's theologische Entwicklung in dieser und der nachfolgenden Zeit handelt Zeller im vierten Bande der theolog. Jahrbücher, Tüb. 1845, S. 205 ff. Der streng bibelgläubige Supranaturalist Storr trug die Dogmatik vor; neben ihm wirkte Flatt in wesentlich gleichem Sinne und die mehr rationalisirenden Professoren der Exegese und Kirchengeschichte Schnurrer und Rösler. Die Lectüre von Schriften Kant's, Jacobi's und anderer Philosophen, auch Herder's, Lessing's, Schiller's, die Freundschaft mit dem für hellenisches Alterthum begeisterten Hölderlin, die Theilnahme, mit welcher er gleich Schelling und anderen Commilitonen die Ereignisse in Frankreich begleitete, scheinen ihn mehr, als die vorgeschriebenen Studien in Anspruch genommen zu haben, was aus dem Abgangszeugniss, das nur seine Anlagen, nicht seine Kenntnisse (und auch nicht die philosophischen) lobt, sich schliessen lässt. Eifrig setzte er seine theologischen und philosophischen Studien während seiner Hauslehrerstellung in Bern fort; zugleich stand er hier in einem lebhaften Briefwechsel mit Schelling, der noch im Tübinger Stift studirte. Von besonderer Wichtigkeit für das Verständniss seines Entwicklungsganges ist das im Frühjahr 1795 von ihm geschriebene „Leben Jesu", das handschriftlich erhalten ist und woraus Rosenkranz und Haym Proben mitgetheilt haben. Die Lessing'sche Unterscheidung der persönlichen Religionsanschauung Jesu von dem Dogma der christlichen Kirche liegt Hegel's Schrift zu Grunde. Dass nicht sowohl rein historische Motive, als vielmehr das Bedürfniss, seinen eigenen damaligen Standpunkt bei Jesu wiederzufinden, ihm diese Unterscheidung werth gemacht haben, geht aus den auf jenen Gedanken gehauten Ausführungen hervor. Das Judenthum repräsentirt den Moralismus des kategorischen Imperativs der Kantischen Philosophie, den Jesus durch die Liebe überwindet, welche die „Synthese" ist, „in der das Gesetz seine Allgemeinheit und ebenso das Subject seine Besonderheit, beide ihre Entgegensetzung verlieren, während in der Kantischen Tugend diese Entgegensetzung bleibt". Doch weist Hegel andererseits auch das in der blossen Liebe liegende pathologische Element und dessen Gefahren nach. In der Gebundenheit an eine bestimmte geistige Richtung liegt das Schicksal; Jesus trat nicht zu einzelnen Seiten des jüdischen Schicksals, sondern durch sein Princip der Liebe zu diesem selbst in Gegensatz. Die Aussprüche über die Einheit der göttlichen und menschlichen Natur in Christo führt Hegel auf den Gedanken zurück, dass nur die Reflexion, die das Leben trenne, es in Unendliches und Endliches unterscheide; ausserhalb der Reflexion, in der Wahrheit, finde diese Scheidung nicht statt. Sehr hart redet Hegel gegen diese Scheidung, welche fälschlich die Gottheit objectivire; dieselbe gehe mit der Verdorbenheit und Sclaverei der Menschen in gleichem Schritt und sei nur deren Offenbarung. Den Sieg des dogmatisirten kirchlichen Christenthums, wie es in den letzten Jahrhunderten des Alterthums herrschte, erklärt Hegel aus der Unfreiheit, zu welcher das römische Weltreich die früher selbstständigen

§ 33. Hegel.

Staaten herabgebracht hatte; dem Bürger der alten Staaten war die Republik als seine „Seele" das Ewige; das unfreie, dem allgemeinen Interesse entfremdete Individuum aber beschränkte seinen Blick auf sich selbst; das Recht des Bürgers gab ihm nur ein Recht an Sicherheit des Eigenthums, das jetzt seine ganze Welt ausfüllte; der Tod musste ihm schrecklich sein, der das ganze Gewebe seiner Zwecke niederriss; so sah sich der Mensch durch Unfreiheit und Elend gezwungen, sein Absolutes in die Gottheit zu flüchten, Glückseligkeit im Himmel zu suchen und zu erwarten; eine Religion musste willkommen sein, die den herrschenden Geist der Zeiten, die moralische Ohnmacht, die Unehre, mit Füssen getreten zu werden, unter dem Namen des leidenden Gehorsams zur Ehre und zur höchsten Tugend stempelte etc. Der Radicalismus dieser jugendlichen Oppositionsgedanken ist in dem Conservatismus der späteren Religionsphilosophie als ein zurückgedrängtes, aber unausgetilgtes Moment mitenthalten, welches durch einen Theil der Schüler auf's Neue verselbständigt und weiter durchgebildet worden ist.

Nach dreijährigem Aufenthalt in der Schweiz kehrte Hegel nach Deutschland zurück und trat im Januar 1797 eine Hauslehrerstelle in Frankfurt am Main an. Hier trieb er in seinen Mussestunden, wie zum Theil schon in Bern, politische Studien neben den theologischen, die auch nicht vernachlässigt worden. Im Jahr 1798 verfasste Hegel eine kleine, ungedruckt gebliebene Schrift „über die neuesten inneren Verhältnisse Wirtembergs, besonders über die Gebrechen der Magistratsverfassung", woran sich später, nach dem 9. Februar 1801, eine gleichfalls Manuscript gebliebene Schrift über die deutsche Reichsverfassung angeschlossen hat, die demgemäss bereits dem Aufenthalt in Jena angehört, wohin Hegel im Januar 1801 übersiedelte. Ihm hatte sich (wie er am 2. November 1800 an Schelling schrieb) das Ideal des Jünglingsalters zur Reflexionsform umgesetzt und in ein System verwandelt; Hegel hatte die Logik und Metaphysik und theilweise auch die Naturphilosophie handschriftlich ausgearbeitet, woran sich als dritter Theil die Ethik schliessen sollte. In Jena hat Hegel zuerst eine Schrift veröffentlicht: „Differenz des Fichte'schen und Schelling'schen Systems der Philosophie", Jena 1801. Das Fichte'sche System ist subjectiver Idealismus, das Schelling'sche absoluter Idealismus. Es beruht auf dem Grundgedanken der absoluten Identität des Subjectiven und Objectiven; in der Naturphilosophie und der Transcendentalphilosophie wird das Absolute in den beiden nothwendigen Formen seiner Existenz constrairt. Zu dem Schelling'schen Standpunkt bekennt Hegel sich selbst. Nachdem Hegel sich durch die Dissertation „de orbitis planetarum" habilitirt hatte, wirkte er in Gemeinschaft mit Schelling für die Verbreitung des Identitätssystems als akademischer Lehrer und (1802—1803) als Mitherausgeber des (schon oben bei der Darstellung der Schelling'schen Philosophie erwähnten) „kritischen Journals der Philosophie", zu welchem er die meisten Beiträge geliefert hat. Daneben arbeitete Hegel den dritten Theil seines Systems, das „System der Sittlichkeit" handschriftlich, zunächst zum Behuf seiner Vorlesungen aus; dieser Theil hat sich später zur „Philosophie des Geistes" erweitert. Allmählich gewann in Hegel das Bewusstsein seiner Differenz von Schelling Macht, zumal seit dieser (im Sommer 1803) Jena verlassen hatte und der unmittelbare persönliche Verkehr wegfiel. Er bezeichnet diese Differenz scharf und schneidend in dem im Jahr 1806 vollendeten vielumfassenden Werke: „Phänomenologie des Geistes". Bald nachher verliess Hegel in Folge der Kriegsereignisse Jena, gab ihm dort im Februar 1808 ertheilte ausserordentliche Professur auf und redigirte eine Zeit lang die Bamberger Zeitung, bis er im November 1808 das Directorat des Aegidiengymnasiums zu Nürnberg erhielt. Er bekleidete dasselbe bis zum Jahr 1816. In dieser Stellung schrieb er zum Behuf des Gymnasialvortrags seine philosophische

Propädeutik, und verfasste das ausführliche, die früher von Hegel selbst noch unterschiedenen Doctrinen: Logik und Metaphysik, zur Einheit zusammenfassende Werk: „Wissenschaft der Logik", Nürnberg 1812—16. Im Herbst 1816 trat Hegel eine Professur der Philosophie in Heidelberg an, nachdem Fries von dort nach Jena zurückgekehrt war. Während des Aufenthalts in Heidelberg wurde von Hegel neben einer „Beurtheilung der Verhandlungen der Wirtembergischen Landstände im Jahr 1815 und 1816", in den Heidelberger Jahrbüchern 1817 (einer Vertheidigung der von der Regierung erstrebten Reformen) die „Encyclopädie der philosophischen Wissenschaften im Grundrisse", Heidelberg 1817, veröffentlicht (2. Aufl. 1827, 3. Aufl. 1830, wiederabgedruckt mit Zusätzen aus Hegel's Vorlesungen in der Gesammtausgabe der Werke, Berlin 1840—45, ohne die Zusätze separat auf's Neue herausgegeben von Rosenkranz, Berlin 1845). Am 22. October 1818 eröffnete Hegel seine Vorlesungen in Berlin, die über alle Theile des philosophischen Systems sich erstreckten und zur Begründung der Schule am einflussreichsten gewirkt haben. Während der Berliner Periode hat Hegel nur noch die Rechtsphilosophie herausgegeben: „Grundlinien der Philosophie des Rechts, oder Naturrecht und Staatswissenschaft im Grundrisse", Berlin 1821, und an dem neubegründeten litterarischen Organ des Hegelianismus, den „Jahrbüchern für wissenschaftliche Kritik" mitgearbeitet. Durch die dankenswerthe Redaction der Schüler sind die Vorlesungen über die Philosophie der Geschichte, der Kunst und der Religion, wie auch über die Geschichte der Philosophie, mehr oder minder buchmässig verarbeitet und so veröffentlicht worden, nachdem Hegel selbst am 14. November 1831 der Cholera erlegen war.

Die Philosophie Hegel's ist eine kritische Umgestaltung und Fortbildung des Schelling'schen Identitätssystems. Hegel billigt an der Schelling'schen Philosophie, dass es derselben um einen Inhalt zu thun sei, um die wahre absolute Erkenntniss, und dass das Wahre ihr das Concrete sei, die Einheit des Subjectiven und Objectiven, im Gegensatz zu der Kantischen Lehre von der Unerkennbarkeit der Dinge an sich und zu Fichte's subjectivem Idealismus. Hegel findet aber bei Schelling den zweifachen Mangel: 1. dass das Princip des Systems, die absolute Identität, nicht als ein Nothwendiges erwiesen, sondern nur vorausgesetzt werde (das Absolute sei wie aus der Pistole geschossen), 2. dass der Fortgang vom Princip des Systems zu den einzelnen Sätzen nicht mit wissenschaftlicher Nothwendigkeit begründet sei und darum statt der Aufzeigung der Selbstentfaltung des Absoluten nur ein willkürliches und phantastisches Operiren mit den beiden Begriffen des Idealen und Realen eintrete (wie wenn ein Maler für Thiere und Landschaften nur die beiden Farben roth und grün zu verwenden hätte); es komme aber darauf an, dass das Absolute nicht bloss als die allem Individuellen zu Grunde liegende Substanz, sondern auch als das sich selbst setzende, aus dem Anderswerden sich wiederum zur Gleichheit mit sich selbst herstellende Subject aufgefasst werde. Hegel will demnach seinerseits 1. das Bewusstsein auf den Standpunkt der absoluten Erkenntniss erheben, 2. den gesammten Inhalt dieser Erkenntniss vermittelst der dialektischen Methode systematisch entwickeln. Das Erste geschieht in der Phänomenologie des Geistes und (kürzer, indem bloss die letzten Stufen der philosophischen Erkenntniss betrachtet werden) in der Einleitung der Encyclopädie, das Andere in dem gesammten System der Logik, Natur- und Geistesphilosophie.

In der Phänomenologie des Geistes stellt Hegel die Entwicklungsformen des menschlichen Bewusstseins dar von der unmittelbaren Gewissheit durch die verschiedenen Formen der Reflexion und Selbstentfremdung hindurch bis zur absoluten Erkenntniss. In der phänomenologischen Darstellung verflicht Hegel miteinander die Bildungsgeschichte des individuellen und des allgemeinen Geistes. Die Hauptstufen sind: Bewusstsein, Selbstbewusstsein, Vernunft, sittlicher Geist, Religion, absolutes Wissen. Der Gegenstand des absoluten Wissens ist die eigene Bewegung des Geistes. Das absolute, begreifende Wissen setzt das Dasein aller früheren Gestalten voraus; daher ist es begriffene Geschichte; in ihr sind alle früheren Gestalten bewahrt: „aus dem Kelche dieses Geisterreiches schäumt ihm die Unendlichkeit" (sagt Hegel, auf Schiller's „Theosophie des Julius" anspielend, am Schluss der Phänomenologie).

In der Einleitung zur Encyclopädie begründet Hegel den Standpunkt des absoluten Wissens durch eine Kritik der Stellungen des philosophischen Gedankens zur Objectivität, welche in der Geschichte der neueren Philosophie hervorgetreten sind, insbesondere des Dogmatismus und Empirismus, des Kriticismus und des unmittelbaren Wissens. Das absolute Wissen erkennt Denken und Sein als identisch oder (wie Hegel in der Vorrede zur Rechtsphilosophie sich ausdrückt) das Vernünftige als wirklich und das Wirkliche als vernünftig.

Das System der Philosophie gliedert sich in drei Haupttheile: die Logik, welche die Wissenschaft der Idee an und für sich ist, die Naturphilosophie als die Wissenschaft der Idee in ihrem Anderssein, die Philosophie des Geistes als die Wissenschaft der Idee, die aus ihrem Anderssein in sich zurückkehrt. Die Methode ist die dialektische, welche das Umschlagen jedes Begriffs in sein Gegentheil und die Vermittlung des Gegensatzes zu der höheren Einheit betrachtet; in ihr ist sowohl der bloss unterscheidende Verstand, wie auch die bloss die Unterschiede aufhebende negative Vernunft oder Skepsis als Moment enthalten.

Die Logik ist die Wissenschaft der reinen Idee, das ist, der Idee im abstracten Elemente des Denkens. Sie zerfällt in drei Theile, nämlich in die Lehre vom Sein als dem Gedanken in seiner Unmittelbarkeit, dem Begriff an sich, die Lehre vom Wesen als dem Gedanken in seiner Reflexion und Vermittlung, dem Fürsichsein und Schein des Begriffs, die Lehre von dem Begriff und der Idee als dem Gedanken in seinem Zurückgekehrtsein in sich selbst und seinem entwickelten Beisichsein, dem Begriff an und für sich. (Doch rechnet Hegel mit Unrecht diese letzte Lehre noch der Grundwissenschaft oder „Logik" als drittem Theil zu, da sie vielmehr, wie schon aus der Definition hervorgeht, der Wissenschaft des Geistes angehört; die Hegel'sche Ausführung dieser Partie ist durchweg getrübt durch das Schwanken zwischen dem Charakter einer Doctrin von Formen, die nur dem denkenden Geiste zukommen und dem einer Doctrin von Formen aller natürlichen und geistigen Wirklichkeit. In dem grösseren Werke über die Logik hat Hegel diesen letzten Theil als subjective Logik, die beiden ersten zusammen als objective Logik bezeichnet.)

Den Ausgangspunkt der dialektischen Entwicklung in der Logik (und damit also zugleich in dem gesammten philosophischen System) bildet das reine Sein als der abstracteste und absolut inhaltsleere, daher mit dem Nichts identische Begriff. Zu dem Nichts steht das Sein in dem Doppelverhältniss der Identität und des, obschon unsagbaren, unaufgebbaren Unterschieds. (In der That aber lässt sich der Unterschied dahin angeben, dass der Begriff des Seins durch Abstraction von allem Unterschied in dem durch gültige Begriffe Gedachten unter Festhaltung des darin Identischen gewonnen wird, der Begriff des Nichts aber dadurch, dass in der Abstraction noch um einen Schritt weiter gegangen und auch noch von diesem Identischen selbst mit abstrahirt wird.) Die Identität im Unterschiede von Sein und Nichts ergiebt einen neuen, höheren Begriff, welcher die höhere Einheit jener beiden Begriffe ist, nämlich den des Werdens. Die Arten des Werdens sind das Entstehen und das Vergehen; das Resultat des Werdens ist das Dasein, das mit der Negation identische

§ 23. Hegel.

Sein oder das Sein mit einer Bestimmtheit, die als unmittelbare oder seiende Bestimmtheit ist, oder einer Qualität. Das Dasein als in dieser seiner Bestimmtheit in sich reflectirt, ist Daseiendes, Etwas. Die Grundlage aller Bestimmtheit ist die Negation (wobei sich Hegel auf Spinoza's Satz beruft: omnis determinatio est negatio). Als seiende Bestimmtheit, gegenüber der in ihr enthaltenen, aber von ihr unterschiedenen Negation ist die Qualität Realität; die Negation aber ist nicht mehr das abstracte Nichts, sondern das Anderssein. Das Sein der Qualität als solches, gegenüber der Beziehung auf Anderes, ist das Ansichsein. Das Etwas wird ein Anderes, da das Anderssein sein eigenes Moment ist, das Andere als ein neues Etwas wird wieder ein Anderes; dieser Progress in's Unendliche aber bleibt bei dem Widerspruch stehen, dass das Endliche sowohl Etwas ist, als sein Anderes; die Auflösung dieses Widerspruchs liegt in dem Gedanken, dass das Etwas in seinem Uebergehen in Anderes nur mit sich selbst zusammengeht oder das Andere des Anderen wird; diese Beziehung im Uebergehen und im Anderen auf sich selbst ist die wahrhafte Unendlichkeit, die Herstellung des Seins als Negation der Negation, oder das Fürsichsein. Im Fürsichsein ist die Bestimmung der Idealität eingetreten. Die Wahrheit des Endlichen ist seine Idealität. Diese Idealität des Endlichen ist der Hauptsatz der Philosophie, und jede wahrhafte Philosophie ist deswegen Idealismus. Die Idealität als die wahrhafte Unendlichkeit ist die Lösung des Gegensatzes zwischen dem Endlichen und dem Verstandes-Unendlichen, welches, neben das Endliche gestellt, selbst nur eins der beiden Endlichen ist. Die Momente des Fürsichseins sind: das Eine, die Vielen und die Beziehung (als Attraction und Repulsion). Die Qualität schlägt wegen der Unterschiedslosigkeit der vielen Eins in ihr Gegentheil, die Quantität, um. In der Kategorie der Quantität wiederholt sich das Verhältniss des Seins, Daseins und Fürsichseins als reine Quantität, Quantum und intensive Grösse oder Grad. Das sich selbst in seiner fürsichseienden Bestimmtheit Aeusserlichsein des Quantums macht seine Qualität aus. Das Quantum an ihm selbst so gesetzt, ist das quantitative Verhältniss. Indem das Qualitative selbst Beziehung auf sich in seiner Aeusserlichkeit ist oder das Fürsichsein und die Gleichgültigkeit der Bestimmtheit vereinigt sind, ist es das Maass. Das Maass ist das qualitative Quantum, die Einheit der Qualität und der Quantität. In dieser Einheit ist die Unmittelbarkeit des Seins aufgehoben und dadurch das Wesen gesetzt.

Das Wesen ist das aufgehobene Sein oder das durch die Negation mit sich vermittelte, in sich reflectirte Sein. Dem Wesen gehören an die reinen Reflexionsbestimmungen, insbesondere die Identität, der Unterschied und der Grund. Die logischen Grundsätze der Identität und des Unterschieds sind als einseitige Abstractionen, welche blosse Momente der Wahrheit verselbständigen, mit Unwahrheit behaftet; die speculative Wahrheit ist die Identität des Identischen und des Unterschieds, welche im Begriffe des Grundes liegt. Das Wesen ist der Grund der Existenz; die Existenz ist die Wiederherstellung der Unmittelbarkeit oder des Seins, insofern es durch das Aufheben der Vermittlung vermittelt ist. Die Totalität als die in Einem gesetzte Entwicklung der Bestimmungen des Grundes und der Existenz ist das Ding. Unter dem „Ding an sich" versteht Hegel die Abstraction der blossen Reflexion des Dinges in sich, an der gegen die Reflexion in Anderes, vermöge deren es Eigenschaften habe, als an der leeren Grundlage derselben festgehalten werde. (Hier wird von Hegel dem Kantischen Terminus ein veränderter Sinn untergelegt, jedoch mit dem Anspruch, den Kantischen Sinn zu treffen. Kant hat nicht das Ding ohne die Eigenschaften und nicht ohne alle Beziehungen überhaupt, sondern nur das Ding, wie es abgesehen von einer bestimmten Beziehung, nämlich von seiner Spiegelung in unserm Bewusstsein, und zwar dem nächsten, vorkritischen, durch Wahrnehmung und dogmatialisches Denken bestimmten Bewusstsein, ist, unter jenem Terminus verstanden.) Die Existenz des Dinges involvirt den Widerspruch zwischen dem Insichbestehen und der Reflexion in Anderes oder der Materie und der Form; in diesem Widerspruch ist die Existenz Erscheinung. Das Wesen muss erscheinen. Das Scheinen ist die Bestimmung, wodurch das Wesen nicht Sein, sondern Wesen ist, und das entwickelte Scheinen ist die Erscheinung. Das Wesen ist daher nicht hinter oder jenseits der Erscheinung, sondern dadurch, dass das Wesen es ist, welches existirt, ist die Existenz Erscheinung. Die Erscheinung ist die Wahrheit des Seins und eine reichere Bestimmung, als dieses, insofern dieselbe die Momente der Reflexion in sich und in Anderes in sich vereinigt enthält, wohingegen das Sein oder die Unmittelbarkeit noch das einseitig Beziehungslose ist. Der Mangel der Erscheinung aber besteht darin, dass sie noch dieses in sich Gebrochene, seinen Halt nicht in sich selbst Habende ist, welcher Mangel in der nächsthöheren Kategorie, der Wirklichkeit, aufgehoben wird. Kant, sagt Hegel, habe das Verdienst, dasjenige, was dem gemeinen Bewusstsein als ein Seiendes und Selbstständiges gelte, als blosse Erscheinung aufgefasst zu haben; er habe aber fälschlich die Erscheinung im bloss subjectiven Sinne genommen und ausser derselben „das abstracte Wesen" (was freilich nach dem Obigen Kant's Meinung nicht war) als Ding an sich fixirt; Fichte habe in seinem subjectiven Idealismus irrigerweise den Menschen in einen undurchdringlichen Kreis bloss subjectiver Vorstellungen gebannt; es sei vielmehr die eigene Natur der unmittelbar gegenständlichen Welt selbst, nur Erscheinung und nicht feste und selbstständige Existenz zu sein. Die unmittelbar gewordene Einheit des Wesens und der Existenz oder des Innern und des Aeussern ist die Wirklichkeit; ihr gehört das Verhältniss der Substanzialität, das der Causalität und das der Wechselwirkung an. Die Wechselwirkung ist unendliche negative Beziehung auf sich. Diese bei sich bleibende Wechselbewegung aber oder das zum Sein als einfacher Unmittelbarkeit zurückgegangene Wesen ist der Begriff.

Der Begriff ist die Einheit des Seins und des Wesens, die Wahrheit der Substanz, das Freie als die für sich seiende substantielle Macht. Der subjective Begriff entwickelt sich als der Begriff als solcher, der die Momente der Allgemeinheit, Besonderheit und Einzelheit in sich fasst, als das Urtheil, welches die gesetzte Besonderheit des Begriffs, die Diremtion des Begriffs in seine Momente, die Beziehung des Einzelnen auf das Allgemeine ist, endlich als der Schluss, der die Einheit des Begriffs und des Urtheils ist, Begriff als die einfache Identität, in welche die Formunterschiede des Urtheils zurückgegangen sind, und Urtheil, in sofern er zugleich in Realität, nämlich in dem Unterschiede seiner Bestimmungen gesetzt ist. Der Schluss ist das Vernünftige und alles Vernünftige, der Kreislauf der Vermittlung der Begriffsmomente des Wirklichen. Die Realisirung des Begriffs im Schlusse als die in sich zurückgegangene Totalität ist das Object. Der objective Begriff durchläuft die Momente: Mechanismus, Chemismus und Teleologie (welche hier nicht in speciell naturwissenschaftlichem, sondern in allgemein metaphysischem Sinne verstanden werden müssen). In der Realisirung des Zwecks setzt sich der Begriff als das an sich seiende Wesen des Objects. Die Einheit des Begriffs und seiner Realität, die an sich seiende Einheit des Subjectiven und Objectiven als für sich seiend gesetzt ist die Idee. Die Momente der Idee sind das Leben, das Erkennen und die absolute Idee; die absolute Idee ist die reine Form des Begriffs, die ihren Inhalt als sich selbst anschaut, die sich wissende Wahrheit, die absolute und alle Wahrheit, die sich selbst denkende Idee als denkende oder logische Idee. Die absolute Freiheit der Idee ist, dass sie nicht bloss in's Leben übergeht, noch als endliches Erkennen dasselbe in sich scheinen lässt, sondern in der absoluten Wahrheit ihrer

§ 23. Hegel.

selbst sich entschliesst, das Moment ihrer Besonderheit oder des ersten Bestimmens und Andersseins, die unmittelbare Idee als ihren Widerschein, als Natur, frei aus sich zu entlassen. Die Idee als Sein oder die seiende Idee ist die Natur.

Die Natur ist die Idee in der Form des Andersseins oder der Entäusserung. Sie ist der Reflex des Geistes, das Absolute in seinem unmittelbaren Dasein. Die Idee durchläuft von ihrem abstracten Aussersichsein in Raum und Zeit bis zum Insichsein der Individualität im animalischen Organismus eine Reihe von Stufen, deren Folge auf der fortschreitenden Realisirung der Tendenz zum Fürsichsein oder zur Subjectivität beruht. Ihre Hauptmomente sind: der mechanische, physikalische und organische Process. Die Idee ist in der Schwere zu einem Leibe entlassen, dessen Glieder die freien Himmelskörper sind; dann bildet sich die Aeusserlichkeit zu Eigenschaften und Qualitäten herein, die, einer individuellen Einheit angehörend, im chemischen Process eine immanente und physikalische Bewegung haben; in der Lebendigkeit endlich ist die Schwere an Gliedern entlassen, in denen die subjective Einheit bleibt. Hegel erkennt diese Folge nicht als eine zeitliche an, denn nur der Geist habe Geschichte, in der Natur seien alle Gestalten gleichzeitig und das Höhere, in der dialektischen Entwicklung Spätere, nur das ideelle Prius des Niederen.

Der Tod der nur unmittelbaren einzelnen Lebendigkeit ist der Hervorgang des Geistes. Der Geist ist das Beisichsein der Idee oder die Idee, die aus ihrem Anderssein in sich zurückkehrt. Seine Entwicklung ist der stufenweise Fortschritt von der Naturbestimmtheit zur Freiheit. Seine Momente sind: der subjective, der objective und der absolute Geist.

Den subjectiven Geist in seinem unmittelbaren Verflochtensein mit der Naturbestimmtheit oder die Seele in ihrer Beziehung zum Leibe betrachtet die Anthropologie. Die Phänomenologie als der zweite Theil der Lehre vom subjectiven Geiste betrachtet den erscheinenden Geist auf der Stufe der Reflexion als sinnliches Bewusstsein, Wahrnehmung, Verstand, Selbstbewusstsein und Vernunft. Die Psychologie betrachtet den Geist, sofern er theoretisch als Intelligenz ist, praktisch als Wille, frei als Sittlichkeit. Die Intelligenz findet sich bestimmt, setzt aber das Gefundene als ihr Eigenes, indem sie das All als den sich verwirklichenden vernünftigen Zweck erkennt. Zu dieser Einsicht gelangt der Geist auf dem Wege des Handelns, in welchem der Wille das Bestimmende des Inhalts ist. Die Einheit des Wollens und Denkens ist die Energie der sich selbst bestimmenden Freiheit. Das Wesen der Sittlichkeit ist, dass der Wille allgemeinen Vernunftinhalt zu seinen Zwecken habe.

Die Lehre vom objectiven Geist geht auf die Objectivirungen des freien Willens. Das Product des freien Willens als eine objective Wirklichkeit ist das Recht. Das Recht ist Verwirklichung der Freiheit und tritt nur der Willkür entgegen. Das Recht als solches oder das formelle und abstracte Recht, worin der freie Wille unmittelbar ist, ist Eigenthums-, Vertrags- und Strafrecht; das Eigenthum ist das Dasein, welches die Person ihrer Freiheit giebt, der Vertrag ist der Zusammenfluss zweier Willen zu einem gemeinsamen Willen, das Strafrecht ist das Recht wider das Unrecht, die Strafe die Wiederherstellung des Rechts als Negation seiner Negation. An das formelle Recht schliesst sich als zweite Stufe die Moralität als der in sich reflectirte Wille, der Wille in seiner Selbstbestimmung als Gewissen, als dritte und höchste Stufe aber die Sittlichkeit, in welcher das Subject sich mit der sittlichen Substanz: der Familie, der bürgerlichen Gesellschaft und dem Staate, eins weiss. Der Staat ist die Wirklichkeit der sittlichen Idee, die selbstbewusste sittliche Substanz, als der zu einer organischen Wirklichkeit entwickelte

§ 25. Hegel.

sittliche Geist, der Geist, der in der Welt steht, der göttliche Wille als gegenwärtiger, sich zur wirklichen Gestalt und Organisation einer Welt entfaltender Geist. In der constitutionellen Monarchie, der Staatsform der neuen Welt, sind die Formen, die in der alten Welt verschiedenen Ganzen angehörten, nämlich Autokratie, Aristokratie, Demokratie, zu Momenten herabgesetzt: der Monarch ist Einer, in seiner Person ist die Persönlichkeit des Staates wirklich, er ist die Spitze der formellen Entscheidung; mit der Regierungsgewalt treten Einige, in der gesetzgebenden Gewalt, sofern die Stände an derselben Antheil haben, die Vielen hinzu. Es bedarf der Institution von Ständen, damit das Moment der formellen Freiheit sein Recht erlange, und so auch der Geschwornengerichte, damit dem Rechte des subjectiven Selbstbewusstseins ein Genüge geschehe. Das Hauptgewicht aber legt Hegel nicht auf die subjective Selbstbestimmung der Einzelnen, sondern auf den gebildeten Bau des Staates, die Architektonik seiner Vernünftigkeit. Seine Rechtsphilosophie ist das Begreifen der Vernunftgemässheit des wirklichen Staats unter scharfer Polemik gegen eine Reflexion und ein Gefühl, welche auf der subjectiven Meinung des Besserwissens beruhen, und sich in der Aufstellung von leeren Idealen gefallen. Die Weltgeschichte, die Hegel wesentlich als Staatengeschichte auffasst, gilt ihm als der Fortschritt im Bewusstsein der Freiheit. Sie ist die Zucht, die von der Unbändigkeit des natürlichen Willens durch die substantielle Freiheit zur subjectiven Freiheit führt. Der Orient wusste und weiss nur, dass Einer frei ist, die griechische und römische Welt, dass Einige frei seien, die germanische Welt weiss, dass Alle frei sind. Im Osten beginnt die Weltgeschichte, im Westen aber geht das Licht des Selbstbewusstseins auf. In den substantiellen Gestaltungen der orientalischen Reiche sind alle vernünftigen Bestimmungen vorhanden, aber so, dass die Subjecte nur Accidentien bleiben. Die orientalische Geschichte ist das Kindesalter der Menschheit. Der griechische Geist ist das Jünglingsalter. Hier ergiebt sich zuerst das Reich der subjectiven Freiheit, aber in die substantielle Freiheit eingebildet. Diese Vereinigung der Sittlichkeit und des subjectiven Willens ist das Reich der schönen Freiheit, denn die Idee ist mit einer plastischen Gestalt vereinigt, wie in einem schönen Kunstwerke das Sinnliche das Gepräge und den Ausdruck des Geistigen trägt. Es ist die Zeit der schönsten, aber schnell vorübergehenden Blüthe. In der natürlichen Einheit des Subjects mit dem allgemeinen Zweck liegt die unbefangene, substantielle Sittlichkeit, welcher Sokrates die Moralität, die auf Reflexion beruhende Selbstbestimmung des Subjects, entgegenstellte; die substantielle Sittlichkeit bedurfte des Kampfes mit der subjectiven Freiheit, um sich zur freien Sittlichkeit zu gestalten. Das römische Reich ist das Mannesalter der Geschichte. Es ist das Reich der abstracten Allgemeinheit. Die Individuen werden dem allgemeinen Staatszwecke aufgeopfert; sie erhalten aber zum Ersatz die Allgemeinheit ihrer selbst, d. h. die Persönlichkeit, vermöge der Ausbildung des Privatrechts. Das gleiche Schicksal trifft die Völker. Der Schmerz über den Verlust der nationalen Selbständigkeit treibt den Geist in seine innersten Tiefen zurück; er verlässt die götterlose Welt und beginnt das Leben seiner Innerlichkeit. Der absolute Wille und der Wille des Subjects werden eins. In der germanischen Welt herrscht das Bewusstsein der Versöhnung. Anfänglich ist der Geist noch abstract in seiner Innerlichkeit befriedigt, das Weltliche ist der Rohheit und Willkür überlassen; endlich aber formirt sich das Princip selbst zu concreter Wirklichkeit, in welcher das Subject sich mit der Substanz des Geistes vereinigt. Die Realisirung des Begriffs der Freiheit ist das Ziel der Weltgeschichte. Ihre Entwicklung ist die wahrhafte Theodicee.

Der absolute Geist oder die Religion im weiteren Sinne als die Einheit des subjectiven und objectiven Geistes realisirt sich in der objectiven Form der Anschauung oder des unmittelbaren sinnlichen Wissens als Kunst, in der subjectiven

§ 23. Hegel.

Form des Gefühls und der Vorstellung als Religion im engeren Sinne, endlich in der subjectiv-objectiven Form des reinen Denkens als Philosophie. Das Schöne ist das Absolute in sinnlicher Existenz, die Wirklichkeit der Idee in der Form begrenzter Erscheinung. Auf dem Verhältniss der Idee zu dem Stoffe beruht der Unterschied der symbolischen, classischen und romantischen Kunst. In der symbolischen Kunst, in welcher namentlich die orientalische Darstellung befangen bleibt, vermag die Form den Stoff nicht völlig zu durchdringen. Im classisch Schönen, vornehmlich in der griechischen Kunst, ist der geistige Inhalt ganz in das sinnliche Dasein ergossen. Die classische Kunst löst sich auf: negativ in der Satire, dem Kunstwerke der in sich zerrissenen römischen Welt, positiv in der romantischen Kunst der christlichen Zeit. Die romantische Kunst beruht auf dem Vorwiegen des geistigen Elementes, auf der Tiefe des Gemüthes, auf der Unendlichkeit der Subjectivität. Sie ist das Hinausgehen der Kunst über sich selbst, jedoch in der Form der Kunst. Das System der Künste (Architektur; Sculptur; Malerei, Musik und Poesie) ist dem der Kunstformen analog. Die Poesie als die höchste der Künste nimmt die Totalität aller Formen in sich auf. Die Religion ist die Form, wie die absolute Wahrheit für das vorstellende Bewusstsein oder für Gefühl, Vorstellung und reflectirenden Verstand und daher für alle Menschen ist. Die Stufen der Religion in ihrer historischen Entwicklung sind: 1. die Naturreligionen des Orients, welche Gott als Natursubstanz fassen; 2. die Religionen, in denen Gott als Subject angeschaut wird, insbesondere die jüdische Religion oder die Religion der Erhabenheit, die griechische oder die Religion der Schönheit, die römische oder die Religion der Zweckmässigkeit; 3. die absolute Religion, welche Gott zugleich in seiner Entäusserung zur Endlichkeit und in seiner Einheit mit der Endlichkeit oder seinem Leben in der versöhnten Gemeinde ausdrückt. Die göttliche Idee explicirt sich in drei Formen. Diese sind: 1. das ewige in und bei sich Sein, die Form der Allgemeinheit, Gott in seiner ewigen Idee an und für sich, oder das Reich des Vaters, 2. die Form der Erscheinung, der Particularisation, das Sein für Anderes in der physischen Natur und dem endlichen Geist, die ewige Idee Gottes im Elemente des Bewusstseins und Vorstellens, oder die Differenz, das Reich des Sohnes, 3. die Form der Rückkehr aus der Erscheinung in sich selbst, der Process der Versöhnung, die Idee im Element der Gemeinde oder das Reich des Geistes. Der wahre Sinn der Beweise vom Dasein Gottes ist, dass sie die Erhebung des Menschengeistes zu Gott enthalten und dieselbe für den Gedanken ausdrücken sollen. Der kosmologische und teleologische Beweis gehen vom Sein zum Begriffe Gottes über, der ontologische vom Begriff zum Sein. Die Philosophie ist das Denken der absoluten Wahrheit oder die sich denkende Idee, die sich wissende Wahrheit, die sich selbst begreifende Vernunft. Das philosophische Wissen ist der denkend erkannte Begriff der Kunst und Religion. Die Entwicklung der Philosophie erfolgt im System und in der Geschichte auf wesentlich gleiche Weise, nämlich durch den Fortschritt vom Abstracteren zu immer reicherer und concreterer Erkenntniss der Wahrheit. Die Philosophie der Eleaten, des Heraklit und der Atomistiker entspricht dem reinen Sein, dem Werden und dem Fürsichsein, die Philosophie Plato's den Kategorien des Wesens, die des Aristoteles dem Begriff, die der Neuplatoniker dem Gedanken als Totalität oder der concreten Idee, die Philosophie der neueren Zeit der Idee als Geist oder der sich wissenden Idee. Die Cartesianische Philosophie steht auf dem Standpunkt des Bewusstseins, die Kantische und Fichte'sche auf dem des Selbstbewusstseins, die neueste (Schelling-Hegel'sche) auf dem der Vernunft oder der mit der Substanz identischen Subjectivität, und zwar in der Form der intellectuellen Anschauung bei Schelling, in der des reinen Denkens oder des absoluten Wissens bei Hegel. Die Principien aller früheren Systeme sind als aufgehobene Momente erhalten in der absoluten Philosophie. (Was über das Wahre in dem Grundgedanken und das Grosse in der Durchführung neben manchem Uebersponnten, Einseitigen und Schiefen in Bezug auf Hegel's Ansicht von der Geschichte der Philosophie im ersten Theile dieses Grundrisses unter § 4 gesagt worden ist, lässt sich in wesentlich gleichem Sinne auf das Ganze des Systems beziehen. In seiner Methode huldigt das System, indem es die dialektische Construction gegenüber der Empirie zu einer selbstständigen Macht erhebt und das „reine Denken" von seiner empirischen Basis ablöst, einem durch die nachträgliche Beziehung auf den Stoff nicht aufgehobenen Dualismus, wie sehr es auch selbst principiell einen jeden Dualismus verwirft. Die realistische Seite der Kantischen Philosophie ist in der Hegel'schen nicht zu gleichem Rechte mit der idealistischen gelangt. Eben darum ist dieselbe in der nachhegelschen Philosophie um so stärker und bei Vielen in einseitiger Ueberspannung hervorgetreten.)

§ 24. Ein Zeitgenosse von Fichte, Schelling und Hegel, den letzteren überlebend, bildet Friedrich Ernst Daniel Schleiermacher (1768 bis 1834), insbesondere durch Spinoza und Plato angeregt, die Kantische Philosophie in einer solchen Weise um, wodurch er ebensowohl dem in ihr liegenden realistischen, wie dem idealistischen Elemente gerecht zu werden sucht. Raum und Zeit gelten Schleiermacher als Formen der Existenz der Dinge selbst, nicht nur unserer Auffassung der Dinge; ebenso gesteht er den Kategorien Gültigkeit für die Dinge selbst zu. Unsere Auffassung ist durch die Sinnesthätigkeit bedingt, mittelst welcher das Sein der Dinge in unser Bewusstsein aufgenommen wird. Das Afficirtwerden der Sinne als Bedingung der Erkenntniss, welches Kant inconsequenterweise angenommen, Fichte vergeblich um der Consequenz willen zu beseitigen versucht hatte, reiht sich bei Schleiermacher in einer consequenten Weise dem Ganzen seiner Doctrin ein, weil ihm Raum, Zeit und Causalität nicht bloss Formen der im Bewusstsein des Subjects allein vorhandenen Erscheinungswelt, sondern auch der dem Subject gegenüberstehenden und seine Erkenntniss bedingenden objectiven Realität selbst sind. In dem Denken, welches den Inhalt der äusseren und inneren Erfahrung verarbeitet, oder in der zu der „organischen Function" hinzutretenden „intellectuellen Function" findet Schleiermacher mit Kant die Spontaneität, welche im Menschen mit der Receptivität der Sinne vereinigt ist, oder das mit dem empirischen Factor zusammenwirkende apriorische Erkenntnisselement. Durch eben diese Theorie der Erkenntniss überwindet Schleiermacher die aprioristische Einseitigkeit der Hegel'schen Dialektik. Die Vielheit der neben einander bestehenden Objecte und nacheinander erfolgenden Processe schliesst sich zu einer nicht etwa bloss von dem denkenden Subjecte hineingetragenen, sondern an und für sich realen, Object und Subject umfassenden Einheit zusammen. Vermöge der realen Einheit bildet das Mannigfaltige ein gegliedertes Ganzes.

Die Totalität alles Existirenden ist die Welt; die Einheit des Weltganzen ist die Gottheit. Ueber die Gottheit sind uns nur entweder negative oder bildliche, anthropomorphisirende Aussagen möglich. Jeder Theil der Welt steht mit den übrigen Theilen in Wechselwirkung, worin Wirken und Leiden vereinigt ist. An unser Wirken knüpft sich das Gefühl unserer Freiheit, an unser Erleiden das Gefühl unserer Abhängigkeit. Dem Unendlichen gegenüber als der Einheit des Weltganzen besteht in uns das Gefühl der absoluten Abhängigkeit. In diesem Gefühle wurzelt die Religion. Die religiösen Vorstellungen und Sätze sind Darstellungsweisen des religiösen Gefühls und als solche von der wissenschaftlichen Betrachtung, welche die objective Wirklichkeit im Bewusstsein des Subjectes zu reproduciren strebt, specifisch verschieden. Die Dogmen in Philosopheme umwandeln wollen oder in der Theologie philosophiren, heisst die Grenzen beider Gebiete verkennen; der Philosophie kommt innerhalb der Theologie nur ein formaler Gebrauch zu. Weder soll die Philosophie zu der Theologie, noch diese zu jener in dem Verhältniss der Dienstbarkeit stehen; jede ist frei in den Grenzen ihres Gebietes. Schleiermacher hat neben der bei ihm die Gotteslehre in sich mitbegreifenden Dialektik die christliche Glaubenslehre, neben der philosophischen Ethik die christliche Ethik bearbeitet. Die Einseitigkeit des Kantischen Pflichtbegriffs, der dem Allgemeinen das Eigenthümliche opfert, sucht Schleiermacher durch eine Ethik zu überwinden, welche die jedesmalige Aufgabe durch die Individualität des Handelnden bedingt sein lässt. Schleiermacher's Ethik ist zugleich Güterlehre, Tugendlehre und Pflichtenlehre. In dem höchsten Gute als der obersten Einheit des Realen und Idealen findet Schleiermacher das sittliche Ziel, in der Pflicht das Gesetz der Bewegung zu diesem Ziele hin, in der Tugend die bewegende Kraft. Vorwiegend trägt Schleiermacher's Darstellung der Ethik den Charakter der Güterlehre. Die Art, wie Schleiermacher den Gegensatz und die Einheit des Realen und Idealen in Natur und Geist über bestimmt und in einer Reihe einzelner Formeln darlegt, ist zumeist durch Schelling's Identitätsphilosophie bedingt. Schleiermacher's Philosophie ist von ihm nicht zu einem allumfassenden und in Gedankengehalt und Terminologie streng geschlossenen Systeme fortgebildet worden und steht daher an sachlicher und formeller Vollendung sehr weit dem Hegel'schen und auch dem Herbart'schen Systeme nach, ist aber ebenso auch von mancher mit diesen Systemen unabtrennbar verwachsenen Einseitigkeit frei und in ihrer grossentheils noch unabgeschlossenen Gestalt mehr als jede andere nachkantische Doctrin einer reinen, die verschiedenartigen Einseitigkeiten überwindenden Ausbildung fähig.

§ 24. Schleiermacher.

Schleiermacher's **Werke** sind in drei Abtheilungen: I. zur Theologie, II. Predigten, III. Zur Philosophie und vermischte Schriften, Berlin 1835—64, herausgegeben worden. Die dritte Abtheilung enthält folgende Bände: I. Grundlinien einer Kritik der bisherigen Sittenlehre; Monologe; vertraute Briefe über F. Schlegel's Lucinde; Gedanken über Universitäten im deutschen Sinne etc. II. philos. u. verm. Schriften. III. Reden und Abh., der K. Akademie der Wiss. vorgetragen, aus Schl.'s handschr. Nachl. hrsg. von L. Jonas. IV, 1. Gesch. der Philos., hrsg. von H. Ritter. IV, 2. Dialektik, hrsg. von L. Jonas. V. Entwurf eines Systems der Sittenlehre, hrsg. von A. Schweizer. VI. Psychologie, hrsg. von George. VII. Aesthetik, hrsg. von C. Lommatzsch. VIII. die Lehre vom Staat, hrsg. von Chr. A. Brandis. IX. Erziehungslehre, hrsg. von C. Platz. Ueber Schleiermacher's Leben und persönliche Beziehungen giebt sein reicher Briefwechsel den treuesten Aufschluss. Die Briefe von und an J. Chr. Gass hat dessen Sohn W. Gass unter Beifügung einer biographischen Vorrede, Berlin 1852, herausgegeben. Den gesammten Schleiermacher'schen Briefwechsel, soweit derselbe sich erhalten hat und von allgemeinerem Interesse ist, hat Ludwig Jonas und nach dessen Tode Wilhelm Dilthey herausgegeben unter dem Titel: Aus Schleiermacher's Leben, in Briefen. Bd. I.: von Schl.'s Kindheit bis zu seiner Anstellung in Halle, October 1804, Berlin 1858, 2. Aufl. 1860, Bd. II.: Bis an sein Lebensende, den 12. Febr. 1834, Berlin 1858, 2. Aufl. 1860, Bd. III.: Schl.'s Briefwechsel mit Freunden bis zu seiner Uebersiedelung nach Halle, namentlich mit Friedr. und Aug. Wilh. Schlegel, Berlin 1861, Bd. IV.: Schl.'s Briefe an Brinckmann, Briefwechsel mit seinen Freunden von 1804—34, Denkschriften, Dialog über das Anständige, Recensionen, Berlin 1863. Eine kurze, bis zum April 1794 reichende Selbstbiographie Schleiermacher's ist in Bd. I., S. 3—16 abgedruckt. Eine umfassende biographische Darstellung Schleiermacher's (von W. Dilthey) soll nachfolgen. Eine kurze, zur Einführung in Schleiermacher's Gedankenkreis sehr geeignete Zusammenstellung von Kerngedanken enthält die Schrift: Ideen, Reflexionen und Betrachtungen aus Schl.'s Werken, hrsg. von L. v. Lancizolle, Berlin 1854. Ueber Schleiermacher's **philosophische und theologische Lehren** handeln insbesondere: Chr. Jul. Braniss, über Schl.'s Glaubenslehre, Berlin 1824. C. Rosenkranz, Kritik der Schleiermacher'schen Glaubenslehre, Königsberg 1836. Hartenstein, de ethices a Schl. propositae fundamento, Lips. 1837, auch in seiner Ethik. Dav. Friedr. Strauss, Schleierm. und Daub in ihrer Bedeutung für die Theologie unserer Zeit, in den Hallischen Jahrb. für deutsche Wiss. u. Kunst 1839, wiederabg. in den Charakteristiken und Kritiken, Leipz. 1839. Schaller, Vorl. über Schl., Halle 1844. Weissenborn, Vorlesungen über Schl.'s Dialektik und Dogmatik, Leipz. 1847—49. F. Vorländer, Schleiermacher's Sittenlehre, Marburg 1851. Sigwart, über die Bedeutung der Erkenntnislehre und der psychologischen Voraussetzungen Schleiermacher's für die Grundbegriffe seiner Glaubenslehre, in den Jahrb. für deutsche Theologie, hrsg. v. Liebner, Dorner, Ehrenfeuchter, Landerer, Palmer und Weiszäcker, Bd. II., 1857, S. 267—327 u. 829—864 (womit Dorner's Entgegnung ebd. S. 499 zu vergleichen ist). C. A. Auberlen, Schleiermacher, ein Charakterbild, Basel 1859. Ed. Zeller, Schleiermacher, in den preuss. Jahrb. III., 1859, wiederabg. in Zeller's Vortr. u. Abh. S. 178—201. Karl Schwarz, Schleiermacher, seine Persönlichkeit und seine Theologie, Gotha 1861. Bobertag, Schl. als Philosoph, in der prot. Kirchenz. 1861, Nr. 47. Sigwart, Schl. in seinen Beziehungen zu dem Athenaeum der beiden Schlegel, Progr. des Sem. zu Blaubeuren, Tübingen 1861. Schlottmann, drei Gegner des Schleiermacher'schen Religionsbegriffs, in der deutschen Zeitschr. für christl. Wiss. u. christl. Leben, N. F. IV, 1861, Oct. Wilh. Dilthey, Schl.'s politische Gesinnung und Wirksamkeit, in den preuss. Jahrb. X, 1862. Gull. Dilthey, de principiis ethices Schleiermacheri, diss. inaug., Berol. 1864. Rud. Baxmann, Schl.'s Anfänge im Schriftstellern, Bonn 1864.

§ 24. Schleiermacher.

Friedrich Ernst Daniel Schleiermacher, Sohn eines reformirten Geistlichen, geboren zu Breslau den 21. Novbr. 1768, wurde als Mitglied der Brüdergemeinde erzogen, deren Glaubensform auf seine Gemüthsrichtung den tiefsten Einfluss gewonnen hat, welcher seine Macht auch dann noch unverlierbar behauptete, als er (seit seinem 19. Lebensjahre) durch das Bedürfniss selbstständiger Prüfung getrieben, der äusseren Gemeinschaft mit ihr entsagt hatte und an dem bestimmten Inhalt ihres Glaubens nicht festzuhalten vermochte. Nachdem er in Halle das theologische Studium absolvirt hatte, bekleidete er (Oct. 1790 bis Mai 1793) eine Hauslehrerstelle in der Familie des Grafen Dohna-Schlobitten, trat bald hernach in das Seminar für gelehrte Schulen zu Berlin, welches Gedike leitete, war 1794—96 Hülfsprediger zu Landsberg an der Warthe, 1796—1802 Prediger am Charité-Hause zu Berlin, 1802—1804 Hofprediger in Stolpe, 1804—1806 ausserordentlicher Professor der Theologie und Philosophie zu Halle an der Saale, lebte, nachdem er diese Stellung in Folge der Kriegsereignisse aufgegeben hatte, in Berlin, mit litterarischen Arbeiten beschäftigt und zugleich an seinem Theil neben Fichte und anderen patriotisch gesinnten Männern an der Kräftigung der Gemüther zum Zweck einer künftigen Befreiung des Vaterlandes von der Fremdherrschaft mitwirkend, seit 1809 als Prediger an der Dreifaltigkeitskirche; bei der Gründung der Berliner Universität erhielt er an derselben eine ordentliche Professur der Theologie, die er bis zu seinem Tode, der am 12. Febr. 1834 erfolgte, bekleidet hat. Er hielt neben den theologischen Vorlesungen auch philosophische über verschiedene Doctrinen. Seit 1811 war er Mitglied der Akademie der Wissenschaften, was ihm zu einer Reihe von meist auf die griechische Philosophie bezüglichen Abhandlungen Anlass gab. Im Jahr 1817 war er Präses der zu Berlin versammelten Synode, welche über die Union der lutherischen und reformirten Kirche berieth; freilich war der Sinn, in welchem Schleiermacher für die Union als eine freie, jede dem Geiste des Protestantismus gemässe Weise der Lehre und des Cultus dem Gewissen der einzelnen Prediger und Gemeinden anheimgebende Vereinigung wirkte, von der strengeren, an engere Normen gesetzlich bindende Weise, in welcher später das Unionswerk durchgeführt wurde, principiell verschieden; Schleiermacher's Warnung an den Minister von Altenstein, derselbe möge es nicht dahin kommen lassen, dass die Geschichte seinen Namen mit der Depravation der Unionsidee verknüpfe, vermochte nicht, diesen von der betretenen Bahn abzulenken, sondern wurde nur als eine persönliche Beleidigung aufgenommen; Schleiermacher hatte theils in Folge dieses Conflicts, theils und schon früher in Folge seiner freisinnigen politischen Thätigkeit fast ebenso andauernd die Ungunst der Regierung zu erfahren, wie Hegel sich ihrer Gunst und wirksamen Förderung seines Einflusses erfreute; erst in Schleiermacher's letzten Lebensjahren milderte sich die Spannung durch gegenseitiges Entgegenkommen. Als Prediger, Universitätslehrer und Schriftsteller hat Schleiermacher eine äusserst reiche und segensvolle Wirksamkeit geübt; auf dem Gebiet der Theologie, Philosophie und Alterthumsforschung hat er vielseitig anregend, geistweckend, neue Bahnen eröffnend gewirkt. „Schleiermacher" (sagt Zeller in den Vortr. u. Abh., Leipz. 1865, S. 179 und 200) „war nicht allein der grösste Theologe, welchen die protestantische Kirche seit der Reformationszeit gehabt hat, nicht allein der Kirchenmann, dessen grosse Gedanken über die Vereinigung der protestantischen Bekenntnisse, über eine freiere Kirchenverfassung, über die Rechte der Wissenschaft und der religiösen Individualität trotz alles Widerstandes sich durchsetzen werden und eben jetzt aus tiefer Verdunkelung sich auf's neue zu erheben begonnen haben, nicht allein der geistvolle Prediger, der hochbegabte, tief wirkende, das Herz durch den Verstand und den Verstand durch das Herz bildende Religionslehrer. Schleiermacher war auch ein Philosoph, der ohne geschlossene Systemsform doch die fruchtbarsten Keime ausgestreut hat, ein Alterthumsforscher, dessen Werke für die Kenntniss der griechischen Philosophie von epochemachender Bedeutung sind, ein Mann endlich, der an der staatlichen Wiedergeburt Preussens und Deutschlands redlich mitgearbeitet, der im persönlichen Verkehr auf Unzählige anregend, erziehend, belehrend eingewirkt, der in Vielen ein ganz neues geistiges Leben wachgerufen hat. — Schleiermacher ist der Erste, welcher das eigenthümliche Wesen der Religion gründlicher erforscht und dadurch auch der praktischen Bestimmung ihres Verhältnisses zu anderen Gebieten einen unberechenbaren Dienst geleistet hat; er ist einer der bedeutendsten unter den Männern, welche seit mehr als einem Jahrhundert daran arbeiten, das allgemein Menschliche aus dem Positiven herauszuarbeiten, das Ueberlieferte im Geist unserer Zeit umzubilden, einer der Vordersten unter den Vorkämpfern des modernen Humanismus.*

Unter Schleiermacher's Schriften sind folgende hervorzuheben: Ueber die Religion, Reden an die Gebildeten unter ihren Verächtern, Berlin 1799, 2. Ausg. 1806, 3. Ausg. 1821, u. ö. nach Schl.'s Tode. Monologen, eine Neujahrsgabe, 1800 u. ö. Vertraute Briefe über F. Schlegel's Lucinde (anonym) 1800. Predigten, 1. Sammt. 1801, 2. S. 1808, 3. S. 1814, 4. S. 1820, Festpredigten 1826 und 33, zur Denkfeier der Augsb. Confession 1831; fernere Sammlungen sind nach Schleiermacher's Tode in den sämmtlichen Werken erschienen. Grundlinien einer Kritik der bisherigen Sittenlehre, Berlin 1803. Platon's Werke, übersetzt und mit Einleitungen und Anmerkungen versehen, 1, 1 und 2, II, 1—3, III, 1, Berlin 1804 -28 u. ö. Die Weihnachtsfeier, 1805 u. ö. Der christliche Glaube nach den Grundsätzen der evangelischen Kirche, Berlin 1821—22, 2. umgearbeitete Aufl. 1830—31, u. ö. nach Schl's Tode. Unter den nachgelassenen Werken sind von philosophischer Bedeutung (ausser der schon oben, Theil I, 2. Aufl. S. 10 citirten Geschichte der Philosophie) insbesondere folgende: Entwurf eines Systems der Sittenlehre, hrsg. von Schweizer 1835, und Grundriss der philos. Ethik mit einleitender Vorrede hrsg. von A. Twesten 1841 (womit zu vergleichen ist: die christliche Sitte, nach den Grundsätzen der evangelischen Kirche im Zusammenhang dargestellt, hrsg. von Jonas 1843). Dialektik hrsg. von Jonas, 1839. Aesthetik, hrsg. von C. Lommatzsch, 1842. Die Lehre vom Staat, hrsg. von Chr. A. Brandis, 1845. Erziehungslehre, hrsg. von C. Platz, 1849. Psychologie, hrsg. von George, 1861. (Die unlängst durch Rütenik hrsg. Vorlesungen über das Leben Jesu haben zu der Zeit, da sie gehalten wurden, nicht unbeträchtlich auf den weiten Kreis der Zuhörer gewirkt und insbesondere der von Dav. Friedr. Strauss geübten Kritik der evangelischen Berichte über das Leben Jesu, welche bald nach Schleiermacher's Tode erschien, theils direct vorgearbeitet, theils indirect auf dieselbe eingewirkt, sofern die partiell von Schleiermacher vollzogene Kritik zu einer gleichmässigen Durchführung derselben auch auf den Punkten, wo Schleiermacher Halt machte, einen consequenten Denker provociren musste, der aus der Hegel'schen Philosophie gelernt hatte, sein religiöses Interesse nicht an irgend eine Person, sondern an die Idee selbst zu knüpfen, die, wie Strauss auf Grund der Hegel'schen Principien und schon nach dem Vorgange Kant's in dessen Kr. der reinen Vern., 2. Aufl. S. 507 f. und Religion in den Grenzen der Vernunft erklärte, nicht liebe ihre ganze Fülle in ein Individuum auszuschütten; heute haben diese Vorlesungen für die historische Erkenntniss ihres Objectes kaum noch irgend welche Bedeutung, um so grössere aber für das Verständniss der Theologie Schleiermacher's und des Entwicklungsganges der neueren deutschen Theologie überhaupt.)

Gleich sehr beseelt von tiefem religiösen Gefühl, wie durchdrungen von dem Ernste der Wissenschaft, verfolgt Schleiermacher in allen seinen Werken die Tendenz, an der Lösung der Aufgabe mitzuarbeiten, die er als das Ziel der Reformation und insbesondere als Bedürfnisse der Gegenwart bezeichnet: „einen ewigen Vertrag zu stiften zwischen dem lebendigen christlichen Glauben und der nach allen Seiten freigelassenen, unabhängig für sich arbeitenden wissenschaftlichen Forschung, so dass jener diese nicht hindere und diese nicht jenen ausschliesse".

In den „Reden über die Religion" (1. Rede: Rechtfertigung, 2. Rede: über das Wesen der Religion, 3. Rede: über die Bildung zur Religion, 4. Rede: über das Gesellige in der Religion oder über Kirche und Priesterthum, 5. Rede: über die Religionen) sucht Schleiermacher das Wesen und die Berechtigung der Religion nachzuweisen. Wie Kant in seiner Vernunftkritik den philosophischen Dogmatismus, der die Realität dessen, was durch die Vernunftideen gedacht wird, theoretisch erweisen will, bekämpft, aber den Glauben an die moralische Geltung der Vernunftideen anerkennt und kräftigt, so spricht Schleiermacher den Lehrsätzen des theologischen Dogmatismus die wissenschaftliche Gültigkeit ab, erkennt aber an, dass der Religion eine besondere und edle Anlage im Menschen zum Grunde liege, nämlich das fromme Gefühl als die Richtung des Gemüthes auf das Unendliche und Ewige, und findet die wahre Bedeutung der theologischen Begriffe und Sätze darin, dass durch sie das religiöse Gefühl zum Ausdruck gelangt; wenn aber das, was nur unsere Gefühle bezeichnen und in Worten darstellen soll, für Wissenschaft von dem Gegenstande oder auch für Wissenschaft und Religion zugleich genommen werde, dann sinke es unvermeidlich zurück in Mysticismus und Mythologie. Kant bedurfte, um auf Grund des moralischen Bewusstseins den Objecten der Vernunftideen vermittelst seiner Postulate Realität vindiciren zu dürfen, einer Kritik der theoretischen Vernunft, welche für eben diese Objecte der „Vernunftideen" eine offene Stelle jenseits alles Endlichen, das als blosse Erscheinungswelt galt, nachweise; Schleiermacher dagegen bedarf, da er nicht die Objecte der religiösen Vorstellungen, sondern die subjectiven Gemüthszustände, welche mittelst dieser Vorstellungen ausgedrückt werden, als berechtigt nachweist, keiner offenen Stelle für das Unendliche jenseits der Endlichkeit, vermag dem Endlichen seine objective Realität, die in unserm Bewusstsein sich wiederspiegele, ungeschmälert zu lassen, und findet im Anschluss an Spinoza inmitten des Endlichen und Vergänglichen selbst das Unendliche und Ewige. Im Gegensatz zu der idealistischen Speculation Kant's und Fichte's fordert Schleiermacher einen Realismus, der freilich nicht auf die Betrachtung des Endlichen in seiner Vereinzelung sich beschränken, sondern ein Jegliches in seiner Einheit mit dem Ganzen und Ewigen (nach Spinoza's Ausdruck: sub specie aeterni) betrachten soll; mit diesem Ewigen sich selbst eins fühlen, ist Religion. „Wenn der Mensch nicht in der unmittelbaren Einheit der Anschauung und des Gefühls Eins wird mit dem Ewigen, bleibt er in der abgeleiteten des Bewusstseins ewig getrennt von ihm. Darum, wie soll es werden mit der höchsten Aeusserung der Speculation unserer Tage, dem vollendeten gerundeten Idealismus, wenn er sich nicht wieder in diese Einheit versenkt, dass die Demuth der Religion seinen Stolz einen andern Realismus ahnen lasse, als den, welchen er so kühn und mit so vollem Rechte sich unterordnet? Er wird das Universum vernichten, indem er es bilden zu wollen scheinet, er wird es herabwürdigen zu einer blossen Allegorie, zu einem nichtigen Schattenbilde der einseitigen Beschränktheit seines leeren Bewusstseins. Opfert mit mir ehrerbietig eine Locke den Manen des heiligen verstossenen Spinoza! Ihn durchdrang der hohe Weltgeist, das Unendliche war sein Anfang und sein Ende, das Universum seine einzige und ewige Liebe; in heiliger Unschuld und tiefer Demuth spiegelte er sich in der ewigen Welt und sah zu, wie auch er ihr liebenswürdigster Spiegel war; voller Religion war er und voll heiligen Geistes, und darum steht er auch da allein und unerreicht, Meister in seiner Kunst, aber erhaben über die profane Zunft, ohne Jünger und ohne Bürgerrecht."

§ 24. Schleiermacher.

Die Wissenschaft ist das Sein der Dinge in der menschlichen Vernunft; die Kunst und die Bildung zur Praxis ist das Sein unserer Vernunft in den Dingen, denen sie Maass, Gestalt und Ordnung giebt; die Religion, das nothwendige und unentbehrliche Dritte zu jenen beiden, ist das unmittelbare Bewusstsein der Einheit von Vernunft und Natur, des allgemeinen Seins alles Endlichen im Unendlichen und durch das Unendliche, alles Zeitlichen im Ewigen und durch das Ewige. Die Frömmigkeit ist als die Richtung des Gemüths auf das Ewige die innere Erregung und Stimmung, auf welche alle Aeusserungen und Thaten gottbegeisterter Männer hindeuten; sie erzeugt nicht, sondern begleitet das Wissen und das sittliche Handeln; aber mit ihr können Unsittlichkeit und Dünkelwissen nicht zusammen bestehen. Alle Förderung echter Kunst und Wissenschaft ist auch Bildung zur Religion. Wahre Wissenschaft ist vollendete Anschauung, wahre Praxis ist selbsterzeugte Bildung und Kunst, wahre Religion ist Sinn und Geschmack für das Unendliche. Eine von jenen haben wollen ohne diese oder sich dünken lassen, man habe sie so, ist frevelnder Irrthum. Das Universum ist in einer ununterbrochenen Thätigkeit und offenbaret sich uns jeden Augenblick, und in diesen Einwirkungen und dem, was dadurch in uns wird, alles Einzelne nicht für sich, sondern als einen Theil des Ganzen, als eine Darstellung des Unendlichen in unser Leben aufnehmen und uns davon bewegen lassen, das ist Religion.

Die Gemeinschaft derer, welche schon zur Frömmigkeit in sich gereift sind, ist die wahre Kirche. Die Einzelkirchen sind das Bindungsmittel zwischen diesen Frommen und denen, welche die Frömmigkeit noch suchen. Der Unterschied zwischen Priestern und Laien darf nur ein relativer sein. Zum Priester ist berufen, wer eigenthümlich und vollständig und zur Leichtigkeit in irgend einer Art der Darstellung sein Gefühl in sich ausgebildet hat.

Die Idee der Religion umfasst die Gesammtheit aller Verhältnisse des Menschen zur Gottheit; die einzelnen Religionen aber sind die bestimmten Gestalten, unter denen sich die Eine allgemeine Religion darstellen muss und in denen allein eine wahre individuelle Ausbildung der religiösen Anlage möglich ist; die sogenannte natürliche oder Vernunft-Religion ist eine blosse Abstraction. Die verschiedenen Religionen sind die Religion, wie sie sich ihrer Unendlichkeit entäussert hat und in oft dürftiger Gestalt, gleichsam als fleischgewordener Gott, unter den Menschen erschienen ist, als in's Unendliche gehendes Werk des Geistes, der sich in aller menschlichen Geschichte offenbart. Die Art, wie der Mensch die Gottheit im Gefühle gegenwärtig hat, entscheidet über den Werth seiner Religion. Die drei Hauptstufen sind: 1. diejenige, auf welcher die Welt als chaotische Einheit erscheint und die Gottheit theils in der Form der Persönlichkeit als Fetisch, theils unpersönlich als blindes Geschick vorgestellt wird; 2. diejenige, auf welcher in dem Weltbewusstsein die bestimmte Vielheit der heterogenen Elemente und Kräfte hervortritt und das Gottesbewusstsein theils Polytheismus, wie bei den Hellenen, theils Anerkennung der Naturnothwendigkeit, wie bei Lucretius, ist; 3. diejenige, auf welcher das Sein sich als Totalität, als Einheit in der Vielheit oder als System darstellt und das Gottesbewusstsein theils die Form des Monotheismus, theils des Pantheismus annimmt. Im Judenthum ist das eigentlich religiöse Element oder das überall hindurchschimmernde Bewusstsein des Menschen von seiner Stellung in dem Ganzen und seinem Verhältniss zu dem Ewigen das einer unmittelbaren Vergeltung, einer Reaction des Unendlichen gegen jedes einzelne Endliche, das als aus der Willkür hervorgehend angesehen wird. Belohnend, strafend, züchtigend das Einzelne im Einzelnen, so wird die Gottheit durchaus vorgestellt. Die ursprüngliche Anschauung des Christenthums dagegen ist die des allgemeinen Entgegenstrebens alles Endlichen gegen die Einheit des Ganzen und der Art, wie die Gottheit dieses Entgegenstreben behandelt, wie sie die Feindschaft gegen sich vermittelt durch einzelne Punkte, über das Ganze ausgestreut, welche zugleich Endliches und Unendliches, zugleich Menschliches und Göttliches sind. Das Verderben und die Erlösung, die Feindschaft und die Vermittlung sind die Grundbeziehungen der christlichen Empfindungsweise. Indem alles Wirkliche zugleich als unheilig erscheint, ist eine unendliche Heiligkeit das Ziel des Christenthums. Das Christenthum hat zuerst die Forderung gestellt, dass die Frömmigkeit ein beharrlicher Zustand im Menschen und nicht an einzelne Zeiten und Verhältnisse gebunden sein soll. Der Stifter des Christenthums fordert nicht, dass man um seiner Person willen seine Idee annehme, sondern nur um dieser willen auch jene; die grössere Sünde ist die Sünde wider den Geist. Aus der Idee der Erlösung und Vermittlung das Centrum der Religion bilden, das ist die Religion Christi. Er selbst aber ist aller Vermittlung Mittelpunkt. Es wird eine Zeit kommen, wo der Vater Alles in Allem sein wird, aber diese Zeit liegt ausser aller Zeit.

In den Monologen (1. Betrachtung, 2. Prüfungen, 3. Weltansicht, 4. Aussicht, 5. Jugend und Alter) findet Schleiermacher die höchste sittliche Aufgabe darin, dass ein Jeder in sich auf eigenthümliche Weise die Menschheit darstelle. Die Kantische Vernunftforderung der Uniformität des Handelns, der kategorische Imperativ, gilt ihm zwar als eine achtbare Erhebung über die unwürdige Eitelkeit des sinnlich-thierischen Lebens, aber doch nur als ein niederer Standpunkt im Vergleich mit der höheren Eigenheit der Bildung und Sittlichkeit. Das seiner selbst gewisse Ich behauptet in seinem Innersten, eigensten Handeln seine freie geistige Selbstbestimmung unabhängig von jeder zufälligen Fügung äusserer Umstände und selbst von der Macht der Zeit, von Jugend und Alter.

Die vertrauten Briefe über Friedrich Schlegels „Lucinde" (die besser sind, als die commentirte Schrift) fordern die aufgehellte Einheit des sinnlichen und geistigen Elementes in der Liebe und bekämpfen die Entweihung des Göttlichen in ihr, die durch unverständige Zerlegung in ihre Elemente, in Geist und Fleisch, erfolge.

Die Wissenschaften theilt Schleiermacher ein in die empirische und speculative Betrachtung der Natur und des Geistes oder die Naturkunde und Physik, Geschichtskunde und Ethik. Die Idee der Philosophie geht auf die höchste Einheit des physischen und ethischen Wissens als vollkommene Durchdringung des Beschaulichen und des Erfahrungsmässigen.

Schleiermachers Dialektik beruht auf dem Begriff des Wissens als der Uebereinstimmung des Denkens mit dem Sein, welche sich zugleich als Uebereinstimmung der Denkenden unter einander erweisen muss. Der „transcendentale Theil" der Dialektik betrachtet die Idee des Wissens an und für sich und gleichsam in der Ruhe, der „technische oder formale Theil" aber betrachtet dieselbe Idee in der Bewegung oder das Werden des Wissens. Mit Kant unterscheidet Schleiermacher Stoff und Form des Wissens und lässt jenen durch die sinnliche Empfindung oder „organische Function" gegeben sein, diese aber aus der „intellectuellen Function" oder dem Denken stammen, welchem die Einheitsetzung und Entgegensetzung angehört. Die Formen unserer Erkenntniss entsprechen den Formen des Seins. Raum und Zeit sind die Formen der Existenz der Dinge, nicht nur die Formen unserer Auffassung der Dinge. Die Formen des Wissens sind Begriff und Urtheil; der Begriff entspricht dem Fürsichsein der Dinge oder den „substantiellen Formen": Kraft und Erscheinung (der höhere Begriff entspricht der „Kraft", der niedere der

§ 24. Schleiermacher.

„Erscheinung"), das Urtheil aber dem Zusammensein der Dinge, ihrer Wechselwirkung oder ihren Actionen und Passionen. Die Formen des Werdens des Wissens sind die Induction und Deduction. Der Deductionsprozess oder die Ableitung aus den Principien darf immer nur in Beziehung auf die Resultate des Inductionsprocesses, der von den Erscheinungen aus zur Erkenntniss der Principien fortgeht, ausgeführt werden. Schleiermacher bestreitet ausdrücklich (und mit gutem logischem Rechte) die Annahme (auf welcher die Hegel'sche Dialektik ruht), dass das reine Denken von allem andern Denken getrennt einen eigenen Anfang nehmen und als ein besonderes für sich ursprünglich entstehen könne.

In der Gottesidee wird die absolute Einheit des Idealen und Realen mit Ausschluss aller Gegensätze gedacht, in dem Begriffe der Welt aber die relative Einheit des Idealen und Realen unter der Form des Gegensatzes. Es ist demnach Gott weder als identisch mit der Welt, noch als getrennt von der Welt zu denken. (Da das Ich die Identität des Subjects in der Differenz der Momente ist, so lässt sich Gottes Verhältniss zur Welt mit dem der Einheit des Ich zu der Totalität seiner zeitlichen Acte vergleichen.) Die Religion beruht auf dem absoluten Abhängigkeitsgefühl, in welchem mit dem eigenen Sein zugleich das unendliche Sein Gottes mitgesetzt ist. Vermittelst des religiösen Gefühls ist der Urgrund ebenso in uns gesetzt, wie in der Wahrnehmung die Aussendinge in uns gesetzt sind. Das Sein der Ideen und das Sein des Gewissens in uns ist ein Sein Gottes in uns. Religion und Philosophie sind einander gleichberechtigte Functionen; jene ist die höchste subjective, diese die höchste objective Function des menschlichen Geistes. Die Philosophie ist nicht der Religion untergeordnet. Diese (scholastische) Unterordnung würde darauf herabkommen müssen, dass alle Versuche Gott zu denken, nur aus dem Interesse des Gefühls abgeleitet würden. Aber die speculative Thätigkeit, welche sich auf den transscendenten Grund richtet, hat auch in sich selbst Werth und Bedeutung, insbesondere zur Entfernung des Anthropoeidischen. Andererseits ist aber auch die Religion nicht eine untergeordnete Stufe zur Philosophie. Denn das Gefühl kann nie etwas bloss Vergangenes sein; es ist in uns die ursprüngliche Einheit oder Indifferenz des Denkens und Wollens, und diese Einheit ist durch das Denken nicht zu ersetzen. (Schleiermachers Auffassung des Verhältnisses zwischen Religion und Philosophie vermeidet den Fehler der Hegel'schen, wonach das Gefühl ebenso, wie die „Vorstellung", eine blosse Vorstufe des Begriffe sein soll; das Gefühl steht zu der Erkenntnissthätigkeit überhaupt, ebenso wie zum Wollen und Handeln, nicht in dem Verhältnis der Stufenordnung, sondern in dem Verhältniss einer gleichberechtigten andern Richtung der psychischen Thätigkeit; eine Stufenordnung besteht nur innerhalb einer jeden der drei Hauptrichtungen, also zwischen den sinnlichen und den geistigen Gefühlen, zwischen dem sinnlichen und vernünftigen Begehren, zwischen Wahrnehmung, Vorstellung und Begriff. Aber die Religion ist nicht bloss Frömmigkeit, d. h. nicht bloss Beziehung des Gefühls zur Gottheit, sondern Beziehung des Menschen in allen seinen psychischen Functionen zur Gottheit; daher ist der Religion das theoretische und ethische Moment ebenso wesentlich, wie das affective. Sofern nun die Religion eine theoretische Seite hat, ist in der That in Bezug auf diese Hegels Bestimmung, auf das Verhältniss zwischen Dogma und Philosophem, religiöser Vorstellung und wissenschaftlicher Erkenntniss bezogen, zutreffend und die Schleiermachersche Nebeneinanderstellung im Verhältniss der Gleichberechtigung unhaltbar. In allen Sphären des Lebens muss das Gefühl, welches sich in Vorstellungen objectivirt, an wirkliche äussere und innere Vorgänge sich knüpfen, z. B. das Gefühl der Siegesfreude, welches in des Aeschylus Drama: „die Perser" sich einen poetischen Ausdruck gegeben hat, an den wirklich errungenen Sieg, das christliche Gefühl, auf welchem christliche Dichtungen beruhen, an Thatsachen des äussern und innern Lebens. Nun ist es Aufgabe der Wissenschaft, diese wirklichen Vorgänge zu ermitteln und darzustellen, so dass in unser Bewusstsein ein treues Abbild derselben eingehe, s. B. die wirklichen Motive und den thatsächlichen Verlauf des Perserkriegs objectiv treu im Ganzen und Einzelnen zu reproduciren, ebenso die Vorgänge im Bewusstsein Jesu gleich wie in seinen Beziehungen zur Aussenwelt und ebenso auch die allgemeineren, zur Entstehung und Ausbreitung des Christenthums zusammenwirkenden Momente mit historischer Treue aufzufassen. Zu dem patriotischen oder religiösen Gefühl und der patriotischen oder religiösen Dichtung als solcher steht diese wissenschaftliche Thätigkeit im Verhältniss der Gleichberechtigung, und sofern ein Einfluss stattfindet, involvirt dieser nicht das Verhältniss der Unterordnung und blosser, einseitiger Dienstbarkeit, sondern das der freien gegenseitigen Förderung; dem Künstler dienen für seine Zwecke wissenschaftliche Kenntnisse als Mittel, dem Vertreter der Wissenschaft aber dienen ebenso für seinen Forschungszweck manche Producte der Kunst, und ihm dient als Anregungsmittel zur Forschung sein eigenes, durch die Objecte seiner Forschung bedingtes Gefühl. Sofern aber die Vorstellung, in der das Gefühl sich objectivirt, theils Bestandtheile enthält, welche gewisse Elemente der Wirklichkeit repräsentiren, theils andere, welche im günstigsten Falle eine poetische Berechtigung haben, und beides in ihr ununterschieden als Repräsentation der Wirklichkeit gilt, steht sie der wissenschaftlichen Auffassung, welche die bloss poetisch gültigen Elemente ausscheidet, die objectiv gültigen aber vervollständigt und zu einem kritisch gesicherten Gesammtbilde verknüpft, an Berechtigung nicht gleich, sondern nach. Wenn z. B. Schleiermacher Christus als Urbild der Menschheit auffasst und, um eine Geschichte zu gewinnen, die mit dieser Vorstellung sich vertrage, das vierte Evangelium vor den synoptischen begünstigt, ja durch den „Augenzeugen Johannes" verfasst sein lässt und consequentermassen eine Reihe anderer Annahmen macht, welche historische Irrthümer sind und auch nicht einmal mehr eine poetische Berechtigung haben, so steht dieses Verfahren nicht gleichberechtigt neben, sondern als blosse Vorstufe tief unter der wahrhaft wissenschaftlichen Auffassung, welche theils die historischen Einzelvorgänge, theils die allgemeinen Beziehungen mit Inbegriff der den geistigen und natürlichen Thatsachen selbst innewohnenden Vernunftgemässheit erkennt, daneben aber die Dichtung als solche, in ihrem Werth zu schätzen, in ihren Motiven zu verstehen weiss. Der religiöse Fortschritt bedingt nicht eine Herabsetzung oder gar eine Austilgung des Gefühls und der Dichtung, nicht eine Einschränkung des religiösen Bewusstseins überhaupt auf wissenschaftlich Richtiges, wohl aber eine Ausscheidung aller nicht wissenschaftlich berechtigten Elemente aus den dogmatischen Sätzen, welche Anspruch auf objective Gültigkeit machen, und eine Anerkennung von Gefühl und Dichtung neben der Wissenschaft und zusammenwirkend mit ihr, gerade so, wie der Fortschritt in historischer Erkenntniss und Dichtung auf der Sonderung und dem Zusammenwirken der ursprünglich in der Sage mit einander verflochtenen historisch-treuen und poetischen Elemente beruht, wie denn auch thatsächlich die historische Dichtung sich mehr und mehr von der Geschlechtsüberlieferung und kritischen Forschung abgezweigt und eben dadurch, indem zugleich die historische Erkenntniss reiner und tiefer wurde, sich zu freier und selbstständiger Geltung erhoben hat.)

Die Ethik betrachtet das Handeln der Vernunft, sofern dasselbe Einheit der Vernunft und Natur hervorbringt. Güterlehre, Tugendlehre und Pflichtenlehre sind Formen der Ethik, deren jede unter einem eigenthümlichen Gesichtspunkte das Ganze enthält. Ein Gut ist jedes Einssein bestimmter Seiten von Vernunft und

§ 24. Schleiermacher.

Natur. In dem Mechanismus und Chemismus, der Vegetation, Animalisation und der Humanisirung bekundet sich die aufsteigende Stufenfolge der Verbindung der Vernunft und Natur. Der Zielpunkt des sittlichen Handelns ist das höchste Gut, d. h. die Gesammtheit aller Einheiten von Natur und Vernunft. Die Kraft, aus welcher die sittlichen Handlungen hervorgehen, ist die Tugend; die verschiedenen Tugenden sind die Arten, wie die Vernunft als Kraft der menschlichen Natur innewohnt. In der Bewegung zu dem Zielpunkte hin liegt die Pflicht, d. h. das sittliche Handeln in Bezug auf das sittliche Gesetz oder der Gehalt der einzelnen Handlungen als zusammenstimmend zur Hervorbringung des höchsten Gutes. Die verschiedenen Pflichten bilden ein System von Handlungsweisen, welches hervorgeht aus der Gesammtheit der Tugenden des Subjectes, die sich bethätigen in der Richtung auf die Eine ungetheilte sittliche Aufgabe. Der Begriff des Erlaubten ist vielmehr ein Rechtsbegriff, als ein sittlicher Begriff; denn was innerhalb des sittlichen Gebietes liegt, muss sowohl durch den sittlichen Zielpunkt, wie durch die sittliche Kraft und durch das sittliche Gesetz in jedem einzelnen Falle vollständig bestimmt sein; in berechtigter ethischer Anwendung ist der Begriff des Erlaubten nur ein negativer Begriff, welcher besagt, die Bezeichnung einer Handlung sei zum Behuf ihrer wissenschaftlichen Schätzung noch nicht vollendet (noch nicht zureichend individualisirt); so gefasst, enthält dieser Begriff nicht eine sittliche Bestimmung, sondern nur die Aufgabe der Auffindung der sittlichen Bestimmung.

Das Handeln der Vernunft ist theils ein organisirendes oder bildendes, theils ein symbolisirendes oder bezeichnendes. Organ ist jedes Ineinander von Vernunft und Natur, sofern darin ein Handelnwerden auf die Natur, Symbol jedes, sofern darin ein Gehandelthaben auf die Natur gesetzt ist. Mit dem Unterschiede des Organisirens und Symbolisirens kreuzt sich der des allgemein gleichen oder identischen und des individuell eigenthümlichen oder differenzirenden Charakters des sittlichen Handelns.

Hieraus ergeben sich vier Gebiete des sittlichen Handelns, nämlich: Verkehr, Eigenthum, Denken, Gefühl. Der Verkehr ist das Gebiet des identischen Organisirens oder das Bildungsgebiet des gemeinschaftlichen Gebrauchs. Das Eigenthum ist das Gebiet des individuellen Organisirens oder das Bildungsgebiet als ein abgeschlossenes Ganzes der Unübertragbarkeit. Das Denken und die Sprache ist das Gebiet des identischen Symbolisirens oder der Gemeinsamkeit des Bewusstseins. Das Gefühl ist das Gebiet des individuellen Symbolisirens oder der ursprünglich verschiedenen Gestaltung des Bewusstseins.

Diesen vier ethischen Gebieten entsprechen vier ethische Verhältnisse: Recht, Geselligkeit, Glaube und Offenbarung. Das Recht ist das sittliche Zusammensein der Einzelnen im Verkehr. Die Geselligkeit ist das sittliche Verhältnis der Einzelnen in der Abgeschlossenheit ihres Eigenthums, das Anerkennen des fremden Eigenthums, um es sich aufschliessen zu lassen und umgekehrt. Der Glaube oder das Vertrauen auf die Wahrhaftigkeit ist im allgemeinen ethischen Sinne das Verhältnis der gegenseitigen Abhängigkeit des Lehrens und Lernens in der Gemeinsamkeit der Sprache. Die Offenbarung ist im allgemeinen ethischen Sinne das Verhältnis der Einzelnen unter einander in der Geschiedenheit ihres Gefühls (dessen Inhalt die in dem Einzelnen vorwaltende Idee ist).

Diesen ethischen Verhältnissen entsprechen wiederum vier ethische Organismen oder Güter: Staat, gesellige Gemeinschaft, Schule, Kirche. Der Staat ist die Form der Vereinigung zur identisch bildenden Thätigkeit unter dem Gegensatz von Obrigkeit und Unterthanen. Die gesellige Gemeinschaft ist die Vereinigung zur individuell organisirenden Thätigkeit unter dem Gegensatz der Freundschaft Einzelner und der weiteren persönlichen Verbindungen. Die Schule (im weiteren Sinne, mit Einschluss der Universität und Akademie) ist die Gemeinschaft zur identisch symbolisirenden Thätigkeit oder die Gemeinschaft des Wissens unter dem Gegensatz von Gelehrten und Publicum. Die Kirche ist die Gemeinschaft zur individuell symbolisirenden Thätigkeit, die Form der Vereinigung der unter demselben Typus stehenden Masse zur subjectiven Thätigkeit der erkennenden Function oder die Gemeinschaft der Religion unter dem Gegensatz von Clerus und Laien. Alle diese Organismen finden in der Familie ihre gemeinsame Grundlage.

Die Cardinaltugenden sind: Besonnenheit, Beharrlichkeit (oder Tapferkeit), Weisheit und Liebe; die erste ist Selbstbekämpfung, die zweite Bekämpfung nach aussen, die dritte Belebung in sich, die vierte Belebung nach aussen.

Die Pflichten zerfallen in Rechts- und Liebespflichten und in Berufs- und Gewissenspflichten nach den Gegensätzen des universellen und individuellen Gemeinschaftsbildens und des universellen und individuellen Aneignens. Das allgemeinste Pflichtgesetz ist: Handle in jedem Augenblick mit der ganzen sittlichen Kraft und die ganze sittliche Aufgabe anstrebend. Diejenige Handlung ist jedesmal die pflichtmässige, welche für das ganze sittliche Gebiet die grösste Förderung gewährt. In jedem pflichtmässigen Handeln müssen innere Anregung und äusserer Anlass zusammentreffen.

Die philosophische Sittenlehre verhält sich zur christlich-religiösen oder überhaupt zur theologischen Ethik (in welcher Schleiermacher das wirksame und das darstellende Handeln unterscheidet und jenes in das reinigende und verbreitende, dieses in die Darstellung im Gottesdienst und in der geselligen Sphäre eintheilt), wie die Anschauung zum Gefühl, das Objective zum Subjectiven. Jene wendet sich an die in Allen gleiche menschliche Vernunft und kann das moralische Bewusstsein als Voraussetzung des Gottesbewusstseins betrachten; die theologische Sittenlehre aber setzt immer das religiöse Bewusstsein unter der Form des Antriebs voraus. Die christliche Sittenlehre fragt: was muss werden, weil das christliche Selbstbewusstsein ist? (während die Glaubenslehre fragt: was muss sein, weil das christliche Selbstbewusstsein ist?)

(Dass Schleiermacher in der Sittenlehre zu sehr mit Ausdrücken operirt, wie Vernunft, Natur etc., welche sehr vieldeutig sind und gleichsam als Abbreviaturen eine Menge verschiedenartiger Verhältnisse umfassen, dass er in Folge hiervon sich oft mit einem abstracten Schematismus begnügt, wo eine concretere Entwicklung an der Stelle gewesen wäre, ist offenbar; trotz dieses Mangels behauptet seine Ethik durch ihre Bestimmung des Verhältnisses zwischen Gütern, Tugenden und Pflichten und insbesondere durch ihre ausgeführte Güterlehre einen unbestreitbar hohen und bleibenden Werth. In der Richtung auf das höchste Gut hat Schleiermacher das einheitliche Princip des sittlichen Urtheils über den subjectiven Willen sei wirklich gefunden, welches in Hegels objectivistischer Gestaltung der Ethik sich verbirgt, und bei Herbart in die Mehrheit der bei ihm ohne philosophische Begründung gebliebenen ethischen Ideen auseinanderfällt und ohne Beziehung zur theoretischen Philosophie bleibt; Schopenhauers Pessimismus lässt keine positive Ethik zu; Beneke ist der Erste, der Schleiermachers fruchtbaren Grundgedanken wiederaufgenommen und unter Ersetzung der abstracten schematischen Formeln durch concrete, auf die innere Erfahrung begründete psychologische Betrachtungen consequent durchgeführt hat.)

§ 25. In nahem Anschluss an Kant, die nachkantische Speculation verwerfend, hat **Arthur Schopenhauer** (1788—1860) eine Lehre ausgebildet, welche sich als eine Uebergangsform von dem Kantischen Idealismus zu dem in der Gegenwart vorherrschenden Realismus bezeichnen lässt, indem er zwar mit Kant dem Raum, der Zeit und den Kategorien (unter denen die der Causalität die fundamentale sei) einen bloss subjectiven Ursprung und eine auf die Erscheinungen, welche blosse **Vorstellungen des Subjectes** seien, beschränkte Gültigkeit zuschreibt, die von unserm Vorstellen unabhängige Realität aber nicht mit Kant für unerkennbar hält, sondern in dem durch die innere Wahrnehmung uns völlig bekannten **Willen** findet, sich dabei jedoch in den Widerspruch verwickelt, dass er, wo nicht die Räumlichkeit, so doch mindestens die Zeitlichkeit und die Causalität sammt allen damit zusammenhängenden Kategorien auf den Willen, dem er sie principiell abspricht, in der Ausführung seiner Lehre zu beziehen nicht vermeidet und nicht vermeiden kann, durch welchen Widerspruch seine Doctrin der consequenten systematischen Durchführung unfähig wird und sich selbst widerlegt. Das an sich selbst Reale darf nach Schopenhauer nicht als transscendentales **Object** bezeichnet werden; denn kein Object ist ohne Subject, alle Objecte sind nur Vorstellungen des Subjects, also Erscheinungen. Den Begriff des Willens nimmt Schopenhauer in einem weit über den Sprachgebrauch hinausgehenden Sinne, indem er darunter nicht nur das bewusste Begehren, sondern auch den unbewussten Trieb bis herab zu den in der unorganischen Natur sich bekundenden Kräften versteht. Zwischen die Einheit des Willens überhaupt und die Individuen, in denen er erscheint, stellt Schopenhauer (gleich wie Schelling zwischen die Einheit der Substanz und die Vielheit der Individuen) im Anschluss an Plato die **Ideen** als reale Species in die Mitte. Die Ideen sind die Stufen der Objectivirung des Willens. Jeder Organismus zeigt die Idee, deren Abbild er ist, nur nach Abzug des Theiles der Kraft, welcher zur Ueberwindung der niederen Ideen verbraucht wird. Die reine Darstellung der Ideen in individuellen Gestalten ist die Kunst. Erst auf den höchsten Stufen der Objectivirung des Willens tritt das Bewusstsein hervor. Alle Intelligenz dient ursprünglich dem Willen zum Leben. In dem Genie befreit sie sich von dieser Dienstbarkeit und gewinnt die Präponderanz. Indem Schopenhauer in der Negation des niederen, sinnlichen Triebes einen Fortschritt erkennt, diesen aber, um nicht seinem Princip, welches die wahrhafte Realität auf den Willen beschränkt, untreu zu werden, nicht positiv als die errungene Herrschaft der Vernunft zu bezeichnen vermag, so bleibt ihm nur eine negative Ethik möglich. Er fordert Mitleid mit dem Leid, das sich an alle Objectivirungen des Willens zum Leben knüpfe und zuhöchst Ertödtung — nicht des Lebens, sondern vielmehr — des Willens zum Leben in uns selbst durch Ascese. Die Welt ist nicht die beste, sondern die schlechteste aller möglichen Welten; das Mitleid lindert das Leid, die Ascese hebt es auf durch Aufhebung des Willens zum Leben inmitten des Lebens. Durch die Negation der Sinnlichkeit ohne positive Bestimmung des geistigen Zieles berührt sich Schopenhauers Doctrin mit der buddhistischen Lehre von Nirwana, dem glückseligen Endzustande der durch Ascese gereinigten und in die Bewusstlosigkeit eingegangenen Heiligen, und mit denjenigen Formen mönchischer Ascese im Christenthum, welche die Neuzeit durch Aufhebung des ethischen Dualismus überwunden hat.

Schopenhauers Schriften sind: Ueber die vierfache Wurzel des Satzes vom zureichenden Grunde, Rudolstadt 1813, 2. Aufl. Frankfurt a. M. 1847, 3. Aufl. hrsg. von J. Frauenstädt, Leipzig 1864. Ueber das Sehen und die Farben, Leipz. 1816, 2. Aufl. 1854. Die Welt als Wille und Vorstellung, vier Bücher, nebst einem Anhange, der die Kritik der Kantischen Philosophie enthält, Leipz. 1819, zweite, durch einen zweiten Band vermehrte Auflage, ebend. 1844, 3. Aufl. ebend. 1859. Ueber den Willen in der Natur, Frankf. a. M. 1836, 2. Aufl. ebend. 1854. Die beiden Grundprobleme der Ethik (über die Freiheit des Willens, und: über das Fundament der Moral), Frankf. a. M. 1841, 2. Aufl. Leipz. 1860. Parerga und Paralipomena, 2 Bde., Berlin 1851, 2. Aufl. hrsg. von Jul. Frauenstädt, ebend. 1862. Aus Schopenhauers handschriftlichem Nachlass, Abhandlungen, Anmerkungen, Aphorismen und Fragmente, hrsg. von J. Frauenstädt, Leipz. 1864.

Ueber Schopenhauer's Lehre und Leben handeln: Joh. Friedr. Herbart (Recension von Schop.'s Hauptwerk: die Welt als Wille und Vorstellung, in der Zeitschrift Hermes, 1820, 3. Stück, S. 131—149, unterzeichnet E. O. Z., wiederabgedr. in Herbart's sämmtl. Werken, Bd. XII, S. 369—391; Herbart nennt unter den Umbildnern der Kantischen Philosophie Reinhold den ersten, Fichte den tiefsinnigsten, Schelling den umfassendsten, Schopenhauer aber den klarsten, gewandtesten und geselligsten; sein Werk sei höchst lesenswerth, freilich nur zur Uebung im Denken; alle Züge der irrigen idealistisch-spinozistischen Philosophie seien in Schopenhauer's klarem Spiegel vereinigt); F. Ed. Beneke (in der Jenaischen allgem. Literaturzeitung 1820, December Nr. 226—229), Rosenkranz (in seiner Gesch. der Kantischen Philosophie, Leipz. 1840, S. 475—481, und in der von Karl Gödeke hrsg. Deutschen Wochenschrift, 1854, Heft 22), I. Herm. Fichte (Ethik I, Leipz. 1850, S. 394—415), Karl Fortlage (genet. Gesch. der Philos. seit Kant, S. 407—423), Erdmann (Gesch. der neuern Philos. III, 2, S. 361—471 und: Schopenhauer und Herbart, eine Antithese, in Fichte's Zeitschr. für Philos. N. F., XXI, Halle 1852, S. 209—226), Michelet (A. Sch., Vortrag, gehalten 1854, abgedr. in Fichte's Zeitschr. f. Ph., N. F., Bd. XXVII, 1855, S. 31—59 und S. 227—249), Frauenstädt (Briefe über die Schopenhauer'sche Philosophie, Leipz. 1854, Lichtstrahlen aus Schopenhauers Werken, Leipz. 1862, und: Memorabilien, Briefe und Nachlassstücke, in: Arthur Schop., von ihm, über ihn, von Frauenstädt und E. O. Lindner, Berlin 1863), Ad. Cornill (Arth.

§ 25. Schopenhauer.

Schop. als eine Uebergangsformation von einer idealistischen in eine realistische Weltanschauung, Heidelb. 1856), C. G. Bähr (die Sch.'sche Philos., Dresden 1857), Rud. Seydel (Schopenhauer's System dargestellt und beurtheilt, Leipz. 1857), Ludwig Noack (Arthur Sch. n s. Weltansicht, in: Psyche, II, 1, 1859; die Meister Weiberfeind (Schopenhauer) und Frauenlob (Daumer), ebend. III, 3 und 4, 1860; von Sansara nach Nirwana, in: Deutsche Jahrb. Bd. V, 1862, wo gegen Schopenhauer's extreme Selbstüberschätzung die Waffe des feinen Spottes gekehrt wird), R. Haym (Arthur Schopenhauer, in: Preuss. Jahrb. Bd. XIV., auch besonders abgedr. Berlin 1864), Wilh. Gwinner (Schopenhauer aus persönlichem Umgang dargestellt, Leipzig 1862, Schopenhauer u. s. Freunde, Leipzig 1863), A. Foucher de Careil (Hégel et Schop., Paris 1862), ferner Dav. Asher und E. O. Lindner, Nagel, Sable, Ed. Löwenthal, Spiegel, Rob. Springer, Wirth u. A. in verschiedenen Abhandlungen. H. L. Korten (quomodo Schopenhauerus ethicam fundamento metaphysico constituere conatus sit, diss. Hal. 1864), Steph. Pawlicki (de Schopenhaueri doctrina et philosophandi ratione, diss. Vratislav. 1865), Victor Kly (der Pessimismus und die Ethik Schopenhauers, Berlin 1866).

Arthur Schopenhauer wurde am 22. Februar 1788 in Danzig geboren. Sein Vater war Banquier. Seine Mutter ist die als Schriftstellerin bekannte Johanna Schopenhauer (Verfasserin von Reisebeschreibungen und Romanen). Nachdem er in seiner Jugend Reisen durch Frankreich und England mitgemacht hatte, bezog er 1809 die Universität Göttingen, wo er neben Naturwissenschaft und Geschichte besonders Philosophie unter der Leitung des Skeptikers Gottlob Ernst Schulze studirte, nach dessen Rath er vor allen andern Philosophen Plato und Kant las; 1811 hörte er in Berlin Fichte, dessen Doctrin jedoch ihn unbefriedigt liess. Er promovirte 1813 in Jena durch die Abhandlung: über die vierfache Wurzel des Satzes vom zureichenden Grunde, brachte den nächstfolgenden Winter in Weimar im Umgang mit Göthe zu, dessen Farbenlehre er annahm, und machte auch Studien über das indische Alterthum, lebte dann 1814—1818 in Dresden, mit der Ausarbeitung seiner optischen Abhandlung und besonders seines Hauptwerks: die Welt als Wille und Vorstellung, beschäftigt; sobald das Manuscript desselben vollendet war, unternahm er eine Reise nach Rom und Neapel, habilitirte sich dann 1820 in Berlin, wo er bis 1831 der Universität als Privatdocent angehörte, ohne jedoch mit Eifer und Erfolg zu lehren; 1822—23 war er wiederum in Italien; 1831 verscheuchte ihn von Berlin die Cholera um so leichter, da ihm bei seinen Misserfolgen die akademische Lehrthätigkeit längst nicht mehr werth war; er hat seitdem in Frankfurt am Main privatisirt, wo er am 21. September 1860 gestorben ist. Seine späteren Schriften enthalten Beiträge zur Ausbildung seines Systems, viel mehr aber noch pikante Aeusserungen gegen die herrschenden theologischen Anschauungen und gegen die philosophischen Herbifertigungsversuche derselben, zu deren Behuf, wie Schopenhauer (zunächst wohl im Hinblick auf die Erfolge seines glücklicheren Antagonisten Hegel und auf Schellings Berufung nach Berlin seinem persönlichen Unwillen Luft machend) in unablässiger Wiederholung insinuirt, die „Philosophie-Professoren" von der Regierung besoldet werden. Diese in immer neuen Wendungen nicht ohne Aufwand von Geist und Witz vorgebrachten Insinuationen, die dem Zweifel Nahrung gaben, ob das, was öffentlich gelehrt zu werden pflege, sich durch die Ueberzeugung von seiner Wahrheit behaupte oder durch die Organisation, die Amt und Brod nur dem Zustimmenden gewährt und so den „Willen zum Leben" beherrscht, haben den Schopenhauer'schen Schriften den Weg ins Publicum gebahnt, den das System, das ursprünglich nur von einzelnen Fachgenossen beachtet worden war, durch sich selbst nicht zu finden vermocht hatte; von der Zeit an aber, da ein weiterer Kreis sich

§ 21. Schopenhauer.

für das Exoterische interessirte, hat es, wie es zu geschehen pflegt, auch nicht an Denkern gefehlt, die, theils beistimmend, theils polemisirend, auf das System als solches tiefer eingingen. Eine Zeitlang war, in und nach Schopenhauer's letzten Lebensjahren, der Schopenhauerianismus in einzelnen Kreisen Modesache; um sich aber dauernd zu behaupten, fehlt dieser Doctrin die wesentlichste Bedingung, nämlich die Möglichkeit einer allseitigen und in sich selbst wirklich harmonischen systematischen Durchführung; geistreiche Aphorismen, lose mit einander zu einem anscheinenden Ganzen verknüpft, in der That aber durch kaum verdeckte Widersprüche einander aufhebend, vermögen nur eine rasch vorübergehende Wirkung zu erzielen. Nur als Momente eines befriedigenderen Systems können die in Schopenhauers Doctrin unleugbar enthaltenen Wahrheiten sich dauernd behaupten.

In der Promotionsschrift: „über die vierfache Wurzel des Satzes vom zureichenden Grunde" unterscheidet Schopenhauer das principium essendi, fiendi, agendi und cognoscendi (welche Ordnung er als die systematische bezeichnet) oder (nach didaktischer Ordnung) fiendi, cognoscendi, essendi und agendi. Der Satz vom zureichenden Grunde drückt, allgemein genommen, die zwischen allen unseren Vorstellungen bestehende gesetzmässige und der Form nach a priori bestimmbare Verbindung aus, vermöge welcher nichts für sich Bestehendes und Unabhängiges, auch nichts Einzelnes und Abgerissenes, Object für uns werden kann. Diese Verbindung ist nach der Verschiedenheit der Art der Objecte auch selbst eine verschiedenartige. Alles nämlich, was für uns Object werden kann, also alle unsere Vorstellungen zerfallen in vier Classen, und demgemäss nimmt auch der Satz vom Grunde eine vierfache Gestalt an. Die erste Classe der möglichen Gegenstände unseres Vorstellungsvermögens ist die der anschaulichen, vollständigen, empirischen Vorstellungen. Die Formen dieser Vorstellungen sind die des innern und äussern Sinnes, Zeit und Raum. In dieser Classe der Objecte tritt der Satz vom zureichenden Grunde auf als Gesetz der Causalität; Schopenhauer nennt ihn als solches den Satz vom zureichenden Grunde des Werdens, principium rationis sufficientis fiendi. Wenn ein neuer Zustand eines oder mehrerer Objecte eintritt, so muss ihm ein anderer vorhergegangen sein, auf welchen der neue regelmässig, d. h. allemal, so oft der erste da ist, folgt; ein solches Folgen heisst ein Erfolgen, und der erstere Zustand die Ursache, der zweite die Wirkung. Als Corollarien ergeben sich aus dem Gesetze der Causalität das Gesetz der Trägheit, weil ohne äussere Einwirkung der frühere Zustand beharren muss, und das der Beharrlichkeit der Substanz, weil das Causalgesetz nur auf Zustände, nicht auf die Substanz selbst geht. Die Formen der Causalität sind: Ursache im engsten Sinne, Reiz und Motiv; nach Ursachen im engsten Sinne, wobei Wirkung und Gegenwirkung einander gleich sind, erfolgen die Veränderungen im anorganischen Reiche, nach Reizen die Veränderungen im organischen Leben, nach Motiven, deren Medium die Erkenntniss ist, erfolgt das Thun, d. h. die äusseren, mit Bewusstsein geschehenden Actionen aller animalischen Wesen. Der Unterschied zwischen Ursache, Reiz und Motiv ist die Folge des Grades der Empfänglichkeit der Wesen. (Ueber den Antheil des Causalgesetz durchführenden Verstandes an der Gestaltung des Wahrnehmungsinhaltes sagt Schopenhauer manches Beachtenswerthe, laborirt dabei jedoch durchgängig an dem Irrthum, als ob es sich um ein freies Schaffen der Ordnung im Bewusstsein und nicht vielmehr um denkende Reproduction der an sich wirklichen Ordnung handle.) Die zweite Classe der Objecte für das Subject wird gebildet durch die Begriffe oder die abstracten Vorstellungen. Auf die Begriffe und die aus ihnen gebildeten Urtheile geht der Satz vom Grunde des Erkennens, principium rationis sufficientis cognoscendi, welcher besagt, dass, wenn ein Urtheil eine Erkenntniss ausdrücken soll, es einen zureichenden Grund haben muss; wegen dieser Eigenschaft erhält es sodann das Prädicat wahr. Die Wahrheit ist (nach Schopenhauers allerdings sehr willkürlicher Eintheilung) entweder eine logische, d. h. formale Richtigkeit der Verknüpfung von Urtheilen, oder eine materiale, auf sinnliche Anschauung gegründete, welche, sofern das Urtheil sich unmittelbar auf die Erfahrung gründet, empirische Wahrheit ist, oder eine transscendentale, die sich auf die im Verstande und in der reinen Sinnlichkeit liegenden Formen der Erkenntniss gründet, oder eine metalogische, worunter Schopenhauer diejenige Wahrheit versteht, welche auf die in der Vernunft gelegenen formalen Bedingungen alles Denkens gegründet sei, nämlich die Wahrheit des Satzes der Identität, des Widerspruchs, des ausgeschlossenen Dritten und des Satzes vom zureichenden Grunde der Urtheile selbst. Die dritte Classe der Gegenstände für das Vorstellungsvermögen bildet der formale Theil der vollständigen Vorstellungen, nämlich die a priori gegebenen Anschauungen der Formen des äussern und innern Sinnes, des Raumes und der Zeit. Als reine Anschauungen sind sie für sich und abgesondert von den vollständigen Vorstellungen Gegenstände des Vorstellungsvermögens. Raum und Zeit haben die Beschaffenheit, dass alle ihre Theile in einem Verhältniss zu einander stehen, in Hinsicht auf welches jeder derselben durch einen andern bestimmt und bedingt ist. Im Raum heisst dieses Verhältniss Lage, in der Zeit Folge. Das Gesetz, nach welchem die Theile des Raumes und der Zeit in Absicht auf jene Verhältnisse einander bestimmen, nennt Schopenhauer den Satz vom zureichenden Grunde des Seins, principium rationis sufficientis essendi. In der Zeit ist jeder Augenblick bedingt durch den vorigen; auf diesem Nexus der Theile der Zeit beruht alles Zählen; jede Zahl setzt die vorhergehenden als Gründe ihres Seins voraus. Ebenso beruht auf dem Nexus der Lage der Theile des Raumes die ganze Geometrie; es ist eine wissenschaftliche Aufgabe, solche Beweise zu finden, welche nicht bloss irgendwie als „Mausefallenbeweise" die Wahrheit des Satzes darthun, sondern dieselbe aus dem Seinsgrunde ableiten (d. h. solche Beweise, die man sonst genetische zu nennen pflegt; denn in der That fehlt uns, wie Schopenhauer annimmt, bei der mathematischen Nothwendigkeit die genetische und causale Beziehung; werden die Zahlen als entstehend aus der Zusammenfügung und Trennung von Einheiten, die geometrischen Figuren als entstehend durch Bewegung von Punkten, Linien etc. gedacht, so tritt ihre Genesis und die in der Natur der gleichartigen Vielheit und des räumlichen Aussereinanderseins objectiv begründete Causalität in's Bewusstsein). Die letzte Classe der Gegenstände des Vorstellungsvermögens wird gebildet durch das unmittelbare Object des inneren Sinnes, das Subject des Wollens, welches für das erkennende Subject Object ist und zwar nur dem Innern Sinn gegeben, daher es (wie Schopenhauer mit Kant irrigerweise annimmt) allein in der Zeit, nicht im Raum erscheint. (Dass das Object des innern Sinnes oder des Selbstbewusstseins ausschliesslich der Wille sei, ist ein fundamentaler Irrthum Schopenhauers, wovon Kant frei war; das Empfinden und Fühlen, Vorstellen, Denken ist ebensowohl, wie das Begehren und Wollen, unmittelbares Object unserer Selbstauffassung. Das Wollen im eigentlichen Sinne ist ein mit Erkenntniss verknüpftes Begehren und würde daher nicht erkannt werden können, wenn wirklich nicht das Erkennen erkannt werden könnte.) In Bezug auf das Wollen tritt der Satz vom Grunde auf als Satz vom zureichenden Grunde des Handelns, principium rationis sufficientis agendi, oder als das Gesetz der Motivation. Sofern das Motiv eine äussere Hedingung des Handelns ist, gehört es zu den Ursachen, und ist oben in Bezug auf die erste Classe von Objecten betrachtet worden, welche durch die in der äusseren Anschauung gegebene Körperwelt gebildet wird. Die Einwirkung des Motivs wird aber von uns nicht bloss, wie die aller andern

Ursachen, von aussen und daher mittelbar, sondern zugleich von innen, ganz unmittelbar und daher ihrer ganzen Wirkungsart nach erkannt; hier erfahren wir das Geheimniss, wie, dem Innersten Wesen nach, die Ursache die Wirkung herbeiführt; die Motivation ist die Causalität von innen gesehen. (In der That aber gehören überall, auch bei mechanischen und organischen Processen, der innere Grund und die äusseren Bedingungen zusammen und bilden in ihrer Vereinigung die Gesammtursache, welche demgemäss niemals einfach sein kann; beide Seiten waren in Einem Gesetz der Causalität zusammenzufassen. Eben dieses Gesetz findet dann, wie oben erwähnt worden ist, auch auf die Objecte der mathematischen Betrachtung Anwendung. Der Causalität steht der Erkenntnissgrund gegenüber, aber nicht als bezüglich auf eine eigenthümliche Classe von Objecten, sondern nur als die subjective Einsicht in einen objectiv realen Nexus, indem wir entweder aus den Ursachen auf die Wirkungen oder umgekehrt von diesen auf jene oder auch von einer Wirkung auf eine zugehörige Wirkung der nämlichen Ursache schliessen. In diesem Sinne sind Schopenhauers vier Gestalten des Satzes vom Grunde auf die zwei zu reduciren, die schon Kant und Frühere unterschieden haben, nämlich auf den Satz der Ursache, der sich formuliren lässt: jede Veränderung hat eine Ursache, die aus dem innern Grunde und der äussern Bedingung besteht, und auf den Satz des Erkenntnissgrundes, der, wie ich in meinem System der Logik, 2. Aufl., § 61, vgl. § 101, nachzuweisen suchte, besagt, dass die logische Verkettung der Urtheile untereinander im Schliessen dem objectiv-realen Causalnexus entsprechen muss).

Schopenhauers Hauptwerk: die Welt als Wille und Vorstellung zerfällt in vier Betrachtungen, deren erste und dritte die Welt als Vorstellung, zweite und vierte die Welt als Willen betreffen. Die erste Betrachtung (Buch I.) geht auf die Vorstellung als unterworfen dem Satze des Grundes und demgemäss als Object der Erfahrung und Wissenschaft, die dritte (Buch III.) auf die Vorstellung als unabhängig vom Satze des Grundes oder als Platonische Idee und demgemäss als Object der Kunst. Die zweite Betrachtung (Buch II.) geht auf die Objectivation des Willens, die vierte (Buch IV.) auf die bei erreichter Selbsterkenntniss stattfindende Bejahung und Verneinung des Willens zum Leben. Angehängt ist eine Kritik der Kantischen Philosophie.

Das erste Buch beginnt mit dem Satze: die Welt ist meine Vorstellung. Dieser Satz, sagt Schopenhauer, gilt für jedes lebende und erkennende Wesen, wiewohl der Mensch allein sie in das reflectirte abstracte Bewusstsein bringen kann; er gewinnt dieses Bewusstsein durch die philosophische Betrachtung. Das Zerfallen in Object und Subject ist diejenige Form, unter welcher allein irgend eine Vorstellung, welcher Art sie auch sei, abstract oder intuitiv, rein oder empirisch, nur überhaupt möglich und denkbar ist. Alles, was für die Erkenntniss da ist, also diese ganze Welt, ist nur Object in Beziehung auf das Subject, Anschauung des Anschauenden, also Vorstellung. Alles, was irgend zur Welt gehört und gehören kann, ist unausweichbar mit diesem Bedingtsein durch das Subject behaftet und ist nur für das Subject da. (Schopenhauer glaubt durch den blossen Satz: „kein Object ohne Subject", die Subjectivität aller unserer Erkenntniss reiner erfasst und klarer erwiesen zu haben, als Kant, der zu seiner subjectivistischen Erkenntnisslehre durch eine in's Einzelne eingehende Betrachtung der Art und Weise gelangte, wie durch das menschliche Subject die Erkenntniss bedingt sei; für Kant sei daher auch noch ein „transscendentales Object" oder „Ding an sich" übrig geblieben, welches Schopenhauer negirt. Aber wenn schon selbstverständlich alle Vorstellungen im Subjecte sind, so kommt doch in Frage, ob und in wieweit sie mit demjenigen, was nicht eben dieses Subject ist und nicht bloss in ihm, sondern an sich selbst existirt, in Uebereinstimmung stehen; diese Frage bleibt bei Schopenhauers einfacher Bemerkung: „kein Object ohne Subject", unerledigt, oder es wird vielmehr die Nichtübereinstimmung, die er, abgesehen von dem „Willen", durchgängig annimmt, von ihm nur vorausgesetzt, wogegen Kants eingehende Betrachtung der „Bestandstücke" unserer Erkenntniss, obschon sie ihr Ziel nicht erreicht, doch den Weg zu demselben gebahnt hat.) Die wesentlichen und daher allgemeinen Formen alles Objects können, wie Schopenhauer mit Kant annimmt, auch ohne die Erkenntniss des Objects selbst, vom Subject ausgehend, gefunden und vollständig erkannt werden, d. h. sie liegen a priori in unserm Bewusstsein. Schopenhauer behauptet aber überdies, dass der Satz vom Grunde der gemeinschaftliche Ausdruck für alle uns a priori bewussten Formen des Objectes sei. Er lehrt, dass das Dasein aller Objecte, sofern sie Objecte, Vorstellungen und nichts anderes seien, ganz und gar in ihrer nothwendigen Beziehung zu einander bestehe, welche der Satz vom Grunde ausdrücke. Für jede Wissenschaft ist der Satz vom Grunde das Organon, ihr besonderes Object aber das Problem. Der Materialismus überspringt das Subject und die Formen des Erkennens, welche doch bei der rohesten Materie, von der er anfangen möchte, schon eben so sehr, als beim Organismus, zu dem er gelangen will, vorausgesetzt sind. „Kein Object ohne Subject" ist der Satz, welcher auf immer allen Materialismus unmöglich macht (vorausgesetzt nämlich, dass jene Nichtübereinstimmung der subjektiven Auffassungsformen: Raum, Zeit und Causalität, mit der objectiven Realität wirklich durch jenen Satz, wie Schopenhauer annimmt, sofort erwiesen würde, oder dass sie von Kant durch wirklich zwingende Argumente dargethan worden wäre). Andererseits, meint Schopenhauer, übersah Fichte, der vom Subject ausging und dadurch zu dem vom Object ausgehenden Materialismus den geraden Gegensatz ausmacht, dass er mit dem Subject auch schon das Object gesetzt hatte, weil kein Subject ohne Object denkbar ist, und dass seine Ableitung des Objects aus dem Subject, wie alles Deduciren, sich auf den Satz vom Grunde stützt, der doch nichts anderes, als die allgemeine Form des Objectes als solchen ist, mithin das Object schon voraussetzt, nicht aber vor und ausser demselben gilt. Den allein richtigen Ausgangspunkt des Philosophirens findet Schopenhauer in der Vorstellung als der ersten Thatsache des Bewusstseins, deren erste wesentlichste Grundform das Zerfallen in Object und Subject sei; die Form des Objects aber sei der Satz des Grundes in seinen verschiedenen Gestalten. Aus eben dieser gänzlichen und durchgängigen Relativität der Welt als Vorstellung folgert Schopenhauer, dass das innerste Wesen der Welt in einer ganz andern, von der Vorstellung durchaus verschiedenen Seite derselben zu suchen sei. Die Vorstellung bedarf des erkennenden Subjects als des Trägers ihres Daseins. Wie das Dasein der Welt abhängig ist vom ersten erkennenden Wesen, eben so nothwendig ist dieses abhängig von einer langen ihm vorausgegangenen Kette von Ursachen und Wirkungen, in die es selbst als ein kleines Glied eintritt. Diese Antinomie findet darin ihre Auflösung, dass die objective Welt, die Welt als Vorstellung, nur die eine, gleichsam äussere Seite der Welt ist, welche noch eine ganz und gar andere Seite hat, die ihr innerstes Wesen, ihr Kern, das Ding an sich ist, welches nach der unmittelbarsten seiner Objectivationen Wille zu nennen ist.

Von der Objectivation des Willens handelt Schopenhauer im zweiten Buch. Dem Subject des Erkennens ist sein Leib auf zweifache Weise gegeben, einmal als Vorstellung in verstandesmässiger Anschauung, als Object unter Objecten und den Gesetzen dieser unterworfen, sodann aber auch als jenes Jedem unmittelbar Bekannte, welches das Wort Wille bezeichnet. Der Willensact und die Action des Leibes (oder etwa die eines Theils des Gehirns?) sind nicht zwei objectiv erkannte, durch das Band der Causalität mit einander verknüpfte, verschiedene Zustände, sondern sie sind Eins und Dasselbe, nur auf zwei gänzlich verschiedene Weisen gegeben. Die Action des Leibes ist nichts anderes, als der objectivirte, d. h. in die Anschauung getretene Act des Willens. Der ganze Leib ist nichts anderes, als der objectivirte, d. h. zur Vorstellung gewordene Wille, die **Objectivität des Willens**. Ob die übrigen dem Individuum als Vorstellungen bekannten Objecte gleich seinem eigenen Leibe Erscheinungen eines Willens seien, dies ist der eigentliche Sinn der Frage nach der Realität der Aussenwelt. Die verneinende Antwort wäre der theoretische Egoismus, der sich, wie Schopenhauer lehrt, durch Beweise nimmermehr widerlegen lässt, dennoch aber zuverlässig in der Philosophie niemals anders, denn als skeptisches Sophisma, d. h. zum Schein, gebraucht worden ist, als ernstliche Ueberzeugung aber allein im Tollhause gefunden werden könnte. Da ein Beweis gegen den theoretischen Egoismus hiernach zwar nicht möglich, aber auch nicht erforderlich ist, so sind wir berechtigt, die doppelte, auf zwei völlig heterogene Weisen gegebene Erkenntniss, die wir vom Wesen und Wirken unseres eigenen Leibes haben, weiterhin als einen Schlüssel zum Wesen jeder Erscheinung in der Natur zu gebrauchen und alle Objecte, die nicht unser eigener Leib, daher nicht auf doppelte Weise, sondern allein als Vorstellungen unserm Bewusstsein gegeben sind, nach Analogie jenes Leibes zu beurtheilen und daher anzunehmen, dass, wie sie einerseits, ganz so wie er, Vorstellung und darin mit ihm gleichartig sind, auch andererseits, wenn man ihr Dasein als Vorstellungen des Subjects bei Seite setzt, das dann noch übrig Bleibende, seinem inneren Wesen nach, dasselbe sein muss, als was wir an uns Wille nennen. Der Wille als Ding an sich ist von seiner Erscheinung gänzlich verschieden und völlig frei von allen Formen derselben; er geht in dieselbe ein, indem er erscheint, sie betreffen daher nur seine **Objectivität**. Der Wille als Ding an sich ist Einer, seine Erscheinungen in Raum und Zeit aber sind unzählig. Zeit und Raum ist das **principium individuationis**. (Dass wir das Innere anderer Wesen nach der Analogie unseres eigenen Innern auffassen, ist eine zwar auch von Früheren bereits erkannte, ganz besonders aber von Schopenhauer in's Licht gestellte Wahrheit, deren, obwar unvollkommene, Darlegung ihm einen bleibenden Platz in der Geschichte der Philosophie sichert. Beneke, der sich zunächst an ihn in dieser Doctrin angeschlossen hat, hat die wesentliche Ergänzung hinzugefügt, dass nicht nur unser Wille, sondern ganz eben so unmittelbar und mit eben so voller Wahrheit auch unser Vorstellen selbst innerlich von uns erkannt wird, ohne dass eine dem Gegenstande der Auffassung selbst fremde Form die Auffassung trübt, und im Anschluss an Beneke wird dieselbe Doctrin in meinem System der Logik § 40 ff. entwickelt. Bei Schopenhauer, der Kants Lehre von der Zeit als bloss subjectiver Auffassungsform beistimmt, bleibt übrigens die Inconsequenz unüberwunden, dass der Wille bei der Selbstauffassung sich nur unter der Form der Zeitlichkeit darstellt, und doch an sich ohne diese Form existiren müsste, ohne welche er aber als Wille nicht denkbar ist, dass ferner die Individuation des Willens einerseits die Voranlegung des Hervortretens der individuellen Intellects bildet, andererseits aber eben diesen Intellect bereits voraussetzt, da Zeit und Raum, als das Princip der Individuation sind, gleich der Causalität nach der Kantisch-Schopenhauerschen Doctrin nur für Formen des anschauenden und denkenden Subjects gelten; wie sehr durch diesen Subjectivismus die Durchführung der Schopenhauerschen Willenstheorie widerspruchsvoll wird, hat um eingehendsten R. Seydel gezeigt. Dazu kommt die durchgängige Vermischung des Begriffs Wille, welcher die Vorstellung des Erstrebten und die Ueberzeugung der Erreichbarkeit desselben involvirt, mit dem Begriffe Trieb, der ohne solche theoretische Bestandtheile sein kann; wenn unser

§ 25. Schopenhauer.

Vorstellen nicht Object unseres Vorstellens sein könnte, so könnte dies auch der Wille nicht sein, sondern höchstens nur der blinde Trieb, und doch kommt andererseits Schopenhauer in der Durchführung seiner Theorie nicht ohne den Begriff des Willens im vollen Sinne aus; er sagt, er wolle das Genus nach der vorzüglichsten Species benennen, erzielt aber dadurch den falschen Anschein, als ob die Naturkräfte, indem er dieselben den Willen in der Natur nennt, uns ebenso, wie der menschliche Wille, bekannt wären, und als ob die zweckmässige Wirksamkeit derselben eben so verständlich, wie die des bewussten Willens, wäre. Der bildliche und der eigentliche Sinn des Wortes Wille fliessen zusammen. Schopenhauer lässt ununtersucht, ob nicht alle Kraft und aller Trieb innere Zustände oder Qualitäten voraussetze, welche, mehr unseren Vorstellungen, als unseren Begehrungen analog, an sich nicht Kräfte seien, sondern dies erst durch ihre Beziehungen zu andern werden. An die Beschränkung unseres eigentlichen Wesens auf den Willen knüpft sich ferner in der praktischen Philosophie der Uebelstand, dass Schopenhauer consequentermaassen nicht die positive Bedeutung des Vorstellens und Erkennens anzuerkennen vermag, und demgemäss, da der blosse „Wille zum Leben" keine wahrhafte Befriedigung gewährt, nicht über denselben hinaus auf ein edleres Ziel, sondern nur von demselben weg auf die Austilgung desselben zu verweisen vermag, wovon unten.)

Das einzelne in Raum und Zeit und dem Satze des Grundes gemäss erscheinende Ding ist nur eine mittelbare Objectivation des Dinges an sich oder des Willens; zwischen diesem und dem Einzelobject steht noch die Idee als die alleinige unmittelbare Objectivität des Willens. Die Ideen sind die Stufen der Objectivation des Willens, welche, in zahllosen Individuen ausgedrückt, als die unerreichbaren Musterbilder dieser oder als die ewigen Formen der Dinge dastehen, nicht selbst in Zeit und Raum, das Medium der Individuen, eintretend, sondern feststehend, keinem Wechsel unterworfen, immer seiend, nie geworden, während jene entstehen und vergehen, immer werden und nie sind. Als die niedrigste Stufe der Objectivation des Willens stellen sich die allgemeinsten Kräfte der Natur dar, welche theils in jeder Materie ohne Ausnahme erscheinen, wie Schwere, Undurchdringlichkeit, theils sich untereinander in die überhaupt vorhandene Materie getheilt haben, so dass einige über diese, andere über jene, eben dadurch specifisch verschiedene Materie herrschen, wie Starrheit, Flüssigkeit, Elasticität, Elektricität, Magnetismus, chemische Eigenschaften und Qualitäten jeder Art. Die oberen Stufen der Objectivation des Willens, auf welchen immer bedeutender die Individualität hervortritt, erscheinen in den Pflanzen und Thieren bis zum Menschen hinauf. Jede Stufe der Objectivation des Willens macht der andern die Materie, den Raum, die Zeit streitig. Ein jeder Organismus stellt die Idee, deren Abbild er ist, nur nach Abzug des Theiles seiner Kraft dar, welcher verwendet wird auf Ueberwältigung der niederen Ideen, die ihm die Materie streitig machen. Jenachdem dem Organismus die Ueberwältigung jener die tieferen Stufen der Objectivität des Willens ausdrückenden Naturkräfte mehr oder weniger gelingt, wird er zum vollkommneren oder unvollkommneren Ausdruck seiner Idee, d. h. er steht näher oder ferner dem Ideal, welchem in seiner Gattung die Schönheit zukommt. (Dass Schopenhauer in seiner Lehre von dem Einen Willen als Ding an sich gleich den Eleaten, Megarikern und Spinoza, in seiner Ideenlehre gleich Plato und Schelling Abstractionen, die wir im Denken vollziehen, fälschlich objectivirt und hypostasirt, ist offenbar. Die Bezeichnung der Idee als des Musterbildes ist eine Verwechselung der logischen Allgemeinheit mit der ästhetischen Vollkommenheit.)

Auf dieser Ideenlehre ruht Schopenhauers im dritten Buche vorgetragene Kunstlehre. Die Idee ist noch nicht in die untergeordneten, unter dem Satze des

Grundes begriffenen Formen des Erkennens eingegangen; aber sie trägt bereits die allgemeinste Form des Erkennens, die der Vorstellung überhaupt, des Objectseins für ein Subject. Als Individuen haben wir keine andere Erkenntniss, als die dem Satze des Grundes unterworfen ist; diese Form aber schliesst die Erkenntniss der Ideen aus. Von der Erkenntniss der einzelnen Dinge können wir uns zu der Erkenntniss der Ideen nur dadurch erheben, dass im Subject eine Veränderung vorgeht, welche jenem grossen Wechsel der ganzen Art des Objectes entspricht und vermöge welcher das Subject, sofern es eine Idee erkennt, nicht mehr Individuum ist. Das Erkennen gehört zur Objectivation des Willens auf ihren höheren Stufen. Ursprünglich und ihrem Wesen nach ist die Erkenntniss dem Willen durchaus dienstbar; bei den Thieren ist diese Dienstbarkeit nie aufzuheben; die Erkenntniss der Idee geschieht, indem die Erkenntniss im Menschen sich vom Dienste des Willens losreisst, wodurch das Subject aufhört, ein bloss individuelles zu sein und in fester Contemplation des dargebotenen Objectes, ausser seinem Zusammenhange mit irgend welchen anderen, ruht und darin aufgeht. Wenn man aufhört den Relationen der Dinge zu einander und zum eigenen Willen am Leitfaden der Gestaltungen des Satzes vom Grunde nachzugehen, also nicht mehr das Wo, das Wann, das Warum und das Wozu an den Dingen betrachtet, sondern einzig und allein das Was, und zwar nicht durch das abstracte Denken, sondern durch die ruhige Contemplation des gerade gegenwärtigen natürlichen Gegenstandes, dann ist, was so erkannt wird, nicht mehr das einzelne Ding als solches, sondern es ist die Idee, die ewige Form, die unmittelbare Objectivität des Willens auf dieser Stufe, und das Subject ist reines, willenloses, schmerzloses, zeitloses Subject der Erkenntniss. Diese Erkenntnissart ist der Ursprung der Kunst. Die Kunst, das Werk des Genies, wiederholt die durch reine Contemplation aufgefassten ewigen Ideen, das Wesentliche und Bleibende aller Erscheinungen der Welt. Ihr einziges Ziel ist die Mittheilung dieser Erkenntniss. Jenachdem der Stoff ist, in welchem sie wiederholt, ist sie bildende Kunst, Poesie oder Musik. (Schopenhauer rückt die ästhetische Auffassung, um sie von dem „Willen" zu sondern, der theoretischen sehr nahe, ohne doch, da er einen Genuss des Schönen anerkennt, zur gänzlichen Abscheidung von der Beziehung auf den jedes Gefühl bedingenden „Willen" fortgehen zu können.)

Das Ansich des Lebens, der Wille, das Dasein selbst, ist ein stetes Leiden, theils jämmerlich, theils schrecklich; dasselbe hingegen als Vorstellung allein, rein angeschaut oder durch die Kunst wiederholt, gewährt ein bedeutsames Schauspiel, Freiheit von Qual im Genuss des Schönen. Aber diese Erkenntniss erlöst nicht auf immer, sondern nur auf Augenblicke, vom Leben, und ist so noch nicht der Weg aus demselben, sondern ein Quietiv des Willens, dessen es zur dauernden Erlösung bedarf. Der Wille bejaht sich, wenn er, nachdem die Erkenntniss des Lebens eingetreten ist, dasselbe eben so will, wie er es bis dahin ohne Erkenntniss als blinder Drang gewollt hat. Das Gegentheil hiervon, die Verneinung des Willens zum Leben, zeigt sich, wenn auf jene Erkenntniss das Wollen endet, indem sodann nicht mehr die erkannten einzelnen Erscheinungen als Motive des Wollens wirken, sondern die ganze, durch Auffassung der Ideen erwachsene Erkenntniss des Wesens der Welt, die den Willen spiegelt, zum Quietiv des Willens wird und so der Wille sich selbst frei aufhebt. Diesen Gedanken führt Schopenhauer im vierten Buche aus, welches seine Ethik enthält. Die nächste Forderung ist das auf dem Bewusstsein der Identität unseres Willens mit allem Willen beruhende Mitleid mit dem von allem Leben unabtrennbaren Leid, die höchste Aufgabe aber die Aufhebung — nicht des Lebens, sondern — des Willens zum Leben durch Ascese. Schopenhauer sympathisirt mit den indischen Büssern, mit der buddhistischen Lehre

§ 25. Schopenhauer. § 26. Herbart.

von der Aufhebung des Leidens durch den Austritt aus der bunten Welt des Lebens (Sansara) und Eingang in die Erkenntnisslosigkeit (Nirwana) und mit den ascetischen Elementen im Christenthum, aber ohne in seiner greisenhaften Moral ein positives Ziel zu kennen, um desswillen die Aufhebung des Niederen eine sittliche Aufgabe ist.

§ 26. Im Gegensatz zu Fichte's subjectivem Idealismus und zu Schelling's erneutem Spinozismus hat unter Anknüpfung an das realistische Element in der Kantischen Philosophie, wie auch an Eleatische, Platonische und Leibnitzische Lehren Johann Friedrich Herbart (1776—1841) eine philosophische Doctrin ausgebildet, die er selbst nach ihrem vorherrschenden Charakter als Realismus bezeichnet. Die Philosophie definirt er als Bearbeitung der Begriffe. Die Logik zielt auf die Deutlichkeit der Begriffe ab, die Metaphysik auf die Berichtigung derselben, die Aesthetik im weiteren Sinne, welche die Ethik in sich fasst, auf die Ergänzung derselben durch Werthbestimmungen. Herbart's Logik kommt principiell mit der Kantischen überein. Herbart's Metaphysik ruht auf der Voraussetzung, dass in den durch die Erfahrung dargebotenen formalen Begriffen, insbesondere in dem Begriff des Dinges mit mehreren Eigenschaften, in dem Begriff der Veränderung und in dem Begriff des Ich Widersprüche enthalten seien, welche zu einer Umformung derselben nöthigen. In der Hinwegschaffung dieser Widersprüche findet Herbart die eigentliche Aufgabe der Speculation. Das Sein oder die absolute Position kann nicht mit Widersprüchen behaftet gedacht werden, daher dürfen jene Begriffe nicht unverändert bleiben; andererseits ist es so zu denken, dass es den empirisch gegebenen Schein zu erklären vermöge, denn wie viel Schein vorhanden ist, soviel Hinweisung auf Sein liegt vor; also sind jene Begriffe, obschon sie nicht beibehalten werden dürfen, doch auch nicht völlig zu verwerfen, sondern methodisch umzugestalten. Die Widersprüche in dem Begriffe des Dinges mit vielen Eigenschaften nöthigen zu der Annahme, dass viele einfache reale Wesen zusammen seien, deren jedem eine einfache Qualität zukomme. Die Widersprüche im Begriff der Veränderung nöthigen zu der Theorie der Selbsterhaltung als des Bestehens wider Störung bei gegenseitiger Durchdringung einfacher realer Wesen. Die Widersprüche im Begriffe des Ich nöthigen zur Unterscheidung von appercipirten und appercipirenden Vorstellungen; die gegenseitige Durchdringung und Einheit der Vorstellungen aber beweist die Einfachheit der Seele als ihres Trägers. Die Seele ist ein einfaches, unräumliches Wesen, dem eine einfache Qualität zukommt. Ihr Sitz ist ein einzelner Punkt inmitten des Gehirns. Werden die Sinne afficirt und setzt die Bewegung mittelst der Nerven zum Gehirn sich fort, so wird die Seele von den einfachen realen Wesen, die in ihrer nächsten Umgebung sind, durchdrungen; ihre Qualität übt dann eine Selbsterhaltung wider die Störung, die sie durch jede der ihrigen partiell oder total entgegengesetzte Qualität eines jeden von jenen anderen einfachen Wesen erleiden würde; eine jede solche Selbsterhaltung der Seele aber ist eine Vorstellung. Alle Vorstellungen beharren, auch nachdem der Anlass, der sie hervorgerufen hat, aufgehört hat zu bestehen. Sind mehrere Vorstellungen gleichzeitig in der Seele und sind dieselben einander partiell oder total entgegengesetzt, so können dieselben nicht ungehemmt zusammenbestehen; es muss so viel von ihnen gehemmt, d. h. unbewusst werden, als die Intensität sämmtlicher Vorstellungen mit Ausnahme der stärksten beträgt. Dieses Hemmungsquantum nennt Herbart die Hemmungssumme. Jede Vorstellung hat um so mehr von der Hemmungssumme zu tragen, je schwächer sie selbst ist. An die Intensitätsverhältnisse der Vorstellungen und an die Gesetze der Aenderung dieser Verhältnisse knüpft sich die Möglichkeit und wissenschaftliche Nothwendigkeit, Mathematik auf die Psychologie anzuwenden. Unabhängig von der theoretischen Philosophie ist Herbart's Aesthetik, deren wichtigster Theil die Ethik ist. Die ästhetischen Urtheile erwachsen aus dem Gefallen und Missfallen, welches sich an gewisse Verhältnisse, die ethischen Urtheile insbesondere aus dem, welches sich an Willensverhältnisse knüpft. Auf die Uebereinstimmung des Willens mit dem über ihn ergehenden sittlichen Urtheil überhaupt bezieht sich die Idee (oder der „Musterbegriff") der innern Freiheit, auf die gegenseitigen Verhältnisse der Willensacte Einer Person die Idee der Vollkommenheit, auf die wohlgefällige Uebereinstimmung des Willens des Einen mit dem Willen des Andern die Idee des Wohlwollens oder der Liebe, auf die Vermeidung des missfallenden Streits, welcher bei der gleichzeitigen Richtung mehrerer Willen auf das nämliche Object entsteht, geht die Idee des Rechts, auf die Aufhebung der missfallenden Ungleichheit bei einseitigem Wohlthun oder Wehethun geht die Idee der Vergeltung oder Billigkeit. Auf der Ethik, welche die Ziele bestimmt, und auf der Psychologie, welche die Mittel aufzeigt, ruht die Pädagogik, wie auch die Staatslehre. Der Staat, seinem Ursprung nach eine durch Macht geschützte Gesellschaft, ist bestimmt, die sämmtlichen ethischen Ideen als eine von ihnen beseelte Gesellschaft zur Darstellung zu bringen. Der Gottesbegriff, für dessen Gültigkeit Herbart den teleologischen Beweis führt, gewinnt in dem Maasse religiöse Bedeutung, als er durch ethische Prädicate bestimmt wird. Jeder Versuch einer theoretischen Durchbildung der philosophischen Gotteslehre ist mit der Herbart'schen Metaphysik unverträglich.

Herbart's sämmtliche Werke hat G. Hartenstein in 12 Bänden herausgegeben, Leipzig 1850—52. Ueber Herbart's Leben handelt Hartenstein in der Einleitung zu seiner Ausgabe der kleineren philos. Schriften und Abhandlungen Herbarts, Bd. I., Leipzig 1842; vgl. auch Voigdt, zur Erinnerung an Herbart, Worte, gesprochen am 28. Oct. 1841 in der öffentl. Sitzung der K. deutschen Gesellschaft zu Königsberg, Königsberg 1841, F. H. Th. Allihn über das Leben und die Schriften J. F. Herbart's, nebst einer Zusammenstellung der Litteratur seiner Schule, in: Zeitschr. für exacte Philosophie im Sinne des neueren philosoph. Realismus, hrsg. von Allihn und Ziller, Bd. I., Heft 1, Leipzig 1860, S. 44 ff.

Johann Friedrich Herbart, geboren zu Oldenburg, wo sein Vater Justizrath war, am 4. Mai 1776, erhielt seine erste Bildung durch Privatunterricht und auf dem Gymnasium seiner Vaterstadt; er ward früh mit der Wolff'schen Philosophie, daneben auch mit Kantischen Lehren bekannt. Im Jahr 1794 bezog er die Universität Jena, wo damals gerade Fichte seine Wissenschaftslehre entwickelte. Lebhaft zu philosophischem Denken angeregt, legte Herbart schriftlich seinem Lehrer Bedenken gegen Sätze der Wissenschaftslehre vor und überreichte ihm auch eine Kritik der beiden ersten Schriften Schellings: über die Möglichkeit einer Form der Philosophie überhaupt, und: vom Ich oder dem Unbedingten im menschlichen Wissen. Herbart gewann die Ueberzeugung, es komme in der Philosophie nicht darauf an: „da fortzufahren, wo ein zu grosser Berühmtheit gelangter Philosoph zu bauen aufgehört hat", sondern: „auf die Fundamente zu achten, dieselben der schärfsten Kritik zu unterwerfen, ob sie auch wirklich tauglich sind ein Gebäude des Wissens zu tragen". Herbart's Streben nach Genauigkeit in der Untersuchung ward durch die Anregung, die er von Fichte empfing, gefördert. Auf den Begriff des Ich ward früh sein Nachdenken gelenkt. In einem 1791 verfassten Aufsatz glaubt er in dem Sichselbstvorstellen einen „unendlichen Cirkel" zu finden, da ich mich als den setze, der sich selbst, also den sich Vorstellenden u. s. f. vorstellt, meint jedoch, jene Unendlichkeit werde erschöpft, indem das Ich sich die Aufgabe selbst, die ganze Unendlichkeit in Einem Begriffe vorstelle, durch den Begriff des Ich werde also das Umfassen der Unendlichkeit postulirt. Die Keime zu Herbart's späterer Lösung des Ichproblems aber und überhaupt zu seinem späteren „Realismus" sind bereits in seiner 1796 geschriebenen Kritik der Schelling'schen Schrift vom Ich enthalten, indem er hier der Schelling'schen Disjunction: „entweder Wissen ohne Realität oder ein letzter Punkt der Realität" als drittes Glied beifügt: „oder eben so mannigfaltige Realität des Wissens, als es Mannigfaltigkeit des Wissens giebt", die Möglichkeit mehrerer Gründe für Eine Folge, gleich mehreren Anhängepunkten für Eine Kette, hervorhebt, und den Satz aufstellt: „jedes Bedingte setzt zwei Bedingungen voraus". In den Jahren 1797—1800 war Herbart Hauslehrer in der Berner Familie von Steiger zu Interlaken. Da er vor Allem der Poesie und der Mathematik bildende Kraft zuschrieb, so beschäftigte er seine (drei) Zöglinge zunächst hauptsächlich mit diesen Unterrichtsobjecten (wobei er im Griechischen von Homer ausging) und schob Moral und Geschichte auf eine spätere, wie er glaubte, für das Verständniss derselben geeignetere Zeit hinaus, erfuhr jedoch eine ihn tief schmerzende Störung seines Plans durch ein unvorhergesehenes vorzeitiges Abbrechen des Unterrichts bei dem ältesten der Zöglinge. Mit Moral und Psychologie beschäftigte sich Herbart eifrig in dieser Zeit. Durch einen Besuch bei Pestalozzi lernte er dessen Unterrichtsweise kennen, welcher er stets ein lebendiges Interesse bewahrt und aus der er manches in seine eigene pädagogische Theorie aufgenommen hat. Im Jahr 1800 ging Herbart über Jena und Göttingen in seine Heimath zurück. Er verweilte bis 1803 in Bremen im Hause seines Freundes Joh. Smidt, mit Philosophie und Pädagogik beschäftigt. In Göttingen habilitirte er sich im October 1802 als Docent der Philosophie und Pädagogik; im Jahr 1805 erhielt er ebendaselbst eine ausserordentliche Professur, ward aber 1809 durch Wilhelm von Humboldt's Vermittlung nach Königsberg als ordentlicher Professor der Philosophie und Pädagogik berufen, nachdem Krug, der Nachfolger Kant's auf dem philosophischen Lehrstuhl, nach Leipzig abgegangen war. Auch leitete Herbart in Königsberg das von ihm daselbst gestiftete pädagogische Seminar. Im Jahr 1833 nahm Herbart einen Ruf nach Göttingen an, wo er, der activen Betheiligung an den politischen Tagesinteressen abhold, um so energischer seiner Aufgabe als Forscher und Lehrer in ununterbrochener Thätigkeit bis zu seinem am 14. August 1841 erfolgten Tode sich widmete.

Von Herbart's Schriften (deren chronologisches Verzeichniss Hartenstein am Schluss des zwölften Bandes der sämmtlichen Werke giebt) sind die bemerkenswerthesten folgende:

Ueber Pestalozzi's neueste Schrift: wie Gertrud ihre Kinder lehrte, in: Irene, eine Monatsschrift, hrsg. von G. A. von Halem, Bd. I, Berlin 1802, S. 15–61, wieder-abg. (ausser in Herbart's kl. Schr. Bd. III, S. 74 ff.) in den sämmtl. Werken XI, S. 45 ff.

Pestalozzi's Idee eines ABC der Anschauung als ein Cyclus von Vorübungen im Auffassen der Gestalten wissenschaftlich ausgeführt, Göttingen 1802; zweite, durch eine Abh. über die ästhetische Darstellung der Welt als das Hauptgeschäft der Erziehung vermehrte Aufl., ebd. 1804. Werke XI, S. 79 ff.

De Platonici systematis fundamento commentatio (zum Antritt des Extraordinariats in Göttingen), Götting. 1805, W. XII, S. 61 ff. Kl. Schr. Bd. I, S. 67 ff.

Allgemeine Pädagogik, aus dem Zweck der Erziehung abgeleitet, Göttingen 1806, W. X, S. 1 ff.

Hauptpunkte der Metaphysik, Gött. 1803 und 1808. W. III, S. 1 ff.

Hauptpunkte der Logik (auch als Beilage zur Ausgabe der Haupp. der Metaph. 1808), Göttingen 1808.

Allgemeine praktische Philosophie, Göttingen 1808.

Psychologische Bemerkungen zur Tonlehre, in: Königsb. Archiv, Bd. I, St. 2; W. VII, S. 1 ff.; psycholog. Untersuchung über die Stärke einer gegebenen Vorstellung als Function ihrer Dauer betrachtet, ebd. St. 3, W. VII, S. 29 ff.

Theoriae de attractione elementorum principia metaphysica, Regiomonti 1812, W. IV, S. 521 ff. (Aus dem Lateinischen durch Karl Thomas übersetzt und eingeleitet ist diese Schrift Berlin 1859 wiederherausgegeben worden.)

Lehrbuch zur Einleitung in die Philosophie, Königsberg 1813, 2. Aufl. 1821, 3. Aufl. 1834, 4. Aufl. 1837, W. I, S. 1 ff.

Lehrbuch zur Psychologie, Königsberg u. Leipzig 1816, 2. verb. Aufl. ebd. 1834, W. V, S. 1 ff.

Gespräche über das Böse, Königsberg 1817, W. IX, S. 49 ff.

Ueber den Unterricht in der Philosophie auf Gymnasien, Beil. der 2. Aufl. des Lehrb. zur Einl. in die Philosophie, W. XI, S. 398.

De attentionis mensura causisque primariis psychologiae principia statica et mechanica exemplo illustraturus scripsit J. F. Herbart, Regiomonti 1822, W. VII, S. 73 ff.

Ueber die Möglichkeit und Nothwendigkeit, Mathematik auf Psychologie anzuwenden, Königsberg 1822, W. VII, S. 129 ff.

Psychologie als Wissenschaft, neu gegründet auf Erfahrung, Metaphysik und Mathematik, Königsberg 1824—25, W. Bd. V. und VI.

Allgemeine Metaphysik nebst den Anfängen der philosophischen Naturlehre, Königsberg 1828—29, W. Bd. III. und IV.

Kurze Encyclopädie der Philosophie, aus praktischen Gesichtspunkten entworfen, Halle 1831, 2. Aufl. 1841, W. Bd. II.

De principio logico exclusi medii inter contradictoria non negligendo commentatio, Gött. 1833, W. I, S. 533 ff.

Umriss pädagogischer Vorlesungen, Gött. 1835, 2. Aufl. 1841, W. X, S. 185 ff.

Zur Lehre von der Freiheit des menschlichen Willens, Briefe an Herrn Professor Griepenkerl, Gött. 1836, W. IX, S. 241 ff.

Analytische Beleuchtung des Naturrechts und der Moral, Göttingen 1836, W. VIII, S. 213 ff.

Psychologische Untersuchungen, Heft 1 und 2, Gött. 1839—40, W. VII, S. 181 ff.

Joh. Friedr. Herbart's kleinere philos. Schriften und Abhandlungen nebst dessen wissenschaftlichem Nachlasse hrsg. von G. Hartenstein, 3 Bände, Leipzig 1842—43. (Eben diese Schriften sind auch in die „Sämmtl. Werke" wieder aufgenommen worden, die bereits oben citirt worden sind.)

Herbart definirt die Philosophie (im zweiten Capitel des ersten Abschnitts seines Lehrbuchs zur Einleitung in die Philosophie) als Bearbeitung der Begriffe. Er knüpft hierbei kritisch an Kant's Erklärung der philosophischen Erkenntniss als der Vernunfterkenntniss aus Begriffen an. Durch das Wort Vernunft werde in diese Erklärung ein Streitpunkt gebracht (sofern der Begriff der Vernunft ein äusserst schwankender ist und nach Herbart eine Vernunft als ein besonderes Seelenvermögen so wenig, wie überhaupt irgend eins der von der aristotelischen und aristotelisirenden Psychologie angenommenen Seelenvermögen existirt). Also bleibe übrig: Erkenntniss aus Begriffen. Diese sei jedoch der Gewinn der vorhandenen Wissenschaft; die Philosophie aber als Wissenschaft erzeugend sei Bearbeitung der Begriffe. Gegen den Vorwurf, diese Definition sei zu weit, weil Bearbeitung der Begriffe in allen Wissenschaften vorkomme, bemerkt Herbart, Philosophie liege wirklich in allen Wissenschaften, wenn dieselben seien, was sie sein sollen. (Uebrigens ist Bearbeitung der Begriffe jedenfalls nicht das einzige methodische Mittel der Philosophie, sondern kann nur etwa als das am meisten charakteristische betrachtet werden. Die Basirung der Definition der Philosophie auf das methodische Verfahren ist nur dann gerechtfertigt, wenn, was allerdings Herbart nachzuweisen sucht, wirklich nicht ein bestimmtes Object, wie etwa das Universum als solches, oder auch die Realprincipien alles Existirenden, der Philosophie im Unterschiede von den übrigen Wissenschaften, die auf einzelne Gebiete des Existirenden gehen, zukommt.)

Aus den Hauptarten der Bearbeitung der Begriffe, sagt Herbart, ergeben sich die Haupttheile der Philosophie. Die erste Aufgabe ist die Klarheit und (bei zusammengesetzten Begriffen) die Deutlichkeit der Begriffe. Die Klarheit besteht in der Unterscheidung mehrerer Begriffe von einander, die Deutlichkeit in der Unterscheidung der Merkmale eines Begriffs. Deutliche Begriffe können die Form von Urtheilen annehmen, und die Vereinigung der Urtheile ergiebt Schlüsse. Hiervon handelt die Logik. Herbart definirt die Logik als denjenigen Theil der Philosophie, welcher die Deutlichkeit in Begriffen und die daraus entspringende Zusammenstellung der letzteren im Allgemeinen betrachte. Da aber die Auffassung der Welt und unserer selbst manche Begriffe herbeiführe, welche, je deutlicher sie gemacht werden, gerade um so weniger Vereinigung unserer Gedanken zulassen, so erwachse hieraus der Philosophie die wichtige Aufgabe, die derartigen Begriffe durch Ergänzung so zu verändern, dass die in ihnen liegende logische Schwierigkeit verschwinde; diese Berichtigung der Begriffe sei die Aufgabe der allgemeinen Metaphysik, an welche sich als ihre Anwendungen auf die Hauptgegenstände des menschlichen Wissens die Psychologie, die Naturphilosophie und die natürliche Theologie oder philosophische Religionslehre anschliessen. Ferner giebt es Begriffe, die zwar nicht eine Veränderung nothwendig machen, wohl aber einen Zusatz in unserm Vorstellen herbeiführen, der in einem Urtheile des Beifalls oder des Missfallens besteht. Die Wissenschaft von solchen Begriffen ist die Aesthetik. (Freilich besteht die Ungleichmässigkeit, dass die Logik nicht selbst die Begriffe überhaupt, noch auch einzelne Begriffe, verdeutlicht, sondern die Normen für die Verdeutlichung aller Begriffe aufstellt, was ihr Anlass giebt, eine bestimmte Classe von Begriffen, nämlich die logischen, d. h. den Begriff des Begriffs, den Begriff des Urtheils etc., nicht bloss zu verdeutlichen, sondern überhaupt wissenschaftlich zu entwickeln, die Metaphysik dagegen gewisse Begriffe zu berichtigen selbst übernimmt und von eben diesen berichtigten Begriffen Anwendungen macht, die Aesthetik endlich die bereits vor ihr von dem menschlichen Bewusstsein vollzogene, zu der objectiven Betrachtung hinzutretende Bildung von Urtheilen des Beifalls und des Missfallens auf Principien zu bringen sucht.)

In der Auffassung und Ausführung der Logik kommt Herbart mit dem Kantianismus in dem Maasse überein, dass er, da er selbst nur Grundzüge entwirft, für das eingehendere Studium geradezu auf die logischen Lehrschriften von Kantianern, wie Hoffbauer, Krug und Fries, verweist. Nach Aristoteles ist die Logik die Analysis (zergliedernde Sonderung von Form und Inhalt) des Denkens überhaupt, nach Kant und auch nach Herbart aber eine Lehre von dem zergliederaden und durch Zergliederung erläuternden oder verdeutlichenden Denken. Kant's Eintheilung der Erkenntnisse in analytische und synthetische ist, wie für die Unterscheidung der Logik und Vernunftkritik bei Kant, so auch für die der Logik und Metaphysik bei Herbart maassgebend gewesen. Unsere Gedanken, sagt Herbart, sind Begriffe, sofern wir sie hinsichtlich dessen, was durch sie gedacht wird, betrachten. Verschiedene Begriffe, die mit einander unvereinbar sind, wie der Cirkel und das Viereck, von denen aber jeder unabhängig von dem andern gedacht werden kann, stehen in conträrem Gegensatz. Die bloss verschiedenen, aber nicht unvereinbaren Begriffe, wie der Cirkel und das Rothe, sind disparat. Die disparaten sowohl, als die conträren Begriffe ergeben noch den contradictorischen Gegensatz zwischen a und non a, b und non b, indem von a und b gesagt wird, jedes sei nicht das andere. Entgegengesetztes ist nicht einerlei. Diese Formel heisst der Satz des Widerspruchs. Mit ihm gleichgeltend ist der sogenannte Satz der Identität, A = A, oder eigentlich: A ist nicht gleich non-A, wo die Negationen einander aufheben und eine Bejahung ergeben, desgleichen das sogenannte principium exclusi medii: A ist entweder B oder nicht B. Wo es erlaubt ist, die Einheit einer Summe anzunehmen, da kann diese Summe ein solches und auch ein anderes enthalten, z. B. dieses Kleid ist roth und blau, dieses Ereigniss ist zugleich erfreulich und traurig. Wenn Begriffe einander im Denken begegnen, so kommt in Frage, ob sie eine Verbindung eingehen werden oder nicht; die Entscheidung dieser Frage ist das Urtheil. Der vorausgesetzte Begriff ist das Subject, der angeknüpfte ist das

Prädicat. Herbart nimmt an, dass das kategorische Urtheil (z. B. Gott ist allmächtig, die Seele ist unsterblich, Goethe war ein Dichter) die Behauptung der Existenz des Subjectes nicht involvire und gebt von dieser Annahme (die im Allgemeinen falsch und nur in einzelnen Fällen vermöge des Zusammenhangs der Rede zutreffend ist) auch in seiner Darstellung der Schlusslehre aus. Herbart bezeichnet die Schlüsse der ersten und zweiten Figur als Subsumtions-, die der dritten als Substitutions-Schlüsse.

Die Aufstellung der metaphysischen Probleme bereitet Herbart durch die Skepsis vor. Jeder tüchtige Anfänger in der Philosophie, sagt Herbart, ist Skeptiker; aber es ist auch jeder Skeptiker als solcher Anfänger. Wer nicht einmal in seinem Leben Skeptiker gewesen ist, der hat diejenige durchdringende Erschütterung aller seiner von früh auf angewöhnten Vorstellungen und Meinungen niemals empfunden, welche allein vermag das Zufällige von dem Nothwendigen, das Hinzugedachte vom Gegebenen zu scheiden. Wer aber in der Skepsis beharrt, dessen Gedanken sind nicht zur Reife gekommen, er weiss nicht, wohin jeder gehört und wie viel aus jedem folgt; von fremden Gedanken und vom Widerstreite derselben gedrückt, werden diejenigen fast immer Skeptiker, welche fleissig waren im Lesen und faul im Denken. Herbart unterscheidet eine niedere und eine höhere Skepsis. Jene geht darauf, dass wir wegen der Bedingtheit unserer Auffassung durch unsere Subjectivität schwerlich ein getreues Bild von dem, was die Dinge sind, durch unsere Sinne erlangen. Die Körper mögen im Raum auf irgend eine Weise gestaltet, in der Zeit irgend welchen Veränderungen unterworfen, die Stoffe durch Kräfte ergriffen und behandelt, die Menschen und Thiere von irgend welchen Wahrnehmungen und Gesinnungen erfüllt sein; aber wir wissen nicht, was für Wahrnehmungen und Gesinnungen und nicht, was für Kräfte, Stoffe, Veränderungen und Gestalten da sind. Der Zweifel aber kann weiter vordringen und zu dem Gedanken fortgehen, dass wir wirklich gar nicht alles dasjenige wahrnehmen, was wir wahrzunehmen glaubten, dass wir zu dem gegebenen Wahrnehmungsinhalt die Formen, insbesondere die Räumlichkeit, Zeitlichkeit und Causalität, wie auch die Zweckmässigkeit, die wir den Naturobjecten zuschreiben, unwillkürlich hinzugedacht haben. Hierdurch wird zweifelhaft, ob feste Anfangspunkte unseres Wissens irgend zu finden seien, und es kann als eben so zweifelhaft erscheinen, ob im Fall, dass Principien wirklich vorhanden wären, sich Methoden für ein fortschreitendes Denken würden finden lassen, da die Erfahrung als unvollständig, der Analogieschluss als unsicher und ein Rechtsgrund zu einer Synthesis a priori, wodurch ein Princip sich selbst überschreiten würde, kaum als denkbar erscheint.

Herbart hält dafür, dass wir zwar wegen der Relativität aller Eigenschaften durch die Sinne nicht eine Kenntniss von der wahren Beschaffenheit der Dinge erlangen, dass aber doch die Formen der Erfahrung wirklich gegeben seien, da wir uns in der Auffassung eines bestimmten Objects an die Verbindung des Wahrnehmungsinhaltes mit einer bestimmten Form gebunden fühlen und nicht, wie es bei bloss subjectivem Hinzudenken der Formen der Fall sein müsste, jeden beliebigen Inhalt in der sinnlichen Wahrnehmung selbst mit jeder beliebigen Form verknüpfen können. In welcher Art dieselben gegeben seien, ist ein späteres, psychologisches Problem; auf der Thatsache des Gegebenseins derselben aber beruht die metaphysische Betrachtung.

Die gegebenen Formen der Erfahrung sind von der Art, dass sie widersprechende Begriffe liefern, welche durch das Denken verbessert werden müssen.

Die Ausdehnung im Raum und das Geschehen in der Zeit involviren Widersprüche. Das Ausgedehnte soll sich dehnen durch viele, verschiedene, ausser einander liegende Theile des Raumes; durch die Dehnung aber zerreisst das Eine in Vieles, und doch soll das Eine mit dem Vielen identisch sein. Indem wir Materie denken, beginnen wir eine Theilung, die wir in's Unendliche fortsetzen müssen, weil jeder Theil noch als ein Ausgedehntes gedacht werden soll. Wir kommen nie zu allen Theilen, nie zu den letzten Theilen, weil wir die Unendlichkeit der aufgegebenen Theilung sonst überspringen müssten. Wollen wir versuchen, von dem Einfachen auszugehen und aus ihm die Materie ebenso im Denken zusammenzusetzen, wie sie aus ihm wirklich bestehen mag, so fragt sich, wie viele Einfache wir wohl zusammennehmen müssten, um einen endlichen Raum anzufüllen. Offenbar müsste die vorige Unendlichkeit jetzt rückwärts übersprungen werden. Bei der Theilung verliert sich die Realität im Unendlichkleinen; bei der versuchten Reconstruction können wir dieses nicht als Grundlage der Realität der Materie gebrauchen. Der Erfahrungsbegriff der Materie ist daher einer Veränderung im Denken zu unterwerfen. An die unendliche Theilbarkeit der Zeit knüpfen sich die gleichen Betrachtungen. Die Erfüllung der Zeit durch das Geschehen und durch die Dauer erfordert noch offenbarer, als beim Raum, dass auf das Erfüllende die Unterscheidung der unendlich vielen Zeittheilchen übertragen werde; denn leere Zwischenzeiten würden Vernichtung und Wiederentstehen dessen bezeichnen, was in der Dauer und dem Geschehen begriffen ist. Was geschieht, nimmt die Zeit ein, es ist in derselben gleichsam ausgedehnt. Was geschehen ist, zeigt sich im Erfolge als ein endliches Quantum der Veränderung. Dieses Endliche soll die unendliche Menge dessen in sich fassen, was in allen Zeittheilchen nacheinander geschah. So wenig, wie die einfachen Theile des Ausgedehnten im Raume, ist das wirkliche Geschehen, aus dem der Erfolg sich zusammensetzt, denkbar, denn es zerfliesst, wie klein wir es fassen mögen, immer wieder in ein Vorher, ein Nachher, eine Mitte zwischen beiden.

Der Begriff der Inhärenz oder des Dinges mit mehreren Eigenschaften involvirt den Widerspruch, dass das Eine Vieles sei. Die Mehrheit der Eigenschaften verträgt sich nicht mit der Einheit des Gegenstandes. Das Ding soll der Eine Besitzer der verschiedenen Merkmale sein. Aber das Besitzen muss doch dem Dinge als etwas seiner Natur Eigenthümliches, als eine Bestimmung seines Was, zugeschrieben werden, folglich ein ebenso vielfaches sein, wie die Eigenschaften, die besessen werden. Dadurch aber wird das Ding selbst ein Vielfaches, während es doch zugleich Eines sein soll. Die Frage: was ist das Ding? erfordert eine einfache Antwort. Der Begriff von dem Dinge, dessen wahre Qualität ein vielfacher Besitz von Merkmalen sei, ist ein widersprechender Begriff, der einer Umarbeitung im Denken entgegensieht, weil er, als aus dem Gegebenen stammend, nicht verworfen werden kann.

Auch der Begriff der Causalität, der, obschon nicht als Begriff gegeben, doch durch ein nothwendiges Denken über das Gegebene entsteht, involvirt Widersprüche. Mit dem Gegebenen dringt sich unmittelbar der Begriff der Veränderung auf; nun macht sich schon im gemeinen Denken ein Bedürfniss fühlbar, zu erklären, warum die Veränderung eingetreten sei, d. h. die Veränderung als Wirkung aufzufassen und zu ihr eine Ursache zu suchen. Aber der Begriff der Veränderung führt ein Trilemma. Entweder nämlich müsste die Veränderung eine äussere Ursache oder eine innere Ursache haben oder ursachlos sein, mit anderen Worten: sie müsste sich entweder auf Mechanismus oder auf Selbstbestimmung oder auf absolutes Werden zurückführen lassen. Der gemeine Verstand pflegt sich alle drei Vorstellungsarten zu erlauben, indem er in der Körperwelt äussere Ursachen, bei dem Willen Selbstbestimmung, für den Lauf der Dinge im Allgemeinen aber oft das Schicksal, d. h. absolutes Werden voraussetzt. Allein 1. der Begriff der äusseren Ursache erklärt nicht den ursprünglichen Wechsel, da er auf einen regressus in infinitum zu führen scheint, und er erklärt auch nicht den abgeleiteten Wechsel, da er den Widerspruch in sich trägt, dass das Thätige eine fremde, ihm nicht eigene Bestimmung als Eigenschaft seiner Natur in sich trage, und dass das Leidende nach der Veränderung noch das nämliche Ding, und doch auch nicht mehr das nämliche Ding, wie vorher, sein soll; 2. der Begriff der Selbstbestimmung durch eine innere Ursache vermindert diese Schwierigkeiten nicht und leidet zudem an dem Widerspruch, dass er das Eine Wesen in dem Actus der Selbstbestimmung durch den Gegensatz der Activität und Passivität mit sich entzweit; 3. das absolute Werden, welches den Wechsel selbst als die Qualität dessen, was ihm unterworfen ist, ansicht, leidet an der doppelten Schwierigkeit, dass es eine strenge Gleichförmigkeit des Wechsels fordern würde, die doch in der Natur der Dinge erfahrungsgemäss nicht angetroffen wird, und dass es auch in sich selbst widersprechend ist, da der Begriff des Werdens sich nicht anders denken lässt, als durch die wechselnden Beschaffenheiten, welche in der Umwandlung durchlaufen werden, so dass man, um die Qualität des Werdens zu bestimmen, die einander entgegengesetzten Beschaffenheiten zusammenfassen und in eine Einheit concentriren muss, worin der Widerspruch liegt, dass Entgegengesetzte Eins sein sollen; sagt man, das Werden sei nur Erscheinung eines nicht wechselnden Grundes, so werden die Widersprüche nicht gemindert, sondern gehäuft, denn es tritt bei dieser Annahme nur um so deutlicher hervor, dass in dem Einen nicht wechselnden Grunde alle Mannigfaltigkeit und aller Widerspruch concentrirt sei, woraus das Viele und Entgegengesetzte der Erscheinung sich entfalten soll.

Der Begriff Ich trägt in sich, wofern das Ich als Urquell aller unserer höchst mannigfaltigen Vorstellungen angesehen wird, den Widerspruch der Inhärenz des Vielen in dem Einen, welcher hier sogar besonders fühlbar ist, weil das Selbstbewusstsein das Ich als ein völliges Eins darzustellen scheint; dazu aber tritt der dem Ich eigenthümliche Widerspruch, dass es als das reine, in sich selbst zurückgehende Selbstbewusstsein sich vorstellen muss, d. h. sein Ich vorstellen muss, d. h. sein sich Vorstellen vorstellen muss, und so fort in's Unendliche (indem jedesmal das Sich durch sein Ich und dieses wiederum durch sein sich Vorstellen zu ersetzen ist), so dass der Ichbegriff in der That gar nicht zu Stande kommen zu können scheint.

Die Metaphysik, welche die dargelegten Widersprüche aus den Formen der Erfahrung hinwegschaffen und dadurch die Erfahrung begreiflich machen soll, wird von Herbart eingetheilt in die Lehre von den Principien und Methoden (Methodologie), von dem Sein, der Inhärenz und der Veränderung (Ontologie), von dem Stetigen (Synechologie) und von den Erscheinungen (Eidologie). An die allgemeine Metaphysik schliesst sich als angewandte Metaphysik die Naturphilosophie und die Psychologie an.

Die von der Metaphysik zu vollziehende Umbildung der angegebenen Begriffe besteht darin, dass die nothwendigen Ergänzungsbegriffe oder die Beziehungspunkte aufgesucht werden, durch welche allein die Widersprüche, die in denselben enthalten sind, sich auflösen lassen. Die Methode, durch Aufsuchung der nothwendigen Ergänzungsbegriffe die Widersprüche in den durch die Erfahrung dargebotenen formalen Begriffen aufzuheben, nennt Herbart die Methode der Beziehungen. Jeder Begriff jener Art ist ein Grund, aus dem um des in ihm enthaltenen Widerspruchs willen der Ergänzungsbegriff gefolgert werden muss. Nur hierdurch wird nach Herbart Synthesis a priori möglich. Denn, sagt er, sei B dem A durch Synthesis a priori, also nothwendig, zu verbinden, so muss A ohne B unmöglich sein; die Nothwendigkeit liegt in der Unmöglichkeit des Gegentheils; Unmöglichkeit eines Gedankens aber ist Widerspruch (wogegen Kant behauptet hatte, dass synthetische Sätze a priori noch eines andern Princips, als des Satzes der Identität und des Widerspruchs, bedürfen).

Es ist unmöglich anzunehmen, dass nichts sei, denn dann würde auch nichts erscheinen. Leugne man alles Sein, so bleibt zum mindesten das anlangbare Einfache der Empfindung. Das Zurückbleibende, nach aufgehobenem Sein, ist Schein. Dieser Schein, als Schein, ist. Weil der Schein nicht hinwegzuheben ist, so muss irgend ein Sein vorausgesetzt werden.

Erklären, das A sei, heisst, es solle bei dem einfachen Setzen des A sein Bewenden haben. Sein ist absolute Position (womit Herbart das Setzen des Seins in dem Begriff des Seins hineinzieht). Der Begriff des Seins schliesst alle Negation und alle Relation aus. Was als seiend gedacht wird, heisst ein Wesen (ens).

Das Einfache der Empfindung findet sich nie oder höchst selten einzeln, sondern in Complexionen, welche wir Dinge nennen. Wir legen dem Dinge seine einzelnen Merkmale als Eigenschaften bei. Die Widersprüche aber, die in dem Begriffe des Dinges mit mehreren Eigenschaften liegen, nöthigen dazu, diesen Begriff, um ihn von eben diesen Widersprüchen zu befreien, durch die Annahme zu ergänzen, dass eine Mehrheit realer Wesen existire, deren jedes von schlechthin einfacher, durch keine inneren Gegensätze bestimmbarer Qualität sei, deren Zusammen aber die Erscheinung des Einen Dinges mit vielen Eigenschaften bedinge.

In einer Complexion von Merkmalen pflegen einzelne zu beharren, während andere wechseln. Wir schreiben daher den Dingen Veränderungen zu. Aus den Widersprüchen im Begriff der Veränderung aber folgt, dass es im Seienden keinen ursprünglichen innern Wechsel giebt, weil ursprüngliche Selbstbestimmung und absolutes Werden unmöglich ist, und dass es auch keinen abgeleiteten Wechsel geben würde, wofern die Einwirkung von Ursachen nur unter der Voraussetzung einer ursprünglich nach aussen gerichteten Thätigkeit erfolgen könnte. Dann aber würde es gar keinen Wechsel geben, auch nicht in der Erscheinung, was der Erfahrung widerspricht. Mithin muss jene Voraussetzung falsch sein und der Wechsel sich ohne eine ursprünglich nach aussen gerichtete, wie auch ohne eine ursprüngliche innere Thätigkeit erklären lassen. Herbart erklärt denselben mittelst der Theorie der Selbsterhaltungen, welche bei dem Zusammensein der einfachen realen Wesen stattfinden und das einzige wirkliche Geschehen ausmachen. Diese Theorie ruht auf dem Hülfsbegriffe des intelligibeln Raumes nebst der diesem Raume entsprechenden Zeit und Bewegung, und auf dem methodischen Hülfsmittel der zufälligen Ansicht. Unter dem intelligibeln Raume versteht nämlich Herbart denjenigen Raum, in welchem beständlich die einfachen realen Wesen gedacht werden müssen, im Unterschiede von dem phänomenalen Raum, in welchem unsere Empfindungen vorgestellt werden, welcher also in der Seele selbst ist. Der Begriff des intelligibeln Raumes entspringt, indem sowohl das Zusammen, als das Nichtzusammen der nämlichen Wesen gedacht werden soll. Das Aneinander einfacher realer Wesen erzeugt die „starre Linie", der Uebergang der Punkte in einander die stetige Linie, aus der Mischung zweier Richtungen geht die Ebene, aus der Hinzufügung einer neuen Richtung der körperliche Raum hervor. Die Fiction des Uebergangs der Punkte in einander setzt eine Theilbarkeit des Punktes voraus, welche Annahme Herbart durch die geometrische Thatsache irrationaler Verhältnisse zu rechtfertigen sucht. Auch in dem intelligibeln Raume sind, wie in dem phänomenalen, alle Bewegungen relativ: was Bewegung ist in Bezug auf umgebende Objecte, die als ruhend betrachtet werden, ist Ruhe, sofern eben diese Objecte als in der entgegengesetzten Richtung jedesmal mit der gleichen Geschwindigkeit sich bewegend angesehen werden. Jedes Wesen im intelligiblen Raume ist ursprünglich ruhend in Bezug auf sich selbst oder auf den Raum, sofern es selbst als in demselben befindlich betrachtet wird; aber nichts hindert, dass diese Ruhe Bewegung sei in Hinsicht auf andere reale Wesen; die Ruhe in Bezug auf diese wäre nur ein möglicher Fall unter unendlich vielen gleich möglichen. Es ist also vorauszusetzen, dass im Allgemeinen ursprünglich jedes Wesen im Vergleich mit jedem andern in Bewegung sei, nämlich in geradliniger Bewegung mit constanter Geschwindigkeit. Diese Bewegung ist nicht eine wirkliche Veränderung, weil jedes Wesen in Bezug auf sich selbst und auf seinen Raum dabei in Ruhe bleibt, zu andern Wesen aber nicht an sich in Beziehung steht, sondern nur durch ein zusammenfassendes Bewusstsein in Beziehung gesetzt wird. Wenn aber der Fall eintritt, dass in Folge dieser ursprünglichen Bewegung einfache reale Wesen in denselben Punkt gleichzeitig gelangen, so erfolgt eine gegenseitige Durchdringung, die, sofern die Qualitäten dieser Wesen einander gleich sind, keine Störung veranlasst, sofern aber die Qualitäten derselben einander entgegengesetzt sind, eine Störung bedingt, da Entgegengesetztes nach dem Satze des Widerspruchs nicht in einem Punkte zusammen sein kann; die Störung würde erfolgen, wenn das Entgegengesetzte der mehreren Wesen sich wirklich aufheben könnte; da dasselbe aber unaufhebbar ist, so erhalten sich die Qualitäten wider die intendirte Störung; Selbsterhaltung ist Bestehen wider eine Negation. Die Störung gleicht einem Druck, die Selbsterhaltung einem Widerstande. In der Seele sind die „Selbsterhaltungen" Vorstellungen; in allen andern realen Wesen sind die solche innere Zustände, die auch nach den Herbart'schen Principien, gleich wie nach der Leibnitzischen, irgendwie unsern Vorstellungen analog gedacht werden müssen. Das eigentliche und einfache Was der realen Wesen erkennen wir zwar nicht, über ihre inneren und äusseren Verhältnisse aber können wir eine Summe von Einsichten erlangen, die sich in's Unendliche vergrössern lässt. Die Voraussetzung, das das einfache Was der Wesen bei verschiedenen nicht bloss verschieden sei, sondern auch conträre Gegensätze bilde, ist nothwendig. Ist der Gegensatz der Qualitäten ein partieller, so lassen sich die Qualitäten in unserm Denken in solche Componenten zerlegen, zwischen denen einerseits volle Uebereinstimmung, andererseits voller Gegensatz stattfindet; diese Zerlegung, obschon methodisch nothwendig, um das Ergebniss zu verstehen, ist doch in Bezug auf die Qualitäten selbst eine „zufällige Ansicht", weil diese nicht wirklich aus solchen Componenten hervorgegangen, sondern einfach und untheilbar sind und nur in der Betrachtung zerlegt werden.

In unserm Bewusstsein ist die Ichheit gegeben und doch ist der Ichbegriff mit Widersprüchen behaftet. Diese Widersprüche nöthigen zu einer Unterscheidung der im Selbstbewusstsein appercipirten und der appercipirenden Vorstellungsmassen, welche wiederum die Lehre von der Seele als einem einfachen realen Wesen, dem Träger des ganzen Complexion unserer Vorstellungen, von den Vorstellungen als den Selbsterhaltungen der Seele, und von den gegenseitigen Verhältnissen der Vorstellungen zur Voraussetzung hat.

An die Theilbarkeit des Punktes knüpft sich die Möglichkeit eines unvollkommenen Zusammen oder einer theilweisen Durchdringung einfacher (aber bei der Fiction der Theilbarkeit als kugelförmig vorzustellender) realer Wesen. Durch die partielle Durchdringung der einfachen Wesen entsteht die Materie. Eine nothwendige Folge theilweiser Durchdringung ist die Attraction der Elemente. Denn die Selbsterhaltung kann sich nicht auf den durchdrungenen Theil eines jeden dieser realen Wesen beschränken; in dem ganzen realen Wesen,

§ 26. Herbart. 263

in allen fingirten Theilen desselben, befindet sich einerlei Grad der Selbsterhaltung, und zwar darum, weil eben das reale Wesen einfach und seine Theile nur fingirt sind. Dem innern Zustand der totalen Selbsterhaltung aber muss mit Nothwendigkeit auch die äussere Lage der einfachen Wesen entsprechen. Aus dieser Nothwendigkeit, dass zu dem innern Zustande ein ihm angemessener äusserer Zustand hinzutrete, folgt, dass die partielle Durchdringung in ein totales Ineinander übergehen muss. Wenn man sich die Elemente als Kugeln vorstellt und die unendlich kleine Zeit des Eindringens wieder in Unendlichkleine der zweiten Ordnung zerlegt, so verhält sich in jedem Augenblicke die ganze Kugel zu dem noch nicht durchdrungenen Theile, wie die anfängliche Anziehung zu der Beschleunigung in diesem Augenblicke. Bei einer Verbindung mehrerer einfacher realer Wesen tritt die Repulsion oder die Nothwendigkeit des Hinausweichens ein, wenn nämlich das Maass überschritten wird, in welchem der innere Zustand eines mittleren realen Wesens einer Mehrheit eindringender realer Wesen zugleich zu entsprechen vermag. Attraction und Repulsion sind demnach nicht ursprüngliche Kräfte, sondern die nothwendigen äusseren Folgen der inneren Zustände, in welche mehrere verschiedene Substanzen sich gegenseitig versetzen.

Ist zwischen Attraction und Repulsion das Gleichgewicht hergestellt, so bildet die betreffende Verbindung von einfachen realen Wesen ein materielles Element oder ein Atom.

Um die besonderen physikalischen Erscheinungen und Gesetze aus ihren letzten Gründen genetisch zu erklären, unterscheidet Herbart bei den Elementen einerseits nach dem Maasse der Verschiedenheit ihrer Qualitäten den starken und schwachen Gegensatz, andererseits nach dem Verhältnisse der Intensität der beiderseitigen Qualitäten den gleichen und ungleichen Gegensatz. Aus der Combination beider Unterscheidungen ergeben sich vier Hauptverhältnisse der Elemente zu einander:

1. der starke und gleiche oder nahezu gleiche Gegensatz; auf diesem beruht die Bildung der festen oder starren Materie, insbesondere ihre Cohäsion, Elasticität und Configuration;

2. der starke, aber sehr ungleiche Gegensatz; in diesem Verhältnis stehen die Elemente des (von Herbart zur Erklärung der Wärmeerscheinungen vorausgesetzten) Wärmestoffs (Caloricum) zu den Elementen der festen Körper;

3. der schwache und nicht sehr ungleiche Gegensatz; in diesem Verhältnis steht zu den Elementen der festen Körper das Electricum;

4. der schwache und sehr ungleiche Gegensatz; in diesem Verhältnis steht zu den Elementen der festen Körper der Aether oder das Medium des Lichtes und der Schwere.

Auf die Annahme einer innern Bildsamkeit der Materie gründet Herbart die Biologie (oder Physiologie). Zwischen mehreren inneren Zuständen Eines Wesens treten gegenseitige Hemmungen ein (wie in der Seele zwischen Vorstellungen, welche einander im Bewusstsein beschränken); die gehemmten Zustände treten unter begünstigenden Bedingungen wieder hervor und bestimmen dann mit das äussere Geschehen. Durch das einfache Wesen werden in anderen, die mit ihm in Berührung kommen, gleichartige Zustände angeregt; hierauf beruht die Assimilation und Reproduction. Auch die Irritabilität und Sensibilität folgt aus der innern Bildsamkeit der Materie.

Das zufällige Zusammentreffen einfacher realer Wesen begründet nur die allgemeine Möglichkeit eines organischen Lebens. Die zweckmässige Gestaltung aber, die in den höheren Organismen erscheint, setzt den Einfluss einer göttlichen Intelligenz voraus, welche zwar nicht die einfachen realen Wesen selbst, wohl aber die vorhandenen Beziehungen derselben zu einander (und eben hierdurch auch das, was der vulgäre Sprachgebrauch unter den Substanzen versteht) begründet hat. Der durch teleologische Erwägungen begründete Gottesglaube aber befriedigt das religiöse Bedürfniss nur, sofern der Mensch zu Gott beten oder wenigstens in dem Gedanken an Gott Ruhe finden kann, was die Aufnahme der ethischen Prädicate in die Gottesidee (wovon unten) bedingt.

Die Seele ist ein einfaches reales Wesen; denn wäre sie ein Complex mehrerer realer Wesen, so würden die Vorstellungen ausser einander liegen und es würden nicht mehrere Vorstellungen zur Einheit des Gedankens und nicht die Gesammtheit meiner Vorstellungen zur Einheit meines Bewusstseins sich verbinden. Die Selbsterhaltungen der Seele sind Vorstellungen. Vorstellungen, die einander gleichartig oder auch disparat sind, verschmelzen mit einander; Vorstellungen aber, die einander partiell oder total entgegengesetzt sind, hemmen einander nach dem Maasse ihres Gegensatzes. Durch die Hemmung wird die Intensität, mit welcher die Vorstellungen im Bewusstsein sind, vermindert oder ganz aufgehoben. In der gehemmten Vorstellung ist das Vorstellen zu einem Streben, vorzustellen, geworden. Die Intensitätsverhältnisse der Vorstellungen lassen sich der Rechnung unterwerfen, obschon die einzelnen Intensitäten nicht messbar sind; die Rechnung dient dazu, die Gesetze des Vorstellungslaufs auf ihren exacten Ausdruck zu bringen. Sie ist Statik, sofern sie auf den Endzustand geht, in welchem die Vorstellungen beharren können, Mechanik, sofern sie die jedesmalige Stärke einer Vorstellung in einem bestimmten Zeitpunkte während des Wechsels zu ermitteln sucht.

Es seien gleichzeitig zwei Vorstellungen, A und B, gegeben, deren Intensitäten einander vollkommen gleich seien, so dass jede $= 1$ sich setzen lässt. Zwischen beiden sei voller Gegensatz (wie z. B. zwischen roth und gelb, gelb und blau, dem Grundton und dem um eine Octave höheren Ton), so dass, wenn die eine derselben ungehemmt bestehen soll, die andere total gehemmt sein muss. Da (nach dem Satze des Widerspruchs) Entgegengesetztes nicht gleichzeitig an demselben Punkte zusammenbestehen kann, so müsste die eine beider Vorstellungen zu Gunsten der andern völlig aufgehoben werden. Aber jede erhält sich; Bestehendes kann nicht ausgetilgt werden. Beide streben mit gleicher Kraft gegen einander. Also sinkt jede auf die Hälfte ihrer ursprünglichen Intensität herab. Dem Gesetze des Widerspruchs würde genügt sein, wenn die eine Vorstellung ganz gehemmt wäre: es wird thatsächlich so viel von beiden Vorstellungen zusammen gehemmt, als die ursprüngliche Intensität der einen von beiden Vorstellungen beträgt. Diese auf beide Vorstellungen sich vertheilende Gesammtheit der Hemmung nennt Herbart die Hemmungssumme. Ist der Gegensatz kein totaler, also nicht durch 1, sondern durch einen echten Bruch zu bezeichnen, so tritt dieser Bruch hier, wie überall, bei der Bestimmung der Hemmungssumme als Factor hinzu.

Sind die Vorstellungen A und B an Stärke ungleich, ist die Intensität der ersten $= a$, der andern $= b$, und ist $a > b$, und besteht zwischen A und B voller Gegensatz, so genügt es nach Herbart's Annahme, dass ein Quantum, welches der Intensität (b) der schwächeren Vorstellung gleich ist, an beiden Vorstellungen zusammen gehemmt werde, denn wäre die schwächere ganz aufgehoben, so wäre der „Widerspruch" entfernt. (Freilich wäre derselbe nur dann entfernt, wenn B selbst,

§ 26. Herbart.

oder auch, wenn A selbst, aber nicht, wenn nur ein Intensitätsquantum $= b$, das sich auf beide Vorstellungen vertheilt, aufgehoben wäre.) Die „Hemmungssumme" ist also nun $= b$. Jede Vorstellung sträubt sich mit ihrer ganzen Intensität gegen die Hemmung. Also trägt sie von derselben um so weniger, je stärker sie ist. Also trägt A von der Hemmungssumme, welche $= b$ ist, $\frac{b^2}{a+b}$, und B trägt $\frac{ab}{a+b}$, so dass A im Bewusstsein bleibt mit der Stärke $a - \frac{b^2}{a+b} = \frac{a^2 + ab - b^2}{a+b}$

und B mit der Intensität $b - \frac{ab}{a+b} = \frac{b^2}{a+b}$.

Sind gleichzeitig drei Vorstellungen mit vollem Gegensatz untereinander gegeben, deren Intensitäten a, b, c sind, und ist $a > b$, $b > c$, so ist nach Herbart die Hemmungssumme $= b + c$, überhaupt gleich der Summe der sämmtlichen schwächeren Vorstellungen; denn wären diese alle völlig gehemmt, so könnte die stärkste sich ganz behaupten. Auch diese Hemmungssumme vertheilt sich nach dem umgekehrten Verhältniss der Intensitäten. Es kann dabei aber der Fall eintreten, dass die schwächste Vorstellung, indem sie ebensoviel oder mehr zu tragen hat, als ihre Intensität beträgt, ganz aus dem Bewusstsein verdrängt wird, in welches sie jedoch unter begünstigenden Umständen wieder eintreten kann. Die Grenze, an welcher die Intensität genau $= 0$ ist, nennt Herbart die Schwelle des Bewusstseins, wobei freilich das Bild des (horizontalen) Hinübertretens über eine Schwelle mit dem Bilde eines (verticalen) Auf- und Niedersteigens sich mischt. Den Werth einer Vorstellung, bei welchem dieselbe gerade auf die Schwelle des Bewusstseins herabgedrückt wird, nennt Herbart den „Schwellenwerth". Ist $a = 1$, $b = 1$, so ist der Schwellenwerth von $c = \sqrt{1/2} = 0{,}707\ldots$

Ist die Empfänglichkeit für eine Vorstellung bei constanter Stärke des Reizes (welche wir zunächst um der Einfachheit willen $= 1$ setzen) ursprünglich $= a$, so ist dieselbe, nachdem die Vorstellung bereits die Intensität x erlangt hat, nur noch $= a - x$. Die Raschheit, mit welcher die Vorstellung an Intensität zunimmt oder die „Geschwindigkeit ihres Wachsens" ist in jedem Augenblick dem Maasse der Empfänglichkeit proportional. Sie wird also fortwährend geringer. Wir betrachten als Zeiteinheit ($t = 1$) diejenige Zeit, in welcher die Vorstellung zu der vollen Stärke $= a$ anwachsen würde, falls die anfängliche Raschheit der Zunahme unverändert bliebe. In einem ersten sehr kleinen Zeittheil $= \frac{t}{n}$ bleibt diese Geschwindigkeit des Anwachsens nahezu unverändert, in dem ersten unendlich kleinen Zeittheil $= dt$ aber ist sie als unverändert (constant) zu betrachten. Also gelangt in dem ersten Zeittheil $\frac{t}{n}$ die Vorstellung nahezu zu der Stärke $a \cdot \frac{t}{n}$, in dem ersten Zeittheil dt aber gelangt sie zu der Stärke $a \cdot dt$. Ist in einem späteren Augenblick, nach Ablauf einer beliebigen Zeit $= t$, die Vorstellung schon bis zu der Stärke x angewachsen, also die Empfänglichkeit nur noch $= a - x$, so muss jetzt in einem sehr kleinen Zeittheil $= \frac{t}{n}$ die Vorstellung nicht um nahezu $a \cdot \frac{t}{n}$, sondern um nahezu $(a - x) \cdot \frac{t}{n}$ und in einem unendlich kleinen Zeittheil $= dt$ nicht um $a \cdot dt$, sondern um $(a - x) dt$ anwachsen. Bezeichnen wir nun durch dx die Zunahme an Stärke, welche die Vorstellung, nachdem sie bis zu x angewachsen war, in einem unendlich kleinen Zeittheil $= dt$ gewinnt (oder die Differenz ihrer Stärke nach und vor Ablauf dieses unendlich kleinen Zeittheils), so ist, dem Obigen

§ 28. Herbart.

gemäss, dieses $dx = (a - x) dt$, also ist $\dfrac{dx}{a-x} = dt$, aus welcher Gleichung mit Rücksicht auf den Umstand, dass die Vorstellung vom Nullwerthe aus anwächst, dass also für $t = 0$ auch $x = 0$ ist, sich das Resultat ergiebt: $x = a (1 - e^{-t})$. — Wird die Stärke des Reizes zwar als constant angenommen, aber nicht $= 1$, sondern $= \beta$ gesetzt, so ist die Intensität, zu welcher die Vorstellung in dem ersten Zeittheil dt gelangt (statt, wie oben, $= a . dt$), vielmehr $= \beta a . dt$; folglich muss sich in dem nach Ablauf der Zeit t, in welcher die Vorstellung bis zu der Stärke x angewachsen ist, zunächst verfliessenden Zeittheil $= dt$ die Stärke der Vorstellung um $\beta (a - x) dt$ vermehren, d. h. $dx = \beta (a - x) dt$, woraus folgt: $x = a (1 - e^{-\beta t})$. Hierin liegt, dass die Vorstellung der vollen Stärke $= a$ zwar ziemlich bald nahe kommt, aber dieselbe in keiner endlichen Zeit ganz erreicht, sondern sich ihr in einer solchen Art, wie der Hyperbelzweig seiner Asymptote, annähert.

Mittelst einer ganz analogen Betrachtung bestimmt Herbart das allmähliche Sinken der Hemmungssumme.

Sind mit einer Vorstellung mehrere andere verbunden, aber nicht vollkommen, sondern nach einer gewissen Abstufung durch grössere und kleinere Theile, so wird jene Vorstellung, falls sie, nachdem sie gehemmt war, von dieser Hemmung befreit in's Bewusstsein zurückkehrt, jene anderen Vorstellungen mit sich emporzuheben streben, aber nicht gleichmässig, sondern in einer bestimmten Ordnung und Reihenfolge. Herbart sucht diese Reihenfolge durch mathematische Formeln zu bestimmen. Auf abgestuften Verschmelzungen beruht nach ihm nicht nur der Mechanismus des sogenannten Gedächtnisses, sondern es entstehen daraus auch die räumlichen und zeitlichen Formen unseres Vorstellens, die Herbart nicht mit Kant als Formen a priori, sondern als Resultate des psychischen Mechanismus betrachtet.

In dem einfachen Wesen, welches Seele ist, giebt es ebensowenig, wie eine ursprüngliche Mehrheit von Vorstellungen, eine ursprüngliche Mehrheit von Vermögen. Die sogenannten Seelenvermögen sind nur hypostasirte Classenbegriffe von psychischen Erscheinungen. Die Erklärung der Erscheinungen aus den sogenannten Vermögen ist illusorisch; in den Vorstellungsverhältnissen liegen die wirklichen Ursachen der psychischen Vorgänge. Die Wiedererinnerung geschieht nach den Reproductionsgesetzen. Der Verstand, von dem sich die Namenerklärung geben lässt, er sei das Vermögen unsere Gedanken nach der Beschaffenheit des Gedachten zu verknüpfen, beruht auf der vollständigen Wirkung derjenigen Reihen, welche vermittelst der Einwirkung der äusseren Dinge auf uns sich in unserer Seele gebildet haben. Unter der Vernunft ist die Fähigkeit zu verstehen, Gründe und Gegengründe gegen einander abzuwägen; sie beruht auf der zusammentreffenden Wirksamkeit mehrerer vollständiger Vorstellungsreihen. Der sogenannte innere Sinn ist die Apperception neugebildeter Vorstellungen durch ältere gleichartige Vorstellungsmassen. Die Gefühle entspringen, wenn verschiedene Kräfte auf die nämliche Vorstellung in gleichem oder in entgegengesetztem Sinne einwirken. Der Wille ist ein Streben, welches mit der Vorstellung der Erreichbarkeit des Begehrten verbunden ist. Die psychologische Freiheit des Willens ist die gesicherte Herrschaft der stärksten Vorstellungsmassen über einzelne Affectionen. Kant's Lehre von der „transscendentalen Freiheit" ist falsch, und ist auch dem praktischen Interesse zuwider, indem sie die Möglichkeit der Charakterbildung aufhebt.

Die Quelle der ästhetischen Ideen liegt in den unwillkürlichen Geschmacksurtheilen, und insbesondere die Quelle der ethischen Ideen in eben solchen Ge-

§ 26. Herbart.

schmacksurtheilen über Willensverhältnisse. Die Idee der innern Freiheit beruht auf dem Wohlgefallen, welches die Harmonie zwischen dem Willen und der über ihn ergehenden Beurtheilung erweckt. Die Idee der Vollkommenheit erwächst daraus, dass in reinen Grössenverhältnissen durchgängig das Grössere neben dem Kleineren gefällt. Die Grössenbegriffe, nach welchen das Wollen verglichen wird, sind: Intension, Extension (d. h. Mannigfaltigkeit der von dem Wollen umfassten Gegenstände) und Concentration des mannigfachen Wollens zu einer Gesammtwirkung oder die aus der Extension von neuem entspringende Intension. Der Gegenstand der Idee des Wohlwollens ist die Harmonie zwischen dem eigenen und dem vorausgesetzten fremden Willen. Die Idee des Rechtes beruht auf dem Missfallen am Streit; das Recht ist die von den betheiligten Personen festgestellte oder anerkannte Regel zur Vermeidung des Streites. Indem durch absichtliche Einwirkung eines Willens auf einen andern oder durch absichtliche Wohlthat und Wehethat der Zustand, in welchem die Willen sich ohne dieselbe befunden haben würden, abgebrochen oder verletzt wird, so missfällt die That als Störerin des früheren Zustandes; aus diesem Missfallen erwächst die Idee der Vergeltung (Billigkeit) oder der Tilgung der Störung durch den Rückgang des gleichen Quantums an Wohl oder Wehe von dem Empfänger zum Thäter. An diese ursprünglichen Ideen schliessen sich die abgeleiteten oder gesellschaftlichen ethischen Ideen an, insbesondere die Idee der Rechtsgesellschaft, des Lohnsystems, der Verwaltungssystems, des Cultursystems und der beseelten Gesellschaft, die der Reihe nach auf die Ideen des Rechts, der Vergeltung, des Gemeinwohls, der geistigen Vollkommenheit und der innern Freiheit basirt sind. Nur die Vereinigung aller Ideen kann dem Leben in sanfter Führung die befriedigende Richtung anweisen.

Die Grundlage des religiösen Glaubens liegt nach Herbart in der Naturbetrachtung, die Ausbildung desselben aber ist durch die Ethik bedingt. Die Zweckmässigkeit, die sich in den höheren Organismen bekundet, kann weder auf Zufall zurückgeführt, noch auch als eine blosse Form unseres Denkens der Natur selbst abgesprochen werden. Sie findet ihren zureichenden Erklärungsgrund nur in einer göttlichen Intelligenz, von welcher die Ordnung der einfachen realen Wesen herrühren muss. Ein wissenschaftliches Lehrgebäude der natürlichen Theologie ist unerreichbar. Wichtiger, als die theoretische Ausbildung des Gottesbegriffs, ist für das religiöse Bewusstsein die Bestimmung desselben durch die ethischen, mit dem Pantheismus zum Theil unvereinbaren Prädicate der Weisheit, Heiligkeit, Macht, Liebe und Gerechtigkeit.

Ob die Widersprüche, welche Herbart in den „durch die Erfahrung uns aufgedrungenen formalen Begriffen" zu finden meint, wirklich in denselben liegen, ist mindestens zweifelhaft. Als Motiv des wissenschaftlichen Fortschritts über die Empirie hinaus bedarf es nicht dieser Widersprüche; dieses Motiv liegt vielmehr darin, dass sich uns nicht bloss die Existenz von Individuen bekundet, sondern auch von Verhältnissen, Werthunterschieden, Zwecken und Gesetzen, woran sich die Bildung unserer logischen Formen, wie auch andererseits unseres ethischen Bewusstseins, knüpft. Trendelenburg sucht in einer Abhandlung über die Herbart'sche Metaphysik (in den Monatsberichten der Berliner Akademie der Wissenschaften, Nov. 1854, S. 654 ff., wiederabg. im zweiten Bande seiner histor. Beitr. zur Philos., Berlin 1855, S. 313 ff.) und in einem zweiten, gegen Entgegnungen von Drobisch und Strümpell (in der Zeitschr. für Philos. und philos. Kritik 1854 und 1855) gerichteten Artikel (Monatsber. der Berl. Akad., Febr. 1856) die drei Sätze zu erweisen: 1. die von Herbart in den allgemeinen Erfahrungsbegriffen bezeichneten Widersprüche sind keine Widersprüche; 2. wären sie Widersprüche, so wären sie in seiner Metaphysik nicht gelöst; 3. wären sie Widersprüche und wären sie gelöst, so blieben andere und grössere ungelöst. Bei der Continuität sind die Vielheit und die Kleinheit der Theile nicht gegen einander zu isoliren; das Product aus ihrer Zahl und Grösse bleibt identisch. „Letzte" Theile giebt es nicht. Bei den Problemen der Inhärenz und des Wechsels möchte die Verschiedenheit und der conträre Gegensatz nur künstlich in den contradictorischen Gegensatz umgesetzt worden sein. Die anscheinenden Widersprüche im Ichbegriff hebt Herbart selbst durch die Unterscheidung verschiedener Vorstellungsgruppen; ob aber die gegenseitige Durchdringung der Vorstellungen ein punktuell einfaches Wesen, das an einer einzelnen Stelle inmitten des Gehirns seinen Sitz habe, voraussetze, und ob ein solches als Seele überhaupt nur denkbar sei, ist zum mindesten höchst problematisch. Isolirt gedacht, mag die Einheit als Einfachheit erscheinen, wie andererseits die Vielheit, wenn sie isolirt wird, auf einen exclusiven Atomismus führt; die Thatsachen aber nöthigen vielmehr, eine synthetische Einheit anzunehmen, die nicht ein punktuelles Substrat und nicht eine Vielheit ausserelnander liegender punktueller Substrate, sondern ein harmonisch gegliedertes Ganzes sei. Der Punkt ist nur als Grenze denkbar und nur in der Abstraction zu verselbstständigen; die angenommenen punktuellen Wesen sind hypostasirte Abstractionen. Die Fiction der Kugelgestalt der realen Wesen, die nur djdaktische Dienste thun sollte, dient thatsächlich in Herbart's Metaphysik auf widerrechtliche Weise zur Weiterführung der Construction selbst, um wieder abgeworfen zu werden, nachdem sie zu diesem Dienst verwandt worden ist; auf diesem Wechselspiel beruht die Construction des intelligibeln Raumes und der Attraction der Elemente. Die Nothwendigkeit, dass die äussere Lage dem innern Zustand entspreche, ist ohne eine befriedigende Erklärung geblieben. In einem einfachen realen Wesen würden niemals Bilder entstehen können, die nach dem Zeugnisse des Inneren Sinnes räumliche Ausdehnung haben; Herbart's Bemühung, die Bedingungen aufzuzeigen, unter denen die Raumvorstellung sich bilde, hebt nicht die Unmöglichkeit auf, dass eine solche in einem schlechthin raumlosen Wesen überhaupt entstehe. Die Theorie der Selbsterhaltungen leidet an dem Widerspruch, dass nur das Alte erhalten, und doch ein Neues geworden sein soll, welches letztere sogar nach Aufhebung der „Störung", die ihrerseits keine wirkliche Störung war, beharren soll. In dem Gegensatz der Vorstellungen, die nicht zusammenbestehen und einander nicht aufheben können, kämpfen zwei des Principien nach absolute Nothwendigkeiten miteinander, die nicht durch einen Compromiss sich abfinden können. Dass ein Quantum gleich den schwächeren Vorstellungen „gehemmt" werde, genügt nicht; es müsste mindestens die schwächere Vorstellung selbst gehemmt oder vielmehr ausgetilgt werden, und falls sie sich beharrlich widersetzt, der Kampf bis zur gegenseitigen Vernichtung, um dem Gesetz des Widerspruchs zu genügen, fortgehen. Dass es dahin nicht kommen kann und dass die Erfahrung anderes aufzeigt, beweist nur die Falschheit der Punktualitätshypothese selbst. Mit Recht hat Alb. Lange (die Grundlegung d. math. Psychol., Duisb. 1865); doch vgl. Zeitschr. f. ex. Ph. VI, H. 3 u. 4) getadelt, dass eine freie Grösse der „Hemmungssumme" der Rechnung zum Grunde gelegt werde; bei naturgesetzlicher Auffassung müsste nach dem Maasse der Beengung der Vorstellungen und nach dem Maasse ihres Gegenstrebens das Resultat bestimmt und nicht dieses letzte vorausgenommen werden. Um die Gedächtnisserscheinungen zu erklären, erlaubt Herbart sich über Grösse und Constanz der Hemmungssumme Ausnahmen zu machen, welche die Consequenz seiner Principien trüben. Mit Herbart's Metaphysik steht sein Gottesglaube mehrfach im Widerstreit. Zweckmässige Ordnung der einfachen realen Wesen setzt Realität der Beziehungen im intelligibeln Raume voraus, welche doch von der

Metaphysik negirt wird. Als Person muss Gott ein einfaches reales Wesen sein, welches, an sich auf seine einfache Qualität beschränkt, zur Intelligenz nur durch eine zweckmässige Gruppirung der einfachen realen Wesen, mit denen es zusammen ist, gelangen kann; diese zweckmässige Gruppirung aber wäre, da sie als Erklärungsgrund der göttlichen Intelligenz nicht ihrerseits aus dieser erklärt werden kann, eine schlechthin unbegreifliche Voraussetzung, durch welche die Erklärung der Zweckmässigkeit überhaupt nur zurückgeschoben wird; Herbart selbst gesteht, dass seine Metaphysik sich ihm zu entfremden drohe, wenn er sie auf die Gotteslehre auszuwenden versuche und vergleicht das Verlangen nach einer theoretischen Gotteserkenntniss mit dem Wunsche der Semele, die sich ihr Verderben erbat, hat aber nicht den Vortheil Kant's, durch ein (vermuthlich) erwiesenes Nichtwissen um die Existenzweise der „Dinge an sich" die Abweisung aller theoretischen Versuche begründen zu können. Herbart's Ethik und Aesthetik überhaupt steht ohne Gemeinsamkeit des Princips neben seiner theoretischen Philosophie; es ist höchst fraglich, ob das vermeintlich im Interesse der Reinheit der sittlichen Auffassung aus seiner Bedingtheit durch die natürlichen Werthunterschiede der geistigen Functionen hinausgehobene, für absolut erklärte Urtheil des Gefallens und Missfallens als letzter Grund des Schönen und des Sittlichen gelten dürfe, und ob es insbesondere die sittliche Verbindlichkeit genügend zu erklären vermöge. Vgl. Trendelenburg, H.'s praktische Philosophie und die Ethik der Alten, in den Abh. der Akad., Berlin 1856, und dagegen Allihn, Ztschr. VI, 1, 1865.

Als ein Versuch, die grosse Förderung, welche der Herbartianismus zumeist dem genetischen Verständniss von Natur und Geist gewährt, ohne die bezeichneten Mängel und insbesondere mit Beseitigung der Fiction einer punktuellen Einfachheit der Seele festzuhalten und zu erweitern, darf Beneke's Lehre gelten.

§ 27. Friedrich Eduard Beneke (1798-1854) hat im Gegensatz besonders zu Hegel's und auch zu Herbart's Speculation, aber im Anschluss an manche Doctrinen englischer und schottischer Philosophen, wie auch Kant's, F. H. Jacobi's, Fries', Schleiermacher's, Schopenhauer's und Herbart's, eine psychologisch-philosophische Doctrin ausgebildet, welche sich ausschliesslich auf die innere Erfahrung stützt, von der Ueberzeugung geleitet, dass wir uns selbst psychisch durch das Selbstbewusstsein mit voller Wahrheit, die Aussenwelt aber mittelst der Sinne nur unvollkommen zu erkennen vermögen, und nur in sofern ihr Wesen erfassen, als wir Analoga unseres psychischen Lebens den sinnlichen Erscheinungen unterlegen. Alle complicirteren psychischen Vorgänge leitet Beneke aus vier elementaren psychischen Vorgängen oder „Grundprocessen" ab, nämlich dem Process der Reizaneignung, dem Process der Bildung neuer psychischer Elementarkräfte oder „Urvermögen", dem Process der Ausgleichung oder Uebertragung von Reizen und von Vermögen, wodurch, sofern gewisse Gebilde einen Theil ihrer Elemente verlieren, diese Gebilde unbewusst werden oder als blosse Spuren fortexistiren, sofern aber eben jene Elemente anderen Gebilden zufliessen, diese letzteren Gebilde, falls sie unbewusst waren, zum Bewusstsein erregt, falls sie bereits bewusst waren, in der Bewusstheit gesteigert werden, endlich dem Process der gegenseitigen Anziehung und Verschmelzung gleichartiger Gebilde. In der Zurückführung der complicirten psychischen Erscheinungen auf diese „Grundprocesse" liegt Beneke's wesentliches Verdienst, welches auch dann einen entschiedenen Werth für die Psychologie und für alle übrigen Zweige der Philosophie, sofern sie auf der Psychologie beruhen, behauptet wird, wenn die Auffassung dieser Grundprocesse selbst einer durchgängigen Umbildung bedarf. Die Moral basirt Beneke auf die ursprünglich in Gefühlen sich kundgebenden natürlichen Werthverhältnisse der psychischen Functionen. Was das diesen Verhältnissen gemäss nicht bloss für den Einzelnen, sondern für die Gesammtheit derer, auf welche unser Verhalten Einfluss haben kann, so weit wir dies zu ermessen vermögen, Werthvollste ist, das ist zugleich das sittlich Gute. Die sittliche Freiheit besteht in einer so entschieden überwiegenden Begründung des Sittlichen im Menschen, dass allein durch dieses das Wollen und Handeln bestimmt wird. Wenn in Beziehung auf unser eigenes Handeln neben eine irgendwie abweichende Schätzung oder Strebung die Vorstellung oder das Gefühl der für alle Menschen gültigen wahren Schätzung tritt, so liegt hierin das Gewissen. Auf die Psychologie und Ethik gründet sich die Erziehungs- und Unterrichts-Lehre, an deren Ausbildung Beneke mit Liebe und Erfolg gearbeitet hat. Seine Religionsphilosophie hat eine strenge Scheidung der Gebiete des Wissens und des Glaubens zur Voraussetzung.

<small>Ueber Beneke's Entwicklungsgang hat er selbst besonders in seiner Schrift: die neue Psychologie, Berlin 1845, 3. Aufsatz, S. 76 ff.: „Ueber das Verhältniss meiner Psychologie zu der Herbart'schen", sich geäussert. In der Vorrede zu seinen „Beitr. zur Seelenkrankheitskunde", S. VII. ff. erklärt er sich über spätere Conflicte. Eine kurze Charakteristik der sämmtlichen Schriften Beneke's nach der Zeitfolge ihres Erscheinens giebt Joh. Gottlieb Dressler im Anhang zu der von ihm herausgegebenen dritten Auflage des von Beneke verfassten Lehrbuchs der Psychologie, Berlin 1861 (auch besonders abgedruckt).

Friedrich Eduard Beneke, geboren zu Berlin am 17. Februar 1798, gestorben ebendaselbst am 1. März 1854, erhielt seine Gymnasialbildung in seiner Vaterstadt auf dem damals unter Bernhardi's Leitung stehenden Friedericianum, nahm 1815 am Feldzug Theil, und studirte dann Theologie und Philosophie in Halle und Berlin. Neben de Wette, der ihn auf Fries hinwies, gewann besonderen Einfluss auf ihn Schleiermacher, dem er eine seiner früheren Schriften gewidmet hat. Privatim studirte Beneke theils die neuere englische Philosophie, theils Schriften Garve's, Platner's, Kant's und Friedrich Heinrich Jacobi's; die sämmtlichen Werke des Letzteren hat Beneke in der Zeitschrift Hermes, Bd. XIV., 1822, S. 235—339 recensirt. Auch Schopenhauer's Schriften hat er früh seine Aufmerksamkeit zugewandt, wovon die oben (§ 25, S. 212) citirte Recension zeugt. Erst nachdem seine drei frühesten Schriftchen (Erkenntnisslehre in ihren Grundzügen, Jena 1820, Erfahrungsseelenlehre</small>

als Grundlage alles Wissens, Berlin 1820, und die Doctordiss. de veris philosophiae initiis, Berol. 1820) bereits erschienen waren, lernte Beneke eine Schrift Herbart's kennen, nämlich die zweite Auflage des „Lehrb. zur Einl. in die Philosophie" (1821), nachdem er vorher nur eine oberflächliche Kunde von dessen Ansichten (vielleicht durch Stiedenroth's Psychologie) erlangt hatte. Von nun an widmete er Herbart's Schriften ein sehr lebhaftes Interesse; viele derselben hat er recensirt; er fand in Herbart den scharfsinnigsten und (nach Jacobi's Tode) tiefsten unter den damals lebenden deutschen Philosophen. Wenn aber Herbart seine Psychologie auf „Erfahrung, Mathematik und Metaphysik" basirt, so wies Beneke ebensowohl die metaphysische Begründung, wie die Anwendung der Mathematik ab und hielt sich ausschliesslich an die innere Erfahrung, die er nur nach derselben Methode, nach welcher die Naturwissenschaften die äussere Erfahrung rationalisiren, wissenschaftlich verwerthen will; er giebt nicht zu, dass sich in den durch die Erfahrung dargebotenen Begriffen Widersprüche finden und dass es einer metaphysischen Speculation bedürfe, welche diese nach der „Methode der Beziehungen" wegschaffe. In der Annahme einer punktuellen Einfachheit der menschlichen Seele findet er den Grundfehler der Herbart'schen Psychologie, in dessen Consequenz eine durchgängige Trübung der aus der inneren Erfahrung geschöpften Einsicht liege. Beneke billigt Herbart's Polemik gegen diejenigen „Seelenvermögen", die nur hypostasirte Classenbegriffe psychischer Erscheinungen seien und doch als Erklärungsgründe eben dieser Erscheinungen dienen sollen; aber er hält an der Gültigkeit des Vermögenbegriffs überhaupt und auch an der Annahme einer Mehrheit psychischer Vermögen fest. Er sucht die complicirten psychischen Erscheinungen auf wenige psychische Grundvorgänge zurückzuführen. (Diese Grundvorgänge hat Beneke grösstentheils schon in der 1820, vor der Bekanntschaft mit Herbart, veröffentlichten „Erfahrungsseelenlehre" bezeichnet, jedoch mehr sporadisch, als in vollständiger wissenschaftlicher Entwicklung; das durchgeführte Lehrgebäude der Psychologie ist nicht ohne einen wesentlichen Herbart'schen Miteinfluss entstanden.) Im Jahr 1822 wurde Beneke nach Veröffentlichung seiner Schrift: „Grundlegung zur Physik (Naturlehre) der Sitten" von einem Verbot seiner Vorlesungen betroffen; Beneke will ermittelt haben, dass Hegel dasselbe bei dem mit ihm befreundeten Minister v. Altenstein ausgewirkt habe, um keine der seinigen feindliche, der Schleiermacher'schen und Fries'schen Doctrin aber näher stehende Philosophie neben seiner eigenen an der Berliner Universität aufkommen zu lassen. In verschärfender Interpretation illiberaler Bundesbeschlüsse fand Altenstein, durch fernere Schritte Beneke's gereizt, das Mittel, die sächsische Regierung, von der Beneke für ein Ordinariat der Philosophie designirt war, zur Nichtanstellung eines — obschon politisch unverdächtigen — Privatdocenten, dem in Preussen die Venia legendi entzogen worden war, zu nöthigen. Beneke fand ein Asyl in Göttingen, wo er von 1824 bis 1827 docirte; dann kehrte er nach erlangter Erlaubniss als Docent nach Berlin zurück und erhielt daselbst 1832, nicht lange nach Hegel's Tode, eine ausserordentliche Professur, die er, als Docent und Schriftsteller unablässig thätig, bis zu seinem Tode bekleidet hat.

Beneke's Schriften und Abhandlungen (abgesehen von den schon erwähnten Recensionen) sind folgende:

Erkenntnisslehre nach dem Bewusstsein der reinen Vernunft in ihren Grundzügen dargelegt, Jena 1820. (Polemisch besonders gegen Kant und Fries. Die von Kant für apriorisch gehaltenen „Formen" der Erkenntniss stammen ebensowohl, wie das Materiale derselben, aus der Erfahrung.)

Erfahrungsseelenlehre als Grundlage alles Wissens in ihren Hauptzügen dargestellt, Berlin 1820. (Beneke erklärt, es sei in dieser Schrift keineswegs seine Absicht, eine Erfahrungsseelenlehre als vollständige Wissenschaft aufzustellen, son-

§ 27. Beneke.

dern nur, zu zeigen, wie und wo in ihr alle menschlichen Erkenntnisse ihre Wurzeln treiben. Dem äussern Reiz zur Thätigkeit, lehrt Beneke, entspricht ein inneres Entgegenstreben. Jede Thätigkeit entsteht aus Reiz und Kraft. Die Grundthätigkeiten setzen eben so viele ursprünglich von einander verschiedene Vermögen oder „Grundvermögen" voraus. Aus den Grundthätigkeiten sind alle übrigen abzuleiten, und zwar hauptsächlich mittelst des Satzes, dass „alle menschlichen Thätigkeiten in uns einen gewissen erregbaren Ansatz zurücklassen". Die Wiedererweckung geschieht theils nach dem Verhältniss der Aehnlichkeit, theils nach dem der früheren unmittelbaren Succession der Vorstellungen. Auf diese beiden subjectiven Verhältnisse sind die gewöhnlich angegebenen objectiven, soweit dieselben wirklich Gültigkeit haben, zurückzuführen.)

De veris philosophiae initiis diss. inaug. publ. def. die IX. mensis Aug. anni MDCCCXX. Beneke sucht nachzuweisen: „philosophiae scopum a cognitione per experientiam acquisita attingendum esse", und vergleicht das entgegengesetzte, aus Einem obersten Princip ohne Hülfe der Erfahrung deducirende Verfahren mit dem thörichten Versuch, ein Haus vom Dache aus zu bauen. Die dialektische Methode, die auf der Voraussetzung einer vom Allgemeinen zum Besonderen fortschreitenden Selbstbewegung des Begriffs beruht, ist unmöglich. Gegen Kant's Behauptung, dass der Mensch seine psychischen Functionen ebensowenig, wie die Objecte der Aussenwelt, wie dieselben an sich seien, erkenne, sondern nur so, wie der „innere Sinn" sie ihm erscheinen lasse, stellt Beneke, nachdem er schon in der „Erfahrungsseelenlehre" die Kantische Lehre vom innern Sinn verworfen und denselben auf blosse Associationen zurückgeführt hat, nunmehr den wichtigen Satz auf, dass wir unsere psychischen Functionen mit voller Wahrheit erkennen: „nostras enim actiones, quoniam non aliter quam impulsa quodam ad eas repetendas cogitamus, imagines earum veritatem quasi internam verumque essentiam attingere apertum est".)

Neue Grundlegung zur Metaphysik, als Programm zu seinen Vorlesungen über Logik und Metaphysik dem Druck übergeben, Berlin 1822. (Eine treffliche kleine Schrift, worin Beneke mit grosser Präcision die von ihm seitdem stets festgehaltenen Grundzüge der „Metaphysik", worunter er die Bestimmung des Verhältnisses zwischen Vorstellen und Sein versteht, darlegt. Jede Erkenntniss unserer Seelenthätigkeiten, sagt Beneke, über Schopenhauer hinausgehend, der dies fälschlich bloss von der Erkenntniss unseres „Willens" behauptet hatte, ist die Erkenntniss eines Seins an sich, d. h. die Erkenntniss eines Seins, welche dasselbe vorstellt, wie es an und für sich oder unabhängig von seinem Vorgestelltwerden ist, und zwar erkennen wir so unsere Seelenthätigkeiten unmittelbar. Keine Vorstellung vermögen wir unmittelbar als Vorstellung eines Seins ausser unserm eigenen zu erkennen. Durch die Wahrnehmungen von unserm Leibe haben wir die vermittelte Erkenntniss eines Seins, welches wir, wie es an sich ist, unmittelbar, nämlich als unser psychisches Sein, vorstellen. Wir stellen uns, bei der Wahrnehmung eines fremden Leibes, d. h. auf Anlass solcher Sinneswahrnehmungen, die der von unserm Leibe analog sind, eine der unserigen ähnliche Seele vor, also ein fremdes Sein, welches wir in so weit, als es mit unserm psychischen Sein übereinstimmt, ebenfalls so, wie es an sich ist, denken. Von dem uns ähnlichsten menschlichen Sein aus geht unsere Vorstellungsfähigkeit in ununterbrochener Stufenreihe abwärts; das Sein-an-sich der uns in Temperament, Alter, Bildung unähnlichsten Menschen stellen wir schon sehr unvollkommen vor, noch unvollkommener das Sein an sich der Thiere, und mit jeder Stufe, die wir dann in der Vollkommenheit des Seins hinabsteigen, nimmt auch die Vollkommenheit der Vorstellung ab. Dieses Letztere bemerkt Beneke besonders im Gegensatz zu Schopenhauer, der, indem er eine adäquate Erkenntniss von der Welt als „Willen" behauptet, die Abstufung der Vollkommenheit eben dieser Erkenntniss nach dem Maasse des Abstandes einer jeden Naturkraft von dem menschlichen Willen durch die gemeinsame Subsumtion unter den abnorm erweiterten Begriff des „Willens" verwischt hatte; Beneke verweist in dieser Betracht auf seine in der Jen. Allg. Litt.-Zeitung, Dec. 1820, enthaltene Recension von Schopenhauer's „Welt als Wille und Vorstellung". Zwischen dem subjectiven Idealismus und einem unphilosophischen, an eine unmittelbare und volle Erkennbarkeit der Aussenwelt durch die Sinneswahrnehmung glaubenden Realismus nimmt Beneke durch die vorstehenden Sätze eine feste, wohlbegründete Mittelstellung ein.)

Grundlegung zur Physik der Sitten, ein Gegenstück zu Kant's Grundlegung zur Metaphysik der Sitten, nebst einem Anhange über das Wesen und die Erkenntnissgrenzen der Vernunft, Berlin 1822. (Die Schrift, welche um des angeblich in ihr gelehrten „Epikureismus" willen zu der Maassregelung Beneke's den Anlass gab, weshalb Beneke derselben eine „Schutzschrift für meine Grundlegung zur Physik der Sitten", Leipzig 1823, nachfolgen liess. Im Gegensatz zu Kant's kategorischem Imperativ will Beneke die Moral auf das Gefühl begründet wissen; er polemisirt im Anschluss an Friedr. Heinr. Jacobi gegen den Despotismus der Regel, und in Uebereinstimmung mit Herbart zu Gunsten des Determinismus gegen Kant's Annahme einer „transscendentalen Freiheit".)

Beiträge zu einer rein seelenwissenschaftlichen Bearbeitung der Seelenkrankheitskunde, nebst einem vorgedruckten Sendschreiben an Herbart: „Soll die Psychologie metaphysisch oder physisch begründet werden?", Leipzig 1824.

Psychologische Skizzen. Erster Band: Skizzen zur Naturlehre der Gefühle, in Verbindung mit einer erläuternden Abhandlung über die Bewusstwerdung der Seelenthätigkeiten, Göttingen 1825. („Den Manen unseres unvergesslichen Friedrich Heinrich Jacobi als ein Todtenopfer der dankbarsten Liebe und Verehrung dargebracht.") Zweiter Band: über die Vermögen der menschlichen Seele und deren allmähliche Ausbildung, ebend. 1827. Das Verhältniss von Seele und Leib, ebd. 1826. (In diesen zusammengehörigen Schriften giebt Beneke zuerst eine allseitige Durchführung seiner psychologischen Doctrin. Das leibliche Sein gilt ihm als blosse Erscheinung und Symptom theils des psychischen selbst, theils von Kräften, die unseren psychischen ähnlich seien; nur unser eigenes Seelenvermögen vermögen wir so, wie es in Wahrheit ist, anzuschauen und zu begreifen, die ganze übrige Natur nur in wie weit sie diesem gleich oder ähnlich ist. Die Erklärungen der den psychischen Vorgängen gewöhnlich zum Grunde gelegten Vermögen sind blosse Worterklärungen; diese „Vermögen" sind nur fälschlich substanzialisirte Aggregate von psychischen Erscheinungen. Beneke sucht klare und bestimmte Unterscheidungen der psychischen Zustände und Thätigkeiten und die genetische Erklärung derselben zu gewinnen.)

Grundsätze der Civil- und Criminal-Gesetzgebung, aus den Handschriften des englischen Rechtsgelehrten Jeremias Bentham herausgegeben von Etienne Dumont, Mitglied des repräsentativen Rathes von Genf. Nach der zweiten, verbesserten und vermehrten Auflage bearbeitet und mit Anmerkungen versehen von F. E. Beneke, 2 Bde., Berlin 1830. (Bentham's Moralprincip ist die „Maximisation des Glücks": was nicht bloss Einzelnen, sondern der möglichst grossen Anzahl von Menschen das möglichst grosse Glück verschafft, das soll ein Jeder anstreben und eben darauf soll die Gesetzgebung abzwecken. Vgl. unten S. 301. Ueber Bentham's Doctrin handeln: Warnkönig in seiner Rechtsphilos., I. H. Fichte in seiner Gesch. der Ethik und Robert von Mohl in seiner Gesch. u. Litt. der Staatswissenschaften; über Beneke's Bearbeitung urtheilt Warnkönig a. a. O. S. 67 f.: „Beneke bearbeitete

§ 27. Beneke.

die Traités de législation auf eine deutscher Gründlichkeit würdige Weise, so dass erst durch ihn die ganze Theorie eine festere Grundlage, richtige Haltung und die ihr fehlende Genauigkeit erhielt. Die eigenen Ansichten Beneke's, dargelegt in der Vorrede zu Bd. 1., S. XIX — XXIV, dürfen mit Bentham's System nicht verwechselt werden.*)

Kant und die philosophische Aufgabe unserer Zeit, eine Jubeldenkschrift auf die Kritik der reinen Vernunft, Berlin 1832. (Für das Jahr 1831 bestimmt, da 1781 die erste Ausgabe der Vernunftkritik erschienen war, in Folge einer Verzögerung des Drucks aber erst 1832 ausgegeben. Beneke sucht zu zeigen, dass Kant's Absicht auf die Aufhebung der den Erfahrungskreis überschreitenden Speculation gerichtet gewesen sei, dass aber das von ihm selbst in der Vernunftkritik eingehaltene apriorisirische Verfahren eine Mitschuld an der Nichterreichung dieser Absicht und dem Wiederaufkommen der empirielosen Speculation über das „Absolute" trage.)

Lehrbuch der Logik als Kunstlehre des Denkens, Berlin 1832.

Lehrbuch der Psychologie als Naturwissenschaft, Berlin 1833, 2. Aufl. ebd. 1845, 3. Aufl. ebd. 1861. (Dressler, der die dritte Auflage besorgt hat, sagt mit Recht, diese Schrift „bilde gleichsam den Grundstock zu allen sonstigen Werken Beneke's"; sie „führe die Principien der neuen Seelenlehre am präcisesten vor". Nach ihr zumeist soll unten die Darstellung der Doctrin Beneke's gegeben werden.)

Die Philosophie in ihrem Verhältniss zur Erfahrung, zur Speculation und zum Leben dargestellt, Berlin 1833.

Erziehungs- und Unterrichtslehre, 2 Bde., Berlin 1835 — 36. Zweite, verm. u. verb. Aufl. ebd. 1842, 3. Aufl. besorgt von J. G. Dressler, ebd. 1864. (Der erste Band enthält die Erziehungs-, der zweite die Unterrichts-Lehre. Besonders in Folge der in dieser Schrift vollzogenen Anwendung der Psychologie zur wissenschaftlichen Begründung eines praktischen pädagogischen Systems hat sich die Beneke'sche Doctrin in einem ziemlich zahlreichen Kreise von Schulmännern verbreitet.)

Erläuterungen über die Natur und Bedeutung meiner psychologischen Grundhypothesen, Berlin 1836.

Unsere Universitäten und was ihnen Noth thut, in Briefen an Dr. Diesterweg, Berlin 1836. (Veranlasst durch Diesterweg's Schrift: „die Lebensfrage der Civilisation".)

Grundlinien des natürlichen Systems der praktischen Philosophie. Bd. I.: allgemeine Sittenlehre, Berlin 1837. Bd. II.: specielle Sittenlehre, ebd. 1840. Bd. III.: Grundlinien des Naturrechts, der Politik und des philos. Criminalrechts, allgemeine Begründung, ebd. 1838. (Der ausserdem noch beabsichtigte specielle Theil des Naturrechts ist nicht erschienen. Mit Recht sagt Dressler in der angeführten Uebersicht über Beneke's Schriften: „Beneke selbst erklärte die Sittenlehre für sein gelungenstes, ihn am meisten befriedigendes Werk, und wer es kennt, wird ihm gern hierin beistimmen. Der Reichthum desselben ist ausserordentlich, aber noch lobenswerther die Gründlichkeit und Tiefe, bis zu welcher es bei den schwierigsten Fragen vordringt.")

Syllogismorum analyticorum origines et ordinem naturalem demonstravit Frid. Ed. Beneke, Berol. 1839.

System der Metaphysik und Religionsphilosophie, aus den natürlichen Grundverhältnissen des menschlichen Geistes abgeleitet, Berlin 1840. (Die „Metaphysik", d. h. die Bestimmung des Verhältnisses zwischen Vorstellen und Sein, also die Lösung des fundamentalen Problems der Erkenntnisslehre, ist eine eben so klare, wie gründliche Durchführung der bereits 1822 aufgestellten Principien mit noch strengerer psychologischer Begründung. Die „Religionsphilosophie" will nur die Religion als psychische Erscheinung, aber nicht die Objecte des religiösen Glaubens philosophisch erkennen; was jenseits des Erfahrungskreises liegt, kann nur geglaubt, nicht gewusst werden. Doch soll die Erfahrungsseelenlehre den Glauben an Fortdauer nach dem Tode begünstigen, nicht als ob die Seele ein „einfaches" Wesen wäre, welche Doctrin Beneke vielmehr für ein mit gesunder empirischer Psychologie unverträgliches Vorurtheil hält, sondern wegen der „Kräftigkeit der Urvermögen", worin die geistige Natur der Seele begründet sei.)

System der Logik als Kunstlehre des Denkens, 2 Bde., Berlin 1842. (Eine Ausführung der in dem „Lehrbuch" von 1832 niedergelegten Grundzüge. Beneke sondert die Betrachtung des „analytischen" Denkens von der des „symbolischen" und scheidet die in der „Metaphysik" behandelten erkenntnisstheoretischen Probleme aus; vgl. darüber meine Kritik in § 84 meines „Syst. der Logik".)

Die neue Psychologie. Erläuternde Aufsätze zur zweiten Auflage meines Lehrbuchs der Psychologie als Naturwissenschaft. Berlin 1845.

Die Reform und die Stellung unserer Schulen, ein philosophisches Gutachten, Berlin 1848.

Pragmatische Psychologie oder Seelenlehre in der Anwendung auf das Leben, 2 Bde., Berlin 1850. Lehrbuch der pragmatischen Psychologie, Berlin 1853.

Archiv für die pragmatische Psychologie, 3 Bde., Berlin 1851—53.

Wie schwierig auch, sagt Beneke in der Einleitung zu seinem „Lehrbuch der Psychologie als Naturwissenschaft", die reale Begrenzung der Seele gegen das Körperliche sein mag, so haben wir doch für die Begründung unserer Wissenschaft eine durchaus klar-bestimmte und scharfe Grenzlinie: Gegenstand der Psychologie ist alles, was wir durch die innere Wahrnehmung und Empfindung auffassen; was wir durch äussere Sinne auffassen, ist wenigstens zunächst und unmittelbar nicht geeignet, von ihr verarbeitet zu werden, sondern muss, wenn es benutzt werden soll, erst auf Anfassungen jener ersteren Art gedeutet werden.

Die Methode der Psychologie muss mit der Methode der Wissenschaften von der äussern Natur übereinkommen. Von Erfahrungen ist auszugehen, und diese sind (durch Induction, Hypothesenbildung etc.) rationell zu verarbeiten.

Die Psychologie ist nicht auf die Metaphysik, sondern umgekehrt die Metaphysik, wie auch alle andern philosophischen Wissenschaften, auf die Psychologie zu basiren.

In der Verhannung der „angebornen Begriffe" (besonders durch Locke) und der angebornen abstracten „Seelenvermögen" (durch Herbart und durch Beneke selbst) findet Beneke die Hauptstadien des Fortschritts der wissenschaftlichen Psychologie. Doch ist nicht der Vermögensbegriff überhaupt zu verwerfen, sondern es sind nur statt der fälschlich als ursprünglich gesetzten „Vermögen" (wie Verstand, Urtheilskraft etc.), welche hypostasirte Classenbegriffe sehr complicirter Erscheinungen sind, die wahrhaft elementaren Vermögen oder „Urvermögen" zu bestimmen. Das Wirkende in dem Geschehen ist die Kraft oder das Vermögen. Die Vermögen sind aber nicht blosse Möglichkeiten, sondern im Innern der Seele in eben dem Maasse wirklich, wie die Entwicklungen, welche durch sie möglich werden, als bewusste Vorgänge wirklich sind. Die Vermögen sind die Bestandtheile der Substanz selbst;

§ 27. Beneke.

sie haben keine von ihnen selbst verschiedenen Träger. Das Ding ist nur die Gesammtheit der mit einander vereinigten Kräfte.

Die nächste Aufgabe der Wissenschaft ist, die unmittelbar vorliegenden Erfolge in die einfachen zu zerlegen, d. h. auf die Grundprocesse oder Grundgesetze zurückzuführen; sind diese erkannt, so sind dann aus ihnen die Kräfte zu erschliessen.

Die psychischen Grundprocesse, welche Beneke annimmt, sind folgende.

Erster Grundprocess. Von der menschlichen Seele werden, in Folge von Eindrücken oder Reizen, die ihr von aussen kommen, sinnliche Empfindungen und Wahrnehmungen gebildet, und zwar vermittelst innerer Kräfte oder Vermögen, durch welche die Aufnahme und Aneignung der Reize geschieht. Die Vermögen, welche die Reize percipiren, sind die „Urvermögen" der Seele. Beneke schreibt einem jeden der Sinne nicht Ein „Urvermögen", sondern eine Mehrheit von „Urvermögen" zu, die je Ein System ausmachen; er lässt jeden einzelnen sinnlichen Reiz durch je ein „Urvermögen" aufgenommen werden. (Die „Urvermögen" sind die elementarsten Theile der psychischen Substanz. Wie sich aber diese von Beneke sogenannten „Urvermögen" zu den Ganglienzellen oder den Elementen der Ganglienzellen im Gehirne verhalten, bleibt unbestimmt. Beneke nimmt zwischen dem Leiblichen und Psychischen nicht ein Causalverhältniss an, sondern einen Parallelismus, welcher darauf beruhe, dass das Nämliche theils innerlich im Selbstbewusstsein, theils äusserlich durch die Sinne angeschaut werde. Was wir als psychischen Vorgang innerlich wahrnehmen, würde sich, sofern es durch das Auge wahrgenommen würde, als eine sichtbare Veränderung, Bewegung etc. darstellen; was wir als ein System von psychischen Kräften vorstellen, kann, sofern es gesehen, betastet, überhaupt durch die äusseren Sinne wahrgenommen wird, nur als ausgedehnt erscheinen, also als Leib oder Theil des Leibes, etwa als Gehirn oder Nervensystem etc. Da Beneke die Auffassung durch das Selbstbewusstsein für die wahre hält, die sinnliche Anschauung aber für eine getrübte, und insbesondere die räumliche Ausdehnung nur der sinnlichen Erscheinung, nicht dem „Ansich" zuschreibt, so ist seine Lehre von der materialistischen wesentlich verschieden. Aber Beneke beschränkt sich auf diese allgemeine Bestimmung des Verhältnisses zwischen dem Psychischen und Leiblichen. Wenn gefragt wird, welcher Theil des in die sinnliche Anschauung fallenden Leibes den „Urvermögen" des Gesichtssinnes, denen des Gehörsinnes etc. entspreche, so erklärt er dieses Problem, wo nicht für unlösbar, doch für ungelöst; vielweniger noch erklärt er sich über die Beziehung der einzelnen „Urvermögen" zu den kleinsten mikroskopisch zu beobachtenden Theilen des Gehirns. Da er der Seele eine Fortdauer nach Auflösung des Leibes zuschreibt, so lässt sich hieraus folgern, dass die psychische Substanz, obschon sie, falls sie gesehen würde, als ausgedehnt erscheinen müsste, doch von allen denjenigen Theilen des Leibes, welche thatsächlich in die Sinne fallen, realiter verschieden sei; nur wird die Gültigkeit dieses Schlusses dadurch wiederum eingeschränkt, dass die eine seiner Prämissen nach Beneke's eigenen Prinzipien dem Gebiete des Glaubens, die andere dem des Wissens angehört. Beneke schliesst Fragen der bezeichneten Art aus der Psychologie aus, die auf die innere Wahrnehmung allein sich stützen soll, und behandelt dieselben in der Metaphysik nur allgemein, ohne auf die speciellen Probleme mitzugehen.)

Zweiter Grundprocess. Der menschlichen Seele bilden sich fortwährend neue Urvermögen an. Beneke schliesst auf diesen Process, der nicht unmittelbar innerlich wahrnehmbar ist, aus dem Umstande, dass von Zeit zu Zeit in Betreff der Urvermögen eine Erschöpfung eintrete, eine Unfähigkeit, sinnliche Wahrnehmungen oder andere Thätigkeiten zu bilden, welche ein Eingehen von freien Urvermögen fordern, und dass diese dann später wieder für einen mehr oder weniger ausgedehnten Verbrauch vorliegen. Beneke vergleicht diesen Prozess mit der den Lebensprozess der vegetabilischen Organismen ausmachenden Anbildung von Kräften durch Assimilation der Nahrungsstoffe. Er hält die Annahme für wahrscheinlich, dass die neuen Urvermögen vermöge einer eigenthümlichen Umbildung aus den von unseren Sinnen aufgenommenen Reizen hervorgehen, unter Miteinwirkung aller der (geistigen und leiblichen) Systeme, welche zu dem Einen menschlichen Sein vereinigt sind. (Freilich ist die Annahme wunderlich, dass die von aussen kommenden Reize, wie Schall, Licht etc., welche die Thätigkeit der „Urvermögen" provociren und bei der Bildung sinnlicher Empfindungen von denselben „angeeignet" werden, sich zum Theil in Urvermögen „umbilden" sollen. Der Reiz, der das Ohr trifft, besteht, wie die Physik lehrt, in einer vibrirenden Bewegung von Lufttheilchen, der Reiz, der das Auge trifft, in einer vibrirenden Bewegung von Aethertheilchen etc.; mag nun auch nicht nur von diesem Vorgang die durch denselben angeregte Empfindung, sondern auch von der physikalischen Auffassung eben dieses Vorgangs das „Ansich" desselben zu unterscheiden sein, so ist doch in keiner Art abzusehen, wie ein blosser Vorgang sich in ein „Urvermögen", in eine Kraft oder Substanz umsetzen könne. Weit naturgemässer und den Beneke'schen Principien nicht widerstreitend wäre die — bei den angeborenen Urvermögen jedenfalls unumgänglich nothwendige — Annahme, dass wie uns den niederen leiblichen Systemen die höheren leiblichen Systeme, so uns diesen wiederum die psychischen durch Assimilation sich stets neue Kräfte anbilden, und dass etwa das Nervensystem und Gehirn der Seele gleichsam als Kräftereservoir diene.)

Dritter Grundprocess. Die Verbindung von Vermögen und Reizen, wie dieselbe ursprünglich in den sinnlichen Empfindungen und Wahrnehmungen begründet wird und sich in deren Reproductionen erhält, zeigt eine bald festere, bald weniger feste Durchdringung dieser beiden Gattungen von Elementen. Soweit Vermögen und Reize weniger fest verbunden und demgemäss beweglich gegeben sind, können sie in den vielfachsten Verhältnissen von einem Gebilde auf das andere übertragen werden. Alle psychischen Gebilde sind in jedem Augenblick unseres Lebens bestrebt, die in ihnen beweglich gegebenen Elemente gegen einander auszugleichen. Beispiele hiervon liegen vor in der Steigerung unseres gesammten Vorstellungskreises durch die Gemüthsbewegungen der Freude, des Enthusiasmus, der Liebe, des Zornes etc., aber auch in jedem Wiederauftauchen einer Vorstellung vermöge ihrer Association mit einer andern, die unmittelbar vorher wieder in's Bewusstsein getreten war, etc. (Dem Ausdruck, durch den Beneke diesen Grundprocess bezeichnet, liegt ebenso, wie seiner Annahme einer „Aufnahme" von Reizen und einer Anbildung neuer Urvermögen durch Umbildung aufgenommener Reize, die Vorstellung von substanziellen Reizen, die in die Seele eintreten, zum Grunde. Wird aber der Reiz in einem Vorgang gefunden, der, falls er selbst angeschaut werden kann, was z. B. bei der Schwingung von Saiten möglich ist, als Bewegung, insbesondere als Vibration erscheinen muss, so kann die in der „Seele" entstehende Empfindung nur als eine von innen hervortretende Reaction gedacht werden, die weder ganz, noch partiell von dem „Urvermögen", welches dieselbe übt, ablösbar sein kann. Nur die Bewegung, mit der die Empfindung verbunden ist, aber nicht diese selbst, ist übertragbar. Wie eine Bewegung sich in andere Bewegungen umsetze, ist nach den mechanischen Gesetzen verständlich; wie aber die bei der Uebertragung substanzieller Reizelemente auf andere psychische Gebilde nach Beneke's Annahme erfolgende Umsetzung derselben in Elemente von anderen Qualitäten vor sich gehen möge, ist undenkbar.)

§ 27. Beneke.

Alles, sagt Beneke, was in der menschlichen Seele mit einiger Vollkommenheit gebildet worden ist, erhält sich, auch nachdem es aus dem Bewusstsein oder der erregten Seelenentwicklung verschwunden ist, im unbewussten oder innern Seelensein, aus welchem es dann später wieder in die bewusste Seelenentwickelung eingehen oder reproducirt werden kann. Beneke nennt dieses unbewusst Beharrende in Bezug auf das frühere Bewusste, das unbewusst fortexistirt, eine „Spur" und in Bezug auf das, was vermöge der Reproduction daraus hervorgehen kann, eine „Anlage" (oder auch, um das Gewordensein dieser Anlage auszudrücken, mit einem eigenthümlichen, sprachlich wohl nicht gerechtfertigten Terminus „Angelegtheit"). Von den Spuren wissen wir nur durch die Reproductionen derselben; wir sind derselben aber dadurch, dass diese Reproductionen stets qualitativ und quantitativ den früheren Gebilden angemessen erfolgen, vollkommen gewiss. In der ersten Auflage des Lehrbuchs der Psychologie hat Beneke einen Grundprocess der Spurenbildung angenommen, machte aber bereits bemerklich, dass dabei eigentlich nur das Unbewusstwerden des Bewusstgewesenen als Process zu betrachten sei; das Beharren bedürfe gar keiner Erklärung, da naturgemäss das einmal Gewordene so lange fortexistire, bis es durch besondere Ursachen wieder vernichtet werde. Da nun aber das Unbewusstwerden des früher Bewussten sich durch partielles Reizentschwinden erklären lasse, welches nur die eine Seite des Processes der Uebertragung oder Ausgleichung der beweglichen Elemente sei, so findet er in der zweiten Auflage des Lehrbuchs auch nicht durch das partielle Reizentschwinden die Annahme eines besondern Grundprocesses gerechtfertigt, sondern erwähnt das innere Beharren trotz dessen „zunehmender Wichtigkeit für die Fortbildung der Seele" nur anhangsweise bei Gelegenheit der Angabe des dritten Grundprocesses. (Ob in der That bei der Spurenbildung kein wirkliches Geschehen anzunehmen sei, ist sehr zweifelhaft. Ein „partielles Reizentschwinden" scheint nur zu einem Schwächerwerden im Bewusstsein, nicht zu dem Unbewusstwerden, welches doch bei den im „Gedächtniss" aufbewahrten Vorstellungen eingetreten ist, führen zu können; entschwindet aber der Reiz vollständig bei der Uebertragung der Erregtheit auf andere Gebilde, so wird die entsprechende Reaction überhaupt nicht mehr geübt, und soll dennoch eine „Spur" vorhanden sein, so muss diese eigens gebildet worden sein; gleich wie, wenn ein Körper nicht mehr von gewissen Lichtstrahlen getroffen wird, auf ihm überhaupt kein Bild zurückbleibt, sofern nicht, wie beim Photographiren, gewisse Eindrücke oder „Spuren" eigens erzeugt worden sind.) Die Spur, sagt Beneke, ist das, was zwischen der Production einer Seelenthätigkeit, z. B. einer sinnlichen Wahrnehmung, und ihrer Reproduction, z. B. als Erinnerung, in der Mitte liegt. Da diese beiden Acte psychische Acte sind, so dürfen wir auch die Spur nur in psychischer Form vorstellen. Es giebt für diese Spuren kein „Wo". Wie die Seele überhaupt, so sind auch alle ihre Theile nirgend; denn das Selbstbewusstsein, unser einziger Erkenntnissquell, enthält unmittelbar und an sich nicht das Mindeste von räumlicher Beziehung in sich. Die Spuren sind auch an kein leibliches Organ geknüpft; denn die den psychischen Entwickelungen parallelen räumlichen Anschauungen und Veränderungen sind mit jenen nur zugleich, höchstens stets zugleich gegeben und können ihnen auf keine Weise innerlich gemacht oder gar als Grundlage (substanziell) untergelegt werden. (Dass die Räumlichkeit nur der äussern, nicht der innern Wahrnehmung angehöre, dürfte doch nur ein von Beneke getheilter Kantischer Irrthum sein, der, wenn Kants falsche Auffassung des „inneren Sinnes" aufgegeben wird, mit aufgegeben werden muss. In unseren sinnlichen Wahrnehmungsbildern ist Räumlichkeit; ist nun die „innere Erfahrung" nichts anderes, als die Association unserer psychischen Gebilde, zu denen auch jene sinnlichen Wahrnehmungen gehören, in subjectiver Richtung nebst der Subsumtion dieser Gebilde unter die entsprechenden psychologischen Begriffe, so ist demgemäss eben auch in dem Gegenstande der innern Wahrnehmung, d. h. in den psychischen Gebilden, die Räumlichkeit, und zwar nicht in irgend einem bildlichen, sondern im eigentlichen Sinne. Der Raum, in dem die äusseren Objecte sind, ist nur die über die Grenzen des Sehfeldes hinausgehende Fortsetzung des Raumes, in welchem unsere psychischen Gebilde sind, und zwar eine durchaus gleichartige Fortsetzung, welches letztere aus der Gültigkeit der mathematisch-mechanischen Gesetze für die uns afficirenden äusseren Objecte mit Gewissheit sich folgern lässt, s. mein System der Logik § 44 und die daselbst citirte Abhandlung zur Theorie des Sehens in Henle's und Pfeuffer's Zeitschrift für rationelle Medicin, III, V, 1858, S. 268 bis 282. Die Bekämpfung meiner Argumentation durch Alb. Lange, Gesch. des Materialismus, Iserlohn 1866, S. 497—99, der jedoch S. 4-7 ff. meiner Auffassung des Verhältnisses des Bildes von unserm Körper zu den andern Bildern der Aussenwelt beitritt, hat mich nicht überzeugt, weil ich die Frage verneinen muss, die er S. 499, Z. 18 aufwirft, ob nicht für ein Wesen, welches sich etwa den Raum nur in zwei Dimensionen vorstellen könne, auch ein mathematischer Zusammenhang der Erscheinungen gegeben sein würde, obwohl es niemals den Gedanken unserer Stereometrie fassen könnte. Der mathematische Zusammenhang zwischen der die Wahrnehmungen veranlassenden Welt, falls diese in drei Dimensionen existirt, und der Erscheinungswelt dieses Wesens würde nach kein „ungestörter", ihm selbst nach den auf blosse Planimetrie basirten Gesetzen in dem Sinne begreiflicher sein, in welchem uns z. B. die astronomischen Processe nach mathematisch-mechanischen Gesetzen begreiflich sind. Gehört demgemäss nicht nur, wie Beneke angiebt, die Zeitlichkeit, sondern ebensowohl auch die räumliche Ausdehnung in drei Dimensionen zu dem „Ansich" der Dinge, so ist Beneke's Behauptung irrig, dass die Seele überhaupt und alle ihre Theile „nirgend" seien und dass es für die „Spuren" kein „Wo" gebe.)

Vierter Grundprocess. Gleiche Gebilde der menschlichen Seele und ähnliche nach Maassgabe ihrer Gleichartigkeit ziehen einander an oder streben mit einander nähere Verbindungen einzugehen. Beispiele liegen vor in der witzigen Combination, in der Gleichnissbildung, Urtheilsbildung, dem Zusammenfliessen ähnlicher Gefühle und Bestrebungen etc. Durch alle diese Anziehungen aber wird nur ein Zusammenkommen der gleichen Gebilde bewirkt, eine bleibende Verbindung oder Verschmelzung erfolgt dann, wenn der Ausgleichungsprocess ergänzend hinzutritt. (Da Beneke hier von einer „Anziehung" im eigentlichen, räumlichen Sinne nicht reden kann, noch will, so möchte dieser Begriff auf den einer Miterregung des Gleichartigen zu reduciren sein. Dann aber fällt dieser Process mit dem der „Ausgleichung" oder der Reizübertragung unter den gemeinsamen Begriff einer Affection von innen her, die von erregten psychischen Gebilden auf andere, sei es erregte oder unerregte psychische Gebilde geübt wird; diese innere Affection nimmt eine zweifache Richtung, nämlich theils zu solchen Gebilden hin, die mit dem jetzt wiedererregten früher zusammenbewusst gewesen sind, theils zu gleichartigen Gebilden hin, auch wenn keine Verknüpfung mit diesen durch früheres gleichzeitiges Bewusstsein oder unmittelbare Succession bestanden hat. Somit lassen sich die sämmtlichen Grundprocesse als Krafterzeugung, Affection von aussen her, Spurenbildung und zweifach gerichtete Affection von innen her bezeichnen.)

Auf Grund der Betrachtung der Grundprocesse bezeichnet Beneke die Seele als „ein durchaus immaterielles Wesen, bestehend aus gewissen Grundsystemen, welche nicht nur in sich, sondern auch mit einander auf das innigste Eins sind oder Ein Wesen bilden". Die menschliche Seele hat im Unterschiede von der thierischen einen geistigen Charakter, welcher in der höheren Kräftigkeit ihrer Urvermögen begründet ist; daneben bedingt die individuellere und bestimmtere Ausprägung und das bestimmtere Auseinandertreten der verschiedenen Grundsysteme, wie auch der Besitz der Hände und der Sprache und die Erziehung während einer langen hülflosen Kindheit den geistigen Vorzug des Menschen vor den Thieren.

Die Kräfte oder Vermögen der ausgebildeten Seele bestehen aus den Spuren der früher erregten Gebilde. Dies ist der Hauptsatz der Beneke'schen Psychologie. Auf die Beneke'sche Durchführung dieses Satzes im Einzelnen von der Betrachtung der sinnlichen Empfindungen an bis zu der Erklärung der complicirtesten und höchsten psychischen Processe näher einzugehen, würde uns über die Grenzen hinausführen, die in diesem „Grundriss" eingehalten werden müssen.

Beneke's moralische Grundforderung geht dahin, dass man in jedem Falle dasjenige thun solle, was nach der objectiv und subjectiv wahren Werthschätzung als das Beste oder natürlich Höchste sich ergebe.

Wir schätzen, sagt Beneke, die Werthe aller Dinge nach den (vorübergehenden oder bleibenden) Steigerungen und Herabstimmungen, welche durch dieselben für unsere psychische Entwicklung bedingt werden. Diese Steigerungen und Herabstimmungen aber können sich in dreifacher Weise für unser Bewusstsein ankündigen: 1. in ihrem unmittelbaren Gewirktwerden, 2. in ihren Reproductionen als Einbildungsvorstellungen, wodurch die Werthschätzung der Dinge oder die praktische Weltansicht begründet wird, 3. in ihren Reproductionen als Begehrungen, welche die Gesinnung des Menschen und die Grundlage seines Handelns bilden. In allen drei Formen messen wir die Werthe der Dinge gegen einander unmittelbar in dem Nebeneinandersein der durch sie bedingten Steigerungen und Herabstimmungen. Dies gilt von dem Wohl und Wehe anderer Menschen ebenso, wie von unserm eigenen. Wir messen dasselbe, indem wir die dadurch bedingten Steigerungen und Herabstimmungen in uns nachbilden. Ob dies eigennützig oder uneigennützig geschehe, hängt davon ab, in welcher Gruppenverbindung diese Steigerungen und Herabstimmungen empfunden werden, ob in Verbindung mit der Eigengruppe oder in Verbindung mit den auf Andere sich beziehenden Gruppen. Die Höhe der Steigerungen und Herabstimmungen, welche in uns entstehen, wird bedingt theils durch die Natur unserer Urvermögen, theils durch die Natur der Reize oder Anregungen, theils endlich durch die den tiefsten Grundgesetzen der psychischen Entwickelung gemäss erfolgenden Aneinanderbildungen der aus den Verbindungen von Vermögen und Reizen hervorgehenden Acte. In wiefern in Kraft dieser allgemein-menschlichen Entwicklungsmomente eine Steigerung als eine höhere bedingt ist, insofern ist auch der Werth, welcher durch sie vorgestellt wird, allgemeingültig ein höherer. Vermöge der hierdurch begründeten Abstufung der Güter und Uebel ist eine für alle Menschen gültige praktische Norm gegeben. Es muss hiernach z. B. jeder bis zu einem gewissen Grade ausgebildete und unverdorbene Mensch einen Genuss der höheren Sinne einem der niederen vorziehen und eine geistige Vervollkommnung einem Genusse, das Wohl einer grösseren Gemeinschaft einer auf ihn selbst beschränkten Förderung etc. (Auf diese Verhältnisse führe ich in der oben auf Seite 172 citirten Abhandlung Herbarts ethische Ideen unter wesentlicher Umbildung zurück, insbesondere auf die erstgenannten die Idee der Vollkommenheit, die des Wohlwollens aber auf das Verhältniss des eigenen Wohles zum Wohle Anderer, etc.) Was nach der in der menschlichen Natur begründeten Norm als das Höhere empfunden und begehrt wird, ist auch das moralisch Geforderte. Diese objectiv und subjectiv wahre Schätzung der Werthe kann aber durch übermässig vielfache Ansammlungen von Lust- und Unlust-Empfindungen niederer Art gestört werden, und das ihr gemässe

§ 28. Der gegenwärtige Zustand der Philosophie in Deutschland.

Wollen durch übermässig vielfache Ansammlung eben solcher Begehrungen und Widerstrebungen, wodurch das Niedere einen übermässigen „Schätzungsraum" und „Strebungsraum" gewinnt. Im Gegensatz zu der abweichenden Werthschätzung kündigt sich die richtige mit dem Gefühle der Pflicht oder der sittlichen Nothwendigkeit, des Sollens, an, welches seine Begründung eben darin hat, dass diese Nothwendigkeit aus dem innersten Grundwesen der menschlichen Seele stammt. Die sittliche Nothwendigkeit ist eine Nothwendigkeit der tiefsten Grundnatur der menschlichen Seele. Auf die ursprünglichste und unmittelbarste Weise offenbaren sich uns die sittlichen Verhältnisse in Gefühlen; indem aber sittliche Gefühle von gleicher Form mit einander zusammenfliessen, bilden sich aus ihnen sittliche Begriffe hervor; treten diese Begriffe als Prädicate zu den Schätzungen und Strebungen hinzu, so ergeben sich sittliche Urtheile; aus specielleren sittlichen Urtheilen, welche sich auf die Vergleichung einzelner Werthe beziehen, entsteht erst bei weit vorgeschrittener Entwickelung ein allgemeines moralisches Gesetz. Kants kategorischer Imperativ ist eine sehr hohe Abstraction, also von sehr abgeleiteter Natur.

Weit mehr noch, als durch seinen ersten Versuch einer durchgängigen genetischen Erklärung der psychischen Functionen, hat sich Beneke durch seine tiefdurchdachte Basirung der Ethik auf die psychischen Werthverhältnisse, die das sittliche Leben nach einer reinen und sichern Norm bestimmt, ein unvergängliches Verdienst um die philosophische Erkenntniss und um das durch sie geleitete Handeln erworben.

§ 29. Am verbreitetsten war in Deutschland während der letzten Decennien und ist noch gegenwärtig von den philosophischen Schulen die Hegel'sche, demnächst die Herbart'sche. Schleiermacher hat grösseren Einfluss auf die Theologie, als auf die Philosophie gewonnen. Von Einzelnen werden die Lehren Schopenhauer's, Beneke's, wie auch Kant's, Krause's, Baader's, Günther's und Anderer vertreten. Den Materialismus vertreten Vogt, Moleschott, Büchner, den Sensualismus Czolbe und Andere. Bei partiellem Anschluss an ältere Denker haben Lotze, Fechner, Trendelenburg und Andere sich einen neuen und eigenthümlichen Weg gebahnt.

Eine Zusammenstellung der aus der Hegel'schen Schule hervorgegangenen Schriften giebt Rosenkranz im ersten Bande der Zeitschrift: „der Gedanke, Organ der philos. Gesellschaft in Berlin", herausg. von C. L. Michelet, Berlin 1861, S. 77, 163, 256 ff. Eben diese Zeitschrift hat in einer Reihe von Artikeln Uebersichten über den gegenwärtigen Stand der Philosophie, insbesondere der Hegel'schen, innerhalb und ausserhalb Deutschlands, veröffentlicht. Im ersten Heft des ersten Bandes der Herbartianischen „Zeitschrift für exacte Philosophie im Sinne des neueren philosophischen Realismus", hrsg. von F. H. Th. Allihn und T. Ziller, Leipzig 1860, giebt Allihn als Anhang zu seiner Biographie Herbarts eine Zusammenstellung der Litteratur der Herbart'schen Schule. Die von I. Herm. Fichte, Ulrici und Wirth herausgegebene „Zeitschrift für Philosophie und philosophische Kritik" giebt ausser kritischen Berichten über philosophische Werke und Richtungen auch regelmässige halbjährliche Verzeichnisse der sämmtlichen neu erschienenen philosophischen Schriften und Abhandlungen.

282 § 28. Der gegenwärtige Zustand der Philosophie in Deutschland.

Der Hegel'schen Schule gehören an:

Bruno Bauer, Zeitschrift für speculative Theologie, Berlin 1836—37. Die Posaune des jüngsten Gerichts wider Hegel, den Atheisten und Antichristen (ironisch; anonym), Leipzig 1841. Hegels Lehre von Wissenschaft und Kunst (anonym), Leipz. 1842. Vgl. Bruno Bauer's Kritik der evang. Geschichte der Synoptiker und des Johannes.

Ferdinand Christian Baur, die christliche Lehre von der Dreieinigkeit, und andere Schriften, s. o. Grundr. II, § 3 ff. Eine pietätsvolle und gediegene Charakteristik seiner Persönlichkeit und seiner wissenschaftlichen Leistungen giebt Zeller im VII. und VIII. Bande der Preuss. Jahrbücher, wiederabgedruckt in Zeller's Vortr. und Abh. Leipz. 1865, S. 354—434. (Zeller will nicht, dass Baur „geradezu der Hegel'schen Schule zugezählt" werde und macht auf den wesentlichen Einfluss theils Schellings, theils und besonders Schleiermachers aufmerksam, erkennt jedoch an, dass die Hegel'sche Philosophie mit seiner Geschichtsbetrachtung nicht nur übereingestimmt, sondern auch auf dieselbe eingewirkt habe vermöge der „Idee einer innerlich nothwendigen, mit immanenter Dialektik sich vollziehenden, alle Momente, welche im Wesen des Geistes liegen, nach einem festen Gesetze zur Erscheinung bringenden Entwicklung der Menschheit".)

Karl Theodor Bayrhoffer, die Idee des Christenthums, Marburg 1836. Beiträge zur Naturphilosophie, Leipzig 1839—40.

Gustav Biedermann, die speculative Idee in Humboldt's Kosmos, ein Beitrag zur Vermittelung der Philosophie und der Naturforschung, Prag 1849. Die Wissenschaftslehre. Bd. I.: Lehre vom Bewusstsein, Bd. II.: Lehre des Geistes, Bd. III.: Seelenlehre, Leipzig 1856—60.

Franz Biese, die Philosophie des Aristoteles, Bd. I.: Logik und Metaphysik, Bd. II.: die besonderen Wissenschaften, Berlin 1835—42. Philosophische Propädeutik, Berlin 1845.

Joh. Gust. Friedr. Billroth, Vorlesungen über Religionsphilosophie, hrsg. von Erdmann, Leipzig 1837.

Friedr. Wilh. Carové, über alleinseligmachende Kirche, Bd. I. Frankf. a. M. 1826, Bd. II. Göttingen 1827. Kosmorama, Frankf. a. M. 1831. Rückblick auf die Ursachen der französischen Revolution und Andeutung ihrer welthistor. Bestimmung, Hanau 1834. Vorhalle des Christenth. oder die letzten Dinge der alten Welt, Jena 1851.

Moritz Carriere, die Religion in ihrem Begriff, ihrer weltgesch. Entwicklung und Vollendung, ein Beitrag zum Verständnis der Hegel'schen Philosophie, Weilburg 1841; ferner religionsgeschichtliche und religionsphilosophische und ästhetische Schriften, deren Standpunkt jedoch von dem Hegel'schen wesentlich abweicht, wie namentlich: die philosophische Weltanschauung der Reformationszeit, Stuttgart 1847, relig. Reden und Betrachtungen für das deutsche Volk, Leipzig 1850, 2. Aufl. 1856, das Wesen und die Formen der Poesie, Leipzig 1856, Aesthetik, Leipzig 1859. Als eine Geschichtsphilosophie aus dem Gesichtspunkte der Aesthetik bezeichnet er sein jüngstes Werk: die Kunst im Zusammenhange der Culturentwicklung und die Ideale der Menschheit, I. Bd.: der Orient, Leipzig 1863, 2. Bd.: Hellas und Rom, ebend. 1865. (Durch Hegel angeregt, entfernt sich doch Carriere von demselben in ähnlicher Art, wie der jüngere Fichte u. A. durch die von ihm intendirte „Ueberwindung des Pantheismus wie des Deismus in der Anerkennung der Persönlichkeit, wie der Unendlichkeit des der Welt einwohnenden und seiner selbst bewussten

§ 29. Der gegenwärtige Zustand der Philosophie in Deutschland. 283

Gottes" und, insbesondere in der Aesthetik, durch „Betonung der Bedeutung der Individualität und Sinnlichkeit gegenüber der Allgemeinheit des Gedankens".)

August von Cieszkowski, Prolegomena zur Historiosophie, Berlin 1838. Gott und Palingenesie, Berlin 1842. De la pairie et de l'aristocratie moderne, Paris 1844.

Karl Daub, die dogmatische Theologie jetziger Zeit oder die Selbstsucht in der Wiss. des Glaubens und seiner Artikel, Heidelberg 1833. Ueber den Logos, ein Beitrag zur Logik der göttlichen Namen, in den Studien von Ullmann und Umbreit, 1833, Heft 2. Philosoph. und theolog. Vorlesungen, hrsg. von Marheineke und Dittenberger, 7 Bde., Berlin 1838—44. (Vgl. Wilh. Hermann, die speculative Theologie in ihrer Entwickelung durch Daub, Hamburg u. Gotha 1847.)

C. Dellingshausen, Versuch einer speculativen Physik, Leipzig 1851.

J. F. G. Eiselen, Handbuch des Systems der Staatswissenschaften, Breslau 1828.

Joh. Eduard Erdmann, Vorlesungen über Glauben und Wissen, Berlin 1837. Leib und Seele, Halle 1837, 2. Aufl. 1849. Grundriss der Psychologie, Leipzig 1840 u. ö.; psychologische Briefe, Leipz. 1852, 2. Aufl. 1857. Grundriss der Logik und Metaphysik, Halle 1841 u. ö. Philosophische Vorlesungen über den Staat, Halle 1851. Vorlesungen über akademisches Leben und Studium, Leipzig 1858. Die Schriften zur Geschichte der Philosophie sind bereits oben angeführt worden.

Emil Feuerlein, die philos. Sittenlehre in ihren gesch. Hauptformen, Tübingen 1857—59. Rousseau'sche Studien, in einer Reihe von Artikeln in der Zeitschrift: der Gedanke, Berlin 1861 ff.

Kuno Fischer, Logik und Metaphysik oder Wissenschaftslehre, Stuttgart 1852, 2. umgearb. Aufl. 1865. Diotima, die Idee des Schönen, Stutg. 1859. Geschichte der neuern Philosophie, Mannheim 1854 ff., 2. Aufl. 1865 ff. Baco von Verulam, Leipzig 1856. Schiller als Philosoph, Frankfurt a. M 1858.

Ernst Ferd. Friedrich, Beiträge zur Förderung der Logik, Noëtik und Wissenschaftslehre, Bd. I, Leipz. 1864 (schliesst sich in der Behandlung der „eigentlichen Logik" oder Sachvernunftswissenschaft an Hegel und näher an Rosenkranz an, welcht aber principiell von dem Hegelianismus insbesondere durch die Unterscheidung dreier „äquivok-disparater" Doctrinen ab, die unter dem Collectivnamen der Logik vereinigt seien, nämlich der realen, formalen und inductiven Logik oder der „Sachvernunftswissenschaft, Denkungstheorie und Kundigkeitslehre").

Georg Andreas Gabler, Lehrbuch der philos. Propädeutik, erste Abth.: Kritik des Bewusstseins, Erlangen 1827. De verae philosophiae erga religionem christianam pietate, Berol. 1836. Die Hegelsche Philosophie, Beiträge zu ihrer richtigen Beurtheilung und Würdigung, Heft 1, Berlin 1843.

Eduard Gans, das Erbrecht in weltgesch. Entwickelung, Berlin 1824—35. Vermischte Schriften, Berlin 1834.

Karl Friedr. Göschel, Aphorismen über Nichtwissen und absolutes Wissen im Verhältnisse zum christl. Glaubensbekenntniss, Berlin 1829. Der Monismus des Gedankens, zur Apologie der gegenwärtigen Philosophie auf dem Grabe ihres Stifters, Naumburg 1832. Von den Beweisen für die Unsterblichkeit der menschlichen Seele im Lichte der speculativen Philosophie, eine Ostergabe, Berlin 1835. Beiträge zur speculativen Philosophie von Gott, dem Menschen und dem Gottmenschen, Berlin 1838.

§ 28. Der gegenwärtige Zustand der Philosophie in Deutschland.

L. J. Hanusch, Handbuch der wissenschaftlichen Denklehre (Logik), Lemberg 1843, 2. umgearb. Aufl. Prag 1850. Grundzüge eines Handbuchs der Metaphysik, Lemberg 1843.

Leop. von Henning, Principien der Ethik in histor. Entwicklung, Berlin 1824. Das einflussreiche Organ des Hegelianismus, die Zeitschrift: „Jahrbücher für wiss. Kritik", ist von 1827—47 durch Henning redigirt worden.

Herm. Friedr. Wilh. Hinrichs, die Religion im innern Verhältnisse zur Wissenschaft, nebst einem Vorwort von Hegel, Heidelberg 1822. Grundlinien der Philosophie der Logik, Halle 1826. Das Wesen der antiken Tragödie, Halle 1827. Geschichte der Rechts- und Staatsprincipien seit der Reformation in hist.-philos. Entwickelung. Leipzig 1848—52.

Heinr. Gust. Hotho, Vorstudien für Leben und Kunst, Stuttgart und Tübingen 1835. Geschichte der deutschen und niederländischen Malerei, Berlin 1842—43. Die Malerschule Huberts van Eyck, Berlin 1855—58.

Christian Kapp, Christus und die Weltgeschichte, Heidelberg 1823. Das concrete Allgemeine der Weltgeschichte, Erlangen 1824. F. W. Jos. Schelling, ein Beitrag zur Gesch. des Tages von einem vieljährigen Beobachter. Leipzig 1843.

Ernst Kapp, philosophische Erdkunde, Braunschweig 1845.

Friedrich Kapp, der wiss. Schulunterricht als ein Ganzes, Hamm 1834. G. W. Fr. Hegel als Gymnasialdirector oder die Höhe der Gymnasialbildung unserer Zeit, Minden 1835.

Ferdinand Lassalle, die Philosophie Herakleitos' des Dunkeln von Ephesos, Berlin 1858. Das System der erworbenen Rechte, eine Versöhnung des positiven Rechts und der Rechtsphilosophie, Leipzig 1861.

Gust. Andreas Lautier, philos. Vorlesungen, Berlin 1853.

G. O. Marbach, Lehrbuch der Gesch. der Philosophie, 1. Abth.: Gesch. der griech. Philos., 2. Abth.: Gesch. der Philos. im Mittelalter, Leipzig 1838—41.

Friedr. Aug. Märcker, das Princip des Bösen nach den Begriffen der Griechen, Berlin 1842. Die Willensfreiheit im Staatsverbande, Berlin 1845.

Philipp Marheineke, die Grundlehren der christl. Dogmatik, 2. Aufl. Berlin 1827. Theolog. Vorlesungen, hrsg. von St. Matthies und W. Vatke, Berlin 1817 ff.

Carl Ludwig Michelet, System der philosoph. Moral, mit Rücksicht auf die juridische Imputation, die Geschichte der Moral und das christliche Moralprincip, Berlin 1828. Anthropologie und Psychologie, Berlin 1840. Vorlesungen über die Persönlichkeit Gottes und Unsterblichkeit der Seele, oder die ewige Persönlichkeit des Geistes, Berlin 1841. Die Epiphanie der ewigen Persönlichkeit des Geistes, eine philosophische Trilogie, erstes Gespräch: die Persönlichkeit des Absoluten, Nürnberg 1844, zweites Gespräch: der histor. Christus und das neue Christenthum, Darmstadt 1847, drittes Gespräch: die Zukunft der Menschheit und die Unsterblichkeit der Seele oder die Lehre von den letzten Dingen. Berlin 1852. Zur Verfassungsfrage, Frankfurt a. d. O. u. Berlin 1848. Zur Unterrichtsfrage ebd. 1848. Esquisse de Logique, Paris 1856. Die Geschichte der Menschheit in ihrem Entwicklungsgange von 1775 bis auf die neuesten Zeiten, Berlin 1859—60. Naturrecht oder Rechtsphilosophie, Bd. I.: Einleitung, Grundrechte, Privatrecht, Bd. II.: öffentl. Recht, allgem. Rechtsgeschichte, Berlin 1866. Die historischen Schriften Michelet's, bezüglich auf Aristoteles und auf die neueste Philosophie, sind schon oben (I. 2. Aufl., § 46, S. 125 und 126, § 50, S. 148, und III. S. 127) angeführt worden.

§ 28. Der gegenwärtige Zustand der Philosophie in Deutschland. 285

Ferd. Müller, der Organismus und die Entwickelung der politischen Idee im Alterthum oder die alte Geschichte vom Standpunkte der Philosophie, Berlin 1839.

Job. Georg Mussmann, Lehrbuch der Seelenwissenschaft, Berlin 1827. Grundlinien der Logik und Dialektik, Berlin 1828. Grundriss der allgem. Gesch. der christl. Philosophie mit bes. Rücksicht auf die christl. Theologie, Halle 1830.

Ludwig Noack, der Religionsbegriff Hegels, Darmstadt 1845. Mythologie und Offenbarung; die Religion in ihrem Wesen, ihrer gesch. Entwickelung und absoluten Vollendung, Darmstadt 1845—46. Das Buch der Religion, oder der relig. Geist der Menschheit in seiner gesch. Entwicklung, Leipzig 1850. Die christliche Mystik des Mittelalters und seit dem Reformationsalter, Königsberg 1853. Geschichte der Freidenker (Engländer, Franzosen, Deutsche) 1853—55. Ferner manche andere, meist religionsphilosophische Schriften, worin Noack sich theilweise an Reiff und Planck angeschlossen hat. Von 1846 bis 1848 hat Noack die zu Darmstadt erschienenen Jahrbücher für speculative Philosophie und speculative Bearbeitung der empirischen Wissenschaften herausgegeben, in welchen auch die philosophische Gesellschaft zu Berlin ihre damaligen Arbeiten veröffentlicht hat. Noack's „Psyche" (1858 ff.) ist eine populär wissenschaftliche Zeitschrift für angewandte Psychologie.

Heinrich Bernhard Oppenheim, System des Völkerrechts, Frankf. a. M. 1845. Philosophie des Rechts und der Gesellschaft, Stuttgart 1850 (bildet den V. Band der Neuen Encycl. der Wissenschaften und Künste).

Ed. Ph. Peipers, System der gesammten Naturwissenschaften nach monodynamischem Princip, Köln 1840—41. Die positive Dialektik, Düsseldorf 1845.

K. Prantl (dessen Standpunkt nur theilweise mit dem Hegel'schen übereinkommt), Gesch. der Logik, Leipzig 1855 ff. Die Vorstufen der neuern Rechtsphilosophie, München 1858.

Jak. Friedr. Reiff, der Anfang der Philosophie, Stuttgart 1841. Das System der Willensbestimmungen oder die Grundwissenschaft der Philosophie, Tübingen 1842. (Reiff hat sich von Hegel aus Fichte genähert.)

Friedr. Richter (aus Magdeburg), die Lehre von den letzten Dingen, Theil I., Breslau 1833, Theil II., Berlin 1844. Der Gott der Wirklichkeit, Breslau 1854.

Joh. Karl Friedr. Rosenkranz, de Spinozae philosophia diss., Halle und Leipzig 1828. Ueber Calderon's wunderthätigen Magus, ein Beitrag zum Verständniss der Faust'schen Fabel, Halle 1829. Der Zweifel am Glauben, Kritik der Schriften de tribus impostoribus, Halle 1830. Geschichte der deutschen Poesie im Mittelalter, Halle 1830. Die Naturreligion, Iserlohn 1831. Encyclopädie der theolog. Wissenschaften, Halle 1831, 2. Aufl. 1845. Allg. Gesch. der Poesie, Halle 1832—33. Das Verdienst der Deutschen um die Philos. der Geschichte, Königsberg 1835. Kritik der Schleiermacher'schen Glaubenslehre, Königsberg 1836. Psychologie, Königsberg 1837, 2. Aufl. 1843, 3. Aufl. 1863. Geschichte der Kant'schen Philosophie (Bd. XII. der Werke Kants b. v. Ros. u. Schubert), Leipz. 1840. Studien, 5 Bändchen, Berlin u. Leipzig 1839 — 48. Ueber Schelling und Hegel, Sendschreiben an Pierre Leroux, Königsberg 1843. Schelling, Danzig 1843. Hegels Leben, Berlin 1844. Kritik der Principien der Strauss'schen Glaubenslehre, Königsberg 1845. Göthe u. s. Werke, Königsberg 1847, 2. Aufl. 1856. Die Pädagogik als System, Königsberg 1848. System der Wissenschaft, Königsberg 1850. Meine Reform der Hegelschen Philosophie, Sendschreiben an J. U. Wirth, Königsberg 1852. Aesthetik des Hässlichen, Königsberg 1853. Die Poesie und ihre Geschichte, Entwicklung der poet. Ideale

§ 28. Der gegenwärtige Zustand der Philosophie in Deutschland.

der Völker, Königsberg 1855. Apologie Hegels gegen Haym, Berlin 1858. Wissenschaft der logischen Idee, Königsberg 1858–59, nebst Epilegomena, ebd. 1862.

Heinr. Theod Rötscher, Aristophanes und sein Zeitalter, Berlin 1827. Abhandlungen zur Philos. der Kunst, Berlin 1837–47. Die Kunst der dramat. Darstellung, Berlin 1841, 2. Aufl. Leipz. 1864.

Arnold Ruge, die Platonische Aesthetik, Halle 1832. Neue Vorschule der Aesthetik, Halle 1837. Halle'sche Jahrb. für deutsche Wiss. u. Kunst, 3 Bde., Leipz. 1834–40. Deutsche Jahrbücher für Wiss. u. Kunst, 2 Bde., Leipzig 1841–42. Anecdota zur neuesten deutschen Philosophie und Publicistik, Zürich 1843. Ruge und Marx, deutsch-französische Jahrbücher, 2 Hefte, Paris 1844. Gesammelte Werke, 4 Bde., Mannheim 1846. In jüngster Zeit (seit 1850) hat Ruge sich durch seine Uebersetzung von Buckle's Geschichte der Civilisation auch um die Philosophie wiederum verdient gemacht.

Jul. Schaller, die Philosophie unserer Zeit, zur Apologie und Erläuterung des Hegel'schen Systems, Leipzig 1837. Der histor. Christus und die Philosophie, Kritik der dogmatischen Grundidee des Lebens Jesu von Strauss, Leipzig 1838. Geschichte der Naturphilosophie von Baco von Verulam bis auf unsere Zeit, Leipzig 1841–46. Vorlesungen über Schleiermacher, Halle 1844. Darstellung und Kritik der Philosophie Ludwig Feuerbach's, Leipzig 1847. Briefe über Alexander von Humboldt's Kosmos, Leipzig 1850. Die Phrenologie in ihren Grundzügen und nach ihrem wiss. u. prakt. Werthe, Leipzig 1851. Seel' und Leib, Weimar 1855 u. d. Das Seelenleben des Menschen, Weimar 1860.

Max Schasler, die Elemente der philos. Sprachwissenschaft Wilhelm von Humboldt's, Berlin 1847.

Alexis Schmidt, Beleuchtung der neuen Schelling'schen Lehre von Seiten der Philosophie und Theologie, nebst Darstellung und Kritik der früheren Schelling'schen Philosophie, und einer Apologie der Metaphysik, besonders der Hegel'schen, gegen Schelling und Trendelenburg, Berlin 1843.

Reinhold Schmidt, Solgers Philosophie, Berlin 1841.

H. Schwarz, über die wesentlichsten Forderungen an eine Philosophie der Gegenwart und deren Vollziehung, Ulm 1846. Gott, Natur und Mensch, System des substantiellen Theismus, Hannover 1857.

F. R. A. Schwegler, Jahrbücher der Gegenwart, Tübingen 1844–48. Die Metaphysik des Aristoteles, Text, Uebersetzung und Commentar, Tübingen 1846–48. Geschichte der Philos. im Umriss, Stuttgart 1848, 5. Aufl. 1863.

G. W. Snellman, Versuch einer speculativen Entwicklung der Idee der Persönlichkeit, Tübingen 1841.

Theod. Sträter, Studien zur Geschichte der Aesthetik, I., Bonn 1861.

David Friedrich Strauss, das Leben Jesu, kritisch bearbeitet, Tübingen 1835 bis 1836, 4. Aufl. 1840. Streitschriften zur Vertheidigung dieser Schrift, ebend. 1837–38. Zwei friedliche Blätter, Altona 1839. Charakteristiken und Kritiken, Leipzig 1839. Die christl. Glaubenslehre in ihrer gesch. Entwicklung und im Kampfe mit der modernen Wissenschaft dargestellt, Tübingen 1840–41. Neue Bearbeitung des Lebens Jesu „für das deutsche Volk" Leipzig 1864 (vgl. über dieselbe und über Renan's Vie de Jésus Zeller in von Sybel's hist. Zeitschr. XII, S. 70 ff., wiederabg. in Zeller's Vortr. u. Abh., Leipz. 1865, S. 435 ff.). Der Christus des Glaubens und der Jesus der Geschichte, Berlin 1865 (eine Kritik der Schleiermacher'schen Vorlesungen über das Leben Jesu).

§ 29. Der gegenwärtige Zustand der Philosophie in Deutschland.

Gustav Thaulow, Erhebung der Pädagogik zur philos. Wissenschaft oder Einleitung in die Philosophie der Pädagogik, Berlin 1845. Hegel's Ansichten über Erziehung und Unterricht, aus Hegel's sämmtl. Schriften gesammelt und systematisch geordnet, Bd. I.: Zum Begriff der Erziehung, Kiel 1853, Bd. II.: Gesch. der Erziehung, ebend. 1854, Bd. III.: Zur Gymnasialpädagogik u. Univ. Gehöriges, ebend. 1854. Einleitung in die Philosophie und Encyclopädie der Philos. im Grundrisse, Kiel 1862.

Wilh. Vatke, die menschl. Freiheit in ihrem Verhältniss zur Sünde und zur göttlichen Gnade, Berlin 1841.

Friedr. Theod. Vischer, über das Erhabene und Komische, ein Beitrag zur Philosophie des Schönen, Stuttgart 1837. Kritische Gänge, Tübingen 1844 ff. Aesthetik oder Wissenschaft des Schönen, I.: Metaphysik des Schönen, II. die Kunst, III. die Künste, Reutlingen and Leipzig 1846 — 57. Register, Stuttgart 1858. Ueber das Verhältniss von Inhalt und Form in der Kunst, Zürich 1858.

Georg Weissenborn, Vorlesungen über Schleiermachers Dialektik und Dogmatik, Leipzig 1847—49. Logik und Metaphysik, Halle 1850—51.

Karl Werder, Logik als Commentar und Ergänzung zu Hegels Wiss. der Logik, 1. Abth. Berlin 1841.

Eduard Zeller, platonische Studien, Tübingen 1839. Die Philosophie der Griechen, Tüb. 1844—52, 2. Aufl. 1856—66 (u. o. Theil I, 2. Anfl., § 7, S. 23). Ueber Bedeutung und Aufgabe der Erkenntnisstheorie, Heidelberg 1862.

Zum Naturalismus hat die Hegel'sche Doctrin Ludwig Feuerbach umgebildet. Ludwig Feuerbach, Gedanken über Tod und Unsterblichkeit, Nürnberg 1830. Das Wesen des Christenthums, Leipzig 1841 u. ö. Grundsätze der Philosophie der Zukunft, Zürich 1843. Das Wesen der Religion, 2. Aufl. Leipzig 1849 und andere Schriften. Sämmtliche Werke, 10 Bde., Leipzig 1846—64.

Einen Realismus hat K. Ch. Planck ausgebildet, die Weltalter, 1. Theil: System des reinen Realismus, Tübingen 1850, 2. Theil: das Reich des Idealismus, oder zur Philos. der Geschichte, ebend. 1851. Grundlinien einer Wissenschaft der Natur, als Wiederherstellung der reinen Erscheinungsformen, Leipzig 1864.

Vom Hegelschen Standpunkte ausgehend, suchen I. H. Fichte, Weisse, Chalybäus und Andere die Speculation durch kritische Umbildung einerseits der Theologie, andererseits der Empirie anzunähern.

Immanuel Herm. Fichte, Beiträge zur Charakteristik der neueren Philosophie, Sulzbach 1829, 2. Aufl. 1841. Das Erkennen als Selbsterkennen. Heidelberg 1833. Ontologie, Heidelberg 1836. Die Idee der Persönlichkeit und der Individuellen Fortdauer, Elberfeld 1834, 2. Aufl. Leipzig 1855. Speculative Theologie, Heidelbg. 1846—47. System der Ethik, Leipzig 1850—53. Anthropologie, Leipzig 1856, 2. Aufl. 1860. Zur Seelenfrage, eine philos. Confession, Leipzig 1859. Psychologie, die Lehre von dem bewussten Geiste des Menschen, Leipzig 1864.

Herm. Ulrici, das Grundprincip der Philosophie, Leipzig 1845—46. System der Logik, Leipzig 1852; Compendium der Logik, ebend. 1860. Glauben und Wissen, Leipzig 1858. Gott und die Natur, Leipzig 1861, und andere antimaterialistische Schriften und Abhandlungen, ferner literaturhistorisch-ästhetische Schriften, insbesondere über die Geschichte der hellenischen Dichtung, Berlin 1835 und über Shakespeare's dramatische Kunst, 2. Aufl. Leipz. 1847.

§ 28. Der gegenwärtige Zustand der Philosophie in Deutschland.

J. Ulrich Wirth, Theorie des Somnambulismus oder des thierischen Magnetismus, Leipzig u. Stuttgart 1836. System der speculativen Ethik, Heilbronn 1842 (I.; seine Ethik, II.: concrete Ethik). Die speculative Idee Gottes und die damit zusammenhängenden Probleme der Philosophie, Stuttg. u. Tüb. 1845.

Christian Weisse, System der Aesthetik als Wissenschaft des Schönen, Leipz. 1830. Ueber das Verhältniss des Publicums zur Philosophie in dem Zeitpunkt von Hegel's Abscheiden, nebst einer kurzen Darstellung meiner Ansicht des Systems der Philosophie, Leipzig 1832, ferner mehrere auf die Bibelkritik bezügliche und religionsphilosophische Schriften, insbesondere über die Christologie Luthers, Leipzig 1852, philos. Dogmatik oder Philosophie des Christenthums, Leipzig 1855. Für Weisse's Stellung zur Philosophie der Gegenwart ist seine akademische Rede charakteristisch: In welchem Sinne die deutsche Philosophie jetzt wieder an Kant sich zu orientiren hat, Leipzig 1847.

Heinr. Mor. Chalybäus, Wissenschaftslehre, Leipzig 1846. System der speculativen Ethik, Leipzig 1850. Fundamentalphilosophie, Kiel 1861.

Karl Philipp Fischer, die Idee der Gottheit, Tübingen 1839. Grundzüge des Systems der Philosophie oder Encyclopädie der philos. Wiss., Frankfurt 1847—55. Die Unwahrheit des Sensualismus und Materialismus, mit besonderer Rücksicht auf die Schriften von Feuerbach, Vogt und Moleschott, Erlangen 1853.

Sengler, Erkenntnisslehre, Heidelberg, 1858.

Hanne, die Idee der absoluten Persönlichkeit oder Gott und sein Verhältniss zur Welt; insonderheit zur menschlichen Persönlichkeit, Hannover 1861.

K. Sederholm, der geistige Kosmos, Leipzig 1859. Der Urstoff und der Weltäther, Moskau 1864.

Rud. Seydel, Logik oder Wissenschaft vom Wissen, Leipzig 1866 (schliesst sich zunächst an Chr. H. Weisse und an Schelling an).

Katholischerseits ward dem Schelling-Hegelschen „Pantheismus" namentlich durch Anton Günther ein „Dualismus" entgegengesetzt, den jedoch die kirchliche Autorität verworfen hat. Günther lässt das Schelling-Hegelsche Entwicklungsprincip für die „Natur" gelten, deren Gebiet er bis zu der empfindenden, vorstellenden und Begriffe bildenden „Seele" ausdehnt, stellt aber über diese „Seele" den „Geist" als ein selbstständiges, nicht an den Leib gebundenes Wesen, und stellt ebenso die Gottheit antipantheistisch über die Welt, die von Gott als seine „Contraposition" geschaffen sei. Anton Günther, Vorschule zur speculativen Theologie, Wien 1828, 2. Aufl. 1846. Thomas a scrupulis, zur Transfiguration der Persönlichkeitspantheismen neuester Zeit, Wien 1835, und viele andere Schriften. Die von A. Günther und J. E. Veith herausgegebene Zeitschrift Lydia, Wien 1849—54, war ein Organ des Güntherianismus. Im Jahre 1857 wurden zu Rom nach mehrjährigen Verhandlungen theologische und psychologische Sätze Günthers, der diesem Anspruch „laudabiliter se subjecit", als irrig verurtheilt. Ebenso war früher der gemässigte philosophisch-theologische Rationalismus des Hermes und der Hermesianer der kirchlichen Censur erlegen.

Zu den Philosophen, auf deren Richtung Schleiermacher von beträchtlichem Einfluss geworden ist, gehören die besonders als Historiker der Philosophie bedeutenden Forscher Brandis und Ritter. Von Schleiermacher und theilweise auch von Hegel angeregt sind auch die Philosophen Braniss, Vorländer, Helfferich, George, der speculative Theologe Richard Rothe und Andere.

§ 28. Der gegenwärtige Zustand der Philosophie in Deutschland. 289

Die auf die Geschichte der Philosophie bezüglichen Werke von Chr. Aug. Brandis und Heinr. Ritter sind oben erwähnt worden. Ritter hat ausserdem besonders noch verfasst: Vorlesungen zur Einleitung in die Logik, Berlin 1823, Abriss der philosophischen Logik, ebend. 1824, 2. Aufl. 1829, System der Logik und Metaphysik, Göttingen 1856, Encyclopädie der philos. Wissenschaften, 3 Bde., Göttingen 1862—64. Ernest Renan über die Naturwissenschaften und die Geschichte mit den Randbemerkungen eines deutschen Philosophen, Gotha 1865.

Julius Braniss, die Logik in ihrem Verhältniss zur Philosophie, geschichtlich betrachtet, Berlin 1823. Grundriss der Logik, ebend. 1830. Ueber Schleiermachers Glaubenslehre, Berlin 1824. System der Metaphysik. Breslau 1834. Die wissenschaftliche Aufgabe der Gegenwart, Breslau 1848. Ueber die Würde der Philosophie und ihr Recht im Leben der Zeit, Rede beim Rectoratsantritt, Berlin 1854. Ueber atomistische und dynamische Naturauffassung, in: Abh. der hist.-phil. Gesellschaft zu Breslau, Bd. 1., 1857.

Vorländer, Grundlinien einer organischen Wissenschaft der menschlichen Seele, Berlin 1841. Erkenntnisslehre, 1847. Geschichte der neuern Moralphilusophie, Marburg 1855 (u. o. § 2).

Adolf Helfferich, die Metaphysik als Grundwissenschaft, Hamburg 1846. Der Organismus der Wissenschaft und die Philosophie der Geschichte, Leipzig 1856. Die Schule des Willens, Berlin 1858.

Leop. George, Mythus und Sage, Berlin 1837. Ueber Princip und Methode der Philosophie, mit Rücksicht auf Hegel und Schleiermacher, Berlin 1842. System der Metaphysik, Berlin 1844. Die fünf Sinne, Berlin 1846. Lehrbuch der Psychologie, Berlin 1854.

Rich. Rothe, theologische Ethik, Wittenberg 1845—48.

Auch auf I. Herm. Fichte, Chr. Herm. Weisse u. A. (s. o.) hat neben Hegel besonders Schleiermacher einen wesentlichen Einfluss geübt.

Unter Schopenhauer's Anhängern möchte Julius Frauenstädt als der selbstständigste und bedeutendste zu bezeichnen sein. Derselbe ist vom Hegelianismus zur Schopenhauer'schen Doctrin übergegangen. Als Hegelianer hat er verfasst: die Freiheit des Menschen und die Persönlichkeit Gottes, Berlin 1838, die Menschwerdung Gottes nach ihrer Möglichkeit, Wirklichkeit und Nothwendigkeit, mit Rücksicht auf Strauss, Schaller und Göschel, Berlin 1839, Studien und Kritiken zur Theologie und Philosophie, Berlin 1840. Seine Briefe über die Schopenhauer'sche Philosophie, wie auch Schriften von E. O. Lindner, Asher und Anderen sind oben (§ 25, S. 243 f.) erwähnt worden. Auf Schopenhauerschem Standpunkt hat Frauenstädt ferner Schriften über die Naturwissenschaft in ihrem Einfluss auf Poesie, Religion, Moral und Philosophie, Leipzig 1855, über den Materialismus, ebend. 1856, Briefe über die natürliche Religion, Leipzig 1858, endlich eine Schrift: das sittliche Leben, ethische Studien, Leipzig 1866, verfasst.

Anfangs sehr isolirt, hat später Herbart einen ziemlich zahlreichen Kreis von Schülern gefunden. Die hauptsächlichsten philosophischen Schriften und Abhandlungen der Herbart'schen Schule sind (nach Allihns oben angeführtem Verzeichniss, das durch die bibliographischen Angaben in den späteren Heften der Zeitschr. für exacte Philos. ergänzt wird) folgende.

Friedr. Heinr. Theod. Allihn, Antibarbarus logicus, Halle 1850; erstes Heft: Einleitung in die allgemeine formale Logik, 2. Aufl., Halle 1853 (anonym). Der verderbliche Einfluss der Hegel'schen Philosophie, Leipz. 1852. Die Umkehr der Wissenschaft in Preussen, mit besonderer Beziehung auf Stahl und auf die Erwi-

290 § 28. Der gegenwärtige Zustand der Philosophie in Deutschland.

darangen seiner Gegner Branles und Erdmann. Berlin 1855. Die Grundlehren der allgemeinen Ethik, nebst einer Abhandlung: über das Verhältniss der Religion zur Moral, Leipzig 1861.

Ludw. Ballauf, Abhandlungen meist psychologisch-pädagogischen Inhalts, im Oldenburger Schulblatt, in der pädagog. Revue und dem pädagog. Archiv, und in der Zeitschr. für exacte Philosophie (wo insbesondere in Band IV, Heft 1, S. 63 bis 92 ein von Ballauf verfasster Artikel: „Von Beneke zu Herbart" eine Vergleichung der beiderseitigen Doctrinen vom Herbart'schen Standpunkte aus enthält, die in theoretischem Betracht auf der Voraussetzung ruht, nur durch in der Erfahrung liegende Widersprüche könne ein Antrieb gegeben sein, die Erfahrung zu ergänzen und primitive Annahmen zu corrigiren, und zwar eben durch diejenigen Widersprüche, welche Herbart in partiellem Anschluss an die Eleaten etc. in gewissen Erfahrungsbegriffen gefunden haben will; Ballauf's Einwürfe gegen Beneke's Eudämonismus aber beruhen zum Theil auf einer falschen Isolirung der Elemente des sittlichen Gesammturtheils gegen einander, zum andern Theil auf irrigerweise aus dem Beneke'schen Princip gezogenen Consequenzen, besonders auf einer Unterschätzung des Werthes, den auch nach diesem Princip die gesicherte rechtliche Ordnung haben muss).

Ed. Bobrik, de ideis innatis sive puris pro principiis habitis, Regiomonti 1829. Freie Vorträge über Aesthetik, Zürich 1891. Neues praktisches System der Logik, I, 1.: ursprüngliche Ideenlehre, Zürich 1859 (unvollendet geblieben).

Herm. Bonitz, dessen Platonica und Aristotelica oben erwähnt worden sind, ist hier auch als Mitherausgeber der „Zeitschr. für österr. Gymnasien" zu nennen, ferner als Verfasser eines Aufsatzes über philosoph. Propädeutik, in der Neuen Jenaischen Allg. Litteraturzeitung, 1848, Nr. 66.

H. G. Draeske, über die Nothwendigkeit pädagogischer Seminare auf der Universität und ihre zweckmässige Einrichtung, Leipzig 1833. Draeske war auch der Herausgeber der „Centralbibliothek für Litteratur, Statistik und Geschichte der Pädagogik und des Unterrichts".

Carl Seb. Cornelius, die Lehre von der Elektricität und dem Magnetismus, Leipzig 1856, über die Bildung der Materie aus einfachen Elementen, Leipzig 1856. Theorie des Sehens und räumlichen Vorstellens, Halle 1861; Ergänzungen dazu, ebend. 1864. Grundzüge einer Molecularphysik, Halle 1866. Die Zeitschrift für exacte Philosophie enthält viele von Cornelius verfasste Abhandlungen.

Franz Cupr, Sein oder Nichtsein der deutschen Philosophie in Böhmen, Prag 1847. Grundriss der empirischen Psychologie, Prag 1852.

M. A. Drbal, über die Ursachen des Verfalls der Philosophie in Deutschland, Prag 1856. Giebt es einen speculativen Syllogismus? (Linzer Gymnasial-Progr. 1857). Ueber das Erhabene (Linzer Gymnasial-Progr. 1858). Ueber die Natur der Sinne, populär-wiss. Vorträge, Linz 1860. Lehrbuch der propädeutischen Logik, Wien 1865.

Mor. Wilh. Drobisch, Recension über Herbart's Psychologie als Wissenschaft, im Novemberheft der Leipziger Litteraturzeitung vom Jahr 1828. Recension über Herbart's Metaphysik, in der Jenaischen Litteraturzeitung, Augustheft 1830. Philologie und Mathematik als Gegenstände des Gymnasialunterrichts betrachtet, mit besonderer Beziehung auf Sachsens Gelehrtenschulen, Leipzig 1832. Ueber mathematische Didaktik in der Leipziger Litteraturzeitung, 1832, Nr. 207. Beiträge zur Orientirung über Herbart's System der Philosophie, Leipzig 1834. Neue Darstellung der Logik nach ihren einfachsten Verhältnissen, nebst einem logisch mathematischen Anhange, Leipz. 1836, zweite, völlig umgearbeitete Auflage ebend. 1851, dritte, neu bearbeitete Auflage ebend. 1863. Quaestionum mathematico-psychologicarum spec. I.—V., Lips. 1834—39. Grundlehren der Religionsphilosophie, Leipzig 1840. Empirische Psychologie nach naturwissenschaftlicher Methode, Leipzig 1842. Ueber die mathemat. Bestimmung der musikalischen Intervalle, in: Abh. der fürstl. Jablonowski'schen Gesellschaft, Leipzig 1846. Disquisitio mathematico-psychologica de perfectis notionum complexibus, Lipsiae 1846. Erste Grundlinien der mathematischen Psychologie, Leipzig 1850. Abhandlungen in der Fichte'schen Zeitschr. für Philos. 1844, 45, 52, 54, 55, 56, 57, 59 und in mehreren Bänden der seit 1860 erscheinenden Zeitschrift für exacte Philosophie. Ueber die Stellung Schillers zur Kantischen Ethik, aus den Berichten der K. S. Gesellschaft der Wiss. besonders abgedruckt, Leipzig 1859. De philosophia scientiae naturali insita, Lips. 1864.

Friedr. Exner, über Nominalismus und Realismus, Prag 1842 (aus den Abh. der Böhm. Ges. d. Wiss.). Die Psychologie der Hegel'schen Schule, Leipzig 1843, zweites Heft ebend. 1844. Ueber Leibnitzens Universalwissenschaft, Prag 1843 (aus den Abh. der Böhm. Ges. d. Wiss.). Ueber die Lehre von der Einheit des Denkens und Seins, ebend. 1848 (aus den Abh. der Böhm. Ges. d. Wiss.).

O. Flügel, der Materialismus, Leipzig 1865 (s. unten S. 299).

Foss, die Idee des Rechts in Herbarts Ethik, Realschulprogr., Elbing 1862.

F. E. Grispenkerl, Lehrbuch der Aesthetik, Braunschweig 1827. Lehrbuch der Logik, 2. Ausg., Helmstädt 1831. Briefe über Philosophie, und besonders über Herbarts Lehren, Braunschweig 1832.

H. F. Haccius, kann der Pantheismus eine Reformation der Kirche bilden? Hannover 1851.

Gust. Hartenstein, de methodo philosophiae, log. legibus astringenda, finibus non terminanda, Lips. 1835. Die Probleme und Grundlehren der allg. Metaphysik, Leipzig 1836. De ethices a Schleiermachero propositae fundamento, Lips. 1837. Ueber die neuesten Darstellungen und Beurtheilungen der Herbart'schen Philosophie, Leipzig 1839. De psychologiae vulgaris origine ab Aristotele repetenda, Lipsiae 1840. Die Grundbegriffe der ethischen Wissenschaften, Leipzig 1844. De materiae apud Leibnitium notione et ad monadas relatione, Lipsiae 1846. Ueber die Bedeutung der megarischen Schule für die Gesch. der metaphysischen Probleme, Leipzig 1847 (aus den Berichten über die Verhandl. der K. Sächs. Ges. der Wiss.). Darstellung der Rechtsphilos. des Grotius (aus Bd. I. der Abh. der phil.-hist. Cl. der K. S. Ges. d. Wiss.), Leipzig 1850. De notionum juris et civitatis, quas Bened. Spinoza et Thom. Hobbes proponunt, similitudine et dissimilitudine, Lipsiae 1856. Ueber den wiss. Werth der aristotelischen Ethik (aus den Berichten der ph.-hist. Cl. der K. G. der Wiss.), Leipzig 1859.

Carl Ludw. Hendewerk, principia ethica a priori reperta, in libris sacris V. et N. T. obvia, Regiomonti 1838. Herbart und die Bibel, Königsberg 1858.

Herm. v. Kayserlingk, Vergleich zwischen Fichte's System und dem System Herbart's, Königsberg 1817. Später ging Kayserlingk von der Herbart'schen Richtung ab. Er hat eine Autobiographie verfasst: Denkwürdigkeiten eines Philosophen, oder Erinnerungen und Begegnisse aus meinem Leben, Altona 1839.

Herm. Kern, de Leibnitii scientia generali commentatio, Progr. des K. Pädag. in Halle 1847. Ein Beitrag zur Rechtfertigung der Herbart'schen Metaphysik, Einladungsschr. zur Stiftungsfeier des herzogl. Gymn. in Coburg, 1849. Pädagogische Blätter, Coburg 1853—56.

§ 28. Der gegenwärtige Zustand der Philosophie in Deutschland.

Franz L. Kvet, Leibnitzens Logik, nach den Quellen dargestellt, Prag 1857. Leibnitz und Comenius (aus den Abh. der K. Böhm. Ges. d. Wiss.), Prag 1857.

M. Lazarus, das Leben der Seele, in Monographien über seine Erscheinungen und Gesetze, Berlin 1856 — 57. Lazarus und Steinthal geben seit 1859 die „Zeitschrift für Völkerpsychologie und Sprachwissenschaft" heraus.

G. A. Lindner, Lehrbuch der empir. Psychologie, CIII 1858. Lehrbuch der formalen Logik nach genetischer Methode, Graz 1861.

Friedr. Lott, Herbarti de animi immortalitate doctr., Gott. 1842. Zur Logik (aus den Gött. Stud. bes. abg.), Gött. 1845.

Carl Mager, anfangs Hegelianer, später der Herbart'schen Richtung zugethan, hat die Zeitschrift begründet: Pädagogische Revue, 1840 ff., von 1849—54 hrsg. von Scheibert, Langbein und Kuhn, von 1855—58 von Langbein allein. Statt derselben erscheint seitdem: Pädagogisches Archiv, hrsg. von W. Langbein, Stettin 1859 ff.

F. W. Miquel, Beiträge eines mit der Herbart'schen Pädagogik befreundeten Schulmannes zur Lehre vom biographischen Geschichtsunterricht auf Gymnasien, Aurich und Leer 1847. Beiträge zu einer pädag.-psychologischen Lehre vom Gedächtnis, Hannover 1850. Wie wird die deutsche Volksschule national, Lingen 1851. Pädagog. Abh. in den von Kern herausg. pädag. Bl. 1853 u. 54.

Jos. H. Nahlowsky, das Gefühlsleben, Leipzig 1862. Das Duell, sein Widersinn und seine moral. Verwerflichkeit, Leipzig 1864. Die ethischen Ideen, ebend. 1865. Grundzüge zur Lehre von der Gesellschaft und dem Staate, ebend. 1866. (Nahlowsky's Kritik der Beneke'schen Psychologie in der Zeitschr. für exacte Philosophie III., 1, 1862, S. 30 ff., bekundet nicht, wie Ballauf's oben erwähnte Kritik in Bd. IV., Heft 1, eine eingehendere Kenntniss derselben.)

L. F. Ostermann, pädagog. Randzeichnungen, Hannover 1850.

Preiss, Analyse der Gefühle, Görz 1854. Analyse der Begehrungen, ebd. 1859.

Aug. Reiche, de Kantii antinomiis quae dicuntur theoreticis, Gott. 1838.

G. L. W. Resl, die Bedeutung der Reihenproduction für die Bildung synthetischer Begriffe und ästhetischer Urtheile, Czernowitzer Schulprogr., Wien 1857.

H. H. E. Röer, über Herbart's Methode der Beziehungen, Braunschweig 1833. Das speculative Denken in seiner Fortbewegung zur Idee, Berlin 1837 (bekundet Röers Fortbewegung zum Hegelianismus).

Gust. Schilling, Lehrbuch der Psychologie, Leipzig 1851. Die verschiedenen Grundansichten über das Wesen des Geistes, Leipzig 1863.

H. Steinthal, Grammatik, Logik und Psychologie, Berlin 1855. Der Ursprung der Sprache, 2. Aufl., Berlin 1858. Gesch. der Sprachwiss. bei den Griechen und Römern mit besonderer Rücksicht auf die Logik, Berlin 1863—64. Seit 1859 giebt Steinthal mit Lazarus die oben erwähnte Zeitschrift heraus.

Stephan, de justi notione quam proponit Herb., diss. inaug., Gott. 1844. Ueber Wissen und Glauben, skeptische Betrachtungen, Hannover 1846. Ueber das Verhältniss des Naturrechts zur Ethik und zum positiven Recht, Göttingen 1854.

E. Siledenroth, Psychologie zur Erklärung der Seelenerscheinungen, Berlin 1824—25. (Halbherbartianisch.)

K. V. Stoy, Encyclopädie, Methodologie und Litteratur der Pädagogik, Leipz. 1861 ff.

§ 28. Der gegenwärtige Zustand der Philosophie in Deutschland. 293

Ludw. Strümpell, de methodo philosophica, Regiomonti 1833. Erläuterungen zu Herbart's Philosophie, Gött. 1834. Die Hauptpunkte der Herbart'schen Metaphysik kritisch beleuchtet, Braunschweig 1840. De summi boni notione qualem proposuit Schleiermacherus, Dorpat 1843. Die Pädagogik der Philosophen Kant, Fichte, Herbart, Braunschweig 1843. Vorschule der Ethik, Mitau 1845. Entwurf der Logik, Mitau und Leipzig 1846. Die Universität und das Universitätsstudium, Mitau 1848. Geschichte der griech. Philosophie, zur Uebersicht, Repetition und Orientirung. Erste Abth.: Gesch. der theoret. Philosophie der Griechen, Leipzig 1854. Zweite Abth., 1. Abschnitt: Gesch. der prakt. Ph. d. Gr. vor Aristoteles, ebend. 1861. Der Vortrag der Logik und sein didaktischer Werth für die Universitätsstudien, mit besonderer Rücksicht auf die Naturwissenschaften (aus der Päd. Revue bes. abg.), Berlin 1858.

G. F. Taute, die Religionsphilosophie vom Standpunkte der Philosophie Herbart's. Erster Theil: allgem. Religionsph., Elbing 1840. Zweiter Theil: Ph. des Christenthums, Leipzig 1852. Die Wissenschaften und Universitätsstudien den Zeitbewegungen gegenüber, Rede, Königsberg 1848. Der Spinozismus als unendliches Revolutionsprincip und sein Gegensatz, Rede, ebend. 1848. Pädagogisches Gutachten über die Verhandlungen der Berliner Conferenz für höheres Schulwesen, Königsberg 1849.

G. Tepe, die praktischen Ideen nach Herbart, im Osterprogr. des Emdener Gymn. 1854, auch als selbstständige Schrift, Leer und Emden 1861. Ueber Freiheit und Unfreiheit des menschlichen Wollens, Bremen 1861. Schiller und die praktischen Ideen, Emden 1863.

F. A. Thilo, die Wissenschaftlichkeit der modernen specul. Theologie in ihren Principien beleuchtet, Leipzig 1851. Die Stahl'sche Rechts- und Staatslehre in ihrer Unwissenschaftlichkeit dargethan, in der krit. Zeitschr. für die gesammte Rechtswiss., Heidelberg 1857, Bd. IV., S. 385—424. Die Grundirrthümer des Idealismus in ihrer Entwicklung von Kant bis Hegel, in der Zeitschr. f. ex. Ph., Bd. I. und andere Abh. in eben dieser Zeitschrift. Die theologisirende Rechts- und Staatslehre, mit besonderer Rücksicht auf die Rechtsansichten Stahls, Leipzig 1861.

Carl Thomas, Spinozae syst. philos. delin., Regiom. 1835. Spinoza als Metaphysiker, Königsberg 1840. Spinoza's Individualismus und Pantheismus, ebend. 1848. Die Theorie des Verkehrs, erste Abth.: die Grundbegriffe der Güterlehre, Berlin 1841.

C. A. D. Unterholzner, juristische Abhandlungen, München 1810. (Die vierte Abh. entwickelt die philos. Grundsätze eines Strafsystems mit besonderer Rücksicht auf Herbart's praktische Philosophie.)

Theodor Vogt, Form und Gehalt in der Aesthetik, Wien 1865.

Wilh. Fridolin Volkmann, Grundriss der Psychologie vom Standpunkte des philos. Realismus aus und nach genetischer Methode, Halle 1856. Die Grundzüge der Aristotelischen Psychologie aus den Abh. der K. Böhmischen Ges. der Wiss., V. Folge, 10. Bd., Prag 1858.

J. H. W. Waitz, die Hauptlehren der Logik, Erfurt 1840.

Theodor Waitz, Grundlegung der Psychologie, Hamburg und Gotha 1846. Lehrbuch der Psychologie als Naturwissenschaft, Braunschweig 1849. Allgemeine Pädagogik, Braunschweig 1852. Der Stand der Parteien auf dem Gebiete der Psychologie, in der „Allg. Monatsschr. f. Wiss. u. Litt.", Braunschweig 1852, Oct.- und Nov.-Heft und 1853, Augustheft. Anthropologie der Naturvölker, Leipzig 1859—64.

294   § 28. Der gegenwärtige Zustand der Philosophie in Deutschland.

W. Wehrenpfennig, die Verschiedenheit der ethischen Principien bei den Hellenen und ihre Erklärungsgründe, Progr. des Joachimsthal'schen Gymnasiums, Berlin 1856.

Theod. Wittstein, neue Behandlung des math.-psychol. Problems von der Bewegung einfacher Vorstellungen, welche nach einander in die Seele eintreten, Hannover 1843.

Tuiscon Ziller, über die von Puchta der Darstellung des römischen Rechts zu Grunde gelegten rechtsphilosophischen Ansichten, Leipzig 1853. Einleitung in die allgemeine Pädagogik, Leipzig 1856. Die Regierung der Kinder, Leipzig 1857. Grundlegung zur Lehre vom erziehenden Unterricht, Leipzig 1865.

Rob. Zimmermann, Leibniz' Monadologie, deutsch mit einer Abh. über L.'s und Herbart's Theorien des wirklichen Geschehens, Wien 1847. Leibnitz und Herbart, eine Vergleichung ihrer Monadologien, Wien 1849. Ueber Bolzano's wiss. Charakter und philos. Bedeutung, in den Sitzungsberichten der Akad. d. Wiss. in Wien, philos.-hist. Cl., Oct. 1849. Ueber einige log. Fehler der Spinozistischen Ethik, ebend. Oct. 1850 und April 1851. Der Cardinal Nicolaus Cusanus als Vorläufer Leibnitzens, ebend. April 1852. Ueber Leibnitzens Conceptualismus, ebend. April 1854. Leibnitz und Lessing, eine Studie, ebend. Mai 1855. Das Rechtsprincip bei Leibnitz, Wien 1852. Ueber das Tragische und die Tragödie, Wien 1856. Geschichte der Aesthetik als philosophischer Wissenschaft, Wien 1858. Schiller als Denker, ein Vortrag zur Feier seines 100jährigen Geburtstages in den Abh. der K. Böhmischen Gesellschaft der Wissenschaften, V. Folge, 11. Band, Prag 1859. Philosophische Propädeutik, 2. Aufl. Wien 1860. Philosophie und Erfahrung, eine Antrittsrede, Wien 1861. Allgemeine Aesthetik als Formwissenschaft, Wien 1865.

Der Herbart'schen und noch mehr der Leibnitzischen Richtung steht Hermann Lotze nahe, wiewohl er mit Recht gegen eine Subsumtion seiner Doctrin unter den Begriff des Herbartianismus protestirt. Metaphysik, Leipzig 1841. Logik, ebend. 1843. Medicinische Psychologie, Göttingen 1852. Streitschriften, Leipzig 1857. Mikrokosmus, Ideen zur Naturgeschichte und Geschichte der Menschheit, Leipzig 1856—64.

Den Spinozistisch-Kantischen Gedanken, dass Seele und Leib nur zwei verschiedene Erscheinungsweisen Eines Realen seien (indem nämlich dasselbe von aussen oder von innen, durch die Sinne oder durch das Selbstbewusstsein aufgefasst werde), verbindet mit einer Atomistik, die zu der Auffassung jedes einzelnen Atoms als eines raumlosen oder punktuellen Wesens neigt, aber die „Seele" nicht auf Ein Atom einschränkt, und mit der Annahme einer Beseelung der einzelnen Gestirne und des Universums der Physiker und Philosoph Gustav Theodor Fechner. Das Büchlein vom Leben nach dem Tode, Leipzig 1836, 2. Aufl. 1866. Ueber das höchste Gut, Leipzig 1810. Nanna oder über das Seelenleben der Pflanzen, Leipzig 1848. Zendavesta oder über die Dinge des Himmels und des Jenseits, Leipzig 1851. Ueber die physikalische und philosophische Atomenlehre, Leipzig 1855, 2. Aufl. ebend. 1864. Elemente der Psychophysik, Leipzig 1860. Ueber die Seelenfrage, Leipzig 1861. Die drei Motive und Gründe des Glaubens, Leipzig 1863.

Von wesentlicher Bedeutung für die philosophische Erkenntniss ist die Reduction von Naturgesetzen, die durch positive Forschung ermittelt worden sind, auf gemeinsame Principien, wie insbesondere in Joh. Müller's Physiologie, in Alex. v. Humboldt's Kosmos, in den Abhandlungen von H. Helmholtz: über die Erhaltung der Kraft, eine physikalische Abhandlung, Berlin 1847; über die Wechselwirkung der

§ 26. Der gegenwärtige Zustand der Philosophie in Deutschland.

Naturkräfte und die darauf bezüglichen neuesten Ermittelungen der Physik, ein populär-wiss. Vortrag, Königsberg 1854 etc.; eine hieran anknüpfende Psychologie stellt Wilh. Wundt auf in seinen Vorlesungen über die Menschen- und Thierseele, Leipzig 1863. Auch Wilh. von Humboldt's sprachwissenschaftliche und ästhetische, Roscher's und Anderer nationalökonomische Forschungen etc. stehen zu den philosophischen Problemen in naher Beziehung.

Unter den Anhängern Beneke's ist der bedeutendste Johann Guttlieb Dressler, der, durch Beneke's Erziehungslehre für dessen Richtung gewonnen, sich um die Erläuterung und Vertheidigung derselben sehr verdient gemacht hat. J. G. Dressler, Beiträge zu einer bessern Gestaltung der Psychologie und Pädagogik, s. u. d. T.; Beneke oder die Seelenlehre als Naturwissenschaft, Bautzen 1840—46. Praktische Denklehre, Bautzen 1852. Ist Beneke Materialist? ein Beitrag zur Orientirung über B.'s System der Psychologie, mit Rücksicht auf verschiedene Einwürfe gegen dasselbe, Berlin 1862. Ausserdem hat Dressler zahlreiche Abhandlungen in pädagogischen Zeitschriften (insbesondere auch in Diesterweg's pädagog. Jahrb.) erscheinen lassen. Von ihm ist nach Beneke's Tode Beneke's Lehrbuch der Psychologie in dritter Auflage, Berlin 1861, und Beneke's Erziehungs- und Unterrichtslehre, gleichfalls in dritter Auflage, Berlin 1864, herausgegeben worden. Eine populäre Darstellung der Grundzüge der Beneke'schen Psychologie enthält die Schrift: G. Raue, die neue Seelenlehre B.'s nach methodischen Grundsätzen in einfach entwickelnder Weise für Lehrer bearbeitet, Bautzen 1847, 2., 3. u. 4. Aufl., besorgt von Dressler, ebd. 1850 u. 1854. Mainz 1865 (ins Flämische übersetzt durch J. Blockhuys, Gent 1859). Der Pädagog J. R. Wurst hat in seiner Schrift: „die zwei ersten Schuljahre" Beneke's Seelenlehre pädagogisch verwerthet. Kömmel hat zu Hergang's „Pädagog. Realencyclopädie" Beiträge geliefert, die auf Beneke'schen Lehren beruhen. Neben pädagogischen Schriften über die Entwicklung des Bewusstseins von Börner, Dittes, Ueberweg sind aus der Beneke'schen Schule hervorgegangen: Otto Börner, die Willensfreiheit, Zurechnung und Strafe, Freiberg 1857; Friedrich Dittes, das Aesthetische, Leipzig 1854, über Religion und religiöse Menschenbildung, Plauen 1855, Naturlehre des Moralischen und Kunstlehre der moralischen Erziehung, Leipzig 1856, über die sittliche Freiheit, Leipzig 1860. Von Heinrich Neugeboren und Ludwig Korodi ist eine Vierteljahrsschrift für die Seelenlehre, Kronstadt 1859—61, herausgegeben worden.

Beneke's empirischen Standpunkt vereint mit Fichte'scher Speculation in freier Umbildung Carl Fortlage, System der Psychologie, Leipzig 1855. Einen auf Baco zurückgehenden Empirismus vertritt O. F. Gruppe, Antäus, Berlin 1857; Wendepunkt der Philos. im 19. Jahrh., Berlin 1834; Gegenwart und Zukunft der Philos. in Deutschland, Berlin 1852.

Inmitten des Kampfes der philosophischen Parteirichtungen liegt für die philosophische Erkenntniss eine gemeinsame Basis theils in der Geschichte der Philosophie, theils in einzelnen zu bleibender Gültigkeit gelangten philosophischen Doctrinen (wie der Aristotelischen Logik), theils auch in den zu der Philosophie in nächster Beziehung stehenden Resultaten der positiven Wissenschaften, insbesondere der Naturwissenschaft. Der Rückgang auf diese gemeinsamen Ausgangspunkte philosophischer Forschung, die Kritik einseitiger Doctrinen und die unternommene Reconstruction der Philosophie auf gesichertem Grunde ist das wesentliche Verdienst Adolf Trendelenburg's um die philosophische Wissenschaft und um den philosophischen Unterricht. Ausser Trendelenburgs oben erwähnten philologischen und historischen Schriften kommen hier noch insbesondere die didak-

tisch höchst werthvollen „Elementa logices Aristot.", Berol. 1836 u. ö. nebst den
zugehörigen „Erläuterungen", Berlin 1842, 2. Aufl. 1861, ferner die Hauptwerke:
Logische Untersuchungen, Berlin 1840, 2. Aufl. Leipzig 1862, und: Naturrecht auf
dem Grunde der Ethik, Leipzig 1860, in Betracht. An Trendelenburg haben Carl
Heyder, die Arist. und Hegel'sche Dialektrik, I., Erlangen 1845, A. L. Kym, die
Weltanschauungen und deren Consequenzen, Zürich 1854, und Andere sich angeschlossen; in der erneuten Basirung der Logik auf Aristotelische Principien kommt
mit Trendelenburg auch Fr. Ueberweg, System der Logik und Gesch. der logischen
Lehren, Bonn 1857, 2. Aufl. ebend. 1865, überein.

Neben den bezeichneten philosophischen Richtungen gehen manche andere,
ältern und neuern Ursprungs, her.

Auf den meisten katholischen Lehranstalten herrscht ein scholastisch modificirter Aristotelismus, insbesondere die thomistische Doctrin; doch hat in neuester
Zeit, besonders in Oesterreich, auch der Herbartianismus einen grossen Einfluss gewonnen. Sporadisch tauchen Versuche selbstständiger Umgestaltung der Philosophie
auf, wie der von Frohschammer (dem Herausgeber der Zeitschrift: Athenaeum),
der von Michelis (der Verfasser einer oben citirten Schrift über Plato, einer
Uebersicht über den Entwicklungsgang der Philosophie und anderer Schriften und
Abhandlungen) etc. Ueber Bernh. Bolzano (1781—1848; Wissenschaftslehre, Sulzbach 1837, Athanasia ebd. 1838 etc.) a, M. J. Fesl und R. Zimmermann a. o. (S.
291) a. Ort. Olschinger, Syst. der christl. Philos., 2. Aufl., Straubing 1852. Mart.
Deutinger, der gegenwärtige Zustand der deutschen Philosophie, aus dem hand-
schriftl. Nachlass des Verstorbenen herausgegeben von Lorenz Kastner, München
1866. (Vgl. o. S. 288).

Zahlreiche und zum Theil sehr bedeutende Anhänger hat die Kantische
Richtung, obschon heute weniger unter den Philosophen von Profession, als unter
Vertretern positiver Wissenschaften und in dem weiteren Kreise der Gebildeten.
Zu den Philosophen dieser Richtung gehört ausser Reichlin-Meldegg u. a. oben
(§ 19, S. 183 ff.) Erwähnten insbesondere noch Jürgen Bona Meyer, der Verfasser
der oben erwähnten Schriften: Thierkunde des Aristoteles, über Voltaire und
Rousseau, über Fichte's Reden an die deutsche Nation, ferner einer Schrift zum
Streit über Leib und Seele, Hamburg 1856, über die Idee der Seelenwanderung,
Hamburg 1861, und anderer philosophischer und pädagogischer Schriften und Abhandlungen. Ernst Reinhold (K. L.'s Sohn, 1793—1855; vgl. o. I, S. 10) stand
dem Kantianismus nahe. Zu Kant's kritischem Grundgedanken bekennt sich auch
Alb. Lange, der Verfasser der „Geschichte des Materialismus", Iserlohn 1866. Unter
den Naturforschern ist neben Apelt, Schleiden etc. namentlich auch Helmholtz zu
erwähnen, der die Verwandtschaft zwischen der transscendentalen Aesthetik Kant's und
der heutigen physiologisch-psychologischen Theorie der Sinneswahrnehmung hervorhebt, ferner der Physiolog C. Rokitansky u. A. Mit dem Kantischen Kriticismus
in gewissem Betracht verwandt, obschon nicht auf dem Kantischen Apriorismus und
Subjectivismus ruhend, ist die gegenwärtig in der Naturforschung, sofern sie sich vom
Materialismus fern hält, vorherrschende Maxime, alles, was jenseits der Grenzen
exacter Forschung liegt, von dem Bereiche wissenschaftlicher Erkenntniss schlechthin
auszuschliessen und dem blossen „Glauben" völlig anheimzugeben, wie z. B. Rud.
Virchow principiell „nur von dem, was der wissenschaftlichen Erkenntniss zugänglich ist, Zeugniss ablegen" will und gegenüber dem Wissen, das mehr ein „Flüssiges"
sei, dem Glauben das „Vorrecht, in jedem Augenblick stetig zu sein", zugesteht,
S. Virchow, vier Reden über Leben und Krankheit, Berlin 1862. Ueber die psychologischen Fragen und über das Verhältniss der Naturwissenschaft zu dem Glauben

äussert sich Virchow besonders in dem Aufsatz über Empirie und Transcendenz, im Archiv für patholog. Anat. und Phys. VII, Heft 1, und in der Abhandlung über die Einheitsbestrebungen in der wiss. Medicin, verfasst 1810, wiederabgedruckt in Virchow's gesammelten Abh. zur wiss. Medicin, Frankfurt a. M. 1856, S. 1-56.

Mit eigenthümlichen Versuchen sind unter Andern hervorgetreten: Heinrich Böhmer, die Sinneswahrnehmung, Erlangen 1863 ff. Anton Rée, Wanderungen auf dem Gebiete der Ethik, Hamburg 1857. V. A. von Stägemann, die Theorie des Bewusstseins im Wesen, Berlin 1864. J. v. Kirchmann, die Philosophie des Wissens, Berlin 1864; über die Unsterblichkeit, Berlin 1865. Eugen Dühring, natürliche Dialektik, Berlin 1865. Der Werth des Lebens, Breslau 1865.

Am meisten Aufsehen hat während der letzten Jahre der noch gegenwärtig fortgehende Materialismus-Streit erregt. Durch den Entwicklungsgang der neuesten Philosophie und Naturwissenschaft, insbesondere durch die von Feuerbach und Anderen vollzogene naturalistische Umbildung des Hegelianismus bedingt, kam derselbe, nachdem er schon früher besonders zwischen Rudolf Wagner und Carl Vogt und zwischen Liebig und Moleschott geführt worden war, in weiterem Umfange hauptsächlich auf Anlass des Vortrags, den Rud. Wagner auf der Naturforscher-Versammlung zu Göttingen 1854 „über Menschenschöpfung und Seelensubstanz" hielt (gedruckt Göttingen 1854) zum Ausbruch. (Der erste Theil dieses Vortrags sucht darzuthun, dass die Frage, ob alle Menschen von Einem Paare abstammen, sich vom Standpunkte exacter Naturforschung aus eben so wenig bejahen, wie verneinen lasse, dass die Möglichkeit der Abstammung von Einem Paare physiologisch unbestreitbar sei, da wir immer noch physiognomische Eigenthümlichkeiten bei Menschen und Thieren entstehen und beharrlich werden sehen, welche, wenn auch nur entfernt, an die Rassenbildung erinnern, und dass daher die jüngsten Resultate der Naturforschung den biblischen Glauben anangetastet lassen. Der zweite Theil des Vortrags wendet sich gegen den Satz Karl Vogt's: „die Physiologie erklärt sich bestimmt und kategorisch gegen eine individuelle Unsterblichkeit, wie überhaupt gegen alle Vorstellungen, welche sich an diejenige der speciellen Existenz einer „Seele" anschliessen; — sie erkennt in den Seelenthätigkeiten Functionen des Gehirns als des materiellen Substrats". Wagner geht auf den ältesten christlichen Standpunkt zurück, indem er behauptet, aus diesem Satze folge die praktische Consequenz, dass Essen und Trinken die höchste menschliche Function sei; er hält die Naturwissenschaft nicht für reif, um aus ihrem Mittelpunkt heraus die Frage über die Natur der Seele überhaupt zu entscheiden, und will in die Lücke des Wissens den Glauben an eine individuelle, beharrliche Seelensubstanz treten lassen, um nicht „die sittlichen Grundlagen der gesellschaftlichen Ordnung völlig zu zerstören".) Als eine „Fortsetzung der Betrachtungen über Menschenschöpfung und Seelensubstanz" liess Wagner bald hernach ein Schriftchen: „über Wissen und Glauben mit besonderer Beziehung auf die Zukunft der Seelen", Gött. 1854, erscheinen, worin er, wie auch in dem „Kampf um die Seele", Göttingen 1857, aus der Verschiedenheit der Organismen der früheren und der späteren geologischen Perioden successive, in den Naturlauf eingreifende Schöpfungsacte folgert, auf die Lehre von dem zukünftigen Gericht und der Wiedervergeltung die moralische Weltordnung basirt und der Seele, die er sich wie einen Gebärmutter vorstellt, nach dem Tode eine andere locale Existenz vindicirt, indem ihre Ueberpflanzung in einen anderen Weltraum eben so schnell und leicht erfolgen könne, wie die Fortpflanzung des Lichtes von der Sonne zur Erde; eben so könne diese Seele einst zurückkehren und mit einem neuen körperlichen Kleide versehen werden.) Gegen Wagner's Auseinanderhaltung des Wissens und Glaubens und gleichsam „doppelte Buchhaltung", die er schon früher in seinen physiologischen

§ 26. Der gegenwärtige Zustand der Philosophie in Deutschland.

Schriften und in Aufsätzen für die Augsburger Allgem. Zeitung bekundet hatte, hatte sich u. A. schon Lotze in seiner „medicinischen Psychologie" erklärt, da eine harmonische Gesammtüberzeugung ein wesentliches Bedürfniss des Geistes sei. Carl Vogt nahm den Fehdehandschuh, den Wagner ihm hinwarf, auf und kämpfte in: Köhlerglaube und Wissenschaft, Giessen 1854 u. ö. hauptsächlich mit der Waffe der Satire gegen dessen Ansichten an. In wissenschaftlichem Zusammenhange geht Vogt in seinen physiolog. Briefen, Stuttgart 1845–47 u. ö., Bildern aus dem Thierleben, Frkf. a. M. 1852, und Vorlesungen über den Menschen, seine Stellung in der Schöpfung und in der Geschichte der Erde, Giessen 1864, auf jene Fragen ein. Die systematische Ausbildung des materialistischen Princips haben sich hauptsächlich Jac. Moleschott und Louis Büchner zur Aufgabe gesetzt. Moleschott, der Kreislauf des Lebens, physiologische Antworten auf Liebig's chemische Briefe, Mainz 1852, 4. Aufl. 1862; die Einheit des Lebens, Vortrag geh. an der Turiner Hochschule, Giessen 1864. L. Büchner, Kraft und Stoff, empirisch-naturphilosophische Studien, in allgemein-verständlicher Darstellung, Frankfurt a. M. 1855, 8. Aufl. 1864 (das eigentliche Grundbuch des heutigen deutschen Materialismus); Natur und Geist, Gespräche zweier Freunde über den Materialismus und die realphilosophischen Fragen der Gegenwart, Frankf. a. M. 1857, 2. Aufl. 1865. Physiologische Bilder, Leipzig 1861. Aus Natur und Wissenschaft, Leipzig 1862. Mit dem Materialismus kommt in der Negation einer zweiten, jenseitigen oder „übersinnlichen" Welt und in der „Zufriedenheit mit der Einen natürlichen, alles Wahre, Gute und Schöne umfassenden Welt" überein Heinrich Czolbe, neue Darstellung des Sensualismus, Leipzig 1855; Entstehung des Selbstbewusstseins, eine Antwort an Herrn Prof. Lotze, ebd. 1856; die Grenzen und der Ursprung der menschlichen Erkenntniss, im Gegensatze zu Kant und Hegel, naturalistisch-teleologische Durchführung des mechanischen Princips, Jena und Leipzig 1865. (Czolbe's methodisches Princip ist das „sensualistische", dass ein klares Bild von dem inneren Zusammenhange der Dinge nur bei voller sinnlicher Anschaulichkeit aller hypothetischen Ergänzungen der Wahrnehmung erreichbar, und dass das Denken selbst nur ein Surrogat der wirklichen Anschauung sei, weshalb er principiell alles Uebersinnliche ausschliesst. In den beiden ersten der angeführten Schriften nimmt Czolbe neben den physikalischen und chemischen Vorgängen auch die organischen Formen als etwas Elementares an, versucht aber aus gewissen physikalischen Bewegungen der Materie Empfindungen und Gefühle als die Elemente der Seele zu entwickeln; in der Schrift über die Grenzen und den Ursprung der menschlichen Erkenntniss dagegen erklärt er diesen letztern Versuch für verfehlt, und stellt der Materie und den zweckmässigen Formen als gleich ursprünglich „die im Raume verborgenen Empfindungen und Gefühle oder die Weltseele" zur Seite, und verbindet mit diesen „drei fundamentalen Grenzen der Erkenntniss" als „ideale Grenze der Erkenntniss" den letzten Zweck der Welt, in dem ihre Einheit bestehe, nämlich „das durch die möglichste Vollkommenheit bedingte Glück jedes fühlenden Wesens"; das Streben nach diesem Glück in seinem wesentlichen Unterschiede von dem einseitigen Streben nach sinnlichem Glück und von dem einseitigen Egoismus ist ihm das Grundprincip der Moral und des Rechts. Um die Weltordnung als an und für sich zweckmässig denken zu können, betrachtet er sie als ewig und schreibt die gleiche Ewigkeit auch, obschon nicht den menschlichen Individuen, doch den einzelnen Weltkörpern zu, mindestens denjenigen, welche organische und beseelte Wesen tragen, insbesondere der Erde, welche letztere Annahme freilich mit astronomischen und geologischen Thatsachen streitet, insbesondere mit der allmählichen Abnahme der Drehungsgeschwindigkeit der Erde durch Ebbe und Fluth, mit den Spuren allmählicher Erkaltung, wie auch mit der Wahrscheinlichkeit des Vorhandenseins eines die fortschreitende Bewegung hemmenden und all-

§ 28. Der gegenwärtige Zustand der Philosophie in Deutschland. 299

mählich die Bahnen der sämmtlichen Weltkörper verkleinernden Mediums, welches vor der Sonderung der Massen und dem frühen Sturz der in lang gestreckten Bahnen laufenden auf den eben hierdurch immer mehr vergrösserten und erhitzten Centralkörper weit dichter, als jetzt, gewesen sein muss. Die Vibrationen im Gehirn vermögen nach Czolbe Empfindungen und Gefühle zwar nicht zu erzeugen, wohl aber aus der Weltseele, in der dieselben „latent" sind, „auszulösen", wobei jedoch diese „Auslösung" selbst als eine „elementare Thatsache" unerklärt bleibt.) Eine Tendenz zu neuer Kirchenbildung bekundet der Naturalismus bei Ed. Löwenthal, Geschichte und System des Naturalismus, Leipzig 1861 u. ö.; eine Religion ohne Bekenntniss, Berl. 1865. Einen vermittelnden Standpunkt nimmt im Materialismusstreit der Hegellaner Jul. Schaller ein, Leib und Seele, zur Aufklärung über Köhlerglaube und Wissenschaft, Weimar 1855, 3. Aufl. 1858. Vom Schopenhauer'schen Standpunkte aus unterscheidet Frauenstädt (Leipzig 1856) in dem Materialismus Wahrheit und Irrthum. Aus dem Standpunkt des theologischen Glaubens urtheilen über den Materialismus die Katholiken J. Frohschammer, Menschenseele und Physiologie, eine Streitschrift gegen K. Vogt, München 1855, Friedr. Michelis, der Materialismus als Köhlerglaube, Münster 1856, wie auch Anton Tanner, Vorlesungen über den Materialismus, Luzern 1861, die Protestanten Friedr. Fabri, Briefe gegen den Materialismus, Stuttgart 1856, zweite, mit einer Abhandlung über den Ursprung und das Alter des Menschengeschlechts vermehrte Auflage, ebd. 1864, und Otto Woysch, der Materialismus und die christliche Weltanschauung, Berlin 1857, die Philosophen K. Ph. Fischer, die Unwahrheit des Sensualismus und Materialismus, mit besonderer Rücksicht auf die Schriften von Feuerbach, Vogt und Moleschott, Erlangen 1853, Herm. Ulrici, Glauben und Wissen, Leipzig 1858, Gott und die Natur, ebd. 1861, 2. Aufl. 1866, Gott und der Mensch, Bd. 1, ebd. 1866, und Andere. Vgl. ferner u. A.: Braubach, Köhlerglaube und Materialismus oder die Wahrheit des geistigen Lebens, Frankfurt 1856, J. B. Meyer, zum Streit über Leib und Seele, Worte der Kritik, Hamburg 1856, Robert Schellwien, Kritik des Materialismus, Berlin 1858; Sein und Bewusstsein, Berlin 1863. A. Cornill, Materialismus und Idealismus in ihrer gegenwärtigen Entwicklungskrisen, Heidelberg 1858. Karl Snell, die Streitfrage des Materialismus, ein vermittelndes Wort, Jena 1858, wozu als Ergänzung die kurze, von gründlicher Einsicht zeugende Schrift gehört: die Schöpfung des Menschen, Leipzig 1863. Naturforschung und Culturleben, von August Näth. Böhner, Hannover 1859. M. J. Schleiden, über den Materialismus in der neueren Naturwiss., Leipzig 1863. Eine Verbindung des Atomismus mit dem Unsterblichkeitsglauben hat M. Drossbach herzustellen gesucht: die Harmonie der Ergebnisse der Naturforschung mit den Forderungen des menschlichen Gemüthes oder die persönliche Unsterblichkeit als Folge der atomistischen Verfassung der Natur, Leipzig 1858; die Objecte der sinnl. Wahrn., Halle 1865. Die Bonnet'sche Tendenz der Vereinigung der Annahme durchgängiger leiblicher Bedingheit der Seelenthätigkeiten mit dem theologischen Glauben hat Spiess erneut, der für wahrscheinlich hält, dass sich während des irdischen Lebens und durch dasselbe ein „Keim höherer Ordnung" im Menschen bilde, der nach dem Aufhören des irdischen Lebens — nicht, wie die organischen Keime, in den Nachkommen, sondern — „in anderen Theilen der unendlichen Schöpfung Gottes zu einer höheren Entwicklung gelangend, die persönliche, individuelle Fortdauer ermöglichen würde". G. A. Spiess, Physiologie des Nervensystems, vom ärztlichen Standpunkte dargestellt, Braunschweig 1844; über die Bedeutung der Naturwissenschaften für unsere Zeit, und: über das körperliche Bedingtsein der Seelenthätigkeiten, zwei Festreden, Frankf. a. M. 1854. In Ein Atom verlegt die Gesammtheit der psychischen Functionen des Individuums O. Flügel, der Materialismus vom Standpunkt der atomistisch-mechanischen Naturforschung beleuchtet, Leipzig 1865. Gegen den Materialismus hat in jüngster Zeit Ferd. Westhoff geschrieben, Stoff, Kraft und Gedanke, Münster 1865. Neue Versuche der Systembildung, die ein Verständniss des natürlichen und geistigen Lebens auf Grund der Ergebnisse der exacten Naturforschung zu gewinnen suchen, sind: Christian Wiener, die Grundzüge der Weltordnung, Leipzig und Heidelberg 1863, und Radenhausen, Isis, der Mensch und die Welt, Hamburg 1863. Eine Uebersicht über den modernen Materialismus in Deutschland giebt Rosenkranz, der deutsche Materialismus und die Theologie, in Hilgenfeld's Zeitschr. für hist. Theologie, VII, Heft 3, 1864. Durch gleichmässige Vertrautheit mit der Philosophie und mit der positiven Naturforschung ausgezeichnet ist F. Alb. Lange's geistvolle Schrift: Geschichte des Materialismus und Kritik seiner Bedeutung in der Gegenwart, Iserlohn 1866. In jüngster Zeit hat sich dem mit der Frage nach dem Verhältniss von Kraft und Stoff eng verknüpften, aber der positiven Naturforschung näher liegenden Problem der Entstehung der Arten seit Darwin's Schrift on the origin of species (s. u. S. 3/2) vorzugsweise das philosophische Interesse zugewandt.

§ 29. Ausserhalb Deutschlands sind seit dem Ende des achtzehnten Jahrhunderts originale philosophische Systeme nicht entstanden; doch ward die philosophische Tradition gewahrt und theilweise auch die Forschung weiter geführt. In England und Nordamerika blieb das philosophische Interesse vorwiegend empirisch-psychologischen, methodologischen, moralischen und politischen Untersuchungen zugewandt. In Frankreich trat dem Sensualismus und Materialismus theils die eklektisch-spiritualistische Schule entgegen, die von Royer-Collard im Anschluss an Reid begründet, von Cousin durch Mitaufnahme einzelner deutschen Philosopheme weiter ausgebildet wurde und die Tradition des Cartesianismus wieder aufnahm, theils eine theosophische Richtung; in neuester Zeit gewann der Hegelianismus einzelne Anhänger; einen materialistischen „Positivismus" hat Comte begründet. In den von der katholischen Kirche geleiteten Lehranstalten Frankreichs, Spaniens und Italiens herrscht ein modificirter Scholasticismus, insbesondere der Thomismus vor. In Belgien, Holland, Dänemark, Schweden und Norwegen, Russland, Polen und Ungarn haben die verschiedenen Richtungen der deutschen Philosophie nacheinander einen nicht unbeträchtlichen Einfluss gewonnen. In Italien, wo neben dem von der Kirche begünstigten Thomismus besonders die Lehren des an die schottische Philosophie anknüpfenden Rosmini und des ein freies Bündniss zwischen Vernunft und Glauben erstrebenden Gioberti manche Anhänger zählen, findet in jüngster Zeit auch der Hegelianismus eifrige Vertreter.

Im vierten Bande der History of the Philosophy of mind von Robert Blakey, London 1848, findet sich eine ausführliche Uebersicht über die von 1800 bis gegen 1848 erschienenen philosophischen Werke in Grossbritannien, Deutschland, Frankreich, Italien, Belgien und Holland, Spanien, Ungarn, Polen, Schweden, Dänemark,

§ 29. Der gegenwärtige Zustand der Philos. ausserhalb Deutschlands. 301

Russland und in den nordamerikanischen Freistaaten. Ueber die Philosophie in Frankreich im neunzehnten Jahrhundert handeln Ph. Damiron, essai sur l'histoire de la philosophie en France au XIXe siècle, Paris 1828, und H. Taine, les philosophes français du XIXe siècle, Paris 1857, 2. éd. Paris 1860. Ueber die neueste italienische Philosophie enthält eine Uebersicht die Schrift: Histoire des doctrines philosophiques dans l'Italie contemporaine, par Marc Debrit, Paris 1859, ferner die von Ernest Naville in's Französische übersetzte Schrift: la philosophie italienne contemporaine, revue sommaire par Auguste Conti, Paris 1865; eine lebendige Schilderung der gegenwärtigen philosophischen Bestrebungen in Italien und besonders in Neapel giebt auf Grund genauer Autopsie Theodor Sträter, Briefe über die italienische Philosophie, in der von Michelet hrsg. Zeitschrift: der Gedanke, Berlin 1864 und 65. Eben diese Zeitschrift enthält eine Reihe von Correspondenz-Artikeln über die gegenwärtige Philosophie ausserhalb Deutschlands. Auch die Fichte'sche Zeitschr. für Philosophie und philos. Kritik enthält manche Beiträge zur Kenntniss des gegenwärtigen Zustandes der Philosophie im Auslande, u. a. in Bd. X, Tübingen 1843, S. 121—159, einen Aufsatz von T. Roorda, über den gegenwärtigen Zustand der Philosophie in den Niederlanden; in Bd. XXIX. ff., Halle 1856 ff., Artikel von J. B. Meyer, über den neueren Sensualismus in Frankreich; in Bd. XXX, 1857, einen Aufsatz von Warnkönig über die Philosophie des Rechts in Belgien; in Bd. XXXI, 1857, von Ed. Böhmer über die Philosophie in Italien (besonders über Bonghi und über Mamiani); in Bd. XXXIV. und in Bd. XXXV, 1859, von Rud. Seydel über Rosmini und Gioberti; in Bd. XXXV. von Meyer über Maine de Biran, etc. Ueber neuere psychologische Arbeiten im Auslande handelt insbesondere Beneke, die neue Psychologie, Berlin 1845, S. 272—350.

In England und Schottland sind die psychologischen Untersuchungen von Reid, Stewart, Brown und Anderen (s. o. S. 125 f.) fortgesetzt worden von James Mill, Analysis of human mind, 2 voll., London 1829, James Abercrombie, Inquiries concerning the intellectual powers and the investigation of truth, Edinb. 1830, 14. ed. London 1856, John Young, Lectures on the intellectual philosophy, Glasgow 1835, J. Douglas, on the philosophy of the mind, Edinburg 1839, W. Hamilton, discussions on philosophy and literature 1852; on truth and error, Cambridge 1856; lectures on the logic edited by Mansel and Veitch, London 1860; J. M'Cosh, the intuitions of the mind, new edition, London 1865. Verwandter Art sind auch die Untersuchungen von Chenevix über die Ursachen der Bildung des Nationalcharakters, an Essay upon national character, London 1832. Auch in Nordamerika haben Stewart und Brown Einfluss gewonnen. Thomas C. Uphard, Elements of mental philosophy, Portland and Boston 1831. Ueber die Methode der wissenschaftlichen Forschung, insbesondere der Naturforschung, handeln: der Astronom John Herschel, a preliminary discourse on the study of natural philosophy, London 1831 (deutsch von Weinlig, Lps. 1836), ferner der kantianisirende Verfasser einer trefflichen History of the inductive sciences, 1837 (deutsch von Littrow, 1839—42) Will. Whewell in seiner Philosophy of the inductive sciences, founded upon their history, London 1840, 2. ed. 1852, mit dem entschiedensten Erfolge aber John Stuart Mill, a System of Logic, ratiocinative and inductive, being a connected view of the principles of evidence and the methods of scientific investigation, London 1843 u. ö. (In's Deutsche übertragen von J. Schiel, Braunschweig 1849, zweite deutsche, nach der fünften des Originals erweiterte Auflage, ebd. 1862—63). Für die Rechtslehre und Gesetzgebungspolitik sind von hervorragender Bedeutung die Arbeiten des (an Priestley sich anschliessenden) Jerem. Bentham (1747—1832): Introduction to the principles of moral and legislation, 1789; Traité de législation civile et pénale pré- —

§ 29. Der gegenwärtige Zustand der Philos. ausserhalb Deutschlands.

cédé des principes généraux de législation (nach sporadischen Aufzeichnungen des Verfassers französisch bearbeitet von Etienne Dumont', Paris 1801, 2. éd. 1820, in's Englische übersetzt von R. Hildreth, London 1864, in's Deutsche übersetzt und mit Anmerkungen begleitet von Beneke, Berlin 1830; Théorie des peines et des récompenses, 1812; Essai sur la tactique des assemblées législatives, 1815; Traité des preuves judiciaires, 1823; Deontology or the science of morality, edited by John Bowring, 2 voll. 1834, franz. von Laroche. (Vgl. oben S. 273.) In jüngster Zeit hat auch deutsche Speculation einigen Einfluss gewonnen, der sich namentlich bekundet bei J. H. Stirling, the secret of Hegel, London 1865. Durch Arbeiten zur Geschichte der Philosophie haben ausser dem oben (S. 126) erwähnten Mackintosh besonders Whewell in seinen Lectures on the history of moral philos. in England, London 1852, und Elements of Morality, including Polity, London 1854 u. ö., Blakey, Lewes, Grote und Andere sich verdient gemacht. Von grossem philosophischem Werthe ist Buckle, History of Civilisation in England, London 1857—60 (aus dem Engl. übers. von Arnold Ruge, Leipzig 1860), wie auch J. W. Draper, History of the intellectual development of Europe, New-York 1864; auch haben eine über ihren nächsten praktischen Zweck weit hinausreichende philosophische Bedeutung nationalökonomische Untersuchungen, wie die von Thomas Robert Malthus, Essay on the principles of population, London 1798 u. ö., David Ricardo, principles of political economy and taxation, London 1817, wie auch von dem Amerikaner H. C. Carey, principles of social science, 3 vls, Philadelphia 1859. Vgl. Friedr. Alb. Lange, John Stuart Mill's Ansichten über die sociale Frage und die angebliche Umwälzung der Socialwissenschaft durch Carey, Duisburg 1866. Eine auch in Deutschland und Frankreich lebhaft geführte naturphilosophische Controverse hat die Schrift von Charles Darwin: On the origin of species by means of natural selection, or the preservation of favoured races in the struggle of life, London 1859 (deutsch von Bronn, Stuttgart 1860), hervorgerufen.

Die französische Philosophie in den ersten Jahrzehnten des gegenwärtigen Jahrhunderts wird von Damiron auf drei Hauptrichtungen zurückgeführt: die sensualistische, theologische und eklektisch-spiritualistische. Die sensualistische Schule, aus dem achtzehnten Jahrhundert in das neunzehnte hinüberragend, fand in Cabanis, Destutt de Tracy und Laromiguière (s. oben S. 121) ihre letzten Hauptvertreter. Zu der theologischen Schule gehören (ausser St. Martin und anderen Böhmisten, s. o. S. 29) der Graf Jos. de Maistre (1753—1811), der Vicomte L. G. A. de Bonald (1754—1840; œuvres, Par. 1817—19), der Priester de Lamennais (1782—1854; paroles d'un croyant, Paris 1834, etc.; vgl. über ihn Blaize, essai biogr. 1858, Binaut in der Revue des deux mondes, 1860 und, wie auch über de Maistre, 1861) und Andere, deren Werke grossentheils mehr der Geschichte der Religion, der Politik und der Litteratur, als der Geschichte der Philosophie angehören, ferner Bautain (philosophie du Christianisme, 1830; psychologie expérimentale, 1839; philosophie morale, 1842; la morale de l'Evangile comparée aux divers systèmes de morale, 1855; philosophie des lois au point de vue chrétien, Par. 1860; la conscience, 2. éd. Par. 1861). Die eklektisch-spiritualistische Schule ist von Pierre Paul Royer-Collard (1763—1845; 1811—13 Professor am Collège de France; vgl. über ihn A. Philippe, R.-C., Paris 1858, und Barante, la vie polit. de R.-C., ses discours et ses écrits, Paris 1861) begründet worden, der im Anschluss an den schottischen Philosophen Reid (Untersuchungen über den menschlichen Intellect nach den Grundsätzen des gemeinen Menschenverstandes) den Sensualismus und Skepticismus zu widerlegen unternahm, freilich mehr redneriseh, als untersuchend verfuhr. Mit der schottischen Philosophie suchte Victor Cousin, der „philosophe-orateur", einzelne Elemente der deutschen Speculation zu verschmelzen, insbesondere Hegel's geschichts-

§ 29. Der gegenwärtige Zustand der Philos. ausserhalb Deutschlands. 303

philosophisches Entwicklungsprincip, und liess seinen eklektischen Spiritualismus als eine Erneuerung des Cartesianismus gegenüber dem Sensualismus des achtzehnten Jahrhunderts erscheinen. Oeuvres de V. Cousin, 5 séries: I.—II.: Cours de l'histoire de la philosophie moderne, Par. 1846—48, III.: Fragmens philosophiques, 1847—48, IV.: Littérature, 1849, V.: Instruction publique, 1850. Ueber Cousin handelt C. E. Fuchs, die Philosophie V. C.'s, Berlin 1847, A. Aulard, études sur la philosophie contemporaine: M. Victor Cousin, Nantes 1869, und J. E. Alaux, la philosophie de M. Cousin (bildet einen Theil der Bibliothèque de philosophie contemporaine), Par. 1864; öfters nimmt auf seine Doctrin J. B. Meyer Bezug in Referaten in der Fichte'-schen Zeitschrift, insbesondere auch in Band XXXII, 1858, S. 276—290: Cousin's philos. Thätigkeit seit 1830. Im Wesentlichen huldigen der gleichen Richtung auch Maine de Biran, der in dem Willen das Wesen der Seele findet (Oeuvres philos. de M. de B., hrsg. von Cousin (unvollständig) Paris 1841; über ihn handelt E. Naville, M. d. B., sa vie et ses pensées, Paris 1857) und Théodore Simon Jouffroy, welcher Letztere Mélanges philosophiques, Paris 1833—42, und Cours de droit naturel, Par. 1834—35, verfasst, auch Reid's Oeuvres, Par. 1836, und Stewart's Esquisses de philosophie morale, 3. éd. 1841, in französischer Uebersetzung herausgegeben hat. Unter Cousin's zahlreichen Schülern hat sich Bouillier besonders durch seine umfassende und genaue Darstellung der Geschichte des Cartesianismus verdient gemacht. Andere, wie Ravaisson, Hauréau, Rémusat, Damiron, Saisset, Janet, J. Simon, sind durch ihn besonders zu kritischen Studien auf dem Gebiete der Geschichte der Philosophie angeregt worden. Emile Saisset, der Uebersetzer des Spinoza, hat auch einen Essai de philosophie religieuse, Paris 1859, erscheinen lassen. Paul Janet hat den Büchner'schen Materialismus einer Kritik unterworfen: le matérialisme contemporain, examen du système de Buchner (bildet einen Theil der Bibliothèque de philos. contemporaine), Paris 1864 (deutsch von E. A. von Reichlin-Meldegg, mit einem Vorwort von I. Herm. Fichte, Paris und Leipzig 1866), auch eine philosophie du bonheur, Paris 1864, verfasst. Um die Kenntniss der Geschichte der neueren Philosophie und insbesondere der deutschen Philosophie hat sich Chr. Bartholmèss (1815—1855) sehr verdient gemacht; ausser der oben (S. 96) citirten Schrift desselben sei hier noch erwähnt die (im theistischen Sinne verfasste) Histoire critique des doctrines religieuses de la philosophie moderne, Strassb. 1855. Besonders durch den Kantischen Kriticismus ist der Standpunkt von Charles Renouvier, Essais de critique générale, Paris 1854, bedingt. Pierre Leroux, der eine Réfutation de l'eclecticisme, Paris 1839, und eine Schrift de l'humanité, Paris 1840, verfasst hat, hat (wie auch Proudhon, 1809—1865) in seine socialistische Doctrin manche aus der deutschen Philosophie, insbesondere aus dem Hegelianismus stammende Gedanken aufgenommen. Mit den philosophischen Problemen berühren sich vielfach die nationalökonomischen Untersuchungen Bastiat's und Anderer. Der Einfluss deutscher Speculation bekundet sich in mehrfachem Betracht bei Ernest Renan, H. Taine, Jules Michelet (Bible de l'humanité, Paris 1864) und anderen französischen Denkern der Gegenwart, auch bei E. Vacherot, la métaphysique et la science, Paris 1858, 2. éd. Paris 1862. Gründer eines eigenthümlichen, an die mathematischen Wissenschaften sich eng anschliessenden philosophischen Systems ist Auguste Comte (1795—1857; über ihn handelt E. Littré, Paris 1863), der die Theologie, Metaphysik und exacte Forschung als drei auf einander folgende Entwicklungsstufen betrachtet: Cours de philosophie positive, Paris 1839—42; Système de politique positive, 1851—54.

In Belgien herrscht an der Universität zu Brüssel der Krausceanismus, früher durch Ahrens, jetzt durch Tiberghien vertreten. Leroy in Lüttich hat eine

§ 29. Der gegenwärtige Zustand der Philos. ausserhalb Deutschlands.

Schrift über die Philosophie im Lütticher Lande während des 17. und 18. Jahrhunderts verfasst, Liége 1860. In Gent vertrat früher Huet, ein Schüler von Bordas-Demoulin, den modernen Cartesianismus, ebenso Huet's Schüler Callier; der jetzt dort lehrende Joseph Delboeuf hat sich mit Untersuchungen zur Philosophie der Mathematik, zur Logik und zur Theorie der Sinneswahrnehmung beschäftigt (Prolégomènes philosophiques de la géométrie et solution des postulats, Liége 1860; Essai de logique scientifique, prolégomènes, suivis d'une étude sur la question du mouvement considérée dans ses rapports avec le principe de contradiction, Liége 1865; Abhandlungen in den Bulletins der Brüsseler Akademie über Sinnestäuschungen, über die Farbenscala, ferner über das psycho-physische Maass etc.). In Löwen vertrat Ubaghs einen supranaturalistischen „Ontologismus", der jedoch, wie in Deutschland der Güntherianismus, in gewissen Beziehungen der Kirche Anstoss gab und besonders durch die Jesuiten bekämpft wurde, welche Letzteren auch in Namur und Gent philosophischen Unterricht ertheilen. Von grosser philosophischer Bedeutung sind Laurent's völkerrechtliche und culturhistorische und Quételet's criminal- und überhaupt moral-statistische Untersuchungen. In Holland herrscht das durch Frans Hemsterhuis (1720-90) und Daniel Wyttenbach (1746-1820) empfohlene populäre Philosophiren im Anschluss an die Alten vor. Ausser Arbeiten zur Geschichte der Philosophie von Noordn und Anderen sind besonders die Untersuchungen zur Logik, Aesthetik und Religionsphilosophie von C. W. Opzoomer zu erwähnen. In Dänemark hat, wie früher der Kantianismus und Schellingianismus, so neuerdings auch der Hegelianismus Anhänger gewonnen. In Schweden, insbesondere an der Universität zu Upsala, wurde die Kantische Philosophie durch D. Boëthius vertreten, die Fichte'sche und Schelling'sche durch Benjamin Höljer; auf den Leibnitzianismus ist C. J. Boström zurückgegangen; ein Schüler Boströms ist Ribbing, der über Plato geschrieben hat (s. o. I, § 40). Den Hegelianismus vertreten Borelius in Calmar und M. J. Monrad in Christiania. In Siebenbürgen hat Beneke's Psychologie und Pädagogik, in Polen und Ungarn der Hegelianismus Einfluss gewonnen. Auch in Russland hat sporadisch die deutsche Philosophie Eingang gefunden. Von neugriechischen Schriften verdient u. a. Erwähnung: Θεωρητικῆς καὶ πρακτικῆς φιλοσοφίας στοιχεῖα, ὑπὸ Βραΐλα Ἀρμένη, καθηγητοῦ τῆς φιλοσοφίας ἐν τῇ Ἰονίᾳ ἀκαδημίᾳ (damals Senatssecretair der ionischen Inseln), ἐν Κερκύρᾳ 1863. In Spanien herrscht ein gemilderter Scholasticismus, der mit der abstrusen Form zugleich vieles von der alten Strenge und Tiefe verloren hat. Zu den bedeutendsten Vertretern desselben gehört Balmes, dessen Schriften grossentheils durch Lorinser in's Deutsche übertragen worden sind.

Eine rege philosophische Thätigkeit bekundet sich in jüngster Zeit in Italien. Nachdem bereits im achtzehnten Jahrhundert Cesare Beccaria (1735—93; dei delitti e delle pene, Monaco 1764) und Gaetano Filangieri (1752—1788; la scienza della legislazione, Napoli 1781—88) die Forderung einer Reform der Gesetzgebung im liberalen Sinne auf philosophische Gründe gestützt hatten, hat sich im gegenwärtigen Jahrhundert um die Rechtsphilosophie besonders Giovanni Domenico Romagnosi (1761—1835) verdient gemacht, der auch auf dem Gebiete der Psychologie, der Erkenntnisslehre und der Geschichte der Philosophie erfolgreich gearbeitet hat. Elementi di filosofia, Mess. 1821. Genesi del diritto penale, 4 Aufl. Florenz 1832. Che cosa è la mente sana, Mailand 1827. Della suprema economia dell'umano sapere in relazione alla mente sana, Mailand 1828. Opere, Florenz 1832—35; Mailand 1836—45. Romagnosi bekämpft nicht nur die Voraussetzung angeborener Ideen, sondern auch die der angeborenen abstracten Seelenvermögen; er erklärt es (che cosa etc., Milano 1827, p. 79, citirt von Beneke a. a. O. S. 296) für einen enor-

§ 29. Der gegenwärtige Zustand der Philos. ausserhalb Deutschlands. 305

men Missgriff, die abstracten Allgemeinheiten der Wirkungen als reale wirkende Ursachen eben dieser Wirkungen anzunehmen. Der Neapolitaner Pasquale Galuppi (1774—1846) hat hauptsächlich die Erkenntnislehre mit kritischer Rücksicht auf Kant, wie andererseits auf schottische und französische Philosophen bearbeitet. Galuppi, Saggio filosofico sulla critica delle conoscenze, Napoli 1819; Elementi di filosofia, Messina 1821—27; Lettere filosofiche sulle vicende della filosofia, relativamente a' principj delle conoscenze umane da Cartesio sino a Kant inclusivamente, Messina 1827, auch Lezioni di logica e metafisica und Filosofia della volontà. An die schottische und französische Ideologie schliesst sich Gioja an, Ideologia, Milano 1822—23, wie auch Antonio Rosmini-Serbati aus Roveredo (1797—1855; vgl. über ihn E. Gorelli, Ant. Rosmini, Torino 1861), Nuovo saggio sull' origine delle idee, Rom 1830, auch Mailand 1836—37 u. ö.; Il rinnovamento della filosofia in Italia, Mailand 1836, 2. Aufl. 1840. Filosofia del diritto, 1839—41. Zu seinen Anhängern gehört Ruggiero Bonghi, der die Metaphysik des Aristoteles und Schriften Plato's übersetzt, auch Briefe über die italienische Litteratur verfasst und (auf Rosmini's Landsitz und Kloster Stresa am Lago maggiore gehaltene) philosophische Gespräche (Le Stresiane) in freier Darstellung veröffentlicht hat, ferner u. A. auch der Dichter Manzoni. An Royer-Collard schliesst sich der Rechtsphilosoph P. E. Imbriani an (der jüngere Imbriani, Vittorio, ist Litteraturhistoriker). Unter dem Kantischen Einfluss steht Mazzarella (Critica della scienza, 1860). Vincenzo Gioberti (1801—1852; über seine Doctrin handelt Spaventa, la filosofia di Gioberti, Napoli 1863, der jedoch vielleicht zu sehr Gioberti's Gedanken als den Hegel'schen verwandt erscheinen lässt), der durch Vertretung der nationalen Idee einflussreich gewordene Polküker, hat in seiner Schrift: Introduzione allo studio della filosofia, 1840, in seiner Protologia (publ. per cura di G. Massari, Torino 1857), Filosofia della rivelazione und Riforma cattolica della chiesa eine freie Allianz zwischen dem kirchlichen Glauben und der durch Intuition das Göttliche erfassenden Vernunft erstrebt; er will in die Philosophie einen „Ontologismus" an die Stelle des „Psychologismus" setzen. Mit Gioberti's Richtung ist die des Metaphysikers Terenzio Mamiani verwandt (della filosofia italiana; Ontologia: Dialoghi di scienza prima, Par. 1846). Auf den kirchlichen Lehranstalten herrscht der Thomismus, unter dessen Vertretern der Pater Liberatore (s. o. Grdr. II, 2. Aufl. § 31, S. 193) hervorragt; auch Sanseverino (philosophia christiana cum antiqua et nova comparata, Neap. 1862), de Crescenzio, die Rechtsphilosophen Taparelli und Audisio und Andere sind Thomisten. Eine antikirchliche Richtung vertreten insbesondere Giuseppe Ferrari, der Vico's Werke herausgegeben und eine Schrift: la filosofia della rivoluzione verfasst hat, und Ausonio Franchi, der Verfasser der Schriften: la filosofia delle scuole italiane; il razionalismo del popolo, Genova 1856, seconda edizione, Losanna 1863; la religione del secolo XIX., seconda edizione, Losanna 1860. Für Verbreitung der Hegel'schen Philosophie wirken Desanctis, Marselli, d'Ercole, del Zio, der Rechtsphilosoph Salvetti, der Aesthetiker Tari (Estetica ideale, Napoli 1853) und Andere, namentlich auch Vera und Spaventa. A. Vera hat unter anderm geschrieben: Introduction à la philosophie de Hégel, Paris et Londres 1855, 2. éd. 1865. Platonis, Aristotelis et Hegelii de medio termino doctrina, Par. 1856. Logique de Hégel, traduite pour la première fois de l'allemand et accompagnée d'une introduction et d'un commentaire perpétuel, Paris 1859. Prolusioni alla storia della filosofia ed alla filosofia della storia, Milano 1861. L'Hégélianisme et la philosophie, Paris 1862. Mélanges philosophiques, Par. 1862. Philosophie de la nature de Hégel, traduite pour la première fois et accompagnée d'une introduction et de notes perpétuelles, Par. 1864—66. Prolusioni alla storia della filosofia, Parigi 1863.

Prolusioni alla filosofia della storia, Parigi 1861. Essai de philosophie Hégélienne, introduction à la philosophie de l'histoire (bildet einen Theil der Bibliothèque de philos contemporaine), Paris 1864. Hauptsächlich durch anregenden Unterricht übt Spaventa eine mächtige Wirksamkeit an der Universität zu Neapel. Ausser der oben erwähnten Schrift über die Philosophie des Gioberti hat er verfasst: Carattere e sviluppo della filosofia Italiana dal secolo XVI. sino al nostro tempo, Modena 1860, ferner: Prolusione e introduzione alle lezioni di filosofia nella università di Napoli 1861, worin er, um die philosophischen Probleme klar in's Bewusstsein treten zu lassen, eine kritische Uebersicht über die Geschichte der neueren Philosophie bis auf Hegel und Gioberti giebt.

Berichtigungen und Zusätze.

Theil I, 2. Auflage.

S. 127, Z. 25 v. u. l.: exoterisch aber in dem Sinne: populär, an das Publicum, πρὸς ἕτερον, sich wendend, seinem Bedürfniss in didaktischem (und auch in künstlerischem) Betracht accommodirt, im Gegensatze zu dem, was τῷ φιλοσοφοῦντι καὶ ζητοῦντι πρὸς ἑαυτὸν μέλει (nach Top. VIII, 1, 155 B, 9; Anal. post. I, 10, 76 B, 24; Polit. VII, 8, 1325 B, 29; vgl. Thurot in Jahn's Jahrb. 81, 1860, S. 749 f.). Ebd. Z. 6 v. u. l.: Gegensatz zwischen dialektischer Darstellung für das Publicum und eigenem Philosophiren (nebst dem schmucklosen, nur die apodiktische Gedankenverkettung wiedergebenden Vorlautbaren und Aufzeichnen desselben).

Theil II, 2. Auflage.

S. 107, Z. 20 v. u. l. Hofschule st. Hochschule.
S. 121, Z. 18 v. o. l. 112 st. 9.
S. 207, Z. 17 v. u. l. 1269 st. 1279.
S. 227, Z. 1 v. o. l. nach 1337 st. um 1857.
S. 229, Z. 6 v. o. l. 1269 st. 1296.

Theil III.

S. 2, Z. 10 v. o. l. Mannheim 1854 ff. st. Darmstadt 1853 ff.
S. 12, Z. 4 v. u. l. 1670 und 1674 st. 1674.
S. 16, Z. 17 v. o. l. Samuel st. Simon.
S. 17, Z. 7 v. u. l. Adolf Planck st. Planck. Ebd. f. h.: Constantin Schlottmann, de Phil. Melanchthone reip. litterariae reformatore comm., Bonnae 1860. Bernhardt, Ph. Mel. als Mathematiker und Physiker, Wittenberg 1865.
S. 22, Z. 4 v. u. l. Card. st. Caud. Ebd. Z. 2 v. u. f. h.: R. Zimmermann, der Cardinal N. Cus. als Vorläufer Leibnitzens, aus den Sitzungsber. der Wiener

Akad. d. Wiss. bes. abgedr., Wien 1852. Ebd. Z. 1 v. u. f. h.: T. Stumpf, die polit. Ideen des N. v. C., Köln 1865. Jos. Klein, über eine Handschrift des N. v. C., Berlin 1866.

S. 28, Z. 25 v. o. f. h.: von Alessandro d'Ancona (mit einer vorangeschickten Abh. über Campanella's Leben und Lehre), Ebd. Z. 27 v. o. l. vita st. acta. Ebd. Z. 24 v. o. f. h.: vgl. Mamiani's Dialog über Campanella in seinen Dialoghi di scienza prima, Par. 1846, und Spaventa's Aufsätze über Campanella im Cimento, 1854.

S. 82, Z. 23 f. h.: Der Kanzler Samuel Coccejl gab 1751 in 5 Quartbänden seinen und seines Vaters Commentar zu des Hugo Grotius Schrift de jure belli ac pacis heraus. Ebd. Z. 28 f. h.: Hartenstein in den Abh. der k. sächs. Ges. der Wiss. 1850.

S. 44, Z. 15 v. u. f. h.: J. N. Huber, die Cartesianischen Beweise vom Dasein Gottes, Augsburg 1854. Ebd. Z. 12 v. u. f. h.: Chr. A. Thilo, die Religionsphilosophie des Descartes, in der Zeitschr. f. exacte Philos., Bd. III, Leipzig 1864, S. 121—182.

S. 45, Z. 11 v. o. f. h.: Chr. A. Thilo, über Mal.'s religionsphilos. Ansichten, in der Zeitschr. f. exacte Philos. IV, 1863, S. 181—196 und S. 209—224.

S. 54, Z. 27 v. u. f. h.: Sturm in Altdorf. Ebd. Z. 6 v. o. l. Faugère. Ebd. Z. 5 v. u. l. Bossut. Ebd. Z. 2 v. u. f. h.: Neander in: Wiss. Abh. hrsg. von J. L. Jacobi, Berlin 1851, S. 58—73 und S. 74—91.

S. 60, Z. 23 v. o. l.: in den Denkschriften der Berliner Akad. der Wiss. 1849, wiederabgedr. im II. Bande der Hist. Beitr. Ebd. Z. 20 v. u. f. h.: wiederabgedr. in: Hist. Beitr. zur Philos., Bd. II, Berlin 1853, S. 1—30. Ebd. Z. 12 v. u. l.: das Blinde und das Bewusste als niederer und höherer Grad der Beseeltheit (vgl. Eth. II, prop. 13: omnia, quamvis diversis gradibus, animata sunt) zu unterscheiden sei, denen innerhalb der Ausdehnung die elementare Form und Bewegung und die complicirtere (die letztere besonders im Gehirn) entsprechen.

S. 61, Z. 7 v. o. f. h.: Bd. VI, S. 389—409, Bd. VII, S. 60—99.

S. 62, Z. 26 v. u. f. h.: der ein Fragment geblieben ist.

S. 71, Z. 27 v. u. l.: transscendente (in Anderes übergehende) Ursache.

Z. 74, Z. 27 v. u. l. dieselben st. dieselbe.

S. 79, Z. 17 v. o. l. de st. des. Ebd. Z. 18 v. u. f. h.: M. W. Drobisch, über Locke, den Vorläufer Kant's, in: Zeitschr. f. exacte Philos. II, Leipzig 1861, S. 1—82. Ebd. Z. 5 v. u. f. h.: ed. by A. C. Fraser, London 1864.

S. 88, Z. 12 v. u. l. Toland.

S. 89, Z. 23 v. o. l. Fulgurationen.

S. 93, Z. 9 v. o. f. h.: R. Zimmermann, über L.'s Conceptualismus, ebd. 1854 (aus den Sitzungsber. der Wiener Akad. der Wiss. bes. abg.). Ebd. Z. 10 v. o. f. h.: H Sloman, L.'s Anspruch auf die Erfindung der Differentialrechnung, Leipzig 1857. Ebd. Z. 13 v. o. f. h.: Emile Saisset, discours sur la philos. de L., Paris 1857. Ebd. Z. 17 v. o. f. h.: Ueber L.'s Religionsphilosophie handelt C. A. Thilo in der Zeitschr. f. exacte Philos. V, 1864, S. 167—204.

S. 94, Z. 18 v. u. nach sich f. h.: der Sache nach.

S. 95, Z. 9 v. o. l.: erwähnte dieselbe 1687 in einem Scholion zu Buch II, Sect. II., Lemma 2 seiner „Principia". Ebd. Z. 25 v. o. l.: Leibnitz später, allerdings

Berichtigungen und Zusätze.   309

durch mehrfache Newton'sche Andeutungen sehr wesentlich gefördert, jedoch
in der Weise der Betrachtung und Bezeichnung und in dem Rechnungsver-
fahren unabhängig von Newton. Ebd. Z. 9 v. u. f. h.: Vgl. Montucla, Gesch.
der Math. III., S. 109; C. I. Gerhardt, die Entdeckung der Differentialrechnung, Halle 1848, die Entd. der höheren Analysis, Halle 1855; H. Weissenborn, die Principien der höheren Analysis, als hist.-krit. Beitrag zur Gesch.
der Math., Halle 1856; U. Sloman in der oben angeführten Abhandlung
über L.'s Anspruch auf die Erfindung der Differentialrechnung.

S. 90, Z. 17 v. u. L: war er vielleicht in den Adelstand erhoben worden; die
Reichsfreiherrnwürde scheint ihm 1712 oder 1713 ertheilt worden zu sein,
doch ist die Sache sehr zweifelhaft. Vgl. Bergmann, Leibnitz in Wien, in:
Sitzungsberichte der Wiener Akad. d. Wiss., Bd. XIII, 1854, S. 40—61; L.
als Reichshofrath und dessen Besoldung, ebd. XXVI, 1858, S. 187—204.

S. 103, Z. 8 v. o. l.: Grösse der lebendigen Kraft, sondern auch dieselbe Quantität
des Progresses in einer jeder einzelnen Richtung unverändert erhält (lex de
conservanda quantitate directionis, s. Erdmann's Ausg. S. 104, 133, 702).

S. 105, Z. 12 v. o. l.: Den Kern der in seinen Nouveaux essais sur l'ent. hum.
gedusserten Demerkungen. Ebend. Z. 14 hinter anerkennt sollte die Paren-
these geschlossen werden.

S. 107, Z. 1 v. u. l.: den Spinoza gebildet (mit dem Letzteren, wie sich aus van
Vioten Supplem. ergiebt, auch mehrere der in der bekannten Sammlung enthaltenen Briefe gewechselt) hat.

S. 109, Z. 21 v. o. l. 1673 st. 1573.

S. 111, Z. 21 v. u. l. 1744 st. 1714. Ebd. Z. 11 v. u. f. b.: über dessen Standpunkt
neuerdings Paul Hecker handelt: über die religiöse Entwicklung Friedrich's
des Grossen, Augsburg 1864.

S. 112, Z. 5 v. u. f. h.: (die übrigens auch bei Leibnitz in ähnlicher Weise sich
findet). Ebd. Z. 2 v. u. f. h.: Schwarz, G. E. Lessing als Theolog, Halle
1854; R. Zimmermann, Leibnitz und Lessing (aus den Sitzungsber. der Akad.),
Wien 1855.

S. 115, Z. 18 v. u. l.: Condillac ausgebildet, der alle psychischen Functionen als
umgebildete Sinneswahrnehmung auffasst und demgemäss auch die innere
Wahrnehmung aus der äussern oder sinnlichen entspringen lässt.

S. 117, Z. 18 v. o. f. h.: Vgl. Rousseau'sche Studien, von Emil Feuerlein, in der
Zeitschr.: der Gedanke, 1861 ff.

S. 119, Z. 28 v. o. f. h: Vgl. auch den Artikel von Rosenkranz über Diderot's
Dialog: Rameau's Neffe, in der Zeitschr.: der Gedanke, V., 1864, S. 1—25.

S. 120, Z. 21 v. u. f. h.: Ueber Robinet handelt (ausser Damiron u. s. O. u. A.)
insbesondere Rosenkranz, in der Zeitschr.: der Gedanke, L, 1861, S. 126 ff.

S. 121, Z. 14 v. u. l. Laromiguière.

S. 121, Z. 25 v. o. l. thoughts.

S. 131, Z. 5 v. u. l. Widmung st. Vorrede.

S. 132, Z. 20 v. o. f. h.: (Man nennt gegenwärtig bekanntlich m. v die „Quantität
der Bewegung" und m. v² die „lebendige Kraft". Ebd. Z. 30 v. o. l. Gleichheit st. Proportionalität.

S. 133, Z. 21 v. o. l. Heft 4 st. Heft 1. Ebd. Z. 22 v. o. l. quarundam. Ebd. Z. 82
v. o. l.: ist erschienen st.: ist angekündigt.

S. 135, Z. 4 v. o. l. VII st. 7.
S. 137, Z. 11 v. o. l. der des st. des. Ebd. Z. 8 v. u. l. sein st. seien.
S. 140, Z. 21 v. o. l. Wieland st. Winland.
S. 156, Z. 3 v. o. l. wären st. wäre.
S. 163, Z. 16 v. o. f. h.: noch näher steht als der von Kant in der „Monadologia physica" entwickelten Ansicht.
S. 164, Z. 14 v. o. l. Antinomien.
S. 169, Z. 9 v. u. f. h.: über das Verhältniss der Kantischen Ethik zur Aristotelischen (ausser einzelnen der Grdz. I., § 50 citirten Abhandlungen) Traugott Brückner, de tribus ethicis locis, quibus differt Kantius ab Aristotele, diss. inaug., Berol. 1866.
S. 170, Z. 2 v. o. l. Hauptwerk st. Hauptzweck.
S. 191, Z. 8 v. o. l. aus st. auf.
S. 207, Z. 21 v. o. l. zu sich im Hinblick auf die Welt st. zur Welt.
S. 217, Z. 27 v. o. l. précédée st. précis.
S. 251, Z. 9 v. o. l. dass st. das. Ebd. Z. 10 v. o. l. den st. dem.
S. 264, Z. 14 v. o. f. h.: (In der That aber ist nicht eine Punctualität der Seele, sondern die gegenseitige Durchdringung der Vorstellungen in dem Sehfelde oder dem Bewusstseinsraume der Grund der Einheit des Bewusstseins.)
S. 266, Z. 8 v. o. f. h.: sofern unter e, wie es üblich ist, die Basis der natürlichen Logarithmen verstanden wird.
S. 267, Z. 5 v. o. l. 1853 st. 1854. Ebd. Z. 4 v. u. l. S. 318—351.
S. 271, Z. 5 v. o. l. Sttedenroth's „Theorie des Wissens", Göttingen 1819, st. Stiedenroth's Psychologie.
S. 288, Z. 5 v. o. l.: Christian Hermann Weisse (gest. 19. Septbr. 1866). Ebd. Z. 10 v. o. l.: 1855—1862 st. 1855.
S. 299, Z. 17 v. o. f. h.: 2. Aufl., ebd. 1866, Gott und der Mensch, ebd. 1866.
S. 302, Z. 4 v. u. f. h.: Oeuvres inédites de Maine de Biran, publ. par Ernest Naville, avec la collaboration de Marc Debrit, 3 vls., Paris 1859.

Register*).

A.

Abälard II, 134—144.
Abercromby, James, III, 301.
Abicht, Heinr., III, 184.
Abrabanel, Is., II, 171 (vgl. S. 180).
Abraham ben David von Toledo II, 168, 171, 178.
Abubacer II, 154, 162—163.
Abulfaragius II, 158.
Academiker I, 118—121.
Achillini, Alex., III, 14.
Acrio I, 42.
Acusilaus I, 25.
Adam von Petit-Pont II, 139.
Adelard von Bath II, 135, 137, 146, 182.
Adrastus, der Peripatetiker, I, 218, 236.
Aedesia I, 211.
Aedesius I, 227, 230.
Aegidius von Colonna II, 203.
Aegypter I, 16.
Aeneas Gazaeus II, 94, 95, 97.
Aenesidemus I, 186, 187, 189 f.
Aeschines I, 82.
Agricola, Rud., III, 11 f.
Agrippa, der Skeptiker, I, 187, 190.
— von Nettesheim III, 11.
Ahrens, Heinr., III, 217.
Ahron ben Elia, der Karäer, II, 169, 172, 180.
Ailly, Pierre d', II, 233, 234, 235.
Akademiker s. Academiker.

---

*) Nur die Namen der im Grundriss erwähnten Philosophen (nicht die der Historiker der Philosophie und Litteratoren) sind in dieses Register aufgenommen worden. Die römischen Ziffern (I, II, III.) bezeichnen die Theile des Grundrisses, die arabischen die Seiten, und zwar bei Theil I. und II. die der zweiten Auflage, neben welcher die erste (besonders die von Theil I.) wegen ihrer Unvollständigkeit und wegen der in ihr enthaltenen Irrthümer als antiquirt gelten muss. Doch sei hier bemerkt, dass einander entsprechen:

Erste Aufl. Theil I.	Zweite Aufl. Theil I.	Erste Aufl. Theil II.	Zweite Aufl. Theil II.
S. 1— 10	S. 1— 12	S. 3— 4	S. 8— 4
13— 14	15— 18	(II a.) 4— 15	4— 17
15— 22	19— 29	15— 66	17— 72
22— 48	29— 67	66— 90	72— 103
49—163	67—196	(II b.) 1— 75	103—180
164—188	196—234	75—104	180—229
191—193	235—237	104—110	229—236

Akiba II, 167.
Akrio s. Acrio.
Akusilaos s. Acusilaus.
Alanus ab Insulis II, 135. 147. 150. 182.
Alberich I, 149.
Albertus Magnus von Bollstädt II, 187–191, 202.
Albinus I, 208, 209, 211.
Alcinous I, 204, 209, 210 f.
Alcmaeo Crotoniates I, 42, 43, 46.
Alcuin II, 100, 101, 103, 115.
Alembert, d', III, 112, 118.
Alexander Achillinus III, 14.
— von Alexandrien II, 185.
— Aphrodisiensis I, 156, 157. 159, 216, 217 (vgl. III, 13 f.).
— von Damascus I, 217.
— von Hales II, 184–185.
Alexinus I, 83.
Alfarabi II, 154, 158–160.
Algazell II, 154, 161–162.
Alkendi (Alkindi) II, 154, 158.
Alkinoos s. Alcinous.
Alkmaeo s. Alcmaeo.
Alpetragius II, 154.
Altmeyer III, 217.
Amalrich aus Bena II, 135, 138, 151, 182 f. 199.
Ambrosius II, 80, 82.
Amelius I, 216, 226.
Amerbach III, 19.
Ammonius aus Alexandria I, 236.
— Hermiae I, 229, 230.
— der Peripatetiker, I, 237.
— Saccas I, 213–214.
Anacharsis I, 21.
Anaxagoras I, 57, 60–64.
Anaxarchus, der Demokritaer, I, 187.
Anaximander I, 34–36.
Anaximenes I, 36–37.
Andala, Ruardus, III, 59.
Andreae, Antonius, der Scotist, II, 216.
Andronikus von Rhodus I, 156, 159, 236.
Angelus Silesius III, 107.
Anniceris (Annikeris) I, 86, 90.
Anselmus Cantuarensis II, 125–134.
— von Laon II, 124.
Antiochus Ascalonita I, 118, 119, 121, 216.
Antipater von Tarsus I, 160, 163, 235.

Antipater von Tyrus I, 164, 236.
Antiphanes I, 25.
Antisthenes von Athen I, 85—87.
Antonius, M. Aurelius, I, 160, 164, 165.
Antonius Andreae, der Scotist, II, 226.
Apelt, E. F., III, 190.
Apollinaris von Hieropolis I, 41.
Apollodorus, der Epikureer, I, 175, 236.
— der Stoiker, I, 166, 236.
— ὁ χρονικός I, 163 (vgl. S. 20).
Apollonides, der Stoiker, I, 164.
Apollonius von Tyana I, 206, 207 f.
Appulejus von Madnurn I, 204, 209, 210.
Aquila, Petr. von, 11, 227.
Arabische Philosophen II, 153–166.
Arcesilaus I, 118, 119, 120–121, 235.
Archelaus von Milet I, 61, 64.
Archippus, der Pythagoreer, I, 44.
Archytas von Tarent I, 42, 44.
Ardesianea, der Gnostiker, II, 35.
Arete I, 87.
Aretinus, Leonardus, III, 9.
Argyropulus, Joh., III, 12.
Arianismus II, 53, 67.
Aristeas I, 197, 199, 201.
Aristides, der Apologet, II, 37, 41.
Aristippus, der ältere, I, 87–90.
— der jüngere, Metrodidactus, I, 87–90.
Aristo von Ceos, der Peripatetiker, I, 156, 157, 159, 235.
— von Chios, der Stoiker, I, 159, 160, 163, 235.
— von Pella, der Apologet, II, 41.
Aristobulus I, 197, 199, 200 · 201.
Aristodemus, der Platoniker, I, 236.
Aristokles (Pinto) I, 90–118, 235.
Aristokles, der Peripatetiker, I, 159, 230.
Aristoteles I, 3, 121–155, 235.
Aristoteliker I, 156–159.
Aristoxenus I, 156, 157, 159.
Aristus I, 236.
Arius Didymus I, 208, 209 (vgl. S. 184).
Arkesilas I, 118, 119, 120–121, 235.
Arnauld, Anton, III, 54, 61, 101.
Arnoblus II, 66, 67, 69.
Arrianus I, 165.
Artemon, der Monarchianer, II, 54.
Ascbariten II, 166, 175.
Asher, Dav., III, 244, 268.

Asklepigenia I, 231.
Asklepiodotos I, 220. 233.
Aspasius, der Peripatetiker, I, 219. 236.
Asriel, der Kabbalist, II, 167.
Ast, Friedr., III, 213. 214.
Athanasius II, 53. 54. 57.
Athenaeus, der Stoiker, I, 237.
Athenagoras, der Apologet, II, 40. 41. 42—44.
Athenodorus Tarsensis I, 164.
— der Sohn des Sandon, I, 164.
Atticus, der Platoniker, I, 208. 211. 237.
Audisio III, 305.
Augustinus II, 60—94.
Aureolus, Petr., II, 229. 230.
Auricularia, Nic. von, II, 236.
Avempace II, 154. 162.
Averroës II, 154. 163—166. 190 f. 201 f. 229. III, 6 f. 13 f.
Avicebron (Ibn Gebirol) II, 168. 170. 175—178. 222. 225 f.
Avicenna II, 154. 160—161.
Axionikos, der Gnostiker, II, 84.

B.

Baader, Franz von, III, 21. 214. 216 f.
Babeuf III, 119.
Baco von Verulam III, 28. 83—89.
— Roger, II, 227. 228.
Babja ben Joseph II, 168. 171. 178.
Ballauf, Ludw., III, 290.
Balmes III, 304.
Barbarus, Franciscus, III, 9.
—, Hermolaus, III, 12.
Bardesanes, der Gnostiker, II, 26. 85.
Bardili, Christoph Gottfr., III, 183. 191.
Barlaam, Bernhard, III, 8.
Barnabas II, 20. 21 f.
Bartholomäus, Chr., III, 303.
Basedow, J. B., III, 112.
Basilides, der Epikureer, I, 175. 235.
— der Gnostiker, II, 26. 31—83.
Basilius von Caesarea II, 74. 62.
Basso, Seb., III, 25.
Bastiat III, 303.
Bautain III, 113. 116.
Bauer, Bruno, III, 242.
Baumeister III, 110.
Baumgarten III, 110.
Baur, Ferd. Christian, III, 282.

Baurregard III, 25.
Bautain III, 302.
Bayle, Pierre, III, 15. 55. 59. 113.
Bayrhoffer, Karl Theod., III, 282.
Beattie III, 125.
Beccaria III, 304.
Beck, Jacob Sigismund, III, 183. 191.
Becker, Balthasar, III, 54.
Beda Venerabilis II, 100. 101. 103.
Bellarmin III, 81.
Bembo III, 14.
Beneke III, 191. 241. 269—281. 295.
Bentham, Jerem., III, 272. 301.
Berengar von Tours II, 119.
Berger, Joh. Erich von, III, 214. 216.
Berigard III, 25.
Berkeley III, 78. 79. 57.
Bernhard von Chartres II, 135. 136. 146.
— von Clairvaux II, 135. 137. 148.
Bernhardus de Trilia II, 203.
Beryllus von Bostra II, 56.
Bessarion III, 6. 9—10.
Bias I, 20.
Biedermann, Gustav, III, 282.
Biel, Gabriel, II, 214. 216.
Biese, Franz, III, 282.
Bilfinger III, 110.
Billroth, J. G. F., III, 282.
Bion I, 84.
Blakey III, 302 (vgl. III, 300).
Blasche, Bernh. Heinr., III, 212. 215.
Blemmides, Nicephoras, II, 153.
Bobrik, Ed., III, 291.
Boccaccio III, 8.
Bodin, Jean, III, 21. 81.
Boerhave III, 117.
Boëthius I, 230. 231. 234. II, 100. 102.
— in Upsala III, 304.
Boëthus aus Sidon, der Peripatetiker, I, 156. 159. 164. 166. 170.
Boëthus, der Stoiker, I, 163.
Böhme, Jakob, III, 21. 22. Vgl. 200. 210. 211. 216.
Böhmer, Heinr., III, 297.
Böhner, Nath., III, 299.
Bolzano III, 294. 291.
Bonald III, 302.
Bonaventura II, 194. 186—187.
Bonghi III, 303.
Bonitz, Herm., III, 290.
Bonnet III, 118. 118.

Bordas-Dumoulin III, 304.
Dorelius III, 301.
Börner, Otto, III, 295.
Boström, C. J., III, 304.
Bonchitté III, 217.
Bouillier III, 303 (vgl. III, 44).
Boulainvilliers III, 58.
Bourdin III, 54.
Bouterwek, F., III, 185.
Bovillus III, 12. 26.
Bradwardine II, 203.
Brallas III, 304.
Brandis, Chr. Aug., III, 288. 289 (vgl. I. 23).
Bruoise, Jul., III, 2-9.
Bredenburg, Joh., III, 59.
Bromby, Thomas, III, 42.
Brown, Thom., III, 126.
Bruno, Giordano, III, 21. 26—27.
Bryso I, 187.
Brzoska, III, 290.
Büchner, Louis, III, 284.
Buckle III, 303.
Buffon III, 121.
Buhle III, 185 (vgl. I. S. 9).
Burdach, Karl Friedr., III, 213. 215.
Buridan, Joh., II, 233. 234—235.
Burleigh (Burlaeus), Walther, II, 226 f.

C (siehe auch K).

Cabanis III, 121.
Caesalpinus, Andreas, III, 15. 21. 25.
Calker, F. van, III, 190.
Callier III, 304.
Callistus II, 55.
Calvisius Taurus I, 203. 211. 236.
Camerarius, Joachim, III, 20.
Campanella, Thomas, III, 21. 27—28.
Campe, Joach. Heinr., III, 112.
Capella, Marcianus, I, 210. II, 100. 102.
Capito, Rob., II, 183. 184. 185.
Cardanus, Hieron., III, 21. 23—24.
Carey, H. C., III, 302.
Carneades I, 118. 119. 121. 163. 235.
Carové, Friedr. Wilh., III, 282.
Carpentarius III, 13. 24.
Carpocrates, der Gnostiker, II, 26. 80—81.
Carrière, Moritz, III, 262.

Cartesius III, 42—55.
Carus, Karl Gustav, III, 213. 215.
Cassianus II, 94. 101.
Cassiodorus II, 100. 101. 102.
Cato Uticensis I, 164.
Cebes, der Pythagoreer, I, 42.
Celsus, Cornelius, der Anhänger des Sextius, I, 195.
— der Bekämpfer des Christenthums, I, 204. 209. 211. II, 65—66.
Cerdo II, 26. 29.
Cerinthus II, 26. 28 f.
Chalcocondylas, Demetrius, III, 12.
Chalybaeus, H. M., III, 288.
Champeaux, Wilh. v., II, 120. 124—125.
Charlier (Gerson) II, 234. 236.
Charpentier III, 13. 24.
Charron III, 7. 16.
Chenevix III, 301.
Chilo I, 26.
Chirl Albalchi II, 175.
Chrysanthius I, 227. 229. 237.
Chrysippus I, 159. 160. 163. 165 f. 235.
Chrysolorus, Manuel, III, 9.
Cicero I, 191—195.
Cieszkowski III, 283.
Clarke, Sam., III, 78. 82. 90.
Clauberg, Joh., III, 54. 55.
Claudianus Mamertus II, 100. 101—102.
Cleanthes, der Stoiker, I, 159. 160. 162 f. 165 ff. 235.
Clearch, der Peripatetiker, I, 157 (vgl. S. 20).
Clemens Alexandrinus II, 57—61.
— Romanus II, 20. 21 ff.
Cleobulus I, 26.
Cleomenes II, 55.
Clerc, J. le (Clericus), III, 79.
Clerselier III, 41.
Clitomachus I, 121. 235.
Coccejl, Heinr. und Samuel, III, 307.
Collard, Royer-, III, 302.
Collier III, 82.
Collins III, 52.
Colotes I, 175.
Comte, Aug., III, 300. 301.
Condillac III, 113. 117—118.
Condorcet III, 119.
Confucius I, 10.
Constantinus Africanus II, 112. 182.
Contarenus, Casp., III, 13. 15.

Cordemoy III, 55.
Cornelius, Carl Seb., III, 290.
Cornill, A., III, 209.
Cornutus, Luc. Annaeus, I, 160. 161. 164.
Cosh, M', III, 301.
Cousin III, 121. 300. 302.
Cramer, J. U. von, III, 110.
Crantor I, 118. 119. 120. 235.
Crassitius I, 195.
Crates von Athen, der Akademiker, II, 118. 235.
— von Mallos, der Grammatiker, I, 168.
— von Theben, der Cyniker, I, 85.
Cratippus I, 156. 159. 236.
Cremonini, Cesare, III, 15.
Crescenzio III, 305.
Critias I, 74.
Critolaus I, 121. 156. 159. 168. 235.
Cronius I, 212.
Crousac III, 109.
Crusius III, 109.
Cudworth III, 41. 55.
Cuffeler III, 59.
Cumberland III, 67.
Cuperus, Franciscus, III, 59.
Cupr, Frans, III, 290.
Cusanus, Nicolaus, III, 20. 21—22.
Cyniker I, 85—87.
Cyrenaiker I, 87—90.
Czolbe, Heinrich, III, 298.

D.

Dalberg, K. Th. A. M. v., III, 112.
Damascius I, 229. 231. 237.
Damianus, Petr., II, 118.
Damilaville III, 121.
Damiron III, 300 (vgl. III, 81. 114. 301).
Daniel III, 54.
Dante Alighieri III, 8.
Dardanus, der Stoiker, I, 236.
Daries III, 109.
Darwin, Charles, III, 300. 302.
Daub, Karl, III, 281.
David, der Armenier, I, 234. II, 157.
— von Augsburg II, 207.
— von Dinant II, 185. 188. 151. 192. 193.

David ben Merwan II, 168. 175.
Delboeuf, Jos., III, 304.
Dellingshausen, U., III, 283.
Demaistre III, 302.
Demetrius Chalcocondylas III, 12.
— der Phalereer, I, 157.
— der Lakoner, I, 175. 235.
Demokrit I, 57. 64—67.
Dercyllides, der Platoniker, I, 208. 209 f.
Detunctis III, 305.
Descartes III, 42—55.
Destutt de Tracy III, 121.
Deutinger, Martin, III, 278.
Dexippus, der Neuplatoniker, I, 229.
Dicaearchus (Dikaearch) I, 156. 157. 158.
Diderot III, 118. 118—119.
Diodorus Kronos I, 82.
— der Peripatetiker, I, 156. 159. 235.
Diodotus, der Stoiker, I, 164.
— der Platoniker, I, 237.
Diogenes aus Apollonia, der Anaximeneer, I, 36—37.
— aus Seleukea, der Stoiker, I, 160. 163. 235.
— aus Sinope, der Cyniker, I, 86. 87.
— aus Tarsus, der Epikureer, I, 175. 235.
Dionysius Areopagita II, 94. 95. 97—99.
— der Epikureer, I, 175. 235.
— der Stoiker I, 236.
Ditter, Friedr., III, 295.
Dominicus Gundissalvi II, 152.
Dominicus I, 231.
Douglas, J., III, 801.
Draper, J. W., III, 302.
Drbal, M. A., III, 251.
Dressler, Joh. Gottlieb, III, 295.
Drobisch, Mor. Wilh., III, 250 f.
Drossbach, M., III, 299.
Dryso (Bryso) I, 187.
Dubos III, 116.
Dühring, Eugen, III, 297.
Duns Scotus II, 221—226.
Durandus de S. Porciano II, 203. 229. 230 f.

E.

Eberhard, Joh. Aug., III, 111. 181.
Eberstein, W. L. G. von, III, 184.
Ecbekrates I, 42.
Eckhart, der Mystiker, II, 203—221.
   III, 22. 29.
Ecphantus (Ekphantos) I, 42. 45.
Eiselen. J. F. G., III, 2-3.
Eleaten I, 47—57.
Elisch-Eretrische Schule I, 84—85.
Empedocles (Empedukles) I, 51. 58—60.
Encyclopädisten III, 113. 118 ff.
Engel, Joh. Jac., III, 112.
Epicharmus I, 42. 45. 46.
Epictet (Epiktet) I, 160. 161. 185.
Epicurus und Epicureer (Epik.) I, 4.
   175—186. 213.
Epigonus II, 66.
Epikur s. Epicur.
Epimenides I, 28.
Epiphanes, der Sohn des Karpokrates,
   II, 31.
Erasmus, Desiderius, III, 12.
Ercole, d', III, 305.
Erdmann, Joh. Ed., III, 283.
Erennius I, 213 f.
Eretrische Schule I, 84—85.
Eric von Auxerre II, 115.
Erigena, Joh. Scotus, II, 105—115.
Eristiker (Megariker) I, 83—84.
Erymneus, der Peripatetiker, I, 236.
Eschenburg III, 112.
Eschenmayer III, 213. 215.
Esenbeck, Nees von, III, 213. 215.
Esra, der Kabbalist, II, 167.
Essäer I, 197. 202. II, 167. 171 f.
Euandros I, 121. 215.
Eubulides I, 83.
Eubulus, der Platoniker, I, 237.
Euclides von Megara I, 83-84.
Eudemos von Rhodus I, 156. 157—158.
Eudorus aus Alexandrien I, 208. 209.
Eudoxus aus Knidos I, 119. 120.
Euemerus I, 88. 90.
Euklides s. Euclid-s.
Euphrasius, der Platoniker, I, 237.
Eurytus, der Pythagoreer, I, 42.
Eusebios aus Myudus, der Neoplatoniker,
   I, 217. 129.

Eustachius aus Cappadocien, der Neu-
   platoniker, I, 229.
Eustratius II, 163.
Euthydemus I, 73.
Exner, Friedr., III, 291.

F.

Faber Stapulensis III, 12.
Fabianus I, 195.
Fabri, Friedr., III, 290.
Faustus, der Semipelagianer, II, 100. 101.
Favorinus I, 187. 190. 237.
Fechner, Gust. Theod., III, 294.
Feder, Joh. Georg Heinr., III, 112. 184.
Felix, Minutius, I, 66—69.
Ferguson, Adam, III, 88.
Ferrari, G., III, 305.
Feuerbach, Ludw., III, 287.
Federlein, Emil, III, 283.
Fichte, Joh. Gottlieb, III, 192—199.
   —   Imm. Herm., III, 287.
Ficinus, Marsilius, III, 6. 10. 13.
Figulus, P. Nigidius, 201. 207.
Filangieri III, 304.
Filmer, Rob., III, 80.
Fischer, Karl Philipp, III, 282. 299.
   —   Kuno, III, 283.
Fludd, Robert, III, 23.
Flügel, O., III, 259.
Fontenelle III, 114.
Forberg III, 193. 197—198. 199.
Forge, Louis de la, III, 55.
Fortlage, Karl, III, 295.
Foss III, 291.
Foucher, Sam., III, 16.
Francbi, Ausonio, III, 305.
Franciscus de Mayronis II, 226.
Franceustädt, Jul, III, 289. 299. (vgl. S.
   243).
Fréret, Nic., III, 120.
Friedrich, Ernst Ferd., III, 283.
Friedrich d. Gr. III, 90. 111. 309 (vgl.
   Voltaire III, 113. 114—116).
Fries, Jacob, III, 183. 185. 180—190.
Frohschammer III, 206. 299 (vgl. II, 193).
Fulbert II, 118.

G.

Gabler, Georg Andreas, III, 283.
Gale, Theophil, III, 42.
— Thomas, III, 42.
Galenus, Claud., I, 208, 209, 211.
Galluzzi III, 119.
Galuppi III, 305.
Gandavensis, Henricus, II, 227, 228.
Gans, Eduard, III, 283.
Garve, Christian, III, 111, 184.
Gassendi III, 7, 15, 54.
Gataker, Thomas, III, 16.
Gaunilo II, 132.
Gellert, Christian Fürchtegott, III, 111.
Gemistus Pletho III, 6, 9—10. 11.
Gennadius II, 101.
— Georgius Scholarius, III, 11.
Gentilianus (Amelius) I, 215, 224.
Gentilis, Albericus, III, 21, 31.
George, Leop, III, 289.
Georgius Aneponymus II, 153.
— Pachymeres II, 153.
— Scholarius Gennadius III, 11.
— von Trapezunt III, 11.
Gerbert (Sylvester II.) II, 118, 182.
Germar, F. II., III, 180.
Gerson II, 234, 241.
Geulinx III, 43, 44, 55.
Glibertus Porretanus II, 136, 137, 147
—148.
Gioberti III, 300, 305.
Gioja III, 305.
Glanville, Joseph, III, 16, 41.
Gnosis, Gnostiker, II, 25—30.
Goclenius III, 20.
Godofredus de Fontibus II, 228.
Goethals (Henricus Gandavensis) II, 227, 228.
Goethe III, 59, 97.
Gorgias I, 70—71.
Görres III, 213.
Göschel, Karl Friedr., III, 283.
Gottesfreunde II, 240.
Gottsched, Joh. Christoph, III, 110.
Greathead, Robert, II, 163, 184, 186.
Gregorius Ariminensis II, 235.
— Barhebraeus II, 157 f.
— von Nazianz II, 71, 151.
— von Nyssa II, 72—80, 58.

Griepenkerl, F. E., III, 291.
Groot, Gerhard, II, 221.
Grote, G., III, 302 (vgl. I, 63, 70, 110, 241).
Grotius, Hugo, III, 21, 31—32.
Gruppe III, 295.
Guarinus III, 9.
Günther, Ant., III, 288.

H.

Haccius, H. F., III, 291.
Halmon II, 116.
Hallier, Ernst, III, 290.
Hamann III, 183, 168—169.
Hamilton, W., III, 301.
Hanne III, 288.
Hansch III, 109.
Hanusch III, 284.
Hardenberg, Fr. v., III, 199.
Harpokration, der Platoniker, I, 211, 212.
Hartenstein, Gust., III, 291.
Hartley III, 74, 82.
Haureau III, 303 (vgl. II, 104).
Heereboord III, 54.
Hedonische Schule I, 87—90.
Hegel I, 5, III, 86 f. 214, 217—230.
Hegel'sche Schule III, 269—307.
Hegesias I, 88, 90.
Hegesinus I, 121, 235.
Hegias I, 229, 233, 237.
Heidanus III, 54.
Heineccius, J. G., III, 110.
Heinrich von Hessen II, 235.
Heinsius, Dan., III, 15.
Helricus von Auxerre II, 115.
Helferich, Ad, III, 2o9.
Heliodoros, der Neuplatoniker, I, 233.
Helmholtz, H., III, 291 f. 296.
Helmont, Joh. Bapt., III, 23.
— Franc. Mercurius, III, 23.
Helvetius III, 113, 119—130.
Hemming, Nicolaus, III, 30.
Hemsterhuis, Franz, III, 301.
Hendewerk, Carl Ludw., III, 291.
Henning, Leop. von, III, 284.
Henricus Gandavensis II, 227, 228.
Herakleides der Pontiker, I, 118, 119, 120.

Herakleitos aus Ephesos I, 37—41.
Heraklaon, der Gnostiker, II, 33. 36.
Herbart I, 4. III, 105 f. 191. 252—259.
Herbart'sche Schule III, 289—294.
Herbert of Cherbury III, 85. 41.
Herder III, 184. 189.
Herennius I, 213 f.
Herillos I, 159. 160. 163. 235.
Hermacoas Alemannus II, 183.
Hermarchus I, 175. 235.
Hermas II, 20. 23.
Hermes und Hermesianer III, 288.
Hermes trismegistos I, 212.
Hermias, der Christ, II, 40. 41. 46.
— der Neoplatoniker, I, 231.
Herminos, der Peripatetiker, I, 236.
Hermippus von Smyrna I, 167 (vgl. S. 20).
Hermodorus I, 119 (vgl. S. 108.)
Hermogenes II, 44—45.
Hermolaus Barbarus III, 12.
Hermotimus I, 61. 64.
Herodot I, 1.
Herschel, J., III, 301.
Hervaeus Natalis II, 203.
Hesiodus I, 1. 21.
Heyder, Carl, III, 296.
Nicetas I, 45.
Hierios, der Neuplatoniker, I, 231.
Hierokles, der Neuplatoniker, I, 229. 230. 231.
Hieronymus, der Aristoteliker, I, 159. 235.
— der Christ II, 92.
Hiketas I, 45.
Hilarius von Poitiers II, 74. 101.
Hildebert von Lavardin, Bischof von Tours, II, 110 f.
Hinrichs, Herm. Friedr. Wilh., III, 214.
Hipparchia I, 85.
Hippasus von Metapont I, 39. 42.
Hippias von Elis I, 71—72.
Hippo I, 31. 82. 34.
Hippodamus von Milet I, 42. 43. 46.
Hippokleides, der Epikureer, I, 235.
Hippolytus II, 45. 46. 48—49.
Hirnhaym, Hieron., III, 16. 107.
Hobbes III, 31 f. 34. 39—41. 64.
Hobelseh el Asam II, 157.
Hoffmann, Franz, III, 215 f.
Höijer, Benj., III, 304.

Holcot, Rob., II, 235.
Hollbach, Baron von, III, 113. 120—121.
Home, Henry, III, 68.
Homer I, 1. 24.
Honein Ibn Ishak II, 157.
Hotho, Heinr. Gost., III, 284.
Hrabanus Maurus II, 115. 117.
Huet, Pierre Dan., III, 16. 55.
Huet in Gent III, 303.
Hugo von Amiens II, 148.
— von St. Victor II, 135. 187. 148.
Humboldt, Alex. von, III, 294.
— Wilh. von, III, 295.
Hume III, 121—125.
Hotcheson III, 78. 68.
Hutten, Ulr. von, III, 10 f.
Hypatia I, 228. 229.

I.

Iamblichos I, 227—229.
Ibn Badja s. Avempace.
Ibn Gebirol (Avicebron) II, 168. 170. 175—178. 222. 226 f.
Ibn Roschd s. Averroës.
Ibn Sina s. Avicenna.
Ibn Tophail s. Abubacer.
Ickstadt, J. A. v., III, 110.
Idaeus aus Himera I, 36—37.
Idomeneus I, 175 (vgl. S. 20.)
Igoatius I, 20. 24 f.
Imbriani III, 304.
Indische Philosophie I, 16.
Ionische Philosophie I, 29. 81.
Irenaeus II, 45—48.
Isaak, der Blinde, II, 187.
— Israeli II, 175.
Ishak ben Honein II, 157.
Isidor aus Alexandrien I, 229. 232. 237.
— der Sohn des Basilides II, 33.
— von Sevilla I, 210. II, 100. 101. 108.

J.

Jacob, Ludw. Heinr., III, 194.
— von Edessa II, 152.

Jacobi, F. H., III, 59. 183. 186—188. 211 f.
Jacobus de Venetia II, 132.
Jamblichus I, 227—229.
Janet, Paul, III, 303 (vgl. I, 12).
Jehuda ha-Levi II, 168. 171. 178.
Johannes Avendeath II, 182.
— Charlier aus Gerson II, 234. 236.
— von Damascus II, 94—95. 96. 99. 151.
— Duns Scotus II, 221—226.
— Ibn al Batrik II, 157.
— Italus II, 151.
— Malpighi III, 6.
— von Mercuria II, 235.
— der Nominalist II, 112. 121.
— Parisiensis II, 203.
— Philoponus I, 230. 231. 234. II, 94. 95. 151.
— von Rochelle II, 185.
— Sarosberiensis II, 135. 137. 149.
— Scotus Erigena II, 105—118.
— Wessel II, 221.
Johannitius (Houein Ibn Ishak) II, 157.
Jouffroy III, 303.
Juda ha-Levi II, 168. 171. 178.
Jüdische Philosophen II, 167—180.
Julianus I, 227. 229.
Jungius, Joachim, III, 107.
Justinus Martyr II, 36—40.

K (siehe auch C).

Kabbala II, 167 f. 169 f. 179—174.
Kallistos, der Stoiker, I, 237.
Kallisthus II, 55.
Kämmel III, 295.
Kant I, 4. III, 86. 106 f. 127—183.
Kapp, Christian, III, 264.
— Ernst, III, 264.
— Friedrich, III, 284.
Karneades I, 118. 119. 121. 163. 235.
Karpokrates, der Gnostiker, II, 26. 30—31.
Kayserlingk, Herm. von, III, 291.
Kebes, der Pythagoreer, I, 42.

Kerdo II, 26. 29.
Kerinth II, 26. 28 f.
Kern, Herm., III, 291.
Kiesewetter III, 185.
Kilwardby, Robert, II, 224.
Kirchmann, J. v., III, 287.
Kleanthes I, 159. 160. 162 f. 165 ff. 235.
Klearch, der Peripatetiker, I, 157 (vgl. S. 20).
Klein, Georg Michael, III, 213. 214.
Kleobulus I, 26.
Kleomenes II, 55.
Klitomachus I, 121. 235.
Knutzen, Martin, III, 110. 129.
Kolotes I, 175.
Köppen, Friedr., III, 183.
Korodi, Ludw., III, 295.
Krantor I, 118. 119. 120. 235.
Krates von Athen, der Akademiker, I, 118. 235.
— von Mallos, der Grammatiker, I, 163.
— von Theben, der Cyniker, I, 85.
Kratippus I, 156. 159. 236.
Kratylus I, 34. 40.
Krause, K. Chr. Friedr., III, 214. 217.
Kritias I, 73.
Kritolaus I, 121. 156. 159. 163. 235.
Krosius I, 212.
Kronland, Marcus Marci von, III, 22.
Krug III, 185.
Kuhn II, 193.
Kvet, Franz Ludw., III, 292.
Kym, A. L., III, 296.
Kyniker I, 85—87.
Kyrenaiker I, 87—90.

L.

Labeo, Notker, II, 117 f.
Lactantius I, 66. 67. 69—72.
Lacydes (Labydes) I, 121. 235.
Lamarre, Wilh., II, 224.
Lambert von Auxerre II, 153. 224.
— Charles François de St. Lambert III, 180.
— Joh. Heinr., III, 110.
Lamennais III, 302.

Lametrie III, 118, 117.
Lanfranc II, 119.
Lange, Alb., III, 295, 300.
— Joh. Joach., III, 109.
Laromiguière III, 121.
Lascaris, Constantinus, III, 9.
— Johannes, III, 9.
Lassalle, Ferdinand, III, 284.
Laurent III, 304.
Lautier, G. A., III, 284.
Lazarus, M., III, 292.
Leclerc, J., III, 79.
Leibnitz III, 55, 59, 70, 79, 86 f. 88 —107.
Leo, der Hebräer, II, 180.
Leon da Modena II, 170.
Leonhardi III, 217.
Leonicus Thomaeus III, 13.
Leontens I, 175.
Leontius Pilatus III, 5.
Leroux, Pierre, III, 303.
Leroy III, 301.
Lessing, Gotthold Ephraim, III, 59, 112.
Leucippus (Leuk.) I, 57, 64—67.
Levi ben Gerson II, 168, 179, 180.
Lewes III, 309 (vgl. I, 11).
Liberatore II, 191, III, 105.
Liebig, Justus von, III, 297.
Lindemann, H. S., III, 217.
Lindner, E. O., der Schopenhauerianer, III, 243 f., 2e9.
— G. A., der Herbartianer, III, 292.
Lipsius, Justus, III, 7, 15.
Littré, E., III, 303.
Locke, John, III, 77—87. 113.
Lombardus, Petrus, II, 135, 137, 141.
Longinus I, 213 f.
Lossius, Job. Christian, III, 112.
Lott, Friedr., III, 292.
Lotze, Herm., III, 294, 297.
Löwenthal, Ed., III, 299.
Lucretius I, 176, 179, 180 f.
Lullus, Raymundus, II, 227, 228.
Luther, Martin, III, 15, 16 ff. 20 f.
Lutterbeck III, 216.
Lyciscus (Lykiskos), der Peripatiker, I, 285.
Lyco (Lyko) I, 156, 157, 159, 235.
Lykophro I, 73.

Lyra, Nicol. de, II, 227.
Lysis, der Pythagoreer, I, 42, 44.

M.

Maass III, 185.
Mably III, 119.
Macchiavelli III, 21, 29—30.
Mackintosh III, 126, 302 (vgl. I, 12).
Macrobius I, 229.
Mager, Carl, III, 292.
Magnaeus III, 25.
Maignan III, 25.
Maimon, Sal., III, 165, 204.
Maimonides, Moses, II, 168, 171, 178 —180.
Maine de Biran III, 303.
Maistre, Jos. de, III, 302.
Malebranche III, 41, 45, 55.
Malpighi, Joh., III, 8.
Malibus, Rob., III, 302.
Mamertus, Claud., II, 100, 101—102.
Mamiani III, 303.
Mandeville III, 79.
Manegold von Lutenbach II, 124.
Mani II, 26, 35—36, 81, 90.
Mansoni III, 305.
Merbach, G. O., III, 284.
Marcianus Capella I, 210, II, 100, 102.
Marcion, der Gnostiker, II, 26, 29—30.
Märcker, Fr. Ang., III, 254.
Marcus Aurelius Antoninus I, 160, 161. 165.
— der Gnostiker, II, 33, 35.
— Marcl von Kronland III, 23.
Marbeincke, Phil., III, 284.
Mariana III, 81.
Marinus, der Neuplatoniker, I, 229, 230. 213, 237.
Marselli, N., III, 305.
Marsilius Ficinus III, 8, 10, 13.
— von Inghen II, 233, 234, 235.
Marta, J. A., III, 13.
Martin, St., III, 21, 22.
Materialismus in Deutschland, III, 297 — 300.
— in England s. Hobbes, Hartley, Priestley.

Materialismus in Frankreich s. Lamettrie, Holbach etc.
Maupertuis III, 113. 114.
Mauritius II, 183.
Maximus, der eklektische Platoniker, aus Tyrus I, 208. 210.
— der Neuplatoniker, aus Ephesus I, 227. 229.
— Confessor, der christliche Theosoph, II, 94. 96. 99.
Mayronis, Franciscus, II, 228.
Mazzarella III, 305.
Medabberim II, 175 (vgl. S. 166).
Medici, Cosmus von, III, 9. 10.
— Lorenz von, III, 9. 12.
— Peter von, III, 12.
Megariker I, 83—84.
Mehmel, G. E. A., III, 192.
Meier, Georg Friedr., III, 110.
Meiners, Christoph, III, 111.
Melanchthon, Philipp, III, 16 ff. 30 f.
Melissus von Samos I, 17. 56—57.
Melito von Sardes, der Apologet, II, 41.
Menander der Gnostiker, II, 29.
Mendelssohn, Moses, III, 59. 111.
Menedemus der Eretrier I, 84—85.
Menephylius, der Peripatiker, I, 236.
Mercaria, Joh. von, II, 235.
Mersenne III, 43.
Methodius von Tyrus II, 74.
Metrodorus, der Anaxagoreer, I, 64
— der Epikureer, I, 175. 177 (vgl. S. 20).
Metrokles I, 85.
Meurisse, de la, III, 113. 117.
Meyer, Jürgen Bona, III, 296. 299.
Michaël Apostolios III, 10.
— Ephesius II, 153.
— Scotus II, 183. 184. 186.
Michelet, Jules, III, 303.
— Karl Ludwig, III, 284.
Michelis, Friedr., III, 296. 299. (vgl. II, 193).
Mill, James, III, 301.
— John Stuart, III, 301.
Miltiades, der Apologet, II, 41.
Minutius Felix, der Apologet, II, 66—69.
Miquel, F. W., III, 292.
Mirandola, Joh. Pico von, III, 10.
— Joh. Franz Pico von, III, 10.
Mirbt III, 190.

Mnesarchus, der Stoiker, I, 236.
Moderatus aus Gades, der Neupythagoreer, I, 206. 208.
Mohammed II, 155 f.
Mohl, Rob. von, III, 295 (vgl. III, 2. 30).
Moleschott, Jak., III, 297. 298.
Molina, Ludw., III, 81.
Monarchianismus II, 53—57.
Mönnich III, 217.
Monrad III, 304.
Montaigne III, 7. 15 f.
Montesquieu III, 113. 118.
More, H., III, 21. 41 f. 55.
Morelly III, 119.
Moritz, Karl Philipp, III, 112.
Morus, Thomas, III, 21. 30.
Moseh ben Schem Tob de Leon II, 167.
Moses, der Sohn des Josua, aus Narbonne, II, 171. 180.
— Maimonides II, 168. 171. 178—180.
— Mendelssohn III, 59. 111.
Motekallemin II, 166. 176.
Müller, Ferd., III, 285.
— Joh., III, 294.
Musaeus Rufus I, 160. 161. 164.
— ein späterer Stoiker, I, 237.
Mussmann, Joh. Georg, III, 285.
Musurus, Marcus, III, 9.
Mutazilin II, 166. 175.
Myson I, 26.

N.

Naassener II, 26. 31.
Nahlowsky, Jos. M., III, 292.
Naigeon III, 121.
Nausiphanes I, 175. 176. 186.
Nees von Esenbeck III, 213. 215.
Nemesius II, 94. 95. 96.
Nettelblatt, Dan., III, 110.
Nettesheim, Agrippa von, III, 110.
Neugeboren, Heinr., III, 295.
Neoplatoniker I, 219—234.
Neopythagoreer I, 206—208.
Newton, Is., III, 87. 94 f. 113.
Nicolaus von Autricuria II, 236.

Nicolaus aus Cues (Cusanus) III, 20. 21
—22.
— von Damascus, der Aristoteliker,
I, 159.
— von Lyra, der Scotist, II, 227.
Nicole, Pierre, III, 64.
Nicomachus, der Vater des Aristoteles,
I, 121. 122.
— der Sohn des Aristoteles,
I, 130.
— aus Gerasa, der Neupythagoreer, I, 206. 207. 208.
Niethammer III, 192.
Nigidius Figulus I, 206. 207.
Nikolaos s. Nicolaus.
Nikomachos s. Nicomachus.
Niphus, Augustinus, III, 14.
Nizolius, Marius, III, 12. 94.
Noack, Ludw., III, 285.
Noëtus aus Smyrna II, 54.
Notker Labeo II, 117 f.
Novalis (F. v. Hardenberg) III, 192.
Numenius aus Apamea I, 208. 212 f.

O.

Occam, Wilh. von, II, 229—233.
Occasionalisten III, 55.
Ocellus Lucanus (Okellus), I, 42.
Odardus (Odo) II, 121.
Oersted, Hans Christian, III, 213. 215.
Oischinger, J. N. P, III, 216 (vgl. II, 193).
Oken, Lorenz, 213. 214 f.
Oldendorp, Joh., III, 30.
Olympiodorus, der ältere, I, 229.
— der jüngere, I, 230.
Ophiten II, 26. 31.
Oppenheim, Heinr. Bernhard, III, 285.
Opzoomer III, 304.
Origenes, der Christ, I, 213 f. II, 57—60.
61—66.
— der Neuplatoniker, I, 213 f.
Orion, der Epikureer, I, 175.
Orphiker I, 24—25.
Ostermann, L. F., III, 292.
Oswald, James, III, 125.
Othlo II, 118.
Otto von Clugny II, 116. 118.

P.

Panaetius I, 160. 161. 163 f. 235.
Paracelsus, Theophr., III, 21. 23.
Parker, Sam., III, 41.
Parmenides I, 47. 51—54.
Pascal III, 54.
Patricius, Franciscus, III, 21. 24.
Patron, der Epikureer, I, 236.
Paulus Samosatenus II, 56.
Peipers, Ed. Ph., III, 285.
Pelagius II, 81. 91.
Peraten II, 26. 31.
Periander I, 26.
Peripatetiker I, 156—159.
Perseaus, der Stoiker, I, 159. 163.
Petrarca, Francesco, III, 8.
Petrus Alliacus (Pierre d'Ailly) II, 233.
234. 235.
— von Aquila II, 227.
— Aureolus II, 229. 230.
— Damiani II, 118.
— Hispanus II, 153. 227. 248.
— Lombardus (aus Novara) II, 136.
137. 148.
— Pictaviensis (aus Poitiers) II, 137.
148.
— Pomponatius III, 7. 14.
Phaedo aus Elis I, 84—85.
Phaedrus, der Epikureer, I, 175. 236.
Phanias, der Peripatetiker, I, 157 (vgl.
S. 20).
Pherecydes (Pherekydes) I, 24. 25.
Philelphus III, 9.
Philipp, der Opuntier, I, 118. 120.
Philo von Athen, der Pyrrhoneer, I, 188.
— von Alexandrien, der Jude, I, 198.
199. 202—206.
— von Larissa, der Akademiker, I,
118. 119. 121. 230.
Philodemus aus Gadara, der Epikureer,
I, 175. 179. 236.
Philolaos I, 41—46.
Philoponus, Johannes, I, 230. 231. 234.
II, 94. 95. 154.
Photius II, 152.
Phurnutus (Cornutus) I, 160. 161. 164.
Piccolomini, Franz, III, 15.
Pico, Joh., von Mirandola, III, 10.

Pico, Joh. Franz, von Mirandola, III, 10.
Pilatus, Leontius, III, 8.
Pittacus I, 26.
Planck, K. Chr., III, 287.
Platner, Ernst, III, 111.
Plato I, 3. 90—118. 235.
Platoniker I, 118—121. 208 ff. 212 ff.
Plethe, Georg Gemistus, III, 6. 9—10. 11.
Plotinus I, 214—226.
Plouequet, Gottfried, III, 110.
Plutarch von Athen, der Sohn des Nestorius, I, 229. 241. 237.
— von Chaeronea I, 208. 209. 210.
Poiret, Pierre, III, 21. 55. 68.
Polemo I, 118. 120. 235.
Politianus III, 12.
Polus I, 72—73.
Polyaenus I, 175.
Polykarp von Smyrna II, 20. 21.
Polystratus I, 175. 235.
Pomponatius, Petrus, III, 7. 14.
Poppo II, 117.
Pordage III, 21. 42.
Porphyrios I, 216. 217. 221.
Porta, Simon, III, 15.
Poseidonius, der Stoiker, I, 160. 161. 164. 172.
Potamo, der Eklektiker, I, 217.
Prantl, K., III, 285.
Praxeas, der Monarchianer, II, 55.
Praxiphanes, der Peripatetiker, I, 235.
Preiss, Ph., III, 292.
Price, Richard, III, 87.
Priestley III, 74. 87.
Priscus aus Molossis I, 227. 229. 237.
Probus, der Syrer, II, 151 f.
Proclus (Proclus) I, 229. 230. 232—233. 237.
Prodicus aus Ceos I, 72.
Protagoras I, 69—70.
Protarchus, der Epikureer, I, 235.
Proudhon III, 303.
Psellus, Mich., II, 151. 152—153. 227. 228.
Ptolemaeus, der Epikureer, aus Alexandrien I, 175.
— der Peripatetiker, I, 237.
— der Valentinianer, II, 33. 35.
Puffendorf, Sam. von, III, 108.
Polleyn, Robert, II, 137. 148.
Pyrrho, der Skeptiker, I, 156. 157 f.

Pythagoras und Pythagoreer I, 2. 41 —46.

Q.

Quadratus, der Apologet, II, 32. 41.
Quesnay III, 119.
Quételet III, 304.

R.

Radenhausen, L., III, 292.
Radenhausen III, 300.
Ramy III, 54.
Ramos, Petrus, III, 13. 24—25.
Rane, G., III, 295.
Ravaisson III, 303 (vgl. I, 126).
Raymund Lull II, 227. 228.
— von Sabunde II, 234. 235.
Raynal III, 119.
Regis, P. S., III, 54.
Regius III, 54.
Rée, Ant., III, 292.
Reiche, Aug., III, 292.
Reichlin-Meldegg, Karl Al. Frh. v., III, 165. 191. 295. 303.
Reid, Thom., III, 121. 125.
Reiff, Jak. Friedrich, III, 245.
Reimarus, Herm. Sam., III, 110.
Reinbeck III, 110.
Reinhard II, 117.
Reinhold, K. L., III, 183. 184. 185. 194.
— Ernst, III, 286.
Remigius von Auxerre II, 116.
Rémusat III, 303 (vgl. II, 136).
Renan, Ernest, III, 303 (vgl. II, 151. 155. 163. 224. III, 7).
Reperi, III, 54.
Renouvier, Ch., III, 303.
Reul, G. L. W., III, 292.
Reuchlin, Joh., III, 10.
Rhabanus Maurus II, 115. 117.
Ribbing, Sigurd, III, 304 (vgl. I, 97).
Ricardo, David, III, 302.
Richard von Middletown II, 227. 228.
— Salmet II, 235.
— von St. Victor II, 135. 137. 148.
Richter, Friedr., III, 295.

Ritter, Heinr., III, 283, 289. (vgl. I, 10.
    II, 8, III, 127).
Rixner, Thaddä Anselm, III, 213, 214.
Robertus Capito (Greathead) von Lincoln
    II, 183, 184, 186.
  — Holcot II, 235.
  — von Melun II, 137, 148.
  — Pullus II, 137, 148.
Robinet III, 113, 120.
Röder III, 217.
Röer, M. H. E., III, 292.
Roger Baco II, 227, 228.
Rohlansky, C., III, 296.
Romagnosi III, 301.
Roorda III, 304.
Roscellinus II, 120—121.
Roscher, Wilh., III, 295.
Rosenkranz, Karl, III, 285 f. 299 f.
Rosmini III, 300, 302.
Rothe, Rich., III, 2-9.
Rötscher, Heinr. Theod., III, 286.
Rousseau III, 113, 116—117.
Royer-Collard III, 121, 300, 302.
Ruardus Andala III, 52.
Rüdiger, Andreas, III, 102.
Rufus, Musonius, I, 160, 161, 164 f.
Ruge, Arnold, III, 2-6.
Ruxbroek II, 205, 206, 220.

S.

Saadja ben Joseph al Fajjumi II, 168,
    170, 175.
Sabellius, der Monarchianer, II, 55—56.
Sabunde, Raymund von, II, 231, 430.
Saisset, Em., III, 303 (vgl. III, 57 f. 60).
Salat, Jacob, III, 168.
Sallustius, der Neuplatoniker, I, 227, 229.
Salomon Ibn Gebirol II, 164, 170, 175
    —178.
Salvetti, E., III, 305.
Sanches (Sanctius) III, 7, 16.
Sancila, da, III, 305.
Sanseverino III, 301.
Saturninus, der Skeptiker, I, 190.
    — der Gnostiker, II, 26, 29.
Scaliger, Jul. Caesar, III, 24, 26.

Schad, Joh. Bapt., III, 199.
Schaden, E. A. von, III, 216.
Schaller, Jul., III, 246, 209.
Schasler, Max, III, 286.
Schegk, Jacob, III, 20.
Schelling III, 21, 200—218.
Schellwien, Robert, III, 259.
Schem Tob ben Joseph ibn Falaquera II,
    170, 171, 180.
Scherbius, Phil., III, 20.
Schiller, Friedrich, III, 183, 185—190.
Schilling, Gust., III, 292.
Schlegel, Friedr., III, 199.
Schleiden, M. J., III, 190, 209.
Schleiermacher, F. E. D., III, 193,
    214, 230—241.
Schleiermacher'sche Schule III, 243—259.
Schliephake III, 217.
Schlömilch III, 100.
Schläter III, 216.
Schmid, Karl Christian Erhard, der Kan-
    tianer, III, 183.
Schmidt, der Friesianer, III, 190.
    — Alexis, der Hegelianer, III, 286.
    — Reinhold, der Hegelianer, III,
        2-6.
Scholarius, Georgius (Gennadius) III, 11.
Schopenhauer, Arthur, III, 342—352.
Schopenhauerianer III, 2-9.
Schoppe (Scioppius) III, 15.
Schottische Philosophie III, 88, 121 ff.
Schubert, Gotthilf Heinr. von, III, 213,
    215.
Schultz, Johannes, III, 183, 184.
Schulz, Franz Albert, III, 129.
Schulze, Gottlob Ernst, III, 183, 184.
Schwab, Joh. Christoph, III, 184.
Schwarz, H., III, 286.
Schwegler, F. K. A., III, 286.
Schwenckfeld, Caspar von, III, 21, 23 f.
Scioppius (Schoppe) III, 15.
Scotisten II, 228 f.
Scotus, Erigena II, 105—118.
    — Joh. Duns, II, 221—228.
    — Michael, II, 183, 184, 186.
Secundus von Athen I, 205, 207, 208.
    — der Gnostiker, II, 33.
Sederholm, K., III, 258.
Selle, Christian Gottlieb, III, 184.
Seneca, Luc. Aenaeus, I, 160, 161, 164.
Sengler III, 251.

Sennert III, 25.
Sergius von Resaina II, 159.
Severianus, der Neuplatoniker, I, 233.
Severus, der eklektische Platoniker, I, 208. 211.
Sextius I, 191. 195.
Sextus Empiricus, der Skeptiker, I, 187. 190 (vgl. S. 21).
Seydel, Rud., III, 288 (vgl. III, 244. 249).
Shaftesbury III, 74. 88.
Shyreswood II, 153. 228.
Simeon ben Jochai II, 157.
Simmias, der Pythagoreer, I, 42.
Simon, Jules, III, 303.
 — Magus, II, 29.
 — Porta III, 18.
 — Richard, III, 59.
 — von Tournay II, 228.
Simplicius I, 230. 234.
Sirmond, Anton, III, 13.
Smith, Ad., III, 88.
Snell, Karl, III, 299.
Snellmann, G. W., III, 296.
Sokrates I, 2. 62. 78—81.
Sokratiker I, 51 ff.
Solger, K. W. Ferd., III, 213. 215.
Solon I, 26.
Sopater aus Apamea, der Neuplatoniker, I, 227. 229.
Sophisten I, 67. 68—72.
Sorbière, Sam., III, 16.
Sotion I, 195.
Spaventa III, 305 f.
Spiess, G. A., III, 299.
Spaeth III, 69.
Speusippus I, 118. 119. 235.
Sphaerus, der Stoiker, I, 159. 163.
Spinoza III, 55. 56—77.
Stägemann, V. A. von, III, 297.
Stahl, F. Jul., III, 214. 217.
Staseas I, 166. 169.
Steffens, Heinr., III, 213. 215 f.
Steinbart, Gotthilf Samuel, III, 112.
Steinthal III, 292.
Stephan III, 292.
Stewart III, 125 f.
Stiedenroth III, 291.
Stilpo I, 83. 84.
Stirling, J. H., III, 302.
Stoiker I, 4. 159—175.
Stoy, Carl Volkmar, III, 292.

Sträter, Th., III, 286.
Strato I, 156. 157. 158—159. 235.
Strauss, Dav. Friedr., III, 286.
Strümpell, Ludw., III, 293.
Sturm III, 308 (vgl. S. 54).
Stutzmann, Joh. Jos., III, 214.
Suares II, 203. III, 31.
Suisset (Suinsheud), Rich., II, 235.
Sulzer III, 112.
Suso II, 205. 206. 210. 220.
Sylvester II. (Gerbert) II, 118. 182.
Synesius aus Cyrene II, 94. 95. 96.
Syrianus aus Alexandria I, 229. 230. 231. 237.
Syro, der Epikureer, I, 236.

T.

Taine, II., III, 303 (vgl. III, 301).
Tanner, Ant., III, 299.
Taparelli III, 305.
Tari III, 305.
Tatianus II, 40. 41. 42.
Tauler II, 205. 206. 220.
Taurellus, Nicolaus, III, 20. 21. 25—25.
Taurus, Calvisius, I, 208. 211. 236.
Taute, G. F., III, 293.
Telekles I, 121.
Telesius III, 7. 21. 24.
Templer II, 207. 221. 229.
Tennemann III, 185 (vgl. I, S. 9).
Tepe, G., III, 293.
Tertullian II, 49—53.
Tetens, Joh. Nic., III, 112.
Thales I, 26. 81—84.
Thanlow, Gust., III, 287.
Themista I, 175.
Themistius I, 227. 228. 229. II, 153.
Theodorus von Asine, der Neuplatoniker, I, 217. 229. 247.
 — der Cyrenaiker, I, 67. 90.
 — Gaza III, 11.
 — Metochita II, 153.
Theodotus, der Platoniker, I, 237.
 — der christliche Monarchianer, II, 54.
Theomnestus I, 236.
Theon von Smyrna I, 208. 210.
Theophilus von Antiochia II, 40. 41. 44 f.

Theophrastus Eresius I, 156, 157—158.
235.
— Paracelsus III, 21, 23.
Therapeuten I, 167, 202.
Thilo, E. A., III, 293.
Thomasius, Leonicus, III, 13.
Thomas von Aquino II, 184, 191—
203.
— Bradwardius II, 203.
— von Cantimpré II, 183.
— Hamerken von Kempen II, 221.
— Karl, der Herbartianer, III, 298.
Thomasius, Jacob, III, 98.
— Christian, III, 108.
Thomisten II, 203, III, 206, 300 ff.
Thrasyllus I, 208, 209.
Thrasymachus I, 72—73.
Thucydides I, 1.
Thümming III, 110.
Tibergbien III, 217, 303.
Tiedemann, Dietrich, III, 112, 184 (vgl.
I, 8).
Tiefrunk III, 183.
Timaeus von Locri I, 42.
Timo Phliasius I, 167, 188 f.
Timokrates I, 175.
Tindal III, 82.
Tittel, G. A., III, 184.
Toland III, 82.
Trendelenburg, Adolf, III, 295 (vgl. I,
12, 101, 104, 114, 125, 133, 138,
III, 60, 92 etc.).
Trosler, L. P. V., III, 213, 215.
Tschirnhausen III, 102 f. (vgl. S. 303).
Turgot III, 119.
Tyrtamus (Theophrast) I, 157.

U.

Ubaghs III, 304.
Ueberweg, Friedr., III, 295, 296, (vgl.
279).
Ulrici, Herm., III, 287, 299.
Unterholzner, C. A. D., III, 293.
Uphard, Thom. C., III, 301.

V.

Vacherot III, 305.
Valentinus, der Gnostiker, II, 36, 33, 35.
Valla, Laurentius, III, 11.
Vanini, Lucilio, III, 21, 28.
Vasquez, Ferd., III, 31.
Vatke, Wilh., III, 287.
Vayer, François de la Mothe, III, 7, 16.
Vera, A., III, 305.
Vernias, Nicoletto, III, 14.
Versé, Aubert de, III, 59.
Vico, Giambattista, III, 108.
Victorinus I, 234. II, 102.
Vidal II, 150 (vgl. S. 171).
Vincentius Bellovacensis II, 184, 186.
Virchow, Rudolf, III, 281.
Vischer, Friedr. Theod., III, 287.
Vives, Lud., III, 12.
Voëtius, Gisbertus, III, 54.
Vogt, Carl, III, 297 f.
— Theodor, III, 293.
Volkmann, Wilh. Fridolion, III, 293.
Volney III, 120.
Voltaire III, 113, 114—116.
Vorländer, F., III, 289.

W.

Wachter III, 59.
Wagner, Joh. Jac., III, 213, 214.
— Rud., III, 297.
Waitz, J. H. W., III, 293.
— Theodor, III, 293.
Walther von Mortagne II, 135, 137, 147.
— von St. Victor II, 148.
Wegscheider III, 185.
Wehrenpfennig, W., III, 294.
Weigel, Val., III, 21, 28.
Weiller, Cajetan von, III, 188.
Weishaupt, Adam, III, 184.
Weiss, Christian, III, 188.
Weisse, Christian, III, 288.
Weissenborn, Georg, III, 287.
Werder, Karl, III, 287.
Wessel, Joh., II, 221.

Westhoff, Ferdinand, III, 293.
Wette, de, III, 180.
Whewell, Wilh., III, 302 (vgl. I, 12).
Wiener, Christ., III, 300.
Wilhelm von Auvergne II, 184. 185—186. 229.
— von Champeaux II, 120. 124—125.
— von Conches II, 135. 136. 146.
— Durand von St. Pourçain II, 203. 229. 230 f.
— von Hirschau II, 119. 142.
— von Moerbeka II, 183. 185 f.
— Shyreswood II, 153. 228.
Winkler, Ben., III, 30 f.
Wirth, Jos. Ulrich, III, 288.
Wittich, Christoph, III, 52.
Wittstein, Theod., III, 294.
Wisemann III, 188.
Wolff, Christian, I, 4. III, 90. 108—109.
Wollaston, William, III, 87 f.
Woysch, Otto, III, 299.
Wundt, Wilh., III, 295.
Wurst, J. B., III, 295.
Wyttenbach, Daniel, III, 304.

X.

Xenokrates I, 118. 119 - 190. 235.
Xenophanes I, 47. 48—51.
Xenophon I, 82.

Y.

Young, John, III, 301.

Z.

Zabarella III, 15.
Zacharias Scholasticus II, 94. 95. 97.
Zarathustra I, 16.
Zeller, Ed., III, 287. (vgl. I, 21).
Zeno von Cittium, der Stoiker, I, 150. 160. 162. 165 ff. 235.
— der Eleate, I, 47. 54—56.
— von Sidon, der Epikureer, I, 175. 179. 236.
— von Tarsus, der Stoiker, I, 160. 163. 235.
Zenodotus, der Neuplatoniker, I, 220. 233. 237.
Ziller, Tuiscon, III, 294.
Zimara III, 15.
Zimmermann, Robert, III, 294.
Zio, del, III, 305.
Zoroaster I, 16.
Zorzi (Franc. Georg. Venetus) III, 23.

www.ingramcontent.com/pod-product-compliance
Lightning Source LLC
Chambersburg PA
CBHW021200230426
43667CB00006B/484